全国高等师范院校化学类规划教材

无机化学

（下册）

胡宗球　杜小旺　温丽丽
　　　　王崇太　田正芳　等　编著

科学出版社

北　京

内 容 简 介

本书分上、下两册。上册12章，包括物质的三态与水溶液、化学动力学基础、化学热力学与相关化学平衡、物质结构四个板块。下册14章，包括物质的结构与性质的规律及相互关系、非金属元素、金属元素、相关领域简介四个板块。本书注重可读性、应用性和研究性。编写中叙述深入浅出，注意知识的关联与融合，适合于学生自主学习；加强理论与应用的相互衔接，力争取材的系统性与完整性；突破常规、激发兴趣。另外，知识的展开具有阶梯性，可供教学选择。

本书可作为高等院校化学类相关专业的无机化学或普通化学教材或教学参考书，也可供相关科技人员参考。

图书在版编目（CIP）数据

无机化学. 下册/胡宗球等编著. —北京：科学出版社，2014.1
全国高等师范院校化学类规划教材
ISBN 978-7-03-039314-2

Ⅰ.①无… Ⅱ.①胡… Ⅲ.①无机化学-师范大学-教材 Ⅳ.①O61

中国版本图书馆 CIP 数据核字(2013)第 299785 号

责任编辑：陈雅娴 / 责任校对：郑金红
责任印制：徐晓晨 / 封面设计：迷底书装

科 学 出 版 社 出版
北京东黄城根北街16号
邮政编码：100717
http://www.sciencep.com

北京中石油彩色印刷有限责任公司 印刷
科学出版社发行 各地新华书店经销

*

2014年1月第 一 版 开本：787×1092 1/16
2017年7月第四次印刷 印张：20 1/4
字数：518 000
定价：42.00元
（如有印装质量问题，我社负责调换）

前　言

经多年的研究型教学探索与实践,2007年就曾有将注入了我们教学体会的讲义编写成教材服务于学生的想法,如今终于付诸实施。研究型教材和研究型教学是研究型人才培养不可或缺的重要环节。基于百花齐放,接受检验,以利改进的想法,现推出这套教材。

本书分上、下两册,共26章。上册为普化原理部分,包括物质的三态与水溶液、化学动力学基础、化学热力学与相关化学平衡、物质结构四个板块。下册为元素化学部分,包括物质的结构与性质的规律及相互关系、非金属元素、金属元素、相关领域简介四个板块。元素化学部分的整个知识内容都贯穿于物质分子的结构、存在与制备、酸碱性、氧化还原性、稳定性、水解性等。本书第13~16章即是这一部分内容的反映,但不是这些知识的罗列与堆砌,而是从基本原理出发,着重阐释事物的本质属性、规律及其相互联系,以便能更好地指导学生学习元素部分及后续课程。但切记不要因此而忽视、轻视元素及其化合物的个性、特殊性,而应尊重化学事实。规律性是有限的,而元素及其化合物所表现出的个性、特殊性则是无穷无尽的。正是这些个性与特殊性才造就了化学的多彩、灿烂与辉煌,才值得我们去研究。

本书编写的指导思想除把握科学性外,还有以下三点。一是可读性。可读性以适应于学生自主学习、有利于激发学生的兴趣为原则。注意大学新生的自学能力及本教材与中学教材、后续课程的衔接,知识的呈现更加自然、顺畅,必要时作出注释或说明。二是应用性。处理好传统内容与现代内容的关系,吐故纳新;原理部分与元素部分相互渗透,理论与应用相互衔接。三是研究性。研究性是个话题更是个课题,有通则又无定则。不墨守成规,勇于提出新问题、新观点,从而激发学生的创新潜能。力求做到"将头脑(思想)复杂化,将问题简单化"。

在内容的选材上尽量兼顾系统性与读者定位。用小字号排印的部分可作为扩展阅读内容,无论"教"与"学"都可以根据实际情况选取。章后的小结概括了基本内容、要求与重点,思考与研讨及习题难易有梯度,可选做或讨论。教材的容量毕竟是有限的,许多地方不可能展开叙述,稍后还将出版与之相应的学习指导书。我们期望读者在学完一章或一个板块后也进行总结归纳,由表及里,建立各知识点的内在联系;理清思路,弄清问题的来龙去脉,使之条理化。

本书由华中师范大学胡宗球老师主编,参加编写的学校有华中师范大学、海南师范大学、重庆师范大学、黄冈师范学院。编写分工为朱立红、胡宗球(第2章),王成刚(第3、11章),华英杰(第12、20章),杜小旺(第17、18、25章),朱立红(第19章),温丽丽(第21章),王崇太(第23、24章),田正芳(第26章),胡宗球(其余各章及附录)。全书最后由胡宗球修改、定稿。

由于水平所限,加之时间仓促,谬误或不成熟之处在所难免。"取其精华,去其糟粕",本书(特别是元素部分)是一种尝试,期望读者批评指正。

路漫漫其修远兮,吾将上下而求索。

胡宗球

2013年1月于桂子山

目 录

前言

第13章 原子的价电子组态与共价分子结构 ·· 1

13.1 原子轨道形成分子轨道的原则及规律 ··· 1
    13.1.1 成键类型与分子骨架 ··· 2
    13.1.2 成键遵循的一般规律 ··· 2

13.2 共价单键、双键与叁键 ·· 3
    13.2.1 共价单键 ·· 4
    13.2.2 双键与叁键 ·· 5
    13.2.3 分子片、组装与同类分子的结构 ···································· 5
    13.2.4 等电子体原理及其本质 ·· 7
    13.2.5* 金属—金属多重键 ·· 8

13.3 离域大 π 键 ··· 11
    13.3.1 大 π 键形成的条件、类型和键级 ··································· 11
    13.3.2 只含一种大 π 键的体系 ·· 12
    13.3.3 有两个相同大 π 键的体系 ·· 13
    13.3.4 有两种不同 π 键的体系 ·· 13
    13.3.5* 由 p 轨道和 d 轨道形成的大 π 键 ································ 14
    13.3.6 具有环形大 π 键的体系 ·· 15
    13.3.7 影响 π 键形成的因素 ·· 15

13.4 多中心少电子键 ·· 16

13.5 配位键 ··· 18
    13.5.1 非金属原子间形成的 σ 配键 ··· 18
    13.5.2 金属离(原)子与配体形成的配位键 ······························ 19
    13.5.3 金属离(原)子与 π 配体形成的配位键 ·························· 19

13.6 反馈 π 键 ·· 20
    13.6.1 d←p 反馈 π 键 ·· 20
    13.6.2* π^*←d 反馈 π 键 ·· 21

13.7* 特殊类型化学键 ·· 21

13.8 键参数 ··· 23
    13.8.1 键长 ·· 23
    13.8.2 键角 ·· 24

小结 ·· 25
思考与研讨 ·· 25
习题 ·· 26

第14章 无机物的存在、合成与制备 …… 27

14.1 元素的存在与分类 …… 27
14.1.1 元素在周期表中的位置与金属元素的分类 …… 27
14.1.2 元素的存在与丰度 …… 28

14.2* 物理方法制备 …… 30
14.2.1 从空气中分离气体 …… 30
14.2.2 纳米材料的物理制备 …… 31

14.3 化学方法合成与制备 …… 32
14.3.1 化合反应法 …… 32
14.3.2 组分交换法 …… 34
14.3.3 置换合成法 …… 36
14.3.4 取代合成法 …… 38
14.3.5 缩合反应法 …… 38
14.3.6 分解反应法 …… 39
14.3.7 配位合成法 …… 40
14.3.8 歧化合成法 …… 40
14.3.9 电化学合成法 …… 41

14.4 无机物合成与制备的综合运用 …… 44
14.4.1 用不同的方法制备同一物质 …… 44
14.4.2 工业制备与实验室制备的联系与差异 …… 45
14.4.3 无机物合成与制备实例 …… 46
14.4.4 偶合反应的利用 …… 49

14.5* 金属还原过程热力学 …… 50

小结 …… 52
思考与研讨 …… 53
习题 …… 53

第15章 无机物的酸碱性与氧化还原性 …… 54

15.1 分子型氢化物的酸碱性 …… 54
15.1.1 酸碱性变化规律 …… 54
15.1.2 影响酸碱性变化的因素 …… 54

15.2 氧化物及其水合物的酸碱性 …… 55
15.2.1 元素常见氧化物及水合物酸碱性概况 …… 55
15.2.2 酸碱性成因与判别 …… 56
15.2.3 酸碱性的变化规律 …… 57

15.3 酸碱电子理论与软硬酸碱理论 …… 59
15.3.1 Lewis酸碱的分类 …… 59
15.3.2 Lewis酸碱性的比较 …… 60
15.3.3 Lewis酸碱与Bronsted酸碱的比较 …… 61
15.3.4* 软硬酸碱理论 …… 61

15.4 元素电势图与氧化态-Gibbs自由能图 …… 63

	15.4.1	元素电势图及其应用 ··	63

      15.4.1　元素电势图及其应用 ·· 63
      15.4.2　氧化态-Gibbs 自由能图及其应用 ······························ 64
  15.5　物质氧化还原能力的某些规律性与特殊性 ···························· 67
      15.5.1　单质的氧化还原性 ·· 67
      15.5.2　分子型氢化物的还原性 ·· 68
      15.5.3　含氧酸(盐)的氧化还原性 ···································· 68
      15.5.4　过氧化物与多硫化物的氧化还原性 ······················ 70
      15.5.5　惰性电子对效应与第六周期 p 区金属最高氧化态物质的氧化性 ······ 70
  15.6　物质的结构对氧化还原能力的影响 ···································· 72
      15.6.1　元素结合电子的能力 ·· 72
      15.6.2　氧化型物质的稳定性 ·· 72
      15.6.3　还原型物质的稳定性 ·· 73
  小结 ·· 74
  思考与研讨 ·· 74
  习题 ·· 74

第 16 章　无机物的稳定性、溶解性与水解性 ······························ 76
  16.1　无机物的稳定性 ·· 76
      16.1.1　热分解反应的分类 ·· 76
      16.1.2　热稳定性规律 ·· 78
      16.1.3　热稳定性原因及影响因素 ···································· 79
      16.1.4　酸碱性和氧化还原能力对物质稳定性的影响 ······ 82
  16.2*　无机盐的溶解性 ·· 84
      16.2.1　无机盐溶解性的热力学解释 ································ 84
      16.2.2　巴索洛规则 ·· 85
  16.3　无机物的水解性 ·· 86
      16.3.1　水解类型 ·· 87
      16.3.2*　共价化合物水解的机理 ···································· 88
      16.3.3　水解的条件及影响因素 ·· 89
      16.3.4　水解的利用与预防 ·· 90
  小结 ·· 90
  思考与研讨 ·· 90
  习题 ·· 90

第 17 章　氢与稀有气体 ·· 92
  17.1　氢 ·· 92
      17.1.1　氢在自然界中的存在和分布 ································ 92
      17.1.2　氢的成键特征 ·· 93
      17.1.3　氢的制备与性质 ·· 94
      17.1.4　氢化物 ·· 96
      17.1.5　氢能源 ·· 97
  17.2　稀有气体 ·· 98

17.2.1　稀有气体发展简史 ······ 98
   17.2.2　稀有气体的性质和应用 ······ 98
   17.2.3　稀有气体的化合物 ······ 99
  小结 ······ 101
  思考与研讨 ······ 101
  习题 ······ 102

第 18 章　卤族元素与氧族元素 ······ 103
  18.1　卤族元素 ······ 103
   18.1.1　卤族元素的通性 ······ 103
   18.1.2　卤素单质 ······ 104
   18.1.3　卤化氢和氢卤酸 ······ 107
   18.1.4*　卤化物、卤素互化物及多卤化物 ······ 109
   18.1.5*　拟卤素与拟卤化物 ······ 111
   18.1.6　卤素的含氧化合物 ······ 113
  18.2　氧族元素 ······ 118
   18.2.1　氧族元素的通性 ······ 118
   18.2.2　氧的单质 ······ 120
   18.2.3　氧化物、过氧化物 ······ 122
   18.2.4　单质硫 ······ 125
   18.2.5　硫化氢、硫化物和多硫化物 ······ 126
   18.2.6　硫的含氧化合物 ······ 128
   18.2.7*　硫的其他化合物 ······ 135
   18.2.8*　硒和碲 ······ 136
  小结 ······ 138
  思考与研讨 ······ 138
  习题 ······ 139

第 19 章　氮族元素和碳族元素 ······ 142
  19.1　氮族元素 ······ 142
   19.1.1　氮族元素的基本性质 ······ 142
   19.1.2　氮及其化合物 ······ 144
   19.1.3　磷及其化合物 ······ 152
   19.1.4　砷、锑、铋 ······ 158
  19.2　碳族元素 ······ 163
   19.2.1　碳及其化合物 ······ 163
   19.2.2　硅及其化合物 ······ 167
   19.2.3　锗分族 ······ 170
  小结 ······ 174
  思考与研讨 ······ 174
  习题 ······ 175

第 20 章 硼族元素 178
20.1 硼族元素通性 178
20.2 硼族元素单质 179
20.2.1 单质的提炼 179
20.2.2 单质的性质 181
20.3 硼族元素化合物 183
20.3.1 氢化物 183
20.3.2 卤化物 184
20.3.3 氧化物、氢氧化物、含氧酸及其盐 186
20.3.4* 其他化合物 189
20.3.5 应用 190
小结 191
思考与研讨 191
习题 192

第 21 章 s 区元素与 ds 区元素 194
21.1 s 区元素 194
21.1.1 s 区元素的通性 194
21.1.2 s 区元素的单质 195
21.1.3 s 区元素的化合物 197
21.1.4 锂、铍的特性及对角线规律 199
21.1.5 s 区元素的配位性 200
21.2 ds 区元素 201
21.2.1 ds 区元素的通性 202
21.2.2 ds 区元素单质 204
21.2.3 ds 区金属的冶炼 206
21.2.4 ds 区元素的化合物 208
21.2.5 不同价态化合物间的转化 215
21.2.6 ds 区元素性质的对比 217
小结 218
思考与研讨 218
习题 219

第 22 章 d 区元素 221
22.1 d 区元素的基本性质 221
22.1.1 d 区元素的结构特点与基本性质 221
22.1.2 氧化态 223
22.1.3 氧化还原稳定性 224
22.1.4 水合离子和含氧酸根的颜色 225
22.1.5 磁性 226
22.2* 钪 226
22.3 钛、锆、铪及其重要的化合物 227

22.3.1　单质的制备、性质与用途 ……………………………………………… 227
22.3.2　钛的重要化合物 …………………………………………………………… 228
22.3.3*　锆和铪的重要化合物 …………………………………………………… 230
22.4　钒、铌、钽及其重要的化合物 …………………………………………………… 231
22.4.1　单质的性质与用途 ………………………………………………………… 232
22.4.2　五氧化二钒 ………………………………………………………………… 232
22.4.3　钒酸盐和多钒酸盐 ………………………………………………………… 233
22.4.4*　铌和钽的重要化合物 …………………………………………………… 234
22.5　铬、钼、钨及其重要的化合物 …………………………………………………… 235
22.5.1　单质的冶炼、性质与用途 ………………………………………………… 235
22.5.2　铬(Ⅲ)化合物 ……………………………………………………………… 236
22.5.3　铬(Ⅵ)化合物 ……………………………………………………………… 238
22.5.4　钼和钨的重要化合物 ……………………………………………………… 239
22.6　锰、锝、铼及其重要的化合物 …………………………………………………… 241
22.6.1　单质的性质与用途 ………………………………………………………… 241
22.6.2　锰(Ⅱ)化合物及低价配位化合物 ………………………………………… 242
22.6.3　二氧化锰 …………………………………………………………………… 243
22.6.4　锰(Ⅵ)和锰(Ⅶ)的化合物 ………………………………………………… 243
22.6.5*　锝和铼的重要化合物 …………………………………………………… 245
22.7　铁系元素 …………………………………………………………………………… 246
22.7.1　铁系金属的性质和用途 …………………………………………………… 246
22.7.2　氧化物和氢氧化物 ………………………………………………………… 247
22.7.3　铁系元素的重要盐类 ……………………………………………………… 248
22.7.4　铁系元素的配合物 ………………………………………………………… 250
22.8　铂系元素 …………………………………………………………………………… 254
22.8.1　铂系元素的通性 …………………………………………………………… 254
22.8.2　铂系元素化合物 …………………………………………………………… 254
小结 ……………………………………………………………………………………… 257
思考与研讨 ……………………………………………………………………………… 257
习题 ……………………………………………………………………………………… 258

第23章　f区元素 ……………………………………………………………………… 262

23.1　镧系元素 …………………………………………………………………………… 262
23.1.1　存在、提炼和应用 ………………………………………………………… 262
23.1.2　镧系元素通性 ……………………………………………………………… 264
23.1.3　镧系元素化合物的颜色和磁性 …………………………………………… 266
23.1.4　镧系金属的重要化合物 …………………………………………………… 267
23.2　锕系元素 …………………………………………………………………………… 271
23.2.1　锕系元素通性 ……………………………………………………………… 271
23.2.2　锕系金属的重要化合物 …………………………………………………… 272
小结 ……………………………………………………………………………………… 276

思考与研讨 ··· 277
习题 ·· 277

第 24 章 功能材料及应用简介 ·· 278
24.1 功能材料的定义 ··· 278
24.2 功能材料的分类 ··· 278
24.2.1 按材料的化学键分类 ·· 278
24.2.2 按材料的物理性能分类 ··· 279
24.2.3 按材料的功能分类 ·· 279
24.2.4 按材料的性能分类 ·· 280
24.3 超导材料 ·· 280
24.3.1 超导材料的分类 ··· 281
24.3.2 超导材料的特性 ··· 281
24.3.3 超导材料的应用 ··· 282
24.4 生物医学材料 ··· 282
24.4.1 生物医学材料的分类 ·· 282
24.4.2 生物医学材料的特点 ·· 283
24.4.3 生物医学材料研究的发展趋势 ··· 284
24.5 纳米材料 ·· 285
24.5.1 纳米的定义 ·· 285
24.5.2 纳米材料的分类 ··· 286
24.5.3 纳米微粒的基本理论 ·· 286
24.5.4 纳米技术的应用前景 ·· 287
思考与研讨 ··· 288

第 25 章 绿色化学简介 ·· 289
25.1 绿色化学研究的兴起和意义 ·· 289
25.1.1 环境保护与可持续发展 ··· 289
25.1.2 绿色化学的产生 ··· 290
25.2 绿色化学原理及发展 ·· 290
25.2.1 原子经济反应 ··· 290
25.2.2 绿色化学的 12 项原则 ·· 290
25.2.3 绿色化学研究的主要内容和方法 ··· 291
25.3 绿色化学的应用前景 ·· 292
25.3.1 绿色原料的应用 ··· 292
25.3.2 资源综合的应用 ··· 292
25.3.3 原子经济反应的应用 ·· 293
25.3.4 绿色催化剂的应用 ·· 293
25.3.5 绿色工艺的应用 ··· 293
思考与研讨 ··· 294

第 26 章 生物无机化学简介 ··· 295
26.1 概述 ··· 295

26.1.1 生物无机化学的历史 ··· 295
26.1.2 生命中的元素 ·· 295
26.1.3 生物大分子的结构 ·· 296
26.2 生命体中重要的元素和化合物 ···································· 297
26.2.1 成酶金属及其功能 ·· 297
26.2.2 非成酶金属及其功能 ······································· 304
26.2.3 非金属元素及其化合物 ···································· 305
26.3 金属药物 ··· 306
26.3.1 治疗药物 ··· 306
26.3.2 诊断药物 ··· 307
26.4 生物矿化 ··· 307
思考与研讨 ··· 308
主要参考书目 ··· 309
部分习题答案 ··· 310

第 13 章 原子的价电子组态与共价分子结构

我们常说物质的结构决定物质的性质、物质的性质决定其应用。从 19 世纪到 20 世纪，化学家合成了从简单到复杂的天然物质和自然界没有的新物质，研究其性质、结构及结构与性能的关系，再到物质的应用。现代分子设计则反其道而行之：根据分子结构与性能的关系，按照预设的性能要求设计新型物质，确定新型物质的合成路线，再运用各种手段与技巧将目标物合成出来。可见，对分子结构的认识在化学的学习和研究中至关重要。然而，物质分子千千万万，结构形形色色，对这些物质分子结构的认识是初学者的一大难点。

在第 10 章我们学习了一些简单无机物分子的结构，但在讨论分子结构时常有如下疑问：

(1) 为什么同一原子在不同的分子中其成键情况不同(如 SO_2 和 SO_3)？同类型的分子其中心原子的成键(杂化)情况为什么有的相同(如 AB_4 型的 CH_4 和 SiH_4、AB_6 型的 SF_6 和 SiF_6^{2-})，有的又不相同(如 AB_2 型的 CO_2 和 SO_2、AB_5 型的 PF_5 和 ClF_5)？又如，CO_2、O_3 等有 3 种可能的空间构型：直线形、"V"形、三角形。为何 CO_2 是直线形而 O_3 是"V"形，而不是其他构型呢？其原因何在？

(2) 虽然杂化轨道理论、VSEPR 理论为我们判断分子的空间构型提供了依据，但是这种判断方法通常是以已知分子结构为前提的。VSEPR 理论把双键、叁键当作单键处理是在已知分子结构的情况下，若分子结构未知，则难以判断其构型，或难以判断其成键特征。例如 ClO_2 和 Cl_2O，由 VSEPR 理论可知 Cl_2O 电子对成四面体，而分子成角形结构。对于 ClO_2，中心 Cl 原子有 7 个价电子，与 O 成键时 O 提供 1 个还是 2 个电子？既不好确定空间构型，也难于判断成键特征。在判断 XeO_4、SO_4^{2-} 等的空间构型时，O 提供的电子数为何当零计？什么情况下不计为零？又如 SO_2 和 SO_3 等分子，S 有 6 个价电子，O 提供几个价电子(0、1 或 2)？S 采用什么杂化态与 O 成键？O_3 呢？

(3) 对千千万万的分子结构是否需要一个个地去认识？由原子形成分子，原子轨道形成分子轨道，其分子的空间构型、成键情况有无规律可循？其本质又是什么？遵循什么原则？

对于不太大的分子而言，在只知分子组成的前提下，仅从理论上是否可推测其空间构型和成键情况？或是对某些未知(尚未得到的物质)分子体系是否能稳定存在给出预测？从理论上讲，如果物质分子或离子的结构能稳定存在，就有可能合成出这些物质。我们就从原子的价电子结构入手，去认识、解决这些问题。本章只讨论共价化合物或离子化合物中的共价部分，即共价键。

13.1 原子轨道形成分子轨道的原则及规律

为了讨论问题的方便，我们把处在中间、与多个原子相键连的原子称为中心原子，与中心原子相键连的原子称为配位原子(不一定有配位键)，配位原子的数目称为配位数(coordination number，CN)。中心原子可以只有 1 个，也可以有多个(如 H_3PO_4 有 P 和羟基 O 等 4 个中心原子)。分子中某一原子可以是中心原子，同时也可能是另一中心原子的配位原子(如 H_3PO_4 中的羟基 O 既是 P 的配位原子，又是 P 和 H 的中心原子)。把只与一个原子成键的原子称为端点原子，如 H_3PO_4 中的 H 原子和非羟基 O 原子。

13.1.1　成键类型与分子骨架

就目前已知,按原子轨道的对称性及形成分子轨道的形式可将分子轨道分成三类:σ分子轨道、π分子轨道和δ分子轨道。由它们形成的键分别称为σ键、π键和δ键。其关系为

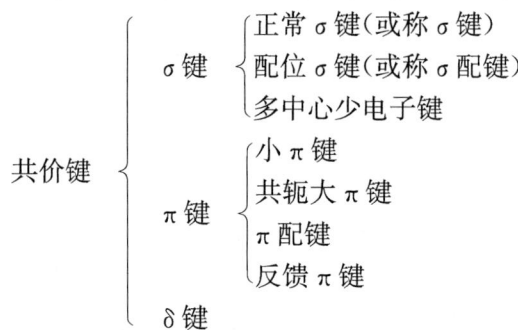

在这些键中,决定分子骨架(空间构型)的是σ键,π键和δ键不影响分子的框架结构。这是 VSEPR 理论把双键和叁键当单键处理的原因。与中心原子配位的原子数目等于中心原子形成的σ键数。由于用于形成σ分子轨道、π分子轨道和δ分子轨道的原子轨道的对称性不同,σ键、π键和δ键的对称性也就互不相同,因此这些分子轨道可分别加以处理。

13.1.2　成键遵循的一般规律

由原子轨道形成分子轨道应遵循三个原则:对称性匹配、能量相近和轨道最大重叠。分子中的电子在分子轨道中填充时也遵循能量最低原理、Pauli 不相容原理和 Hund 规则。

由于原子的半径不同、原子轨道伸展的远近不同,受电子屏蔽效应与钻穿效应的影响,不同轨道上的电子受到核的吸引力不同。内层轨道(电子)受到核的吸引力大、半径小、能量低,在成键过程中重叠程度很小,可认为基本上不参与成键。参与成键的是能量相对较高的价轨道,原子的价轨道能量相近,可相互杂化成键。因此,原子的价电子结构决定了由它们形成的不同分子的空间构型,也决定了这些分子的成键特征。在下面的讨论中,都将依据原子的价电子结构来讨论其在不同物质分子中的成键情况。

由原子轨道形成分子轨道的规律可归纳如下:

(1) 两原子成键时原子间最多只能形成 1 个 σ 键,但同时还可形成数量不等的 π 键或 δ 键。例如,H_2、HX、X_2 均为单键(σ),O_2 为双键(σ+π),N_2 为叁键(σ+2π),O_3 的 O 与 O 间为 1.5 个键(σ+Π_3^4),CO_2 的 C 与 O 间为双键(σ+2Π_3^2),双核配合物 $Ar'CrCrAr'$(见 13.2.5)中的 Cr 与 Cr 间为五重键(σ+2π+2δ)。

(2) 原子形成分子时要求原子中的价电子尽可能配对成最多的键,达到成键最大化,以获得最低的能量。这就要求原子中的价电子或者参与一定形式的成键,或者以孤对电子的形式存在,如果是以单个电子的形式存在则不稳定,易与其他活性分子或离子发生反应或自身聚合。但在某些奇电子分子中必然有未成对电子存在,这些物质分子均有较高的活性,在温度稍低时便会发生聚合,以使电子配对。例如,NO 二聚成 N_2O_2,NO_2 二聚成 N_2O_4,NO 和 NO_2 聚合形成 N_2O_3。O_2 分子虽为偶电子分子,但分子中的 π^* 轨道中仍有未成对电子,O_2 的活泼性与此未成对电子也有关。

(3) 一般而言,原子的最大成键数(σ 键+π 键+δ 键)等于该原子价轨道的数目。因此,可根据原子的价轨道数,确定各种原子的最大成键数。例如,H 只能成一个共价键,第二周期

元素原子最多只能成 4 个共价键，第三、四周期元素原子最多可成 9 个共价键。至于是否真能达到最大成键数，还要看中心原子的价电子数、中心原子和配位原子的半径、电负性大小和整个分子体系的电荷情况。除第一、二周期外，其他周期元素原子往往达不到最大成键数。

例如，第二周期元素原子从 Be 到 O 都能成 4 个共价键。第三周期及以后的元素原子能形成 4 个以上共价键，如 PF_5、PF_6^-、SF_6、SiF_6^{2-} 等。F 与 Cl、Br 形成的化合物只有 ClF_5、BrF_5，与第五周期的 I 则形成 IF_7，这是因为 I 的半径大。同理，Cl、Br 与 I 原子的互化物只有 ICl_3 和 IBr_3，但还未见 ICl_7 或 IBr_7，这是因为配位原子 Cl、Br 的半径大，不能有更多的排布。

第三周期的 Na^+ 有 9 个空的价轨道，在穴醚配合物 $[Na(crypt-222)]^+Na^-$（见 13.5.2）中，Na^+ 就是 8 配位结构。

在第四周期元素中，现已合成出 Cr 的酸根离子 CrO_8^{3-}（$2CrO_4^{2-}+7H_2O_2+2OH^- \Longrightarrow 2CrO_8^{3-}+8H_2O$），Cr 与 O 成 8 个单键；在化合物乙酸亚铬 $Cr_2(CH_3COO)_4 \cdot 2H_2O$ 中，Cr 与 Cr 成 4 重键，同时与 5 个 O 成 5 个单键，共成 9 个键。在 $[Co(NO_3)_4]^{2-}$ 中，Co 与 4 个 NO_3^- 成 8 个键。同理，第六周期元素原子有 16 个价轨道，最大成键数为 16，也已合成出该周期中铈元素的具有 12 配位的化合物硝酸铈铵（ammonium ceric nitrate）。图 13.1 给出了 3 个具有高配位数的酸根离子的结构。

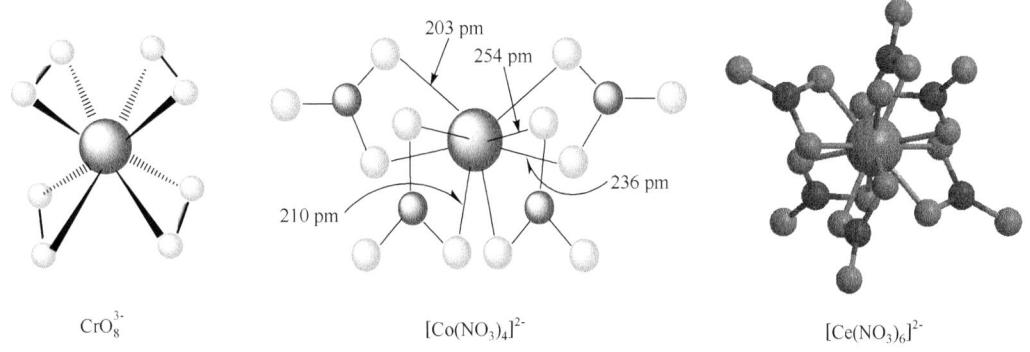

图 13.1　CrO_8^{3-}（CN=8）、$[Co(NO_3)_4]^{2-}$（CN=8）和 $[Ce(NO_3)_6]^{2-}$（CN=12）的空间结构

（4）对中心原子的价电子结构相同（不一定是同族元素原子）、成键类型相同、配位原子或基团数及价数也相同的分子，则就中心原子而言，其电子对和分子的空间构型分别必定相同。这一规律是等电子体原理的本质反映。

（5）对只有一个中心原子的分子或离子而言，中心原子一般是半径较大、电负性较小的原子，配位原子一般是半径较小、电负性较大的原子，并且对 AB_n 型的分子或离子，因 A 周围的环境相同，A 的电子对与分子均呈某种对称性，如卤素互化物、NX_3、PX_5、CO_2、O_3、SF_4、SF_6、SO_3、CO_3^{2-}、SO_4^{2-}、ClO_4^-、MnO_4^- 等。

（6）成键电子或孤对电子间要尽可能相互远离，使斥力最小。

13.2　共价单键、双键与叁键

本节我们只涉及具有简单共价单键和多重键的共价分子的空间构型和成键情况。

为讨论问题的方便，在下面的图形分析中我们用实体 ●、网线 ⊗ 和空心 ○ 分别表示双电子占据、单电子占据和空轨道,分别用瘦长 ⬬ 和短胖 ⬬ 代表杂化轨道和孤对电子。

13.2.1 共价单键

此处所述的共价单键是指成键的两原子各提供一个电子所成的 σ 键。以主族元素为例,分析原子的价电子结构与成共价单键的规律。

1) H 与 He

H 的电子结构是 $1s^1$,半径小,只能接受 1 个电子成 1 个 σ 键;He 的电子结构是 $1s^2$,价轨道已填满 2 个电子,预计不能成键。

2) s 区元素

碱金属、碱土金属的价电子结构分别为 ns^1、ns^2,分别只有 1 个和 2 个价电子,相对于同周期元素原子而言,半径大,电负性小,与非金属反应时易失去这 1 个或 2 个价电子,形成离子化合物而分别显 +Ⅰ 和 +Ⅱ 氧化数。但铍可形成共价化合物,如 BeH_2、$BeCl_2$ 等。

3) 卤素

卤素原子的价电子结构为 ns^2np^5,价电子数为奇数。作端点原子时,由于 4 个价轨道中有 3 个已填满了 2 个电子,只有那个单电子占据的 p 轨道可以接受电子成键,是一价分子片,故作端点原子时只能成 1 个 σ 键,且显 +Ⅰ 或 -Ⅰ 氧化数。氯、溴、碘作中心原子时,由于有可用的与价层 p 轨道能量相近的价层 d 轨道,且半径较大,价层 p 轨道和价层 s 轨道上的电子可依次激发到价层 d 轨道上,进而可与多个原子成键,如图 13.2 所示。因卤素原子价电子数为奇数,故可成奇数个 σ 键,并呈奇数氧化数,如卤素互化物 ClF_3、BrF_3、IF_3、ICl_3、IBr_3、ClF_5、BrF_5、IF_5、IF_7 等。F 原子无价层 d 轨道,半径又小,一般只能成 1 个 σ 键。

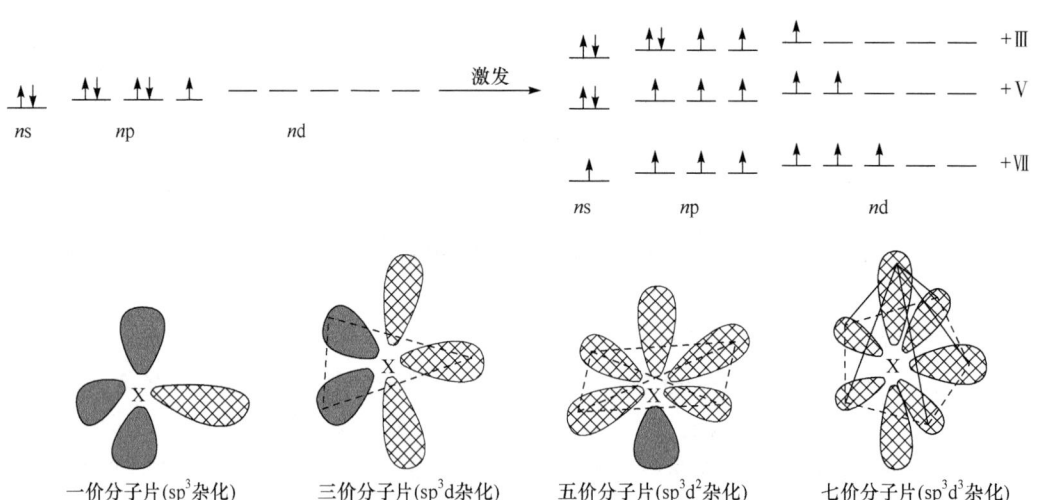

图 13.2 卤素原子的价电子结构、成 σ 键数及电子对空间分布示意图

4) 氧族元素

氧族元素原子的价电子结构为 ns^2np^4,有 6 个价电子,为偶数。6 个电子排布在 4 个价轨道上,只有 2 个价层 p 轨道是单电子占据的。氧原子无价层 d 轨道,只能与 2 个一价分子片成 2 个 σ 键,如 H_2O、OF_2、Cl_2O 等。硫、硒、碲作中心原子时,同样因有价层 d 轨道可用,当这些价电子依次激发时,如图 13.3 所示,可分别有 4 个或 6 个成单电子,即可有 4 个或 6 个价电子参与成键,为四价或六价分子片,故氧化数可为 -Ⅱ、+Ⅱ、+Ⅳ 和 +Ⅵ,如 H_2S、SCl_4、SF_4、SF_6 等。

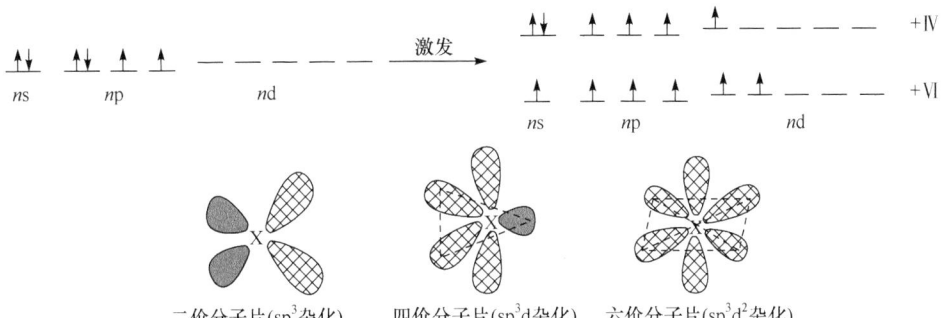

图 13.3 氧族元素原子的价电子结构、成 σ 键数及电子对空间分布示意图

同理,可分析 p 区氮族、碳族和硼族元素原子成 σ 单键数及氧化数规律,对副族元素同样可依其价电子特征进行分析。

13.2.2 双键与叁键

当与某原子成键的原子数少于该原子的可成 σ 键数时,则会出现多重键或离域 π 键。例如,当 O 原子只与 1 个原子成键时,只能成 1 个 σ 键,而 O 是二价分子片,需要成 2 个键,另一个便是 π 键(如 O_2、$H_2C=O$ 等);C 原子可成 4 个键,但 C_2H_4 分子中的 C 只与 2 个 H 和另 1 个 C 共 3 个原子成键,故 C 与 C 间还有 1 个 π 键,所以 C_2H_4 中有双键。同理,N_2 和 C_2H_2 中有叁键。根据 13.1 节的分析及成键规律(3),C_2H_4 和 C_2H_2 均有两种排列形式,但只有 $\diagup\!\!\!C\!=\!C\diagdown$ 、$-C\equiv C-$ 成键形式才能满足 C 成 4 个键的要求。又如 CO_2 分子,其价键结构在图 10.15 中已经给出。在 CO 中,C 与 O 间也能成 3[=(4+2)/2] 个键,表示为 $:C\equiv O:$。对于 NO,N 与 O 间可成 2.5[=(3+2)/2] 个键($\sigma+\pi+\pi_2^3$,三电子 π 键相当于 0.5 个 π 键),表示为 $:\!N\!=\!O\!:$。CO 和 NO 的结构也可分别表示为 ⬢ 和 ⬢。

可见,当原子间只形成简单共价单键和多重键时,其成键数只与价电子数有关。对主族元素而言,当价层 d 轨道参与成键时最多可成 N 个 σ 键,价层 d 轨道不参与成键时,等电子原子和多电子原子可成 $(8-N)$ 个 σ 键,缺电子原子成 N 个 σ 键,其中 N 为族数或价电子数。

13.2.3 分子片、组装与同类分子的结构

为了与数以千万计的分子结构打交道,我们不妨在原子和分子之间引入分子片(molecular fragment)和组装(assembly)的概念。分子片这一名词是霍夫曼(Hoffmann)在他的等瓣性原理(isolobal principle)中首先提到的。分子片是指组成分子的碎片。就像裁缝将布料裁剪成片,再缝制成各式各样的衣服一样,我们也可以将分子"裁剪"成片,然后再让不同的分子片反应生成各种物质分子,此即常说的"组装"。例如,可将 CH_4 "裁剪"成 CH_3 和 H[a],或 CH_2 和 2 个 H,或 CH 和 3 个 H,或 C 和 4 个 H。根据分子片的可成键数分为一价、二价、三价等。例如,一价分子片 CH_3、NH_2、OH、$Mn(CO)_5$、$Co(CO)_4$,二价分子片 CH_2、NH、$Fe(CO)_4$、$Ru(PR_3)_4$,

---

[a] $H-CH_3 \longrightarrow -H + -CH_3$ 或 $H:CH_3 \longrightarrow H\cdot + \cdot CH_3$,称为共价键的均裂。

三价分子片 CH、N、Co(CO)₃、NiCp 等。一价分子片 CH₃ 也可表示成—CH₃ 或·CH₃(也称为自由基,free radical),可和另一个一价分子片—M 或:M 成一个 σ 键(如与—X 成 CH₃X);二价分子片 CH₂ 可表示成 ═CH₂ 或:CH₂,可和另外两个一价分子片—M 或·M 成两个 σ 键(如与—X 成 CH₂X₂、CH₂ClBr 等),也可和另外一个二价分子片 ═M 或:M 成一个 σ 键和一个 π 键(如 H₂C═CH₂、H₂C═O)或大 π 键;依此类推。

归纳总结可得到:分子片是由一个中心原子 A^k 与若干个配体 L^m 组成,其中 k 和 m 分别为中心原子 A 的价电子数和配体提供的总电子数。分子片 M 的价电子数为 $j=k+m$。分子片价数等于它的中心原子的价轨道中的空位数。

分子碎片是真实存在的,可通过仪器检测,从质谱图中便可看到。

表 13.1 给出了一些常见的分子片。有了分子片和组装的概念,就不难通过少数熟悉的分子的结构来认识许多我们还不熟悉的分子的结构。

表 13.1 常见的分子片

一价分子片	—H、—X、—OH、—SH、—NH₂、—PH₂、—CH₃、—SiH₃、—OSO₂OH、—S(OH)O₂、—S(OH)₂O、—Mn(CO)₅、—Co(CO)₄
二价分子片	═O、═S、═NH、═PH、═CH₂、═SiH₂、═Fe(CO)₄、═Ru(PR₃)₄
三价分子片	≡N、≡P、≡CH、≡SiH、≡Co(CO)₃、≡NiCp

例如,由 H₂O 的结构可推测以ⅥA 族元素原子为中心原子的相关分子的结构。

H₂O 的结构是已熟知的,中心 O 原子采用 sp³ 不等性杂化,与 2 个 H 原子形成 2 个 σ 单键,O 原子上还有 2 对孤对电子,为"V"形分子。

(1) 根据分子片与组装的概念,如果 H₂O 中的 H 原子部分或全部被其他一价分子片—M 所取代(将 H 换成其他只能成 1 个 σ 单键的原子或基团,如—OH),其结构与 H₂O 一样。例如,OF₂、Cl₂O、Br₂O、HOF、HOCl、HOBr、HOI、H₂O₂(可看成—OH 取代 H₂O 中的一个 H 的取代物)、次硫酸 H₂SO₂(H—O—SOH)等。

(2) 根据成键规律(4),如果将 H₂O 的中心原子 O 换成价电子结构相同的其他原子(如 S、Se、Te),所形成的分子结构与 H₂O 一样,如 H₂S、H₂Se、SF₂、SCl₂、次硫酸(HO—S—OH)、H₂S₂、S_3^{2-} 等,如图 13.4 所示。

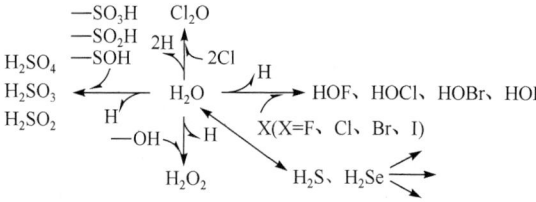

图 13.4 由 H₂O 分子衍生出的以ⅥA 族元素原子为中心原子的其他分子

类似地,由 NH₃ 可得到 NF₃、NCl₃、NBr₃、ClNH₂、Cl₂NH、PCl₃、PF₃ 等分子的结构,由 CH₄ 可得到 CCl₄、CBr₄、CH₃Cl、CHCl₃、SiH₄、SiCl₄ 等分子的结构。金属含氢配合物如 NaBH₄、LiAlH₄ 中,BH_4^-、AlH_4^- 与 CH₄ 具有相同的空间构型。因为按成键规律(4),当 B、Al 获得一个电子变成 B⁻、Al⁻ 时,其价电子结构与 C 相同。但必须注意,在 BH_4^-、AlH_4^- 中,这一

个负电荷并不为 B、Al 原子单独所有,而属于整个体系,后面类似的讨论相同。

有了 NH_3 和 H_2O 的结构以后,就不难分析联氨(N_2H_4)和羟氨(NH_2OH)的结构。N_2H_4 可看成是 2 个一价分子片—NH_2 组装的结果,或者看作 NH_3 中的一个 H 原子被—NH_2 取代的衍生物;NH_2OH 是一价分子片—NH_2 和一价分子片—OH 组装的结果,或者看作 NH_3 中的一个 H 原子被—OH 取代的衍生物,也可看成 H_2O 中的一个 H 被—NH_2 所取代的衍生物。结构如图 13.5 所示。

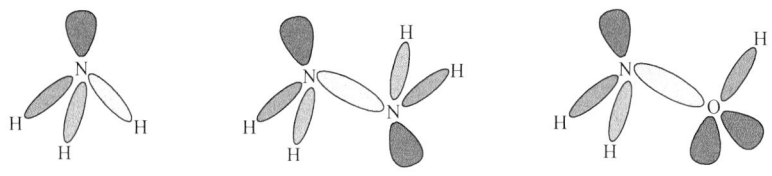

图 13.5 NH_3、N_2H_4 和 NH_2OH 分子的结构

13.2.4 等电子体原理及其本质

仔细考察 BH_4^-、AlH_4^-、CH_4 和 NH_4^+,SCN^-、NO_2^+、N_3^- 和 CO_2,CO_3^{2-}、ClO_3^+、NO_3^- 和 SO_3,SO_4^{2-}、PO_4^{3-}、ClO_4^- 和 XeO_4 等分子体系发现:它们不仅空间构型相同,且价电子总数也相同,互为等电子体,可归纳为具有等电子体的分子具有相同的空间结构。即通式 AX_m 相同,总价电子数相等的分子或离子其空间构型相同,称为等电子体原理。例如,N_2O、NO_2^+、N_3^-、SCN^-、CNO^- 和 CO_2 的通式为 AX_2,价电子总数为 16,均为直线形结构,中心原子 sp 杂化,分子中有两个 Π_3^4 键(见 13.3.3)。

由于组成分子或离子的原子数和价电子数相同,根据分子轨道理论可知,有相似的分子轨道能级排列和相似的电子排布,因而有相似的几何构型和相似的化学性质。

等电子体原理虽以分子轨道理论为依托,但仍有一些问题:①由于等电子体的数目是不可穷尽的,人们一般认为这些等电子体中只有少数可用作化学教学和结构研究的辅助工具。②等电子体原理可给出中心原子有相同的杂化形式,但有时并不具有相同的空间构型。例如,CH_4、NH_3、H_2O、OH^- 等均为 8 电子体,虽然中心原子均为 sp^3 杂化,但分子分别为四面体、三角锥形、"V"形和线形。③许多价电子总数不同的体系也具有相同的空间构型,中心原子具有相同的杂化态。例如,$(CH_3)_3N$ 和 PX_3 为 26 电子体,NH_3、PH_3、AsH_3 为 8 电子体,对中心原子而言,它们均有相同的三角锥构型;相反,26 电子体的 $(SiH_3)_3N$ 却是平面型的;H_3PO_4(32)、H_3PO_3(26)、H_3PO_2(20),中心 P 具有相同的 sp^3 杂化,四面体构型。④等电子体原理的本质是什么?

根据成键规律(4),我们可以很方便地判断一些离子的结构。例如,O 原子的价电子结构为 $2s^22p^4$,设想电离 1 个电子变成 O^+,其价电子结构变为 $2s^22p^3$,与 N 原子的价电子结构相同,根据成键规律(4),H_3O^+ 具有与 NH_3 相同的空间构型。同理,当 N 电离一个电子变成 N^+,B 接受一个电子变成 B^- 时,即成为 C 的价电子结构 $2s^22p^2$,故 NH_4^+、BH_4^- 具有与 CH_4 相同的空间构型。由此我们不难判断,在 H_3O^+ 和 NH_4^+ 中究竟只有一种键(O—H 和 N—H)还是存在两种不同的键(O—H 与 O→H、N—H 与 N→H)。又如,卤素原子作中心原子时成奇数个 σ 键,如卤素互化物 ClF_3、BrF_3、IF_3、ICl_3、IBr_3、ClF_5、BrF_5、IF_5、IF_7 等,但当卤素原子接受一个电子变成 X^- 时,其价电子结构为 ns^2np^6,与 0 族元素的相同,是偶数族价电子结构特征,成偶数个 σ 键,如 I_3^-、ICl_2^-、$IBrCl^-$(它们是 XeF_2 的等电子体,基本都是直线形结构),ICl_4^-、

IBr_4^-(XeF_4 的等电子体,平面四边形)、ClF_6^-、BrF_6^- 等。

事实上,成键规律(4)还能扩展到多中心的分子体系。例如,$H_2C=$ 与 $O=$ 既是等电子体也是等价分子片,所以 $H_2C=C=CH_2$ 与 CO_2 结构相同,中心 C 原子为 sp 杂化,有两个 Π_3^4 键。又如,$HC\equiv$ 和 $\equiv N$ 均为三价分子片,所以 $HC\equiv CH$、N_2 中有两个相互垂直的 π 键。

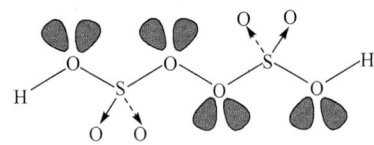

图 13.6 过二硫酸分子的结构

相对于有机物分子,无机物分子一般较小,所含原子数目不多,结构比较好判断。例如,过二硫酸分子,按成键规律(4)判断,非配位 O 和 S 均为 sp^3 杂化,对 S 而言为四面体结构(同 H_2SO_4 中的 S),对 O 而言为"V"形结构(同 H_2O 中的 O)(图 13.6)。

13.2.5 * 金属—金属多重键

在含金属的化合物中,当金属离子呈现较低氧化态时常出现金属—金属键。几乎化学元素周期表中所有的金属元素都能形成各种不同类型的金属原子簇化合物,金属—金属原子簇化合物中就有金属—金属键,目前发现的金属—金属键从单键到五重键都有。

1) 金属—金属单键

我们最熟悉的 Hg_2^{2+} 化合物中就存在 Hg—Hg 键。有以八面体为基础,通过共面而形成的金属—金属单键,如以八面体 Rb_6O 为单元共一个面而成的 Rb_9O_2,以 Cs_6O 为单元共两个面而成的 $Cs_{11}O_3$。在羰基化合物中,中心金属原子的价电子数与配体提供的电子数之和应符合有效原子序数(EAN)规则(见 12.4.3),如 $Ni(CO)_4$、$Fe(CO)_5$ 等。当不满足 EAN 规则(有单电子)时,可二聚(或与提供单个电子的原子或原子团成一个共价键)以满足 EAN 规则,如 $Mn_2(CO)_{10}$、$Co_2(CO)_8$、$Pt_3(CO)_6$。在这些聚合的羰基化合物中均存在 M—M 金属单键。图 13.7 给出了几个具有金属—金属单键化合物的例子。

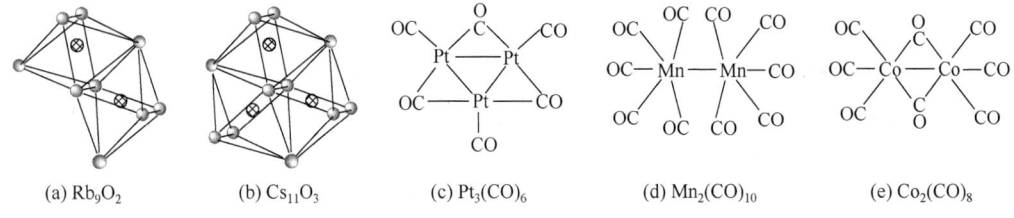

(a) Rb_9O_2 (b) $Cs_{11}O_3$ (c) $Pt_3(CO)_6$ (d) $Mn_2(CO)_{10}$ (e) $Co_2(CO)_8$

图 13.7 含金属—金属单键的化合物

2) 金属—金属双键与叁键

具有金属—金属双键的例子很多,如 $[Re_3Cl_{12}]^{3-}$,它的三角形金属骨架具有 Re=Re 双键,如图 13.8(a)。在 $[Mo_4Cl_8(PPh_3)_4]$ 和 $[Tc_6Cl_{12}]^{2-}$ 中,具有交替的 Mo—Mo 单键和叁键、Tc—Tc 单键和叁键,其中 $[Mo_4Cl_8(PPh_3)_4]$ 的几何构型呈矩形,见图 13.8(b)、(c)。

3) 金属—金属四重键

红色的乙酸亚铬(Ⅱ)$[Cr_2(CH_3COO)_4 \cdot 2H_2O]$ 和 $[Re_2Cl_8]^{2-}$ 是两个典型的具有金属—金属四重键的例子,见图 13.9。此外包含 $[Mo—Mo]^{4+}$ 结构单元的 Mo(Ⅱ)化合物也已得到。它们都有两个共同的特点:①实测 M—M 距离小于 M—M 单键键长。例如图 13.9 两化合物中,Cr—Cr 键长为 235 pm,比 Cr—Cr 单键键长(328 pm)要短得多;Re—Re 键长为 224 pm,小

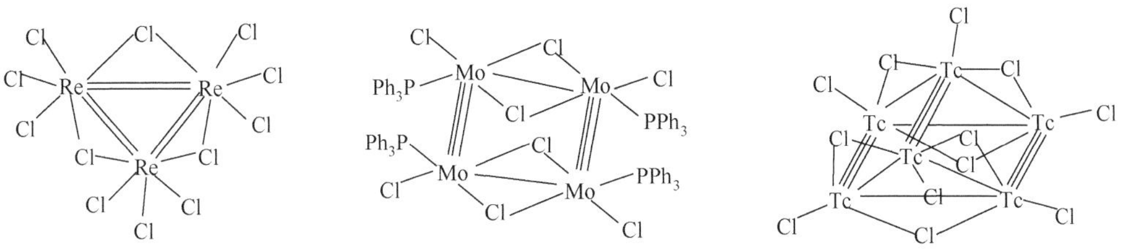

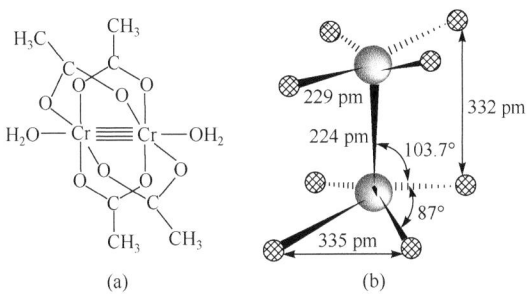

(a) $[Re_3Cl_{12}]^{3-}$　　(b) $[Mo_4Cl_8(PPh_3)_4]$　　(c) $[Tc_6Cl_{12}]^{2-}$

图 13.8　金属—金属双键和叁键示例

(a)　　(b)

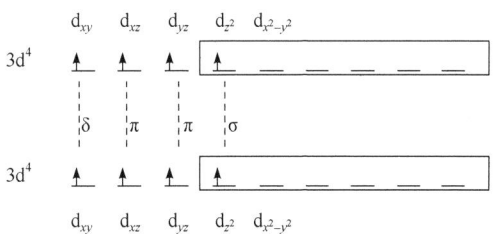

图 13.9　$[Cr_2(CH_3COO)_4 \cdot 2H_2O]$(a)和$[Re_2Cl_8]^{2-}$(b)的结构

于 Re 原子的共价半径之和 256 pm。②为抗磁性。由此便提出了四重键的观点。

下面以乙酸亚铬为例分析四重键的形成。$Cr_2(CH_3COO)_4 \cdot 2H_2O$ 为 6 配位的变形八面体结构，在该化合物中，Cr 的价电子结构为 $3d^4$，4 个价电子占据 4 个价 d 轨道，如图 13.10所示。假设两个 Cr 原子沿 z 轴方向成键，成键时可采用 d^2sp^3 杂化。在 6 个杂化轨道中，有 5 个是空的，用于接受配位原子 O 的配位，另一个杂化轨道上有一个电子，便可和另一个 Cr 原子的一个电子占据的杂化轨道“头碰头”重叠成 Cr—Cr σ 键。根据轨道对称性匹配原则，两个 Cr 原子没有参与杂化的 3 个 d 轨道可两两重叠成键，其中 d_{xz} 和 d_{yz} 轨道分别位于 xz 和 yz 平面，两两以“肩并肩”的形式重叠，形成两个 d-d π 键，而 d_{xy} 轨道位于 xy 平面，则以“面对面”的形式形成一个 δ 键。其成键情况如图 13.11(a)。 Cr—Cr 间的四重键(σ+2π+δ)使其键距缩短，8 个电子的排布为 $\sigma^2\pi^4\delta^2$，均已配对成键，故呈抗磁性。

图 13.10　两个 Cr 原子间形成四重键的示意图

根据 d 轨道之间的重叠程度与相互作用的大小，由这些轨道形成的分子轨道的能级顺序是 $\sigma<\pi<\delta<\delta^*<\pi^*<\sigma^*$，如图 13.11(b)所示。

4) 金属—金属五重键

Re—Re 和 Cr—Cr 等四重键的发现发展了过渡金属化合物的化学。此后，化学家根据理论计算和光谱等性质研究，曾提出过五重键和六重键可能存在的构想，但是都没有制备得到一定数量纯的、在室温下稳定的、含有五重键的化合物。

2005 年 11 月，*Science* 杂志报道了 Power 等关于具有 Cr—Cr 五重键双核化合物 Ar′CrCrAr′ [$Ar'=C_6H_3$-2,6$(C_6H_3$-2,6-$^iPr_2)_2$，^iPr 为异丙基]的制备、结构和性质研究。该

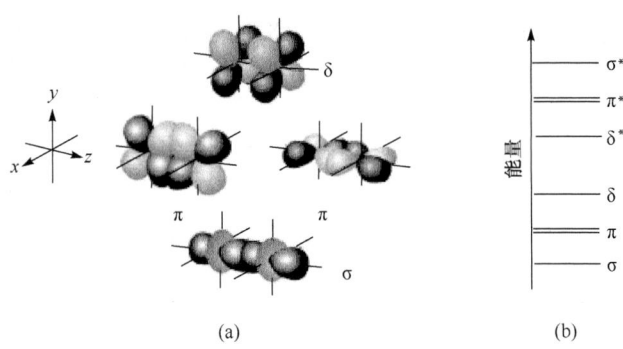

图 13.11　4 个 d 轨道重叠的方向(a)与分子轨道近似能级(b)

化合物的结构如图 13.12 所示。晶胞中的 Ar'CrCrAr' 坐落于对称中心,分子中两个 Cr 原子连接成键,处于分子的中心,它们被两个大的配体包围。每个 Cr 原子和苯环的一个 C 原子连接成 σ 键[图 13.12(b)中的实线],并和配位到另一个 Cr 原子上的配位体的苯环存在弱的 π 相互作用[图 13.12(b)中的虚线]。分子中心的 CCrCrC 核心骨干呈平面型反式构象。主要的键长和键角分别为 Cr—Cr 183.51(4) pm、Cr—C 213.1(1) pm、Cr—C 229.43(9) pm、Cr—Cr—C 102.78(3)°。

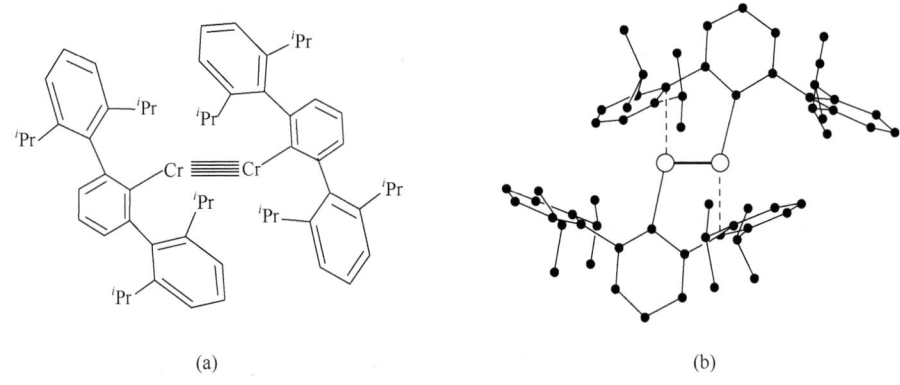

图 13.12　双核金属配合物 Ar'CrCrAr' 的化学结构式(a)和空间构型(b)

Cr 原子的价电子结构为 $3d^5 4s^1$,由于两个配体 Ar' 的包围,其他带有孤对电子的配位原子难以接近 Cr 原子,导致 Cr 原子价层的 4p 轨道全空,没有参加成键。Cr 原子用 $3d_{z^2}$ 和 4s 轨道进行 sd 杂化,用其中一个杂化轨道与配位 C 原子的 sp^2 杂化轨道形成 Cr—C σ 键,另一杂化轨道与另一 Cr 原子的杂化轨道成 Cr—Cr σ 键。每个 Cr 原子剩余 4 个 d 轨道(d_{xy}、d_{xz}、d_{yz}、$d_{x^2-y^2}$),其中两个 Cr 原子的 d_{xz} 和 d_{yz} 分别对称性匹配,"肩并肩"形成两个 π 键(d_{xz}—d_{xz}、d_{yz}—d_{yz});两个 Cr 原子的 d_{xy} 和 $d_{x^2-y^2}$ 分别对称性匹配,"面对面"形成两个 δ 键(d_{xy}-d_{xy}、$d_{x^2-y^2}$-$d_{x^2-y^2}$),如图 13.13 所示。

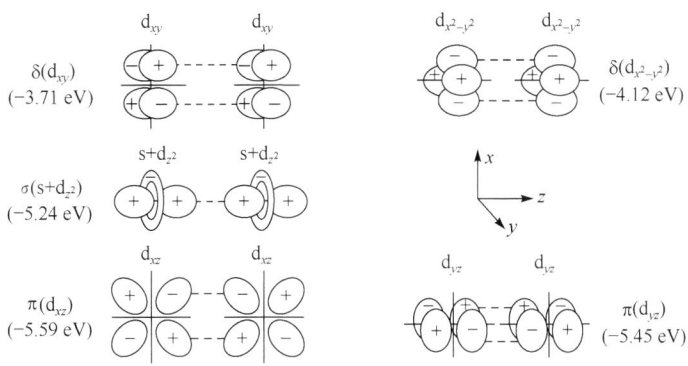

图 13.13 Ar′CrCrAr′ 中两个 Cr 原子间轨道叠加形成五重键示意图

13.3 离域大 π 键

当多个原子的 p 轨道能够相互平行且"肩并肩"重叠时,所形成的 π 键称为大 π 键。由于 π 电子是在所有参与 π 键的原子间运动,所以又称为离域大 π 键或共轭大 π 键。为区别于 π 键,共轭大 π 键用符号 Π_n^m 表示,其中 n 表示参与成大 π 键的 p 轨道数,m 为 π 电子数。参与形成大 π 键的原子既可提供 1 个或 2 个 p 电子,也可不提供 p 电子。

如何从原子的电子结构入手,推测分子体系是否存在大 π 键? 我们先介绍大 π 键的形成情况,然后再从简单的例子开始研究。

13.3.1 大 π 键形成的条件、类型和键级

由 π 键的形成条件不难得出大 π 键的形成条件:①形成大 π 键的原子须在同一个平面上,且相邻的每个原子必须提供一个彼此平行的 p 轨道。②总的 π 电子数小于参与形成大 π 键的 p 轨道数的两倍 ($m < 2n$)。前一个条件保证 p 轨道之间有最大程度的重叠,后一个条件保证成键电子数大于反键电子数,使键级大于零。

按 Π_n^m 中 m 和 n 的大小关系可将大 π 键分成三种类型:

(1) 正常大 π 键 ($m=n$),即 p 轨道与 π 电子数目相等。大多数有机共轭分子的大 π 键属于此类,如丁二烯、苯等,无机分子有 NO_2 等。

(2) 多电子大 π 键 ($m>n$),即 π 电子数大于 p 轨道数,如 O_3、SO_2、CO_2、CO_3^{2-}、BF_3 等,一般由多电子原子(如 O、S 等)形成。

(3) 缺电子大 π 键 ($m<n$),即 π 电子数小于 p 轨道数。一般由缺电子原子(如 Be、B 等)形成。属于这种情况的例子不多,如铍的硼化物中有为气相的化合物 $Be(BO_2)_2$,在该分子中,Be 为 sp 杂化,B 为 sp^2 杂化,分子中存在 Π_7^4 键。另一个存在缺电子大 π 键的例子是 $[CH_2—CH—CH_2]^+$,$CH_2=CH—CH_2Cl$ 解离失去 Cl^- 后的体系就存在缺电子 Π_3^2 键。

大 π 键的键级可按 π 键来处理。无机共轭分子大多是非环状的,根据分子轨道理论,得到图 13.14。

由图 13.14 可见,当参与形成大 π 键的 p 轨道数 n 为偶数时,有 $n/2$ 个成键轨道和 $n/2$ 个反键轨道;n 为奇数时,有 $(n-1)/2$ 个成键轨道、$(n-1)/2$ 个反键轨道和 1 个非键轨道。根据各轨道上电子排布情况可计算出键级。

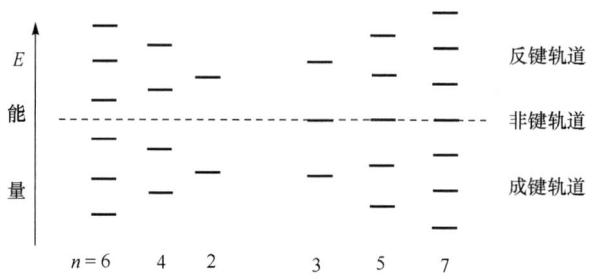

图 13.14 开链共轭大 π 键分子轨道能级示意图

13.3.2 只含一种大 π 键的体系

以 O_3 的分子结构为例。O_3 分子中有 3 个 O 原子，存在 3 种可能的空间构型：三角形、"V" 形和直线形。O_3 分子究竟是哪种构型呢？

如果是"V"形，则存在两种不同的 O 原子：中心 O 原子与端点 O 原子。中心 O 原子有可能采用 sp^2 或 sp^3 杂化成键。

先看 sp^2 杂化的情况。如图 13.15 所示，3 个 sp^2 杂化轨道位于同一平面，O 原子的 6 个价电子在其中的 1 个杂化轨道上排 2 个（孤对电子），在另 2 个杂化轨道中各排 1 个，以便分别与端点 O 原子中的只有 1 个电子占据的 p 轨道重叠成 σ 键，还有 2 个价电子排在未参与杂化的 p 轨道（设为 p_z）上，该轨道垂直于 3 个 sp^2 杂化轨道构成的平面——分子平面。端点 O 原子有 2 个单电子占据的轨道，其中的一个和中心 O 原子的 sp^2 杂化轨道成 σ 键，另一个单电子轨道 p_z 与中心 O 原子的未杂化的 p_z 轨道平行，3 个 p_z 轨道可"肩并肩"重叠成 Π_3^4 键，键级等于 1。这样 O—O 原子间有 1 个 σ 键和半个 π 键，总键级为 1.5。孤对电子与成键电子间约成 120°，斥力小。

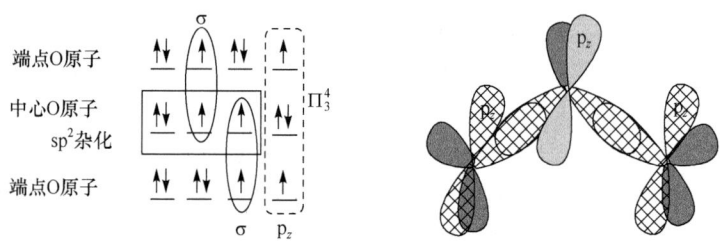

图 13.15 O_3 分子中心 O 原子 sp^2 杂化及成键情况

中心 O 原子若是 sp^3 杂化，则属于 H_2O 中 O 原子的成键情况，键角小，斥力大，且 2 个孤对电子与端点 O 原子的另一单电子轨道 p_z 方向不一致，不能重叠成大 π 键，O—O 间只能成 1 个 σ 键，端点 O 原子还有 1 个单电子，不符合成键要求。

会不会有可能是三角形或直线形呢？

如果是三角形，则 3 个 O 原子的环境是完全相同的，每个 O 原子都只能采取 sp^3（为什么不会是 sp^2）杂化，与另 2 个 O 原子形成 2 个单键并成三角形。但这种结构中 3 个单键互成 60°，张力很大，或者说相互成键的两杂化轨道间达不到最大重叠（H_2O 分子的夹角为 104.3°，远大于 60°），构型不稳定。此外，O—O 间只能成 σ 单键，键级为 1。

如果是直线形，也有中心 O 与端点 O 两种不同的 O 原子。中心 O 原子 sp 杂化，2 个杂化轨道上只能排 2 个电子,另 4 个价电子只能排在 2 个未参与杂化的 p 轨道(设为 p_y 和 p_z)上。同理,端点 O 原子用 1 个单电子占据的 p 轨道与中心 O 原子的杂化轨道重叠成 σ 键后,3 个 O 原子的 p_z 轨道可平行重叠成 Π_3^5 键,键级为 0.5。同样 3 个 p_y 轨道可平行重叠成 Π_3^5 键。总的 π 键级为 1,分子中有 2 个成单电子。单从 π 键级来看与"V"形结构的相同,理论上也是一种可能的结构,但这种结构一是使 π 电子云过于集中,2 个 Π_3^5 意味着每 2 个 O 原子间有 5 个 π 电子,再加上 2 个 σ 电子,电子云间产生很大的斥力,图 13.16 给出了 O_3 成"V"形和直线形时价电子分布的比较;二是可能由于反键轨道的能量升高比成键轨道能量的降低要大(详见结构化学),2 个 Π_3^5 的能量比 Π_3^4 的能量高,直线形不及"V"形结构稳定。O_3 为反磁性的事实不支持 Π_3^5 键,实测键角为 116.8°,说明是"V"形结构。

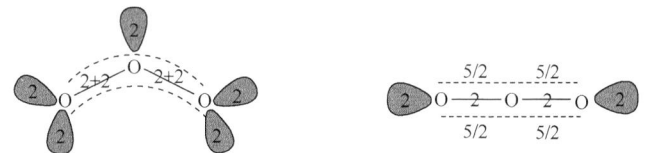

图 13.16　O_3 分子成"V"形和直线形时价电子分布比较示意图

13.3.3　有两个相同大 π 键的体系

一般而言,线形分子或非线形分子的线形部分才有可能具有两个大 π 键。

CO_2 分子的价键结构在图 10.15 中已经给出,然而分子轨道理论处理的结果则有所不同。设 3 个原子沿 x 轴成键(图 13.17),根据对称性,12 个价原子轨道分为 3 组,它们的 s 和 p_x 共 6 个轨道对称性匹配,为一组,形成 2 个成键轨道(C—O σ 键)、2 个非键轨道(O 原子上还各有 1 个孤对电子)、2 个反键轨道(能量高,无电子填充);3 个 p_y 轨道和 3 个 p_z 轨道分别对称性匹配,各自成一组,并分别形成 2 个 Π_3^4 键。每个大 π 键键级为 1,总大 π 键级为 2。因此 C—O 间的总键级(σ+π)等于 2,为双键,与价键理论的结论一致。等电子体 N_2O、NO_2^+、N_3^-、SCN^-、CNO^- 等都具有同样的成键特征。

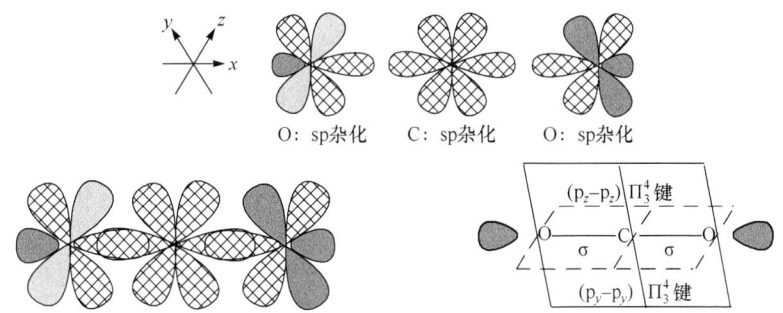

图 13.17　C、O 原子的杂化轨道、成键过程及 CO_2 的分子轨道示意图

13.3.4　有两种不同 π 键的体系

我们以 HN_3(叠氮酸)为例来讨论这种体系的成键情况。HN_3 中的 4 个原子可有如图 13.18(a)、(b)所示的两种排列形式,此外,还有如图 13.18(c)、(d)所示的多种空间构型。因篇幅所限我们只分析满足成键条件的结构图 13.18(c),其他的成键情况读者可仿照对 O_3 的讨论自行分析。

为讨论问题的方便,将 3 个 N 原子依次编号,并设分子位于 xy 平面。N_1—N_2—N_3 成直线(设为 x 方向),显然 N_2、N_3 为 sp 杂化,N_1 可能为 sp^3 或 sp^2 杂化。

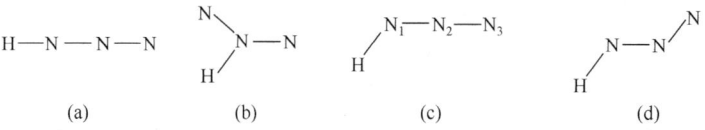

图 13.18　HN_3 的几种成键形式

若 N_1 为 sp^2 杂化,其中 2 个杂化轨道分别与 N_2 和 H 成 σ 键、1 个杂化轨道上占有 2 个电子而成孤对电子,留下 1 个未杂化的 p_z 轨道和 1 个价电子;N_2 留下 2 个相互垂直的、未杂化的 p_z 和 p_y 轨道及 3 个价电子。同理,N_3 用 1 个单电子占据的 sp 杂化轨道与 N_2 成 σ 键,另一 sp 杂化轨道则是双电子占据的,剩下的 2 个未杂化的轨道 p_z 和 p_y 上各占 1 个电子。这样 3 个 N 原子可在 z 方向上形成 Π_3^4 键,而 N_2 和 N_3 在 y 方向上还可形成 1 个 π 键,总 π 键级为 2,其中 N_1—N_2 间的 π 键级为 0.5,N_2—N_3 间的 π 键级为 1.5,如图 13.19 所示,与实验测得的键长 124 pm 和 113 pm 相吻合。

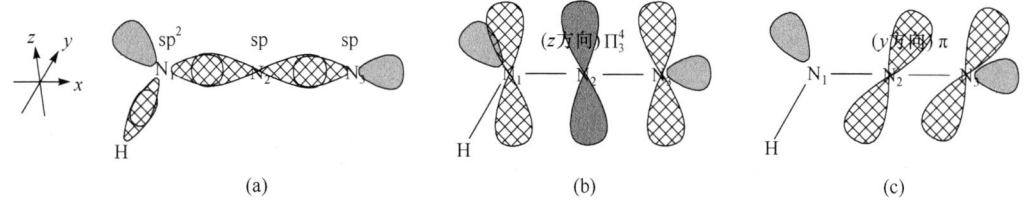

图 13.19　HN_3 中 N 的杂化成 σ 键(a)、在 z 方向成 Π_3^4 键(b)和在 y 方向成 π 键(c) 的情况

若 N_1 为 sp^3 杂化,则杂化轨道呈四面体构型,显然,N_1 的 sp^3 杂化轨道与 N_2 未杂化的 p 轨道的方向扭曲,不能有效重叠成键,所以 N_2 的 2 个未杂化的 p 轨道只能和 N_3 的 2 个未杂化的 p 轨道分别在 y 和 z 方向形成 π 键和 Π_2^3 键,总 π 键级为 1.5,N_1 还剩下 1 个单电子占据的杂化轨道,显然不符合成键要求。

再举一个配离子中有两种不同 π 键的例子。$[Ni(CN)_4]^{2-}$ 是很稳定的配离子,为平面正方形(为何不是四面体?)结构。CN^- 和 N_2 是等电子体,有相同的结构,C 和 N 的孤对电子虽都具有配位能力,但 C 的孤对电子的配位能力比 N 的强。Ni^{2+} 的价电子结构是 $3d^8$,采取 dsp^2 ($3d_{x^2-y^2}$,$4s$,$4p_x$,$4p_y$)杂化时,与配体 CN^- 形成的 4 个 σ 配键指向平面正方形的 4 个角。由于 Ni^{2+} 的 $3d_{x^2-y^2}$ 轨道参与了杂化,所以 C、N 原子位于 xy 平面上未杂化的 p 轨道只能分别形成 4 个 π 键,如图 13.20(a)所示。另外,Ni、C、N 都有一个垂直于 xy 平面的未杂化的 p_z 轨道,满足生成 p-p π 键的条件,形成 9 原子 8 电子 Π_9^8 键,如图 13.20(b)所示。其稳定性还可以从反馈 π 键(见 13.6.3)来解释。

13.3.5 *　由 p 轨道和 d 轨道形成的大 π 键

由表 10.5 知,p 轨道和 d 轨道在对称性匹配时可"肩并肩"重叠形成 π 键,那么,只要条件许可自然也就能形成大 π 键。例如,$(SiH_3)_3N$ 分子中 N 的 2p 轨道和 Si 的 3d 轨道就能形成如图 13.21 所示的 Π_4^2 键。

$(SiH_3)_3N$ 中 N 原子采取 sp^2 杂化,N 与 3 个—SiH_3 中的 Si 位于同一平面,键角 120°,斥

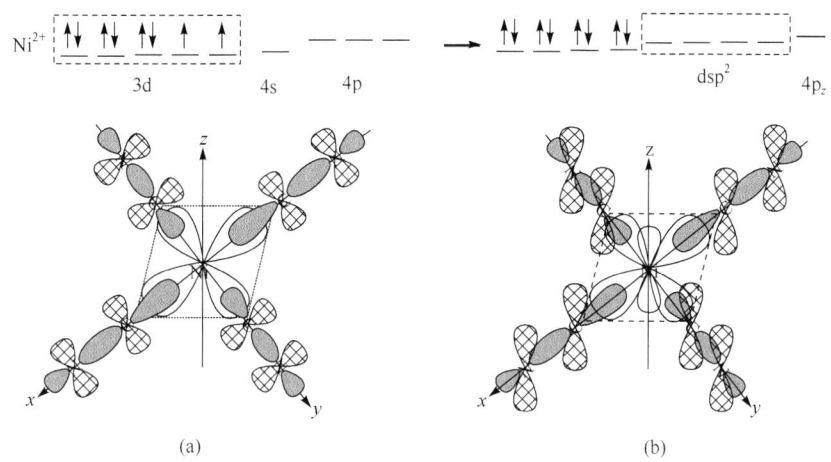

图 13.20 $[Ni(CN)_4]^{2-}$ 中的 NC→Ni 的 σ 配键、位于 xy 平面的 π 键(a) 和垂直于 xy 平面的 Π_9^8 键(b)

力小,Si—N 键长 173 pm。N 未杂化的 p_z 轨道(有 2 个电子占据)与此平面垂直,因 Si 原子有空的 3d 轨道,能与 N 的 p_z 轨道形成 p-d Π_4^2 共轭键(图 13.21),π 键级为 1,达到了成键最大化。另外,从电子流动的方向看,N 的电负性(3.04)大于 Si(1.90),N—Si σ 键上的电子云偏向 N,即—SiH_3 是推电子基,使 N 带较多的负电荷,而 Π_4^2 键使负电荷从 N 流向 Si,使 N 上的负电荷密度减小,所以也可看成是 d←p 反馈 π 键。

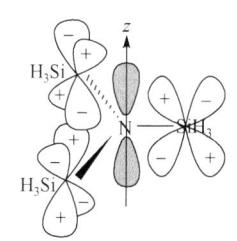

图 13.21 $(SiH_3)_3N$ 中的 Π_4^2 键

若 N 采取 sp^3 杂化,则同 NH_3 一样,为锥形结构。但这种构型未达到成键最大化,且由于—SiH_3 的半径大,锥形结构会造成空间上的拥挤。两者相比较,前者比后者能量低得多,结构要稳定得多。

13.3.6 具有环形大 π 键的体系

苯分子是我们熟知的具有 Π_6^6 键的体系,每个 C 原子以 sp^2 杂化轨道与相邻的 2 个 C 和 1 个 H 形成 σ 键,每个碳原子均余下 1 个未杂化的、占有 1 个电子的 p 轨道,这些 p 轨道相互重叠,形成 1 个垂直于分子平面的 6c-6e 的 Π_6^6 键。素有"无机苯"之称的环氮硼烷 $H_6B_3N_3$(B 比 C 少 1 个电子,而 N 比 C 又多 1 个电子)就具有与苯相似的结构[符合成键规律(4)]。

石墨是碳的另一种同素异形体,具有层状结构。与苯分子一样,层内每个碳原子以 sp^2 杂化轨道和邻近的 3 个碳原子形成 σ 键,C—C 键长 142 pm;同层中每个碳原子未参与杂化的、单电子占据的 p 轨道相互重叠,形成一个垂直于 σ 键平面的 mc-me 的 Π_m^m 键。这些离域电子可以在整个平面层中活动,所以石墨具有良好的层向导电、导热性。石墨的层与层之间的距离较大(335 pm),是以 van der Waals 力结合,很容易沿着与层平行的方向滑动、裂解,因此石墨质软且具有润滑性。被称为白石墨的六方氮硼烷$(BN)_x$ 则具有石墨型结构,它们之间互为等电子体,如图 13.22 所示。

13.3.7 影响 π 键形成的因素

π 键的形成和稳定性与原子半径、元素电负性及 p 轨道的平行性有关。原子半径增大,形成 π 键及大 π 键的趋势都减弱。例如,C、N、O 或原子半径较小的 S、Cl 等所形成的 CO_2、NO_2、ClO_2、O_2、N_2 等小分子中有 π 键或大 π 键,而 SiO_2、P_2O_3、SeO_2 等则是 σ 键的化合物,P_∞、

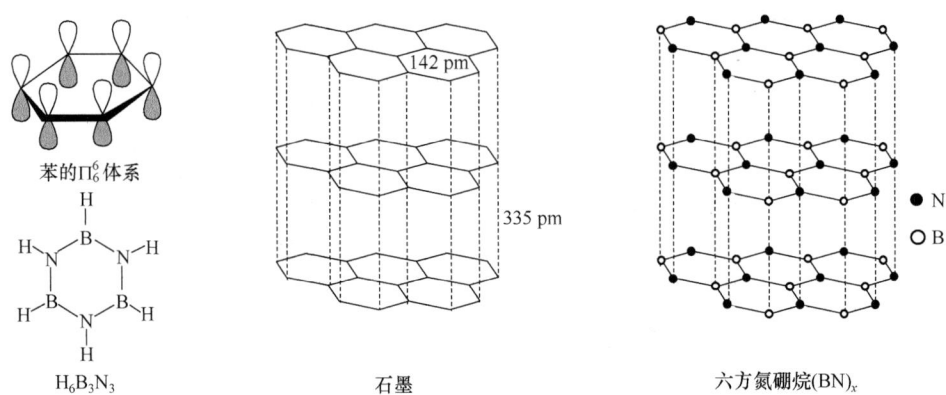

图 13.22　几个具有环形共轭大 π 键的体系

P_4、As_∞、S_8 等基本上也是 σ 单键的化合物。如图 13.23 所示,当两种原子的半径都很小时,形成 π 键的趋势最大(如 N_2、BF_3 等);原子半径一个较大,一个较小,则形成 π 键的趋势次之;如果两种原子的半径相差很大或两种原子的半径都很大,则难以"肩并肩"重叠成 π 键。p 轨道夹角的影响:π 键形成的条件是要求 p 轨道相互平行,但有时因空间因素而难以做到 p 轨道绝对平行,这会影响 π 键的形成和稳定性。

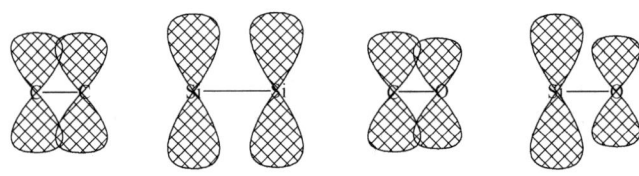

图 13.23　不同半径原子的 p 轨道"肩并肩"重叠的情况

13.4　多中心少电子键

13.3 节中讨论的 Π_n^m 键是一种多中心键(π 键是两中心的),其中当 $m<n$ 时是一种多中心少电子大 π 键,当 $m>n$ 时便是多中心多电子大 π 键。不过,这里所讨论的不是离域大 π 键,而是由等电子原子(如氢原子)或多电子原子(如卤素原子)与缺电子原子形成的 σ 键。

硼氢化合物中就存在多中心少电子键。硼原子有 4 个价轨道,最大成键数为 4,但仅有 3 个价电子,它与 H 似乎应该形成 BH_3、B_2H_4(H_2B—BH_2)等硼氢化合物,但通过硼烷气体密度的测定,证实最简单、稳定的不是 BH_3 而是 B_2H_6(也不是 B_2H_4)。

B 原子的价电子结构是 $2s^22p^1$。假设 B 原子 sp^3 杂化并与 3 个 H 原子成键,因 H 电负性(2.18)大于 B(2.04),且氢原子的半径小,故 B—H 键上的电子云偏向氢原子的一端,使 H 带部分负电荷,B 带部分正电荷。又由于 H 半径小,无其他价轨道和价电子,因此 B—H 键的电子云类似于一个孤对电子的电子云,这样带正电荷、亲电性的 B 用其空轨道与另一个 BH_3 的 B—H 电子云重叠。它们两两重叠形成 B_2H_6,如图 13.24 所示。

值得注意的是,因电子的离域性,B 的空轨道与另一个 BH_3 的 B—H 电子云重叠后,两个硼原子对该氢原子的影响完全相同,这一对电子受到 2 个 B 核和 1 个 H 核共 3 个核的吸引,电子云完全平均化。

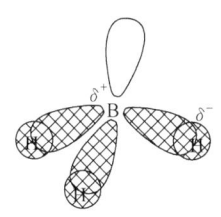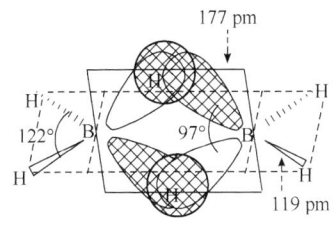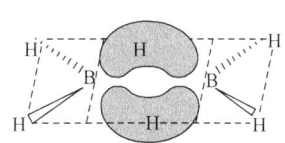

图 13.24　B_2H_6 成键及分子结构示意图

这样，B_2H_6 中就有两种不同类型的 B—H 键：4 个氢原子与 2 个硼原子在同一平面内形成的正常 σ 键（键长 119 pm）；2 个硼原子与 1 个氢原子通过共用 2 个电子而形成的 σ 键，称三中心二电子（3c-2e）键。2 个 3c-2e 键对称地分布在由 B、H 构成的平面的上方和下方，且与平面垂直，好像是 2 个硼原子以氢原子作为桥梁而联结起来的，故该 3c-2e 键又称为氢桥键，可以用 B$\overset{H}{\frown}$B 来表示，桥上的氢则称为桥氢。

由 2 个硼原子和 1 个氢原子共提供 3 个原子轨道，组成 3 个分子轨道——成键轨道、反键轨道、非键轨道。2 个电子填充在成键轨道上，键级为 1。

如图 13.25 所示的一些高硼烷分子中，除了有这两种键以外，还可能有 2c-2e B—B 键，开口式 3c-2e 硼桥键 B$\overset{H}{\frown}$B，闭合式 3c-2e 硼键 $\overset{B}{\underset{B\ \ B}{\diagup|\diagdown}}$。但乙硼烷分子中没有 B—B 单键。

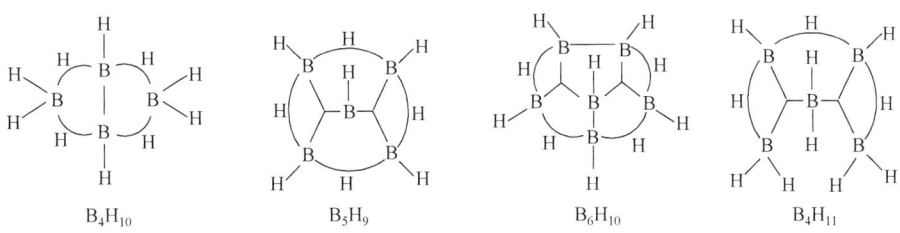

图 13.25　几种硼烷的结构式

CH^+ 与 BH 单元为等电子体，若硼烷中的部分 BH 被 CH^+ 取代，则得到硼烷的重要衍生物——碳硼烷。它们也是多面体分子，碳硼烷阴离子又可以与一些过渡金属离子或有机基团形成碳硼烷衍生物。硼烷还有含硫或磷等杂原子的衍生物。由此可知，硼烷及其衍生物是一大类结构复杂、形式多样的化合物。

铝可生成三卤化物。在铝的卤化物中，只有 AlF_3 有明显的离子性，其他卤化物均有不同程度的共价性。蒸气密度的测定表明，$AlCl_3$、$AlBr_3$、AlI_3 均为双聚分子，这显然是由铝的缺电子性决定的。Al 与 B 同族，Cl、Br、I 原子有孤对电子，2 个 AlX_3 分子间可形成桥键，其结构如图 13.26 所示。

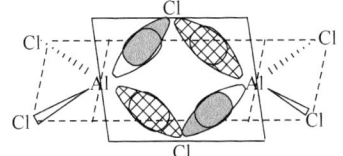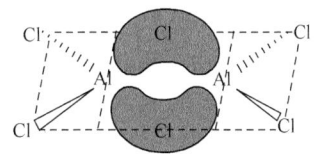

图 13.26　Al_2Cl_6 分子的结构

其中的氯桥键为3c-4e键,为多中心多电子键,它与乙硼烷的桥式结构形式上相似,但本质不同。当 Al_2Cl_6 溶于水时,立即解离为 $[Al(H_2O)_6]^{3+}$ 和 Cl^-,并强烈水解。

13.5 配 位 键

配位键是由一方提供孤对电子或不定域电子,另一方提供空轨道而形成的键。由孤对电子配位形成的键称为 σ 配键,由不定域电子配位形成的键称为 π 配键。从配位键的定义和形成来看,凡具有孤对电子的实体都具有提供电子对形成配位键的条件,剩下的就看配位能力和其他因素(如空间位置等)的影响。

13.5.1 非金属原子间形成的 σ 配键

在这种类型中起 Lewis 碱作用的原子一般是多电子原子,起 Lewis 酸作用的既可以是缺电子原子,也可以是多电子原子(如氧和硫等)。

1. 多电子原子作 Lewis 酸

我们先从 H_2S 分子的结构出发来分析硫的含氧酸及其酸根的结构。前已述及,H_2S 的结构与 H_2O 相同,S 有两对孤对电子,具有配位能力,和氧原子配位时[a],氧的 6 个价电子需挤占 3 个轨道,空出一个轨道接受电子对配位,同时将 H 置换成—OH,就是 H_2SO_4 分子;如果硫原子两对孤对电子中一对与氧原子配位,另一对与硫原子配位,便是 $H_2S_2O_3$;同理 H_2SO_3 可看成是 H_2S 中的 H 被—OH 置换,且只有一对孤对电子与氧原子配位所形成的(图 13.27)。

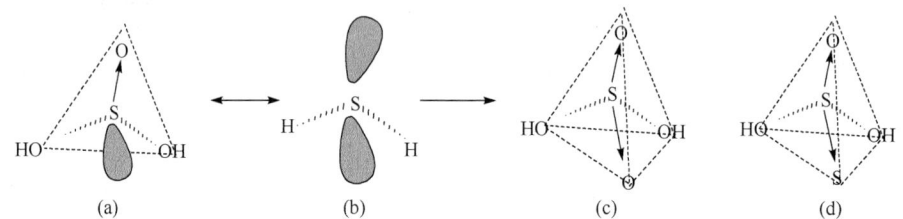

图 13.27　$H_2S(b)$ 和 $H_2SO_3(a)$、$H_2SO_4(c)$、$H_2S_2O_3(d)$ 分子结构的比较

由此不难理解 SO_4^{2-} 的结构。若 H_2SO_4 中的 2 个 H 以 H^+ 的形式离去,将共用电子留给原来的体系,形成的 SO_4^{2-} 并不改变原来的空间结构,只不过 4 个 S→O 键变得完全相同而已。这样的例子还很多,如 PCl_3 与 NH_3 具有同样的空间构型,均有一对孤对电子,PCl_3 就可用其孤对电子与氧原子、硫原子配位,形成 $POCl_3$、$PSCl_3$。

2. 缺电子原子作 Lewis 酸

能作 Lewis 酸的非金属缺电子原子为铍和硼。在硼原子以 sp^2 杂化形成的共价分子中,余下的一个空轨道可接受 Lewis 碱提供的孤对电子,形成以 sp^3 杂化的四面体构型的配合

---

[a] 讨论的是它们结构之间的关系,而非制备间的关系,H_2SO_4 不是直接由 H_2S 来制备的。

物,如 $F_3B\leftarrow NH_3$。

Be 的价电子结构是 $2s^22p^0$,与其他原子成键时,2 个空轨道可接受 Lewis 碱的配位,与某些普通配体形成相当稳定的配合物,如 $[BeF_4]^{2-}$、$[BeCl_4]^{2-}$、$[Be(OH)_4]^{2-}$ 等。按成键规律(4),Be 获得 2 个电子后的价电子结构与 C 原子的相同。因此,Be 能成 4 个键。

Be 还能形成 $[Be(NH_3)_4]^{2+}$、$[BeCl_2]_n$、$[Be(CH_3)_2]_n$ 等。图 13.28 是 $Be_4O(O_2CCH_3)_6$(碱式乙酸铍)的结构,中心氧原子周围按四面体方式排布 4 个 Be 原子,Be 原子两两间又被乙酸根所桥连。该化合物可通过 $BeCO_3$ 与 CH_3COOH 反应来制备。

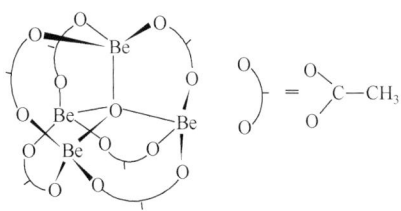

图 13.28　$Be_4O(O_2CCH_3)_6$ 的结构

$$4BeCO_3(s)+6CH_3COOH(l)=\!\!=\!\!=4CO_2(g)+3H_2O+Be_4O(O_2CCH_3)_6(s)$$

13.5.2　金属离(原)子与配体形成的配位键

由金属离子或原子与配体所形成的配离子或配合物种类众多,其数量约占无机物总数的 75%,是应用非常广泛、研究十分活跃的一类化合物,第 12 章中已作过专门讨论。

理论上讲,凡是能提供空轨道的金属或准金属原子或离子和能提供孤对电子的原子、分子或离子便可形成配位键,既可是中性分子,也可是阴、阳离子,如 $Fe(CO)_5$、$Ni(CO)_4$、$Ni(PCl_3)_4$、$[Cu(NH_3)_4]^{2+}$、$[Ni(CN)_4]^{2-}$、$[AgI_4]^{2-}$、$[Ca(EDTA)]^{2-}$(图 13.29)、金属含氢配合物、$LiAlH_4$ 以及以氢作单齿或双齿配体的过渡金属配合物 $[Fe(CO)_4H_2]$、$[Co(CO)_4H]$、$[ReH_9]^{2-}$、$[Cr_2(CO)_{10}H]^-$ 等。这类配合物的数量日益增多,结构类型多样,在均相催化中的作用引人注目。

碱金属、碱土金属离子具有稀有气体结构,形成配合物的能力差,与简单的无机配体难以形成稳定的配合物,但与多醚特别是环多醚形成的配合物则是相当稳定的,图 13.30 是穴醚 crypt-222 及其钠配合物 $[Na(crypt-222)]^+Na^-$ 的结构。冠醚(crown ether)、穴醚与碱金属、碱土金属离子所形成的配合物结构特征在第 21 章中讨论。

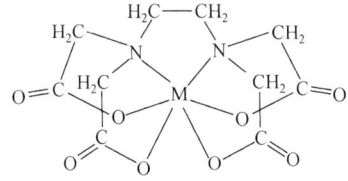 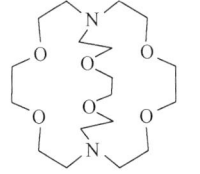 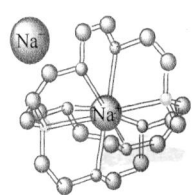

图 13.29　$[M(EDTA)]^{2-}$
($M=Ca^{2+}$、Mg^{2+})的结构

图 13.30　穴醚 crypt-222 及其钠配合物 $[Na(crypt-222)]^+Na^-$ 的结构

13.5.3　金属离(原)子与 π 配体形成的配位键

1825 年发现了蔡斯盐(Zeise's salt)$K[Pt(C_2H_4)Cl_3]$,在这种化合物中,Pt^{2+} 以 dsp^2 杂化并与 3 个 Cl^- 配位,此外还与 C_2H_4 配位。C_2H_4 分子中并无孤对电子,参与配位的是 π 电子。π 轨道位于 C_2H_4 分子平面两侧并与该平面垂直,伸展较远,可用于配位。Pt^{2+} 以 dsp^2 杂化并与 3 个 Cl^- 在同一平面配位,如果 C_2H_4 分子也位于此平面,则 Cl、C 间的斥力较大。为了减小这种斥力,C_2H_4 分子与该平面垂直,其结构如图 13.31 所示。实验测得乙烯的两个 C 原子与

中心离子 Pt 的距离相等。在这个配合物中，Pt 的 d_{xz} 轨道还与乙烯的 π^* 轨道形成 $\pi^* \leftarrow d$ 反馈 π 键。

N_2、CO、CN^- 等除能用孤对电子端基配位外，也能用 π 轨道侧基配位形成配合物。

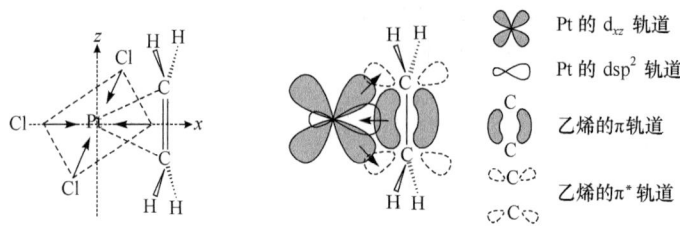

图 13.31　$[Pt(C_2H_4)Cl_3]^-$ 中 π 配体（C_2H_4）与 Pt^{2+} 形成的配位键

13.6　反馈 π 键

反馈 π 键是指甲原子通过某种成键（主要是 σ 键）方式向乙原子提供了较多的电荷，反过来，乙原子又通过成 π 键的形式向甲原子反馈一部分电荷。这种通过反馈电荷所形成的 π 键称为反馈 π 键。

13.6.1　d↔p 反馈 π 键

甲原子通过双电子占据的 p 轨道和乙原子的空 d 轨道所形成的 π 配键称为 d←p π 键。图 13.32 是磷酸分子的结构，由前面的讨论不难理解图 13.32(a)磷氧四面体结构。P 用一个杂化轨道与非羟基 O 形成 P→O σ 配键，P 原子空的 $3d_{xz}$ 轨道与该 O 原子的 $2p_x$ 轨道对称性匹配，可"肩并肩"重叠成 π 键，如图 13.32(b)所示；同理，P 原子空的 $3d_{yz}$ 轨道与该 O 原子的 $2p_y$ 轨道可"肩并肩"重叠成另一个 π 键[将图 13.32(b)沿 z 轴转动 90°即可]。因 O 原子的 p 轨道是填满电子的，而 P 原子的 d 轨道是空的，成键时电子云是从 O 原子的 p 轨道流向 P 原子的 d 轨道，为 d←p π 键。从 P—O 间电荷流动方向和程度来看，形成 P→O σ 配键时，P 和 O 的轨道是"头碰头"重叠，且 O 的电负性大于 P，故 P 的电荷向 O 流动较多，成键较强。而对 d←p π 配键，电子流动的方向刚好与前者相反，是从 O 流向 P。但因 P 原子 3d 轨道比 O 原子的 2p 轨道伸展得远，组成的分子轨道有效性差，且电荷要从电负性大的 O 流向电负性小的 P 较困难，所以总的来看，通过 σ 配键 P 向 O 提供了较多的电荷，O 原子又通过 d←p π 键向 P 原子回馈了一部分电荷，故称这种配键为 d←p 反馈 π 键。从电荷平衡的角度来看，d←p 反馈 π 键的形成降低了 P 原子上的正电荷和 O 原子上的负电荷，有利于分子的稳定。但要强调的是，正是因为 d←p 反馈 π 键的有效性差，所以从键的数目来看是 P⇌O 三重键，但实验测得的键长是 152 pm，介于 P—O 单键（163 pm）和 P=O 双键（150 pm）之间。

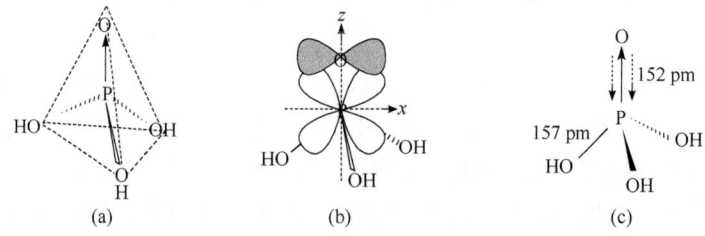

图 13.32　磷酸分子的结构和 P—O 键中的 d←p 反馈 π 键

13.6.2* π* ←d 反馈 π 键

甲方通过双电子占据的 d 轨道向乙方空的 π* 轨道反馈电荷并形成的 π 配键属 π* ←d 反馈 π 键。蔡斯盐 K[Pt(C$_2$H$_4$)Cl$_3$]中就存在这种键(图 13.31)。N$_2$、CO 和 CN$^-$ 等作端基配体与过渡金属离子配位时,也会由中心过渡金属离子的 d 轨道向配体的 π* 轨道反馈形成 π* ←d 反馈 π 键。例如,13.3.4 中讨论了[Ni(CN)$_4$]$^{2-}$ 的配位 σ 键及 Π$_9^8$ 键(图 13.20),此外,Ni 的 d$_{xy}$ 轨道和 CN$^-$ 的 π* 轨道对称性匹配,电子从 Ni 的 d$_{xy}$ 轨道流向 CN$^-$ 的 π* 轨道,从而形成反馈 π 键,如图 13.33 所示。

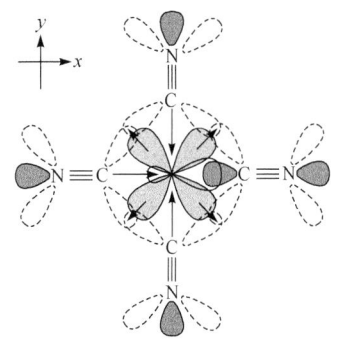

图 13.33 [Ni(CN)$_4$]$^{2-}$ 中 NC→Ni 的 σ 配键和 (NC)π* ←d$_{xy}$(Ni) 的反馈 π 键

N$_2$、CO、CN$^-$ 等无论是端基配位还是侧基配位,许多情况下能形成 π* ←d 反馈 π 键。N$_2$ 为叁键,键长短、键能大、特别稳定,配位后,无论是 π 轨道上电荷的流失,还是 π* 轨道上获得电荷,都会使键长变长而键受到削弱,有利于 N$_2$ 的活化。模拟固氮正是利用这一特点。

13.7* 特殊类型化学键

有些化学键的形成似乎不能直接应用前面介绍的规则来描述,但本质上是相同的。其例子也比较多,下面选几例介绍。

环多烯(如环戊二烯)和芳烃(如苯)具有大 π 键结构,大 π 键可以作为一个整体和中心金属原子通过多中心 π 键形成配合物。在这些配合物中存在一个通过环的中心和金属原子的轴,多烯烃或芳香环平面互相平行且与此轴垂直,中心金属原子对称地夹在两个平行的环之间,具有夹心面包式结构,故称为夹心型配合物。

1) 二茂铁

二茂铁(ferrocene)[Fe(C$_5$H$_5$)$_2$]是在 1951 年由 Kealy 和 Pauson 通过格氏试剂和无水氯化亚铁反应制备出来的第一个夹心配合物,有交错式(D_{5d})和顺式(D_{5h})两种构型。它的特殊结构和相当高的稳定性引起了许多化学家的研究兴趣。

茂即环戊二烯⬠,化学式 C$_5$H$_6$。茂的 π 轨道是 Π$_5^5$,具有单电子,不稳定,易失去 H$^+$($pK_a^\ominus \approx 20$)形成茂基 C$_5$H$_5^-$(Π$_5^6$,如形成离子化合物钠茂 Na$^+$C$_5$H$_5^-$),简写为 Cp。Cp 与过渡金属通常形成夹心型配合物,二茂铁就是由两个 C$_5$H$_5^-$ 和 Fe^{2+} 形成的配合物,表示为 Cp$_2$Fe。Cp$_2$Fe 具有反磁性即证明体系无单电子存在,被氧化后得[(C$_5$H$_5$)$_2$Fe]$^+$ 才是顺磁性的。

按分子轨道理论,二茂铁的成键情况为:①C$_5$H$_5^-$ 用 5 个 p 轨道组合成 5 个离域分子轨道 Π$_5^6$,上下两个茂环对称性匹配的分子轨道再组合成 10 个配体群轨道,分别表示为[a] a$_{1g}$、a$_{2u}$、e$_{1g}$、e$_{1u}$、e$_{2g}$、e$_{2u}$;②Fe^{2+} 共 9 个价轨道,按对称性划分,分别为 a$_{1g}$、e$_{1g}$、e$_{2g}$、a$_{1g}$、e$_{1u}$、e$_{2u}$;③根据对称性匹配、能量相近、最大重叠的原则,组合成 19 个分子轨道,其中 9 个成键轨道,2 个非键轨道和 8 个反键轨道;④电子依能量由低到高逐一填充在各分子轨道上。

---

[a] a 为单重简并,e 为二重简并,t 为三重简并,g 为中心对称,u 为中心反对称。下标 1 和 2 为镜面对称和反对称。

二茂铁中茂环和铁共有 18 个电子用于成键,符合 EAN 规则。根据分子轨道能级图(图 13.34),18 个价电子形成一个封闭的电子结构,因而是一个相当稳定的夹心配合物。

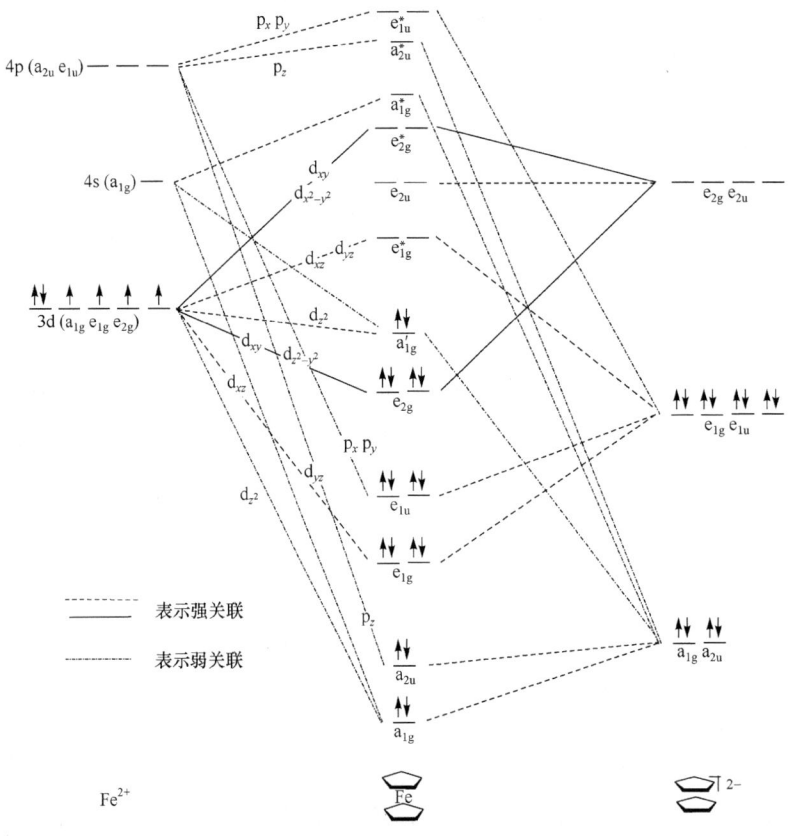

图 13.34　二茂铁分子轨道能级图

2) 二苯铬

二苯铬[$(C_6H_6)_2Cr$]早在 1919 年就已制得,直到 1954 年才确定二苯铬的结构和键合情况,即被确认属于夹心型配合物。

苯(C_6H_6)和环戊二烯基($C_5H_5^-$)是等电子配体,而 Cr 和 Fe^{2+} 也均有 6 个价电子,具有相同的价电子构型,按成键规则(4),二苯铬和二茂铁具有相似的结构和分子轨道能级图,性质也比较相近。

二茂铁的出现开创了夹心型配合物研究的新领域,此后短短的几年,便合成了上百种不仅含茂环,还有一些其他芳环的类似化合物,后来还得到具有不对称碳环倾斜夹心型配合物[如$(C_5H_5)_2TiCl_2$]、多层夹心型配合物[如$(C_5H_5)_3Ni_2$、$(C_5H_5)_3Fe_2$]及混合夹心配合物,如图 13.35 所示。

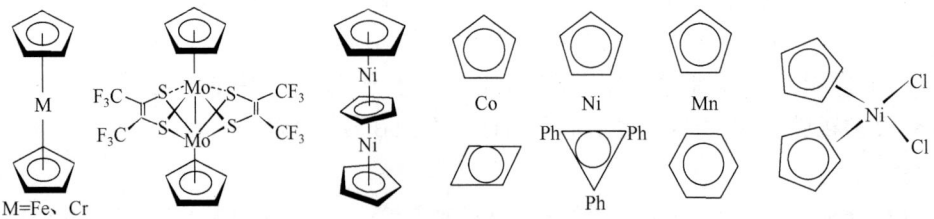

图 13.35　几种典型的夹心型配合物结构

3) S_4N_4

对硫氮化合物的研究是现代无机化学的活跃领域之一,已制备出许多新型的环状和非环状化合物。最著名的硫氮化合物是 S_4N_4(1851 年即得该化合物),它也是制备其他硫氮化合物的起点。S_4N_4 为固体,在空气中稳定。S_4N_4 具有摇篮型结构(图 13.36),为八元杂环,跨环的 S⋯S 的距离(258 pm)介于寻常 S—S 键(208 pm)和未键合的 van der Waals 距离(330 pm)之间,说明在跨环 S 原子之间存在着虽弱却仍很明显的键合作用。

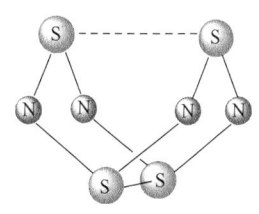

图 13.36 S_4N_4 分子的结构

13.8 键 参 数

能表征化学键性质的物理量称为键参数(bond parameter)。共价键的键参数主要有键能、键长、键角及键的极性。其中键长与键角是两个重要的分子结构参数,对了解物质的物理性质、化学性质都非常重要。

13.8.1 键长

分子中两个原子核间的距离称为键长(bond length)。一般键长越长,原子核间距离越大,键的强度越弱,键能越小,如 H—F、H—Cl、H—Br、H—I 键长依次递增,键能依次递减,分子的热稳定性依次递减。键长与成键原子的半径和所形成的共用电子对等有关。按对键长影响的大小可分为以下几种。

1) 成键数目的影响

键长主要与成键数目和成键原子种类有关,一般而言,两原子间成键数目越多,电子云密度越大,吸引两核的能力越强,两核越靠近,键长越短,如键长:叁键<双键<单键。某些含共轭 π 键的键长则介于双键与叁键或单键与双键之间。

2) 原子共价半径的影响

当成键数目一定时,键长则与成键原子的种类有关,其主要影响因素是原子的共价半径。原子半径越大,键长越长。例如 PX_3,X 为 F、Cl、Br、I 时,P—X 的键长分别为 156 pm、204 pm、222 pm、243 pm。

3) 杂化态的影响

杂化轨道随 s 成分的增加,键长减小,键能增大。s 电子云和 p 电子云分别是球形对称和在节面两侧对称,但当它们组成 sp 杂化轨道后,电子云密集于一端,另一端分布很少,以电子云密度大的一端与其他原子的轨道成键,使轨道重叠部分增大,形成的分子更稳定。因原子价 s 电子的能量比价 p 电子的低,所以含 s 成分多的杂化轨道所成键的键长要短(表 13.2)。

表 13.2 杂化轨道中 s 成分增加对键长和键能影响

分子	杂化轨道	C—H 键长/pm	C—H 键能/(kJ·mol^{-1})
CH 基	≈p	112	≈337
C_2H_6	sp^3	109	410
C_2H_4	sp^2	108	≈427
C_2H_2	sp	106	≈523

由表 13.2 数据可见,与 p 轨道对比,各杂化轨道成键的键长随 s 成分增加而缩短,键能随 s 成分增加而增大,即

$$\text{键长} \quad sp < sp^2 < sp^3 < p$$
$$\text{键能} \quad sp > sp^2 > sp^3 > p$$

13.8.2 键角

共价键之间的夹角称为共价键的键角(bond angle)。键角是由共价键的方向性决定的,键角反映了物质分子的空间结构。键角的变化与中心原子的杂化态、中心原子与配位原子的电负性大小、有无多重键或离域 π 键等因素有关。

1) 杂化态的影响

中心原子杂化态的不同直接决定了分子几何构型的差异,也就决定了键角的大小。对 sp 型杂化而言,sp 杂化键角最大,sp^2 杂化键角次之,sp^3 杂化键角最小。

2) 孤对电子的影响

因孤对电子含 s 成分较多,电子云靠近核,对成键电子的排斥力大。另外,用于成键的杂化轨道所含 s 成分较少,相互间的排斥力要弱。因此,孤对电子越多,键角就会越小,如 CH_4、NH_3、H_2O。当孤对电子用于成键后,孤对电子的电子云向外转移,对原来其他成键电子的排斥减小,使原来的键角增大。例如,PCl_3(100°)、$POCl_3$(∠ClPCl 103°),SF_4(平面∠FSF 102°,轴向∠FSF 173°)、SOF_4(平面∠FSF 110°,轴向∠FSF 178°)。

3) 多重键或离域 π 键的影响

多重键与孤对电子对其他成键电子都有较大斥力,使键角发生改变。叁键、双键、单键对单键的斥力大小顺序为叁键>双键>单键,含有离域 π 键时,则其斥力界于单、双键或双、叁键之间。如图 13.37 所示,在 $COCl_2$ 中 C 为 sp^2 杂化,但 ∠ClCCl = 111.3°,而 ∠OCCl = 124.35°,这是由于 C=O 双键对 2 个 C—Cl 键的斥力大。NO_3^- 中夹角为 120°,属等性 sp^2 杂化,而 HNO_3 中 N 与 3 个 O 原子的夹角分别为 130°、116° 和 114°,为不等性 sp^2 杂化。

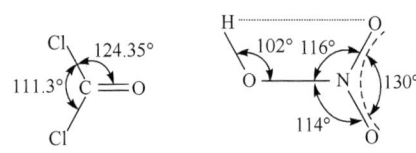

图 13.37 $COCl_2$ 和 HNO_3 分子的夹角

4) 成键原子电负性的影响

元素原子的电负性反映的是原子在分子中吸引成键电子的能力。当分子类型相同、中心原子的杂化态也相同时,中心原子或配位原子的电负性差会引起键角的一些变化,可分三种情况。

(1) 中心原子相同,配位原子不同。因中心原子相同,杂化态相同,成键电子则依相键连的两原子的电负性差的大小,向电负性较大的原子一边偏移的程度各异。若中心原子的电负性大于配位原子的电负性,则成键电子向中心原子偏移;反之,则向配位原子偏移。电负性差越大,成键电子偏移的程度越大。若成键电子对均向中心原子偏移,则成键电子云间的距离近,斥力较大,键角大;反之,斥力较小,键角小。例如,PH_3(93°18′)、PF_3(97°24′)、PCl_3(100°)、PBr_3(101°)、PI_3(102°),NH_3(107°18′)、NCl_3(107°)、NF_3(102.5°)。图 13.38 形象地给出了 NF_3 和 NH_3 分子因键连原子电负性差引起

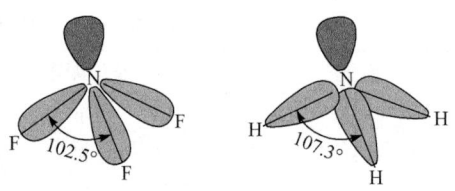

图 13.38 NF_3 和 NH_3 成键电子云分布及键角大小示意图

的电子偏移导致的键角变化情况。

(2) 配位原子相同,中心原子不同。这种情况对键角的影响本质与上一情况是一样的,如 $NH_3(107°18')$、$PH_3(93.3°)$、$AsH_3(92.1°)$、$SbH_3(91.6°)$。这种情况下还应考虑中心原子的原子半径对键角的影响。例如,$H_2O(104°30')$、$H_2S(107°18')$、$H_2Se(107°18')$、$H_2Te(91°24')$,因为 O 原子的半径比 S 原子小得多,O 原子上的孤对电子对成键电子的排斥比 S 原子(S—H 键长为 134 pm)对应的排斥要大得多。

(3) 中心原子和配位原子均不相同。这种情况要复杂一些,要依据具体情况综合分析。

5) 氢键、分子间作用力和空间因素的影响

分子内氢键、分子间氢键、分子间作用力和空间因素对物质分子的键角都会有不同程度的影响。例如,HNO_3 中 ∠HON 为 102°,小于 H_2O 的 104°30',与分子内 O—H⋯O 氢键有关。

小　　结

原子在不同成键环境中的成键特征主要取决于原子的价轨道和价电子结构,其次是空间因素的影响。在条件(对称性匹配、能量相近等)许可的情况下,原子的价轨道(价电子)均可参与一定形式的成键,成键有一定的规律可循。依据这些规律,我们不仅可以分析、判断绝大多数已知物质分子的结构与成键特征,还能预测未知物质分子的结构与稳定性,为未来的研究和物质合成提供理论依据。分子片、组装和等电子体原理对认识同类型结构的分子的成键特征十分有用。键参数及其影响因素对分析、了解物质的结构与性质也十分重要。

分析、了解物质的结构与成键特征的主要目的在于研究结构与性能的关系,在后续章节中将逐渐讨论。

本章将共价分子结构集中讨论,有利于认识成键规律与本质,但另一方面,因对物质分子结构的认识是初学者的难点,而本章又将这些难点都集中在一起。因此,按第 9 章小结中的要求,领悟原子轨道角度分布图的特点与意义,将 1 个 s、3 个 p、5 个 d 轨道放在同一坐标系下考察,建立起整体的空间图像,是突破这一难点的关键。此外,无论是教还是学都可根据实际情况选取,对带有"＊"号部分的内容可选学或作为阅读材料。在后续的学习与研究中,希望能依据本章介绍的成键规律自行分析、研究不同物质分子的结构特征。

思考与研讨

13.1 为什么说原子的价电子结构决定了由它们形成的不同分子的空间构型,也决定了这些分子的成键特征?

13.2 如何理解原子的最大成键数(σ键+π键+δ键)等于元素原子价轨道的数目?每一元素原子都能达到最大成键数吗?为什么?

13.3 仿照对卤素和氧族的讨论,分析氮族、碳族、硼族元素原子成共价键的特征。

13.4 卤素作端点原子时除能形成 1 个 σ 键外,还可能形成 π 键或大 π 键吗?

13.5 分子片指的是什么?分子片的价指的又是什么?什么是等电子体原理?如何理解等电子体原理的本质?

13.6 分子轨道理论和价键理论对 CO_2 分子结构分析的结果有哪些异同?哪一种更合理?试设 CO_2:①为"V"形结构;②为三角形结构,其情况又如何?

13.7 仿照对 O_3 的讨论,试分析 HN_3 其他可能构型的合理性。

13.8 为什么孤对电子和多重键对其他成键电子都有较大斥力?这种斥力增大的本质有何不同?

13.9 PF_6^-、IF_7、ClF_5、BrF_5、O_3 是已知的,从分子结构角度来看,能否得到 ClF_7、ClF_9^{2-}、IF_9^{2-}、NF_5、PF_6、S_3、

I_3^+、I_3^-?

13.10 若某次实验合成出了一种新物质,通过分析知其含 N、C、O、H 的比例为 1∶1∶1∶1,相对分子质量为 43。能推测出它的可能结构吗?成键特征如何?

13.11 试根据 NH_3 的分子结构特点,推测它具有哪些物理、化学性质。

习　题

13.1 下列分子或基团分别是几价分子片?
　　(1) OH　　(2) NH_2　　(3) $Fe(CO)_4Cl$　　(4) P　　(5) ClO_4^-　　(6) PCl_3

13.2 试讨论 N_2O、N_2O_3、N_2O_4 的结构特征。

13.3 试讨论 ClO_2 与 Cl_2O 的结构特征、差别及原因。

13.4 试综合运用分子片、组装和原子成共价键规律,由 H_2S 的结构分析 H_2SO_2(次硫酸)、$H_2S_2O_7$(焦硫酸)、$SOCl_2$(亚硫酰氯)、SO_2Cl_2(硫酰氯)分子的结构特征。

13.5 白磷是由 P_4 四面体构成的晶体,在空气中燃烧可得到 P_4O_6 和 P_4O_{10}。磷的硫化物 P_4S_3、P_4S_5、P_4S_{10} 等也都是以 P_4 为结构基础的衍生物,试讨论 P_4 与 P_4O_6、P_4O_{10}、P_4S_3、P_4S_5、P_4S_{10} 在结构上的关系。

13.6 试讨论 PCl_3、$POCl_3$ 与 H_3PO_4 分子结构间的关系。

13.7 试讨论 NH_3、NCl_3、N_2H_4、NH_2OH 分子结构间的关系。

13.8 试根据 H_3PO_4 分子的结构,讨论 H_3PO_2(次磷酸)、H_3PO_3(亚磷酸)、$H_4P_2O_7$(焦磷酸)分子的结构。

13.9 根据成键规律(4)或等电子体原理和 CO_2 的结构,讨论 N_3^- 的结构特征和磁性。

13.10 分析 HNO_2(亚硝酸)的成键特征,预测各键的键长、键角,查出相应的值并进行比较。

13.11 H、Cl 能与缺电子原子形成多中心桥键化合物,F、CH_3、NH_2、$Si(CH_3)_2$ 等有形成多中心桥键化合物的条件吗?

13.12 水分子可和 H^+ 结合生成水合质子 H_3O^+、$H_5O_2^+$ 等。试推测 $H_5O_2^+$ 空间构型。离子中存在哪几种键型?

13.13 试讨论 SOF_4 与 SF_4、SF_6 分子结构间的联系。

13.14 $(SiH_3)_3N$ 中 N 原子采取 sp^2 杂化,N、Si 成平面三角形,$(CH_3)_3N$(三甲胺)与 $(SiH_3)_3N$ 有相同的组成形式,分子中的 N 采取何种杂化使分子构型更稳定?试分析之。

13.15 H_2SO_4、H_3PO_4、HNO_3、H_2CO_3、H_4SiO_4、$PSCl_3$ 等分子体系中存在 d←p 反馈 π 键吗?为什么?

13.16 试讨论 O_2^+、O_2、O_2^-、O_2^{2-}、O_3 的键长和磁性。

13.17 根据成键规律(4)或等电子体原理分析 NO_2^+、NO_2、NO_2^- 三体系的结构特征、键长、键角和磁性。

13.18 根据成键规律预测能否得到如下离子或化合物,说明理由。
　　(1) NS_2^+　　(2) NSF_3　　(3) $(SiH_3)_2O$　　(4) Ga_2H_6

13.19 S_2Cl_2 分子是真实存在的,试分析其结构特点,预测键角。

13.20 给出下列离子或分子的空间结构,并指出各原子间存在的化学键。
　　(1) $[Re_2Cl_8]^{2-}$　　(2) B_4H_{10}　　(3) BrF_5　　(4) 蔡斯盐　　(5) $Fe_2(CO)_8$

13.21 CN^- 与 CO 为等电子体,为什么前者极易与金属离子形成配合物而后者常只与某些低价态的金属形成配合物?两者形成的配位键有何共同特点?

13.22 在配合物 $M(PR_3)_6$ 中,中心离子 M 和配体 PR_3 间可能形成哪些类型的键?

第 14 章　无机物的存在、合成与制备

化学的一个重要任务是制备新物质,可以说物质的制备与合成是化学发展最基础、最具推动力的一个方面,是化学家认识世界、利用世界、改造世界的一个重要途径。

物质的合成与制备有其自身的规律,随着合成技术和相关学科的发展,可以从不同的角度对物质的合成进行分类。例如,按合成条件分有高温合成、常温合成、低温合成,高压合成、常压合成、低压合成;按体系环境分有水溶液合成、非水体系合成、固相合成、气相合成;还可以按照合成技术分类。作为基础课程,本章从化学反应的基本原理出发,对无机物的合成与制备进行分类简要叙述,以期揭示各自的制备(合成)方法及其相互间的关系。应该指出的是,合成化学发展到今天,现代无机合成已不是昔日传统的合成,无论是从合成条件、合成环境、合成技术,还是从反应原理,已很难进行简单的分类和概括。

物质既不可灭亡,也不可能无中生有,物质的制备与合成实际上是通过化学或物理手段,使不同物质之间进行转换或循环,即利用某些化学反应,从一种或几种物质得到另一种或几种新的物质。这种转换、变化的基础物质是自然界中存在的物质,如地球内部的矿物、海洋里的物质、大气中的气体等。各种元素在自然界中的丰度与存在形式,对采用什么样的方法进行制备与利用有着重要的影响。因此,在讨论物质的制备与利用之前先了解一下各种元素在自然界中的丰度与存在形式。

14.1　元素的存在与分类

迄今人类已经发现了一百多种元素,其中在地球上自然存在的有 88 种,短时间存在的锝、钷、砹、钫及铀以后的元素都因具有放射性(radioactivity)而不易存在于地壳(earth crust)中。这一百多种元素已经构成了数千万种化合物,并且化合物数量还在快速增加。

14.1.1　元素在周期表中的位置与金属元素的分类

一百多种元素分为金属元素和非金属元素两大类,非金属有 22 种(其中 B、Si、As、Se、Te 属准金属),位于周期表的右上角(氢在周期表中的位置不定),其余是金属。

金属一般分为黑色金属和有色金属。有色金属是指除铁、锰、铬以外的所有金属,按其密度、价格、性质、在地壳中的储量及分布情况又有多种分类方法。

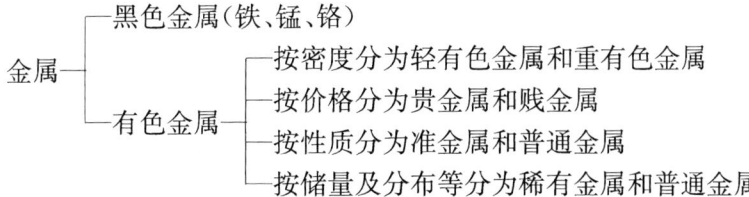

轻有色金属(密度小于 4.5 g·cm^{-3})包括钠、钾、镁、钙、锶、钡和铝等。它们的共同特点是密度小、化学性质活泼。重有色金属(密度大于 4.5 g·cm^{-3})包括铜、镍、铅、锌、钴、锡、锑、汞、镉和铋等。

贵金属：金、银及铂族金属(锇、铱、铂、钌、铑和钯)。由于它们的密度大、熔点高、性质不活泼、在地壳中含量少、开采提取困难、价格昂贵，故而得名。与贵金属相对的其他金属则称为贱金属。

稀有金属：一般指在地壳中含量少或分布稀散、提取困难的有色金属。其中部分稀有金属因发现较晚，应用也较晚。目前认定的稀有金属有轻稀有金属(锂、铷、铯、铍)、分散性稀有金属(镓、铟、铊、锗)、高熔点稀有金属(钨、钼、钛、锆、铪、钒、铌、钽、铼)、铂系金属(钌、铑、钯、锇、铱、铂)、稀土金属(钪、钇、镧及镧系元素)、放射性稀有金属(钫、镭、锝、钋、砹、氡及锕系元素)。

应该指出，稀有金属和普通金属之间的划分不是绝对的。随着稀有元素应用的日益广泛，新矿源的开发和研究工作的进展，稀有金属和普通金属之间的界限越来越不明显。

14.1.2 元素的存在与丰度

1. 地壳元素丰度特征

人类赖以生存的地球是个极其复杂的物质系统。各种化学元素在地壳中的相对含量称为元素的丰度(abundance of elements)。丰度可用质量分数或原子分数来表示。1924年美国地球化学家克拉克(F. W. Clarke)和华盛顿(H. S. Washington)发表了有关丰度的地球化学资料。现把元素在地壳中含量的百分比称为 Clarke 值，以纪念这位地球化学家在计算地壳内元素平均含量所做的贡献。若以质量分数表示，称为质量 Clarke 值；若以原子分数表示，称为原子 Clarke 值。

地壳中元素的相对平均含量是极不均一的，丰度最大的元素 O(47.4%)是丰度最小的元素 Rn(6×10^{-16}%)的 10^{17} 倍，相差极为悬殊。按递减的顺序依次为 O>Si>Al>Fe>Ca>Na>K>Mg>Ti>H>Mn>P>F>C>Sr>S>Zr>Rb>Cl⋯。含量最高的三个元素氧、硅、铝的总量占地壳元素总量的 83.3%，若加上含量大于 1% 的元素铁、钙、钠、钾、镁，8 种元素总和达 98.82%，剩余的 80 多种元素质量分数之和仅为 1.18%(图 14.1)。

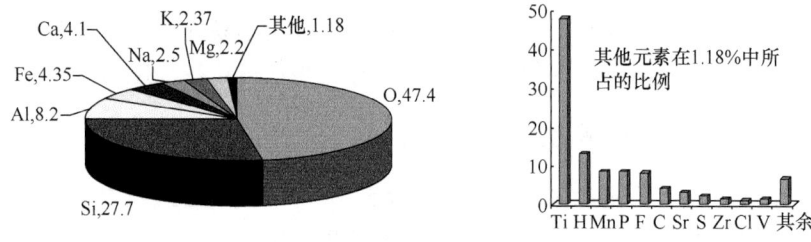

图 14.1 地壳元素的丰度(%)

称得上地球丰产的金属只有铝、铁、钙、钠、钾、镁、钛和锰 8 种，地壳含量最高的金属是铝，其次是铁。铝、铁、钙、钠、钾、镁是丰度达到百分之几的 6 种金属；钛和锰属于第二级，丰度达到千分之几；第三级是铷、锶、钡、锆、铬，丰度为万分之几；其余金属的丰度加在一起不超过 1%，如图 14.2 所示。

这表明：地壳中只有少数元素在数量上起决定作用，而大部分元素居从属地位。总体上，元素的丰度随元素的原子序数增大而降低，偶数原子序数的元素比相邻的奇数原子序数的元素丰度值高。惰性元素丰度偏低。地壳元素的丰度取决于元素原子核的结构及稳定性、宇宙物质形成地球的整个演化过程中物质的分化两方面的因素。

需要注意的是：①元素的丰度值实际上是元素真实含量的一种估计，反映的是元素分布特

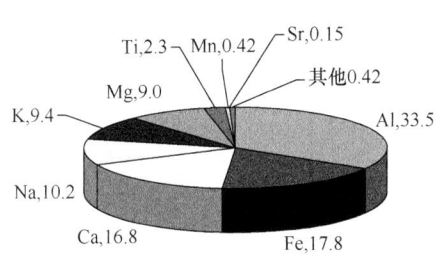
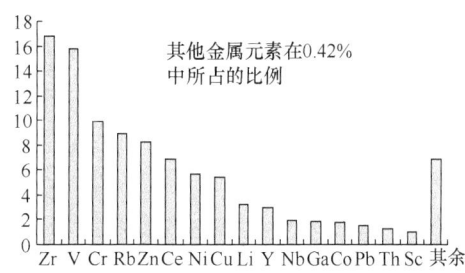

图 14.2 各金属元素在地壳所有金属元素中所占的比例(%)

征的一个方面;②地壳中元素的丰度具有时间、空间及区域的不均一性;③在不同的体系中元素的丰度是不同的,差别很大。例如,对比地壳、整个地球和太阳系元素丰度数据发现,它们在元素丰度的排序上有很大的差异。

地壳:O>Si>Al>Fe>Ca>Na>K>Mg>Ti>H
地球:Fe>O>Mg>Si>Ni>S>Ca>Al>Co>Na
太阳系:H>He>O>Ne>N>C>Si>Mg>Fe>S

与太阳系或宇宙相比,地壳和地球都明显贫 H、He、Ne、N 等气体元素,而地壳与整个地球相比,则明显贫 Fe 和 Mg,同时富集 Al、K 和 Na。

2. 地壳中元素的存在

各类元素由于其电子结构及性质方面的差异,它们在自然界中的存在形式各有特点,有单质(simple substance)和化合物两种形式。一般而言,电负性大、与 8 电子结构只相差 1 个电子的非金属(卤素),电负性较小的非金属,电负性小、还原性强的金属,在自然界中通常难有单质,而是以化合物形式存在,但许多例外。

在自然界中能以单质形式存在的非金属有氢、稀有气体、氧、硫、氮、磷、砷、碳、硅,能以单质形式存在的金属通常性质不活泼,如金、银、铜、汞、铂系金属,此外,还有铁、镍和钴等。随着科学技术的不断发展和人类对地球地质研究的日益深入,近年来发现存在于自然界中的金属单质还有锌、铅、铝、铬、锡、钨、钛、铋、碲等。

以化合态形式存在的元素也因其丰度、电子结构、电负性、亲和性等不同而存在差异。

自然界存在的矿物(minerals)只有 3000 多种,远少于化合物的数量,主要有硅酸盐(25.5%),氧化物、氢氧化物(12.7%),含氧酸盐(23.4%),硫化物、硫酸盐(24.7%),卤化物(5.8%),自然元素(4.3%),其他(3.3%)。

影响元素存在形式的因素主要有:

(1) 地壳中元素的丰度。地壳中丰度高的元素在某些特殊环境中发生过饱和作用,而形成各种独立矿物(盐类矿床,如 K、Na),而地壳元素丰度低的则达不到饱和浓度,不能形成独立矿物而呈分散状态(如 Rb、Cs)。例如,地壳中氧的丰度高,故形成氧的化合物最多,硫的化合物次之。又如,酸性岩浆岩的造岩矿物总是以长石、石英、云母、角闪石为主,就是因为地壳中 O、Si、Al、Fe、K、Na、Ca 等元素丰度高,浓度大,容易达到形成独立矿物的条件。自然界浓度低的元素很难形成独立矿物,如硒酸锂(Li_2SeO_4)和硒酸铷(Rb_2SeO_4)。但也有例外,如 Cu 比 Rb 的丰度低,Cu 有许多矿石存在,而 Rb 没有矿石,仅是一种分散元素,Be 元素地壳丰度很低($1.7×10^{-6}$),但它可以形成独立的矿物 $Be_3Al_2Si_6O_{18}$(绿柱石)。

(2) 元素的亲和性(affinity of elements)。有些元素是亲氧的,而有些元素则是亲硫的。在自然体系中,阳离子有选择性地与某阴离子化合(结合)的倾向性。在实验室条件下,化合物组成的计量可以调配,在自然条件下情况就不同了。元素的亲和性与元素的丰度、电负性差、反应能量等因素有关。在地壳氧丰度高、硫丰度低的环境下,Ca 元素显然是亲氧的;在地幔缺氧富硫环境下,Ca 元素亲硫,就能形成 CaS(褐硫钙石)。

铁在地球体系中占 32%,在地壳体系中占 4.35%,同时铁具有多重亲和性(有亲氧性和亲硫性)。在 K、Ca、Mn、Fe、Cu、Zn、O 和 S 体系中,当氧不足时,亲氧性大于铁的元素(K、Ca、Mn)优先与氧结合,然后才是铁与氧结合,它耗尽了体系中所有的氧,剩下的铁只能与硫结合或呈铁的单质。亲氧性小于铁的元素(Cu、Zn)则没机会与氧结合,只能与硫结合。即铁起到了制动作用。在与硫结合时,铁一样可以起这样的作用。

根据自由能减小原理,反应总是朝自由能减小的方向进行。所以,可以根据氧化物、硫化物的生成自由能($\Delta_f G^{\ominus}_{298\,K}$)或反应自由能变($\Delta_r G^{\ominus}_{298\,K}$)大小来粗略地判断反应进行的方向[判断亲氧(硫)性大小]。例如

$$Na_2SiO_3 + FeS \Longrightarrow FeSiO_3 + Na_2S \qquad \Delta_r G^{\ominus}_{298\,K} = 87.9 \text{ kJ} \cdot \text{mol}^{-1}$$
$$Na_2CO_3 + FeS \Longrightarrow FeCO_3 + Na_2S \qquad \Delta_r G^{\ominus}_{298\,K} = 54.8 \text{ kJ} \cdot \text{mol}^{-1}$$
$$CaSiO_3 + FeS \Longrightarrow FeSiO_3 + CaS \qquad \Delta_r G^{\ominus}_{298\,K} = 95.7 \text{ kJ} \cdot \text{mol}^{-1}$$
$$CaCO_3 + FeS \Longrightarrow FeCO_3 + CaS \qquad \Delta_r G^{\ominus}_{298\,K} = 80.7 \text{ kJ} \cdot \text{mol}^{-1}$$
$$MnSiO_3 + FeS \Longrightarrow FeSiO_3 + MnS \qquad \Delta_r G^{\ominus}_{298\,K} = 45.48 \text{ kJ} \cdot \text{mol}^{-1}$$

由于上述反应自由能变 $\Delta_r G^{\ominus}_{298}$ 均为正值,反应不能自发地向右进行。据此可判断 Na、Ca、Mn 的亲氧性比 Fe 强,但亲硫性比 Fe 弱。

14.2* 物理方法制备

14.2.1 从空气中分离气体

用物理方法制备物质主要是采用分离的方法。工业上用液态空气作为制备氧、氮及稀有气体(除氦外)的原料。空气中除氮、氧外,还含有许多其他气体,所有稀有气体元素都能在大气中找到。空气中稀有气体及 N_2、O_2、H_2 的组成和临界温度见表 14.1。

表 14.1 空气中稀有气体及 N_2、O_2、H_2 的组成和临界温度(1 bar=10^5 Pa)

气体	体积分数/%	质量分数/%	临界温度/℃	临界压力/bar	沸点/℃
空气			−140.6	3.7691	
He	5.239×10^{-4}	6.9×10^{-5}	−267.96	0.22695	−268.93
Ne	1.5×10^{-3}	1.26×10^{-3}	−228.75	2.7559	−246.08
Ar	0.934	1.288	−122.4	4.8734	−185.87
Kr	1.14×10^{-4}	2.9×10^{-4}	−63.8	5.5016	−153.23
Xe	8.6×10^{-6}	4.1×10^{-5}	16.583	5.8400	−108.05
N_2	78.084	75.521	−147.15	3.3978	−195.65
O_2	20.46	23.139	−118.57	5.0426	−182.82
H_2	5×10^{-7}	6.814×10^{-6}	−240.17	1.2928	−252.732

从空气中分离氧、氮及稀有气体,需先将空气液化。将除去灰尘、水蒸气和二氧化碳的空气压缩至 20.265 MPa,当空气受强大的压力时放出热量;反之,当被压缩的空气膨胀时,温度就会剧烈降低(每减小 101.3 kPa,降温 0.25 K)。经过多次压缩、膨胀,就能使空气达到液化的温度,空气即可液化。

液态空气呈淡蓝色,通常储存在杜瓦瓶中,当它蒸发时,温度可达到 83 K,故用于低温浴。工业上利用 O_2、N_2、Ar 沸点的不同,从液态空气中分馏出氮气(纯度约为 99%,含有水蒸气、二氧化碳和痕量的氧气,常以 15.2 MPa 压力装入钢瓶)后,稀有气体就富集于液氧之中(还含有少量的氮气),继续分馏,将稀有气体和氮气分离出来后便得到液氧。市售钢瓶装氧气的纯度在 99% 以上,主要杂质为氮气、氩气、氢气、二氧化碳等,多数场合可以直接使用。将从液氧中分馏出来的气体通过氢氧化钠,以除去其中的二氧化碳,用赤热的铜丝除去微量的氧气,再用灼热的镁屑使氮气转变成氮化镁,剩余的气体则是以氩为主的稀有气体。

从混合稀有气体中分离各组分常用低温分馏或低温选择性吸附的方法。例如,在低温下用活性炭处理混合稀有气体,越易液化的稀有气体就越易被活性炭吸附。在 173 K 时,氩、氪和氙被吸附,剩余的气体含有氦和氖。而在液态空气的低温下,氖被吸附而氦可分离出来。所以,在不同的低温下,利用活性炭对各种稀有气体的吸附和解吸,就可以使它们分离开。

由于空气中氦的含量很低,氦主要从含氦的天然气中提取,在合成氨的尾气中氦和氩的含量较高,可从中提取氦和氩。

通过物理方法制备可进行物质的纯化。

14.2.2 纳米材料的物理制备

纳米科学技术是 20 世纪 80 年代中后期逐渐发展起来的,是在 1~100 nm 尺度上研究自然界现象中原子、分子行为与规律,以期在深化对客观世界认识的基础上,实现由人类按需要制造出性能独特的产品。

自然界中广泛存在着天然形成的纳米材料,人工制备纳米材料的实践也已有 1000 年的历史。然而,人们自觉地将纳米微粒作为研究对象,从而用人工方法有意识地获得纳米粒子则是在 20 世纪 60 年代。

1963 年,有人用气体蒸发(或冷凝)法获得了较干净的超微粒,并对单个金属微粒的形貌和晶体结构进行了电镜和电子衍射研究。1984 年,用同样的方法制备出了纳米相材料 TiO_2。下面介绍几种纳米材料的物理制备方法。

1)惰性气体冷凝法(IGC)制备纳米粉体

其主要过程是,在真空蒸发室内充入低压惰性气体(He 或 Ar),将蒸发源加热蒸发,产生的原子雾与惰性气体原子碰撞而失去能量,凝聚形成纳米尺寸的团簇,并在液氮冷棒上聚集,将聚集的粉状颗粒刮下,传送至真空压实装置,在数百兆帕至几吉帕压力下制成直径为几毫米、厚度为 10~1 mm 的圆片。

纳米合金可通过同时蒸发两种或数种金属物质得到。纳米氧化物的制备可在蒸发过程中或制得团簇后于真空室内通以纯氧使之氧化得到。

2)物理气相沉积方法制备纳米薄膜

此法广泛应用于纳米薄膜的制备与研究,包括蒸镀、电子束蒸镀、溅射等。主要通过两种途径获得。

(1)在非晶薄膜晶化的过程中控制纳米结构的形成,如采用共溅射法制备 Si/SiO_2 薄膜,在 700～900 ℃氮气气氛下快速降温获得 Si 颗粒。

（2）在薄膜的成核生长过程中控制纳米结构的形成，其中薄膜沉积条件的控制和在溅射过程中采用高溅射气压、低溅射功率显得特别重要，这样易于得到纳米结构的薄膜。

3）非晶晶化法制备纳米晶体

该方法于 1990 年提出并制备到大块纳米晶合金，即通过热处理工艺使非晶条带、丝或粉晶化成具有一定晶粒尺寸的纳米晶材料。近年来 Fe/Si/B 体系的磁性材料多由非晶晶化法制备。研究表明，制备铁基纳米晶合金 Fe/Si/B 时，加入 Cu、Nb、W 等元素，可以在不同的热处理温度得到不同的纳米结构。

4）压淬法制备纳米晶合金

压淬法主要用于制备纳米晶合金，是利用在结晶过程中由压力控制晶体的成核速率、抑制晶体生长过程，通过对熔融合金保压急冷（压力下淬火，简称压淬）来直接制备块状纳米晶体，并通过调整压力来控制晶粒的尺度。1994 年用该技术制备出了块状 Pd/Si/Cu 和 Cu/Ti 等纳米晶合金。

5）高能机械球磨法制备纳米粉体

1988 年 Shingu 等用这种方法制备出纳米 Al-Fe 合金。这是一个无外部热能供给的、干的高能球磨过程，是一个由大晶粒变为小晶粒的过程。此法可合成单质金属纳米材料，还可通过颗粒间的固相反应直接合成各种化合物（尤其是高熔点纳米材料），如大多数金属碳化物、金属间化合物、ⅢA～ⅤA 族半导体、金属/氧化物复合材料、金属/硫化物复合材料、氟化物、氮化物等。

14.3 化学方法合成与制备

化学方法合成与制备是利用化学反应，从一种或几种物质得到另一种或几种物质的过程。物质的制备方法很多，条件多变，手段各异，分类方法也不尽相同，要想将其完整的分类几乎是不可能的。下面仅从反应原理的角度介绍一些最常见的方法。

每一物质均具有一定的化学性质，化合物的化学方法制备就是利用物质的化学性质通过化学反应而得到。然而我们不能将物质的化学性质与选择物质的制备方法相等同，并不是每种化学性质都能或需要用来制备化合物的。例如，$2Na+Cl_2 =\!=\!= 2NaCl$，但谁也不会利用这一性质来制备 NaCl；$2Ca+O_2 =\!=\!= 2CaO$，但工业生产是利用反应 $CaCO_3 \xrightarrow{\triangle} CaO+CO_2\uparrow$，得到 CaO 后再提纯；虽然 $COCl_2+4NH_3 =\!=\!= CO(NH_2)_2+2NH_4Cl$，可以得到尿素，但工业上用液氨和二氧化碳为原料，在高温高压条件下直接合成尿素；过二硫酸盐可以将 Mn^{2+} 氧化成 MnO_4^-，但无论是工业还是实验室都不会用此反应来制备 $KMnO_4$。此外，要注意产品的关联性，非特殊情况下都是从上游产品制备下游产品。

因此，无机物制备方法的选择要依据物质的某些通性和特殊性，可以有多种制备方案，但所设计的方案是否可行，要考虑热力学和动力学两方面的问题，有时，还要考虑结构方面的因素。此外，还应考虑工艺条件的要求，选择一个产量高、质量好、生产流程简单、价格低廉、安全无毒、环境污染少的合成路线。

14.3.1 化合反应法

化合反应（combination reaction）是由两种或两种以上的物质化合生成一种新物质的化学

反应,通式为 A+B ⟶ C。有氧化还原反应和非氧化还原反应两种情况,通常有以下几类。

1. 较活泼的金属与较活泼的非金属反应

通过这类反应可制备金属氧化物、硫化物、卤化物、氮化物、磷化物、碳化物、氢化物等。这是一类氧化还原反应,其反应条件(如温度)随金属或非金属的活泼性变化而异。

氧化物与硫化物　虽然氧能与绝大多数的金属反应生成相应的氧化物,但在生产实践中许多金属氧化物是通过其他方法(如热分解)来制备的。通常用化合法制备的氧化物有 CoO,过氧化物有 Na_2O_2、K_2O_2、BaO_2 等,钾、铷、铯、钙、锶、钡的超氧化物。

例如,工业上制备过氧化钠的方法是将钠加热至熔化,通入一定量的除去 CO_2 的干燥空气,维持温度在 453～473 K,钠即被氧化为 Na_2O,进而增加空气流量并迅速提高温度到 573～673 K,可制得淡黄色粉末 Na_2O_2。

$$4Na+O_2 \xrightarrow{453\sim473\ K} 2Na_2O \qquad 2Na_2O+O_2 \xrightarrow{573\sim673\ K} 2Na_2O_2$$

由于 Na_2O_2 有强碱性,熔融时不能采用瓷制器皿或石英器皿,宜用铁、镍器皿。

碱土金属的过氧化物中以过氧化钡(BaO_2)较为重要,在 773～793 K 时,将 O_2 通过 BaO 即可制得。钾、铷、铯在过量的氧气中燃烧可直接生成相应的超氧化物。碱土金属中的钙、锶、钡在一定条件下也能形成超氧化物 MO_4。K_2S、Na_2Se、K_2Se 等化合物也可用此法制备。

卤化物　利用氟、氯的强氧化性,在适当的条件下制备高氧化态的金属卤化物,如 CoF_3、VF_5、BiF_5、$CoCl_2$、VCl_4、$BiCl_3$ 等。

氮化物与磷化物　氮在高温时能与许多金属反应得到氮化物。例如

$$3Mg+N_2 = Mg_3N_2$$

ⅠA族、ⅡA族元素的氮化物属于离子型,可以在高温时由金属与 N_2 直接化合。与 N 同族的 P 也可直接与碱金属反应生成金属磷化物,如 Na_3P。

氢化物　氢能与活泼金属形成氢化物,如 NaH、KH、CaH_2 等。例如,将海绵钛(或钛屑)在约 473 K 与氢气反应即可制备氢化钛。

$$Ti+H_2 \xrightarrow{473\ K} TiH_2$$

2. 非金属与非金属反应

不仅活泼的非金属之间能发生这类反应,不活泼的非金属与氧化性强的非金属(通常是 F_2 和 O_2)之间在一定的条件下也能发生此类反应。利用这类反应进行制备的例子很多,一般是在较高温度下进行,如工业合成氨、SO_2 等。

氮在高温时也能与许多电负性比氮小的非金属(B、C、Si 等)反应生成氮化物。例如

$$2B+N_2 = 2BN$$

碳氧化物的合成。当碳或碳的化合物在氧气不足的情况下燃烧时,可得到 CO。工业上 CO 的主要来源是发生炉煤气和水煤气。发生炉煤气是由有限量空气通过赤热煤层所产生的 CO 和 N_2 的混合气体,其成分大致为 CO 25%、N_2 70%、CO_2 4%,还有少量的 H_2、CH_4 和 O_2 等。

氙的氟化物可由元素直接合成。通常使用镍制反应容器,使用前用 F_2 使之钝化形成一层很薄的 NiF_2 保护膜,这种预处理也是为了除去表面氧化物,否则这种氧化物将与氙的氟化物发生反应。下列反应方程式中的合成条件表明,氟的比例和总压力越高,越有利于形成含氟较

高的氟化物。例如

$$Xe(g) + F_2(g) \xrightarrow{400\ ℃, 0.1\ MPa} XeF_2(g) \quad (Xe\ 过量)$$

$$Xe(g) + 2F_2(g) \xrightarrow{600\ ℃, 0.6\ MPa} XeF_4(g) \quad (Xe:F_2 = 1:5)$$

$$Xe(g) + 3F_2(g) \xrightarrow{300\ ℃, 6\ MPa} XeF_6(g) \quad (Xe:F_2 = 1:20)$$

卤素互化物(ClF、ClF_3、I_2Cl_6、IF_7 等)都可由卤素单质在一定条件下直接合成。

3. 酸(碱)性物质与水反应生成相应的酸(碱)

多数碱性氧化物不能与水直接化合。判断某种碱性氧化物能否与水直接化合,一般的方法是看碱性氧化物和对应碱的溶解性。若碱性氧化物和对应的碱是可溶的或微溶的,则该碱性氧化物能与水直接化合。例如

$$CaO + H_2O = Ca(OH)_2$$

$$Na_2O + H_2O = 2NaOH \quad (工业上通过电解食盐水得到\ NaOH)$$

若碱性氧化物或对应的碱是难溶的,则该碱性氧化物不能与水直接化合,如 CuO、Fe_2O_3 等。

除 SiO_2 外,大多数酸性氧化物(如 CO_2、SO_3 等)能与水直接化合成含氧酸。

4. 碱性物与酸性物反应生成相应的盐

大多数碱性氧化物和酸性氧化物可以进行这一反应。碱性氧化物对应的碱其碱性越强,酸性氧化物对应的酸其酸性越强,反应越易进行。例如

$$Na_2O + CO_2 = Na_2CO_3$$

其他的酸性物与碱性物的反应例子很多,如氨易与氯化氢化合成氯化铵

$$NH_3 + HCl = NH_4Cl$$

氙的氟化物与强的路易斯酸反应可生成氟化物阳离子

$$XeF_2(s) + SbF_5(l) = [XeF]^+[SbF_6]^-(s)$$

该反应也是配位反应。

5. 盐与盐生成复盐

盐与盐反应生成复盐的例子也比较多。例如

$$FeSO_4 + (NH_4)_2SO_4 + 6H_2O = FeSO_4 \cdot (NH_4)_2SO_4 \cdot 6H_2O$$

6. 配位反应生成配合物

通过配位反应制备配合物将在 14.3.7 中讨论。例如

$$PtCl_2 + 2NH_3 = [Pt(NH_3)_2Cl_2]$$

14.3.2 组分交换法

通过两种物质在反应过程中交换组分,生成新的化合物的方法称为组分交换法,有复分解法、配位交换法等。此处先介绍复分解法,配位交换法在 14.3.7 中介绍。

由两种化合物互相交换成分,生成另外两种化合物的反应,称为复分解反应。复分解反应通式为 $AB + CD = AD + CB$。

利用复分解反应进行物质的制备一般是在溶液中进行,且反应物一般是易溶的强电解质。根据平衡移动的原理,如果反应产物 AD 或 CB 中至少一种是易挥发气体或难溶性物质或弱电解质或稳定的配合物,使平衡右移,从而使反应趋于完成。此即复分解反应的推动力。

1. AD 或 CB 是易挥发气体

这类反应要求反应物无挥发性,反应物与生成的易挥发的产物的沸点要有明显的差别,使得到的产物比较纯净,生成的易挥发的产物不与反应物发生氧化还原反应。

例如,因氢卤酸(HX)的沸点都较低,在加热的条件下用可溶性卤化物与高沸点的酸(如 H_2SO_4 或 H_3PO_4)反应就可制取卤化氢。

$$CaF_2 + H_2SO_4(浓) \xrightarrow{\triangle} CaSO_4 + 2HF \uparrow$$

工业上生产 HF 是把反应物放在衬铅的铁制容器中进行(因生成的 PbF_2 保护层阻止进一步腐蚀铁)。HF 的水溶液为氢氟酸(弱酸),一般用塑料容器盛装。试剂级氢氟酸相对密度为 1.14,浓度为 40%(约 22.5 mol·dm^{-3})。

实验室用硫化亚铁和稀盐酸或稀硫酸反应制备 H_2S:

$$FeS + 2HCl(H_2SO_4) = FeCl_2(FeSO_4) + H_2S \uparrow$$

用氟化氙作氟化剂制备 SiF_4:

$$2XeF_6 + 3SiO_2 = 2XeO_3 + 3SiF_4 \uparrow$$

该反应不能用玻璃或石英器皿。

2. AD 或 CB 为难溶性物质

例如,卤酸的制备。将 $Ba(ClO_3)_2$ 或 $Ba(BrO_3)_2$ 与 H_2SO_4 作用制备 $HClO_3$ 或 $HBrO_3$ 溶液:

$$Ba(XO_3)_2 + H_2SO_4 = BaSO_4 \downarrow + 2HXO_3$$

本例中要求得到的并不是 $BaSO_4$ 而是 HXO_3,生成沉淀只是为了更好地使反应平衡向右移动,并且方便产物的分离提纯。减压下浓缩溶液就可得到 40% $HClO_3$ 溶液或 50% $HBrO_3$ 溶液。若继续蒸发,则它们会迅速分解并发生爆炸。

3. AD 或 CB 为弱电解质

在有 O_2 存在时,铅可溶于乙酸生成易溶的乙酸铅。Pb 先和 O_2 反应生成 PbO,PbO 再与 HAc 反应生成 $Pb(Ac)_2$:

$$PbO + 2HAc = Pb(Ac)_2 + H_2O$$

这就是用乙酸从含铅矿石中浸取铅的原理。该反应中 PbO 是难溶物而 $Pb(Ac)_2$ 是易溶物,20 ℃时的溶解度[g·(100 g H_2O)$^{-1}$]前者为 0.0017,比后者(44.3)小得多。此反应之所以能进行,一是因为前者为两性偏碱的物质,后者是弱酸性的;二是因为 H_2O 是比 HAc 更弱的电解质。

Cr_2O_3 难溶于水,但从 Cr(Ⅲ)水溶液中沉淀出来的 Cr_2O_3 是两性的,可溶于酸,也可溶于强碱形成绿色的亚铬酸盐 CrO_2^-:

$$Cr_2O_3 + 3H_2SO_4 = Cr_2(SO_4)_3 + 3H_2O$$
$$Cr_2O_3 + 2NaOH = 2NaCrO_2 + H_2O$$

14.3.3 置换合成法

置换反应是指一种单质和一种化合物反应,生成另一种单质和另一种化合物。置换反应可表示为 $A+BC \Longrightarrow B+AC$。

置换反应属于氧化还原反应,有氧化置换法和还原置换法,两种方法本质是一样的,只不过前者是希望得到氧化产物,而后者希望得到的是还原产物。当一电对的电势 $\varphi_{BC/B}$ 大于另一电对的电势 $\varphi_{AC/A}$ 时,可利用氧化还原法进行置换反应,得到新的化合物 AC(氧化法)或单质 B(还原法)。

例如,用氧化法制备金属氟化物:

$$2Hg+XeF_4 \Longrightarrow Xe+2HgF_2$$

$$Pt+XeF_4 \Longrightarrow Xe+PtF_4$$

在这些反应中想要得到的不是 Xe 而是氟化物 HgF_2 和 PtF_4。

工业上常用热还原法从金属矿物中提取金属,即用较强的还原性物质(常为金属或非金属单质)还原氧化性较强或还原性相对较弱的物质。按还原剂的不同,可分为碳热还原法、金属热还原法和氢热还原法。

一般而言,金属化合物越稳定,其 $\Delta_f G_m^{\ominus}$ 的值越负,金属越难被还原。因而在同一温度、压力条件下,比较同一类型金属化合物的生成自由能的大小,便可比较金属从该化合物中被还原的难易程度,埃林汉姆(Ellingham)图(图 14.7)为寻找适宜的还原剂提供了参考依据。

1. 碳热还原法

碳热还原法是指用 C 或 CO(CO 还原金属不属于置换反应)作还原剂的金属冶炼方法。对一些氧化物如 SnO_2、Cu_2O 等,直接用 C 作还原剂制取金属:

$$SnO_2+2C \Longrightarrow Sn+2CO\uparrow$$

$$Cu_2O+C \Longrightarrow 2Cu+CO\uparrow$$

对于 Fe_2O_3,常用 CO 作还原剂:

$$Fe_2O_3+3CO \Longrightarrow 2Fe+3CO_2\uparrow$$

如果矿石的主要成分是碳酸盐或硫化物,则可先将碳酸盐在高温下热分解生成氧化物,将硫化物转化成氧化物,也可用该法冶炼金属,只是反应分两步进行。例如

$$ZnCO_3 \xrightarrow{\triangle} ZnO+CO_2\uparrow$$

$$2PbS+3O_2 \Longrightarrow 2PbO+2SO_2\uparrow$$

$$MO+C \xrightarrow{\triangle} M+CO\uparrow \quad (M=Zn、Pb)$$

由于焦炭资源丰富,价廉易得,所以只要可行,尽可能采用此种方法。缺点是制得的金属中往往含有碳和碳化物,得不到较纯的金属。

2. 活泼金属还原法

这是指用一种金属作还原剂把另一种金属从其化合物中还原出来的方法。位于 Ellingham 图中下方的金属氧化物具有很低的标准生成自由能,这些金属在较低的温度下就可从上方的氧化物中将金属还原出来,常用的金属还原剂有 Mg、Al、Na、Ca 等。尽管这些金属不及 C 廉价,但当用 C 还原所需温度很高时,无论是从经济角度还是从设备角度等考虑,都更适合

应用活泼金属作还原剂。选用的金属还原剂要求还原能力强、成本低、处理方便、易于分离、不与产品金属形成合金。例如

$$KCl + Na = NaCl + K\uparrow$$
$$2RbCl + Ca = CaCl_2 + 2Rb\uparrow$$
$$2CsAlO_2 + Mg = MgAl_2O_4 + 2Cs\uparrow$$

Ca、Mg 还常用作 Ti、Zr、Hf、V、Nb 和 Ta 的氧化物的还原剂。由这类反应可见,选作还原剂的金属除沸点比被还原的金属的沸点高外,还要比被还原的金属易得、廉价。

用铝作还原剂制取其他金属的方法称为铝热法。铝的电极电势为 $\varphi^{\ominus}(Al^{3+}/Al) = -1.676$ V,它与氧反应生成 Al_2O_3 的标准摩尔生成自由能(-1582 kJ·mol^{-1})很负,标准摩尔生成焓(-1676 kJ·mol^{-1})也很负,比一般金属氧化物及 SiO_2、B_2O_3 的生成焓负得多,见表 14.2。

表 14.2　一些氧化物的热力学数据(298.15 K)

	Al_2O_3(刚玉)	CaO	MgO(方美石)	NiO	Cr_2O_3	B_2O_3	SiO_2	Fe_2O_3
$\Delta_f H_m^{\ominus}/(kJ \cdot mol^{-1})$	-1676	-635.09	-601.70	-240	-1140	-1272.8	-910.94	-824.2
$\Delta_f G_m^{\ominus}/(kJ \cdot mol^{-1})$	-1582	-604.04	-569.44	-212	-1058	-1193.7	856.67	-742.2

因此铝与氧反应的自发性程度很大,铝的亲氧性还表现在铝能夺取其他化合物中的氧。例如,Al 与 Cr_2O_3、Fe_2O_3 反应:

$$Cr_2O_3 + 2Al = Al_2O_3 + 2Cr \quad \Delta_r G_m^{\ominus} = -524 \text{ kJ·mol}^{-1}$$
$$2Al + Fe_2O_3 = Al_2O_3 + 2Fe$$

生成氧化铝的反应是强烈的放热反应,被还原出的金属常以液态形式析出,因此,用铝和其他金属氧化物反应时,不必额外给反应体系供热,只需用引燃剂引发反应即可。例如,上述 Fe_2O_3 粉与铝粉的反应,用引燃剂点燃后,反应即猛烈进行,放出的热使体系温度高达 3273 K 以上,可使 Fe 熔化。

3. 氢热还原法

因碳热还原法得不到较纯的金属,故有时为制备少量的纯金属,采用氢气作还原剂。由图 14.7(虚线)可见,$H_2 \rightarrow H_2O$ 线(与 $CO \rightarrow CO_2$ 线相近,但斜率稍小)的位置较高,由 H_2 生成 H_2O 的 $\Delta_r G_m^{\ominus}$ 不太负,位于 $H_2 \rightarrow H_2O$ 线上方的 M→MO 线也不是很多,由于 $\Delta_f G_m^{\ominus}$ 比 H_2O 低的氧化物用 H_2 不能还原,而且,$H_2 \rightarrow H_2O$ 线斜率为正,与 M→MO 线相交的可能性也不大。说明 H_2 并不是一个好的还原剂,只有少数几种氧化物如 CuO、CoO、NiO、PbO 等可被 H_2 还原。例如

$$GeO_2 + 2H_2 = Ge + 2H_2O$$
$$WO_3 + 3H_2 = W + 3H_2O$$

热还原法还可用来制备化合物。例如,工业上通过芒硝还原生产 Na_2S,可用煤粉高温还原

$$Na_2SO_4 + 4C \xrightarrow[\text{高温转炉}]{1373 \text{ K}} Na_2S + 4CO$$

也用氢气还原

$$Na_2SO_4 + 4H_2 \xrightarrow[\text{高温转炉}]{1373 \text{ K}} Na_2S + 4H_2O$$

用 H_2 还原 TiO_2 制备 TiH_2：
$$TiO_2 + CaH_2 + H_2 \rightleftharpoons TiH_2 + CaO + H_2O$$

14.3.4 取代合成法

由于水解、氨解和醇解均属于取代反应，因此分别讨论。

1. 水解反应

V_2O_5 可以由三氯氧化钒的水解来制备：
$$2VOCl_3 + 3H_2O \rightleftharpoons V_2O_5 + 6HCl$$

羟基氯化汞可由 $HgCl_2$ 水解来制备：
$$HgCl_2 + H_2O \rightleftharpoons Hg(OH)Cl + HCl$$

2. 氨解反应

氨分子中的氢被其他原子或基团取代，生成氨基（—NH_2）、亚氨基（=NH）的衍生物或氮化物（≡N）；或者以氨基或亚氨基取代其他化合物中的原子或基团。例如
$$HgCl_2 + 2NH_3 \rightleftharpoons Hg(NH_2)Cl \downarrow + NH_4Cl$$

这类反应实际上是氨参与的复分解反应，与水解反应相类似，所以又称氨解反应。例如
$$[PtCl_4]^{2-} + 2NH_3 \rightleftharpoons [Pt(NH_3)_2Cl_2] + 2Cl^-$$

14.3.5 缩合反应法

缩合反应一般有两种情况：受热脱水缩合和酸性溶液中失氧缩合。

1. 受热脱水缩合

无水的酸式含氧酸盐受热时发生脱水、缩聚反应生成多酸盐，如果酸式盐中只含有一个 OH，则缩聚产物为焦酸盐。例如，工业上将磷酸氢二钠送入箱式聚合炉或回转聚合炉中，控制物料温度在 160～240 ℃，即可连续化生产无水焦磷酸钠：

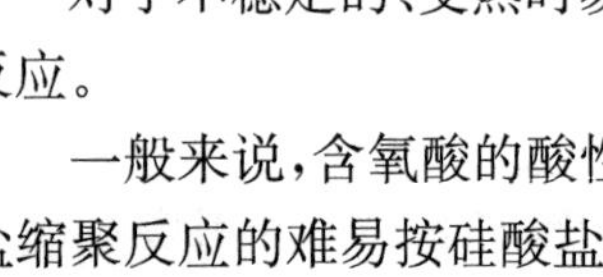

$$2Na_2HPO_4 \xrightarrow{160\sim240\ ℃} Na_4P_2O_7 + H_2O \uparrow$$

$$2MHSO_4 \xrightarrow{593\ K} M_2S_2O_7 + H_2O \uparrow \qquad (M = Na、K)$$

这是因为含氧酸根中的 M—OH 键和 O—H 键都较弱，受热时振动断裂并结合成 $H_2O(g)$ 逸出；而对于强酸盐，因 M—O 键短而强，受热不易断裂而不发生缩合。

对于不稳定的、受热时易分解放出气体的酸式含氧酸盐如 $Ca(HCO_3)_2$，一般不发生缩聚反应。

一般来说，含氧酸的酸性越弱，其酸式盐热分解时越易聚合为多酸盐，所以非金属含氧酸盐缩聚反应的难易按硅酸盐＞磷酸盐＞硫酸盐＞高氯酸盐的顺序变化。实际上，高氯酸盐不能聚合成多酸盐。

2. 酸性溶液中失氧缩合

在酸性条件下失氧缩合的反应是溶液中的 H^+ 和含氧酸根中（如 CrO_4^{2-}、MoO_4^{2-}、WO_4^{2-}、VO_4^{3-} 等）的 M 争夺 O^{2-}，生成弱电解质的反应。一般而言，含氧酸酸性较弱的盐在酸性条件

下易失氧缩合。例如，第一过渡系含氧酸盐失氧缩合程度为钒酸盐＞铬酸盐＞锰酸盐。事实上，高锰酸盐在酸性条件下不发生失氧缩合。

14.3.6 分解反应法

一种化合物在特定条件下(如加热、通直流电、催化剂等)分解成两种或两种以上较简单的单质或化合物的反应称为分解反应(decomposition reaction)。分解反应可看成是化合反应的逆反应，通式为 AB ═══ A+B。

常用的分解反应是热分解，作为制备手段重要的是要找到合适的起始反应物，同时反应条件的控制也是非常重要的。哪些物质能用于分解起始物从而进行相关物质的制备呢？从分解反应的定义和通式，结合化学热力学和物质内部结构的知识可知，不太稳定、分解产物有气体的物质常常对热不稳定，可用热分解法进行相关物质的制备。这一类物质主要有碳酸(氢)盐、铵盐、乙二酸盐、硝酸盐、氢氧化物，还有金属有机配合物、氰化物等，而硅酸盐、硼酸盐等则很稳定。分解反应是制备复合金属氧化物的一种主要反应。

碳酸(氢)盐 工业上一个重要的应用是通过 $CaCO_3$ 的热分解制备 CaO。

$$MCO_3 \xrightarrow{\triangle} MO + CO_2 \uparrow \quad (M = Ca、Mg)$$

铵盐 实验室常用加热分解 $(NH_4)_2Cr_2O_7$ 来制取绿色的 Cr_2O_3 或 N_2。该法制得的 Cr_2O_3 常常是不活泼的。

$$(NH_4)_2Cr_2O_7 \xrightarrow{\triangle} Cr_2O_3 + N_2 \uparrow + 4H_2O$$

乙二酸盐 在隔绝空气的条件下加热乙二酸亚铁可制得 FeO。

$$FeC_2O_4 \xrightarrow{\triangle} FeO + CO \uparrow + CO_2 \uparrow$$

用此方法制得的 FeO 是一种能自燃的黑色细粉。它在低于 848 K 时不稳定，发生歧化反应生成 Fe 和 Fe_3O_4。

氢氧化物 $\quad M(OH)_2 \xrightarrow{\triangle} MO + H_2O \uparrow \quad (M = Mg、Co)$

氧化物、硫化物 由 Ellingham 图可知，Ag_2O、HgO、HgS 等少数不活泼金属的化合物由于其生成自由能负值小、不稳定、易分解，因此这类金属可通过直接加热它们的氧化物、硫化物使其分解的方法制备：

$$2HgO \xrightarrow{\triangle} 2Hg + O_2 \uparrow$$

$$2Ag_2O \xrightarrow{\triangle} 4Ag + O_2 \uparrow$$

将辰砂加热也可得到 Hg：

$$HgS + O_2 \xrightarrow{\triangle} Hg + SO_2 \uparrow$$

其他化合物 除上述化合物外，一些金属有机配合物、氰化物、叠氮化物、氨基化物等也能通过加热分解生成相应的物质，常用这些方法进行物质的提纯。例如，金属有机配合物的热分解：

$$Fe(CO)_5 \xrightarrow{\triangle} Fe + 5CO \uparrow$$

叠氮化物的热分解：

$$2MN_3 \xrightarrow{\triangle} 2M + 3N_2 \uparrow \quad (M = Na、K、Rb、Cs)$$

该法是精确定量制备碱金属的方法。铷、铯常用该法制备。锂因形成稳定的 Li_3N，不能用此法制备。

ⅠA、ⅡA族元素的氮化物可用加热氨基化合物的方法制备。例如

$$3Ba(NH_2)_2 \xrightarrow{\triangle} Ba_3N_2 + 4NH_3 \uparrow$$

由上述热分解的例子可见，能发生热分解的物质中含有C、N、O、S等元素，并且热分解能生成O_2、N_2、SO_2、NH_3、CO、CO_2、H_2O等气态产物。

14.3.7 配位合成法

配位合成法自然是为了制备配位化合物，经典配合物主要是从水溶液化学发展起来的，但非水溶液中的配合物合成、固相配合物合成也取得了迅速的发展。从化学反应原理来看，配位合成法也是形式多样，此处简要介绍之。

1. 直接合成法

直接合成法是通过金属离子(或原子)与配体直接进行配位反应，从而合成配合物的方法。配位用的金属化合物常用的是无机盐(如乙酸盐、硫酸盐、卤化物等)、氧化物和氢氧化物等。从理论上讲，凡是有空的价轨道的金属离子或原子便可和有孤对电子或离域电子的配体配位生成配合物，但在合成配合物时要考虑配体和金属离子配位的难易以及产物是否易于分离，同时还需选择合适的溶剂。这样的例子很多，如$Cu(NH_3)_4SO_4$等。

例如，羰基配合物的制备，CO能与一些有空轨道的金属原子或低氧化态的金属离子形成羰基配合物，如$Fe(CO)_5$、$Ni(CO)_4$和$Cr(CO)_6$等。

2. 组分交换法

生成的配合物还可在一定的条件下，通过新配体部分或全部取代原有配体，从而得到新的配合物。例如，在CO_2气氛中、无水条件下，将三氯化磷加到四羰基镍中，迅速搅拌，进行如下反应：

$$Ni(CO)_4 + 4PCl_3 = Ni(PCl_3)_4 + 4CO \uparrow$$

待反应完全后过滤、干燥即可得产物。

将cis-$[Pt(NH_3)_2Cl_2]$溶解在浓盐酸中，然后用水稀释，回流，待反应结束后蒸去盐酸，水中重结晶即可得到$(NH_4)[Pt(NH_3)Cl_3]$。

从化学平衡原理来看，改变反应条件(如浓度、压力、温度等)，使部分产物成为气体或更弱的电解质或沉淀，使平衡右移，达到组分交换的目的；从结构角度来看，取代后的配位键比被取代的配位键要强或大致相同，否则难以取代而达到交换组分的目的。

3. 氧化还原配位法

铅在加热时可溶于浓HCl，生成可溶的Pb(Ⅱ)盐：

$$Pb + 4HCl(浓) \xrightarrow{\triangle} H_2[PbCl_4] + H_2 \uparrow$$

$$2Cu + 8HCl(浓) = 2H_3[CuCl_4] + H_2 \uparrow$$

14.3.8 歧化合成法

在反应中，若氧化作用和还原作用发生在同一分子内处于同一氧化态的元素上，则该元素

的原子(或离子)一部分被氧化,另一部分被还原。这种自身的氧化还原反应称为歧化反应。歧化反应多在碱性或中性溶液中进行,哪些物质能发生歧化可从元素电势图或氧化态-Gibbs 自由能图中看出。

Cl_2、Br_2、I_2 都微溶于水,溶于水的一部分发生歧化反应,在该水溶液中,HOX 的浓度不大,故需加新鲜制备的 HgO 或 Ag_2O 或碳酸盐以破坏水解歧化平衡,而使反应向右进行:

$$2HgO + H_2O + 2Cl_2 \Longrightarrow HgO \cdot HgCl_2 \downarrow + 2HOCl$$

$$CaCO_3 + H_2O + 2Cl_2 \Longrightarrow CaCl_2 + CO_2 \uparrow + 2HOCl$$

将反应混合物减压蒸馏可得 HOCl 溶液。除 HOF 外,其他纯的 HOX 至今尚未制得。除 HOF 外,其他仅存在于水溶液中,稳定性 HOCl>HOBr>HOI。

用氯和 $Ca(OH)_2$ 反应,控制在 298 K 左右可得次氯酸钙:

$$2Cl_2 + 2Ca(OH)_2 \Longrightarrow Ca(ClO)_2 + CaCl_2 + 2H_2O$$

当原料中所含水分较少时,不能使所有 $Ca(OH)_2$ 转化为 $CaCl_2$ 和 $Ca(ClO)_2$,在这种情况下其反应如下:

$$2Cl_2 + 3Ca(OH)_2 \Longrightarrow Ca(ClO)_2 \cdot CaCl_2 \cdot Ca(OH)_2 \cdot 2H_2O$$

所得产物即为通常所称的漂白粉。

14.3.9 电化学合成法

电解是根据电化学原理,通过强制氧化还原的手段进行物质制备的一种方法,其作用和地位日益重要。从理论上讲,凡是可以进行氧化还原反应的都能用电解的方法进行制备。该方法的优点是,通过电化学的氧化或还原过程可以制备出化学方法不能或较难制备的物质,如电极电势很高的氧化型物质(很强的氧化剂)、电极电势很低的还原型物质(很强的还原剂)以及一些特殊价态的材料。由于用电子转移来代替氧化剂或还原剂,整个反应过程不会受到氧化剂或还原剂污染,容易制得高纯的目标产物(一般金属提纯都使用电解法),并且反应条件温和,多数反应可在常温常压下进行。其主要缺点是耗能高,经济效益低,设备有时要求很高。

在水溶液、熔融盐和非水溶剂(如有机溶剂、液氨等)中,通过电氧化或电还原过程可以制备出多种类型与不同聚集状态的化合物和材料。电解盐的水溶液和熔融盐以制备金属(如银、钠等)、某些合金和镀层;通过电化学氧化过程制备最高价(如 NiF_4、NbF_6、AgF_2、$CoCl_4$ 等)、特殊价态(如 $S_2O_8^{2-}$、PO_3^{3-} 等)和具极强氧化性(如 O_3、OF_2 等)的物质;含中间价态或特殊低价化合物[如 Mo(Ⅱ~Ⅴ)、Ti^+、Ga^+、Ni^+、Co^+、Mn^+、W^{3+} 等]的合成;C、B、Si、P、S、Se 等二元或多元金属陶瓷型化合物和非金属元素间化合物的合成;混合价态化合物、非计量氧化物等难于用其他方法合成的化合物;金属薄膜、无机薄膜、纳米材料的制备。

电解也有干法和湿法两种。湿法即在水溶液中进行电解,一般可在常温常压条件下进行。干法即熔融电解,需要很高的温度,故也称高温电解。对于原料在水中溶解度小或在水中不稳定(如歧化等),或产物能与水发生氧化还原反应或其他反应的,则需用熔融电解。

1. 水溶液体系中的电化学制备

1) 电解还原制备

电解还原可以制备金属单质,工业上湿法冶金就是这个原理。通过电解金属盐水溶液而在阴极沉积纯金属,原料供给有两类:①用粗金属作原料,以不溶性阳极进行电解,在阴极获得纯金属的电解提纯法;②以金属化合物为原料,以不溶性阳极进行电解的电解提取法。在生产中,要将矿物或化合物转化成可溶性盐,净化杂质,再以净化液作电解液,电解制取金、银、铜、锌、镍、钴等纯金属。可自多种金属盐的混合物中分离沉积出纯的金属。因此,可用于金属提纯、精炼、多金属资源的综合利用等。

例如,铜的电积过程。铜的电积也称为不溶阳极电解[a]。先将铜矿转化成可溶性铜盐,并除铁净化。再以纯铜作阴极,以Pb-Ag(含Ag 1%)或Pb-Sb合金板作阳极,除铁后的净化液作电解液。电解时在阴极片上析出铜,水在阳极分解放出氧气(图14.3)。

阴极反应:　　$Cu^{2+} + 2e^- = Cu$

阳极反应:　　$H_2O - 2e^- = \frac{1}{2}O_2\uparrow + 2H^+$

总反应:　　$Cu^{2+} + 2H_2O \xrightarrow{电解} Cu + \frac{1}{2}O_2\uparrow + 2H^+$

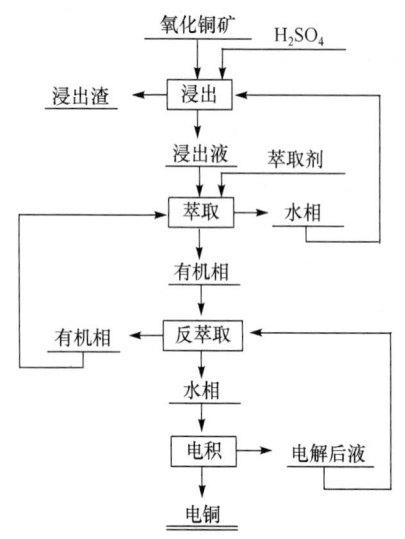

图14.3　氧化铜矿酸浸及电积过程

通过控制电解条件,可以得到不同形状的金属,如粉末、致密晶粒、海绵状、金属箔等,以方便下一步应用的要求。

用此过程还可制备金属合金,制备金属镀层或膜。金属电镀在防腐方面具有重要的应用。

2) 电解氧化制备

例如,次氯酸钠的电解法制备。工业上采用无隔膜电解冷稀氯化钠溶液,搅动溶液使阴极电解还原产物OH^-与阳极产生的Cl_2发生反应,生成ClO^-:

$$Cl_2 + 2OH^- = 2ClO^- + H_2\uparrow$$

总反应为

$$Cl^- + H_2O \xrightarrow{电解} ClO^- + H_2\uparrow$$

高铁酸盐是一种高效无污染的净水剂,近年来又作为锂离子电池的阳极材料。化学法制备高铁酸盐工艺复杂,成本较高,合成过程中需使用毒性很大的氯气,对环境造成较大的污染,使推广应用受到限制。利用灰口铸铁作为阳极材料,以$14\ mol\cdot dm^{-3}$ NaOH 或 KOH 作电解液,在20 ℃和$4.54\ mA\cdot cm^{-2}$电流密度条件下进行电解,一步合成了包括高铁酸钾、高铁酸钠、高铁酸钡等在内的多种高铁酸盐,合成效率可达48.5%。

阳极反应:　　$Fe + 8OH^- - 6e^- = FeO_4^{2-} + 4H_2O$

阴极反应:　　$6H_2O + 6e^- = 3H_2\uparrow + 6OH^-$

总反应:　　$Fe + 2OH^- + 2H_2O \xrightarrow{电解} FeO_4^{2-} + 3H_2\uparrow$

3) 特殊价态化合物合成

例如,过二硫酸盐的电解法生产。电解硫酸氢盐溶液[也可用K_2SO_4、$(NH_4)_2SO_4$在50% H_2SO_4中的溶液]是工业上制备过二硫酸盐的主要方法。电解时在阳极上HSO_4^-被氧化生成过二硫酸盐,而在阴极产生氢气。

---

[a]　工业上主要用火法从黄铜矿($CuFeS_2$)提炼铜。冶炼过程分为:富集;焙烧,将$CuFeS_2$转化为Cu_2S;制冰铜、制泡铜,将Cu_2S转化成粗铜;制精铜,得含99.5%~99.7%的精铜;电解精炼,以火法冶炼得到的精铜为阳极,以纯铜为阴极进行电解。

阳极(铂极)反应：$2HSO_4^- - 2e^- = S_2O_8^{2-} + 2H^+$

阴极(石墨)反应：$2H^+ + 2e^- = H_2 \uparrow$

其他不少元素的过氧化物或过氧酸均可通过电解来合成，如 H_3PO_4、HPO_4^{2-}、PO_4^{3-} 的电氧化，合成 PO_5^{3-}、$P_2O_8^{4-}$ 的钾盐和铵盐，过硼酸及盐类 BO_3^- 的合成等。

2. 熔盐体系的电化学合成法

对于非常活泼的金属、非常活泼的非金属以及在水中溶解度很小的盐类，都不能在水溶液体系中进行电解，通常是通过熔盐电解制备。金属单质如铝、镁、锂、钙、稀土元素和它们的某些合金(Li-Al 合金、Y-Mg 合金)，非金属单质如氟、硼、硅等是通过电解相应的盐类制备的。

熔融盐(简称熔盐)常是指熔融态液体无机盐，通常是碱金属或碱土金属的卤化物、氢氧化物、碳酸盐、硝酸盐及磷酸盐等。适合于电解的熔盐通常有如下性质要求：高温下稳定、低蒸气压、低黏度、良好的导电性、较高的离子迁移率和扩散速率、高的热容量、产品易分离等。

一般来说，单一熔盐的熔点都比较高，因此，在实际使用过程中，往往采用二元或多元混合熔盐，以降低熔点。如果多元体系中形成了低熔点固熔体，则熔点下降更多。

例如，金属钠的电解法制备。工业上钠的制法很多，有碳还原碳酸钠法、氯化钠加石灰用硅铁还原法、电解熔融氢氧化钠法，目前世界上多数用电解氯化钠的方法。

电解用的原料是氯化钠和氯化钙的混合盐。若只用氯化钠进行电解，不仅需要高温，且电解析出的钠易挥发(NaCl 的熔点为 1073 K, Na 的沸点为 1156 K)，还容易分散在熔融盐中难以分离出来。加入 $CaCl_2$(60%，质量分数)后，既降低电解质的熔点(混合盐的熔点约为 853 K)，防止钠的挥发，又可减小金属钠的分散性。因为熔融混合物的密度比钠大，钠浮于液面，从管道溢出。把熔融的金属混合物冷却到 378～383 K，金属钙成晶体析出，经过滤即可将钠、钙分离。电解时电极反应如下

阴极反应：$2Na^+ + 2e^- = 2Na$

阳极反应：$2Cl^- - 2e^- = Cl_2 \uparrow$

总反应：$2NaCl \xrightarrow{电解} 2Na + Cl_2 \uparrow$

电解得到的钠约含 1% 的钙。钠和锂主要用此法制备。

由于氟的还原电位高，制备单质氟只能采用电解氧化法。1886 年法国化学家莫瓦桑(H. Mossian)从电解氟氢化钾(KHF_2)的无水氟化氢溶液制得氟。现在无论是工业上还是实验室制取氟，都是用电解熔融的氟氢化钾和氟化氢的混合物($KF \cdot 2HF$)，以钢制容器作电解槽，槽身作阴极，以压实的石墨作阳极，在 373 K 左右进行电解(图 14.4)。电极反应为

阳极(石墨)反应：$2F^- - 2e^- = F_2 \uparrow$

阴极(电解槽)反应：$2HF_2^- + 2e^- = H_2 \uparrow + 4F^-$

总反应：$2KHF_2 \xrightarrow{电解} 2KF + H_2 \uparrow + F_2 \uparrow$

电解常加入少量的另一氟化物(如 LiF 或 AlF_3)于电解质熔盐中，以降低电解质熔点，减少 HF 的挥发和碳电极的极化作用。用莫内尔合金(镍、铜以及少量铁的合金)制的隔板将电解槽隔开，使两种气体严格分开。随着电解的进行，HF

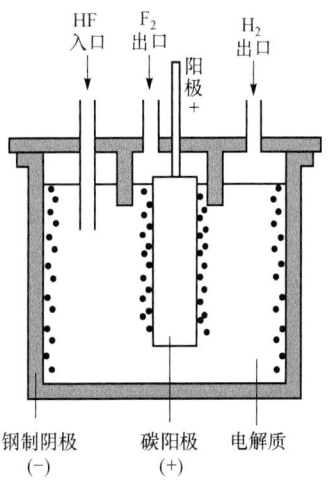

图 14.4 电解制氟装置示意图

不断被消耗、电解质的熔点不断升高,因此需要不断地补充 HF。气体氟经过净化(主要是除去 HF),以 17.7~17.8 MPa 的压力压入特种钢瓶中。

3. 非水体系的电化学合成法

由于电解质在非水溶剂中的性能大大异于在水溶液中,因而可借非水溶剂中的电解反应合成出很多颇具特色的无机化合物。例如,含 B、N 与其他 VA 族元素的化合物,含 S 化合物以及发生特种电极氟化作用的化合物,如在 HF(l)-NaF 电解质中 Ni 阳极上氧化 SO_2 可得 62% 的 SO_2F_2,其他为 23% 的 SOF_4、14% 的 OF_2 等。

14.4 无机物合成与制备的综合运用

14.4.1 用不同的方法制备同一物质

以上是从化学反应原理出发,对物质的合成与制备进行简单的分类叙述。在实际生产过程中,特别是工业生产,由于要考虑经济效益,因此要涉及许多因素,如原材料的来源、品位、价格、生产设备、反应条件、能耗、产率及产品纯度等。因此,不同的地区可以用不同的方法来生产同一种产品,即同一种物质往往可用不同的方法来制备。此外,不同制备方法制备出的同一产品,不仅产率和纯度不同,其理化性能也可能有很大的差异。例如,除天然二氧化锰(NMD)外,电解二氧化锰(EMD)、化学二氧化锰(CMD)和活性二氧化锰(ACMD)就是用不同的制备方法得到的,它们在性能上各有千秋。以下举两例说明同一物质的不同制备方法。

1. H_2O_2 的制备

H_2O_2 分子中含有过氧根—O—O—,因此含有过氧根物质的转换是制备 H_2O_2 的最好办法。此外,在结构上 O_2 只比 O_2^{2-} 少 2 个电子,因此利用 O_2 的加成也是制备 H_2O_2 的途径之一。

实验室制法 利用生成沉淀的复分解方法,常用稀硫酸与 BaO_2 或 Na_2O_2 反应来制备:

$$BaO_2 + H_2SO_4 \Longrightarrow BaSO_4 \downarrow + H_2O_2$$

$$Na_2O_2 + H_2SO_4 + 10H_2O \xrightarrow{\text{低温}} Na_2SO_4 \cdot 10H_2O \downarrow + H_2O_2$$

除去沉淀后的溶液含有 6%~8% 的 H_2O_2。

此法的优点是由于生成沉淀,反应速率快,条件温和,产物分离方便。缺点是原料成本高,不适合大规模生产。

水解法 将过二硫酸盐进行水解,便得到 H_2O_2 溶液:

$$S_2O_8^{2-} + 2H_2O \Longrightarrow H_2O_2 + 2HSO_4^-$$

此法的优点是产品纯度高、产率高、原料简单,而且生成的硫酸氢盐可以循环使用,得到的溶液经减压蒸馏可得 30%~35% H_2O_2 溶液。缺点是耗能大,反应条件要求高,在电能资源丰富的地区可采用此法生产。

加成(还原)-**氧化法(乙基蒽醌法)** 乙基蒽醌法是以 Raney 镍或载体上的钯为催化剂,在苯溶液中用 H_2 还原乙基蒽醌得到蒽醇。当蒽醇被氧氧化时生成原来的蒽醌和 H_2O_2(图 14.5)。

当反应进行到苯溶液中的过氧化氢浓度为 5.5 g·dm^{-3} 时,用水抽取,便得到 18% 的 H_2O_2 水溶液,减压蒸馏可得质量分数为 30% 的 H_2O_2 溶液,减压下进一步分级蒸馏,H_2O_2 的质量分数可达 85%。

该法的优点是反应条件温和，蒽醌可以循环使用。缺点是催化剂要求高，催化剂需要活化，步骤复杂，蒽醌有毒，会污染环境。

催化氧化法 直接用氢和氧合成双氧水：

$$H_2 + O_2 \xrightarrow{NxCat^{TM}催化剂} H_2O_2$$

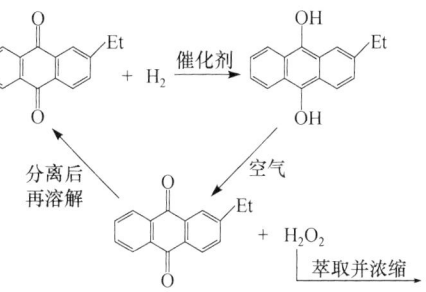

图 14.5 乙基蒽醌法制 H_2O_2

这项称为 NxCat^{TM} 的创新技术使用的是一种钯-铂催化剂。优点是反应条件绿色温和，产率高，除了目前工艺中的所有有害的反应条件和化学品，不产生任何不理想的副产物，无污染，成本低廉。缺点是催化剂的制作工艺要求高，不易大规模生产。

2. 单质硼的制备

因硼单质化学性质较活泼，自然界中只能以化合物形式存在。根据硼化合物的不同，可用还原法和热分解法制备。

(1) 金属或其他还原剂（如 Na、Mg、Zn、CaC_2 等）还原 B_2O_3、BX_3。例如

$$B_2O_3 + 3Mg \xrightarrow{\triangle} 2B + 3MgO$$

$$2BCl_3 + 3Zn \xrightarrow{\triangle} 3ZnCl_2 + 2B \text{（纯度约 96\%）}$$

(2) 用 H_2 还原 BX_3。例如

$$2BBr_3 + 3H_2 \xrightarrow[\triangle]{W \text{ 或 Ta}} 2B + 6HBr$$

所得产物为晶态 B，纯度达 99.9%。BF_3 不能用 H_2 还原。

(3) BBr_3 和 BI_3 热分解，可获得高纯度的 B：

$$2BX_3 \xrightarrow[\text{Ta 丝}]{1073 \sim 1573 \text{ K}} 2B + 3X_2 \quad (X = Br、I)$$

(4) 电解还原。1073 K 时在 KCl-KF 溶剂中电解 KBF_4，得无定形 B（纯度 95%）。

14.4.2 工业制备与实验室制备的联系与差异

一般而言，实验室制备有两种情况：进行新物质的合成研究或粗物质的纯化；当实验需要某一级别的物质而一时又无法采购到时，需要在实验室进行制备。其特点是量少，制备无需连续化，一般纯度较高，通常是以得到所需的产物为目标，成本控制较次之。要求反应快速，原料易得，制备装置简单、反应条件（如温度、压力等）温和等。然而，许多物质现在已基本上不用进行实验室制备了，如双氧水、氧气、氮气等；实验室中过去常用铵盐的热分解来制备氨，现在市场上有钢瓶装的液氨（含氨 99.8%以上）出售。如需更高纯度，可将氨先后通过热处理的活性炭及 P_2O_5 而得到。

工业生产则不同，首要考虑的是经济效益，一般是规模化、连续化生产，常要兼顾原材料的来源、设备厂房条件、反应条件（如温度、压力、催化等），能量的供给或移除，产率及副产物的处理、环境保护等多项因素。其特点是量大，但纯度不太高，因涉及副产物的处理，常是系列产品而不是单一产品的生产。

以 Cl_2 的制备为例,Cl_2 是强氧化性的单质,而含 Cl 的最廉价、最易得的是 NaCl。

实验室制备 常将氧化剂 MnO_2、$KMnO_4$ 与浓 HCl 反应制取氯气:

$$MnO_2 + 4HCl(浓) \xrightarrow{\triangle} MnCl_2 + 2H_2O + Cl_2 \uparrow$$

$$2KMnO_4 + 16HCl \xrightarrow{\triangle} 2KCl + 2MnCl_2 + 8H_2O + 5Cl_2 \uparrow$$

将 Cl_2 通过水、硫酸、氯化钙和五氧化二磷纯化。此法产率不高而成本高,不能用于大规模制取 Cl_2。

工业制备 常用电解氯化钠饱和溶液来制备氯气,电解槽以石墨或金属钛作阳极(目前最好的阳极材料是 RuO_2),铁网作阴极,并用石棉隔膜把阳极区和阴极区隔开。电解反应:

$$2Cl^- + 2H_2O \xrightarrow{电解} 2OH^- + H_2 \uparrow + Cl_2 \uparrow$$

该法生产原料廉价易得,产率高,副产物为 NaOH 和 H_2(可和 Cl_2 反应制盐酸),均可利用。虽然电解槽等设备装置要求高,但实际生产中经济效益明显。

由 H_2O_2 和 Cl_2 的制备实例可见,有些能用实验室制备的方法并不适合工业制备,同样有些工业制备的方法也不适合实验室制备。然而,实验室制备研究又是工业制备的前提,工业制备是实验室制备的放大。实验室研究的成果常要经中试放大,再到工业生产。

14.4.3 无机物合成与制备实例

人类为了生存与发展,总是不断地向大自然进行索取,从自然界中取得的物质再通过各种化学或物理方法变成人类所需。那么,如何以自然界中存在的物质为起始物,选择制备方法来制备我们需要的化合物呢?物质制备方法的选择是需要理论支持的。下面仅举两例以说明。

1. 含氮化合物的制备

氮主要以单质的形式存在于大气中,以无机化合物形式存在于自然界中的很少。通过压缩空气从空气中分离氮。

合成氨 NH_3 中只含 N、H 两种元素,故应用 H_2 和 N_2 合成法制备。电解食盐水溶液制备 H_2,用 N_2(空气)和 H_2 在高温高压和铁催化剂作用下合成 NH_3。NH_3 是制备含 N 化合物的重要原料。

氨催化氧化制硝酸 虽然实验室中可采用复分解方法制备硝酸,但若用同样的方法进行工业生产不仅得不偿失,而且需要有硝酸盐,故应考虑以 NH_3 为原料制备。因 HNO_3 中含有 O 且 N 处于最高氧化态,所以应考虑用 O_2 作为氧化剂将 NH_3 氧化,但 NH_3 在 O_2 中直接燃烧的产物是单质 N_2,故需寻找催化剂。将氨和过量空气的混合物通过装有铂(90%)-铑(10%)合金网的催化剂,氨在高温下被氧化为 NO,NO 与 O_2 进一步反应生成 NO_2:

$$4NH_3 + 5O_2 \xrightarrow[1273\ K]{Pt\text{-}Rh\ 催化剂} 4NO + 6H_2O \quad \Delta_r H_m^\ominus = -903.74\ \text{kJ} \cdot \text{mol}^{-1}$$

$$2NO + O_2 = 2NO_2 \quad \Delta_r H_m^\ominus = -113\ \text{kJ} \cdot \text{mol}^{-1}$$

NO_2 易溶于水,被水吸收并歧化成 HNO_3 和 HNO_2:

$$2NO_2 + H_2O = HNO_3 + HNO_2$$

HNO_2 不稳定,受热立即分解:

$$3HNO_2 = HNO_3 + 2NO \uparrow + H_2O$$

NO_2 溶于热水的总反应式为

$$3NO_2 + H_2O(热) = 2HNO_3 + NO\uparrow$$

这是工业制备 HNO_3 的重要反应。此法所制得的硝酸溶液约含 50% HNO_3，可在稀 HNO_3 中加浓 H_2SO_4 或采用无水 $Mg(NO_3)_2$ 作吸水剂，然后蒸馏，可使其进一步浓缩到 98%。若用尽可能高浓度的 HNO_3 作起始原料，加浓 H_2SO_4 重复减压蒸馏，可得纯硝酸。

再由氨或硝酸制备各种硝酸盐或其他化合物，如铵盐、硝酸盐、亚硝酸盐、联氨、羟氨、尿素等。

尿素（碳酰二胺）　从结构上来看，$CO(NH_2)_2$ 可看成是 CO_2 中的一个 =O（二价分子片）被两个一价分子片—NH_2 取代的产物，这就意味着在理论上将 NH_3 与 CO_2 反应有可能得到 $CO(NH_2)_2$，剩下的是寻找合成条件了。工业上用液氨和二氧化碳为原料，在高温高压条件下直接合成。为综合利用原料，尿素总是与合成氨厂联合生产，合成氨的产品氨少量以液氨的形式卖出，大部分都用作合成尿素的原料。总反应式为

$$2NH_3 + CO_2 = CO(NH_2)_2 + H_2O$$

一般认为反应是分两步进行的，氨与 CO_2 反应先生成氨基甲酸铵（简称甲铵）：

$$2NH_3 + CO_2 \rightleftharpoons NH_2COONH_4(l)$$

这是一个强放热的可逆反应，在一定条件（如 10 MPa 和 150 ℃）下，反应几乎瞬间即可达到平衡，然后甲铵再脱水生成尿素：

$$NH_2COONH_4 \rightleftharpoons CO(NH_2)_2(l) + H_2O$$

该反应为弱吸热的可逆反应，反应速率很慢，是尿素合成过程中的控制步骤。

尿素主要用作化肥，但也可利用尿素的性质发展下游产业，以获得更高的附加值。例如，在氨水等碱性催化剂作用下与甲醛（缩聚）反应生产脲醛树脂，加热脱氨生产三聚氰胺，与水合肼作用生产氨基脲等。

联氨（N_2H_4，又称肼）　从结构上看，N_2H_4 可看成是两个—NH_2 的结合，且因 N_2H_4 中 N 的氧化数为 -2，高于在 NH_3 中的氧化数，所以可考虑以 NH_3 为原料采用氧化法制备，但氧化剂的氧化性不宜太强。通常是在碱性条件下，以次氯酸钠为氧化剂与过量的氨反应，来制备联氨，但得到的是稀溶液：

$$NaClO + 2NH_3 = N_2H_4 + NaCl + H_2O$$

另一方法是用氨和醛（或酮）的混合物与氯气进行气相反应合成异肼，然后使其水解而得到无水肼：

$$4NH_3 + (CH_3)_2CO + Cl_2 = (NH)_2C(CH_3)_2(异肼) + 2NH_4Cl + H_2O$$
$$(NH)_2C(CH_3)_2 + H_2O = N_2H_4 + (CH_3)_2CO$$

2. 锰及其化合物的制备

锰在自然界以化合物的形式存在，最具商业价值的矿物有软锰矿（MnO_2）、黑锰矿（Mn_3O_4）、菱锰矿（$MnCO_3$）等，锰的重要化合物有二氧化锰、高锰酸钾和锰盐。由锰矿制备锰的化合物的过程可从锰的氧化态-Gibbs 自由能图得到解读。

金属锰　由锰矿制金属锰宜采用还原法，从氧化物的 Ellingham 图可知，用 C 作还原剂其还原温度很高（参见 MnO），而用 Al 作还原剂则无需高温。因此，工业上金属锰常用铝热法由软锰矿还原制得。因铝与软锰矿反应激烈，故先将软锰矿强热使之转变为 Mn_3O_4，然后与铝粉混合燃烧：

$$3MnO_2 = Mn_3O_4 + O_2$$
$$3Mn_3O_4 + 8Al = 9Mn + 4Al_2O_3 \quad \Delta_r G_m^\ominus = -2464.7 \text{ kJ} \cdot \text{mol}^{-1}$$

用此法制得的锰纯度为 95%～98%。纯的金属锰是用电解硫酸锰(Ⅱ)水溶液的方法制得的。

锰(Ⅱ)盐 从锰的氧化态-Gibbs 自由能图可见,在酸性条件下,Mn^{2+} 最稳定,Mn^{3+} 易歧化,所以稳定的锰盐为 Mn^{2+}。在软锰矿、黑锰矿、菱锰矿三种矿物中,只有菱锰矿($MnCO_3$)中锰处于 +Ⅱ,且属于碳酸盐,可以和酸进行复分解反应,生成可溶性盐。

例如,工业上先用硫酸使锰矿或锰焙砂中的锰转变成水溶性硫酸锰进入溶液。用过量 10% 的浓度为 100～150 g·dm^{-3} 的硫酸直接浸出经磨细的菱锰矿,使溶液温度为 353～363 K。在浸出过程中,菱锰矿和硫酸作用生成水溶性 $MnSO_4$ 和 CO_2:

$$MnCO_3 + H_2SO_4 = MnSO_4 + H_2CO_3(H_2O + CO_2\uparrow)$$

除去溶液中的 Fe^{2+}、Ca^{2+}、Pb^{2+}、Ni^{2+}、Co^{2+} 等杂质,浸出液冷却后结晶、过滤,可得 $MnSO_4$。

二氧化锰(manganese dioxide) 软锰矿的主要成分虽然是 MnO_2,但品位低,不能直接应用,而 MnO_2 又不溶于水,无法直接用水浸取。但可以将锰矿变成锰盐,再从锰盐制取 MnO_2。目前市场上销售的二氧化锰产品基本上是采用硫酸锰溶液电解的方法或碳酸锰热解法制备的。用锰矿为原料的生产方法称为电解法,所得产品称为电解二氧化锰;用锰中间产物为原料的生产方法称为化学法,所得产品称为化学二氧化锰。

在采用锰矿为原料时,按生产锰盐的方法制备硫酸锰溶液,然后通过电解制得二氧化锰。

阳极反应: $\quad Mn^{2+} + 2H_2O - 2e^- = MnO_2 + 4H^+$

阴极反应: $\quad 2H^+ + 2e^- = H_2\uparrow$

电解反应: $\quad Mn^{2+} + 2H_2O = MnO_2 + H_2\uparrow + 2H^+$

电解液内的硫酸锰含量随着电解的进行逐渐减少,而硫酸含量则逐渐增加。因此,需连续向电解槽内补充中性硫酸锰溶液,同时排出等体积的含酸电解液,以保持电解液成分恒定。排出的含酸电解液返回用作锰矿的浸出。

也可以用软锰矿作原料,先在 973～1173 K 下煅烧还原,隔绝空气冷却到 373 K 以下后再用硫酸浸出。软锰矿(二氧化锰矿)含杂质较多,需向浸出液中加入硫化氢或碱土金属硫化物使杂质沉淀而除去。

化学法主要有碳酸盐热解法、硝酸盐热解法、直接氧化法和氨基甲酸铵法。碳酸盐热解法是在锰盐溶液中加碱金属碳酸盐,复分解得碳酸锰沉淀,然后加热分解为 MnO_2。与其他方法相比,此法具有工艺简单、操作条件容易控制等优点。硝酸盐热解法是用硝酸浸出锰矿,使锰生成硝酸锰进入溶液,然后加热分解硝酸锰成为 MnO_2。此法的生产流程简单,但浸出过程中产生的氧化氮难以回收。直接氧化法是在溶液中直接将二价锰氧化成 MnO_2 的方法。氨基甲酸铵法是以氨基甲酸铵为溶剂,溶解锰矿得到锰铵复盐,锰铵复盐水解成碳酸锰,碳酸锰然后热解为 MnO_2。

高锰酸钾 高锰酸钾中锰处于最高氧化态,是强氧化剂,虽然过二硫酸盐也能将 Mn^{2+} 氧化成 MnO_4^-,但需在加热的情况下通过银盐催化,且过二硫酸盐本身也需通过电解制备,能否寻求更好的制备方法?

从锰的氧化态-Gibbs 自由能图可知,在酸性或接近中性条件下,MnO_4^{2-} 则可完全歧化成 MnO_4^- 和 MnO_2。因此,可想办法寻找 $\varphi_B(ox/red)$ 大于 $\varphi_B(MnO_4^{2-}/MnO_2)$ 的适宜氧化剂($\varphi^\ominus$ 只适用于 298.15 K 时标准态下的水溶液体系,这里只能作参考),在碱性条件下将 MnO_2 氧化

成 MnO_4^{2-},再使 MnO_4^{2-} 在酸性条件歧化而制得 $KMnO_4$。

可见,锰酸钾(K_2MnO_4)是生产高锰酸钾的重要中间体,通常是由氢氧化钾(KOH)和锰粉(MnO_2)进行氧化反应制得,一般用固相焙烧法及液相氧化法两种。

将锰粉(含 MnO_2 65%以上)与熔融的氢氧化钾按一定比例混合后,送入氧化炉氧化:

$$2MnO_2+6KOH+O_2 =\!\!=\!\!= 2K_2MnO_4+2KOH+2H_2O$$

或在强碱性条件下用 $KClO_3$ 氧化:

$$3MnO_2+6KOH+KClO_3 =\!\!=\!\!= 3K_2MnO_4+KCl+3H_2O$$

由锰酸钾为中间体生产高锰酸钾,除上面提到的歧化法外,还可有电解法和直接氧化法。

(1) 歧化法。

$$MnO_4^{2-}+H^+(H_2O,CO_2) \longrightarrow MnO_4^-+MnO_2+H_2O\ (OH^-、CO_3^{2-})$$

该法优点是原料便宜、获得方便,制备条件简单、温和,耗能小;缺点是产率低,最高才能达到66.7%,原料纯度不高,反应后要提纯处理。

(2) 电解法。以约含 $80\ g \cdot dm^{-3}$ 的 K_2MnO_4 为电解液,镍板为阳极,铁板为阴极,电极反应和电池反应如下:

阳极反应: $2MnO_4^{2-}-2e^- =\!\!=\!\!= 2MnO_4^-$

阴极反应: $2H_2O+2e^- =\!\!=\!\!= H_2\uparrow +2OH^-$

总的电解反应: $2K_2MnO_4+2H_2O =\!\!=\!\!= 2KMnO_4+2KOH+H_2\uparrow$

该法优点是产品纯度高、产率高,而且副产物 KOH 可用于软锰矿的焙烧,材料利用率高;缺点是耗能高,要使用大量的电力。图14.6是由软锰矿制备 $KMnO_4$ 的简单工艺流程。

(3) 氧化法。

$$2K_2MnO_4+Cl_2 =\!\!=\!\!= 2KMnO_4+2KCl$$

该法优点是反应转化率高,反应快速;缺点是原料成本高,产物后期处理提纯困难。

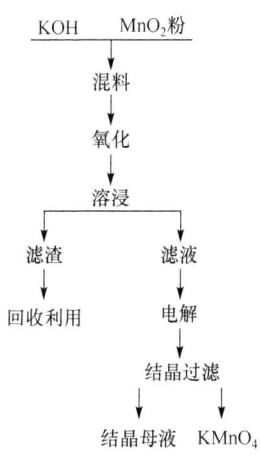

图 14.6 由 MnO_2 制备 $KMnO_4$ 流程

14.4.4 偶合反应的利用

应该指出,利用 Ellingham 图中的 $\Delta_r G_m^\ominus$ 判断氧化还原反应的自发方向时,是指在标准态条件下,且不涉及反应速率和机理。在实际生产中,情况往往很复杂,需要全面分析才能确定适宜的还原剂和还原条件。

在5.3节中曾讨论过利用偶合反应在 $Ca_3(PO_4)_2$、炭粉反应体系中加入石英砂(SiO_2)制备单质磷的例子。再如,用热还原法从 MgO 还原得到金属 Mg,早期是用 C 或 Si 作还原剂,但均需在高温下进行。

$$2MgO(s)+Si(s) =\!\!=\!\!= 2Mg(g)+SiO_2(s)$$

由图14.7可见,Si 和 Mg 的氧化线大约在2250 K 处相交,超过2250 K,SiO_2 的稳定性大于 MgO 的稳定性,反应可自发进行。然而高温需要耗去大量的能源,怎么才能降低反应温度呢?1970年人们用煅烧过的白云石和硅铁,抽空到压力低于26.7 Pa,在1420～1450 K 反应,即可得到99.98%的高纯镁,反应如下:

$$2MgO \cdot CaO+Si =\!\!=\!\!= 2Mg(g)+CaSiO_3$$

如何使该反应能在这一温度范围内发生从而实现生产呢?再分析一下 Ellingham 图,在这个温度时，MgO 线与 SiO$_2$ 线大致相差 250 kJ·mol^{-1}。换句话说，此时，上述反应的 $\Delta_r G_m^\ominus \approx$ 250 kJ·mol^{-1}，为非自发。上述反应的实现来源于热力学上两方面的作用。

（1）偶合反应作用。由于制镁的原料来自灼烧的白云石(MgCO$_3$·CaCO$_3$)，其中本身含有 CaO，CaO 在高温条件下可与 SiO$_2$ 作用：

$$CaO + SiO_2 = CaSiO_3 \quad \Delta_r G^\ominus_{1450\ K} = -92\ kJ \cdot mol^{-1}$$

即 CaO 与 SiO$_2$ 的作用生成 CaSiO$_3$ 给体系产生了 92 kJ·mol^{-1} 的能量贡献，相当于增加了 SiO$_2$ 的稳定性，这在 Ellingham 图中等价于将 SiO$_2$ 的线往下移动。这样，将二式相加有

$$2MgO + CaO + Si = CaSiO_3 + 2Mg(g) \quad \Delta_r G^\ominus_{1450\ K} = 250 - 92 = 158 (kJ \cdot mol^{-1})$$

CaO 参与了与 SiO$_2$ 的反应，缩小了图中 SiO$_2$ 线与 MgO 线之间的距离，这种方法称为反应的偶合。

（2）改变反应条件(降低真空度)使平衡发生移动。上述反应的 $\Delta_r G^\ominus_{1450\ K} = 158$ kJ·mol^{-1} 是在标准态($p_{Mg} = 100$ kPa)下的结果。根据平衡移动原理，在操作温度下，降低压力有利于平衡的右移。在密封的容器中，将 Mg 的平衡蒸气压控制在 26.7 Pa 时，根据

$$\Delta_r G_{1450\ K} = \Delta_r G^\ominus_{1450\ K} + RT\ln Q = \Delta_r G_m^\ominus + RT\ln(p_{Mg}/p^\ominus)^2$$
$$= 158 + 2.303 \times 8.314 \times 10^{-3} \times 1450 \times \lg(26.7/101325)^2$$
$$= 158 - 198.7 = -40.7\ (kJ \cdot mol^{-1})$$

显然反应变为能自发进行了。

除热力学因素外，物质的制备(合成)过程中处处隐藏着物质结构间的关联。总的来看，是由较弱的化学键向较强的化学键转化的过程。例如，用碳热法和铝热法从氧化物中还原金属就是因为 CO、CO$_2$ 和 Al$_2$O$_3$ 的 M—O 键强，所谓亲氧性，就是能与氧生成强的化学键；某些较弱的化学键在较高温度下振动断裂而能生成气体的物质，就能通过热分解进行制备；配合物的制备就是因为作为酸的物质有空的价轨道，作为碱的物质有孤对电子，用亚硫酸钠与硫粉反应制备硫代硫酸钠就是因为 Na$_2$SO$_3$ 中的 S 有一对孤对电子，而单质硫同氧原子一样，可空出一个轨道来接受这一孤对电子配位；水解制备、取代制备、缩合反应等都与键强度和分子中各原子的电荷密度及物质的稳定性等有关。

14.5* 金属还原过程热力学

由第 4 章和 14.4.4 的例子可以看到，一个反应能得以进行，必须要求 $\Delta_r G < 0$。改变 $\Delta_r G$ 的手段很多，如改变体系物质浓度、酸碱度、气体压力、反应温度、反应偶合等。下面以 Ellingham 图为例说明金属还原过程中的热力学问题。

Ellingham 于 1944 年首先将氧化物的生成自由能对温度作图，后又对硫化物、氯化物和氟化物作类似的图，这种图称为自由能-温度图，又称 Ellingham 图。Ellingham 图在冶金学上具有重要的意义。

图 14.7 是部分氧化物的 Ellingham 图，是用消耗 1 mol O$_2$ 生成氧化物过程的标准自由能变对温度作图。如图中用 Ag$_2$O 标记的线，表示 $4Ag + O_2 \longrightarrow 2Ag_2O$，称为 Ag 的氧化线。这种以消耗 1 mol O$_2$ 生成氧化物过程的自由能变作为标准来对温度作图是为了比较的方便。根据 $\Delta_r G_m^\ominus = \Delta_r H_m^\ominus - T\Delta_r S_m^\ominus$，假定 $\Delta_r H_m^\ominus$ 和 $\Delta_r S_m^\ominus$ 不随温度而变，则 $\Delta_r G_m^\ominus$ 对温度作图便得一条直线。当 $T = 0$ K 时，直线与纵坐标交点处的 $\Delta_r G_m^\ominus$ 值为 $\Delta_r H_m^\ominus$ 的近似值，此为直线的截距；直线的斜率为 $-\Delta_r S_m^\ominus$。当 $\Delta_r S_m^\ominus < 0$ 时，斜率为正值，$\Delta_r G_m^\ominus$ 随温度的升高而增大，几乎所有金属氧

化物的生成过程都属于这种情形；当 $\Delta_r S_m^{\ominus} = 0$ 时，$\Delta_r G_m^{\ominus}$ 与温度无关，CO_2 的 Ellingham 图便为平行于横坐标的直线；当 $\Delta_r S_m^{\ominus} > 0$ 时，$\Delta_r G_m^{\ominus}$ 随温度的升高而减小，由 C 生成 CO 的过程便为熵增过程。

如图 14.7 所示，HgO、MnO、MgO 和 CaO 的直线斜率发生变化，因为反应物或生成物在一定温度下发生了相变（如熔化、气化、相转变等），相变伴随明显的熵变，从而导致斜率改变。

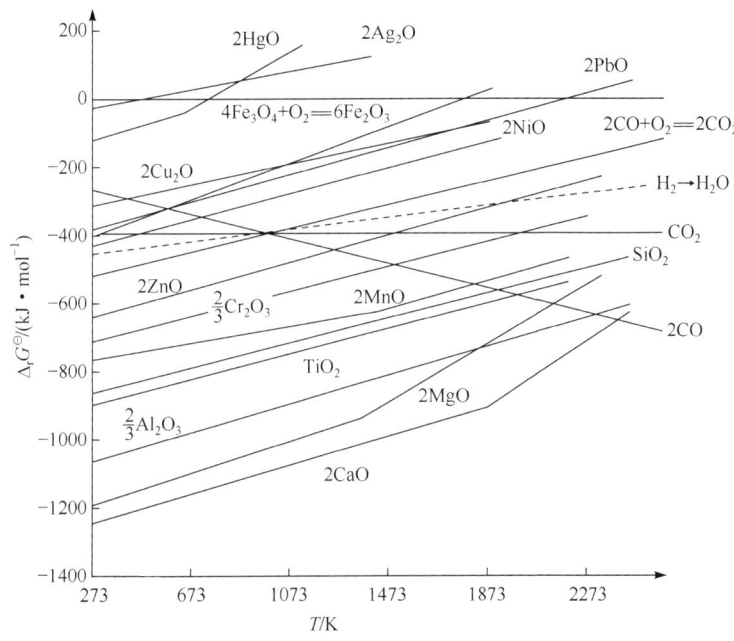

图 14.7 部分氧化物的 Ellingham 图

从图 14.7 可获得如下信息，这些信息为我们寻找适宜的金属冶炼方法提供了理论依据。

(1) 从图中可找出某些金属氧化物分解的适宜温度。$\Delta_r G_m^{\ominus}$ 为负值的区域内的所有金属在标准条件下都能自动被氧氧化，而位于这个区域以上的金属氧化物会自发分解。因此，从图 14.7 可了解金属氧化物受热分解的情况。由于金属氧化物的 $\Delta_f G_m^{\ominus}$ 值随温度升高而增大，原则上每种金属氧化物都能找到其分解的温度范围。显然只有分解温度不是很高的反应用于冶金才有实际意义。例如，HgO 只需稍加热，温度超过 773 K 就分解得到 Hg，Ag_2O 的分解温度则更低。

(2) 根据图 14.7 可寻找适宜的还原剂。一种氧化物能被位于其下面的金属或其他还原剂所还原，因为这个反应的 $\Delta_r G_m^{\ominus} < 0$。一个氧化物的生成自由能越负，则金属氧化物的线在图中的位置就越靠下，意味着该氧化物越稳定，其金属还原性越强。因此，从 Ellingham 图可以排列出常见还原剂的相对强弱次序，如 1073 K 时

$$Ca > Mg > Al > Ti > Si > Mn > Cr > Zn > Ni$$

同理，常见氧化物的氧化能力在 1073 K 时的次序为

$$HgO > Ag_2O > Cu_2O > PbO > NiO > ZnO > Cr_2O_3 > MnO > SiO_2 > TiO_2$$

例如，1073 K 时 Cr_2O_3 能被 Al 还原。同样，Ca、Mg 也可还原许多金属。因此，Ca、Mg 和 Al 在冶金工业中常用作还原剂。

C 和 CO 也可还原许多金属。直线 $2C(s) + O_2(g) = 2CO(g)$ 的斜率为负值，向下倾斜，

因此随着温度的升高,该直线几乎能与所有金属氧化物的 Ellingham 线相交,从而在高于某一温度时使 CO 的 $\Delta_f G_m^{\ominus}$ 低于金属氧化物的 $\Delta_f G_m^{\ominus}$,这使碳成为一种广泛使用的优良还原剂。

选择 C 还是 CO 作还原剂?另外用 C 作还原剂时其产物是 CO 还是 CO_2?涉及的反应有三个:

$$2C(s) + O_2(g) = 2CO(g)$$
$$C(s) + O_2(g) = CO_2(g)$$
$$2CO(g) + O_2(g) = 2CO_2(g)$$

这三个反应的熵变 $\Delta_r S_m^{\ominus}$ 分别大于、等于和小于零。由图 14.7 可见,CO→CO_2 线与 C→CO 线和 C→CO_2 线大约相交于 980 K。例如,在两条线的交点处

$$2\Delta_r G_m^{\ominus}(C \to CO) = \Delta_r G_m^{\ominus}(C \to CO_2)$$
$$2 \times (-110.5) - (2 \times 197.7 - 205.1 - 2 \times 5.74) \times 10^{-3} T$$
$$= -393.5 - (213.7 - 205.1 - 5.74) \times 10^{-3} T$$
$$T \approx 980 \text{ K}$$

同理,由

$$\Delta_r G_m^{\ominus}(CO \to CO_2) = \Delta_r G_m^{\ominus}(C \to CO)$$

有

$$T \approx 980 \text{ K}$$

说明在 980 K 以下 CO 还原能力比 C 强,高于 980 K 则是 C 的还原能力比 CO 强。由于处于下方的氧化物稳定性较大,因此当温度低于 980 K 时,$\Delta_f G_m^{\ominus}(CO_2) < \Delta_f G_m^{\ominus}(CO)$,C 氧化趋向于生成 CO_2,反应的熵变虽然是正值但很小,熵效应项与反应的焓变相比微不足道,故 $\Delta_f G_m^{\ominus}(CO_2)$ 随温度的改变甚微,仅略向下倾斜,几乎成水平线。当温度高于 980 K 时,C 倾向于生成 CO。也就是说,温度升高,C 氧化生成 CO 的反应的 $\Delta_r G_m^{\ominus}$ 减少得越多,以致 C 在高温下还原大多数金属氧化物成了可能,几乎是万能的还原剂。然而,还原温度往往很高,实际生产中由于能耗及设备条件等原因,反应温度不能无限地高,另外在高温下碳易形成碳化物而难于分离,因此限制了碳作为还原剂的应用。

小 结

本章从化学原理的角度分类介绍无机物的制备(合成),旨在说明无机物的制备(合成)有着热力学和物质结构的理论基础(当然还有动力学因素),使初学者对此有个整体的概念和领悟,无论是做习题还是进行实验研究或是生产实践,都不要想当然地进行物质的制备(合成)。

制备与合成在概念上有联系似乎又不完全相同,但尚未见甄别。制备与合成的英文分别是 preparation 和 synthesis。从字面上来解读,合成应体现在"合"字上,由两种或两种以上的物质得到一种或几种新物质可称为合成,而对于像利用分解反应得到物质、用物理方法分离物质或用化学方法提纯物质等,就不能用合成而往往用制备来表述。

一个具有划时代的产品工业化后可带动产业革命、开拓科学生长点。例如,第 4 章开始谈及的合成氨问题,19 世纪末 20 世纪初的德国为了解决国内粮食增产所需的肥料,工业建设乃至战争所需的炸药,将合成氨产业置于战略性新兴产业地位,于是就有了众多的德国学者甚至著名化学家前赴后继地展开这项被认为深具研究价值的研究。尽管研究的艰难使 Ostwald 和 Chatelier 等最终都选择了放弃,但 Nernst 和 Haber 却选择坚持,Haber 的合成氨法跨越了创新过程中的"死亡之谷",并最终实现了产业化。如果当年在 Karlsruhe 高等工科学校任副教授的 Haber 置急迫的社会需求于不顾,而热衷于从事容易发表论文的纯

科学研究,那么很难想象他这一生能做出像发明合成氨这样对人类社会发展产生重大影响的科学贡献。合成氨的成功虽已过去一个多世纪,但事件本身对我们的启示却远未结束,民族的兴旺发达、国家的发展目标永远高于个人的发展目标!

思考与研讨

14.1 元素在地壳中的存在形式与哪些因素有关?

14.2 通过 BaO_2、Na_2O_2 与 H_2SO_4 反应和用 $S_2O_8^{2-}$ 水解制备 H_2O_2 的结构基础是什么?能用其他的酸(如 HCl)或 H_2O(水解)来替代 H_2SO_4 与 BaO_2、Na_2O_2 反应吗?给我们有何启示?

14.3 能用浓盐酸代替浓硫酸与萤石反应制备 HF 吗?若用同样的方法制备 HBr 和 HI 用什么酸合适?

14.4 PbO 能与乙酸(弱酸)发生反应,与盐酸、硫酸等强酸能否发生此类反应?为什么?

14.5 能否用 $NaNO_3$ 和 KCl 进行复分解反应制取 KNO_3?为什么?能否用 $Na_2Cr_2O_7$ 和 KCl 制取 $K_2Cr_2O_7$?

14.6 某同学在做由 Mn(Ⅱ)盐制备 $KMnO_4$ 的作业时,用 $MnSO_4$ 和 K_2SO_4 水溶液进行电解:$2MnSO_4 + K_2SO_4 + 8H_2O \Longrightarrow 2KMnO_4 + 3H_2SO_4 + 5H_2\uparrow$ 的方法制备,试讨论这一方法的可行性。

习 题

14.1 选择适宜的方法合成卤素互化物(说明理由,预测反应温度),写出反应方程式。

14.2 镁的主要来源是白云石($CaCO_3 \cdot MgCO_3$)、菱镁矿($MgCO_3$)及海水中的氯化镁,试设计并讨论金属镁的制取方案。

14.3 以重晶石($BaSO_4$)为原料,设计制备各种钡盐的合理反应路线,并讨论反应条件。

14.4 电解制氟时,为何不用 KF 的水溶液?为什么液态氟化氢不导电,而氟化钾的无水氟化氢溶液却能导电?

14.5 以 I_2 为原料写出制备 HIO_4、KIO_3、I_2O_5 和 KIO_4 的反应方程式。

14.6 下列反应的热力学数据为

$$MgO(s) + C(s,石墨) \Longrightarrow CO(g) + Mg(g)$$

$\Delta_f H_{298\,K}^{\ominus}/(kJ \cdot mol^{-1})$	−601.7	0	−110.52	147.7
$\Delta_f G_{298\,K}^{\ominus}/(kJ \cdot mol^{-1})$	−569.4	0	−137.15	113.5
$\Delta_f S_{298\,K}^{\ominus}/(J \cdot mol^{-1} \cdot K^{-1})$	26.94	5.740	197.56	148.54

试计算:

(1) 反应的热效应 $\Delta_r H_{298\,K}^{\ominus}$;

(2) 反应的自由能变 $\Delta_r G_{298\,K}^{\ominus}$;

(3) 在标准条件下,用 C(s,石墨)还原 MgO 制取金属镁时,计算反应自发进行的最低温度并与图 14.7 中的温度相比较。

14.7 简述:(1) 怎样从闪锌矿(主要成分是 ZnS)冶炼金属锌?

(2) 怎样从辰砂(主要成分是 HgS)制金属汞?

14.8 常采用氯化法从钛铁矿($FeTiO_3$)或红金石(TiO_2)制备 $TiCl_4$,进而制备金属钛

$$TiO_2(s) + 2Cl_2(g) \Longrightarrow TiCl_4(g) + O_2(g)$$

但反应即使在 2000 K 时仍不能进行。工业上利用偶合反应使制备在 1200 K 以内进行。

(1) 如何偶合?写出完整的反应方程式。

(2) 试计算偶合前和偶合后反应的 $\Delta_r G_m^{\ominus}$ 和反应温度 T。

(3) 讨论在什么情况下可以利用偶合反应。

14.9 工业上生产铬(Ⅵ)化合物主要是通过铬铁矿($FeCr_2O_4$)与碳酸钠在空气中煅烧,使铬氧化成可溶性的铬酸钠,再进行后续制备。简要给出由铬铁矿制备 $K_2Cr_2O_7$ 的过程。

第 15 章 无机物的酸碱性与氧化还原性

物质的酸碱性和氧化还原性在无机研究、工业生产以及在生命体系中都特别重要,第 6 章和第 8 章虽已分别讨论过,但有很多问题仍需要进一步探讨。例如,元素周期表中各元素的酸碱性情况如何?各类物质酸碱性的表现形式、规律及其本质是什么?用不同理论阐述物质酸碱性时有何关联与差异?物质的氧化还原能力及物质间的相互转换能否用直观的图形来表示?为什么有的高氧化态物质($KMnO_4$、PbO_2 等)表现出强氧化性,而有的低氧化态物质($S_2O_8^{2-}$、$HClO$ 等)也表现出强氧化性?其本质是什么?有哪些规律可循?又有哪些特殊性?影响物质氧化还原能力的因素有哪些?影响的本质原因又是什么?

15.1 分子型氢化物的酸碱性

15.1.1 酸碱性变化规律

无氧酸与分子型氢化物有关,是分子型氢化物的水溶液。非金属元素氢化物在水溶液中的酸碱性与其在水中给出或接受质子能力的相对强弱有关。相对于两性物 H_2O 而言,大多数非金属氢化物是酸(如 HX、H_2S 等),少数是碱(如 NH_3、PH_3 等)。它们的水溶液酸碱性变化规律是:同一周期从左至右,碱性减弱,酸性逐渐增强;同族从上至下酸性增强。

$$
\begin{array}{l}
\text{碱} \\
\text{性} \\
\text{减} \\
\text{弱}
\end{array}
\Bigg\downarrow
\begin{array}{lll}
NH_3 & H_2O & HF \\
PH_3 & H_2S & HCl \\
AsH_3 & H_2Se & HBr \\
SbH_3 & H_2Te & HI
\end{array}
\Bigg\downarrow
\begin{array}{l}
\text{酸} \\
\text{性} \\
\text{增} \\
\text{强}
\end{array}
$$

$$\xrightarrow{\text{碱性减弱,酸性增加}}$$

酸的强度通常用电离常数 $K_a^\ominus$ 或 $pK_a^\ominus$ 来衡量,其大小取决于下列质子传递反应的 $\Delta_r G_m^\ominus$ 或平衡常数 $K_a^\ominus$ 的大小:

$$H_nA + H_2O \rightleftharpoons H_3O^+ + H_{n-1}A^- \quad \Delta_r G_m^\ominus \text{ 或 } K_a^\ominus$$

$pK_a^\ominus$ 越小,酸的强度越大。如果氢化物的 $pK_a^\ominus$ 小于 H_2O 的 $pK_a^\ominus$,就给出质子,表现为酸;反之,则结合质子,表现为碱。实际上只有 NH_3、PH_3 能接受质子,表现碱性。

CH_4 和 SiH_4 具有对称的正四面体结构,分子是非极性的,不溶于水也不电离。BH_3 二聚为 B_2H_6,B_2H_6 和 H_2O 反应转化为 H_3BO_3 和 H_2。

15.1.2 影响酸碱性变化的因素

从能量的角度来看,分子型氢化物在水溶液中的酸性强弱与上一反应 $\Delta_r G_m^\ominus$ 有关。$pK_a^\ominus$ 可直接测定或根据 $\Delta_r G_m^\ominus = -RT \ln K_a^\ominus$ 进行计算,因 $\Delta_r G_m^\ominus = \Delta_r H_m^\ominus - T\Delta_r S_m^\ominus$,其中 $\Delta_r H_m^\ominus$ 又可通过热力学循环而获得。

从结构角度分析,分子型氢化物 H_nA 酸性的强弱取决于原子 A 的半径与电负性,A 与 H 二者原子半径差越大,电负性差越大,A—H 键的极性就越强,在极性水分子的作用下质子就越易离去,表现出的酸性就越强。在半径与电负性二者的影响中,半径的影响又是主要的,A 原子的半径越小,该原子的负电荷密度就越大,对氢原子的引力就越强,酸性越小。因此,同一周期的氢化物(如 NH_3、H_2O、HF),从左至右 $\Delta r_{A\text{-}H}$ 虽缩小但幅度不大,$\Delta \chi_{A\text{-}H}$ 减小,后者的影响是主要的,故酸性依次增强。同一族的氢化物(如氢卤酸 HX 系列),从上至下虽然 $\Delta \chi_{A\text{-}H}$ 减少,但 $\Delta r_{A\text{-}H}$ 增大且幅度很大,后者是主要因素,故酸性也依次增强。

15.2 氧化物及其水合物的酸碱性

15.2.1 元素常见氧化物及水合物酸碱性概况

大多数无机物均具有一定的酸碱性。按质子理论,物质是酸还是碱,就看它是给出质子还是接受质子。

氧化物的酸碱性可通过它的水合物的酸碱性来反映。氧化物的水合物一般可以分为三类:碱性氢氧化物、两性氢氧化物、酸性氧化物。

碱性氢氧化物主要是金属氢氧化物 $M(OH)_n$,它们在水溶液中或多或少地电离出 OH^-,能够同常见的无机酸 HA 形成盐。碱金属的氢氧化物是易溶的强碱,碱土金属的氢氧化物是强碱或中强碱,其他金属元素的氢氧化物大多是难溶于水的弱碱。

两性氢氧化物可表示为 $M(OH)_n$ 或 H_nMO_n 两种形式,在水溶液中存在着两种电离平衡,既可电离出 H^+,又可电离出 OH^-。因此,它们既能同酸反应生成盐,又能同碱反应生成盐。两性氢氧化物所呈现的酸性和碱性都较弱且大多是不均等的,如 $Fe(OH)_3$ 的酸性弱于碱性,而 $Pb(OH)_2$ 的酸性和碱性差不多。

酸性氧化物的水合物常写成含氧酸 H_nRO_m 的形式,这类化合物在水溶液中可以或多或少地电离出 H^+,能够同常见的碱生成含氧酸盐。含氧酸根据其水溶性一般可以分为两类:易溶于水的强酸或中强酸,如 $HClO_4$、H_2SO_4、HNO_3 和 H_3PO_4 等;难溶于水的或易分解的弱酸,如 H_4SiO_4、H_3BO_3、H_2WO_4、H_2CO_3 等。

将周期表中各元素按常见氧化态氧化物的水合物酸碱性进行分类,可得到图 15.1。

由图 15.1 可知,短周期元素自左向右,先出现成碱元素,随后是两性元素,最后是成酸元素。在长周期中则多了一个重复。从左至右,依次是成碱元素—两性元素—成酸元素—成碱元素—两性元素—成酸元素。这样周而复始,表现出周期性。这也与元素的金属性递变规律是符合的。

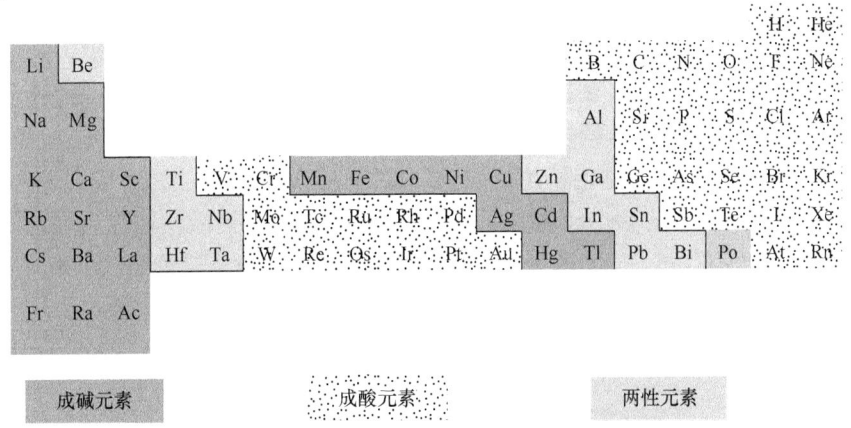

图 15.1 元素常见氧化物水合物的酸碱性分类

15.2.2 酸碱性成因与判别

不论是金属还是非金属,其氧化物均可写成 R_xO_y 的形式,其中 $y/x=n/2$,n 是元素 R 的氧化态,R 便是成酸或成碱元素,并可用 R^{n+} 表示。氧化物的酸碱性可通过它的水合物来反映。氧化物的水合物中应该有 n 个 OH 基,但由于空间因素和静电作用的共同影响,当 R^{n+} 的电荷较高时,静电作用可使结合的 OH 基数目较多,但当 R^{n+} 的电荷很高时,其半径必然很小,周围容纳不下这么多 OH 基,势必脱水,直到周围能容纳相应数量的原子或基团。例如,Cl^{7+} 的半径为 27 pm,太小,其周围容纳不了 7 个 OH 基,势必脱水,直到形成 $HClO_4$。又如,Cl^{5+} 的离子半径为 34 pm,也不能结合 5 个 OH 基,脱去 2 个水后形成 $HClO_3$。由此可见,当 R 的氧化值较高(如+3~+7)时,常脱水形成含氧酸(仅次卤酸的成酸元素的氧化值为+1);当 R 的氧化值较低时,无需脱水,成为 $R(OH)_m$ 的形式,其中碱性氢氧化物中元素 R 的氧化数一般是+1、+2、+3。例如,碱金属、碱土金属、钪族元素及少数 d 区元素,较少氧化数是+4,如 Ce(Ⅳ)和 Th(Ⅳ)等;两性氢氧化物中 R 的氧化数是+2、+3 和+4,一般是长周期表中金属与非金属交界线附近的金属元素。

碱性氢氧化物 $R(OH)_m$ 中的 R^{m+} 多为 8 电子的稳定结构,且所带的正电荷较低,必然是碱式电离;两性氢氧化物既可写成 $R(OH)_m$,也可写成 H_mRO_m 的形式,而含氧酸 H_nRO_m 可写为 $H_{n-l}RO_{m-l}(OH)_l$,其中 $n-l$ 为非 OH 基氢原子数,l 为 OH 基的数目,非 OH 基氧原子数为 $N=m-l$。含氧酸 $H_{n-l}RO_{m-l}(OH)_l$ 和两性氢氧化物($l=m=n$)在水中(一级)解离有两种方式:

$$[H_{n-l}RO_{m-l}(OH)_{l-1}]^+ + OH^- \xleftarrow{\text{碱式解离}} H_{n-l}-R(O-H)_l \text{(带 } O_{m-l}\text{)} \xrightarrow{\text{酸式解离}} [H_{n-l}RO_{m-l+1}(OH)_{l-1}]^- + H^+$$

是按酸式还是碱式解离,与阳离子的极化作用有关。阳离子的电荷越高,半径越小,则极化作用越大。卡特雷奇(G. H. Cartledge)曾经把这两个因素结合在一起考虑,提出离子势的概念,用离子势表示阳离子的极化能力。

离子势即阳离子电荷与其半径之比(与正电荷密度有关),常用符号 ϕ 表示:

$$\phi = \frac{\text{阳离子电荷}}{\text{阳离子半径}} = \frac{Z}{r} \tag{15.1}$$

表 15.1 列出了一些常见阳离子的半径、离子势与酸碱性。

在 ROH 中,O 的吸电子性使 R 上的电荷密度降低,R 就要从 R—H 键和 R—OH 键吸电子,称为诱导效应。当 R^{n+} 的半径较小、电负性较大、氧化数较高时,ϕ 值就较大,正电荷密度也较大,其极化作用就较强,使 R—OH 间的电子云将偏向 R^{n+},而羟基 O 则主要从 O—H 键吸引电子,从而使 O—H 键极性增强,以酸式解离为主。反之,如果 R^{n+} 的 ϕ 值小,R—O 键比较弱,则 ROH 倾向于碱式解离。

有人找出用 ϕ 值判断 ROH 酸碱性的经验规律[①]如下。

---

① 当离子半径用 nm 表示时,其经验规律为 $\sqrt{\phi}>10$,ROH 为酸性;$7<\sqrt{\phi}<10$,ROH 为两性;$\sqrt{\phi}<7$,ROH 为碱性。

表 15.1　一些常见阳离子的半径、离子势与酸碱性

R^{n+}	Na^+	Mg^{2+}	Al^{3+}	Si^{4+}	P^{5+}	S^{6+}	Cl^{7+}
半径/pm	102	72	53.5	40	38	37	27
$\sqrt{\phi}$	0.10	0.17	0.24	0.32	0.36	0.40	0.51
H_nRO_m	NaOH	$Mg(OH)_2$	$Al(OH)_3$	H_2SiO_3	H_3PO_4	H_2SO_4	$HClO_4$
酸碱性	强碱	中强碱	两性	弱酸	中强酸	强酸	强酸
R^{n+}	B^{3+}	C^{4+}	N^{5+}	Cl^{5+}	Cl^{3+}	Cl^+	S^{4+}
半径/pm	23	77(共价)	13	34	—	—	37
$\sqrt{\phi}$	0.36	0.23	0.62	0.38	—	—	0.33
H_nRO_m	$B(OH)_3$	H_2CO_3	HNO_3	$HClO_3$	$HClO_2$	$HClO$	H_2SO_3
酸碱性	弱酸	弱酸	强酸	强酸	中强酸	弱酸	弱酸
R^{n+}	Li^+	K^+	Rb^+	Be^{2+}	Ca^{2+}	Sr^{2+}	Ba^{2+}
半径/pm	76	138	152	35	99	112	135
$\sqrt{\phi}$	0.11	0.09	0.08	0.24	0.14	0.13	0.12
H_nRO_m	LiOH	KOH	RbOH	$Be(OH)_2$	$Ca(OH)_2$	$Sr(OH)_2$	$Ba(OH)_2$
酸碱性	中强碱	强碱	强碱	两性	强碱	强碱	强碱

$$\left.\begin{array}{l} 当\sqrt{\phi}>0.32\ 时,H_nRO_m\ 显酸性 \\ 当\ 0.22<\sqrt{\phi}<0.32\ 时,H_nRO_m\ 显两性 \\ 当\sqrt{\phi}<0.22\ 时,H_nRO_m\ 显碱性 \end{array}\right\} \quad (15.2)$$

H_nRO_m 的酸碱性除了要考虑与 R 相连的羟基对酸强度的影响外,还应考虑与 R 相连的其他原子(特别是非羟基氧原子)的影响。非羟基氧越多,因诱导效应的积累与传递,R^{n+} 所带的正电荷就越多,O—H 键极性增大。因此,当 ϕ 相同(近)时,非羟基氧越多,酸性就越强,如酸性 $H_3PO_4(0.36)>B(OH)_3(0.36)$、$H_2CO_3(0.23)>Al(OH)_3(0.24)\approx Be(OH)_2(0.24)$。

$\phi=Z/r$ 是从事实经验导出的,它不能符合所有事实。所以也有人用 Z/r^2 或 Z^2/r 等其他函数式来表示离子的极化能力以符合另一些事实。不论其表示方法如何,都说明离子的电荷-半径比是决定离子极化程度大小的主要因素。

也可通过相应的氧化物与 1 mol $H_2O(l)$ 反应的 $\Delta_rG_m^{\ominus}$ 来近似地考量其相对酸碱性。例如

氧化物	$Na_2O(s)$	$MgO(s)$	$Al_2O_3(s)$	$P_2O_5(s)$	$SO_3(l)$	$Cl_2O_7(g)$
$\Delta_rG_m^{\ominus}/(kJ·mol^{-1})$	−148	−27	7	−59	−70	−329

由 $\Delta_rG_m^{\ominus}$ 说明,氧化物 Na_2O、MgO、Al_2O_3 及其水合物 $Na(OH)$、$Mg(OH)_2$、$Al(OH)_3$ 是按 Na、Mg、Al 的顺序碱性依次减弱,而氧化物 P_2O_5、SO_3、Cl_2O_7 及其水合物 H_3PO_4、H_2SO_4、$HClO_4$ 的酸性依 P、S、Cl 顺序增强。

15.2.3　酸碱性的变化规律

不论是金属氧化物还是非金属氧化物都具有一定的酸碱性,大多数非金属氧化物和某些高氧化态的金属氧化物显酸性,大多数金属氧化物显碱性,一些金属氧化物(如 Al_2O_3、ZnO、Cr_2O_3、Ga_2O_3 等)和少数非金属氧化物(如 As_4O_6、Sb_4O_6、TeO_2 等)显两性,不显酸碱性即呈中

性的氧化物有 NO、CO 等。前面已提及,氧化物的酸碱性可通过它的水合物来反映。下面我们将氧化物及其水合物的酸碱性一起来讨论。

1. **最高氧化态氧化物及其水合物的酸碱性**

元素最高氧化态氧化物及其水合物的酸碱性变化规律是:同周期自左至右其碱性依次减弱,酸性依次增强;同一族自上而下碱性依次增强,酸性减弱。例如,第二周期元素的最高氧化态氧化物的酸碱性变化规律,从左到右为碱性→两性→酸性:

$$\underbrace{Na_2O \quad MgO}_{碱性} \quad \underbrace{Al_2O_3}_{两性} \quad \underbrace{SiO_2 \quad P_4O_{10} \quad SO_3 \quad Cl_2O_7}_{酸性}$$

主族元素的最高氧化态氧化物的水合物的存在形式及酸碱性变化规律如下:

碱性增强↓	LiOH	$Be(OH)_2$	H_3BO_3	H_2CO_3	HNO_3			酸性减弱↓
	NaOH	$Mg(OH)_2$	$Al(OH)_3$	H_4SiO_4	H_3PO_4	H_2SO_4	$HClO_4$	
	KOH	$Ca(OH)_2$	$Ga(OH)_3$	H_4GeO_4	H_3AsO_4	H_2SeO_4	$HBrO_4$	
	RbOH	$Sr(OH)_2$	$In(OH)_3$	$Sn(OH)_4$	$H[Sb(OH)_6]$	H_6TeO_6	H_5IO_6	

←——碱性增强————   ————酸性增强——→

对副族元素,如第四周期 d 区金属从钪到锰,元素的最高氧化态氧化物及其水合氧化物的碱性逐渐减弱,酸性增强。这是由于同一周期从左至右,中心原子的氧化态增加,半径依次减小,离子势依次增大,中心原子对氧的结合力增强,所以酸式解离逐渐增强,酸性增强;碱性解离依次减弱,碱性减弱。从上到下与主族有大致相同的变化趋势,但相对来说要缓慢些。例如,H_2CrO_4(中强酸)的酸性比 H_2MoO_4(弱酸)和 H_2WO_4(弱酸)强。

同族元素较低氧化态的氧化物及其水合物,自上而下一般也是酸性减弱,碱性增强。例如,HClO、HBrO、HIO 的酸性逐渐减弱。又如,在 VA 元素+Ⅲ氧化物中,N_2O_3 和 P_2O_3 呈酸性,As_2O_3 和 Sb_2O_3 呈两性,而 Bi_2O_3 则呈碱性。与这些氧化物相对应的水合物的酸碱性也是这样的。

2. **同一元素不同氧化态氧化物及其水合物的酸碱性**

同一元素不同氧化态氧化物及其水合物的酸碱性的总趋势是最高氧化态呈酸性,随着氧化态的降低,酸性减弱,碱性增强。例如,As、Pb、Cr 的氧化物的酸碱性:

As_4O_6　两性　　As_2O_5　酸性

PbO　碱性　　PbO_2　两性

CrO　碱性　　Cr_2O_3　两性　　CrO_3　酸性

氧化物的酸碱性因变价而发生递变在 d 区过渡元素中更为常见,稀土元素从 La 到 Lu 随着原子序数的增大,其氧化物的碱性减弱。

例如,氯的各含氧酸酸性变化规律是 $HClO_4$(极强酸)>$HClO_3$(强酸)>$HClO_2$(中强酸)>HClO(弱酸)。锰的各种氧化态的氧化物及其水合物的酸碱性为

氧化物	MnO	Mn_2O_3	MnO_2	MnO_3	Mn_2O_7
水合氧化物	$Mn(OH)_2$	$Mn(OH)_3$	$Mn(OH)_4$	H_2MnO_4	$HMnO_4$
酸碱性	碱性	弱碱性	两性	酸性	强酸性
变化规律	←——碱性增强——			——酸性增强——→	

3. 多元含氧酸的逐级电离

Pauling 根据很多实验事实,总结出多元含氧酸逐级电离的定量规则:多元含氧酸的逐级电离常数之比为 10^{-5},即 $K_{a_1}^{\ominus} : K_{a_2}^{\ominus} : K_{a_3}^{\ominus} \cdots \approx 1 : 10^{-5} : 10^{-10} \cdots$,或 $pK_a^{\ominus}$ 的差值为 5,如 H_2SO_3 的 $K_{a_1}^{\ominus} = 1.3 \times 10^{-2}$,$K_{a_2}^{\ominus} = 6.2 \times 10^{-8}$。

7−5N 规则:对含氧酸 $H_{n-l}RO_{m-l}(OH)_l$,Pauling 还得出分子中的非羟基氧原子数 $N(=m-l)$ 与含氧酸的 $K_{a_1}^{\ominus}$ 有如下近似关系:

$$K_{a_1}^{\ominus} \approx 10^{5N-7} \quad \text{即} \quad pK_{a_1}^{\ominus} \approx 7-5N$$

这样,在 $H_{n-l}RO_{m-l}(OH)_l$ 类型的含氧酸中,对应于某一化学式的含氧酸,其 $K_{a_1}^{\ominus}$ 的数值有一定范围。表 15.2 列出了一些含氧酸的 $pK_{a_1}^{\ominus}$ 值和 N 的关系。

表 15.2　N 值与含氧酸 $pK_{a_1}^{\ominus}$ 的关系

$N/pK_{a_1}^{\ominus}$	3/−8		2/−3		1/2		0/7~14	
相对强度	强		强		中强偏弱		很弱	
酸的 $pK_{a_1}^{\ominus}$ 值	$HClO_4$	−7	$HClO_3$	−2.7	H_2CO_3	3.7	H_3SbO_3	11.0
	$HMnO_4$	−2.25	H_2SO_4	−2.0	HNO_2	3.37	HIO	10.64
			HNO_3	−1.3	H_2SeO_3	2.46	H_4SiO_4	9.66
			H_2SeO_4	−3.0	H_3AsO_4	2.35	H_3AsO_3	9.23
					H_3PO_4	2.12	H_3BO_3	9.14
					$HClO_2$	1.94	H_6TeO_6	7.68
					H_3PO_2	2.0	$HBrO$	8.69
					H_2SO_3	1.89	H_4GeO_4	8.59
					H_3PO_3	1.8	$HClO$	7.54
					H_5IO_6	1.64		

15.3　酸碱电子理论与软硬酸碱理论

第 6 章已介绍过酸碱电子理论,凡是能接受电子对的物质便是酸,凡是能给出电子对的物质便是碱。按酸碱电子理论,所有化学反应都可归结为酸碱反应。这一理论的优点是能将所有化合物分为酸碱两类,最大的不足是难于区分酸碱的相对强弱。

15.3.1　Lewis 酸碱的分类

1. Lewis 酸

(1) 金属阳离子,如 Fe^{3+}、Cu^{2+}、Zn^{2+}、Mn^{2+}、Mg^{2+}、Ca^{2+}、Na^+、Ag^+ 等。

(2) 缺电子原子形成的化合物。例如硼、铝的三卤化物,如 BX_3、AlX_3,BeF_2、$BeCl_2$ 也可形成 $[BeF_4]^{2-}$、$[BeCl_4]^{2-}$。

(3) 某些有空的价 d(或价 f)轨道,且空间允许接纳更多电子对的分子或离子。例如 SiF_4 中的 Si 有 3d 轨道,可再与两个 F^- 结合形成 $[SiF_6]^{2-}$,SiF_4 是 Lewis 酸。

(4) 具有极性双键的分子。最常见的例子为含有羰基、氰基的分子。由于氧原子的电负性远高于碳,双键中的电子便从碳原子移向氧原子,这种极化作用造成碳原子缺电子,它就易跟电子给予体(Lewis 碱)反应。

(5) 通过反键分子轨道容纳外来电子对。碘的丙酮溶液呈现特有的棕色，是因为 I_2 分子反键轨道接纳丙酮中氧原子的孤对电子，形成配合物 $(CH_3)_2COI_2$。又如，四氰基乙烯(TCNE)的 π^* 轨道能接受一对孤对电子。SO_3 分子可利用 Π_4^6 中的 π^* 轨道接受电子对成键，如与水反应生成 H_2SO_4。

(6) 某些多电子原子和中心原子也满足 8 电子结构的分子或离子通过电子重排也可成为 Lewis 酸。例如，氧和硫通过电子重排空出轨道，接受 Lewis 碱的孤对电子成键(参见 13.5)。又如，CO_2 能接受 OH^- 中 O 原子上的孤对电子。硝基正离子 $[O::N::O]^+$ 也属于此类。

此外，能与 H_2O 分子中的 O 结合，发生水解反应的物质都是 Lewis 酸。

2. Lewis 碱

(1) 阴离子。常见的有 F^-、Cl^-、Br^-、OH^-、CN^- 等。实际上只要 Lewis 酸具有足够的强度，任何阴离子都可以是 Lewis 碱。

(2) 具有孤对电子的中性分子。常见的有氨、胺、水、CO、CH_3OH、CH_3COCH_3 等。

(3) 含有碳碳双键的分子。常见的有烯烃、芳香化合物等。碳碳双键处具有较高的电子密度，反应中可以向金属离子提供 π 电子，以形成配位共价键。最熟悉的例子就是蔡斯盐 $K[Pt(C_2H_4)Cl_3]$。

15.3.2 Lewis 酸碱性的比较

与质子酸碱强度测定相比较，Lewis 酸碱的强度难于比较，这正是该理论的不足。但对于同类型的酸碱，可以从结构的角度定性地比较其酸碱性强弱。

1. Lewis 碱

可根据给出电子对能力的大小和电荷密度的大小来比较酸碱性强弱。一般而言，当碱中给出电子对的原子的负电荷密度越大，原子的电负性越小，原子给出电子对的能力越大时，其碱性就越强。

例如，NH_3、N_2H_4、NH_2OH 三者碱性相对大小的比较。如图 13.5 所示，NH_3、N_2H_4、NH_2OH 三物质的 N 原子上均有孤对电子，具有碱性。根据 13.2.3 的介绍，可以将 NH_3、N_2H_4、NH_2OH 看成是 $-NH_2$ 分别与 $-H$、$-NH_2$、$-OH$ 的加合物。$-NH_2$ 中 N 的电负性比 H 大，N—H 键间共用的电子对电子云偏向 N，结果可使 N 上的负电荷密度增大。但由于 $-H$、$-NH_2$、$-OH$ 三基团与 NH_2 相连的原子分别为 H、N、O，电负性 H<N<O，则使 N 原子周围的电子密度 $NH_3>N_2H_4>NH_2OH$，导致给出电子对能力 $NH_3>N_2H_4>NH_2OH$。所以碱性顺序是 $NH_3>N_2H_4>NH_2OH$。也可以这样来看：与 $-NH_2$ 相比较，H 电负性比 N 小，是供电子基团，使 N 上的负电荷密度增大；$-NH_2$ 与 $-NH_2$ 是相同的基团，对 N 上的负电荷密度没有影响；而 O 的电负性比 N 大，较 $-NH_2$ 而言 $-OH$ 则是吸电子基团，使 $-NH_2$ 的 N 原子负电荷密度降低。

又如，三甲基胺 $(CH_3)_3N$、三甲硅烷基胺 $(SiH_3)_3N$ 和 NH_3 的碱性比较。在 $(CH_3)_3N$ 分子中，N 采用 sp^3 杂化。$(CH_3)_3N$ 可看成是 NH_3 中的 3 个 H 被 $-CH_3$ 取代的结果，故为锥形结构。和 H 相比，$-CH_3$ 是推电子基团，使 N 上的负电荷密度增大，孤对电子给出的能力较强，故碱性较 NH_3 强。13.3.5 中讨论了 $(SiH_3)_3N$ 分子的结构，N 原子 sp^2 杂化，N、Si 在同一平面，Si 原子空的 3d 轨道与 N 双电子占据的 p 轨道形成 Π_4^2 离域键（图 13.21）。因此，$(SiH_3)_3N$ 几乎不具有碱性。

2. Lewis 酸

同理，当酸中结合电子对的原子的正电荷密度越大，原子的电负性越大，原子接受电子对的能力越强时，其酸性就越强。对 MX_n 类型的 Lewis 酸，有以下定性规律：

(1) 在其他条件相同时，同族元素的 MX_n 酸性强度随 M 原子序数的增大而降低。由于原子序数增大，原子体积增大，带正电荷的核与外来配给的电子之间的相互引力减小，因而酸性强度减弱，如 $AlCl_3$ 的酸性强度小于 BCl_3。

(2) 如外层电子已充满，由空 d 轨道接受配给的电子对时，随着周期表中同族原子序数的增大，d 轨道易于接受电子，Lewis 酸的强度增大。该规律与上一规律相反。

将两规律统一起来考虑，下列物质的酸性强弱为

$$BX_3 > AlX_3 > FeX_3 > GaX_3 > SbX_5 > InX_3 > SnX_4 > AsX_5 > ZnX_2 > HgX_2$$

应该指出的是，在 Lewis 酸碱理论中，一种物质究竟是酸，是碱，还是酸碱配合物，应该在具体反应中确定。在反应中起酸作用的是酸，起碱作用的是碱，而不能脱离具体反应来辨认物质的酸碱性。同一种物质在不同的反应环境中，既可以作酸，也可以作碱。

15.3.3 Lewis 酸碱与 Bronsted 酸碱的比较

Lewis 碱显然包括了 Bronsted 碱，Bronsted 碱能接受质子，正是因为它具有一对或多对未共享电子。但是 Lewis 酸并不总与 Bronsted 酸一致。例如，HNO_3、HCl 和 H_2CO_3 等无疑都是质子给予体，即都是 Bronsted 酸，但它们并不是缺电子的，所以不是 Lewis 酸，而且从 Lewis 理论看来，HCl 和 H_2CO_3 却是 Lewis 酸碱加合物。此外，在判断酸碱相对强度时，Bronsted 理论与 Lewis 理论甚至会得出相反的结论。例如，Zn^{2+} 是 Lewis 酸，容易与 OH^- 反应，也容易与 CN^- 反应（它们都是很好的电子对给予体）。但是，当反应中同时存在 OH^- 和 CN^- 时，Zn^{2+} 却更容易与 CN^- 结合，这也就是说，CN^- 是比 OH^- 更强的 Lewis 碱。然而从接受质子的能力看，即从 Bronsted 理论观点看，OH^- 的碱性要比 CN^- 强。因此碱的相对强度顺序因与之反应的 Lewis 酸而异。

15.3.4* 软硬酸碱理论

CN^- 和 OH^- 为什么会在不同的条件下表现出不同的碱性强度？对相同类型的物质其酸碱性强弱还能从结构的角度作出一些判断，但对不同类型的物质则较难。为了解决 Lewis 酸碱理论的不足，于是产生了软硬酸碱理论。

20 世纪 60 年代，美国化学家皮尔逊（R. G. Pearson）在前人工作的基础上提出了软硬酸碱（HSAB）理论，根据性质的不同将酸和碱各分为软硬两类：体积小，正电荷高，即离子势（ϕ）高，可极化性低的离子称为硬酸；体积大，正电荷低，可极化性高的离子称为软酸；电负性高，可极化性低，难被氧化的配位原子称为硬碱；反之为软碱；介于硬软之间的酸碱称为交界酸碱。硬酸和硬碱以库仑力作为主要的作用力，软酸和软碱以共价键力作为主要的作用力。

1. 软硬酸碱的分类

重要的软硬酸碱分类见表 15.3。

表 15.3 重要的软硬酸碱分类

硬酸	H^+、Li^+、Na^+、K^+、Rb^+、Cs^+、Be^{2+}、Mg^{2+}、Ca^{2+}、Sr^{2+}、Ba^{2+}、Mn^{2+}、Al^{3+}、Ga^{3+}、In^{3+}、Tl^{3+}、Sc^{3+}、N^{3+}、Cl^{3+}、Gd^{3+}、Lu^{3+}、Cr^{3+}、Co^{3+}、Fe^{3+}、As^{3+}、Si^{4+}、Ti^{4+}、Zr^{4+}、Th^{4+}、U^{4+}、Pu^{4+}、Ce^{4+}、Wo^{4+}、Sn^{4+}、Hf^{4+}、I^{5+}、Cr^{6+}、Mn^{7+}、Cl^{7+}、I^{7+}、UO_2^{2+}、VO_2^+、MoO^{3+}、BF_3、BCl_3、CO_2、$AlCl_3$、SO_3、RCO^+、RSO_2^+、$ROSO_2^+$ 等
交界酸	Fe^{2+}、Co^{2+}、Ni^{2+}、Cu^{2+}、Zn^{2+}、Pb^{2+}、Sn^{2+}、Sb^{3+}、Bi^{3+}、Rh^{3+}、Ir^{3+}、$B(CH_3)_3$、SO_2、NO^+、Ru^{2+}、Os^{2+}、R_3C^+、$C_6H_5^+$、GaH_3 等
软酸	Cu^+、Ag^+、Au^+、Tl^+、Hg_2^{2+}、Pd^{2+}、Cd^{2+}、Hg^{2+}、$(CN)_2^-$、Pt^{2+}、CH_3Hg^+、CH_2Br_2、Br^+、I_2、I、O、Cl、N、M^0（金属原子）、RO_2、Br_2、ICN、三硝基苯、氯苯胺、醌类、烯类等
硬碱	H_2O、OH^-、F^-、NH_3、N_2H_2、O^{2-}、ROH、RO^-、R_2O、$CH_3CO_2^-$、CO_3^{2-}、NO_3^-、PO_4^{3-}、SO_4^{2-}、ClO_4^-、Cl^- 等
交界碱	$C_2H_5NH_2$、C_5H_5N、N_3^-、NO_2^-、SO_3^{2-}、Br^-、N_2 等
软碱	H^-、R^-、C_2H_4、C_6H_6、CN^-、RNC、CO、SCN^-、$R_3P(RO_3)_3P$、R_3As、R_2S、RHS、RS^-、$S_2O_3^{2-}$、I^- 等

2. 酸碱反应的原则和规律

1）HSAB 规则

"硬亲硬,软亲软,软硬交界就不管"指的是软硬酸碱规则,也就是说硬酸和硬碱、软酸和软碱容易结合,有较强的相互作用,交界酸(碱)可以与硬碱(酸)、软碱(酸)和交界碱(酸)结合。例如,高氧化态的阳离子(硬酸)多与硬碱(如 O^{2-}、F^- 等)结合,如 PtF_6、ClO_4^-、Fe_2O_3、H_4XeO_6 等;而低氧化态的离子(软酸)易与软碱结合,如 $Ni(CO)_4$、$Cu(CN)_2^-$、$K[PtCl_3(C_2H_4)]$ 等。

2）HSAB 规则的应用

HSAB 规则虽然是经验规则,却有着非常广泛的应用,可以预测许多化学反应和解释许多化学现象。

（1）判断某些化学反应进行的方向。我们可以从反应的热效应或 Gibbs 自由能判断一个反应是否能够发生,也可通过 HSAB 理论来解释、判断一个化学反应。例如

$$BeI_2 + SrF_2 \longrightarrow BeF_2 + SrI_2 \quad \Delta_r H_m^{\ominus} = -200.8 \text{ kJ} \cdot \text{mol}^{-1}$$

硬-软　软-硬　　硬-硬　软-软

$$3AgF + Al^{3+} \longrightarrow AlF_3 + 3Ag^+$$

软-硬　硬　　硬-硬　软

（2）判断化合物的稳定性。例如,判断同族元素的氢化物的稳定性,以 HX 为例,硬性强度 $F^- > Cl^- > Br^- > I^-$,而 H^+ 是硬酸,它们与 H^+ 形成的化合物的稳定性依次减弱。又如,Cd^{2+}（软酸）与配体 NH_3（硬碱）和 CN^-（软碱）形成的配合物 $[Cd(NH_3)_4]^{2+}$ 和 $[Cd(CN)_4]^{2-}$ 的 $K_稳^{\ominus}$ 分别是 1×10^7、5.8×10^{10},与 HSAB 预言一致。

（3）估计物质溶解性。物质的溶解可看作是溶剂和溶质之间的酸碱相互作用。溶剂可分为极性溶剂(硬)和非极性溶剂(软)两种,溶质也分为极性溶质(硬)和非极性溶质(软)两种。因此,可以根据溶质和溶剂的软硬来判断或比较某些物质的溶解度大小。例如,水是极性溶剂,是硬溶剂,$NaCl$、KNO_3 等硬溶质易溶于水,而 I_2、S 等软溶质在水中的溶解度很小。

此外,利用 HSAB 理论有时还能对 M—M 金属键的形成、金属的电极电势、金属催化剂的中毒现象等作出解释。

HSAB 理论虽比酸碱电子理论更进了一步,但仍是定性的,不能像质子理论能定量衡量酸碱的强弱。此外,还常出现反常现象。例如,I^+（软酸）和 I^-（软碱）合成的 I_2,I—I 键的键能

应该很大,但平均原子或成键能为 151 kJ·mol^{-1},低于理论值;所有稳定的金属氢化物都是 M^{n+}(硬)和 H^-(软)的加合物。所以 HSAB 理论在使用上仍有很大的局限。

15.4 元素电势图与氧化态-Gibbs 自由能图

15.4.1 元素电势图及其应用

在第 10 章中我们采用标准电极电势 $\varphi^\ominus$ 衡量不同电对物质在标准态下氧化还原性的相对强弱,并可对任意两电对间的反应方向作出判断。当某一元素存在有多种氧化态物种时,还可用一种图示方法表示各氧化态物质间标准电极电势,这种图称为元素电势图。

1. 元素电势图

对于具有多种氧化态的某元素,可将其各种氧化态按从高到低的顺序排列,在每两种氧化态物种之间用直线连接起来,并在直线上标明相应电极反应的标准电极电势值,这样的图形称为元素电势图。因是拉特默(W. M. Latimer)首创,故又称为 Latimer 图。

例如,碱性介质中溴的电势图为

$$\varphi_B^\ominus/V \quad BrO_4^- \xrightarrow{0.93} BrO_3^- \xrightarrow{0.565} BrO^- \xrightarrow{0.335} \tfrac{1}{2}Br_2 \xrightarrow{1.085} Br^-$$
$$\underbrace{\qquad\qquad\qquad\qquad}_{0.61}$$

又如,锰的价电子层结构为 $3d^5 4s^2$,7 个价电子都可以参加成键,所以锰是第一过渡系元素中氧化态范围最宽的元素,可呈现出从 +Ⅶ 到 +Ⅱ 的氧化态,在特殊化合物中还会出现 0、-Ⅰ 至 -Ⅲ 的氧化态。常见氧化态是 +Ⅶ、+Ⅵ、+Ⅳ、+Ⅲ、+Ⅱ,比较重要的是 +Ⅶ、+Ⅳ 和 +Ⅱ。锰元素电势图为

$$\varphi_A^\ominus/V \quad MnO_4^- \xrightarrow{+0.56} MnO_4^{2-} \xrightarrow{+2.26} MnO_2 \xrightarrow{+0.96} Mn^{3+} \xrightarrow{+1.5} Mn^{2+} \xrightarrow{-1.18} Mn$$

(with brackets: +1.51 over MnO$_4^-$ to MnO$_2$; +1.70 over MnO$_4^{2-}$ branch; +1.23 over MnO$_2$ to Mn^{2+})

$$\varphi_B^\ominus/V \quad MnO_4^- \xrightarrow{+0.56} MnO_4^{2-} \xrightarrow{+0.60} MnO_2 \xrightarrow{-0.20} Mn(OH)_3 \xrightarrow{+0.11} Mn(OH)_2 \xrightarrow{-1.55} Mn$$

(with brackets: +0.59 and -0.05)

2. 元素电势图的应用

1) 从已知电对求未知电对的标准电极电势

标准电极电势表中所列的数据有限,当需要某一电对的电极电势时,可通过元素电势图中的数据进行计算。根据公式 $\Delta_r G_m^\ominus = -nFE^\ominus = -nF(\varphi_+^\ominus - \varphi_-^\ominus)$ 可导出下式:

$$\varphi^\ominus = \frac{n_1\varphi_1^\ominus + n_2\varphi_2^\ominus + \cdots + n_i\varphi_i^\ominus}{n_1 + n_2 + \cdots + n_i} \tag{15.3}$$

式中,$\varphi^\ominus$ 为未知电对的标准电极电势;$\varphi_1^\ominus$、$\varphi_2^\ominus$、$\cdots$、$\varphi_i^\ominus$ 分别为依次相邻电对的标准电极电势;n_1、n_2、$\cdots$、n_i 分别为依次相邻电对中转移的电子数。事实上分母 $(n_1 + n_2 + \cdots + n_i)$ 即是所求电对氧化型物质与还原型物质间氧化数之差。

例如,通过查表可以得到氯的各氧化态物种在酸性条件下的电势图:

$$\mathrm{ClO_3^-} \xrightarrow{1.21} \mathrm{HClO_2} \xrightarrow{1.64} \mathrm{HClO} \xrightarrow{1.63} \frac{1}{2}\mathrm{Cl_2}$$

但无 $\varphi^{\ominus}(\mathrm{ClO_3^-/Cl_2})$ 的数据，可通过上式进行计算。先分别算出各个电对的 $n_i\varphi_i^{\ominus}$ 值

电对	n_i	$\varphi_i^{\ominus}$	$n_i\varphi_i^{\ominus}/\mathrm{V}$
$\mathrm{ClO_3^-}$-$\mathrm{HClO_2}$	2	1.21	$2\times1.21=2.42$
$\mathrm{HClO_2}$-HClO	2	1.64	$2\times1.64=3.28$
HClO-$\mathrm{Cl_2}$	1	1.63	$1\times1.63=1.63$

$$\varphi^{\ominus}=\frac{n_1\varphi_1^{\ominus}+n_2\varphi_2^{\ominus}+\cdots+n_i\varphi_i^{\ominus}}{n_1+n_2+\cdots+n_i}=\frac{7.33}{5}=1.47(\mathrm{V})$$

所以

$$\varphi^{\ominus}(\mathrm{ClO_3^-/Cl_2})=1.47\ \mathrm{V}$$

2) 判断物质是否会发生歧化反应

例如，碱性介质中溴元素电势图为

$$\mathrm{BrO^-} \xrightarrow[\text{左}]{0.335} \frac{1}{2}\mathrm{Br_2(l)} \xrightarrow[\text{右}]{1.085} \mathrm{Br^-}$$

$$\frac{1}{2}\mathrm{Br_2(l)}+\mathrm{e^-}=\!=\!=\mathrm{Br^-} \qquad \varphi_{\text{右}}^{\ominus}=1.085\ \mathrm{V}$$

$$\mathrm{BrO^-}+\mathrm{H_2O}+\mathrm{e^-}=\!=\!=\frac{1}{2}\mathrm{Br_2(l)}+2\mathrm{OH^-} \quad \varphi_{\text{左}}^{\ominus}=0.335\ \mathrm{V}$$

由第 8 章知，电极电势高的电对的氧化型物质可氧化电极电势低的还原型物质而发生氧化还原反应

$$\mathrm{Br_2(l)}+2\mathrm{OH^-}=\!=\!=\mathrm{Br^-}+\mathrm{BrO^-}+\mathrm{H_2O} \quad E^{\ominus}=0.75\ \mathrm{V}$$

即当元素电势图中某氧化态物质与左、右两边物质所构成电极的电极电势满足 $\varphi_{\text{右}}^{\ominus}>\varphi_{\text{左}}^{\ominus}$ 时，该氧化态物质就会发生歧化反应。

15.4.2 氧化态-Gibbs 自由能图及其应用

1. 氧化态-Gibbs 自由能图

若以某元素各种氧化态为横坐标，以各氧化态物种的生成自由能（以 $\mathrm{kJ\cdot mol^{-1}}$ 为单位）为纵坐标，将各种"半反应"在一定酸碱性条件下的 Gibbs 自由能对氧化态所作的图，称为氧化态-Gibbs 自由能图。一方面，由图中较高位置的物种转化为较低位置的物种是自由能减小的过程，反之则是自由能增加的过程。另一方面，沿横坐标从左到右，即由低氧化态物种到高氧化态物种是氧化过程，反之则是还原过程。因此，根据这种图能很清楚地看出同一元素不同氧化态之间的氧化还原性质。

图中各氧化态物质的自由能值是如何求得的呢？下面以酸性（pH=0）条件下 $\mathrm{Mn^{2+}}$ 的自由能为例加以说明。

已知

$$\underset{\text{初态}}{\mathrm{Mn^{2+}}}+2\mathrm{e^-}=\!=\!=\underset{\text{终态}}{\mathrm{Mn}} \quad \varphi^{\ominus}(\mathrm{Mn^{2+}/Mn})=-1.19\ \mathrm{V}$$

电极电势与 Gibbs 自由能的关系为

$$\Delta_{\mathrm{r}}G_{\mathrm{m}}^{\ominus}=-nF\varphi^{\ominus}$$

$$F = 96.485 \text{ kJ} \cdot \text{V}^{-1} \cdot \text{mol}^{-1}$$

因 G 是状态函数,其自由能变则是初、终态的自由能之差。由此可得到

$$\Delta_f G^{\ominus}(\text{终}) - \Delta_f G^{\ominus}(\text{初}) = -nF\varphi^{\ominus}$$

$$\Delta_f G^{\ominus}(\text{Mn}^{2+}) = nF\varphi^{\ominus} + \Delta_f G^{\ominus}(\text{Mn})$$

因 $\Delta_f G^{\ominus}(\text{Mn}) = 0 \text{ kJ} \cdot \text{mol}^{-1}$,所以

$$\Delta_f G^{\ominus}(\text{Mn}^{2+}) = 2 \times (-1.19) \times 96.485$$
$$= -229.6 (\text{kJ} \cdot \text{mol}^{-1})$$

同理可求 Mn^{3+}、MnO_2、MnO_4^{2-}、MnO_4^- 的自由能。

由此可见,图中各氧化态物质的纵坐标实际上是该氧化态物种的标准生成 Gibbs 自由能 $\Delta_f G_m^{\ominus}$,或者说是该氧化态物种相对于稳定态单质的自由能变 $\Delta_f G^{\ominus}$。

氧化态-Gibbs 自由能图的纵坐标是以 kJ·mol^{-1} 为单位。根据 $\Delta_r G_m^{\ominus} = -nF\varphi^{\ominus}$,$F = 96.485 \text{ kJ} \cdot \text{V}^{-1} \cdot \text{mol}^{-1} = 1 \text{ eV}$,若将纵坐标转换成以 eV 为单位,则两点间连线的斜率为对应的两个氧化态物种所组成的电对的电极电势。图 15.2 右侧的纵坐标即是 $\Delta_r G_m^{\ominus}/F$,单位为 V,也可称为 $\Delta G^{\ominus}/F$-Z 图,这样表示的好处是能与电势图直接一一对应。

2. 氧化态-Gibbs 自由能图的应用

下面以锰的氧化态-Gibbs 自由能图为例,说明该图的一些应用。

1) 判断元素不同氧化态物种在水溶液中的相对稳定性

由于从图中较高位置向较低位置变化是 $\Delta_r G_m^{\ominus}$ 减小的、自发的过程,因此位于 $\Delta_r G_m^{\ominus}$ 最低的物种是该条件下最稳定的物种,而高于这一值的物态都是相对不稳定的,位于其左边的物态具有还原性,位于其右边的物态具有氧化性,且位置越高其氧化还原能力就越强。由图 15.2 可知,pH=0 时,Mn^{2+} 处于最低点,其 $\Delta_f G_m^{\ominus}$ 的值最负,表示它在酸性溶液中是最稳定的氧化态物种;而在 pH=14 时,MnO_2 处于最

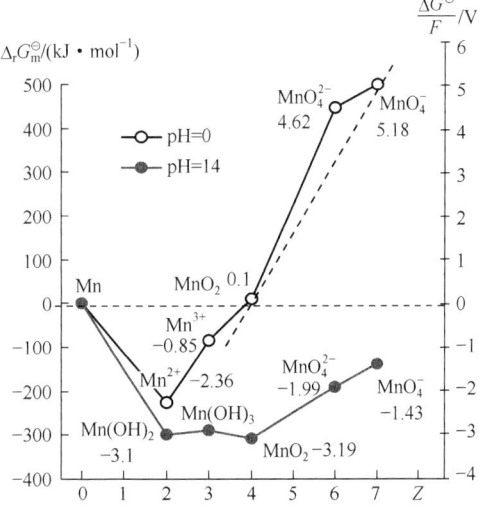

图 15.2 锰的氧化态-Gibbs 自由能图

低点,所以在碱性溶液中 MnO_2 是锰的最稳定态。pH=0 时图中其他各种氧化态都具有从所在介质中向 Mn^{2+} 变化的趋势。pH=14 时,MnO_4^- 的位置较 pH=0 时低得多,表明其氧化性较 pH=0 时弱得多,而金属 Mn 的还原性却较 pH=0 时略强。

2) 判断氧化剂、还原剂的氧化还原能力及氧化还原反应自发进行的方向与趋势

各氧化态物质的氧化还原能力的大小不取决于该物种 $\Delta_f G_m^{\ominus}$ 值高低,而取决于电对两物种 $\Delta_f G_m^{\ominus}$ 的差值,即 $\Delta_r G_m^{\ominus}$ 值的大小。因此,判断氧化剂氧化能力的强弱是要看该氧化剂与还原产物间连线的斜率。图 15.2 可见,同一元素任意两个氧化态物种间的连线的斜率有正有负,有大有小。斜率为正,表示该电对的氧化型物种有氧化性,易被还原;斜率为负,表示电对的还原型物种具有还原性,易被氧化。当斜率为正时,斜率大的电对的氧化型物种比斜率小的电对的氧化型物种的氧化能力强。斜率为负时情况也一样。

由此,我们可以判断:①同一元素不同氧化态物质在不同酸碱性条件下的氧化还原性强

弱。图 15.2 表明，金属 Mn 在碱性条件下的还原性强于酸性条件下的还原性；酸性条件下 MnO_4^- 还原到 MnO_4^{2-} 或 MnO_2 时连线的斜率均大于碱性条件下相应连线的斜率，即 MnO_4^- 在酸性条件下的氧化性强于碱性条件下的氧化性。②不同元素化合物在同一酸碱性条件下或不同酸碱性条件下的氧化还原性。

3) 判断氧化还原产物

同一元素若有多个氧化态物种，虽然位于氧化态-Gibbs 自由能图中最低点的物种是最稳定的，但一般而言，高氧化态物质被还原的产物不一定就是位于最低点的这一物种，可能会还原到斜率较大的那个物种。例如，酸性条件下 MnO_4^- 与 MnO_2 连线的斜率(1.68)略大于它与 Mn^{2+} 连线的斜率(1.51)。事实上，当氧化剂过量时，MnO_4^- 还原的产物是 MnO_2 而非 Mn^{2+}，只有当还原剂过量时 MnO_4^- 才被还原成 Mn^{2+}，因为 MnO_2 本身也是较强的氧化剂，MnO_2-Mn^{2+} 线斜率为 1.23。

4) 预测是否会发生歧化反应以及歧化的程度

如果某氧化态物质位于与它相邻两氧化态物质连线的上方，则该氧化态物种不稳定，能发生歧化反应；如果某氧化态物质位于与它相邻两氧化态物质连线的下方，则该氧化态物质是相对稳定的，不发生歧化反应，相反，与之相邻的两物种处于同一体系时能发生氧化还原反应形成该物种。从图 15.2 可以看出，在 pH＝0 时，MnO_4^{2-} 位于 MnO_2 和 MnO_4^- 两点连线(图中虚线)的上方，Mn^{3+} 位于 Mn^{2+} 和 MnO_2 连线的上方，所以 MnO_4^{2-} 和 Mn^{3+} 均不稳定，易发生歧化反应：

$$MnO_4^{2-} + \frac{4}{3}H^+ \rightleftharpoons \frac{2}{3}MnO_4^- + \frac{1}{3}MnO_2 + \frac{2}{3}H_2O$$

$$2Mn^{3+} + 2H_2O \rightleftharpoons Mn^{2+} + MnO_2 + 4H^+$$

同理，在碱性溶液中，$Mn(OH)_3$ 位于 $Mn(OH)_2$ 和 MnO_2 连线的上方，可发生歧化反应生成 $Mn(OH)_2$ 和 MnO_2；而 MnO_4^{2-} 与 MnO_2 和 MnO_4^- 的连线几乎是一条直线，这意味着 MnO_4^{2-} 歧化的倾向比在酸性溶液中小得多。

如何定性地判断或定量地计算某物种歧化的程度呢？由氧化态-Gibbs 自由能图可以定性地判断：连接与某物种相邻的两个氧化态物质的连线，则构成一个三角形，作该点(物质)到这个连线的垂线(三角形顶点的高)，若此垂线的高趋于零，则该物种不发生歧化，若此垂线的高大于零，则该物种发生歧化，高度越大，则该氧化态物种歧化越彻底。由图 15.2 中的虚线可定性地判断在 pH＝0 时，MnO_4^{2-} 歧化的程度比 Mn^{3+} 的歧化程度要大得多。

物质歧化程度的定量计算就是计算歧化反应的平衡常数。例如，pH＝0 时，将 Mn^{3+} 的歧化反应组成原电池，则原电池的正极由 Mn^{3+}/Mn^{2+} 电对组成，负极由 MnO_2/Mn^{3+} 电对组成，则原电池的标准电动势 $E^{\ominus}$ 为

$$E^{\ominus} = \varphi^{\ominus}(Mn^{3+}/Mn^{2+}) - \varphi^{\ominus}(MnO_2/Mn^{3+})$$
$$= 1.51 \text{ V} - 0.95 \text{ V} = 0.56 \text{ V}$$

因为

$$\lg K^{\ominus} = \frac{nE^{\ominus}}{0.0591} = \frac{1 \times 0.56}{0.0591} = 9.5$$

所以

$$K^{\ominus} = 3.2 \times 10^9$$

可见,平衡常数 $K^{\ominus}$ 很大,说明 Mn^{3+} 在酸性溶液中歧化成 Mn^{2+} 和 MnO_2 的程度很大。而在同一条件下 MnO_4^{2-} 歧化生成 MnO_2 和 MnO_4^- 的平衡常数 $K^{\ominus} = 3.16 \times 10^{57}$,比 Mn^{3+} 歧化反应的 $K^{\ominus}$ 大得多,与上述分析结果一致。

5) 指导物质的制备

根据以上分析,我们可以选择适当的介质来进行某些反应和制备某些物种。

15.5 物质氧化还原能力的某些规律性与特殊性

物质的氧化还原性与什么有关?又有哪些规律?一般认为与物质的氧化数有关:最高氧化态的物质具有氧化性,如 HNO_3、$HClO_4$、$HBrO_4$、MnO_4^-、$Cr_2O_7^{2-}$、PbO_2 等;处于中间氧化数的物质既有氧化性,又有还原性;最低氧化态的化合物,如 NH_3、H_2S、H_2Se、HCl、HI 等,具有还原性。例如,锰的各氧化态氧化物及其水合物的氧化还原性具有如下变化规律:

氧化物	MnO	Mn_2O_3	MnO_2	MnO_3	Mn_2O_7
水合氧化物	$Mn(OH)_2$	$Mn(OH)_3$	$Mn(OH)_4$	H_2MnO_4	$HMnO_4$

→ 氧化性增强

然而,这不能成为定势思维。例如,SO_4^{2-} 的氧化性弱;PO_4^{3-} 不具有氧化性;$S_2O_8^{2-}$ 中—O—O—的氧为 $-I$ 氧化数,低于单质氧,其氧化性却比 O_2 强得多;硫酸、焦硫酸中硫的氧化数均为 $+VI$,但焦硫酸比硫酸的氧化性强得多;常温下硝酸有强氧化性,而硝酸盐氧化性较弱;同一元素不同氧化态的非金属含氧酸(盐)是低氧化态的氧化性较强。本节将分类介绍一些物质的氧化还原能力的规律性与特殊性。

15.5.1 单质的氧化还原性

单质的氧化还原性规律比较明显。一般而言,金属单质由于半径较大、电负性较小,在反应过程中电子易失去或远离而显还原性,而非金属单质的情况则刚好相反而呈氧化性。其规律大致有:①对主族元素而言,同周期(如第二周期 Li、Be、B、C、N、O、F)从左至右还原性减弱,氧化性增强;②同族元素(卤素随 F_2、Cl_2、Br_2、I_2)从上到下还原性增强,氧化性减弱;③碱金属、碱土金属只体现还原性,氟只体现氧化性;④副族元素主要是还原性,且从上到下还原性减弱(表 15.4),但其规律性不强,常有例外。第一、二、三过渡系元素从左到右还原性减弱(总趋势)。例外的情况有:第一过渡系中 Mn 的还原性比 Cr 强,Zn 的还原性甚至比 Co 还强得多,铜的还原性最弱;第二过渡系中 Cd 的还原性与 Mo 相近,Ag 的还原性比 Pd 略强;第三过渡系中 Hg 的还原性与 Os 相近,Au 的最弱。

表 15.4 过渡系元素标准电极电势 $\varphi_A^{\ominus}$(M^{2+}/M) (单位:V)

Sc	Ti	V	Cr	Mn	Fe	Co	Ni	Cu	Zn
-4.0	-3.26	-2.37	-1.82	-2.36	-0.88	-0.55	-0.51	0.342	-0.762
Y*	Zr*	Nb*	Mo*	Tc	Ru	Rh	Pd	Ag*	Cd*
-4.74	-3.06	-2.2	-0.4	0.8	0.9	1.2	1.7	1.6	-0.4

续表

La*	Hf*	Ta*	W*	Re*	Os	Ir	Pt	Au	Hg
−4.5	−3.4	−1.62	−0.22	0.6	1.7	2.0	2.92	3.21	1.71

* 表示经过其他氧化态换算的数据。

15.5.2 分子型氢化物的还原性

除 HF 以外,其他分子型氢化物都有还原性,其变化规律与稳定性的规律相反,稳定性大的氢化物还原性小。

$$
\begin{array}{c}
\text{还原性增强} \downarrow \\
\begin{array}{cccccc}
B_2H_6 & CH_4 & NH_3 & H_2O & HF \\
 & SiH_4 & PH_3 & H_2S & HCl \\
 & & AsH_3 & H_2Se & HBr \\
 & & & H_2Te & HI \\
\end{array} \\
\xleftarrow{\text{还原性增强}}
\end{array}
$$

氢化物 AH_n (A 表示非金属元素,n 表示该元素的最低氧化态的绝对值)的还原性来自 A^{n-},而 A^{n-} 失电子的能力与其半径和电负性的大小有关。在周期表中,从右向左,自上而下,元素 A 的半径增大,电负性减小,A^{n-} 失电子的能力按此顺序递增,所以氢化物的还原性也按此方向增强。

15.5.3 含氧酸(盐)的氧化还原性

含氧酸(盐)的成酸元素有非金属和金属两种,同一成酸元素的含氧酸(盐)的氧化态又有高有低,它们所表现出的氧化还原性规律是不相同的。

表 15.5 p 区元素最高氧化态物种的标准电极电势 $\varphi_A^\ominus$ （单位：V）

周期	二	三	四	五	六
ⅢA	H_3BO_3/B −0.87	Al^{3+}/Al −1.662	Ga^{3+}/Ga −0.549	In^{3+}/In −0.338	Tl^{3+}/Tl 0.741
ⅣA	$CO_2+H^+/HCOOH$ −0.119	SiO_2+H^+/Si −0.857	H_2GeO_3/Ge −0.182	SnO_2/Sn −0.117	PbO_2/Pb 0.664
ⅤA	$NO_3^-+H^+/HNO_2$ 0.934	H_3PO_4/H_3PO_3 −0.276	$H_3AsO_4/HAsO_2$ 0.560	Sb_2O_5/SbO^+ 0.581	Bi_2O_5/BiO^+ 1.593
ⅥA		$SO_4^{2-}+H^+/H_2SO_3$ 0.172	$SeO_4^{2-}+H^+/H_2SeO_3$ 1.151	H_6TeO_6/TeO_2 1.02	PoO_3+H^+/PoO_2 1.52
ⅦA		$ClO_4^-+H^+/ClO_3^-$ 1.189	$BrO_4^-+H^+/BrO_3^-$ 1.763	$H_5IO_6+H^+/IO_3^-$ 1.601	

表 15.5 列出了 p 区元素最高氧化态含氧酸(或氧化物的水合物,或 M^{n+})的标准电极电势。从表中数据和其他一些已知实验事实,大致可归纳以下一些变化规律。

(1) 同一周期中各元素最高氧化态含氧酸(或氧化物)的氧化性从左至右大致递增。例如,第三周期的 H_4SiO_4 和 H_3PO_4 几乎无氧化性,H_2SO_4 的氧化性很弱(只有浓 H_2SO_4 才有强氧化性),而 $HClO_4$ 氧化性比 H_2SO_4 强得多;第四周期过渡金属元素的最高氧化态含氧酸,如 $Cr_2O_7^{2-}$、MnO_4^- 等都是很强的氧化剂,而铁的最高氧化态铁(Ⅵ)酸盐是一种非常强的氧化剂 ($\varphi^{\ominus}=1.9\text{ V}$),即使在室温下也能将 NH_3 氧化到 N_2,在酸性或中性溶液中它迅速地氧化水而释放出氧气:

$$4FeO_4^{2-} + 10H_2O = 4Fe^{3+} + 20OH^- + 3O_2\uparrow$$

(2) 在同一主族中,由于次级周期性,各元素的最高氧化态含氧酸的氧化性大多是随原子序数增加呈锯齿形升高(图 15.3)。从第二周期到第三周期,最高氧化态含氧酸的氧化性有下降的趋势。从第三周期到第四周期又有升高的趋势,第四周期含氧酸的氧化性很突出,有时在同族元素中居于最强地位(表 15.6)。第六周期元素的含氧酸氧化性又比第五周期强得多。不仅最高氧化态如此,有些中间氧化态的含氧酸也呈现这种变化趋势,低氧化态则自上而下有规律递减,如 $HClO>HBrO>HIO$。

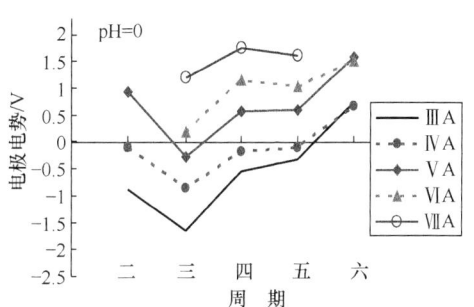

图 15.3 p 区同一主族元素最高氧化态含氧酸(氧化物)氧化性变化规律

表 15.6 ⅤA～ⅦA 族不同氧化态含氧酸的氧化性

最高氧化态	ⅤA	HNO_3	>	H_3PO_4	<	H_3AsO_4	
	ⅥA			H_2SO_4	<	H_2SeO_4	>	H_6TeO_6
	ⅦA			$HClO_4$	<	$HBrO_4$	>	H_5IO_6
中间氧化态	ⅤA	HNO_2	>	H_3PO_3	<	H_3AsO_3	
	ⅥA			H_2SO_3	<	H_2SeO_3	>	H_2TeO_3
	ⅦA			$HClO_3$	<	$HBrO_3$	>	HIO_3
低氧化态				$HClO$	>	$HBrO$	>	HIO

室温时 $HClO_4$ 的氧化活性并不强,与 H_2S、SO_2、HNO_2、HI 及 Zn、Al、Cr(Ⅱ)等都不发生反应,与 Sn(Ⅱ)、Ti(Ⅲ)、V(Ⅱ)及连二亚硫酸盐反应缓慢,只有浓热的 $HClO_4$ 是强氧化剂,与大多数有机物质才发生爆炸性反应,可使 HI 和亚硫酰氯($SOCl_2$)燃烧,并能迅速氧化金和银。这与硫酸的氧化性变化相似。高碘酸则是强氧化剂,在酸性介质中能定量地将 Mn^{2+} 氧化为 MnO_4^-。

$$2Mn^{2+} + 5H_5IO_6 = 2MnO_4^- + 5IO_3^- + 11H^+ + 7H_2O$$

该反应在分析化学中得到应用。

(3) 同一元素不同氧化态的含氧酸,非金属含氧酸(盐)是低氧化态的氧化性较强。例如,在标准态($\varphi_A^{\ominus}$)下,各物质氧化性相对强弱为

$$HClO>HClO_2>HClO_3>HClO_4,\quad HNO_2>HNO_3,\quad H_2SO_3>H_2SO_4$$

而对金属含氧酸(盐)或化合物而言,则是高氧化态表现为氧化性,低氧化态表现为还原性,而处于中间氧化态的既有氧化性又有还原性。

(4) 浓酸的氧化性比稀酸的强,含氧酸的氧化性一般比相应盐强,同一含氧酸盐在酸性介质中的氧化性比在碱性介质中强。

15.5.4 过氧化物与多硫化物的氧化还原性

无机过氧化物可分为离子型过氧化物、过氧络合物、共价型过氧化物和过氧酸。例如，过氧化氢、碱金属和碱土金属过氧化物等，过(氧)硫化物有过一硫酸及盐、过二硫酸及盐，它们都有强的氧化性。不仅如此，含 S—S 键的多硫化物和过氧化物相似，也具有氧化性。

这些化合物之所以体现出强氧化性，并不是因为化合物中相关元素具有高氧化数，而是因为 O—O 键或 S—S 键非常弱。

过氧化物　O_2^{2-} 的分子轨道电子排布式为 $KK(\sigma_{2s})^2(\sigma_{2s}^*)^2(\sigma_{2p})^2(\pi_{2p})^4(\pi_{2p}^*)^4$，它的反键 π^* 上电子数为 4。键级为 1，比 O_2 的键级小；O—O 键长为 145~153 pm，比 O_2 的键长(121 pm)长。可见，O_2^{2-} 的 O—O 键弱，化学性质活泼。

离子型过氧化物的性质主要是由 O_2^{2-} 的特征反映出来的。离子型过氧化物甚至在常温下就能把所有的有机物氧化成碳酸盐。例如，过氧化钠能把 CrO_2^- 氧化成 CrO_4^{2-}，甚至能将 Fe 氧化成 FeO_4^{2-}，它特别适用于碱性熔融的氧化反应体系；金属锰在熔融过氧化钠中于 723 K 时形成蓝色 MnO_4^{2-}。过氧化钠还可以与 N、S、P 等化合物反应。

过氧化氢　过氧化氢的 O—O 键长为 148 pm，在 O_2^{2-} 的 O—O 键长范围内。无论在酸性溶液还是碱性溶液中，H_2O_2 都是强氧化剂，但因 O 为 -Ⅰ 氧化数，也能体现出还原性。

过硫酸及盐　过硫酸其实是硫的过氧酸，有过一硫酸及盐、过二硫酸及盐。过硫酸可以看成 H_2O_2 中的氢被酸根取代的产物，如用无水 H_2O_2 与冷的氯磺酸反应得到过二硫酸：

$$H_2O_2 + 2ClSO_3H = H_2S_2O_8 + 2HCl$$

常见的过二硫酸盐有过二硫酸铵和过二硫酸钾。从相关电极电势：$\varphi_A^{\ominus}(S_2O_8^{2-}/SO_4^{2-}) = 2.010\ V$，$\varphi_A^{\ominus}(MnO_4^-/Mn^{2+}) = 1.507\ V$，$\varphi_A^{\ominus}(Cr_2O_7^{2-}/Cr^{3+}) = 1.232\ V$ 可知，过二硫酸(盐)是比高锰酸钾和重铬酸钾更强的氧化剂。过二硫酸盐的还原产物中硫的氧化数并未改变，氧化数有变化的是氧。过二硫酸及其盐的不稳定性也与过氧键 O—O 有关。

多硫化合物　在多硫化物中存在过硫链，类似于过氧化物中的过氧键，因此多硫化物和过氧化物相似，具有氧化性，可将 Sb_2S_3、SnS 等氧化为硫代酸盐。例如

$$SnS + (NH_4)_2S_2 = (NH_4)_2SnS_3$$

但与氧相比，因硫的半径大，电负性小，因而其氧化性比过氧化物弱。

此外，臭氧与臭氧化物的氧化性也与 O—O 强弱有关。

15.5.5 惰性电子对效应与第六周期 p 区金属最高氧化态物质的氧化性

比较从第三周期至第六周期的 ⅢA~ⅥA 元素的不同氧化态物质的变化(表 15.7)不难发现，Tl、Pb、Bi 和 Po 这 4 种元素的氧化态呈现出"反常"现象。Al 和 Si 分别只呈现 +Ⅲ 和 +Ⅳ 氧化态，这两种物质没有氧化性。S 的 +Ⅳ 和 +Ⅵ 氧化态物质都很稳定，+Ⅵ 氧化态氧化性很弱。第四、第五周期相应的这些元素的最高氧化态(n)物质与($n-2$)氧化态物质都是稳定的。Tl、Pb、Bi 和 Po 元素的最高氧化态物质是不能稳定存在的。这一变化规律是由它们的氧化还原性变化所决定的：横向看，从左至右它们的最高氧化态物质的氧化性逐渐增强，次高氧化态物质的还原性减弱，氧化性增强；纵向看，从上到下它们的最高氧化态物质的氧化性逐渐增强，次高氧化态物质的还原性减弱，氧化性增强。例如，亚硒酸还原性很弱，只有在强氧化剂如 Cl_2、Br_2、$KMnO_4$ 等作用下，亚硒酸才被氧化为硒酸：

$$Cl_2 + H_2SeO_3 + H_2O = H_2SeO_4 + 2HCl$$

表 15.7　p 区元素稳定的氧化态

ns^2np^1		ns^2np^2		ns^2np^3		ns^2np^4	
Al	+Ⅲ	Si	+Ⅳ	P	+Ⅲ,+Ⅴ	S	+Ⅳ,+Ⅵ
Ga	+Ⅰ,+Ⅲ	Ge	+Ⅱ,+Ⅳ	As	+Ⅲ,+Ⅴ	Se	+Ⅳ,+Ⅵ
In	+Ⅰ,+Ⅲ	Sn	+Ⅱ,+Ⅳ	Sb	+Ⅲ,+Ⅴ	Te	+Ⅳ,+Ⅵ
Tl	+Ⅰ	Pb	+Ⅱ	Bi	+Ⅲ	Po	+Ⅳ

而 SeO_2 和 TeO_2 就表现出较强的氧化性,容易被还原为游离的硒和碲。例如,亚硒酸能氧化 SO_2、H_2O、HI 和 NH_3 等,而本身被还原为硒,在有机化学中也用作氧化剂。

$$H_2SeO_3 + 2SO_2 + H_2O = 2H_2SO_4 + Se$$

第六周期的 Tl、Pb、Bi 和 Po 元素的最高氧化态物质则具有很强的氧化性,如 PbO_2、$NaBiO_3$ 是强氧化剂之一。例如,PbO_2 可将盐酸和硫酸氧化而放出气体:

$$PbO_2 + 4HCl \xrightarrow{\triangle} PbCl_2 + Cl_2\uparrow + 2H_2O$$

$$2PbO_2 + 2H_2SO_4 \xrightarrow{\triangle} 2PbSO_4\downarrow + O_2\uparrow + 2H_2O$$

在酸性溶液中还能把 Mn(Ⅱ) 氧化为 Mn(Ⅶ):

$$5PbO_2 + 2Mn(NO_3)_2 + 6HNO_3 = 2HMnO_4 + 5Pb(NO_3)_2 + 2H_2O$$

Bi(Ⅴ) 也能将 Mn^{2+} 氧化成 MnO_4^-:

$$2Mn^{2+} + 5BiO_3^- + 14H^+ = 2MnO_4^- + 5Bi^{3+} + 7H_2O$$

在实验室中常用该反应来检验 Mn^{2+}。

Bi(Ⅴ) 在碱性条件下仍有氧化性。Sb(Ⅴ) 在酸性条件下的氧化性较弱,仅将 I^- 氧化成 I_2。在碱性条件下,Sb(Ⅴ) 无氧化性,相反 Sb(Ⅲ) 有一定程度的还原性。

为何这四种元素的氧化态表现"反常"现象?长期以来,学者们认为是这四种元素存在 $6s^2$ 惰性电子对之故。这种现象被西奇威克(N. V. Sidgwick)最先注意到,并称之为惰性电子对效应。惰性电子对效应比较直观地解释了上述现象,但是对效应的本质并未予以阐明。

德拉格(Drago)从有关热力学数据和价键理论解释了 Tl、Pb 和 Bi 等元素在化合物中低氧化态的稳定性,认为重元素 $6s^2$ 电子对成键能力较弱的原因在于:①原子半径较大,电子云重叠程度差;②内层电子数目较多,这些内层电子与其键合原子内层间的电子的斥力较大。从影响氧化态相对稳定性的热力学因素,如激发能、键能等变化情况也可得到说明。

表 15.8 为砷分族和锗分族氟化物的单键平均键能。从表中的数据可看出:①在同一分族中随着原子序数的增大,M—F 的键能逐渐减小,表明重元素成键能力渐弱;②同一元素的氟化物中,高氧化态的 M—F 键的键能总是低于低氧化态的。以砷分族为例,从 AsF_3 至 BiF_3 单键键能逐渐减小;从 MF_3 至 MF_5(M=As、Sb、Bi) 单键键能逐渐减大。这就说明,重元素成键的能量有可能太小,不足以补偿 $M^Ⅲ \rightarrow M^Ⅴ$ 或 $M^Ⅱ \rightarrow M^Ⅳ$ 等所需的激发能,或 $M^Ⅲ \rightarrow M^Ⅴ + 2e^-$ 及 $M^Ⅱ \rightarrow M^Ⅳ + 2e^-$ 过程所消耗的能量,而倾向于生成低氧化态的 MF_3 或 MF_2 的化合物。

表 15.8　砷分族和锗分族氟化物单键平均键能　　(单位:kJ·mol^{-1})

元素	M—F(MF_5)	M—F(MF_3)	元素	M—F(MF_4)	M—F(MF_2)
As	~406	484	Ge	~452	481
Sb	~402	~440	Sn	~414	~481
Bi	~297	~393	Pb	~313	394

用表 15.8 中键能的数据和 F—F 键的键能(154.8 kJ·mol^{-1})计算 MF$_5$ 和 MF$_4$ 的分解焓变，其结果列于表 15.9 中。从 MF$_5$(As→Bi) 和 MF$_4$(Ge→Pb) 的分解反应焓变来看，其中 BiF$_5$ 和 PbF$_4$ 的 $\Delta_r H_m^{\ominus}$ 值最小，即它们分解时所需要的能量最小，最易分解。即高氧化态的重元素的化合物最不稳定。这个结果与上述分析是一致的。

表 15.9　MF$_5$ 和 MF$_4$ 的分解反应焓变 $\Delta_r H_m^{\ominus}$　　　　(单位：kJ·mol^{-1})

元素	MF$_5$(g)⟶MF$_3$(g)+F$_2$(g)	元素	MF$_4$(g)⟶MF$_2$(g)+F$_2$(g)
As	423	Ge	691
Sb	523	Sb	539
Bi	151	Pb	309

15.6　物质的结构对氧化还原能力的影响

物质氧化还原性的变化规律也是物质内部结构变化规律的体现。

15.6.1　元素结合电子的能力

单质的氧化还原性、同周期各元素最高氧化态含氧酸(或氧化物)的氧化还原性规律即与相应元素结合电子的能力有关。例如，含氧酸(盐)的成酸元素的电负性、原子半径及氧化态等都是制约其氧化性的主要因素。若成酸元素的原子半径小、电负性大，获得电子的能力强，其含氧酸(盐)的氧化性也就强；反之，氧化性则弱。

15.6.2　氧化型物质的稳定性

1) 键的稳定性

氧化型物质的稳定性对物质的氧化能力有很大的影响。一般来说，如果氧化型物质的某个键很弱，结构不稳定，而与之形成该键的元素半径较小，电负性又较大，则该物质就具有氧化性。

离子型过氧化物的性质主要是由 O_2^{2-} 的特征反映出来的，O_2^{2-} 的最高占据轨道(HOMO)是 π^*，能量高。过氧化物中的 O—O 键断裂后成为自由基，性质更为活泼，易夺得电子体现氧化性。过一硫酸的 O—O 键长为 145 pm，比过二硫酸的 O—O 键长(131 pm)长，且过二硫酸分子的 O—O 键是非极性的，而过一硫酸分子的 O—O 键是极性的。因此，过一硫酸的 O—O 键更易断裂，比过二硫酸更不稳定，是比过二硫酸更强的氧化剂。过一硫酸能较快地将 I$^-$ 氧化成 I$_2$，而过二硫酸与 I$^-$ 反应较慢。过一硫酸盐不能稳定存在。

含氧酸(盐)的氧化性和分子(含氧酸根)的稳定性有关。一般来说，如果含氧酸分子中的成酸元素 R 多变价，高氧化态的物质又不稳定，该含氧酸(盐)就有氧化性，而且物质越不稳定，其氧化性越强。含氧酸的稳定性与分子中 R—O 键的强度和键的数目有关。R—O 键数越多，键的强度越大，要断裂这些键，使高氧化态的含氧酸还原为低氧化态甚至为单质，就比较困难，所以稳定的含氧酸氧化性很弱，甚至没有氧化性。

R—O 键的强度和数目与 R 的电子构型、氧化态、原子半径、成键情况以及分子中带正电性的氢原子对 R 的反极化作用等因素有关。

例如，在 HClO、HClO$_2$、HClO$_3$、HClO$_4$ 系列中，由于酸分子中 R—O 键数目依次增加，

R—O 键的键长减小(表 15.10),稳定性依次增加,因而氧化性随氯的氧化态增加而依次减弱。

表 15.10 Cl—O 键的性质

含氧阴离子	Cl—O 数目	Cl—O 键长/pm	Cl—O 键能/(kJ·mol^{-1})
ClO^-	1	170	209
ClO_2^-	2	164	244.5
ClO_3^-	3	157	243.7
ClO_4^-	4	145	363.5

2) 极化作用的影响

非金属低氧化态含氧酸氧化性强,还和它的酸性弱有关,因为在弱酸分子中存在着带正电性的氢原子,对酸分子中的 R 原子有反极化作用,使 R—O 键易于断裂。同样的道理也可用来解释:为什么浓酸的氧化性比稀酸强,因为在浓酸溶液中也存在着自由的酸分子,有反极化作用;为什么含氧酸的氧化性比含氧酸盐强,因为含氧酸盐中 M^{n+} 的反极化作用比 H^+ 弱,含氧酸盐比含氧酸稳定。

3) 酸根的稳定性

含氧酸根的对称性对其氧化性也有较大的影响:① 酸根的对称性越高,越不易受到极化而变形;② π 键的变形性大于 σ 键的变形性,双键、大 π 键均易变形;③ 酸根体积越大,正电荷越分散,结构越稳定。例如,$HClO$、$HClO_2$、$HClO_3$、$HClO_4$ 的氧化性逐渐减弱。

15.6.3 还原型物质的稳定性

还原产物的稳定性也影响氧化型物质的氧化能力。若还原产物的生成自由能低,本身特别稳定,则氧化型物质在还原过程中的自由能 $\Delta_r G$ 降低也就越多,将促使总反应的自发进行,即增强了氧化型物质的氧化性。稀有气体本身既无氧化性也无还原性,是因为结构特别稳定,而 Xe 的氟化物 XeF_2、XeF_4 和氧化物 XeO_3 却具有强氧化性,除因为相应的键弱外,就是因为还原产物 Xe 特别稳定。第六周期 p 区金属最高氧化态物质的强氧化性的原因也在于此。还原产物中若有弱电解质(如水)、沉淀、缔合等生成时,也会对氧化剂的氧化性产生影响。

除结构的影响外,物质的浓度、体系的酸碱度、体系温度对物质氧化还原能力也有很大影响。例如,稀硫酸氧化能力弱,只有浓硫酸才有强氧化性,特别是热浓硫酸;稀 $HClO_4$ 在室温时的氧化活性很弱,只有浓热的 $HClO_4$ 才是强氧化剂。浓度对电对氧化还原性的影响可用 Nernst 方程来计算,介质的酸度对物质氧化还原能力的影响可用式(8.5)表示,用电势-pH 图(图 8.9)给出说明。温度对物质氧化还原能力的影响很大,许多在常温下不能发生的氧化还原反应当温度提高后便可发生。目前研究温度对物质氧化还原能力影响较多的是用高温热还原法从金属化合物中冶炼金属。一般而言,金属化合物越稳定,其 $\Delta_f G_m^\ominus$ 的值越负,金属越难被还原。因而在同一温度、压力条件下,比较同一类型金属化合物的生成自由能的大小,便可比较金属从该化合物中被还原出的难易程度,14.5 节中介绍的 Ellingham 图即是对这一问题的解释,为寻找适宜的还原剂提供参考依据。

小　　结

本章总结归纳了元素、分子型氢化物、氧化物及其水合物酸碱性的规律性与特殊性,讨论了 Lewis 酸碱理论、HSAB 理论及二者的关系,介绍了元素电势图与氧化态-Gibbs 自由能图及其应用,讨论了物质氧化还原能力的某些规律性、特殊性及其影响因素,从热力学和物质结构两个层面探讨了物质酸碱性和氧化还原性的本质。理解并掌握这些内容对认识无机物的性质并合理利用是非常重要和有意义的。然而,无论是物质的酸碱性还是氧化还原性,其影响因素都颇为复杂,我们对它们的规律性及本质的认识尚粗浅,切忌机械性地套用。

思考与研讨

15.1 由 NH_3 和 H_2O 的碱性,分析判断下列各组物质的酸碱性强弱。
(1) $NaNH_2$ 与 $NaOH$　　(2) $ClNH_2$ 与 NH_3
(3) $ClNH_2$ 与 $HClO$　　(4) NH_3、NO_2NH_2 与 HNO_3。

15.2 什么是软硬酸碱原理? 试从化学键角度解释这种原理。

15.3 由酸碱理论判断亚磷酸的结构应该是 $HPO(OH)_2$ 还是 $P(OH)_3$。

15.4 查阅相关资料,简述什么是超酸和魔酸,有哪些类型。有超碱与魔碱吗?

15.5 元素电势图与氧化态-Gibbs 自由能图间有何关联? 元素电势图中的电极电势值在氧化态-Gibbs 自由能图中如何体现?

15.6 在酸性溶液中,卤酸氧化性强弱顺序为 $HBrO_3 > HClO_3 > HIO_3$,而高卤酸的氧化性强弱顺序为 $HBrO_4 > H_5IO_6 > HClO_4$,如何解释?

15.7 为什么 F_2、Cl_2、Br_2、I_2 的氧化性逐渐减弱,而 +Ⅶ 氧化数的 Cl、I、Br(含氧酸根)的氧化性依次增强?

15.8 硫酸、焦硫酸中硫的氧化数均为 +Ⅵ,为何焦硫酸具有比硫酸更强的氧化性、吸水性和腐蚀性?

习　　题

15.1 碘为什么能形成六配位的高碘酸 H_5IO_6? HIO_4 与 H_5IO_6 比较哪个酸性强? 如何定性解释?

15.2 试分析比较下列物质的碱性相对强弱。
(1) NH_3、NF_3、NCl_3、NBr_3
(2) NH_3、PH_3、AsH_3

15.3 试从结构观点分析含氧酸强度和结构之间的关系。用 Pauling 规则判断下列酸的强弱。
(1) $HClO$　(2) $HClO_2$　(3) H_3AsO_3　(4) HIO_3　(5) H_3PO_3
(6) $HBrO_3$　(7) $HMnO_4$　(8) H_2SeO_4　(9) HNO_2　(10) H_6TeO_6

15.4 定性判断 H_2S 和 H_2Se 的酸性强弱,并通过下列数据计算两个反应的 $\Delta_rG_m^\ominus$ 和平衡常数 $K^\ominus$,确定两者的酸性强弱。结果与定性的判断是否一致?
$\Delta_fG_m^\ominus(H_2S, aq) = -27.9 \text{ kJ} \cdot \text{mol}^{-1}$　　$\Delta_fG_m^\ominus(S^{2-}, aq) = 85.8 \text{ kJ} \cdot \text{mol}^{-1}$
$\Delta_fG_m^\ominus(H_2Se, aq) = 22.2 \text{ kJ} \cdot \text{mol}^{-1}$　　$\Delta_fG_m^\ominus(Se^{2-}, aq) = 129.3 \text{ kJ} \cdot \text{mol}^{-1}$
(A) $H_2S(aq) \longrightarrow 2H^+(aq) + S^{2-}(aq)$
(B) $H_2Se(aq) \longrightarrow 2H^+(aq) + Se^{2-}(aq)$

15.5 试判断下列各组酸的酸性强弱,并予以解释。
(1) HF、HCl、HBr、HI　(2) H_4SiO_4、H_3PO_4、H_2SO_4、$HClO_4$　(3) HNO_3、HNO_2
(4) H_2SeO_4、H_6TeO_6　(5) $HClO_4$、$HClO_3$、$HClO$

15.6 试以 H_2CrO_4、H_2MoO_4、H_2WO_4 为例,分析同一副族最高氧化态含氧酸的酸性变化规律。

15.7 写出第三周期各元素所生成的最高氧化态氢氧化物的形式,指出它们酸碱性变化规律,分析原因。

15.8 已知 HF 是硬-硬结合,从反应 $CH_3HgF + HSO_3^- \rightleftharpoons CH_3HgSO_3^- + HF$ 判断其余三物质的结合形式。

15.9 过氧化氢、过硫酸(盐)、过氧化物中过氧键—O—O—是这些物质具有氧化性的根源,试比较它们氧化性强弱并说明原因。

15.10 表 15.4 中 $M \longrightarrow M^{2+}$(pH=0)的电极电势表明,第一、二、三过渡系元素从左到右还原性减弱(总趋势)。但第一过渡系中 Mn 的还原性比 Cr 强,Zn 的还原性甚至比 Co 还强得多,铜的还原性最弱。如何进行解释?

15.11 试判断下列各组酸的氧化性强弱,并予以解释。
  (1) $HClO_3$、$HBrO_3$、HIO_3 (2) H_2SO_4、H_2SeO_4、H_6TeO_6
  (3) H_3PO_4、H_2SO_4、$HClO_4$ (4) $HClO_4$、$HClO_3$、$HClO_2$、$HClO$
  (5) HNO_3(稀)、HNO_2 (6) $HClO_3$(aq)、$KClO_3$(aq)

15.12 试从原子结构的角度讨论 p 区同一主族元素最高氧化态含氧酸氧化性呈锯齿形变化的规律和惰性电子对效应。

第16章　无机物的稳定性、溶解性与水解性

在无机实验中你是否遇到过这种情况:在实验试剂、药品完全相同的情况下,两组实验得到的结果(现象)完全不同?你会为此感到奇怪吗?秘密何在?过氧化氢为什么要装在棕色瓶中并加入微量的稳定剂放在阴凉处保存?HgO、Ag_2O 等可通过热分解法得到金属单质,而为什么由 PbO、MgO、CuO 等制备金属单质却用碳热还原法或氢热还原法?加热 $MgCl_2 \cdot 6H_2O$ 制备无水 $MgCl_2$ 时为何要在 HCl 气氛下进行?配制 $SbCl_3$ 溶液为何要在较强的酸性环境下进行?无论是在我们的学习、日常生活,还是从事工业生产或是科学研究中,都不得不考虑许多类似的问题,而这些问题与物质的稳定性、溶解性和水解性都有一定的关系。

16.1　无机物的稳定性

物质的稳定性(stability)即物质在某一特定条件下是否能稳定存在。影响物质稳定性的因素较多,如酸碱、氧化还原、光、热等。广义地讲,在一特定条件下某物质易发生变化而变成另一物质,就说明该物质是不稳定的。例如,Fe^{3+} 在 pH>2.20 时就变成 $Fe(OH)_3$,硝酸银见光会发生分解:

$$2AgNO_3 \xrightarrow{h\nu} 2Ag + 2NO_2 \uparrow + O_2 \uparrow$$

微量的有机物将促进其光解。因此,应将硝酸银晶体或其溶液保存在棕色瓶中。照相行业中冲洗相片就是利用 AgBr 在光的作用下发生分解的原理 $2AgBr \xrightarrow{h\nu} 2Ag + Br_2$。$SnCl_2$ 遇水易发生水解 $SnCl_2 + H_2O = Sn(OH)Cl \downarrow + HCl$,$(NH_4)HCO_3$ 在常温下即缓慢分解等,都说明这些物质在某一特定条件下的稳定性较差。我们先讨论无机物的热稳定性问题。

16.1.1　热分解反应的分类

热分解反应按氧化数是否有变化大体上可分为两类:非氧化还原的热分解反应和自氧化还原的热分解反应。前一类反应在一定条件下是可逆的,后一类反应是不可逆的。

1. 非氧化还原的热分解反应

1) 含结晶水的盐受热逐步失去结晶水

例如,$CuSO_4 \cdot 5H_2O$、$Na_2CO_3 \cdot 10H_2O$、$CoCl_2 \cdot 6H_2O$、$NiCl_2 \cdot 7H_2O$ 等受热逐步失水生成相应的无水盐。这类盐的阴离子所对应的酸是难挥发的,主要是硫酸盐、磷酸盐、硅酸盐等。对于碱金属和部分碱土金属的水合盐(锂盐和镁盐除外),即便阴离子对应的酸易挥发,加热时也基本都脱水变成无水盐,如 $Ca(NO_3)_2 \cdot 4H_2O$、$CoCl_2 \cdot 6H_2O$ 等。

由于 20 ℃时水的饱和蒸气压为 2.34 kPa,因此失水温度都比较低,少数在常温下即可失水。含有多结晶水时往往分步失水,各步失水温度不同。失水温度既与式(15.1)离子势的大小有关,也与水分子的结合形式有关。离子势越大,或者说正电场越强,阳离子对水分子的吸引力越强,失水温度越高,如 $CuSO_4 \cdot 5H_2O$ 和 $MgSO_4 \cdot 7H_2O$ 的失水温度高于

$Na_2SO_4 \cdot 10H_2O$。阴离子结合水的能力越强,失水温度也越高,如 $Na_2B_4O_7 \cdot 10H_2O$ 和 $Na_2SO_4 \cdot 10H_2O$ 的失水温度高于 $Na_2CO_3 \cdot 10H_2O$。水分子的结合形式不同,失水温度也不同。失水温度高低次序为晶格水<配位水<阴离子水。例如,$Na_2CO_3 \cdot 10H_2O$ 中含有 1 个阴离子 H_2O、6 个配位 H_2O 和 3 个晶格水。在 $CuSO_4 \cdot 5H_2O$ 中有 4 个配位 H_2O 和 1 个阴离子 H_2O,可写成 $[Cu(H_2O)_4]SO_4 \cdot H_2O$ 形式。其失水过程为

$$CuSO_4 \cdot 5H_2O \xrightarrow[-4H_2O]{383 \text{ K}} CuSO_4 \cdot H_2O \xrightarrow[-H_2O]{423 \text{ K}} CuSO_4$$

绝大多数含结晶水的含氧酸盐在 570 K 以内即可失去全部结晶水,少数会高于 570 K。在这类化合物中,如果金属离子半径较小,电荷较高(如 Be^{2+}、Mg^{2+}、Fe^{3+}、Al^{3+} 等),与酸根对应的酸又具有挥发性(如硝酸盐、碳酸盐、氯化物等),则脱水的同时会发生水解反应,其产物就不是无水盐,而是碱式盐[如 $MgCl_2 \cdot 6H_2O$ 加热脱水生成 $Mg(OH)Cl$,$Mg(NO_3)_2 \cdot 6H_2O$ 加热脱水生成 $Mg(OH)NO_3$]或氢氧化物[如 $Fe(NO_3)_3 \cdot 9H_2O$ 加热脱水生成 $Fe(OH)_3$]。若要防止其水解,应在 HCl 或 HNO_3 气氛中进行。

2) 无水化合物的失水

(1) 氢氧化物受热失水,这一过程与氧化物水合相反。例如,碱土金属氢氧化物失水分解 $M(OH)_2 \xrightarrow{\triangle} MO + H_2O$ 的温度分别为 Mg 350.0 ℃、Ca 580.0 ℃、Sr 710.0 ℃。

(2) 弱酸受热失水后发生缩合反应。例如,H_3BO_3 受热时会逐渐脱水,首先生成 HBO_2,大约 413 K 时进一步脱水,变成 $H_2B_4O_7$,温度更高时则转变为硼酐:

$$4H_3BO_3 \xrightarrow{-4H_2O} 4HBO_2 \xrightarrow{-H_2O} H_2B_4O_7 \xrightarrow{-H_2O} 2B_2O_3$$
$$\text{硼酸} \qquad \text{偏硼酸} \qquad \text{四硼酸} \qquad \text{硼酐}$$

能分子内失水发生缩合反应的弱酸还有 H_3PO_4、H_4SiO_4、H_5IO_6、H_2MoO_4、H_2WO_4 等。一般而言,酸越弱越易受热失水缩合。由于这类失水是分子内失水,要破坏 O—H 键和 M—O 键,因此失水分解的温度(特别是氢氧化物)比失去结晶水要高得多。

(3) 酸式含氧酸盐受热失水发生缩聚反应生成多酸盐。如果酸式盐中只含有一个 OH,则缩聚产物为焦酸盐。例如

$$2NaHSO_4 \xrightarrow[-H_2O]{593 \text{ K}} Na_2S_2O_7$$

$$2Na_2HPO_4 \xrightarrow[-H_2O]{523 \text{ K}} Na_4P_2O_7$$

对于不稳定含氧酸的酸式盐如 $Ca(HCO_3)_2$,受热时一般不发生缩聚反应。

一般来说,含氧酸的酸性越弱,其酸式盐热分解时越易聚合为多酸盐,所以缩聚反应的难易按硅酸盐>磷酸盐>硫酸盐>高氯酸盐的顺序变化。实际上,高氯酸盐不能聚合成多酸盐。

3) 无水盐分解生成相应的氧化物、酸或碱

例如

$$CuSO_4 \xrightarrow{923 \text{ K}} CuO + SO_3 \uparrow$$

$$CaCO_3 \xrightarrow{1170 \text{ K}} CaO + CO_2 \uparrow$$

$$(NH_4)_3PO_4 \xrightarrow{\triangle} 3NH_3 \uparrow + H_3PO_4$$

能发生这种分解反应的盐大都是硫酸盐、碳酸盐和铵盐等。硅酸盐和硼酸盐几乎不发生这种分解反应,因为 B_2O_3 和 SiO_2 沸点极高,难以气化。

2. 自氧化还原的热分解反应

1) 分子内氧化还原反应

当阴离子具有较强的氧化性,而阳离子具有一定还原性时,或当阳离子具有氧化性,而阴离子具有一定还原性时,以及当阳离子非常稳定,而阴离子稳定性较低时,加热它们组成的盐,会发生这类反应。例如

$$(NH_4)_2Cr_2O_7 \xrightarrow{\triangle} Cr_2O_3 + N_2\uparrow + 4H_2O$$

$$Mn(NO_3)_2 \xrightarrow{\triangle} MnO_2 + 2NO_2\uparrow$$

$$Ag_2SO_3 \xrightarrow{红热} 2Ag + SO_3\uparrow$$

$$KClO_4 \xrightarrow{>653\ K} KCl + 2O_2\uparrow$$

$$2Ag_2O \xrightarrow{573\ K} 4Ag + O_2\uparrow$$

$$2CuCl_2 \xrightarrow{773\ K} 2CuCl + Cl_2\uparrow$$

$$HgS \xrightarrow{\triangle} Hg + S$$

金属氧化物、硫化物、卤化物的热分解温度可从 Ellingham 图中得到反映。由于这些化合物的 $\Delta_f G^\ominus$ 值随温度升高而增大,当 $\Delta_f G^\ominus$ 值越过零时,金属氧化物、硫化物、卤化物会自发分解。一般而言,某物质越稳定,其 $\Delta_f G^\ominus$ 值越负,其分解温度就会越高。

2) 歧化反应

例如

$$4Na_2SO_3 \xrightarrow{强热} Na_2S + 3Na_2SO_4 \quad (阴离子歧化)$$

$$Hg_2CO_3 \xrightarrow{\triangle} Hg + HgO + CO_2 \quad (阳离子歧化)$$

16.1.2 热稳定性规律

在上述各类分解反应中,不同的物质分解温度不同,即热稳定性有差别。无机物热稳定性一般有如下规律:

(1) 含氧酸盐(如硝酸盐、硫酸盐、碳酸盐等)<无氧酸盐(如碱金属卤化物、硫化物等)<氧化物。含氧酸盐受热时,一般会发生分解。

(2) 同种金属离子与不同酸根所形成的盐,其热稳定性与相应的酸根的稳定性有关。在常见的含氧酸盐中,磷酸盐、硅酸盐在加热时不易分解,但容易脱水缩合为多酸盐。碳酸盐、硝酸盐和卤酸盐一般稳定性较差,分解温度较低,硫酸盐比较稳定。大体情况是碳酸盐<硝酸盐<硫酸盐<磷酸盐<硅酸盐。例如

	$AgNO_3$	$AgClO_3$	$AgClO_4$	$CaCO_3$	$CaSO_4$
分解温度/K	>485	543	759	1170	1422

又如,热稳定性 $Na_2SO_4 > Na_2CO_3$、$Na_3PO_4 > NaNO_3$ 等。

(3) 同种含氧酸,其正盐比相应的酸式盐稳定,酸式盐又比相应的含氧酸稳定,如热稳定性 $Na_2CO_3 > NaHCO_3 > H_2CO_3$、$Na_2SO_4 > NaHSO_4$。

(4) 同种酸根不同金属阳离子(包括 NH_4^+)所组成的盐,其热稳定性的大致变化顺序为碱金属盐>碱土金属盐>d 区、ds 区和 p 区重金属的盐>铵盐,如热稳定性 $Na_2CO_3 > CaCO_3 >$

$ZnCO_3 > (NH_4)_2CO_3$。

(5) 在碱金属和碱土金属中，碳酸盐的热稳定性随金属阳离子半径的增大而增强，如热稳定性 $BaCO_3$(1360 ℃) > $SrCO_3$(1290 ℃) > $CaCO_3$(900 ℃) > $MgCO_3$(540 ℃) > $BeCO_3$(<100 ℃)。

(6) 同种金属，同一成酸元素不同氧化态的含氧酸盐的热稳定性没有一定的规律，如热稳定性 $KMnO_4$(240.0 ℃) > K_2MnO_4(190.0 ℃)，$Na_2SO_4 > Na_2SO_3$、$KClO_4 > KClO_3 > KClO_2 > KClO$，$KIO_4$(熔点 582 ℃) > KIO_3(560 ℃分解)，而 $KBrO_4$(>270 ℃) < $KBrO_3$(390 ℃)、$KNO_3 < KNO_2$。

(7) 分子型氢化物 RH_n 受热分解生成相应的单质和 H_2，其热稳定性规律是：在同一周期中，自左至右依次增加；在同一族中，自上而下减小。这个变化规律也与组成氢化物的非金属元素的电负性(χ_A)的变化规律有关，非金属与氢的电负性($\chi_H = 2.2$)相差越大，所生成的氢化物越稳定；反之，不稳定。例如 $\chi_{As} = 2.18$，AsH_3 很不稳定，它不能由 As 与 H_2 直接合成；而 $\chi_F = 3.98$，HF 就很稳定，加热至高温也不分解。

16.1.3 热稳定性原因及影响因素

物质的热稳定性与物质的热运动有关。晶体或分子中不仅电子在运动，原子(核)同时也在做各种运动，原子间的相对振动就是其中的一种。振动的振幅随温度的升高而增大，在某一温度时，当两成键的原子振动使键距超过一定距离时，其键断裂从而发生分解。

为什么有的物质对热特别稳定，而有的物质对热又特别不稳定呢？我们可从宏观(热力学)和微观(物质的内部结构)两方面来分析。

1. 热力学原因

从热力学原理来看，分解反应

$$AB \xrightarrow{\triangle} A + B \qquad \Delta_r G_m^\ominus$$

$\Delta_r G_m^\ominus$ 正值越大，该物质分解倾向越小。根据式(4.11a)，$\Delta_r H_m^\ominus$ 越大或 $\Delta_r S_m^\ominus$ 越小，均可使 $\Delta_r G_m^\ominus$ 值越大，该物质就越稳定，分解温度($T \geqslant \Delta_r H_m^\ominus / \Delta_r S_m^\ominus$)就越高。因此，可以从以下几方面来判断其热稳定性。

(1) 用反应的 $\Delta_r G_m^\ominus$ 判断。例如对含氧酸盐，因硅酸盐分解的 SiO_2 极难挥发，熵变很小，所以硅酸盐是很稳定的，而碳酸盐、硝酸盐、铵盐等因其分解产物 CO_2、NO_2、NH_3 易挥发，$\Delta_r S_m^\ominus$ 增大而变得不稳定。由表 16.1 可见，碱土金属碳酸盐的热分解是焓、熵双增且 $\Delta_r G_m^\ominus$ 均大于零的反应，只有提高温度才能使 $\Delta_r G_m^\ominus$ 降低。

表 16.1 碱土金属碳酸盐的热力学量与分解温度

物质	$\Delta_r H_m^\ominus$/(kJ·mol^{-1})	$\Delta_r S_m^\ominus$/(J·mol^{-1}·K^{-1})	$\Delta_r G_m^\ominus$/(kJ·mol^{-1})	$T_{计算}$/K	$T_{测定}$/K
$BeCO_3$(cr)	22.1	—	—	—	373
$MgCO_3$(cr)	100.9	0.1751	48.7	576	813
$CaCO_3$(cr,方解石)	178.6	0.1602	130.8	1115	1170
$SrCO_3$(cr)	235.3	0.1711	184.3	1375	1462
$BaCO_3$(cr)	269.3	0.1721	218.0	1565	1633

(2) 用反应的 $\Delta_r H_m^\ominus$ 近似判断。当某类物质（如碳酸盐、硫酸盐等）按同样的方式进行热分解时，由于分解产物类型相同，其熵变值非常接近，因此有时也可根据 $\Delta_r H_m^\ominus$ 值对含氧酸盐热分解倾向作出判断：

$$\Delta_r H_m^\ominus = \Delta_f H_m^\ominus(A) + \Delta_f H_m^\ominus(B) - \Delta_f H_m^\ominus(AB)$$

例如，对同类含氧酸盐，$\Delta_f H_m^\ominus(RO_n)$ 是相同的，因而 $\Delta_r H_m^\ominus$ 值主要取决于含氧酸盐 $M_m RO_{n+1}$ 和金属氧化物 $M_m O$ 两者 $\Delta_f H_m^\ominus$ 的差值。分解热 $\Delta_r H_m^\ominus$ 越大，分解温度越高，该物质越稳定。表 16.1 中的 $\Delta_r H_m^\ominus$ 值正好也反映了这一规律。表 16.2 给出了碱金属和其他一些金属碳酸盐的分解热 $\Delta_r H_m^\ominus$ 和分解温度。

表 16.2　某些金属碳酸盐的分解热和分解温度

M^{n+}	Li^+	Na^+	K^+	Rb^+	Cs^+	Zn^{2+}	Ag^+	Tl^+	Pb^{2+}	Cd^{2+}
$\Delta_r H_m^\ominus/(kJ \cdot mol^{-1})$	226	321	391	404	407	71	82	—	87	99.5
分解温度/K	1543	很高	很高	很高	1613	573	491	573	588	<773

(3) 用物质的 $\Delta_f G_m^\ominus$ 或 $\Delta_f H_m^\ominus$ 近似判断。对类型相同、分解反应也相同的物质，也可近似地用标准摩尔生成自由能 $\Delta_f G_m^\ominus$ 或标准摩尔生成焓 $\Delta_f H_m^\ominus$ 来判断，$\Delta_f G_m^\ominus$ 或 $\Delta_f H_m^\ominus$ 越负，该物质就越稳定。表 16.3 和表 16.4 分别给出了分子型氢化物和碱土金属碳酸盐的 $\Delta_f G_m^\ominus$、$\Delta_f H_m^\ominus$ 和分解温度，可说明此近似规律。

表 16.3　一些分子型氢化物的 $\Delta_f G_m^\ominus$、$\Delta_f H_m^\ominus$ 和分解温度

物质	$\Delta_f G_m^\ominus$ /(kJ·mol^{-1})	$\Delta_f H_m^\ominus$ /(kJ·mol^{-1})	分解温度 /K	物质	$\Delta_f G_m^\ominus$ /(kJ·mol^{-1})	$\Delta_f H_m^\ominus$ /(kJ·mol^{-1})	分解温度 /K
B_2H_6	82.8	31.4	373 以下	HCl	−95.3	−92.3	3273 分解 1.3%
CH_4	−50.8	−74.8	≥873	AsH_3	68.9	66.4	573
NH_3	−16.4	−45.9	1073	H_2Se	71.1	85.7	573
$H_2O(g)$	−228.6	−241.8	≥1273	HBr	−53.4	−36.3	1868 分解 1.08%
HF	−275.4	−273.3	不分解	SbH_3	—	145.1	加热或引入火花
SiH_4	−39.3	−61.9	773	H_2Te	138.5	154.4	273
PH_3	18.2	9.2	713	HI	1.7	25.5	1073 分解 24.9%
H_2S	−33.0	−20.6	673				

表 16.4　碱土金属碳酸盐的 $\Delta_f G_m^\ominus$、$\Delta_f H_m^\ominus$ 和分解温度

物质	$BeCO_3(cr)$	$MgCO_3(cr)$	$CaCO_3(cr)$	$SrCO_3(cr)$	$BaCO_3(cr)$
$\Delta_f G_m^\ominus/\Delta_f H_m^\ominus$	—/−1025.0	−1029.1/−1096.0	−1127.5/−1207.0	−1137.4/−1218.2	−1137.6/−1218.6
分解温度/K	373	813	1170	1462	1633

2. 结构原因

物质的热稳定性差异一般来说与三种因素有关：物质的内部结构、极化力与变形性、环境温度。

(1) 物质的内部结构。物质的热稳定性差异首先是与化学键的强弱有关，键越强、键长越短、键越稳定，物质热稳定性就越好。其次与组成物质的分子或阴离子的对称性有关，对称性

越高,热稳定性越好。以含氧酸盐为例,如用 M_mRO_{n+1} 表示含氧酸盐,从它们的分解反应通式

$$M_mRO_{n+1} \stackrel{\triangle}{=\!=\!=} M_mO + RO_n$$

来看,大多是含氧酸根中的 R—O 键发生断裂,只有铵盐中是阳离子 NH_4^+ 中的键发生断裂。对热是否稳定,与含氧酸根 R—O 键强弱有关,含氧酸根 R—O 键越弱,含氧酸盐就越易分解。例如,下列化合物的 r_{R-O} 大小与其热稳定性[热稳定性规律(6)]一致。

	ClO_3^-	ClO_4^-	BrO_3^-	BrO_4^-	IO_3^-	IO_4^-
r_{X-O}/ pm	146～148	145	154～189	161	181	179

含氧酸盐的酸根均具有一定的对称性,如 PO_4^{3-}、SO_4^{2-}、SiO_4^{4-}、XO_4^- 等具有四面体结构,CO_3^{2-}、NO_3^-、SO_3^{2-} 等为平面三角形构型。结构不同其热稳定性就有差别。具四面体结构的 PO_4^{3-}、SO_4^{2-}、SiO_4^{4-}、XO_4^- 等离子中反馈配键的形成加强了 R—O 键;具平面三角形构型的 CO_3^{2-}、NO_3^-、SO_3^{2-} 等中均存在大 π 键,如碳酸根为 Π_4^6,π 键弱,易打开而发生键的断裂,而碳酸氢根中含有 Π_3^4 键,其中的一个 C—O 键为单键,键更弱,更易断裂而发生分解。因此,就含氧酸根而言,四面体结构的酸根的对称性高于平面三角形酸根的对称性。例如,硫酸盐的热稳定性强于亚硫酸盐的热稳定性;正酸根的对称性高于酸式酸根的对称性,与热稳定性规律(3)一致。

(2) 极化力与变形性。物质的热稳定性还与物质分子或离子的极化力与变形性有关。一般,如果阳离子对阴离子的极化力越大,或阴离子的变形性越大,该物质的热稳定性就越差。

仍以碳酸盐受热分解为例,在没有外界电场影响时,CO_3^{2-} 为平面三角形构型,三个 C—O 键相同,$C^{\delta+}$ 带部分正电荷,周围的三个 $O^{\delta-}$ 带部分负电荷[图 16.1(a)],但是在含氧酸或含氧酸盐中,由于 CO_3^{2-} 周围的 H^+ 或 M^{n+} 对 $O^{\delta-}$ 有极化作用而产生诱导偶极,与 H^+ 或 M^{n+} 临近的 C—O 键因变长而变弱[图 16.1(b)],且随着外界电场的加强,键变得更长、更弱,最终断裂发生分解。

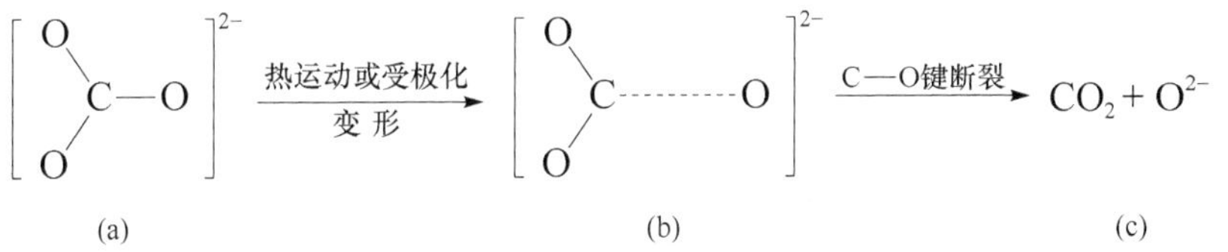

$$\left[\begin{array}{c} O \\ \| \\ C-O \\ | \\ O \end{array}\right]^{2-} \xrightarrow{\text{热运动或受极化}\atop\text{变形}} \left[\begin{array}{c} O \\ \| \\ C\cdots\cdots O \\ | \\ O \end{array}\right]^{2-} \xrightarrow{\text{C—O 键断裂}} CO_2 + O^{2-}$$

(a)   (b)   (c)

图 16.1 CO_3^{2-} 被极化变形、分解示意图

阴离子的变形性与阴离子的对称性与大小有关,对称性越强越不易变形。对于含氧酸根,四面体结构的变形性小于平面三角形结构的变形性,正酸根的变形性小于酸式酸根的变形性。阴离子越小,变形性越小。π 电子云比 σ 电子云更易发生形变。

阳离子的极化力与阳离子的电子构型、电荷、半径等有关。非稀有气体电子构型(18,18+2,9～17)的 M^{n+} 极化能力比稀有气体电子构型(2,8)的 M^{n+} 强。前者碳酸盐的稳定性比后者的小,分解温度较低(表 16.5)。阳离子的极化力越大,盐越易分解。

当离子的电子构型相同时,一般来说,正电荷高或半径小的 M^{n+},正电场越强,极化能力强。从表 16.5 中的数据可看出:碱土金属碳酸盐的热稳定性比碱金属小;同一族中,随 M^{n+} 半径增加,碳酸盐的热稳定性增强。

至于 H^+,虽然只有一个正电荷,但它的半径很小,电荷密度大,正电场也很强,甚至可以钻到氧的电子云中间,其极化作用特别大,所以相同 M^{n+} 的酸式盐不如正盐稳定。含有两个 H^+ 的 H_2CO_3 当然更不稳定,三者之间的热稳定性变化次序为 $H_2CO_3 < M^IHCO_3 < M_2^ICO_3$。

表 16.5　部分金属离子的电子构型与碳酸盐的分解温度

M^{n+}	电子构型	$r(M^{n+})$/pm	分解温度/K	M^{n+}	电子构型	$r(M^{n+})$/pm	分解温度/K
Li^+	2	76	1513	Ag^+	18	126	491
Na^+	8	102	2017	Zn^{2+}	18	74	573
Be^{2+}	2	35	373	Cd^{2+}	18	97	633
Mg^{2+}	8	72	813	Pb^{2+}	18+2	121	588
Ca^{2+}	8	99	1170	Fe^{2+}	14	76	553
Sr^{2+}	8	112	1462	Co^{2+}	15	74.5	573
Ba^{2+}	8	135	1633				

此外，物质的热稳定性还与物质的晶体类型有关。

综上所述，由于原子(核)不停地运动着，随着外界的极化、电子云的变形，当环境温度升高时，分子中的键就会变弱变长，在某一瞬间当两成键的原子振动使键长超过一定距离时，其键就发生断裂而分解。碳酸盐的分解过程如图 16.1 所示，随温度的升高，键的振幅增大直至 C—O 键断裂，放出 CO_2[图 16.1(c)]，O^{2-} 与金属阳离子形成氧化物 M_mO。

16.1.4　酸碱性和氧化还原能力对物质稳定性的影响

酸碱环境对物质的稳定性有影响，某些物质在一定的 pH 范围能稳定存在，超过这个范围则不稳定变成另外的物质。例如，Cr(Ⅵ)在碱性条件下以 CrO_4^{2-} 形式存在，而在酸性条件下则以 $Cr_2O_7^{2-}$ 形式存在，其实质是酸性溶液中的 H^+ 与 Cr(Ⅵ)争夺 O^{2-} 的结果；Sb、Bi 的三卤化物要在较强的酸性条件下配制，在中性甚至弱酸性时会水解成 MOCl 沉淀而不能以 Sb^{3+}、Bi^{3+} 形式存在。

由式(8-1)知，若 $\varphi(A^{n+}/A) > \varphi(B^{m+}/B)$，则 B^{m+}、A 可共存于同一体系中，但 A^{n+}、B 两物种却不能共处一处，或者说二者都不能稳定存在。例如，MnO_4^- 和 Mn^{2+} 就不能共处同一溶液之中。

下面以 $Fe-H_2O$ 体系的 φ-pH 图(图 16.2)为例，说明酸碱环境和物质本身的氧化还原能力对其稳定性的影响。

8.3.2 中已讨论过浓度对电极电势的影响，其中电势(φ)随 pH 的变化由式(8.5)表示。与图 8.9 类似，图 16.2 中由线划定不同的区域，图的左方为酸性溶液，右方为碱性溶液，上部为氧化介质，下部为还原介质。两条虚线中ⓐ为氧线，ⓑ为氢线。

理论上，凡电对位于ⓐ线之上的氧化型物质均可被 H_2O 还原而不能稳定地存在于水中，而电对位于ⓑ线之下的还原型物质可被水中的 H^+ 所氧化。两虚线之间为水的稳定区，ⓐ线之上和ⓑ线之下为水的不稳定区。

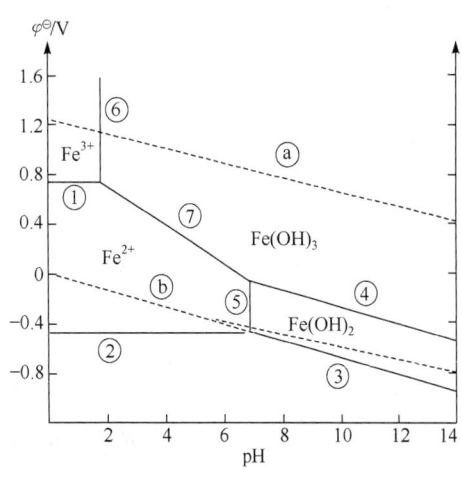

图 16.2　$Fe-H_2O$ 体系 φ-pH 图

由图 16.2 可以直观地看出铁的不同氧化态化合物在不同 pH 时的氧化还原性，以及

Fe^{2+}、Fe^{3+}、$Fe(OH)_2$、$Fe(OH)_3$ 各在什么 pH 范围内稳定存在。

图中①~⑦线是铁的各种物种在水溶液中可能发生的物种转化平衡。这 7 条线可以根据相关电对的电极电势以及 $Fe(OH)_2$、$Fe(OH)_3$ 的 $K_{sp}^{\ominus}$ 和 $K_w^{\ominus}$ 数据,并设 Fe^{2+}、Fe^{3+} 的起始浓度为 $0.01\ mol \cdot dm^{-3}$,依据 Nernst 方程计算得到,其中有两条线是通过溶解度 s 与 pH 关系式得出的:

线①　$Fe^{3+} + e^- \rightleftharpoons Fe^{2+}$

$\varphi_1 = \varphi_1^{\ominus} = 0.771\ V$

线②　$Fe^{2+} + 2e^- \rightleftharpoons Fe$

$\varphi_2 = \varphi_2^{\ominus} = -0.44\ V - 0.0591\ V$

$= -0.50\ V$

线③　$Fe(OH)_2 + 2e^- \rightleftharpoons Fe + 2OH^-$

$\varphi^{\ominus} = -0.88\ V$

$\varphi_3 = -0.88 + \dfrac{0.0591}{2} \lg \dfrac{1}{[OH^-]^2} = 0.53 - 0.0591 pH$

线④　$Fe(OH)_3 + e^- \rightleftharpoons Fe(OH)_2 + OH^-$　$\varphi^{\ominus} = -0.56\ V$

$\varphi_4 = -0.56 + 0.0591 \lg \dfrac{1}{[OH^-]} = 0.27 - 0.0591 pH$

线⑦　$Fe(OH)_3 + 3H^+ + e^- \rightleftharpoons Fe^{2+} + 3H_2O$　$\varphi^{\ominus} = 1.04\ V$

$\varphi_7 = 1.04 + 0.0591 \lg \dfrac{[H^+]^3}{[Fe^{2+}]} = 1.66 - 0.177 pH$

线⑤　$Fe(OH)_2 \rightleftharpoons Fe^{2+} + 2OH^-$　据 s-pH 关系式

$pH = \dfrac{1}{2}(\lg K_{sp}^{\ominus} - \lg[Fe^{2+}]) - \lg K_w^{\ominus} = 7.45$

$K_{sp}^{\ominus}[Fe(OH)_2] = 8.0 \times 10^{-16}$,　$K_{sp}^{\ominus}[Fe(OH)_3] = 4 \times 10^{-38}$

线⑥　$Fe(OH)_3 \rightleftharpoons Fe^{3+} + 3OH^-$　据 s-pH 关系式

$pH = \dfrac{1}{3}(\lg K_{sp}^{\ominus} - \lg[Fe^{3+}]) - \lg K_w^{\ominus} = 2.20$

线ⓐ　$O_2 + 4H^+ + 4e^- \rightleftharpoons 2H_2O$　$\varphi^{\ominus} = 1.229\ V$

$\varphi_a = 1.229 + \dfrac{0.0591}{4} \lg \dfrac{1}{[p(O_2)/p^{\ominus}][H^+]^4} = 1.229 - 0.0591 pH$

线ⓑ　$2H^+ + 2e^- \rightleftharpoons H_2$　$\varphi^{\ominus} = 0.000\ V$

$\varphi_b = 0.000 + \dfrac{0.0591}{2} \lg \dfrac{p(H_2)/p^{\ominus}}{[H^+]^2} = -0.0591\ pH$

图中①~⑦线可以归纳为三种类型:线①和②是没有 H^+ 参加的电化学平衡体系,在不生成 $Fe(OH)_2$、$Fe(OH)_3$ 的范围内和溶液的 pH 无关,因此是平行于横坐标轴的两条水平线。线⑤和⑥是没有电子得失的化学平衡体系,只与溶液的 pH 有关,因此是平行于纵坐标轴的两条垂直线。线③、④和⑦是既有 H^+ 参加,又有电子得失的电化学平衡体系,直线的斜率是式(8.5)中的 m/n。

从图 16.2 直线的位置可以看出不同物种的稳定区域。线①上方为 Fe^{3+} 的稳定区;线①和线②之间为 Fe^{2+} 的稳定区;线②的下方为 Fe 的稳定区;线⑤左方为 Fe^{2+} 的稳定区,右方为

$Fe(OH)_2$ 的稳定区；线⑥左方为 Fe^{3+} 稳定区，右方为 $Fe(OH)_3$ 的稳定区。

应用图 16.2 可以说明铁单质及其化合物的一些性质。从图中可以看出，Fe 处在水的不稳定区，线② $\varphi(Fe^{2+}/Fe)$ 在 ⓑ 线之下，因此铁能从非氧化性酸溶液中置换出氢气。而 Fe^{2+}、Fe^{3+}、$Fe(OH)_2$、$Fe(OH)_3$ 处于水的稳定区，所以它们都不会被水氧化，能与水共存。

若向 0.01 mol·dm^{-3} Fe^{2+} 的酸性溶液中加入 OH^-，pH＞7 时生成 $Fe(OH)_2$，所以只有控制 pH 在 7 以下时，Fe^{2+} 才较稳定存在。向 0.01 mol·dm^{-3} Fe^{3+} 溶液中加入 OH^-，pH＞2.20 时生成 $Fe(OH)_3$，说明 Fe^{3+} 只在 pH 小于 2.20 的溶液中稳定存在。

从图中还可以看出，在酸性溶液中，线①在虚线 ⓐ 以下，由于 $\varphi^{\ominus}(Fe^{3+}/Fe^{2+})=0.771$ V，所以空气中的氧可以把 Fe^{2+} 氧化成为 Fe^{3+}。因此，当配制 Fe^{2+} 溶液时，需加入铁钉以防止 Fe^{2+} 被氧化为 Fe^{3+}。在碱性溶液中，$\varphi^{\ominus}[Fe(OH)_3/Fe(OH)_2]=-0.56$ V，线④在 ⓐ 线之下很多，说明空气中的氧可以把白色的 $Fe(OH)_2$ 完全氧化成红棕色的 $Fe(OH)_3$。

16.2* 无机盐的溶解性

物质在溶剂分子的作用下而溶解的过程受诸多宏观与微观因素的影响，较为复杂。物质在溶剂中的溶解有"相似相溶"现象。例如，非极性物质 Br_2、I_2 易溶于 CCl_4 而难溶于水，极性物质及离子化合物易溶于水。物质是否易溶通常以溶解度 0.01 mol·dm^{-3} 水作为"界线"来判断。

16.2.1 无机盐溶解性的热力学解释

根据热力学原理 $\Delta_s G_m^{\ominus}=\Delta_s H_m^{\ominus}-T\Delta_s S_m^{\ominus}$ （s 为 solution 的缩写），可用 $\Delta_s G_m^{\ominus}$ 的大小判断盐的溶解性。按溶解度 0.01 mol·dm^{-3} 水的"界线"，对于 AB 型盐来说，则

$$AB(s) \Longrightarrow A^{n+}(aq)+B^{n-}(aq)$$
$$K_{sp}^{\ominus}=[A^{n+}][B^{n-}]=(0.01)^2=1\times10^{-4}$$
$$\Delta_s G_m^{\ominus}=-RT\ln K_{sp}^{\ominus}=22.8 \text{ kJ·mol}^{-1}$$

表明对 AB 型盐来说，若 $\Delta_s G_m^{\ominus}<22.8$ kJ·mol^{-1}，属易溶盐；若 $\Delta_s G_m^{\ominus}>22.8$ kJ·mol^{-1}，属难溶盐。

1) 水合能与晶格能的影响

盐的溶解导致晶格破坏，$\Delta_s S_m^{\ominus}$ 升高，同时溶剂分子在周围呈规则的取向又导致 $\Delta_s S_m^{\ominus}$ 降低，对大多数物质而言，溶解过程的熵效应 $\Delta_s S_m^{\ominus}$ 很小（可忽略），$\Delta_s G_m^{\ominus}\approx\Delta_s H_m^{\ominus}$，热效应 $\Delta_s H_m^{\ominus}$ 就成了主要因素。

离子化合物的溶解过程可以认为：首先是离子晶体中的正、负离子克服离子间的引力，从晶格中解离下来成为阴、阳离子，进入水中并与极性水分子结合成水合离子的过程。这一溶解过程的焓变（$\Delta_s H_m^{\ominus}$）、离子晶体的晶格能（U）以及正、负离子的水合能（$\Delta_h H_m^{\ominus}$）有关。

$$M^+X^-(s) \xrightarrow{\Delta_s H_m^{\ominus}} M^+(aq)+X^-(aq)$$
$$\underset{U}{\searrow} \quad \underset{\Delta_h H_m^{\ominus}}{\nearrow}$$
$$M^+(g)+X^-(g)$$

如果在水合过程中放出的能量（$\Delta_h H_m^{\ominus}$）足以抵偿或超过破坏晶格所需要的能量（U），则盐

为易溶,否则为难溶。表 16.6 列出了碱金属氟化物和碘化物在水中溶解的热力学参数,与 22.8 kJ·mol^{-1} 的参数相比较,大多与实际情况相符。

表 16.6 碱金属氟化物和碘化物在水中溶解热力学参数

物质	LiF	NaF	KF	RbF	CsF	LiI	NaI	KI	RbI	CsI
$\Delta_h H_m^\ominus/(kJ\cdot mol^{-1})$	−103	−921	−837	−808	−779	−826	−711	−627	−598	−569
$U/(kJ\cdot mol^{-1})$	1039	919	817	779	730	763	703	647	624	601
$\Delta_s H_m^\ominus/(kJ\cdot mol^{-1})$		5	−2	−20	−29	−49	−63	−8	20	26	32
溶解度/(mol·dm^{-3})	0.1	1.1	15.9	12.5	24.2	12.2	11.8	8.6	7.2	2.8

2) 熵效应的影响

从表 16.6 中可以看出,KI、RbI、CsI 的溶解度与它们的 $\Delta_s H_m^\ominus$ 有较大的出入。例如,KNO$_3$ 和 Ba(NO$_3$)$_2$ 的 $\Delta_s H_m^\ominus$ 分别是 35.15 kJ·mol^{-1} 和 40.17 kJ·mol^{-1},但都是易溶的;Ca$_3$(PO$_4$)$_2$ 的 $\Delta_s H_m^\ominus$ 是 −64.6 kJ·mol^{-1},却是难溶的。这是因为溶解过程的焓效应较小,而熵效应却较大。此时,忽略熵效应是不可靠的。

同理,$\Delta_s S_m^\ominus$ 也包括升华熵变 $\Delta_{sub} S_m^\ominus$ 和水合熵变 $\Delta_h S_m^\ominus$ 两项,即 $\Delta_s S_m^\ominus = \Delta_{sub} S_m^\ominus - \Delta_h S_m^\ominus$。$\Delta_{sub} S_m^\ominus$ 是指 MX(s) ⟶ M$^+$(g) + X$^-$(g) 过程的熵变,当晶格被破坏,离子脱离晶体,升华为气态正、负离子时,离子的混乱度增加,所以升华熵为正值,离子的电荷越低,半径越大,熵增越多,升华熵占优势。$\Delta_h S_m^\ominus$ 是指 M$^+$(g) + X$^-$(g) ⟶ M$^+$(aq) + X$^-$(aq) 过程的水合熵变,由于水化作用,极性水分子在正、负离子的周围有规则地取向,其有序程度增加,混乱度减小,所以,水合熵为负值。离子的电荷越高,半径越小,熵减越大,水合熵占优势。表 16.7 给出了一些盐的 $\Delta_s S_m^\ominus$ 值。

表 16.7 一些盐类的 $\Delta_s S_m^\ominus$

物质	KCl	KBr	KI	KNO$_3$	Ag$_2$SO$_4$	CuS	Na$_3$PO$_4$	Ca$_3$(PO$_4$)$_2$
$\Delta_s S_m^\ominus/(J\cdot mol^{-1}\cdot K^{-1})$	75	88	109	119.6	−34	−180	−231	−859.8

综合考虑溶解过程的焓变 $\Delta_s H_m^\ominus$ 和熵变 $\Delta_s S_m^\ominus$ 后,计算出不同类型盐类的 $\Delta_s G_m^\ominus$,并与溶解性"界线"相比较,可粗略地判断该盐溶解的难易程度。表 16.8 列举了几种含氧酸盐的 $\Delta_s H_m^\ominus$、$\Delta_s S_m^\ominus$、$\Delta_s G_m^\ominus$ 的值和溶解性的关系。

表 16.8 几种含氧酸盐的 $\Delta_s H_m^\ominus$、$\Delta_s S_m^\ominus$、$\Delta_s G_m^\ominus$ 和溶解性

盐	$\Delta_s H_m^\ominus/(kJ\cdot mol^{-1})$	$\Delta_s S_m^\ominus/(J\cdot mol^{-1}\cdot K^{-1})$	$\Delta_s G_m^\ominus/(kJ\cdot mol^{-1})$	溶解性
Na$_3$PO$_4$	−78.66	−231.0	−9.79	易溶
KNO$_3$	35.15	119.6	−0.51	易溶
Ba(NO$_3$)$_2$	40.17	99.9	10.4	易溶
Ca$_3$(PO$_4$)$_2$	−64.6	−859.8	191.75	难溶

16.2.2 巴索洛规则

巴索洛(Basolo)总结了盐类溶解性后得出:阴、阳离子间有一定的匹配关系,阴、阳离子半径匹配的盐难溶于水,阴、阳离子半径严重不匹配的盐则易溶于水。由此可得出如下规律:

(1) 阳离子的半径越大、电荷越小的盐,往往易溶。例如,碱金属的氟化物比相应碱土金

属的氟化物溶解度大。

(2) 阴离子半径较大时,其盐的溶解度常随阳离子的半径增大而减小。例如,SO_4^{2-}、I^-、CrO_4^{2-} 的半径大,从 $Li^+ \to Cs^+$、$Be^{2+} \to Ba^{2+}$ 的相应盐溶解度减小。

(3) 阴离子半径较小时,其盐的溶解度常随阳离子的半径增大而增大。例如,F^-、OH^- 的半径小,从 $Li^+ \to Cs^+$、$Be^{2+} \to Ba^{2+}$ 的相应盐溶解度增大。

Basolo 规则可从热力学和晶体结构两方面得到解释。从热力学来看,因离子晶体的晶格能和离子的电荷(z)及半径(r)有关,按晶格能理论计算公式,晶格能与正、负离子半径之和成反比:

$$U = f_1\left(\frac{1}{r_{M^+} + r_{X^-}}\right)$$

而水合能(hydration energy)则是分别与正、负离子的半径成反比:

$$\Delta_h H_m^{\ominus} = f_2\left(\frac{1}{r_{M^+}}\right) + f_3\left(\frac{1}{r_{X^-}}\right)$$

离子半径越小,晶格能和水合能都越大。但当正、负离子半径相差悬殊($r_{M^+} \ll r_{X^-}$)时,若 r_{X^-} 固定为同一种负离子的半径,随着 r_{M^+} 的减小,U 改变不大,$\Delta_h H_m^{\ominus}$ 则增加较多,有利于该盐的溶解。例如,室温下碱金属的高氯酸盐的溶解度的相对大小是 $NaClO_4 > KClO_4 > RbClO_4$。

当正、负离子半径相近($r_{M^+} \approx r_{X^-}$)时,若负离子半径较小,随着 r_{M^+} 的减小,有利于 U 的增大,则不利于盐的溶解。例如,碱金属氟化物的溶解度相对大小是 $LiF < LiCl < LiBr < LiI$。

表 16.9 列出了一些常见阴离子的热化学半径,以供参考。

表 16.9 某些阴离子的热化学半径

离子	半径/pm	离子	半径/pm	离子	半径/pm	离子	半径/pm
O^{2-}	130	NH_2^-	130	OH^-	140	HCO_3^-	142
NO_2^-	155	ClO_3^-	157	CH_3COO^-	159	O_2^-	159
NO_3^-	165	CN^-	177	BH_4^-	179	CO_3^{2-}	185
BrO_3^-	191	HS^-	193	CNS^-	199	IO_3^-	200
SeO_3^{2-}	225	BF_4^-	228	SO_4^{2-}	230	SeO_4^{2-}	235
ClO_4^-	236	PO_4^{3-}	238	MnO_4^-	240	CrO_4^{2-}	242
SiF_4^{2-}	245	VO_3^-	246	AsO_4^{3-}	248	IO_4^-	249
MoO_4^{2-}	254	$PtCl_4^{2-}$	279	$AlCl_4^-$	281	BCl_4^-	296
$PtCl_6^{2-}$	299	$CoCl_4^-$	305	$PdCl_6^{2-}$	305	$FeCl_4^-$	344

上面讨论的溶解性是以水作溶剂,如果是非水溶剂,则物质的溶解性会有出入。例如,因 NH_3 的极性小于 H_2O 的极性,极性弱的化合物在液氨中溶解度比在水中的大,所以卤化银在水中溶解度顺序是 $AgF > AgCl > AgBr > AgI$,而在液氨中溶解度的大小则为 $AgF < AgCl < AgBr < AgI$。

16.3 无机物的水解性

狭义的水解是指盐与水的复分解反应。广义水解是指因电负性之差物质分子中各原子或基团带有不同的正、负电荷,它们分别与水分子中的 $O^{\delta-}$(碱)和 $H^{\delta+}$(酸)相吸引并相互极化,导致化合物分子中某化学键和水分子 O—H 键的断裂,并重新组合成新物质的过程。

$$M^{\delta+}-R^{\delta-}+HO^{\delta-}-H^{\delta+} \rightleftharpoons MOH+HR \quad \Delta_r G_m^{\ominus}<0$$

或

$$M^{\delta-}-R^{\delta+}+HO^{\delta-}-H^{\delta+} \rightleftharpoons HM+ROH$$

16.3.1 水解类型

1. 按水解产物分

(1) 生成弱电解质。弱酸根与水中的 H^+ 结合成弱酸,溶液呈碱性,如碳酸钠的水溶液

$$CO_3^{2-}+H_2O \rightleftharpoons HCO_3^-+OH^-$$
$$HCO_3^-+H_2O \rightleftharpoons H_2CO_3+OH^-$$

生成弱酸的 $K_a^{\ominus}$ 越小,则弱酸根的水解倾向越强,这种情况在 6.4.3 中已讨论过。

(2) 放出气体。例如

金属磷化物 $\quad Ca_3P_2+6H_2O \rightleftharpoons 3Ca(OH)_2+2PH_3\uparrow$

金属碳化物 $\quad CaC_2+2H_2O \rightleftharpoons Ca(OH)_2+C_2H_2\uparrow$

(3) 生成沉淀。例如,SiH_4 在碱的催化作用下发生剧烈水解,生成沉淀:

$$SiH_4+(n+2)H_2O \rightleftharpoons SiO_2 \cdot nH_2O\downarrow+4H_2\uparrow$$
$$SnCl_2+2H_2O \rightleftharpoons Sn(OH)_2\downarrow+2HCl$$

由于生成的碱式盐难溶于水,故水解反应是不完全的,停留在生成碱式盐这一步。

有时会发生双水解。例如,碳酸根离子和铝离子不能共存于水溶液中:

$$Al_2(CO_3)_3+3H_2O \rightleftharpoons 2Al(OH)_3\downarrow+3CO_2\uparrow$$

金属硫化物的水解。例如

$$Al_2S_3+6H_2O \rightleftharpoons 2Al(OH)_3+3H_2S$$

(4) 生成稳定的配离子。例如,$ZnCl_2$ 溶于水形成配酸:

$$ZnCl_2+H_2O \rightleftharpoons H[ZnCl_2(OH)]$$

2. 按水解物质分

(1) 金属离子水解一般生成沉淀或配合物。碱土金属离子、p 区金属离子水解易形成氢氧化物,如 Mg^{2+}、Ca^{2+}、Al^{3+}、Sn^{2+}、Sn^{4+} 等。过渡系金属离子因具有空的价轨道,可以接受外来孤对电子,水解产物比较复杂,一般形成氧化物、碱式盐。例如

$$HgF_2+H_2O \rightleftharpoons HgO+2HF$$
$$HgCl_2+H_2O \rightleftharpoons Hg(OH)Cl+HCl$$

有些氯化物如 $TiCl_4$、VCl_4 等水解形成酰氯。例如

$$VCl_4+H_2O \rightleftharpoons VOCl_2+2HCl\uparrow$$

高价金属离子水解产生羟基水合离子和水合质子,同时会发生缩聚,使溶液呈酸性,如 Fe^{3+}、Cr^{3+} 等。

(2) 非金属卤化物水解产物为相应的含氧酸和卤化氢。P、As、B、Si 等卤化物水解一般形成含氧酸和卤化物。例如

$$PCl_5+4H_2O \rightleftharpoons H_3PO_4+5HCl$$
$$MCl_3+3H_2O \rightleftharpoons H_3MO_3+3HCl \quad M=P、As$$

但 NCl_3 的水解产物为

$$NCl_3 + 3H_2O = NH_3 + 3HOCl$$

因 F^- 是较强的配体,所以氟化物水解生成的是氟代酸。例如

$$4BF_3 + 3H_2O = H_3BO_3 + 3HBF_4$$

$$3SiF_4 + 3H_2O = H_2SiO_3 + 2H_2SiF_6$$

（3）V、Ⅵ族元素的金属化合物水解产物为相应的氢化物。例如

$$Na_2S + 2H_2O = 2NaOH + H_2S\uparrow$$

$$Ca_3P_2 + 6H_2O = 3Ca(OH)_2 + 2PH_3\uparrow$$

（4）氢化物水解产生氢气。例如

$$B_2H_6 + 6H_2O = 2H_3BO_3 + 6H_2\uparrow$$

$$CaH_2 + 2H_2O = Ca(OH)_2 + 2H_2\uparrow$$

16.3.2* 共价化合物水解的机理

共价化合物水解的机理属动力学范畴,一般是通过水解产物,结合物质的结构、电荷分布情况等来推测的,现在也有通过量子化学计算来预测,但真正能确定的并不多。

1. 水解的三种机理

水解类似配体取代反应,一般认为有三种反应机理。

（1）缔合机理,以 A 表示。水分子先与被水解物的中心原子 M 缔合,形成新键 M—OH$_2$,使中间态的配位数增一,然后旧键 M—X 断裂,水分子脱 H^+ 完成水解。这是"先立后破"的过程。

（2）离解机理,以 D 表示。在水分子的扰动下,被水解物的旧键 M—X 先断开,生成配位数少一的中间态,然后取代基团插入。这是"先破后立"的过程。

（3）交换机理,以 I 表示。反应中一边断开 M—X 键,一边形成 M—OH$_2$ 键,中间态具有较高配位数。这是"边破边立"的过程。

2. 实例分析

1) NCl_3 的水解

NCl_3 在水和碱溶液中水解:

$$NCl_3 + 3H_2O = NH_3 + 3HOCl$$

通常认为这是由于电负性(Allred-Rochow 标度) $\chi_N(3.07) > \chi_{Cl}(2.83)$,$NCl_3$ 中正电性较大的 Cl(亲电体)易进攻水分子中氧原子上的孤对电子,这样就使水解反应按下式进行:

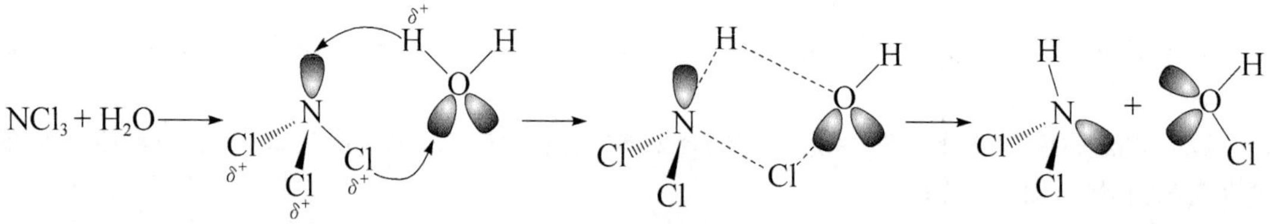

并依此继续反应,直至水解完全。实际反应要复杂一些,生成的 NH_3 还可被 HOCl 氧化为 N_2。

2) PCl_3 的水解

与 NCl_3 不同,PCl_3 水解产物是 H_3PO_3 和 HCl。二者的差异在于 H_2O 分子中 O 的亲核进攻的对象不同。一方面,P 的电负性小于 Cl,使 P 原子带部分正电荷,Cl 原子带部分负电荷;另一方面,中心 P 原子处于第三周期,有空的 d 轨道可利用,最大配位数可到达 6,水解时,带负电荷的 O 原子进攻的是带正电荷的 P 原子而非 Cl 原子。

16.3.3 水解的条件及影响因素

1) 中心原子价层结构

研究表明 Ca^{2+}、Sr^{2+}、Ba^{2+} 等盐一般不发生水解,而电荷相同的 Zn^{2+}、Cd^{2+}、Hg^{2+} 等盐在水中一般都会水解。主要原因是中心原子价层电子结构不同,Zn^{2+}、Cd^{2+}、Hg^{2+} 等离子是 18 电子构型,有效核电荷高、离子半径小,离子的极化能力(ϕ)较强,容易使水解离而发生水解;而 Ca^{2+}、Sr^{2+}、Ba^{2+} 等离子是 8 电子构型,有效核电荷低、离子半径大,极化能力较弱,不易使水发生分解。

总之,离子的极化能力(18 和 18+2>9~17 电子构型>8 或 2 电子构型)越强,或 ϕ 值越大,该离子在水中就越容易发生水解,反之亦然。

2) 碱性体原子有较大的负电荷密度

NCl_3 水解结果表明,碱性体原子 N 有孤对电子,且有较高的负电荷密度,易接受水分子中 $H^{\delta+}$(酸)的进攻,而发生水解。碱性体原子负电荷密度越大水解就越强。例如,S^{2-} 负电荷密度大,水解强,Ac^- 中 O 负电荷密度较小,水解较弱。NCl_3 水解,而 NF_3 中 N 带正电荷,因而不水解。

3) 酸性体原子有空的价轨道

酸性体原子必须有空的价轨道,以接受水分子中 $O^{\delta-}$(碱)的孤对电子的进攻。例如,碳的卤化物不发生水解是因为 C 原子上无空的价轨道,而 B、Si、Al 的卤化物中 B、Si、Al 原子上有空的价 p 或价 d 轨道,因而发生水解。此外,酸性体原子上正电荷密度越大,水解越强。

4) 溶液的酸度与温度

从水解的类型可以看出,物质的水解有时会导致溶液的 pH 发生变化;反之,调节溶液的 pH 也能影响物质的水解。因水解反应是吸热反应,因此温度升高,水解程度增大;反之,水解程度减小。

5) 含水量

水解产物有时与含水量有关。例如,PCl_5 在含水量足时的水解产物是 H_3PO_4,水量不足时水解产物是 $POCl_3$:

$$PCl_5 + H_2O =\!=\!= POCl_3 + 2HCl$$

$ZnCl_2$ 溶于水形成配酸 $H[ZnCl_2(OH)]$,而若将水合物 $ZnCl_2 \cdot nH_2O$ 加热,得到的是 $Zn(OH)Cl$,其反应可写为

$$ZnCl_2 + H_2O \xrightarrow{\triangle} Zn(OH)Cl + HCl$$

因此,无水氯化锌不能用湿法制备。

$TiCl_4$ 暴露在潮湿的空气中发烟,部分水解生成钛酰氯,完全水解生成偏钛酸:

$$TiCl_4 + H_2O \rightleftharpoons TiOCl_2 + 2HCl\uparrow \quad (部分水解)$$
$$TiCl_4 + 3H_2O \rightleftharpoons H_2TiO_3 + 4HCl\uparrow \quad (完全水解)$$

16.3.4 水解的利用与预防

任何事物都具有两面性,物质的水解普遍存在,在科研和生产实践中有时需要预防水解,有时又要利用水解。根据平衡移动原理,从水解反应物和产物不难知道,若要利用水解就促使平衡右移,若要预防水解,就要抑制平衡右移。

(1) 水解的利用。例如,利用水解进行物质的制备(参见 14.3.4);利用水解产物的特性作为特殊功能剂,如烟雾剂($SiCl_4$、$TiCl_4$、$ZrCl_4$ 等卤化物在潮湿的空气中都因极易水解而产生白色烟雾)、净水剂[铝盐水解生成胶状 $Al(OH)_3$ 沉淀,能吸附水中的悬浮物,明矾、绿矾等都可用作净水剂]、缓冲剂(硼砂水解:$B_4O_7^{2-} + 7H_2O \rightleftharpoons 4H_3BO_3 + 2OH^-$,具有缓冲作用)。

(2) 水解的预防。例如,加热 $MgCl_2 \cdot 6H_2O$ 制备无水 $MgCl_2$ 时,为防止 Mg^{2+} 水解,在 HCl 气氛下加热使之脱水;$Bi(NO_3)_3$ 溶解时易水解生成 $BiONO_3$ 沉淀和 H^+,则在酸性条件下溶解。

小 结

物质所处的环境,如温度、酸碱、光、氧化还原剂和催化剂等因素对物质是否能稳定存在有决定性的影响。其中,温度、酸碱、物质氧化还原能力对物质的稳定性的影响是最常见也是最重要的。物质在溶剂中的溶解有"相似相溶"现象,但溶解的过程受诸多宏观与微观因素的制约,较为复杂。在热力学上可按 $\Delta_s G_m^\ominus = -RT \ln K_{sp}^\ominus$ 来判断,其主要影响因素有水合能、晶格能及熵效应等。从结构角度来看,可用 Basolo 规则近似来判断。物质的水解是发生在水溶液中的取代反应,水解的难易与被水解物中酸性体或碱性体的电子结构,与正负电荷密度、键的强度与极性等有关。通常,物质的稳定性、酸碱性、氧化还原性、水解性等性质间相互关联、相互影响,在学习、实际应用时要切实注意。

思考与研讨

16.1 碱金属碳酸盐的热稳定性随 Be、Mg、Ca、Sr、Ba 顺序而增强,试从结构的角度讨论这一规律的原因。

16.2 试举例说明某些物质对酸碱、对氧化还原不稳定的本质原因。

16.3 按溶解度 $0.01\ mol \cdot dm^{-3}$ 水的"界线",试给出 298 K 时,AB、AB_2、AB_3、A_2B_3 型盐的 $\Delta_s G_m^\ominus$ 判断标准。

16.4 试按无机盐的类型(如硫酸盐、硝酸盐等)总结归纳它们在水中的溶解性。

16.5 试从晶体结构的角度解释盐类溶解性的 Basolo 规则。

16.6 物质的水解是否可看成水中的 OH^- 或 H^+ 与被水解物带正电性或负电性的原子或基团相互作用,进而发生化学键重组的过程?

16.7 对照 NCl_3 的水解机理,探讨 PCl_3 和 $SiCl_4$ 水解的机理。

16.8 CCl_4 在常温下不水解,在过热蒸气中却水解,生成 $COCl_2$ 和 HCl,试从热力学和动力学两方面讨论。

习 题

16.1 试比较下列各组物质的热稳定性,并作出解释。

(1) $Ca(HCO_3)_2$、$CaCO_3$、H_2CO_3、$CaSO_4$、$CaSiO_3$

(2) $AgNO_3$、HNO_3、KNO_3、$KClO_3$、K_3PO_4

(3) $BeCO_3$、$MgCO_3$、$CaCO_3$、$SrCO_3$、$BaCO_3$

(4) $CaCO_3$、$FeCO_3$、$CdCO_3$、$PbCO_3$

16.2 用 $BaCO_3$、$CaCO_3$ 以及组成它们的氧化物的标准生成焓计算 $BaCO_3$ 和 $CaCO_3$ 的分解焓,并从结构上解释为什么 $BaCO_3$ 比 $CaCO_3$ 稳定。

16.3 写出下列 5 种铵盐的热分解反应方程式,说明属于哪类分解,总结其热稳定性规律。
NH_4VO_3、$(NH_4)_2Cr_2O_7$、$(NH_4)_2MoO_4$、$(NH_4)_3PO_4$、$KMnO_4$

16.4 下列各对化合物中,常温下,哪一个在水中的溶解度可能更大?
(1) $MgSO_4$ 和 $SrSO_4$
(2) NaF 和 $NaBF_4$
(3) $BaCrO_4$ 和 $CaCrO_4$
(4) Na_2CO_3 和 $NaHCO_3$
(5) $LiClO_4$ 和 $KClO_4$

16.5 根据下表中阴、阳离子的半径,判断各含氧酸盐的溶解性(填"易溶"、"微溶"、"难溶"),并与实际情况相比较。

离子/半径(pm)	Al^{3+}/53.5	Mg^{2+}/72	Cu^{2+}/73	Ca^{2+}/99	Ag^+/126	K^+/138	NH_4^+/151
ClO_3^-/157							
NO_3^-/165							
CO_3^{2-}/185							
SO_4^{2-}/230							
PO_4^{3-}/238							

16.6 查表并通过计算 Na_2CO_3 和 $CaCO_3$ 溶解过程的标准自由能变化($\Delta_s G_m^\ominus$),对它们在水中的溶解性作出判断,分析两者水溶性不同的原因。

16.7 判断下列物质是否发生水解,若能水解则写出并配平水解方程式。
Fe^{3+}、Cu^{2+}、Na^+、CN^-、$S_2O_8^{2-}$、Li_3N、NF_3、$SiCl_4$、CCl_4、$Pb(NO_3)_2$、BBr_3

16.8 判断 F^-、CN^-、S^{2-}、CO_3^{2-}、SiO_3^{2-} 水解强弱的顺序,并说明原因。

16.9 判断氯化物 PCl_3、$AsCl_3$、$SbCl_3$、$BiCl_3$ 水解能力的强弱,并说明原因。

16.10 判断下列各组离子水解强弱,并说明原因。
(1) Si^{4+}、Al^{3+}、Mg^{2+}、Na^+
(2) Be^{2+}、Mg^{2+}、Ca^{2+}
(3) B^{3+}、Al^{3+}、Ga^{3+}、In^{3+}、Tl^{3+}
(4) Si^{4+}、Ge^{4+}、Sn^{4+}

16.11 根据元素的电负性判断 BF_3、$SnCl_4$、$VOCl_3$ 的水解产物,配平水解反应方程式。

16.12 总结非金属元素氢化物的某些性质的规律性及其特殊性,并解释原因。

第 17 章 氢与稀有气体

你知道 50 亿年来,年复一年、日复一日发光发热,照耀万物生长的太阳是由什么构成的吗? 原来它就是氢元素的集合体。现代科学认为太阳总体积的 80% 是元素氢。太阳是由液态的氢构成的巨大天体,最近发现木星大气中也含有 82% 的氢。可以说,在整个宇宙空间到处都有氢的足迹。除稀有气体外,氢几乎能与元素周期表中所有元素反应,生成不同类型的化合物。

大家都很熟悉那闪烁着美丽光辉的霓虹灯吧! 它那悦目的红色光、蓝色光、绿色光犹如天空的彩虹,把建筑物装饰得五光十色、奇辉异彩。那么,霓虹灯的这些漂亮颜色是怎样来的呢? 过去常称为"惰性气体"的第 18 族元素为什么更名为"稀有气体"? 另一个有意思的事实是稀有气体元素在高电负性、强氧化性的卤素和高电正性、强还原性的碱金属之间架起了桥梁。它的发现,完成了元素的周期性排列。

17.1 氢

关于氢的最早记载大概要追溯到 16 世纪,当时瑞士人巴拉塞尔斯(P. A. Paracelsus)发现铁同酸作用所产生的"空气"是可燃的。17 世纪有许多化学家包括 Boyle 等对这种可燃空气进行了实验观察,但一直到 1766 年才由凯文迪西(H. Cavendish)通过铁、锌与稀盐酸、稀硫酸反应第一次制得并且分离得到纯净的氢气,并通过实验证明氢气同其他可燃性气体的区别。1784 年 Cavendish 又通过实验证明氢气在氧气中燃烧生成水,后几年又用电流把水分解成氢和氧。后来 Lavoisier 给它命名为 hydrogen(水素,即氢)。Lavoisier 是通过水蒸气对赤热铁的作用而制得氢的。

氢在元素周期表中占有一个独特的位置,它的 $1s^1$ 电子构型与碱金属元素的价电子构型相同,却与碱金属的化学性质相差甚远,碱金属以容易失去价电子成为具有稀有气体稳定结构的 +1 价离子为特征,氢原子在形成 +1 价化合物时却主要以形成共价键为特征。虽然氢也能像卤素一样形成双原子分子和负一价离子,但这种相似是有限的。例如,氢负离子 H^- 能与碱金属形成离子型氢化物,但这类化合物有很强的反应活性,遇水或水蒸气会立即水解产生氢气,这一点完全有别于第 VIIA 族的卤族元素。因此,从很多方面来看,氢既不能完全归属于第 IA 族,也不能完全归属于第 VIIA 族,是值得单独考虑的元素。

17.1.1 氢在自然界中的存在和分布

氢在地壳中的丰度较高,在地壳的 1 km 范围内,化合态氢的质量分数约占 1%,原子分数约占 15.4%。化合态氢的最常见形式是水和有机物(如石油、煤炭、天然气、生命体等)。自由态的氢气单质较为稀少,在大气中仅约占 $1/10^7$。它常存在于火山气中,有时夹藏在矿物中,有时出现在天然气中和少数某些绝氧发酵过程中。由于氢气分子有很高的平均扩散速率 $(1.84 \text{ km} \cdot \text{s}^{-1})$,所以氢气会很快地从大气圈中逃逸到外层空间。

氢有三种同位素:^1_1H(氕,符号 H),^2_1H(氘,符号 D)和 ^3_1H(氚,符号 T)。它们的相对原子质量分别为 1、2、3。这三种同位素的化学性质十分相似,但物理性质差别较大。氢分子应有如下可能的组成:H_2、D_2、T_2、HD、HT、DT,但 H_2 是唯一主要的单质($_1^1H$ 的天然丰度为 99.985%)。$_1^2H$ 具有可变的天然丰度,平均原子百分比为 0.016%。$_1^3H$ 是一种不稳定的放射性同位素:

$$_1^3H \Longrightarrow _2^3He + \beta \quad t_{1/2} = 12.4 \text{ 年}$$

在大气层上,宇宙射线裂变产物中每 10^{21} 个 H 原子中仅有一个 $_1^3H$ 原子。然而人造同位素增加了 $_1^3H$ 的量,利用来自裂变反应器内的中子与 Li 靶作用可制得 $_1^3H$:

$$_0^1n + _3^6Li \Longrightarrow _1^3H + _2^4He$$

氢的同位素核外均含一个电子,所以它们的化学性质基本相似。它们质量相差较大,导致了它们的单质和化合物的物理性质有差异(表 17.1)。

表 17.1 H_2、D_2 及其化合物的物理性质

物理性质	H_2	D_2	H_2O	D_2O
沸点/K	20.2	23.3	373.0	374.2
平均键焓/(kJ·mol^{-1})	436.0	443.3	463.5	470.9

17.1.2 氢的成键特征

氢原子的价电子层构型为 $1s^1$,电负性为 2.2,H^+、H、H^- 的半径分别为 0.0015 pm、53 pm(自由原子)、208 pm(自由离子)。随着结构化学和合成化学的发展,通过 H^+、H、H^- 等键合形式与其他元素组成性质各异的化合物。目前发现氢原子的成键形式是多种多样的,氢形成化学键的主要方式取决于其核外电子的失、得、共用三个过程。氢原子的价键形式有如下几种情况。

1. 失去一个电子

氢原子失去它的 1s 电子就成为 H^+,实际上就是氢原子核,称为质子。质子的半径比氢原子半径小很多,使质子有很强的正电场和极化能力,能使同它相邻的原子或分子强烈地变形。因此,除了气态的质子流外,并不存在自由的质子,它总是同别的原子或分子结合在一起而存在。例如,在酸类水溶液中的 H^+ 永远是以水合离子 H_3O^+、$H_5O_2^+$ 等形式存在。

2. 结合一个电子

氢原子可以结合一个电子而获得氦原子的 $1s^2$ 结构,形成氢负离子 H^-。这是氢同最活泼金属元素相化合形成盐型氢化物时的价键特点。由于 H^- 有较大的半径,而易变形,仅存在于离子型氢化物的晶体中(如 NaH),而不能成为水溶液中的水合离子(水解产生 H_2)。

3. 形成共用电子对

氢原子同其他非金属元素(除了稀有气体)直接或间接化合,通过共用电子对而形成共价型氢化物。除了 H_2 分子中的共价键是非极性键外,在其他的氢化物(如 HCl、H_2O、NH_3、CH_4 等)中,这种键是极性的,因而显现出不同的物理和化学性质。

4. 特殊的键型

氢可以和其他元素的原子形成较为特殊的化学键。

1) 形成氢桥键

氢与缺电子原子形成的具有氢桥键的化合物参见 13.4 节及 20.3 节。

2) 氢桥配位键

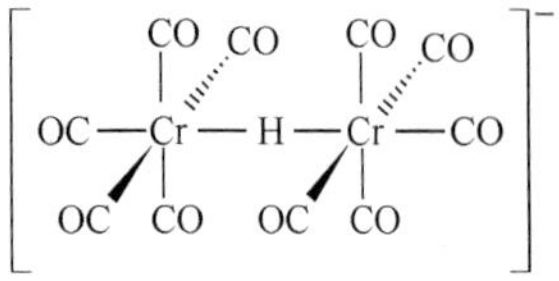

在特殊情况下,氢可以作为桥联配位体,形成氢桥配位键,如图 17.1 所示的配阴离子 $[Cr_2H(CO)_{10}]^-$ 中就有氢桥配体。

图 17.1 $[Cr_2H(CO)_{10}]^-$ 的结构

3) 金属型氢化物

氢原子可以填充到许多过渡金属或合金以及稀土元素晶格的空隙中,形成二元或多元型氢化物,如 VH_2、Mg_2NiH_4、$LaNi_5H_6$、$ZrCo_2H_4$ 等。还有一类形成非整比化合物,如 $TiFeH_{1.95}$、$ZrH_{1.30}$、$LaH_{2.87}$ 等。

4) 氢负离子作为配位体形成配合物

氢负离子 H^- 可以作为配体同过渡金属离子结合生成为数较多的过渡金属氢负离子配合物。在这类化合物中,如 $HMn(CO)_5$ 和 $H_2Fe(CO)_4$,M—H 键基本上是共价键,但在氧化数计算中仍把这个氢的氧化数计成 -1,不能看成是盐型氢化物中的离子型负氢离子。

17.1.3 氢的制备与性质

1. 氢气的制备

1) 实验室制备

(1) 金属与酸、水、碱反应。在实验室里,常利用稀盐酸(硫酸)与锌或铁等活泼金属作用制备氢气。由于金属锌中常含有 Zn_3P_2、Zn_3As_2、ZnS 等杂质,它们与酸反应生成的 PH_3、AsH_3、H_2S 等杂质气体混杂在氢气中,所得氢气纯度不高,要经纯化后才能得到纯净的氢气。金属钠或钠汞齐与水反应,可以产生氢气。硅、铝等金属与强碱溶液反应也能够制得氢气。

$$Si + 2NaOH + H_2O \longrightarrow Na_2SiO_3 + 2H_2\uparrow$$
$$Si + 2NaOH + Ca(OH)_2 \longrightarrow Na_2SiO_3 + CaO + 2H_2\uparrow$$

(2) 金属氢化物与水反应。常用 LiH、CaH_2 或 $LiAlH_4$ 同控制量的水反应来制备氢气,该法成本虽比较高,但制得的氢气较为纯净。此方法便于野外工作时使用。

$$LiH + H_2O \longrightarrow LiOH + H_2\uparrow$$
$$CaH_2 + 2H_2O \longrightarrow Ca(OH)_2 + 2H_2\uparrow$$
$$LiAlH_4 + 4H_2O \longrightarrow LiOH + Al(OH)_3 + 4H_2\uparrow$$

2) 工业制备

(1) 电解水制备氢气。在电解法中,常采用质量分数为 25% 的 NaOH 或 15% 的 KOH 溶液作为电解液来制备氢气,该方法产生的氢气纯度可达 99.9%,但耗电量较大。另外在氯碱工业中,电解饱和食盐水溶液也可以产生大量的氢气。

(2) 裂解天然气或石油气制备。目前,工业上大规模制氢的主要方法是从含烃类的天然气或裂解石油气制造,虽然以上这两种原料都可以通过热分解而产生氢气,但最常用的还是它们同水蒸气的反应,因为这类反应可以在较低的温度(1100 ℃左右)下进行,这些反应的关键条件是如何选择有效的催化剂。

$$CH_4 + H_2O \longrightarrow CO + 3H_2\uparrow$$
$$C_3H_8 + 3H_2O \longrightarrow 3CO + 7H_2\uparrow$$

综上所述,除烃类热裂制取氢气外,其他以酸、碱、水为原料的方法中,无一不是使其中的

+1氧化态的氢获得电子而变成氢气：

$$H^+ + e^- = \frac{1}{2}H_2$$

制取氢气的关键问题是选择合适的还原剂及适宜的反应条件。

2. 氢的性质

1) 原子氢

将氢分子加热，特别是通过电弧或者进行低压放电，均可得到原子氢。所得原子氢仅能存在半秒钟，随后便重新结合成分子氢，并放出大量的热。若将原子氢气流通向金属表面，则原子氢结合成分子氢的反应热足以产生高达4273 K的高温，这就是常说的原子氢焰。可利用此反应来焊接高熔点金属。

原子氢是一种较分子氢更强的还原剂。它可同锗、锡、砷、锑、硫等直接作用生成相应的氢化物。例如

$$Sb + 3H = SbH_3$$
$$S + 2H = H_2S$$

它还能把某些金属硫化物或氯化物迅速还原成金属。例如

$$HgS + 2H = Hg + H_2S$$
$$SnCl_2 + 2H = Sn + 2HCl$$

它甚至能还原某些含氧酸盐。例如

$$CuSO_4 + 4H = Cu + SO_2 + 2H_2O$$

2) 单质氢

常温下氢是无色无臭的气体，273 K时1 dm³的水仅能溶解0.02 dm³的氢。在所有分子中氢的相对分子质量最小，分子间作用力很弱，很难液化，只有冷却到20.38 K时，气态氢才能被液化。

氢可与大多数元素形成氢的化合物。氢分子中H—H键的键能（435.56 kJ·mol⁻¹）比一般单键高很多，同一般双键的键能相近。因此常温下分子氢相对来说具有一定程度的惰性，与许多其他元素反应很慢（常温下），但在特殊条件下，某些反应也能迅速进行。例如，氢同单质氟在暗处能迅速反应，在23 K下也能和液态或固态氟反应，但低温下同其他卤素或氧较难发生反应。

氢气在氧气或空气中燃烧时，火焰可以达到3273 K左右。工业上利用此反应切割和焊接金属。

氢是夺氧能手，高温下它能从许多金属氧化物、氯化物中夺取氧和氯，使金属游离出来，用以制备纯金属。钨、铜、锗等就是用这种方法制备的。

在适当的温度、压力和加入相应催化剂的条件下，H_2可与CO反应而合成一系列的有机化合物，这构成了有机合成工业的一部分。例如

$$CO(g) + 2H_2(g) \xrightarrow{Cu/ZnO} CH_3OH(g)$$

氢气同活泼金属在高温下反应，生成金属型氢化物。

$$H_2 + 2Na \xrightarrow{653 K} 2NaH$$

$$H_2 + Ca \xrightarrow{423 \sim 573 K} CaH_2$$

这是制备离子型氢化物的基本方法。

氢气广泛用于有机化工、化肥、有机合成、石油加工、原子能、空间技术、冶金和半导体材料生产等工业技术领域都是氢大显身手的舞台。氢气可作燃料,单位质量的氢气燃烧所提供的能量比汽油大很多,且不污染环境。目前化学家最大的挑战是如何从最丰富的源泉水出发,找到一种能产生氢气的光化学过程,这些问题有待进一步研究和完善。

17.1.4 氢化物

氢化物实际是一大类化合物,在元素周期表中,除了稀有气体外几乎所有元素都能与氢结合生成不同类型的二元化合物,这些化合物一般统称为氢化物。氢化物可以分成离子型氢化物、共价型氢化物和金属型氢化物三大类。但严格意义来讲,氢化物是指氢与金属互相结合的化合物(含 H^-),而不包括氢与非金属互相结合的二元化合物,如 H_2O、NH_3、CH_4 等。非金属的氢化物常被称为"某化氢",而不是"氢化某"。本节只介绍离子型氢化物和金属型氢化物。

1. 离子型氢化物

氢同碱金属和碱土金属(除 Be、Mg 外)在较高温度下直接化合时,H 原子获得一个电子成为 H^-,生成离子型氢化物。离子型氢化物的结构和性质与盐类(卤化物)相似,所以又称盐型氢化物。氢的这种性质类似于卤素,但是 H_2 变成 H^- 的倾向远比 X_2 变成 X^- 的倾向小,所以化合反应需要在较高的温度下实现,这也是离子型氢化物远不如相应的卤化物普遍存在的原因。

碱金属和碱土金属的氢化物都是白色或灰白色晶体。其中 LiH 和 BaH_2 热稳定性较高,分别在 688.7 ℃和 1200 ℃时熔融而不分解,其他氢化物均在熔化前分解成相应的单质。熔融态的离子型氢化物导电。它们的很多性质与盐类相似,电解熔融的氢化物,阳极产生氢气,这一事实可以证明 H^- 的存在。

离子型氢化物都是优良的还原剂 $[\varphi^{\ominus}(H_2/H^-) \approx -2.25 \text{ V}]$ 和氢气发生剂:

$$NaH + H_2O = H_2\uparrow + NaOH$$

H^- 作为 Lewis 碱在非水极性溶剂中可与 Lewis 酸反应。例如,在乙醚中,离子型氢化物可与一些缺电子化合物结合生成复合氢化物:

$$2LiH + B_2H_6 = 2LiBH_4$$
$$4LiH + AlCl_3 = LiAlH_4 + 3LiCl$$

离子型氢化物以及复合氢化物均具有较强的还原性,在高温下还原金属氯化物、氧化物,也可以还原 H_2O 中的 H^+。例如

$$TiCl_4 + 4NaH \xrightarrow{\triangle} Ti + 4NaCl + 2H_2\uparrow$$
$$UO_2 + CaH_2 = U + Ca(OH)_2$$
$$KH + H_2O = KOH + H_2\uparrow$$
$$NaH + CH_3OH = NaOCH_3 + H_2\uparrow$$

若 CO_2 与热的金属氢化物接触也能被还原:

$$2CO_2 + BaH_2 = 2CO + Ba(OH)_2$$

复合金属氢化物如 $LiAlH_4$、$NaBH_4$ 等是合成化学中的优良还原剂,广泛用于制备其他氢化物:

$$LiAlH_4 + SiCl_4 =\!=\!= SiH_4 + AlCl_3 + LiCl$$
$$4BF_3 + 3NaBH_4 =\!=\!= 3NaBF_4 + 2B_2H_6$$

这种反应不能在水中进行,因为氢化铝锂等将与水发生剧烈反应:
$$LiAlH_4 + 4H_2O =\!=\!= Al(OH)_3 + LiOH + 4H_2 \uparrow$$

类似的金属氢化物还有很多,它们广泛用于无机和有机合成中,作还原剂和氢负离子的来源,或在野外用作生氢剂,使用十分方便,但价格昂贵。

2. 金属型氢化物

许多过渡金属以及镧系和锕系金属都能与氢结合生成金属型氢化物。而ⅥB族仅有Cr能形成氢化物,Ⅷ族Pd在适当压强下可与氢形成稳定的松散相,Ni只有在高压下才能形成氢化物。从组成上看,这些氢化物有些是整比化合物,如CrH_2、NiH、CuH和ZnH_2;有的则是非整比化合物,如$PdH_{0.85}$、$ZrH_{1.75}$和$LaNi_3H_{4.2}$等。

铀和氢气在一定的温度下可以生成氢化铀。它有一个重要特性是能可逆地放出氢气,利用这个可逆吸放氢气的反应可制备超纯氢气。

$$U + \frac{3}{2}H_2 \underset{573\ K}{\overset{523\ K}{\rightleftharpoons}} UH_3$$

从物理性质上看,金属型氢化物基本上保留着金属的外观特征,有金属光泽,具有导电性。金属型氢化物的导电性随氢含量的改变而改变。金属型氢化物的另一个显著性质是在温度稍有提高时,氢原子通过固体迅速扩散。关于金属合金(如$LaNi_5$、$FeTi$、$MgNi_2$等)作为储氢材料目前还在进一步研究中。

17.1.5　氢能源

氢能和电力一样,是一种理想的二次能源。有关专家预言,它将成为最有希望替代石化燃料的能源之一。目前关于氢能源研究的三大课题是:氢气的规模发生、氢气的储存、氢气作为能源的利用。氢能之所以成为未来的新能源,是因为它的如下特征。

(1) 氢气具有资源丰富、无毒、无污染等优点,因而氢能被认为是一种目前理想的绿色洁净能源,符合当前绿色化学的理念。

(2) 氢气的燃烧性能好(1 kg H_2完全燃烧放出的热量为1.43×10^5 kJ),燃烧速度快、燃烧分布均匀、点火温度低。

(3) 氢气可以气态、液态或固态金属氢化物出现,能适应储运及各种应用环境的不同要求。氢气能发电、供热和提供动力等,是一种具有很大发展潜力的新能源,如液态氢已经被作为人造卫星和宇宙飞船中的能源。

(4) 氢作为二次能源,氢气的输送与存储损失比电力小,氢还可以通过核聚变反应产生核能。

用氢作原料的燃料电池也被广泛用于各个领域中。近年来,研究氢的制备和储存也有新进展。例如,用太阳能分解水来制氢,还有研究发现金属钌的配合物对分解水有特殊的催化功能,这为打开氢库,向浩瀚的大海要氢提供了一把"钥匙"。最近有关储氢方法的研究也有新的突破,研究发现,一些过渡金属的合金具有较好的存储氢气的性能。

17.2 稀有气体

稀有气体位于周期表的 0 族或第 18 族,包括氦、氖、氩、氪、氙、氡。其中氡是放射性元素,氩在空气中约占 1%(体积分数),其他稀有气体含量很少。它们都是单原子分子,是无色、无味、无臭的气体,熔点、沸点很低,微溶于水。它们的行为接近于理想气体,一般条件下化学性质很稳定,因此以前称它们为惰性气体。除氦和氡外,其他稀有气体均由液态空气分级蒸馏得到。

17.2.1 稀有气体发展简史

稀有气体元素是在 1894～1900 年间陆续被发现的,发现的先后顺序为氩、氦、氪、氖、氙、氡。发现稀有气体的主要功绩应归于英国化学家莱姆赛(W. Ramsay)。

1893 年,瑞利(J. W. S. Rayleigh)在研究氮气时有一个意外发现,即从氮的化合物中分离出来的氮气每升为 1.2508 g,而从空气中分离出来的氮气在相同情况下每升为 1.2572 g,就是这 0.0064 g 的微小差异引起了 Rayleigh 的注意。后来他与 Ramsay 合作,从空气中除去了氧气和氮气后,得到了很少的剩余气体,并用光谱法分析鉴定。1894 年,Ramsay 等发表了一篇科研论文,报道了空气中的这一新元素。这个发现惊动了当时的科学界。根据其化学性质极不活泼,将其命名为氩(argon,希腊文,意为"懒惰")。这种气体和一般气体单质不一样,氩的分子是由单原子组成的。

氦是在地球上被发现以前首先从大气层外找到的唯一元素。1868 年法国科学家简森(P. J. C. Janssen)发现日全食期间,在太阳光谱中紧靠钠 D 线有一条新的黄线。据此,洛克耶尔(J. N. Lockyer)和 Frankland 提出有一种新元素存在,并命名为氦(helium,希腊文,意为"太阳")。而氦在地球上的存在,最后是由 Ramsay 等对大气进行深入研究时所证明的。1895 年 Ramsay 从大气中分离出了氦并进行了鉴定,证实了氦也是一种稀有气体。

1898 年 Ramsay 和化学家特拉弗斯(M. W. Travers)合作用分光仪最后鉴定了从空气中继续分离出来的氖(neon,来自希腊文 neos,意为"新的")、氪(krypton,来自希腊文 krptos,意为"隐藏")和氙(xenon,来自希腊文 xenos)。

氡是一种具有天然放射性的元素,以前称为镭射气和钍射气,这种元素是 Rutherford 和索迪(F. Soddy)于 1902 年首先分离并进行研究的,现在称为氡(radon)。名字取为镭的字头 Rad 加 on 而成(on 结尾是稀有气体常用的字尾,出自拉丁语 radius,意为射线)。

稀有气体元素的发现完成了元素周期表,它在高电负性的卤素和强电正性的碱金属之间架起了桥梁。该族的族名曾多次改变,最先称为零族元素,后来又称为惰性气体(inert gases),现在有学者把它称为贵气体(noble gases)。稀有气体名称不恰当是因为较轻的一些元素在大气中并不稀少,而当现在人们成功地制备出氙的许多化合物之后称为惰性气体也不恰当了。化学界接受贵气体这个名称是因为它表达了这些元素反应活性很低,但仍然具有一定反应活性的事实。本书仍采用国内习惯用的稀有气体名称。

17.2.2 稀有气体的性质和应用

1. 稀有气体的性质

稀有气体的化学性质由它的原子结构所决定,除氦是 2 个电子外,其余最外层均为 8 电子结构,其核外电子层都具有相对饱和的、相对稳定的结构。稀有气体的电子亲和能很难准确测得。计算表明，稀有气体原子得电子过程是吸热的，而与其他元素相比较，它们都有很高的电离能。相对来说，稀有气体原子在一般条件下不容易得到或失去电子而与其他原子形成化学键，表现出化学惰性。通常由于稀有气体以原子状态存在，原子之间仅存在微弱的 van der Waals 力（主要是色散力）。稀有气体的熔点、沸点都很低，它们的蒸发热和在水中的溶解度都很小，随着原子序数的增加而逐渐升高。

氦是所有气体中最难液化的，大约 2.2 K 时液氦会由一种液态转变到另一种液态。在 2.2 K 以下的液氦具有很多反常的性质，如超导性、低黏滞性等。氦不能在常压下固化，这也是一种特性。氡的所有同位素都有放射性，最短寿命同位素 ^{219}Rn 半衰期为 3.96 s，最长寿命同位素 ^{222}Rn 半衰期也只有 3.82 天。氡是由 ^{226}Ra 衰变而来的。

2. 稀有气体的用途

稀有气体可以为反应提供惰性环境。例如，在冶炼金属钛的过程中，要用活泼的金属 Mg 还原 $TiCl_4$，在较高的反应温度下金属钛易于和氧气、氮气等发生化合反应，所以要用稀有气体造成惰性气氛环境。这里经常用的主要是氩气和氦气。

利用氦气密度较小这一性质，在氦资源较多的地方，可以在一定场合下代替氢气，如代替氢气充填气象气球，由于它不燃烧，比氢安全得多。此外，氦的光谱线可被用作划分分光器刻度的标准，还可制作氦、氖气体激光器。

氖在电场作用下可产生明亮的橙红色光，被广泛用来制造氖灯（俗称霓虹灯），或仪器中的指示灯，也广泛用于制造广告牌和标牌。

氩由于在空气中的含量最高，再加上它的热传导系数小和惰性大，被广泛用于填充电灯泡。在冶炼或焊接极易被空气氧化的金属时，或在拉制半导体硅、锗单晶时，均需提供氩气作保护气氛。

氪的热传导系数比氩还小，故也用来填充灯泡。氙在电场的激发下能放出强烈的白光，高压长弧氙灯便是利用氙的这一特性制成的。这种氙灯特别亮，有"人造小太阳"之称，可用于电影摄影、舞台照明、运动场照明等。氙灯能放出紫外线，在医疗上有广泛应用。

17.2.3 稀有气体的化合物

1962 年在加拿大工作的英国青年化学家巴利特（N. Bartlett）首次合成氙的化合物 $XePtF_6$，这一研究打破了惰性元素的禁区，使该元素的名称一夜之间由"惰性气体"变成了"稀有气体"。目前主要研究的是以氙为主的一些含氟、含氧的化合物，如 Xe 与高电负性的 F、O 和 Cl 的化合物，与其他族元素相比其数目极其有限。已知稳定的化合物仅包括元素 Kr、Xe、Rn 的共价化合物，但是利用质谱已经检测到 He、Ne 化合物。近年来少量含有 Xe—N 键和 Xe—C 键的化合物也有报道。近几十年来，无论在"惰性"元素新化合物的制备、化学键的理论方面，还是实际应用上都取得了新成果。在化学学科内逐步形成了一门新的分支——稀有气体化学。

1. 氙的氟化物

氙的氟化物是两种元素的单质在镍制反应器中直接加热化合而得到的，产物的种类取决于氟与氙物质的量的比值（参见 14.3.1）。氙的氟化物有 XeF_2、XeF_4、XeF_6 三种，它们全都是强氧化剂，能将许多物质氧化。例如

$$XeF_2 + 2Cl^- = Xe + Cl_2\uparrow + 2F^-$$
$$NaBrO_3 + XeF_2 + H_2O = NaBrO_4 + 2HF + Xe$$
$$XeF_2 + H_2 = Xe + 2HF$$
$$XeF_4 + 4Hg = Xe + 2Hg_2F_2$$
$$XeF_6 + 8NH_3 = Xe + N_2 + 6NH_4F$$

还可将 Ce(Ⅲ)氧化成 Ce(Ⅳ),将 Co(Ⅱ)氧化成 Co(Ⅲ)。

这些氟化物都能同水反应,XeF_2 溶于水,在稀酸中缓慢溶解,而在碱性溶液中迅速分解生成氙:

$$XeF_2 + H_2O = Xe + \frac{1}{2}O_2\uparrow + 2HF$$

XeF_4 遇水也能发生歧化反应:

$$6XeF_4 + 12H_2O = 2XeO_3 + 4Xe + 3O_2\uparrow + 24HF$$

XeF_6 遇水猛烈反应,低温水解比较平稳。当 XeF_6 不完全水解时,其产物变为 $XeOF_4$:

$$XeF_6 + H_2O = XeOF_4 + 2HF$$

而完全水解时则可得到 XeO_3:

$$XeF_6 + 3H_2O = XeO_3 + 6HF$$

XeF_6 也能与 XeO_3 反应生成氟氧化氙:

$$2XeF_6 + XeO_3 = 3XeOF_4$$

这几种氟化物还是优良、温和的氟化剂。例如

$$XeF_2 + IF_5 = Xe + IF_7$$
$$XeF_2 + C_6H_6 = C_6H_5F + HF + Xe$$
$$XeF_4 + 2CF_3CFCF_2 = Xe + 2CF_3CF_2CF_3$$
$$XeF_4 + 2SF_4 = Xe + 2SF_6$$
$$2XeF_6 + SiO_2 = 2XeOF_4 + SiF_4\uparrow$$

最后一个反应不能用玻璃或石英器皿盛氟化氙,而要用镍制容器。

2. 氙的含氧化合物

氙的氧化物现在还不能由单质氙和氧直接化合来制备,只能通过氟化氙的转化来制备,如 XeO_3 和 $XeOF_4$ 都是由 XeF_6 转化而来的。目前已知的含氧化合物中,氧化数为 +6 的有 XeO_3 及 $HXeO_4^-$,二者之间有如下平衡:

$$XeO_3 + OH^- \rightleftharpoons HXeO_4^-$$

三氧化氙是一种易潮解、易爆炸的白色晶体,但它在干燥的空气中较稳定。XeO_3 的水溶液浓度最高可达 $4\ mol\cdot L^{-1}$,这种溶液不导电,表明 XeO_3 在水中以分子状态存在,XeO_3 的水溶液显酸性。

XeO_3 具有很强的氧化性,能把 Fe^{2+} 氧化成 Fe^{3+},把 NH_3 氧化成 N_2,把 Br^- 氧化成 BrO_3^-,把 Cl^- 氧化成 Cl_2,把 Mn^{2+} 氧化成 MnO_4^-,还能把有机物醇和羧酸等氧化成 CO_2。

向 XeO_3 的水溶液中通入 O_3 将会生成高氙酸:

$$XeO_3 + 2H_2O + O_3 = H_4XeO_6 + O_2$$

若同时用碱中和,可制得ⅠA及ⅡA族金属的高氙酸盐。例如

$$XeO_3 + 6H_2O + O_3 + 4NaOH = Na_4XeO_6\cdot 8H_2O + O_2$$

用强干燥剂将高氙酸脱水,可以得到其酸酐 XeO_4:

$$H_4XeO_6 \xrightarrow{浓 H_2SO_4} XeO_4 + 2H_2O$$

XeO_4 和 Na_4XeO_6 都是很强的氧化剂,高氙酸根离子为八面体构型,其中 Xe 的氧化数为 +8,大多数固体高氙酸盐较稳定。另外,含有 Xe—N 键和 Xe—C 键的化合物也已经被合成出来,但大多不稳定。

小 结

氢的重要化学性质是它的还原性。氢与电负性较大的元素(ⅢA～ⅧA 中的大部分元素)形成共价型氢化物,与电负性较小的碱金属以及 Ca、Sr、Ba 等活泼金属反应生成离子型氢化物(MH 和 MH_2)。这里氢的氧化数为 -1。碱金属的氢化物都具有较高的熔沸点,在熔融状态下能导电。M^IH 的热稳定性随着 M^+ 的半径增大而减弱,即稳定性按照 LiH、NaH、KH、CsH 的顺序依次减小。同理,CaH_2、SrH_2、BaH_2 的稳定性顺序也依次减小。MH_2 比 MH 稳定,这种规律与它们的晶格能大小相关。

氢气是最轻和扩散速率最快的气体。氢能源是最有希望的无污染能源。氢气是重要的还原剂,能用于制备金属单质,也是无机化工、有机合成等的重要原料。

稀有气体其实并不稀有。它们都是单原子分子,其原子具有稳定的电子构型,电子亲和能均为负值,而电离能又是同一周期中最高的,所以其原子在一般条件下难以形成化学键,化学性质很不活泼。

自第一个稀有气体化合物 $XePtF_6$ 合成以来,稀有气体化学的研究发展迅速。迄今已合成近百种稀有气体化合物,这些化合物的制得运用了类比思维。氙的化合物是目前制得的比较稳定的稀有气体化合物,其原因在于氙是稀有气体中最活泼的元素之一,它的电离能最小。只有电离能较小的氙和氪才能与电负性较大的典型非金属如氟、氧结合为化合物。近来,氡和氩也制得了少数几种化合物,但原子序数小的氦、氖、氩的化合物至今尚未制得。

思考与研讨

17.1 氢化物有哪几种基本类型?试分别讨论它们的性质。

17.2 氢气在室温下还原性并不强,在一般条件下同许多物质也不太容易发生反应。试解释氢气在通常条件下不太活泼的原因。

17.3 试总结氢气的化学性质,并写出化学反应方程式加以说明。

17.4 概述氢气的主要用途。为什么说氢是目前最有希望的二级能源?其优势是什么?当前开发中遇到的主要困难又是什么?

17.5 实验室如何制取氢气?工业上所需的大量氢气(如合成氨)又是如何制取的?写出主要的化学反应方程式。

17.6 简述稀有气体化学史上两次重大突破的历史事件,以及它们对后来稀有气体化学的发展所产生的深远影响。

17.7 为什么重稀有气体元素的化学活泼性比轻稀有气体元素要强?如果可以合成出氡的化合物,你认为它的最高正氧化数可以达到多少?

17.8 第一种稀有气体化合物是什么?这种化合物是怎样合成出来的?

17.9 试根据高氙酸(H_4XeO_6)的结构及元素在周期系中的变化规律,推测高氙酸的酸性强弱。

17.10 为什么稀有气体化合物的研究多集中于元素氙?目前稀有气体氙有哪些主要化合物?

17.11 试用价键理论分析 $XeOF_4$ 和 XeO_2F_4 的分子结构及化学键形成情况。

习 题

17.1 填写下列各小题。

(1) 地壳中丰度最大的元素是_____;太阳中丰度最大的元素是_____。最轻气体是_____,扩散速率最快的气体是_____,最难液化的气体是_____。

(2) 氢可以与其他元素形成氧化数为_____的化合物,能与氢直接化合形成离子型氢化物的元素有_____,不能与氢形成氢化物的元素主要有_____,分子间可以形成氢键的共价型氢化物有_____。

(3) 在空气中,含量最高的稀有气体有_____,在已合成的稀有气体化合物中,以_____元素的化合物为最多,第一个合成出的稀有气体化合物是_____。

(4) 从空气中分离稀有气体时,将液态空气分馏出氧、氮之后,为了纯化稀有气体,可使气体通过_____除去 CO_2,通过_____除去微量氧,再通过_____除去氮,剩下的气体便是以_____为主的稀有气体。

(5) 稀有气体元素的化学活泼性随着原子序数的增加而_____,现在已经制得的稀有气体化合物大多是_____的含_____和含_____的化合物。

17.2 完成并配平下列反应方程式。

(1) $SiHCl_3 + H_2 \xrightarrow{高温}$ (2) $WO_3 + H_2 \xrightarrow{高温}$

(3) $CaH_2 + H_2O ==$ (4) $Li + H_2 \xrightarrow{高温}$

(5) $SiH_4 + H_2O ==$ (6) $Zn + NaOH + H_2O ==$

(7) $NaH + HCl ==$ (8) $LiH + AlCl_3 \xrightarrow{高温}$

(9) $UO_2 + CaH_2 \xrightarrow{高温}$ (10) $Mg + H_2 \xrightarrow{\triangle}$

17.3 氢与哪些元素可以形成离子型氢化物?有什么理由可以证明这类氢化物中含有 H^- ?

17.4 写出制备 $NaBH_4$ 的化学反应方程式。$NaBH_4$ 在什么条件下会迅速水解?写出其水解反应方程式。

17.5 完成并配平下列反应方程式。

(1) $XeF_2 + H_2 ==$ (2) $XeF_4 + H_2O ==$

(3) $XeF_6 + HCl ==$ (4) $XeF_6 + NH_3 ==$

(5) $XeF_4 + Pt ==$ (6) $XeF_2 + IF_5 ==$

(7) $XeF_2 + I^- ==$ (8) $XeF_4 + SF_4 ==$

(9) $XeF_6 + SiO_2 ==$ (10) $Na_4XeO_6 + MnSO_4 + H_2O \xrightarrow{酸性介质}$

17.6 试用价层电子对互斥理论推测下列化合物分子的几何构型。

(1) $XeOF_4$ (2) $XeOF_2$ (3) XeO_3F_2 (4) XeO_6^{4-}

17.7 38 g $LiAlH_4$ 在 298 K 和 101.3 kPa 时与水反应可以生成多少氢气(dm^3)?

17.8 XeF_2、XeF_4、XeF_6、XeO_3、XeO_4 各具有什么类型的几何构型?在它们的分子中 Xe 原子各采取什么杂化轨道成键?

第 18 章　卤族元素与氧族元素

人们给氟、氯、溴、碘起名为卤素，意思是容易成盐的元素。每个人都希望自己有一口健康而洁白的牙齿，而牙齿的健康情况和氟元素息息相关。适量的氟有利于骨齿坚实，有防龋齿的作用，但氟过量对人体就有害了。氢氟酸能够腐蚀玻璃，人们利用它的这种性质，在平滑脆硬的玻璃上蚀刻出漂亮的图案花纹。号称塑料之王的聚四氟乙烯耐冷又耐热，甚至在王水中煮上几十个小时也毫无损伤。

氯元素是卤素中的典型元素，海水中氯的总含量约为 30000 万亿 t。海洋是生命的摇篮，人的血液中所带的咸味就是大海留下的纪念。氯元素在无机颜料、有机染料、农药、医药、溶剂、化学试剂等的化学合成中大显身手。盐酸在化学工业、冶金工业上也是栋梁之材。溴的化合物加到汽油中可以提高汽油的防震性能。溴的有机化合物有的有优异的抗氧化性能，具有不燃性，可以作阻燃剂。碘对人类健康起着重要作用，甲状腺肿大俗称大脖子病，其实就是人体缺碘造成的。

氧是地球上最多的元素，浩瀚的大海、嶙峋的山岩、茂密的森林乃至千姿百态的飞禽走兽、花鸟鱼虫等都有氧充当主要材料。氧气也是地球成为生命乐园的关键物质，有了氧气，生物才沿着从低等到高等、从简单到复杂这一进化阶梯，演变、发展、转化，最终形成人类。硫单质也就是人们通常说的硫磺。未经硫化的橡胶弹性很小，硫化后硫在橡胶分子链之间架起了弹性的桥。硫的化合物（如硫酸）是化学工业最重要的原料。硒是人和动物必不可少的营养元素，起着类似于维生素 E 的作用。人体缺硒也会得病，如"克山病"。总之，卤族、氧族元素与我们生活的方方面面有密切的联系。

18.1　卤族元素

18.1.1　卤族元素的通性

卤素都是活泼的非金属，它们在自然界中总是以化合态存在，都能与碱金属化合生成盐。含氟的主要矿物有萤石（CaF_2）、冰晶石（Na_3AlF_6）和氟磷灰石［$Ca_5F(PO_4)_3$］。氯、溴最大的资源是海水，其含氯大约为 1.9%，主要是 NaCl，也有少量其他氯化物，含溴相当于氯的 1/300。地壳中氯、溴、碘的丰度分别约为 0.013%、$3.7×10^{-5}$% 和 $1.4×10^{-5}$%。矿物中氯主要以 KCl 和光卤石（$KCl·MgCl_2·6H_2O$）形式存在于盐床中，碘以碘化物、碘酸盐的形式存在，智利的硝石矿中含有少量的碘酸钙。砹是放射性元素。

卤素原子的价电子层结构为 ns^2np^5，它们很容易得到一个电子形成卤离子，或与另一个原子形成共价键，所以卤素原子都能以 −1 氧化态形式存在，从而表现出典型非金属元素的特征。除氟外，卤素原子还能呈从 +Ⅰ 到 +Ⅶ 的氧化态（参见 13.2 节）。

电子亲和能（$kJ·mol^{-1}$）从氯到碘（分别为 348.8、324.6、295.3）依次减小，但氟的电子亲和能（327.9 $kJ·mol^{-1}$）却比氯小，反常的原因是氟的原子半径特别小，核周围电子密度较大，当接受外来电子或共用电子对成键时，将引起电子间较大的斥力，从而部分抵消了气态氟原子形成气态氟离子时所放出的能量。X_2 的解离能也是 F_2（156.9 $kJ·mol^{-1}$）小于 Cl_2（242.6 kJ·

mol^{-1})和 Br$_2$(193.8 kJ·mol^{-1})。

以上关于卤素价态和氧化还原的性质,可以从图 18.1 卤素的电极电势图中体现出来。

$\varphi_A^{\ominus}/V$

$$F_2 \xrightarrow{3.05} HF$$

$$ClO_4^- \xrightarrow{1.19} ClO_3^- \xrightarrow{1.21} HClO_2 \xrightarrow{1.65} HClO \xrightarrow{1.61} Cl_2 \xrightarrow{1.36} Cl^-$$

$$BrO_4^- \xrightarrow{1.85} BrO_3^- \xrightarrow{1.45} HBrO \xrightarrow{1.60} Br_2(l) \xrightarrow{1.07} Br^-$$

$$H_5IO_6 \xrightarrow{1.60} IO_3^- \xrightarrow{1.13} HIO \xrightarrow{1.44} I_2(s) \xrightarrow{0.54} I^-$$

$\varphi_B^{\ominus}/V$

$$F_2 \xrightarrow{3.05} F^-$$

$$ClO_4^- \xrightarrow{0.36} ClO_3^- \xrightarrow{0.33} ClO_2^- \xrightarrow{0.68} ClO^- \xrightarrow{0.42} Cl_2 \xrightarrow{1.36} Cl^-$$

$$BrO_4^- \xrightarrow{1.03} BrO_3^- \xrightarrow{0.49} BrO^- \xrightarrow{0.46} Br_2(l) \xrightarrow{1.07} Br^-$$

$$H_3IO_6^{2-} \xrightarrow{0.65} IO_3^- \xrightarrow{0.15} IO^- \xrightarrow{0.42} I_2(s) \xrightarrow{0.54} I^-$$

图 18.1 卤素的电极电势图

18.1.2 卤素单质

1. 卤素单质的物理性质

卤素是周期表中性质变化规律较完整的一族,表 18.1 列出了卤素单质的一些物理性质。

表 18.1 卤素单质的一些物理性质(298.15 K、101.325 kPa)

性质	氟	氯	溴	碘	性质	氟	氯	溴	碘
聚集状态	气	气	液	固	密度/(g·cm^{-3})	1.108	1.51	3.12	4.93
颜色	淡黄	黄绿	棕红	紫黑	熔化热/(kg·mol^{-1})	0.5	6.4	10.5	15.7
熔点/℃	-219.62	-100.98	-7.2	113.5	气化热/(kg·mol^{-1})	6.32	20.41	30.71	46.61
沸点/℃	-188.14	-34.6	58.78	184.35	溶解度[g·(100 g 水)$^{-1}$]	分解	0.732	3.58	0.029

卤素分子含非极性共价键,分子间仅存在微弱的相互作用力(色散力)。卤素的颜色是重要的性质之一,从 F$_2$ 到 I$_2$ 颜色逐渐加深,这是由于卤素吸收可见光使电子从 π_{np}^* 激发到 σ_{np}^* 上所需的能量不同(参见图 10.24),随着卤素原子序数的增加,π_{np}^* 与 σ_{np}^* 间的能量差减小,$\pi_{np}^* \to \sigma_{np}^*$ 跃迁能降低,使吸收光波产生红移,相应卤素单质的颜色逐渐加深,从 F$_2$ 到 I$_2$ 出现由绿→黄→棕红→紫色的变化。

卤素单质为非极性分子,它们在有机溶剂中的溶解度比在水中大得多。溴和碘可溶于乙醇、乙醚、氯仿、四氯化碳、二硫化碳等溶剂中,而呈现不同的颜色。

碘在水中溶解度较小,但易溶于 KI、HI 和其他碘化物溶液中,这是因为 I$^-$ 靠近 I$_2$ 分子时,使 I$_2$ 极化产生诱导偶极,进一步形成配离子 I$_3^-$、I$_5^-$ 等,其中以 I$_3^-$ 最为稳定。

$$I_2 + I^- \rightleftharpoons I_3^- \quad K^{\ominus} = 725$$

I$_3^-$ 溶液为棕黄色,I$_3^-$ 浓度越大,溶液的颜色越深。在这个平衡中,溶液里总有碘单质存在,因此多碘化物的性质实际上和碘溶液相似。氯和溴也能形成 Cl$_3^-$ 和 Br$_3^-$,但不及 I$_3^-$ 稳定(氯和溴的 $K^{\ominus}$ 分别为 17.8 和 0.01)。

所有卤素均有刺激气味,强烈刺激眼、鼻、气管等黏膜,吸入较多的蒸气会发生严重中毒,其至造成死亡。它们的毒性从氟到碘减轻,液溴与皮肤接触产生疼痛并造成难以治愈的创伤,因此使用时要特别小心,使用液溴必须戴橡胶手套。发生较重的氯气中毒时,可吸入乙醇和乙醚混合蒸气作为解毒剂,吸入氨水蒸气也有效。受溴腐蚀致伤时,用苯或甘油洗伤口,再用水洗,伤势较重时立即送医院治疗。因此,使用卤素单质时应该特别小心,实验必须在通风橱中进行。

2. **卤素单质的化学性质**

卤素单质的化学活泼性与其分子解离能低、原子 ns^2np^5 价电子结构和电负性高等因素有关。它们都是很强的氧化剂,随着原子半径的增大氧化能力减弱。

卤素的活泼性与反应条件有关。无论是在水溶液中进行的反应,如 $X_2(g) \longrightarrow 2X^-(aq)$,还是在无水条件下进行的反应,如卤素与金属或非金属的反应,就同类反应而言,对 F_2 来说,所放出的总能量是最多的。这是因为氟的半径最小,$F^-(g)$ 形成水合离子 $F^-(aq)$ 时的水合能最大,而 F_2 分子的解离能又最小,使反应 $F_2(g) \longrightarrow 2F^-(aq)$ 放出的能量最多。当形成氟化物 MF_n 时,其晶格能最大,从而使形成的 MF_n 非常稳定。当形成共价键时,半径小的氟的原子轨道与其他原子的轨道重叠程度大,又由于氟的电负性最大,成键时离子成分的贡献增大,因而总键能增大,放出的总能量最多,其化学活性高于其他卤素。

1) **卤素与金属和非金属的反应**

尚未发现能与 F_2 反应生成氟化物的元素是 He、Ne、Ar。元素与 F_2 反应往往生成最高价,如 CoF_3、BiF_5、SiF_4、SF_6、IF_7 等,反应常常很猛烈,伴随着燃烧与爆炸。Cl_2 也能与各种金属和大多数非金属直接作用,但反应的程度不及 F_2,达不到最高氧化态,如 $CoCl_2$、$BiCl_3$、$SiCl_4$、SCl_2、ICl_3 等。有些反应需要加热,钙在通常条件下能与氯气作用;Na、Fe、Cu、Sn 等只能在加热的条件下才能与 Cl_2 作用,Cl_2 还能使有变价的金属由低价氧化成高价,干燥的氯气不能与铁作用,因此可以将氯气储藏存在钢瓶中。常温下 Br_2、I_2 只与活泼的金属反应,与不活泼金属反应需要加热,与非金属反应一般形成低价化合物,如 PBr_3、PI_3 等。

卤素化学活泼性的差别最突出地表现在它们与氢气的化合上:
$$X_2(g) + H_2(g) \Longrightarrow 2HX(g) \quad (X=F、Cl、Br、I)$$

F_2 与氢气的化合非常激烈,甚至在很低的温度(如 20 K),固态 F_2 和液态 H_2 在暗处就能猛烈化合,放出大量的热。

Cl_2 和 H_2 的混合气体在黑暗中是安全的,在常温及散射光照射下反应进行较缓慢,但在强光照射或加热时,立即反应放出大量的热,并且发生爆炸。这类由光而引起的化学反应称为光化学反应。其反应的机理为:紫外光(或加热)提供的能量($h\nu$)使氯分子解离为活化的氯原子 $Cl\cdot$(单电子自由基),这是链引发,接着是链传递,产生 HCl 和 H·、HCl 和 Cl·,……,最后是链终止。

Br_2 和 H_2 的化合则需在加热和催化剂作用下才具有明显的速度。高温下 HBr 不稳定,容易分解。I_2 和 H_2 要在催化剂和更高的温度下才能作用,且反应不完全,因为在高温时生成的碘化氢更易分解。

2) **卤素与水的反应**

卤素单质与水发生两类重要的化学反应:
$$2X_2 + 2H_2O \Longrightarrow 4H^+ + 4X^- + O_2 \uparrow \quad (Ⅰ)$$
$$X_2 + H_2O \Longrightarrow H^+ + X^- + HXO \quad (Ⅱ)$$

第Ⅰ类反应是卤素置换水中氧的反应。图 18.2 给出了卤素与水反应的差别。F_2 的氧化性最强,与水只发生第Ⅰ类反应,生成的 HF 形成弱酸;Cl$_2$ 次之,一般在酸性溶液中发生反应;只有当水溶液的 7＞pH＞3 时,Br$_2$ 才能发生该反应;溶液的 pH＞12 时,I$_2$ 可发生该反应。

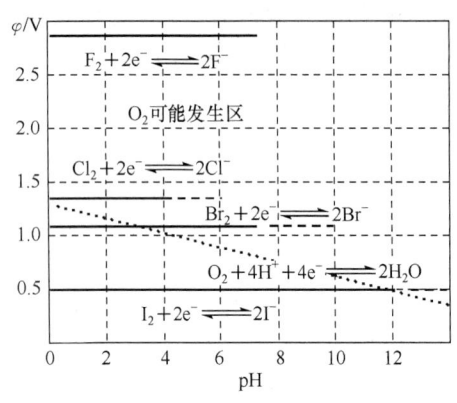

图 18.2　卤素与水反应的 pH-电势图

上面是热力学的分析。实验事实证明:F$_2$ 与水激烈反应放出氧气,而 Cl$_2$ 和 Br$_2$ 与水反应的活化能较高使得反应很慢,以至于此反应已无实际意义。Cl$_2$ 只有在光的照射下与水缓慢反应放出 O$_2$。I$_2$ 不会氧化水,相反水中溶解的 O$_2$ 将 I$^-$ 氧化为单质碘,因此碘的水溶液是稳定的。

第Ⅱ类反应是卤素的歧化反应。Cl$_2$、Br$_2$、I$_2$ 与水主要发生第Ⅱ类反应,反应是可逆的。在 298.15 K 时,其歧化反应的平衡常数分别 4.2×10^{-4}、7.2×10^{-9}、2.0×10^{-13}。常温下 Cl$_2$ 发生歧化生成的 HClO 是强氧化剂,所以氯水具有很强的氧化能力。

从歧化反应平衡关系式来看,反应与溶液的酸度有关,加酸抑制歧化,加碱发生偶合反应,促进歧化。

从卤素的元素电势图可见,碱性条件下,Cl$_2$、Br$_2$、I$_2$ 的歧化产物 XO$^-$ 会进一步歧化,生成 X$^-$ 和 XO$_3^-$。总的歧化是

$$3X_2 + 6OH^- \Longrightarrow 5X^- + XO_3^- + 3H_2O \qquad (\text{Ⅲ})$$

在碱性介质中,温度对卤素歧化产物有影响:

$$X_2 + 2OH^- \Longrightarrow X^- + XO^- + H_2O \quad (\text{Cl}_2:低于室温;\text{Br}_2:0\ ℃\ 左右)$$

$$3X_2 + 6OH^- \Longrightarrow 5X^- + XO_3^- + 3H_2O \quad (\text{Cl}_2:>75\ ℃;\text{Br}_2:50\sim80\ ℃;\text{I}_2:任何温度)$$

前者用于制备次卤酸盐,后者用于制备卤酸盐。

F$_2$ 在碱中将发生以下两个反应:

$$2F_2 + 4OH^- \xrightarrow{\text{通电}} 4F^- + O_2 \uparrow + 2H_2O$$

$$2F_2 + 2OH^-(2\%) \Longrightarrow 2F^- + OF_2 \uparrow + H_2O$$

当碱的浓度较大时,则 OF$_2$ 分解放出 O$_2$。

3. 卤素单质的制备

在自然界中卤素常以 $-$Ⅰ 氧化态存在,因此制备卤素单质应采用氧化法。由于 X$_2$ 与 X$^-$ 之间的 $\varphi^{\ominus}$ 值从 F→I 依次降低,因此单质的制备方法各不相同。

1) 电解法制备

电解是强有力的氧化还原手段。1886 年 Moissan 用电解法制备出了最强的氧化剂 F$_2$(参见 14.3.9),解决了"无机化学难题"之一,因此荣获了 1906 年的诺贝尔化学奖。工业上常采用电解饱和食盐水溶液的方法制备氯气。此外,电解熔融氯化物(如 NaCl、MgCl$_2$ 等)制备活泼金属时,也可以得到较纯的 Cl$_2$。

2) 氧化、还原法制备

实验室中常用 KMnO$_4$、MnO$_2$ 与浓盐酸反应制取少量氯气:

$$2KMnO_4 + 16HCl(\text{浓}) \Longrightarrow 2KCl + 2MnCl_2 + 8H_2O + 5Cl_2 \uparrow$$

$$MnO_2 + 4HCl(浓) \xlongequal{\triangle} MnCl_2 + 2H_2O + Cl_2\uparrow$$

用同样的方法也可制备 Br_2 和 I_2,只不过分别以溴化物和碘化物与浓硫酸的混合物代替 HCl。

$$MnO_2 + 2NaX + 3H_2SO_4(浓) \xlongequal{\triangle} 2NaHSO_4 + 2H_2O + MnSO_4 + X_2 \quad (X=Br、I)$$

这一反应是从海藻灰中提取碘的主要反应,析出的碘可用有机溶剂 CS_2 或 CCl_4 萃取分离。碘在自然界中可以碘酸盐的形式存在,选择适当的还原剂可制取单质 I_2。

3) 置换反应法和歧化反应法制备

利用 $\varphi^{\ominus}(X_2/X^-)$ 的差别,通过置换法可制备 Br_2 和 I_2。

$$2X^- + Cl_2 =\!=\!= X_2 + 2Cl^- \quad (X=Br、I)$$

实际上,许多制备不是用单一的方法而是采用多种方法。例如,工业上从海水制取溴。先把盐卤加热到 363 K 后,控制 pH 为 3.5,通入氯气置换出溴;再用空气把溴吹出来,用碳酸钠吸收,溴就歧化生成为 Br^- 和 BrO_3^-;最后用硫酸酸化,单质 Br_2 又从溶液中析出。用此方法从 10^3 kg 海水中可以制取约 0.14 kg 的 Br_2。

$$2Br^- + Cl_2 =\!=\!= Br_2 + 2Cl^-$$
$$3Br_2 + 3Na_2CO_3 =\!=\!= 5NaBr + NaBrO_3 + 3CO_2\uparrow$$
$$5Br^- + BrO_3^- + 6H^+ =\!=\!= 3Br_2 + 3H_2O$$

从自然界中的碘酸钠制取碘,是先用适量的亚硫酸氢盐将浓缩溶液中的碘酸盐还原成碘化物,再将所得的酸性碘化物溶液与适量的碘酸盐溶液作用便析出 I_2:

$$IO_3^- + 3HSO_3^- =\!=\!= I^- + 3SO_4^{2-} + 3H^+$$
$$IO_3^- + 5I^- + 6H^+ =\!=\!= 3I_2 + 3H_2O$$

总反应是

$$2IO_3^- + 5HSO_3^- =\!=\!= 3HSO_4^- + 2SO_4^{2-} + H_2O + I_2$$

又如,化学方法制 F_2。1986 年,也就是用电解法第一次制得单质 F_2 后的 100 年,美国的克里斯特(K. Christe)终于成功地用化学方法制备出单质 F_2。

Christe 以 $KMnO_4$ 和 $SbCl_5$ 等基本原料,分别制得 K_2MnF_6 和 SbF_5,利用较强的 Lewis 酸(SbF_5)将弱的 Lewis 酸(MnF_6^{2-})从其盐中置换出来,生成 MnF_4,而 MnF_4 是不稳定的,立即分解为 MnF_3 和 F_2。

$$2KMnO_4 + 2KF + 10HF + 3H_2O_2 \xlongequal{50\%HF 溶液} 2K_2MnF_6 + 8H_2O + 3O_2\uparrow$$
$$SbCl_5 + 5HF =\!=\!= SbF_5 + 5HCl$$
$$2K_2MnF_6 + 4SbF_5 \xlongequal{423\ K} 4KSbF_6 + 2MnF_3 + F_2\uparrow$$

18.1.3 卤化氢和氢卤酸

1. 物理性质

习惯上把 HX 的气体分子或纯 HX 液体称为卤化氢,而把它们的水溶液称为氢卤酸。纯的卤化氢液体不导电,说明氢与卤素原子之间的化学键为共价键。常温常压下,卤化氢均为气态,是具有强烈刺激气味的无色气体。卤化氢都是极性分子,极易溶解于水。例如,273 K 时 1 m^3 水可以溶解 500 m^3 HCl,HF 则可无限制地溶解于水中。HX 气体可与空气中的水蒸气结合,形成白色酸雾。

HX 熔沸点按 HCl、HBr、HI 的顺序依次升高,而 HF 的熔沸点是本族氢化物中最高的。

这是因为在 HF 分子间存在氢键,分子之间的吸引力较强。

因氢卤酸和水的蒸气压不同,常压下蒸馏氢卤酸时,溶液的沸点先随组分的变化而变化,当溶液达到某一组成时,从溶液蒸出的气相和液相的组成相同,沸点也恒定不变,形成恒沸溶液。卤化氢和氢卤酸的一些性质列于表 18.2。

表 18.2 卤化氢和氢卤酸的一些性质

性质	HF	HCl	HBr	HI	性质	HF	HCl	HBr	HI
熔点/K	190.0	158.2	184.5	222.5	偶极矩/(10^{-3} C·m)	6.37	3.57	2.67	1.40
沸点/K	292.5	188.1	206.0	237.6	1273 K 分解百分数	忽略	0.0014%	0.5%	33%
d_{H-X}/pm	92	127.6	141.0	162	溶解度/[g·(100 g 水)$^{-1}$]*	混溶	42	49	57
键能/(kg·mol^{-1})	568.6	431.8	365.7	298.7	恒沸溶液** 沸点/K	393	383	399	400
酸的 p$K_a^\ominus$(exp.)	3.2	~-7	-9	-10	质量分数	35.35%	20.24%	47%	57%

* 293 K,101.325 kPa。

** 101.325 kPa。

HF 分子间存在氢键,分子有缔合现象。蒸气密度测定表明,常温常压下 HF 主要存在形式是二聚(HF)$_2$ 和三聚(HF)$_3$ 的缔合分子,在 359 K 以上,HF 气体才可以单分子状态存在。其他卤化氢气体常温下均以单分子状态存在。

2. 化学性质

卤化氢和氢卤酸的化学性质主要体现在三个方面:水溶液呈酸性、具有还原性、气态时的稳定性。无水 HX 的腐蚀能力强,可作为卤化试剂,与金属、非金属、氢化物、氧化物以及其他类型化合物反应形成相应的卤化物。

1) 氢卤酸的酸性

除氢氟酸外,其余的氢卤酸都是强酸,并按照 HF、HCl、HBr、HI 的顺序,酸性依次增强。

$$HF(aq) \rightleftharpoons H^+(aq) + F^-(aq) \quad K_1^\ominus = 6.6 \times 10^{-4} \quad (Ⅳ)$$

当 HF 浓度大于 5.0 mol·dm^{-3} 时,酸性增强。因为存在下列反应:

$$HF(aq) + F^-(aq) \rightleftharpoons HF_2^-(aq) \quad K_2^\ominus = 5.4 \quad (Ⅴ)$$

随着浓度的增大,HF 分子间的氢键增强,有缔合分子存在。$K_2^\ominus$ 值大,表明 HF$_2^-$ 浓度较大,由于 F$^-$ 的消耗,式(Ⅳ)右移,HF 电离度增大,氢离子浓度增大,酸性变强。

氢氟酸另一个独特之处是可以腐蚀玻璃和瓷器。氢氟酸与其中的 SiO$_2$ 或硅酸盐反应,生成挥发性气体 SiF$_4$,因此可以用于玻璃刻画。

$$SiO_2 + 4HF = SiF_4 \uparrow + 2H_2O$$

$$CaSiO_3 + 6HF = CaF_2 + SiF_4 \uparrow + 3H_2O$$

氢氟酸的这一化学性质可用于溶解硅酸盐矿物,由于除去了其中的硅,有利于矿物中所含其他组分的分析。

2) 卤化氢和氢卤酸的还原性

卤化氢和氢卤酸的还原能力按照 HF、HCl、HBr、HI 的顺序依次增强,除 HF 之外,其他卤化氢和氢卤酸均具有一定的还原性。由图 18.2 可以看出,电对中氧化型物质的氧化能力从 F$_2$ 到 I$_2$ 依次减弱,还原型物质的还原能力从 F$^-$ 到 I$^-$ 依次增强。常温下只有 HI 溶液可被空气中的氧气氧化,形成碘单质,HBr 和 HCl 水溶液不被空气中的氧气氧化,而尚未发现可将 HF 氧化的氧化剂。

另外,可通过卤化物与氧化性的浓硫酸作用,来比较 X^- 的还原性的强弱:

$$NaCl + H_2SO_4(浓) = NaHSO_4 + HCl\uparrow$$

$$2NaBr + 3H_2SO_4(浓) = SO_2\uparrow + Br_2 + 2NaHSO_4 + 2H_2O$$

$$8NaI + 9H_2SO_4(浓) = H_2S\uparrow + 4I_2 + 8NaHSO_4 + 4H_2O$$

NaCl 与浓硫酸的反应是置换反应。NaBr 和 NaI 中的 X^- 均被浓硫酸氧化成单质,两者不同之处在于,SO_4^{2-} 分别被 Br^- 和 I^- 还原成 +4 价的 SO_2 和 -2 价的 H_2S。

3) 卤化氢的制备

卤化氢的制备主要采用单质还原和卤化物置换两种方法,由于卤离子之间的还原能力有明显差异,因而在制备方法上也有所不同。通常,以卤化物或卤素为原料,通过多种方式进行卤化氢的制备。

(1) 复分解法制备。例如,用 CaF_2 与浓 H_2SO_4 反应制取 HF(参见 14.3.2)。同样可制备 HCl:

$$NaCl(s) + H_2SO_4(浓) \xrightarrow{>423\ K} NaHSO_4 + HCl\uparrow$$

$$NaCl(s) + NaHSO_4 \xrightarrow{>773\ K} Na_2SO_4 + HCl\uparrow$$

利用产物溶解度较大的特点,将形成的卤化氢气体用水吸收。浓硫酸具有难挥发性且产物 HF 和 HCl 不被浓硫酸所氧化,可以使得到的卤化氢比较纯净。

用此方法制备 HBr 和 HI 时,不能用浓硫酸而要改换成浓磷酸:

$$NaX(s) + H_3PO_4(浓) \xrightarrow{\triangle} NaH_2PO_4 + HX\uparrow \quad (X = Br、I)$$

(2) 非金属卤化物水解。这类反应大多比较激烈,适宜于 HBr 和 HI 的制取。在实际操作中,常采用卤素与单质磷和水连续作用的方式进行的。具体步骤为:把溴水滴加到磷和少许水的混合物上,或将水滴加到磷与碘的混合物上。

$$2P(s) + 3X_2 = 2PX_3$$

$$PX_3 + 3H_2O = H_3PO_3 + 3HX\uparrow$$

总反应为

$$2P + 3X_2 + 6H_2O = 2H_3PO_3 + 6HX\uparrow \quad (X = Br、I)$$

(3) 卤素与氢气直接化合。F_2 和 H_2 反应过于剧烈,不好控制,且成本高;Br_2、I_2 与 H_2 反应速率缓慢且反应不完全,无工业生产价值。该方法实际上仅用于 HCl 的合成。

(4) 碳氢化物的卤化。在农药和有机合成工业中,用 F_2、Cl_2、Br_2 与饱和烃或芳烃反应的产物之一是卤化氢,它是取代反应的副产物。例如

$$CH_4 + Cl_2 = CH_3Cl + HCl$$

18.1.4* 卤化物、卤素互化物及多卤化物

1. 卤化物

电负性较小的元素与卤素形成的化合物称为卤化物。卤化物又可以分为金属卤化物和非金属卤化物两大类。一般来说,非金属卤化物都是以共价键结合,具有挥发性,有较低的熔沸点。金属卤化物的情况比较复杂,按化学键类型大致可分为两类:①碱金属和碱土金属(铍除

外)卤化物,以离子键为主;②d 区和 ds 区的金属卤化物,随着金属离子半径的减小、氧化态的增高以及离子极化等因素,键型由离子键逐步向共价键过渡。

金属卤化物的性质随着金属的离子半径、电荷、电子构型、电负性以及卤素本身的半径和电负性不同而有很大的差异。下面主要讨论卤化物熔沸点的变化规律。

(1) 碱金属、碱土金属卤化物绝大多数是离子型的,一般有较高的熔沸点,能溶于极性溶剂中,溶液具有导电性,熔融状态也能导电,如 $NaCl$、CaF_2、$BaCl_2$ 等。

(2) 随着金属离子半径的减小和氧化态的升高,同一周期不同元素的卤化物从左到右离子性依次降低,共价性依次增强。键型由离子键逐步向共价键过渡,晶形也发生改变,熔沸点通常依次降低。对同一金属的不同氧化态的卤化物,高价态卤化物的离子性往往比低价态卤化物的离子性弱,共价性则更为明显。高氧化态卤化物的熔点常常低于低氧化态卤化物的熔点,如 $FeCl_2$ 的离子性比 $FeCl_3$ 的离子性强,它们的熔点分别为 950 K 和 573 K。这是因为随着电荷的增加,极化能力增强,离子性减弱,共价性增强,过渡型晶体特征明显增加,其熔点下降。它们的卤化物在有机溶剂中的溶解度增加,如 $AlCl_3$、$FeCl_3$、$TiCl_4$ 等易溶于有机溶剂中。

(3) d 区和 ds 区的同一金属卤化物,按 F、Cl、Br、I 的顺序其离子性依次减弱,共价性依次增强。例如,Ag^+(18 电子构型)具有较强的极化作用,AgX 的键型逐步由离子键向共价键过渡,晶形也发生改变。AgF 为离子键型,属 NaCl 型晶体结构;AgI 主要为共价键型,属 ZnS 型晶体结构。AgF 易溶于水;AgCl、AgBr、AgI 难溶于水且溶解度依次减少。

(4) 离子型为主的卤化物中,若它们具有相同的晶体结构和电子构型,那么随卤离子半径的增大,其晶格能降低,熔沸点也随着降低。例如,从氟到碘的碱金属卤化物的熔点分别为 1206 K、1074 K、1020 K、934 K,沸点分别为 1968 K、1686 K、1663 K、1577 K。

另外,卤素还能与许多非金属元素直接反应,通常形成共价性的小分子化合物。例如,B、C、S、N、P 等的卤化物都是以共价键结合,它们具有挥发性,且有较低的熔沸点。它们的高价卤化物往往难溶于水(如 CCl_4、SF_6 等),溶于水的卤化物往往发生强烈水解。

2. 卤素互化物

由两种或三种卤素原子以共价键结合而形成的化合物称为卤素互化物,通式为 XY_n(X、Y 分别代表不同卤素原子),中心原子 X 是较重的、电负性较小的卤素,$n=1,3,5,7$。卤素互化物以共价键为主,形成"有限分子",熔沸点一般较低。

在 XY 和 XY_3 这两类卤素互化物中,一般是由电负性差别不大的两种卤素形成的。高价卤素化合物 XY_5 和 XY_7,一般是由原子半径较大的原子(如 I 或 Br)同原子半径较小的原子(如 F)形成的,因为在一个较大的原子周围可以容纳较多较小的原子。每个分子中包含的较轻卤素原子数是随半径比($r_大/r_小$)增大而增多的。例如,碘能形成 IF_7,氯和溴最高只能形成 BrF_5 和 ClF_5。

原则上卤素互化物都可由两种卤素单质在一定条件下直接合成,如果采用卤素单质和卤素互化物相互作用,可得另一种卤素互化物。

$$Cl_2 + F_2(等体积) \xrightarrow{\triangle} 2ClF$$

$$Cl_2 + 3F_2(过量) \xrightarrow{\triangle} 2ClF_3$$

$$BrF_3 + F_2(过量) \xrightarrow{\triangle} BrF_5$$

卤素互化物 XY_n 的化学性质与构成它的卤素密切相关。大多数的卤素互化物是不稳定的,它们易发生歧化或分解为相应的卤素;它们都是强氧化剂和卤化剂,如卤氟化物常用以制备各种氟化物;与大多数金属和非金属猛烈反应,生成相应的卤化物。

$$2ClF_3 \xrightarrow{低温} ClF + ClF_5$$
$$2IF_3 === IF + IF_5$$
$$Se + 4ClF === SeF_4 + 2Cl_2$$

ClF 可将 W、Se 等氧化,生成 WF_6、SeF_4 并放出 Cl_2。ClF_3 是极强的氧化剂,几乎可以与所有元素的单质发生反应,包括 Pt、Au 等。ClF_3 和 IF_7 甚至能与稀有气体 Xe、Kr 作用生成 XeF_2 和 KrF_2。

卤素化合物都易发生水解,对 XY 型卤化物,水解产物为 HY 和 HXO。XY_3、XY_5 等的水解反应较为复杂,产物呈现多样性。

$$XY + H_2O === HY + HXO$$
$$2ICl_3 + 3H_2O === 5HCl + ICl + HIO_3$$
$$3BrF_3 + 5H_2O === HBrO_3 + Br_2 + 9HF + O_2 \uparrow$$
$$IF_5 + 3H_2O === HIO_3 + 5HF$$

液态 BrF_3、IF_5 能发生自偶电离反应,而具有较高导电性:

$$2BrF_3 === [BrF_2]^+ + [BrF_4]^-$$

BrF_5 和 AsF_5 互相作用的产物为离子型导电物质。它们的自偶解离如下:

$$BrF_5 + AsF_5 === [BrF_4]^+ + [AsF_6]^-$$

3. 多卤化物

多卤化物是指金属卤化物与卤素单质或卤素互化物的加和物。

$$CsBr + IBr === CsIBr_2$$
$$KI + I_2 === KI_3$$
$$CsF + IF_7 === CsIF_8$$

在 KI 溶液中加入单质碘后,随着 KI 浓度的增大,碘的溶解度增大,形成深红色溶液。这些产物就是多卤化物。

在多卤化物中,可以只含有一种卤素,如 KI_3,也可以含有两种或三种卤素,如 $RbBrCl_2$、KIF_6、CsBrICl 等。只有半径大、电荷小的金属离子适宜于多卤化物的形成。多卤化物不稳定,受热分解为简单的卤化物和卤素单质:

$$CsBr_3 \xrightarrow{\triangle} CsBr + Br_2$$

若为多种卤素的多卤化物,则受热分解为具有最高晶格能的卤化物,也就是分解反应中形成的金属卤化物所含的卤素是电负性最高。例如

$$CsICl_2 \xrightarrow{\triangle} CsCl + ICl$$
$$KIBrCl \xrightarrow{\triangle} KCl + IBr$$

含氟的多卤化物因此很难存在,因为氟化物的晶格能最大,即使形成含氟的多卤化物,也会直接分解而形成氟化物。

18.1.5* 拟卤素与拟卤化物

某些由两个或多个非金属元素的原子构成的负一价离子,在形成离子型或共价型化合物

时,表现出与卤素负离子相似的性质。当它们以与卤素单质相同的形式组成中性分子时,其性质也与卤素单质相似,具有挥发性,故称之为拟卤素或类卤素。把这些负一价离子形成的化合物称为拟卤化物。这些负离子包括氰离子(CN^-)、硫氰酸根离子(SCN^-)、氰酸根离子(OCN^-)等,这些离子称为拟卤离子。

拟卤素主要包括氰$(CN)_2$、硫氰$(SCN)_2$、氧氰$(OCN)_2$、硒氰$(SeCN)_2$等。

1. 拟卤素的性质

常温常压下,$(CN)_2$呈现气态,有苦杏仁气味,无色、可燃、极毒。在273 K、100 kPa下,1体积水中大约可溶4体积$(CN)_2$。

拟卤素与卤素的相似性质主要表现在以下几个方面:

(1) 游离状态均具有挥发性。

(2) 它们与氢形成氢酸。氰化氢是无色气体,剧毒,可以和水以任何比例混合。拟卤素氢化物的水溶液呈弱酸性。氢氰酸(HCN)的酸性非常弱,$K_a^\ominus = 5.8 \times 10^{-10}$。氰酸(HOCN)的酸性比氢氰酸强,$K_a^\ominus = 3.5 \times 10^{-4}$。硫氰酸(HSCN)的酸性较强,$K_a^\ominus = 63$。

(3) 它们与金属化合生成盐。碱金属的拟卤化物如氰化物溶解度很大,在水中强烈水解而显碱性,并生成HCN。重金属的拟卤化物如氰化物和硫氰化物与卤化物相似,难溶于水,如AgCN、AgSCN、$Pb(SCN)_2$、$Hg_2(CN)_2$、$Hg_2(SCN)_2$等。

(4) 它们与碱、水作用时,也和卤素相似,可发生歧化反应:

$$(CN)_2 + 2OH^- = CN^- + OCN^- + H_2O$$

$$Cl_2 + 2OH^- = Cl^- + ClO^- + H_2O$$

$$(CN)_2 + H_2O = HCN + HOCN$$

$$Cl_2 + H_2O = HCl + HClO$$

(5) 它们能形成与卤素类似的配合物,如$K_2[HgI_4]$和$K_2[Hg(SCN)_4]$、$H[AuCl_4]$和$H[Au(CN)_4]$等。难溶的拟卤化物能溶于NaCN、KCN或NaSCN溶液中,形成可溶性配位化合物。CN^-最重要的化学性质是配位性,它极易与过渡金属及Zn、Hg、Ag、Cd形成稳定的配离子。例如

$$Ag^+ + CN^- = AgCN \downarrow$$

$$AgCN + CN^- = [Ag(CN)_2]^-$$

$$Fe^{3+} + xSCN^- = [Fe(SCN)_x]^{3-x}$$

$$3CN^- + CuCN = [Cu(CN)_4]^{3-}$$

$(SCN)_2$中的S被Se或Te替代,得到硒氰或碲氰,它们也属于拟卤素。

(6) 拟卤离子与卤离子(如Cl^-)相似,也具有一定的还原性。

$$4H^+ + 2SCN^- + MnO_2 \xrightarrow{\triangle} Mn^{2+} + (SCN)_2 + 2H_2O$$

在溶液中,$(SCN)_2$的氧化性与Br_2相似。例如

$$(SCN)_2 + 2I^- = 2SCN^- + I_2$$

$$(SCN)_2 + H_2S = 2H^+ + 2SCN^- + S$$

还可以发生分子内氧化还原反应,如Pb(Ⅳ)化合物的分解:

$$Pb(SCN)_4 = Pb(SCN)_2 + (SCN)_2$$

拟卤离子和卤离子按还原性由弱到强可以共同组成一个序列F^-、OCN^-、Cl^-、Br^-、

CN^-、SCN^-、I^-、$SeCN^-$。

2. 拟卤素的制备

拟卤素 $(CN)_2$ 的制备一般采用加热分解氰化物的方法。在加热的条件下,氰化物中金属离子的极化能力增强,使其能从拟卤离子夺回电子,因此促进氰化物的分解:

$$2AgCN \xrightarrow{\triangle} 2Ag + (CN)_2 \uparrow$$

$$Hg(CN)_2 + HgCl_2 \xrightarrow{\triangle} Hg_2Cl_2 + (CN)_2 \uparrow$$

$(SCN)_2$ 的制备是将 $AgSCN$ 悬浮在乙醚中,利用 Br_2 或 I_2 将 SCN^- 氧化:

$$2AgSCN + Br_2 == 2AgBr + (SCN)_2(l)$$

18.1.6 卤素的含氧化合物

1. 卤素的氧化物

卤素(除氟外)与电负性比它较大的氧化合时,能形成正氧化态的氧化物。氯、溴和碘都有最高 +Ⅶ 氧化态。在 OF_2 和 O_2F_2 中的氟的氧化态为 −Ⅰ。大多数卤素氧化物是不稳定的,当受到撞击甚至受光照射时会爆炸分解。

在卤素的氧化物中重要的有 OF_2、Cl_2O、ClO_2、Cl_2O_7、Br_2O 和 I_2O_5。

OF_2 OF_2 是无色气体,强氧化剂,能与金属、硫、磷和卤素激烈作用生成氟化物和氧化物。将单质氟通入稀氢氧化钠溶液(2%)可以生成气态 OF_2:

$$2F_2 + 2NaOH == 2NaF + H_2O + OF_2 \uparrow$$

OF_2 溶于水时按照下面反应缓慢地放出氧气,它不是酸酐。

$$OF_2 + H_2O == O_2 + 2HF$$

Cl_2O Cl_2O 是一种黄红色气体,在新沉淀的干燥氧化汞上通氯气可以制得:

$$2Cl_2 + 2HgO \xrightarrow{\triangle} HgCl_2 \cdot HgO + Cl_2O \uparrow$$

Cl_2O 溶于水生成次氯酸,是次氯酸的酸酐。

$$Cl_2O + H_2O == 2HClO$$

Cl_2O 与 NH_3 混合,发生较强烈的爆炸反应:

$$3Cl_2O + 10NH_3 == 2N_2 + 6NH_4Cl + 3H_2O$$

ClO_2 ClO_2 在室温下是黄色气体,冷凝时为红色液体,熔点为 214 K,沸点为 283 K,无论是气态或是液态都极易爆炸,是一种强的氧化剂和氯化剂,能氧化许多有机物和无机物,可广泛用于对水的净化和纸张、纤维、纺织品的漂白。

ClO_2 与碱作用生成亚氯酸盐和氯酸盐,所以它是混合酸的酸酐。

$$2ClO_2 + 2NaOH == NaClO_2 + NaClO_3 + H_2O$$

Cl_2O_7 Cl_2O_7 是一种无色油状液体,受热或撞击会立即爆炸。在低温下,将高氯酸小心地加入 P_2O_5 中进行脱水,然后蒸馏就可以得到 Cl_2O_7 的液体:

$$2HClO_4 + P_2O_5 == 2HPO_3 + Cl_2O_7$$

Cl_2O_7 是高氯酸的酸酐,与碱性水溶液反应生成高氯酸盐。在加热条件下爆炸分解,生成 ClO_3 和 ClO_4:

$$Cl_2O_7 \xrightarrow{\triangle} ClO_3 + ClO_4$$

紧接着 ClO_3 和 ClO_4 分别分解为 ClO 和 ClO_2，放出 O_2：

$$ClO_3 \xrightarrow{\triangle} ClO + O_2$$

$$ClO_4 \xrightarrow{\triangle} ClO_2 + O_2$$

Br_2O Br_2O 的制备方法与 Cl_2O 相似，可由溴蒸气与氧化汞作用：

$$2Br_2 + 2HgO \xrightarrow{\triangle} HgBr_2 \cdot HgO + Br_2O$$

Br_2O 为棕黑色固体，具有氧化性，可用于氧化单质碘来制备 I_2O_5，溶于碱液形成次溴酸盐。

I_2O_5 最简便的制备方法是将 HIO_3 加热至 473 K 脱水即得 I_2O_5：

$$2HIO_3 \xrightarrow{\triangle} I_2O_5 + H_2O$$

I_2O_5 是白色粉末状固体，是稳定的化合物，在 573 K 分解为单质碘，是碘酸的酸酐。I_2O_5 作为氧化剂，能使 H_2S、CO、HCl 等氧化；343 K 时能将 CO 定量转变为 CO_2，可用来测定空气中或其他气体中 CO 的含量：

$$I_2O_5 + 5CO = 5CO_2 + I_2$$

用碘量法测定所生成的单质碘，就可以确定 CO 的含量。工业上合成氨厂就是用 I_2O_5 测定合成气中的 CO 含量的。I_2O_5 的分子结构如图 18.3 所示。

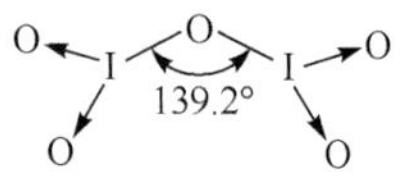

图 18.3 I_2O_5 的分子结构

2. 卤素含氧酸及其盐

1) 存在、溶解性与结构

氟只有 HOF；氯和溴均有四种类型的含氧酸：HXO、HXO_2、HXO_3 和 HXO_4；高碘酸有 HIO_4（偏高碘酸）和 H_5IO_6（正高碘酸）两种形式，一般难溶于水。尚未得到 HIO_2。很多卤素含氧酸仅存在于溶液中，在卤素含氧酸中只有氯的含氧酸有较多的实际用途。$HBrO_2$ 和 HIO 的存在是短暂的，不稳定，往往只是化学反应的中间产物。

卤酸盐的溶解性差别较大，氯酸盐基本上可以溶解于水，但是溶解度不大。溴酸盐中除 $AgBrO_3$、$Pb(BrO_3)_2$、$Ba(BrO_3)_2$ 难溶外，其余溴酸盐均可溶。而可溶性碘酸盐较少，Ag^+、Pb^{2+}、Cu^{2+}、Hg^{2+}、Ca^{2+}、Sr^{2+}、Ba^{2+} 等的碘酸盐均为难溶盐。大多数高氯酸盐易溶于水，但是 K^+、Rb^+、Cs^+、NH_4^+ 的高卤酸盐溶解度较小，符合 Basolo 规则。

卤酸盐的溶解度规律为

$$MClO_3 > MBrO_3 > MIO_3 \quad (M 为 +1 价金属)$$

酸及盐的含氧酸根分别为 XO^-、XO_2^-、XO_3^- 和 XO_4^-，碘还有 $[IO_6]^{5-}$ 形式存在。它们的空间结构可用 VSEPR 理论来判断。在这些结构中，除 IO_6^{5-} 中心碘原子是 sp^3d^2 杂化，八面体结构（图 18.4）外，其余均为 sp^3 杂化。此外，中心卤原子空的 d 轨道与氧原子充满电子的 2p 轨道可形成 d←p 反馈 π 键。

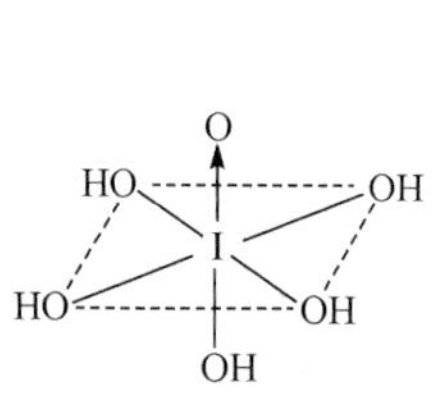

图 18.4 H_5IO_6 的空间结构

不同的酸根其对称性不同，ClO_4^- 为正四面体结构，对称性高，是阴离子中最难被极化的离子，对金属离子的配位能力很弱，所以常用于调节溶液的离子强度。

2) 酸性

卤素含氧酸都有一定的酸性。其规律是：对同一卤素含氧酸其酸性随卤素氧化态升高而增强；卤素氧化态相同时其酸性随 Cl、Br、I 而递减。相关酸常数为

电离常数	HClO	HBrO	HIO	HClO$_2$	H$_5$IO$_6$($K_{a_1}^{\ominus}$)
$K_a^{\ominus}$	2.95×10^{-8}	2.82×10^{-9}	3.16×10^{-11}	1.15×10^{-2}	2.3×10^{-2}

15.2 节讨论了含氧酸酸性问题。高卤酸之所以酸性强,一是因 MO_4^- 为正四面体结构,对称性高,结构稳定;二是由于 M(Ⅶ)对 O 原子的吸引力大于 H 与 O 的结合力,而且 MO_4^- 的高对称性能够抵抗 H^+ 的反极化作用,能够有效地降低 O 原子上的电子密度,O—H 键变弱,容易释放出质子,表现出强的酸性。但按 Cl、Br、I 的顺序,原子半径逐渐增大,抵抗 H^+ 的反极化作的能力逐渐减小,所以酸性逐渐减弱。稀溶液中 $HClO_4$ 完全电离,但在浓溶液中, $HClO_4$ 以分子形式存在。

3) 氧化还原性

15.5.3 讨论过含氧酸及盐的氧化还原性。例如,氯的各种含氧酸的氧化性为 $HClO>HClO_2>HClO_3>HClO_4$;低氧化态从 Cl 至 I 递减:$HClO>HBrO>HIO$;+Ⅴ、+Ⅶ 氧化态则是 Br 的最强,这反映了第四周期元素的不规则性。

ox/red	ClO_3^-/Cl_2	BrO_3^-/Br_2	IO_3^-/I_2	ClO_4^-/ClO_3^-	BrO_4^-/BrO_3^-	H_5IO_6/IO_3^-
$\varphi_A^{\ominus}/V$	1.47	1.48	1.20	1.20	1.85	1.60

HXO 不稳定,具有较强的氧化性。有关反应如下:

$$HClO+HCl = Cl_2\uparrow+H_2O$$
$$3HClO+S+H_2O = H_2SO_4+3HCl$$

过量的 HClO 可将单质硫氧化到+Ⅵ,还原产物为 Cl_2:

$$6HClO+S \xrightarrow{\triangle} H_2SO_4+3Cl_2\uparrow+2H_2O$$

在制备实验中常利用在酸性介质中使用次卤酸盐,以提高其氧化能力。经常使用次卤酸盐在碱性溶液中作氧化剂,制备一些氧化性物质。例如

$$2Fe(OH)_3+3ClO^-+4OH^- = 2FeO_4^{2-}+3Cl^-+5H_2O$$
$$2Ni(OH)_2+ClO^- = 2NiO(OH)+Cl^-+H_2O$$

卤酸及其盐溶液都是强氧化剂,其中以溴酸及盐的氧化性最强。I_2 能从溴酸盐和氯酸盐的酸性溶液中置换出 Br_2 和 Cl_2,Cl_2 能从溴酸盐中置换出 Br_2,习惯上称为"倒置换"反应(相对于 $Cl_2+2I^- = I_2+Cl^-$ 反应来讲)。

$$2XO_3^-+2H^++I_2 = 2HIO_3+X_2 \quad (X=Cl、Br)$$
$$2BrO_3^-+2H^++Cl_2 = 2HClO_3+Br_2$$

卤酸的氧化性还体现在可以将一些非金属单质氧化成高价含氧酸:

$$5HClO_3+6P+9H_2O = 6H_3PO_4+5HCl$$
$$HClO_3+S+H_2O = H_2SO_4+HCl$$
$$5HClO_3+3I_2+3H_2O = 6HIO_3+5HCl$$

在碱性介质中,卤酸盐的氧化能力相当弱。但在酸性介质中,卤酸盐能氧化相应的卤离子生成卤素单质:

$$XO_3^-+5X^-+6H^+ = 3X_2+3H_2O$$

冷稀的 $HClO_4$ 溶液的氧化能力低于 $HClO_3$,没有明显的氧化性,但浓热的 $HClO_4$ 是强氧化剂,与有机物质接触可发生猛烈作用。

$$2HClO_4(浓)+I_2+4H_2O = 2H_5IO_6+Cl_2\uparrow$$

HIO_4 的酸性比高氯酸弱很多，但氧化能力比高氯酸强，与一些试剂作用时反应平稳而又迅速，因此在分析化学中常用。

$$2Mn^{2+} + 5H_5IO_6 = 2MnO_4^- + 5IO_3^- + 11H^+ + 7H_2O$$

4) 稳定性

物质的稳定性常与它们的氧化还原性有关。一般而言，盐比相应的酸稳定。

次卤酸均为很弱的酸，氧化性强，都很不稳定。稳定性随 HClO、HBrO、HIO 顺序降低，至今尚未制得纯的 HXO。

次卤酸及其盐有两种基本分解方式，其分解速率和溶液的浓度、pH 及温度等因素有关。HXO 的分解速率比 XO^- 还要快，光照或加热、加酸都能促进分解。

$$2HXO = 2HX + O_2\uparrow \quad 或 \quad 2XO^- = 2X^- + O_2\uparrow \quad (Ⅵ)$$
$$3HXO = 2HX + HXO_3 \quad 或 \quad 3XO^- = 2X^- + XO_3^- \quad (Ⅶ)$$

在阳光直接作用下，分解几乎全照式（Ⅵ）进行，当有容易与氧气化合的物质或者有催化剂如氧化钴或镍存在时，这种分解作用加速进行。因此次卤酸都是强氧化剂。

加热则促进式（Ⅶ）进行，这是次卤酸及其盐的歧化反应。在碱性介质中所有次卤酸根都发生歧化反应。实验证明，XO^- 的歧化速率与温度有关。室温或低于室温时，ClO^- 歧化速率极慢，但是在 348 K 左右的热溶液中，ClO^- 歧化速率相当快，产物是 Cl^- 和 ClO_3^-；BrO^- 在室温时歧化速率已相当快，只有在 273 K 左右低温时才可能生成次溴酸盐，在 323～353 K 时产物全部都是溴酸盐；IO^- 在 273 K 时歧化速率很快，溶液中不存在次碘酸盐。与碱反应能定量得到碘酸盐。

$$3I_2 + 6OH^- = 5I^- + IO_3^- + 3H_2O$$

亚卤酸是最不稳定的卤素含氧酸，仅存在于水溶液中，制得的溶液不久就发生分解：

$$5HClO_2 = 4ClO_2\uparrow + Cl^- + H^+ + 2H_2O$$

亚氯酸还有其他的分解方式：

$$3HClO_2 = 2ClO_3^- + Cl^- + 3H^+$$
$$HClO_2 = Cl^- + H^+ + O_2\uparrow$$

亚氯酸盐在溶液中较为稳定，ClO_2^- 和 BrO_2^- 可在中性或碱性溶液中存在，而 IO_2^- 在任何条件下都迅速地分解。当加热或撞击固体亚氯酸盐时，其迅速分解发生爆炸：

$$3NaClO_2 = 2NaClO_3 + NaCl$$

卤酸的稳定性高于亚卤酸和次卤酸。氯酸和溴酸存在于水溶液中，但当质量分数分别超过 40% 和 50% 时就迅速分解，并发生爆炸：

$$3HClO_3 = 2ClO_2\uparrow + HClO_4 + H_2O$$
$$4HBrO_3 = 2Br_2 + 5O_2\uparrow + 2H_2O$$

高温下，由 $HClO_3$ 分解放出的 ClO_2 还会进一步爆炸性分解，生成 O_2 和 Cl_2。

碘酸比较稳定，用浓硝酸氧化碘时，结晶析出碘酸白色晶体，加热至 175 ℃ 时分解：

$$2HIO_3 \xrightarrow{\triangle} I_2O_5 + H_2O$$

产物 I_2O_5 是最稳定的卤素氧化物，是 HIO_3 的酸酐。

卤酸盐的稳定性高于相应的酸，但受热时也会发生分解：

$$4KClO_3 \xrightarrow{673\ K} 3KClO_4 + KCl \quad 歧化$$
$$2KClO_3 \xrightarrow[\triangle]{MnO_2} 3O_2\uparrow + 2KCl \quad 催化$$

$$2Zn(ClO_3)_2 \xrightarrow{\triangle} 2ZnO + 2Cl_2\uparrow + 5O_2\uparrow \quad 热分解$$

相应的 $KBrO_3$、KIO_3 没有上述分解方式中的歧化反应,因为它们的高卤酸盐比相应的卤酸盐更容易分解。

浓热的高氯酸是强氧化剂,不稳定,受热分解为氯气、氧气和水:

$$4HClO_4(浓) = 2Cl_2\uparrow + 7O_2\uparrow + 2H_2O$$

5) 制备

1971 年美国科学家在 0 ℃ 以下将氟气从细冰末上面通过,得到了毫克量的次氟酸。HOF 不稳定,易分解成 O_2 和 HF:

$$2HOF = 2HF + O_2$$

其他次卤酸 HXO 可通过卤素在水中的歧化反应生成(参见 14.3.8):

$$X_2 + H_2O = HX + HXO$$

纯的亚氯酸溶液可由硫酸和亚氯酸钡复分解制取:

$$H_2SO_4 + Ba(ClO_2)_2 = BaSO_4\downarrow + 2HClO_2$$

ClO_2 和碱作用可得到亚氯酸盐,同时有氯酸盐生成。如果用 Na_2O_2 或 H_2O_2 的碱溶液与 ClO_2 作用,这样可以得到不含有氯酸盐的纯的 $NaClO_2$:

$$2ClO_2 + Na_2O_2 = 2NaClO_2 + O_2\uparrow$$

在碱性条件下,单质溴与次溴酸盐反应,缓慢蒸发,结晶可得到亚溴酸盐:

$$2Br_2 + Ba(BrO)_2 + 4OH^- = Ba(BrO_2)_2 \cdot 2H_2O + 4Br^-$$

氯酸和溴酸可用卤酸钡与硫酸复分解反应制备,但未得到过纯酸。

HNO_3、H_2O_2、O_3 等强氧化剂都可将单质碘氧化为碘酸。

$$I_2 + 10HNO_3(浓) = 2HIO_3 + 10NO_2\uparrow + 4H_2O$$

卤酸盐的制备可采用两种方法:卤素单质在热的碱溶液中歧化;用化学方法氧化或电解氧化卤素单质。例如

$$3I_2 + 6NaOH = NaIO_3 + 5NaI + 3H_2O$$
$$KI + 6KOH + 3Cl_2 = KIO_3 + 6KCl + 3H_2O$$

可以利用浓硫酸与高氯酸盐反应来制备高氯酸,减压蒸馏可得到质量分数为 71.6% 的高氯酸恒沸物,在温度低于 356 K 和压强低于 0.13 kPa 的条件下小心蒸馏恒沸物,可以得到无水高氯酸:

$$H_2SO_4(浓) + KClO_4 = HClO_4 + KHSO_4$$

工业上常采用电解氧化 $NaClO_3$ 的方法来制备高氯酸盐。

高溴酸不易稳定存在,直到 1968 年阿佩曼(E. H. Appelman)用 F_2 或 XeF_2 氧化 BrO_3^- 水溶液才制得高溴酸盐:

$$BrO_3^- + F_2 + 2OH^- = BrO_4^- + 2F^- + H_2O$$
$$BrO_3^- + XeF_2 + H_2O = BrO_4^- + Xe + 2HF$$

高碘酸一般难溶于水。通常将氯气通入碘酸盐的碱性溶液中可得到高碘酸盐:

$$Cl_2 + IO_3^- + 3OH^- = H_3IO_6^{2-} + 2Cl^-$$

6) 应用

最常用的次卤酸盐是次氯酸钙,用氯气与 $Ca(OH)_2$ 反应,控制温度在 298 K 左右可得到次氯酸钙。

$$2Cl_2 + 2Ca(OH)_2 == Ca(ClO)_2 + CaCl_2 + 2H_2O$$

通常漂白粉是次氯酸钙、氯化钙和氢氧化钙所组成的水合复合盐。次氯酸钙是漂白粉的有效成分。漂白粉的质量以有效氯的含量来衡量。一定量漂白粉与稀盐酸反应所产生出的 Cl_2 称为有效氯。

$$Ca(ClO)_2 + 4HCl == CaCl_2 + 2Cl_2\uparrow + 2H_2O$$

次氯酸盐最大的用途是漂白和消毒,在有机化学中次卤酸是芳香族和脂肪族化合物的卤化剂。

$NaClO_2$ 主要应用于纺织品的漂白和冲洗,作为生产 ClO_2 的原料,也可作为氯化剂除去工业废气中的一氧化氮等污染物。

氯酸盐是卤酸盐中重要的而且有使用价值的盐。其中最常见的是 $KClO_3$ 和 $NaClO_3$,$NaClO_3$ 易潮解,而 $KClO_3$ 不会潮解,可制得干燥的产品。氯酸钾固体是强氧化剂,它与易燃物质如 C,S,P 及有机物混合时,一旦受到撞击即发生猛烈爆炸,因此 $KClO_3$ 大量用于制造火柴和烟火。氯酸钠可用作除草剂,溴酸盐和碘酸盐可用作分析化学试剂。

以氯的含氧酸和含氧酸盐为代表,将以上规律总结归纳在表 18.3 中。

表 18.3 氯的含氧酸及其盐性质变化规律

氧化态	酸	热稳定性和酸性	氧化性	盐	热稳定性	阴离子的碱性
+1	$HClO$	弱	强	$NaClO$	弱	强
+3	$HClO_2$	↓	↑	$NaClO_2$	↓	↑
+5	$HClO_3$	↓	↑	$NaClO_3$	↓	↑
+7	$HClO_4$	强	弱	$NaClO_4$	强	弱

18.2 氧族元素

18.2.1 氧族元素的通性

周期表中第 ⅥA 族元素包括氧、硫、硒、碲和钋 5 种元素(钋为放射性稀有元素),统称为氧族元素。除氧以外其余的元素又称为硫族元素。本节重点讨论氧、硫及其重要化合物的性质和应用。

1. 氧族元素的存在

氧是地壳中分布最广和含量最多的元素。它既以单质 O_2 分子形式存在,也以化合态的形式存在。氧构成了岩石质量的 46%,大气质量的 23%,水层质量的 85% 以上。就目前所知,氧还是月球表面丰度最高的元素。

硫在自然界中分布很广,它在地壳中的质量分数为 $2.6×10^{-2}$%。硫在自然界中以单质和化合态两种形态存在,天然单质硫主要存在于火山或沉积岩中。天然的硫化合物包括金属硫化物、硫酸盐和有机硫化合物三大类。重要的硫化物矿有黄铁矿(FeS_2)、黄铜矿($CuFeS_2$)、方铅矿(PbS)、朱砂(HgS)、闪锌矿(ZnS)等。硫酸盐矿以石膏($CaSO_4·2H_2O$)和芒硝($NaSO_4·10H_2O$)最为丰富。有机硫化合物除了存在于煤和石油沉积物中外,还广泛地存在于生物体的蛋白质、氨基酸中。

硒和碲是稀有分散元素,在地壳中的质量分数分别为 $5×10^{-6}$% 和 $2×10^{-7}$%,它们常与硫化物矿共生。煅烧硫化物矿时,硒和碲常常富集在烟道灰中。硒是典型的半导体材料,也是人体的一种必需元素,对肿瘤的发生、发展有一定的阻遏和抑制作用。

2. 氧族元素的性质

氧族元素的价电子结构为 ns^2np^4,有 6 个价电子,所以它们都能结合两个电子形成氧化数为 $-\mathrm{II}$ 的阴离子,表现出非金属元素的特征。与卤素原子相比,氧族元素的原子结合两个电子的能力不如卤素原子结合一个电子的能力强,因此氧族元素的非金属性弱于卤素。

氧族元素的原子半径、离子半径、电离能和电负性的变化趋势和卤素相似。从氧到碲随着原子半径的增大,电离能和电负性依次减弱,非金属性也依次降低。同卤素中的氟一样,氧在同族中也存在特殊性:第一电子亲和能最小;单键的解离能小于硫和硒。氧族元素从非金属向金属过渡:氧和硫是典型的非金属,硒和碲是准金属,而钋是典型的金属,且为放射性元素。

氧族元素氧化态和氧化还原性质可以从图 18.5 中体现出来。

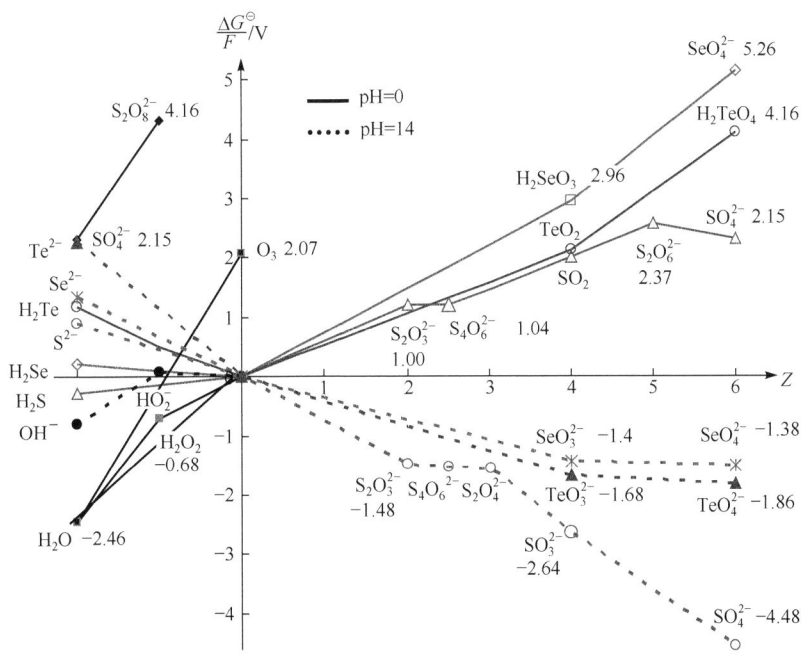

图 18.5　氧族元素的 $\Delta G^\ominus/F\text{-}Z$ 图

3. 氧、硫的成键特征

氧、硫同族,价电子结构相同,因而其成键特征有许多是相同的,但硫有价层 d 轨道而氧无,硫的半径比氧大,因此其成键特性又有差异。氧还能以 O_2 和 O_3 成键,而硫则不能。

1) 氧、硫原子形成化合物时的成键情况

(1) 形成离子键。氧、硫的电负性都较大,可以从电负性较小的其他元素的原子夺取电子形成 O^{2-}、S^{2-},进而形成离子型氧化物,如 K_2O、BaO、Na_2S、CaS、$(NH_4)_2S$ 等。

(2) 形成共价键。①氧、硫原子采取 sp^3 杂化,形成两个共价单键,如 H_2O、H_2S、Cl_2O、SCl_2、H_2O_2、H_2S_2 等。②氧可以与其他原子形成由 σ 和 π 组成的多重键,如双键[$H_2C=\!\!=\!\!O$,$(H_2N)_2C=\!\!=\!\!O$]、叁键(CO,NO)等;但硫因半径大,不利于形成多重键,倾向于形成更多的单键。③氧、硫都能形成离域大 π 键,如 Π_3^4 的 O_3、SO_2,2 个 Π_3^4 的 CO_2、CS_2,Π_4^6 的 SO_3 等。④在一

定的条件下,硫原子的成对电子可以拆开,激发到 3d 轨道上,形成高配位数、高氧化态化合物,如 SF_4、SF_6 等。⑤硫原子自相成链的能力较强,能形成多硫化物、连多硫酸等。

(3) 形成配位键。①氧原子中的孤对电子可作为给予体与接受体形成配位键,如 H_3O^+、$Fe(H_2O)_6^{3+}$ 等。②氧原子可以把两个成单电子挤入一个 2p 轨道,空出一个 2p 轨道来,作 Lewis 酸与电子给予体形成配位键(参见 13.5.1)。氧原子 2p 轨道上的两对孤对电子又反馈给中心原子(给予体)的空轨道形成反馈键,如含氧酸根(SO_4^{2-}、PO_4^{3-}、MnO_4^- 等)中的 d←p 反馈 π 键。硫也有这种成键特征,如 $H_2S_2O_3$ 及其盐,但硫具有这种成键特征的化合物少。③氧能形成氢键 M—H⋯O。

2) 氧分子形成化合物时的成键情况

(1) 氧分子可以结合一个电子,形成超氧离子 O_2^- 和超氧化物,如 KO_2。

(2) 氧分子可以结合两个电子,形成过氧离子 O_2^{2-},组成离子型过氧化物,如 Na_2O_2、BaO_2 等;或通过过氧键—O—O—组成共价型过氧化物,如 H_2O_2、$K_2S_2O_8$ 等。硫也具有这一成键特征,如 Na_2S_2、FeS_2、H_2S_2、S_2Cl_2 等。

(3) 氧分子还可以失去一个电子,生成二氧基 O_2^+ 阳离子,形成离子型二氧基盐。例如,O_2 与 PtF_6 反应生成橘黄色固体 $O_2^+PtF_6^-$。

(4) 氧分子中的孤对电子可作为 Lewis 碱向金属离子配位。例如,血液中的血红素是金属-卟啉配合物,血红蛋白中都含亚铁血红素{[HmFe]},其中的 Fe^{2+} 与 O_2 可逆配位结合:

$$[HmFe]+O_2 \rightleftharpoons [HmFe←O_2]$$

Hm 代表卟啉衍生物。这样,动物体内的血红素便起到了载输氧气的作用,从而成为载氧体。

3) 臭氧分子形成化合物时的成键情况

(1) 臭氧分子可以结合一个电子,形成臭氧离子 O_3^-,所形成的化合物为离子型臭氧化合物,如 KO_3、NH_4O_3。

(2) 臭氧分子 O_3 也可以形成臭氧链—O—O—O—,形成共价型臭氧化物,如 O_3F_2 等。

18.2.2 氧的单质

氧的单质有 O_2 和 O_3,互为同素异形体。

1. 物理性质

常温下氧气是一种无色、无味、无臭的气体,在 −182.95 ℃ 时凝聚成淡蓝色的液体,进一步冷却到 −218.79 ℃ 时凝聚成淡蓝色的固体,有顺磁性。在 293 K 时 1 dm^3 水中只能溶解约 30 cm^3 氧气。氧在水中的溶解度虽小,却是水生动植物赖以生存的基础。光学实验证明在溶有氧气的水中存在氧的水合物 $O_2 \cdot H_2O$ 和 $O_2 \cdot 2H_2O$,第二个水合物不稳定。

O_3 是一种淡蓝色气体,有鱼腥臭味而得名,在稀薄情况下并不臭,闻起来有清新爽快之感。人在雷雨之后或漫步于林中,感觉呼吸舒畅,就是因为空气中有少量 O_3 的存在。O_3 比 O_2 易液化,在 −111.35 ℃ 时凝聚成深蓝色液体,并在 −193 ℃ 时凝聚成紫黑色固体。由于 O_3 分子的色散力大于 O_2 分子,因而 O_3 的沸点高于 O_2。O_3 分子有一定的极性,故在极性溶剂如水中的溶解度比 O_2 要大。

2. O_2 和 O_3 的分子结构

O_2 的分子轨道为 $KK(\sigma_{2s})^2(\sigma_{2s}^*)^2(\sigma_{2px})^2(\pi_{2p_y})^2(\pi_{2p_z})^2(\pi_{2p_y}^*)^1(\pi_{2p_z}^*)^1$,有两个三电子键,键

级为 2。

O_3 分子的中心氧原子以 sp^2 杂化,与两端点氧原子成 σ 键,三个 O 原子间还形成 Π_3^4 键,键级为 1,所以 O、O 间键级为 1.5,小于 O_2 的键级。因此,臭氧分子中 O—O 键的键长 127.8 pm,略大于氧分子的 120.8 pm,O_3 分子的键能则小于 O_2 分子。O_2 为非极性分子,具有顺磁性;O_3 是极性分子,是逆磁性的。

3. O_2 和 O_3 的化学活性

O_2 和 O_3 的特征化学性质是氧化性和 O_3 的不稳定性。

O_3 的稳定性不如 O_2。无催化剂或紫外线照射时,它在常温下分解较慢,164 ℃ 以上迅速分解。

$$2O_3 =\!=\!= 3O_2 \quad \Delta_r H_m^{\ominus} = -285.4 \text{ kJ} \cdot \text{mol}^{-1}$$

图 18.5 中 O_3 和 O_2(位于坐标原点)与还原产物 H_2O 的连线的斜率是前者大于后者,说明 O_3 比 O_2 有更强的氧化能力、更大的化学活性。

在常温下,氧的化学活性不强,仅能使一些还原性强的物质如 Na_2SO_3、$SnCl_2$、KI、NO 等氧化。在高温下,除卤素、少数贵金属如 Au、Pt 等以及稀有气体外,氧几乎能与所有的元素直接化合生成相应的氧化物。H_2S、CH_4、CO、NH_3 等能在氧气中燃烧:

$$2H_2S + 3O_2 =\!=\!= 2SO_2 + 2H_2O$$
$$4NH_3 + 3O_2 =\!=\!= 2N_2 + 6H_2O$$

臭氧能氧化一些只具有弱还原性的单质或化合物,有时可把某些元素氧化到最高价态:

$$Hg + O_3 =\!=\!= HgO + O_2$$
$$PbS + 4O_3 =\!=\!= PbSO_4 + 4O_2$$
$$O_3 + XeO_3 + 2H_2O =\!=\!= H_4XeO_6 + O_2$$

臭氧能迅速而且定量将地 I^- 氧化成 I_2,此反应常被用于鉴定 O_3 和测定 O_3 的含量:

$$O_3 + 2I^- + H_2O =\!=\!= I_2 + O_2 + 2OH^-$$

臭氧还能氧化 CN^-,因此常被用来治理电镀工业中的含氰废水。反应如下:

$$O_3 + CN^- =\!=\!= OCN^- + O_2$$
$$4OCN^- + 4O_3 + 2H_2O =\!=\!= 4CO_2 + 2N_2 + 3O_2 + 4OH^-$$

4. O_2 和 O_3 的制备和用途

氧的工业制备主要是自空气中分离出氧,电解水也可以制备氧气。实验室过去常用热分解盐(如 $NaNO_3$)、氧化物(如 HgO)或过氧化物(如 BaO_2)来得到氧气。例如,在 473 K 时以二氧化锰为催化剂加热分解 $KClO_3$:

$$2KClO_3 =\!=\!= 2KCl + 3O_2 \uparrow$$

臭氧层位于大气层的最上层,距地面约 25 km。太阳的紫外线辐射导致氧气分子解离成氧原子,这些氧原子与其余的氧气结合生成臭氧:

$$O_2 \xrightarrow{\text{紫外线}} 2O \qquad O + O_2 \longrightarrow O_3$$

用化学方法制备,如把浸于液态氧中的铂丝加热,浓硫酸作用于过氧化钡,都能产生臭氧。

雷雨的时候,空气中的氧受电火花的作用也能产生少量的臭氧。由于静电作用,在电动机和复印机的旁边也能经常闻到臭氧的特殊腥味。

富氧空气可用于高炉炼铁以及硫酸和硝酸的生产,切割焊接中的氢氧焰、氧炔焰。富氧空气或纯氧用于医疗中的急救、高空飞行和海底潜水。液氧常用作火箭推进剂中高能燃料的氧化剂等。

臭氧用途广泛,如消毒、杀菌、漂白、除臭、催化等。臭氧在污水处理中也有广泛的应用,为优良的污水净化剂、脱色剂。使用臭氧的优点是不导致二次污染。

18.2.3 氧化物、过氧化物

氧化物按键型大体上可分为共价型、离子型和介于这两种的过渡型氧化物三类。另外,按氧化物的酸碱性可以分为四类:酸性氧化物、碱性氧化物、两性氧化物、中性氧化物(既不与酸又不与碱反应,如 CO、NO 等)。

氧化物的酸碱性和它们的离子性、共价性之间有较密切的联系。离子型氧化物通常为碱性或两性,共价型氧化物通常为酸性,介于两者的过渡型氧化物一般具有弱酸性(如 SiO_2)、弱碱性(如 MnO)或两性(如 Cr_2O_3)。稀土元素从 La 到 Lu 随着原子序数的增大,其氧化物的碱性依次减弱。还有一种观点认为,氧化物的酸碱性与中心离子极化能力、氢离子对氧离子的结合力的相对大小有关。

还有一类复杂的混合价态氧化物,它们分别由其低价氧化物和高价氧化物混合组成,如 Fe_3O_4 可以看成是由 FeO 和 Fe_2O_3 组成的,Pb_2O_3 可以看成是由 PbO 和 PbO_2 组成的。

有关各种元素氧化物的结构、性质、制备及用途将在相关章节中分别介绍。

1. 过氧化物及物理性质

过氧化物分金属过氧化物(如 Na_2O_2、K_2O_2、BaO_2 等)和非金属过氧化物。金属过氧化物在相关金属章节中讨论,在此只讨论非金属过氧化物:过氧硫酸及盐、过氧化氢。

过氧硫酸有过一(氧)硫酸和过二(氧)硫酸,都是无色晶体。特别重要的盐有过二硫酸铵和过二硫酸钾。过硫酸及盐都易溶于水。

过氧化氢(H_2O_2)俗称双氧水。在自然界中很少存在,仅微量存在于雨雪或某些植物的汁液中。纯过氧化氢是一种近乎淡蓝色液体,它能与水以任何比例互溶。市售试剂为 30% 的 H_2O_2 水溶液。医疗上消毒用的 H_2O_2 为 3% 溶液。H_2O_2 的沸点(约 150.2 ℃)远比水高,意味着分子间存在较强的氢键,但它的熔点为 -0.43 ℃,与水相近。

2. 过氧化氢和过氧硫酸(根)的结构

图 13.4 给出了 H_2O_2 和 H_2O 分子结构间的关系:H_2O_2 可看成是 H_2O 中的一个 H 被 —OH 取代的结果。两个氧原子均采取 sp^3 不等性杂化,成键环境相同,分子中存在过氧链(—O—O—)。在晶体或气相中,H_2O_2 分子的结构像打开的笔记本电脑,过氧链位于笔记本的转轴上,如图 18.6 所示。但键长和键角稍有差别,O—O 键长分别为 145.3 pm(晶体)和 147.5 pm(气相),O—H 键长分别为 98.8 pm(晶体)和 95.0 pm(气相)。

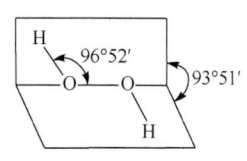

图 18.6 H_2O_2 的结构

过氧硫酸可以看成是过氧化氢中的 H 被 —SO_3H(磺酸基)取代的产物。HO—OH 中一个 H 被 —SO_3H 所取代得 HO—OSO_3H,即过一硫酸(H_2SO_5)。若两个氢都被 —SO_3H 所取代,则得 HSO_3O—OSO_3H,即过二硫酸($H_2S_2O_8$),其结构如图 13.6 所示。

在金属过氧化物、过氧化氢、过(氧)硫酸及盐中,都有相同的结构基元—O—O—。

3. 过氧化氢、过氧硫酸及盐的性质

首先可以从 H_2O_2 的结构定性地推测它的性质:① 过氧链为单键,键级为 1,小于 O_2 和 O_3,O—O 键长 148 pm,比 O_3(128 pm) 和 O_2(121 pm) 长,此键的稳定差;② 氧的氧化数为 -1,介于 -2 和 0,加之键的不稳定性和氧的大电负性,具有较强的氧化性和弱的还原性;③ 将 H_2O_2 和 H_2O 的结构相比较,预计 H_2O_2 有弱酸性,电离常数比 H_2O 略大;④ 因—SO_3H 的电负性大于 H,预计过氧硫酸(根)中的过氧键更弱,其稳定性更差,氧化性更强。事实上,不稳定性和强氧化性是过氧化氢和过硫酸及盐的性质特征。

1) 不稳定性

从图 18.5 可以看出 H_2O_2 在酸性条件下不稳定(碱性条件下也一样),发生歧化反应:

$$2H_2O_2 =\!\!=\!\!= 2H_2O + O_2 \uparrow \quad \Delta_r H_m^{\ominus} = -196 \text{ kJ} \cdot \text{mol}^{-1}$$

H_2O_2 在较低温度和高纯度时比较稳定,若受热到 153 ℃ 以上便发生分解,光照射也会使它的分解速度加快。

重金属离子 Fe^{3+}、Fe^{2+}、Mn^{2+}、Cu^{2+} 和 Cr^{3+} 等的存在能大大加速 H_2O_2 的分解。因为它们在酸性溶液中的电极电势介于 H_2O_2 的电极电势(0.69~1.76 V)之间,如 $\varphi_A^{\ominus}(Fe^{3+}/Fe^{2+}) = 0.770$ V,它是 H_2O_2 分解的催化剂。以 Fe^{3+} 的催化过程为例

$$2Fe^{3+} + H_2O_2 =\!\!=\!\!= 2Fe^{2+} + O_2 \uparrow + 2H^+$$

$$H_2O_2 + 2Fe^{2+} + 2H^+ =\!\!=\!\!= 2Fe^{3+} + 2H_2O$$

总反应

$$2H_2O_2 =\!\!=\!\!= 2H_2O + O_2 \uparrow$$

这说明 Fe^{3+} 在反应中扮演了催化剂的角色。同理,若起始有杂质 Fe^{2+},也同样促进使 H_2O_2 分解。

实验室里常把 H_2O_2 装在棕色瓶内存放在荫凉处。有时加入一些稳定剂,如微量的锡酸钠(Na_2SnO_3)、焦磷酸钠($Na_4P_2O_7$)或 8-羟基喹啉等抑制所含杂质的催化作用。

过二硫酸及其盐都不稳定,在加热时容易分解。例如

$$2K_2S_2O_8 \xrightarrow{\triangle} 2K_2SO_4 + 2SO_3 \uparrow + O_2 \uparrow$$

2) 氧化性

由图 18.5 或电极电势 $\varphi_A^{\ominus}(H_2O_2/H_2O) = 1.76$ V、$\varphi_B^{\ominus}(HO_2^-/OH^-) = 0.87$ V 可看出,无论是在酸性还是碱性溶液中,H_2O_2 都有较强的氧化性。例如

$$H_2O_2 + 2I^- + 2H^+ =\!\!=\!\!= I_2 \downarrow + 2H_2O$$

$$H_2O_2 + Na_2SO_3 =\!\!=\!\!= Na_2SO_4 + H_2O$$

$$4H_2O_2 + PbS =\!\!=\!\!= PbSO_4 \downarrow + 4H_2O$$

$$H_2O_2 + Mn(OH)_2 =\!\!=\!\!= MnO_2 \downarrow + 2H_2O$$

$$3H_2O_2 + 2NaCrO_2 + 2NaOH =\!\!=\!\!= 2Na_2CrO_4 + 4H_2O$$

过二硫酸及盐不仅能使纸炭化,还能烧焦石蜡。硝酸银可作过二硫酸根氧化反应的催化剂,将 Mn^{2+} 氧化成 MnO_4^-(此反应常用作钢铁分析中锰含量的测定),还可以将 Cr^{3+} 氧化成 $Cr_2O_7^{2-}$:

$$2Mn^{2+} + 5S_2O_8^{2-} + 8H_2O \xrightarrow{Ag^+} 2MnO_4^- + 10SO_4^{2-} + 16H^+$$

$$2Cr^{3+} + 3S_2O_8^{2-} + 7H_2O \xrightarrow{Ag^+} Cr_2O_7^{2-} + 6SO_4^{2-} + 14H^+$$

过二硫酸钾能把铜氧化成硫酸铜：

$$K_2S_2O_8 + Cu = CuSO_4 + K_2SO_4$$

需要指出的是：过（氧）硫酸及其盐的性质体现在过氧根而非硫[ⓐ]。在还原过程中，—O—O—中 O 氧化数由 -1 降到 -2，而无论是氧化型物质 $S_2O_8^{2-}$ 还是还原型物质 SO_4^{2-}，硫的氧化数都是 $+6$，没有发生变化。

3）还原性

H_2O_2 的还原性弱，$\varphi_A^{\ominus}(O_2/H_2O_2) = 0.695$ V、$\varphi_B^{\ominus}(O_2/HO_2^-) = 0.0695$ V，只有当它遇到强氧化剂（如 $KMnO_4$）时，才表现出一定的还原性：

$$2MnO_4^- + 5H_2O_2 + 6H^+ = 2Mn^{2+} + 5O_2\uparrow + 8H_2O$$

在碱性溶液中 H_2O_2 是一种中等强度的还原剂：

$$3H_2O_2 + 2MnO_4^- = 2MnO_2\downarrow + 3O_2\uparrow + 2OH^- + 2H_2O$$

$$H_2O_2 + Ag_2O = 2Ag + O_2\uparrow + H_2O$$

在工业上常利用 H_2O_2 的还原性除去氯：

$$Cl_2 + H_2O_2 = 2Cl^- + 2H^+ + O_2\uparrow$$

过二硫酸及盐不体现还原性。

4）过氧化氢的弱酸性

H_2O_2 为二元弱酸，酸性比水稍强，而比 HCN 更弱，能形成 HO_2^- 盐和 O_2^{2-} 盐。

$$H_2O_2 \rightleftharpoons H^+ + HO_2^- \quad K_{a_1}^{\ominus} = 2.3 \times 10^{-12}$$

$$HO_2^- \rightleftharpoons H^+ + O_2^{2-} \quad K_{a_2}^{\ominus} \approx 10^{-25}$$

H_2O_2 与过量 NaOH 反应的产物是 $NaHO_2$ 和 H_2O，反应中 H_2O_2 只提供一个质子，因为该反应（$H_2O_2 + OH^- = HO_2^- + H_2O$）的 K 值较大。H_2O_2 也能失去两个质子形成过氧离子 O_2^{2-}，如与 $Ba(OH)_2$ 反应的产物为 BaO_2，它和金属离子配位形成多种形式的配合物。过氧化物不同于氧化物，相当于一种特殊的盐，过氧化氢的盐其特点在于含有过氧基。

过氧化氢还可以接受质子，形成 $(H_2OOH)^+$。

5）过氧化氢的鉴定

当过氧化氢与某些物质作用时，可发生过氧键的转移。如在酸性溶液中过氧化氢能使重铬酸盐生成蓝色的过氧化铬，可以用来检验 H_2O_2 和 CrO_4^{2-} 或 $Cr_2O_7^{2-}$：

$$4H_2O_2 + Cr_2O_7^{2-} + 2H^+ \xrightarrow{乙醚} 2CrO_5 + 5H_2O$$

CrO_5 也可写成 $CrO(O_2)_2$ 的形式，它在水溶液中会进一步与 H_2O_2 反应，使蓝色迅速消失：

$$7H_2O_2 + 2CrO_5 + 6H^+ = 7O_2\uparrow + 2Cr^{3+} + 10H_2O$$

CrO_5 在乙醚或戊醇等有机相中较稳定，所以反应前需向溶液中加入乙醚或戊醇。

4. 制备与应用

14.3.9 和 14.4.1 分别介绍了过二硫酸盐和过氧化氢的制备方法。工业上常用电解硫酸溶液的方法制备 $H_2S_2O_8$（副产物为 H_2SO_5）。$H_2S_2O_8$ 分步水解可得过一硫酸和过氧化氢：

[ⓐ] 胡宗球. 大学化学. 2013, 28(2): 39~41.

$$HSO_3OOSO_3H + H_2O \rightleftharpoons HOOSO_3H + H_2SO_4$$
$$HOOSO_3H + H_2O \rightleftharpoons H_2SO_4 + H_2O_2$$

将无水过氧化氢加入经充分冷却的氯磺酸或浓硫酸中,均可得过一硫酸:
$$H_2O_2 + HSO_3Cl \rightleftharpoons H_2SO_5 + HCl$$
$$H_2O_2 + H_2SO_4 \rightleftharpoons H_2SO_5 + H_2O$$

过氧化氢的分子结构决定了它的极性较强,其偶极矩 $\mu=5.2\times10^{-30}$ C·m(1.5 D),所以理论上它应该是一种很好的极性溶剂,但由于它的不稳定性,基本上没有实用价值。

过氧化氢常用作氧化剂,利用其的氧化性可漂白毛、丝织物和油画,3%的过氧化氢在医学上用于消毒杀菌。纯过氧化氢还可作火箭燃料的氧化剂。它的优点是氧化性强,还原产物是水,不引入杂质,不污染环境。

过二硫酸盐除作氧化剂外,可作为聚合反应的引发剂,用于生产聚丙烯腈和乳液聚合法合成聚氯乙烯等过程,还可以用于蚀刻、印刷电路板、漂白等领域。

18.2.4 单质硫

自然界中的单质硫常蕴藏在火山地区附近,这可能是由地下的硫化物矿床与高温水蒸气作用生成了硫化氢,它受氧化或二氧化硫作用而形成了单质硫的沉积矿床。因此,每次火山爆发都会将地下大量的硫带到地面。

1. 硫的同素异形体

硫有许多同素异形体,最常见的是晶状的斜方硫(α-硫)和单斜硫(β-硫)。斜方硫在 369 K 以下稳定,单斜硫在 369 K 以上稳定。

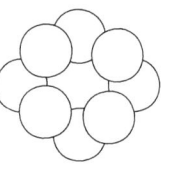 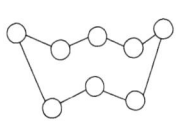

图 18.7 S_8 分子的结构

斜方硫和单斜硫都易溶于非极性溶剂中,如 CS_2 等,它们都是由 S_8 环状分子组成的,如图 18.7 所示。每个硫原子采取 sp^3 不等性杂化,与另外两个硫原子形成共价单键。斜方硫是室温下唯一稳定的硫的存在形式。S_8 分子之间以弱的分子间力相结合,熔点较低。

当加热超过硫的熔点时,它就变成黄色、透明、流动性的液体,继续加热到 433 K 以上,S_8 环状结构断开,形成开链的线形分子,并且聚合成长链的大分子,此时液态硫的颜色变深,黏度增加,接近 473 K 时,它的黏度最大。继续加热时(523 K 以上)长链分子断裂为小分子,黏度下降。温度达到 717.6 K 时,液体沸腾,硫变成蒸气,蒸气中有 S_8、S_6、S_4、S_2 等分子存在。在 1273 K 左右硫蒸气的密度相当于 S_2 分子(有顺磁性)。在 1473 K 以上时,硫蒸气解离成 S 原子。

若把熔融的硫急速倾入冷水中,长链状的硫被固定下来,成为能拉伸的弹性硫,经放置会发硬并逐渐变为 α-硫。

2. 硫的性质、制备及用途

硫的特征氧化数为偶数。硫的活泼性表现在以下几个方面。

1) 与单质的作用

除金、铂外,硫几乎能与所有的金属直接加热化合,生成金属硫化物。例如
$$M + S \xrightarrow{\triangle} MS \quad (M = Fe、Zn \text{ 等})$$

除稀有气体、碘、分子氮以外,硫与所有的非金属一般都能化合。例如,与 Cl_2 反应生成 S_2Cl_2,与 C 反应生成 CS_2。

2) 与酸、碱的反应

硫能被氧化性的酸氧化成硫酸或二氧化硫:

$$S + 2HNO_3(浓) = H_2SO_4 + 2NO\uparrow$$

$$S + 2H_2SO_4(浓) \xrightarrow{\triangle} 3SO_2\uparrow + 2H_2O$$

硫在浓 NaOH 溶液中加热时,发生歧化:

$$3S + 6NaOH \xrightarrow{\triangle} 2Na_2S + Na_2SO_3 + 3H_2O$$

从天然气和石油及石油化工产品提取硫是单质硫的主要来源,单质硫还可以黄铁矿为原料来制备:

$$3FeS_2 + 12C + 8O_2 \xrightarrow{\triangle} Fe_3O_4 + 12CO + 6S$$

在火山地区由于地下的硫化物矿床与高温水蒸气作用生成硫化氢,它受氧气或二氧化硫作用而形成单质硫:

$$2H_2S + SO_2 = 3S + 2H_2O$$

$$2H_2S + O_2 = 2S + 2H_2O$$

工业上也利用这两个反应从工业废气中回收单质硫。

每年世界上消耗大量的硫,其中大部分用于生产硫酸,也用于制造 SO_2、SO_3、CS_2 等化合物,以及炸药、烟花、火柴、造纸试剂、橡胶硫化剂、药物等。

18.2.5 硫化氢、硫化物和多硫化物

1. 硫化氢

H_2S 的结构与 H_2O 完全相同,只不过键长、键角和键强度有区别。

1) 硫化氢及氢硫酸的性质

硫化氢是无色有恶臭味的有毒气体。空气中含有体积分数为 0.1% 的 H_2S 时会迅速引起头痛、晕眩等症状,吸入大量 H_2S 会造成昏迷或死亡。经常与 H_2S 接触会引起嗅觉迟钝、消瘦、头痛等症状。使用 H_2S 气体时必须在通风橱中操作。

硫化氢在 $-59.6\ ℃$ 时凝聚成液体,$-85.5\ ℃$ 时成为固体。H_2S 在水中的溶解度较小,通常情况下 1 dm^3 水可溶解 2.6 dm^3 H_2S 气体,浓度约为 0.1 $mol·dm^{-3}$。硫化氢的水溶液称为氢硫酸,氢硫酸是二元弱酸,$K_{a_1}^{\ominus} = 1.07 \times 10^{-7}$,$K_{a_2}^{\ominus} = 1.26 \times 10^{-13}$。

由 $\varphi_A^{\ominus}(S/H_2S) = 0.14\ V$、$\varphi_B^{\ominus}(S/S^{2-}) = -0.45\ V$ 可知,无论在酸性或碱性溶液中,H_2S 都具有较强的还原性。H_2S 在空气中燃烧生成二氧化硫和水,若空气不足,则生成单质硫和水。H_2S 水溶液暴露在空气中易被氧化,析出游离硫而使溶液变浑浊:

$$2H_2S + O_2 = 2S\downarrow + 2H_2O$$

因此,实验室中使用的 H_2S 水溶液必须在使用时配制,否则会因被氧化而失效。

单质碘和 Fe^{3+} 也能将 H_2S 氧化而析出硫。更强的氧化剂如单质溴、氯可以将 H_2S 氧化成更高氧化态,如硫酸:

$$H_2S + I_2 = S\downarrow + 2HI$$

$$H_2S + 2Fe^{3+} = 2Fe^{2+} + S\downarrow + 2H^+$$

$$H_2S + 4Br_2 + 4H_2O = H_2SO_4 + 8HBr$$

2) H_2S 的制备

硫蒸气和氢气直接化合生成硫化氢。实验室中,H_2S 由金属硫化物与酸作用制备:

$$FeS + H_2SO_4(稀) = H_2S\uparrow + FeSO_4$$
$$Na_2S + H_2SO_4(稀) = H_2S\uparrow + Na_2SO_4$$

前一反应可以用启普发生器来制备少量的 H_2S 气体,后一反应适用于制备大量的 H_2S 气体。

2. 硫化物

在硫化物中,非金属硫化物较少,而许多金属离子能与硫化氢或硫离子作用,生成溶解度很小的硫化物。金属硫化物大多数有较深的颜色且难溶于水,只有碱金属的硫化物易溶,碱土金属硫化物 CaS、SrS、BaS 等微溶(表 18.4)。

硫化物的溶解度与金属离子的特性(离子极化及离子电子构型)有关,也受温度、pH 和 H_2S 分压等的影响。硫化物在水中不同的溶解性和特征颜色可用在鉴别和分离上。所有硫化物无论是易溶或是难溶都会产生一定程度的水解,而使溶液呈碱性。例如,Na_2S 溶于水时几乎全部水解,使溶液有较强的碱性(俗称硫化碱)。Cr_2S_3、Al_2S_3 在水中完全水解,致使这些硫化物不可能用湿法从溶液中制备。即使是难溶硫化物如 CuS 和 PbS,溶解的部分也明显水解。

$$S^{2-} + H_2O = HS^- + OH^-$$
$$Na_2S + H_2O = NaHS + NaOH$$
$$Al_2S_3 + 6H_2O = 2Al(OH)_3\downarrow + 3H_2S\uparrow$$

表 18.4 硫化物的颜色和溶度积

名称	化学式	颜色	在水中	在稀酸中	溶度积
硫化钠	Na_2S	白色	易溶	易溶	—
硫化锌	ZnS	白色	难溶	易溶	2.0×10^{-25}
硫化锰	MnS	浅粉色	难溶	易溶	1.4×10^{-15}
硫化亚铁	FeS	黑色	难溶	易溶	6.0×10^{-19}
硫化铅	PbS	黑色	难溶	难溶	3.4×10^{-28}
硫化镉	CdS	黄色	难溶	难溶	8.0×10^{-28}
三硫化二锑	Sb_2S_3	橘红色	难溶	难溶	2.9×10^{-59}
硫化亚锡	SnS	褐色	难溶	难溶	3.25×10^{-28}
硫化汞	HgS	黑色	难溶	难溶	4.0×10^{-53}
硫化银	Ag_2S	黑色	难溶	难溶	1.6×10^{-49}
硫化铜	CuS	黑色	难溶	难溶	6.0×10^{-37}

根据 $K_{sp}^{\ominus}$ 的不同,硫化物在酸中的溶解性也不相同(表 18.4)。大致可以分为如下几类:

(1) 溶解于稀盐酸($0.3\ mol\cdot dm^{-3}$),如 ZnS 和 MnS。

(2) 不溶于稀盐酸,但可以溶于浓盐酸,如 PbS 和 CdS。

(3) 不溶于浓盐酸,但在加热条件下可以溶于浓硝酸,如 Ag_2S 和 CuS。

(4) 仅溶于王水的有 HgS。

硫化钠和硫化铵是实验中最常用的试剂。Na_2S 是白色晶体,熔点为 1172 ℃,在空气中易潮解,广泛用于食品、漂染、制革、荧光材料等工业中。$(NH_4)_2S$ 是橙黄色晶体,不稳定,0 ℃左右融化分解,是常用的水溶性硫化物试剂。

通过芒硝还原生产 Na_2S 的主要反应如下:
(1) 用煤粉高温还原。

$$Na_2SO_4 + 4C \xrightarrow{1373 \text{ K}} Na_2S + 4CO \quad (\text{高温转炉})$$

(2) 用氢气还原。

$$Na_2SO_4 + 4H_2 \xrightarrow{1373 \text{ K}} Na_2S + 4H_2O \quad (\text{沸腾炉})$$

$(NH_4)_2S$ 是将 H_2S 通入氨水中制备,它只存在于水溶液中。

$$2NH_3 \cdot H_2O + H_2S = (NH_4)_2S + 2H_2O$$

3. 多硫化物

碱金属(包括 NH_4^+)硫化物的浓溶液能溶解单质硫(硫粉)生成多硫化物,通式为

$$S^{2-} + (x-1)S = S_x^{2-} \quad (x = 2, 3, \cdots, 6)$$
$$Na_2S + (x-1)S = Na_2S_x$$
$$(NH_4)_2S + (x-1)S = (NH_4)_2S_x$$

多硫化物溶液一般显黄色,随着 x 值的增加,有黄色、橙色至红色,如 K_2S_2(淡黄)、K_2S_5(橙红)、K_2S_6(红褐)。

多硫离子具有链状结构,硫原子之间是通过共用电子对相互连接成硫链。S_3^{2-}、S_5^{2-} 结构如图 18.8 所示,其中 S_3^{2-} 的空间结构与 Cl_2O 或 H_2O 的完全相同。

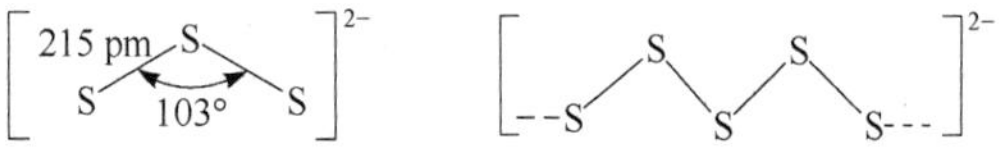

图 18.8 多硫离子(S_3^{2-}、S_5^{2-})的结构

多硫化物在酸性溶液中生成 H_2S_x,它很不稳定,易分解为 H_2S 和 S:

$$S_x^{2-} + 2H^+ = H_2S + (x-1)S$$

试剂 Na_2S、$(NH_4)_2S$ 遇酸会发生浑浊,这是因为其中所含多硫化物发生了上述分解反应。

由于在多硫化物中存在过硫键,它与过氧化氢中的过氧键类似,因此多硫化物具有氧化性并能发生歧化反应。例如

$$Na_2S_2 + SnS = Na_2SnS_3$$
$$As_2S_3 + 2(NH_4)_2S_2 = As_2S_5 + 2(NH_4)_2S$$
$$Na_2S_2 = Na_2S + S$$

多硫化物在酸性溶液中也很不稳定,易发生歧化分解生成单质 S 和 H_2S:

$$M_2S_x + 2H^+ = 2M^+ + (x-1)S\downarrow + H_2S\uparrow$$

多硫化物是分析化学中常用的试剂。Na_2S_2 在制革工业中用作原皮的脱毛剂,硫酸工业的重要原料黄铁矿(FeS_2)是多硫化物的一种。CaS_4 在农业中用来杀灭害虫。

18.2.6 硫的含氧化合物

硫能够呈现多种氧化态,能形成种类繁多的氧化物、含氧酸及其盐。在氧化物中以二氧化

硫和三氧化硫最稳定,含氧酸中以硫酸最重要。

1. 二氧化硫

SO_2与O_3是等电子体,具有相同的结构特征。S—O 键长为 143.2 pm,键角为 119.5°。

1) SO_2的性质

SO_2是一种无色、有刺激性臭味的气体,其密度是空气的 2.26 倍,是一种大气污染物。SO_2是极性分子,熔点为-75.5 ℃,沸点为-10.1 ℃,较易液化。SO_2易溶于水,生成的H_2SO_3为二元弱酸,它是造成酸雨的主要因素之一。液态 SO_2气化热较高,可作为制冷剂,也是一种良好的非水溶剂($2SO_2 \rightleftharpoons SO^{2+}+SO_3^{2-}$)。

在SO_2中硫的氧化态为$+4$,处于中间价态,故它既可以作为氧化剂又可作为还原剂,通常是作为还原剂,当遇到强还原剂时,才表现出氧化性。

$$KIO_3+3SO_2(过量)+3H_2O = KI+3H_2SO_4$$
$$Br_2+SO_2+2H_2O = 2HBr+H_2SO_4$$
$$SO_2+2H_2S = 3S+2H_2O$$
$$SO_2+2CO \xrightarrow[773\ K]{铝矾土} 2CO_2+S\ (此反应用于烟道气中回收硫)$$

SO_2能和一些有机色素结合成为无色的化合物,因此可用于漂白纸张、草编制品等。SO_2的漂白作用不同于漂白粉的氧化漂白作用。SO_2主要用于制造硫酸和亚硫酸盐,还大量用于制造合成洗涤剂,用于食物和果品的防腐剂、住所和用具的消毒等。

2) SO_2的制备

硫在空气中燃烧即得到 SO_2,许多金属硫化物在空气中灼烧时能生成氧化物,同时放出 SO_2,还可以利用还原法制备:

$$2ZnS+3O_2 = 2ZnO+2SO_2\uparrow$$
$$2H_2SO_4(浓)+Zn = ZnSO_4+SO_2\uparrow+2H_2O$$

实验室常用亚硫酸盐与稀酸作用来制备 SO_2:

$$SO_3^{2-}+2H^+ = SO_2\uparrow+H_2O$$

2. 亚硫酸及其盐

SO_2溶于水生成亚硫酸,亚硫酸不稳定,只存在于水溶液中,至今没有得到过游离的纯亚硫酸。SO_2在水中主要是物理溶解,SO_2和H_2O分子之间存在着较弱的结合,因此亚硫酸也可以写成$SO_2 \cdot H_2O$。目前市售亚硫酸试剂中SO_2的含量不低于 6%。H_2SO_3在水溶液中存在下列电离平衡:

$$SO_2+H_2O \rightleftharpoons SO_2 \cdot H_2O \rightleftharpoons H^++HSO_3^- \quad K_{a_1}^{\ominus}=1.3\times10^{-2}$$
$$HSO_3^- \rightleftharpoons H^++SO_3^{2-} \quad K_{a_2}^{\ominus}=6.2\times10^{-8}$$

H_2SO_3可以形成正盐和酸式盐。除碱金属及铵的亚硫酸盐溶于水外,其他金属的亚硫酸盐均难溶或微溶于水,但它们都能溶于强酸。所有的酸式盐都易溶于水。

1) 亚硫酸及其盐的氧化还原性

从图 18.5 可以看出,亚硫酸及其盐以还原性为主。例如

$$2MnO_4^-+5SO_3^{2-}+6H^+ = 2Mn^{2+}+5SO_4^{2-}+3H_2O$$
$$H_2SO_3+I_2+H_2O = H_2SO_4+2HI$$

$$2Na_2SO_3 + O_2 =\!=\!= 2Na_2SO_4$$

只有当遇到强还原剂时,才表现出氧化性:

$$H_2SO_3 + 2H_2S =\!=\!= 3S\downarrow + 3H_2O$$

2) 亚硫酸及其盐的不稳定性

由图 18.5 可以看出,亚硫酸及其盐在酸、碱介质中均可发生歧化反应而分解:

$$4Na_2SO_3 \xrightarrow{\triangle} 3Na_2SO_4 + Na_2S$$

$$3H_2SO_3 \xrightarrow{\triangle} 2H_2SO_4 + S\downarrow + H_2O$$

亚硫酸盐或亚硫酸氢盐遇强酸就分解,放出 SO_2 气体:

$$SO_3^{2-} + 2H^+ =\!=\!= H_2O + SO_2\uparrow$$

$$HSO_3^- + H^+ =\!=\!= H_2O + SO_2\uparrow$$

实验室可用这种方法制取少量 SO_2。

亚硫酸盐有许多实际用途,如 $Ca(HSO_3)_2$(在 $CaSO_3$ 溶液中通入 SO_2 转化而得)大量用于造纸工业,即利用它能溶解木质素的特性制造纸浆。Na_2SO_3 和 $NaHSO_3$ 大量用于染料工业。它们也可作漂白织物时的去氯剂:

$$H_2O + SO_3^{2-} + Cl_2 =\!=\!= SO_4^{2-} + 2Cl^- + 2H^+$$

农业上使用 $NaHSO_3$ 作为抑制剂,促使水稻、小麦、油菜、棉花等农作物增产,这是因为 $NaHSO_3$ 能抑制植物消耗能量和营养的光呼吸作用,从而提高净光合作用效果。

3. 焦亚硫酸及其盐

在两分子的酸间脱去一分子水后缩合的产物称为焦酸。游离状态的焦亚硫酸($H_2S_2O_5$)并不存在,但焦亚硫酸根离子($S_2O_5^{2-}$)存在于较浓的酸式亚硫酸盐溶液中:

$$2HSO_3^- \rightleftharpoons S_2O_5^{2-} + H_2O$$

将固态 $NaHSO_3$ 加热,或向 Na_2SO_3 的水溶液通入过量的 SO_2,都可以得到焦亚硫酸钠:

$$2NaHSO_3 \xrightarrow{\triangle} Na_2S_2O_5 + H_2O$$

$$Na_2SO_3 + SO_2 =\!=\!= Na_2S_2O_5$$

焦亚硫酸钠($Na_2S_2O_5$)又称为一缩二亚硫酸钠,意思是两分子 $NaHSO_3$ 缩一分子水。在焦亚硫酸钠中 S 的化合价仍为 +4 价。由于 $NaHSO_3$ 受热易缩水,因此不能用加热浓缩的方法来制备亚硫酸氢盐。

焦亚硫酸盐是一种较强的还原剂。焦亚硫酸的钠盐和钾盐常用于印染和摄影业。

4. 三氧化硫

三氧化硫在气态时以单个分子存在。根据第 13 章对分子结构的描述,不难得到 SO_3 分子的结构特征:平面正三角形,键角 120°,有 Π_4^6 离域键。实验测得 S—O 键长 141 pm,比 S—O 单键的键长(约 155 pm)短。固体 SO_3 有 α、β、γ 三种变体,其稳定性依次降低。γ 型为三聚体 $(SO_3)_3$ 环状结构,如图 18.9 所示;α、β 型有类似石棉的结构,其中 β 型是由硫氧四面体 SO_4 连成的一个无限长链分子,如图 18.10 所示。

纯净的 SO_3 是无色、易挥发的固体,熔点为 16.8 ℃,沸点为 45 ℃。SO_3 极易与水化合生成硫酸,同时释放出大量的热。液态时,SO_3 和 $(SO_3)_3$ 处于平衡中,温度越高三聚体越少。

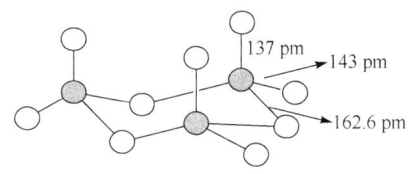
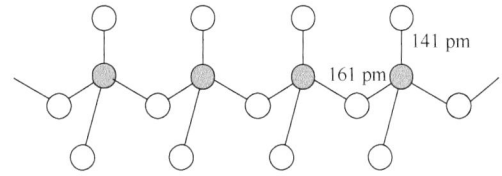

图 18.9　环状三聚体$(SO_3)_3$的结构　　　　图 18.10　链状$(SO_3)_n$结构

SO_3与SO_2性质不同,它具有很强的氧化性,高温时能把磷氧化成P_4O_{10},把碘化物、溴化物氧化成I_2和Br_2,还能氧化Fe、Zn等金属。

5. 硫酸

硫酸是重要的化工原料,常用其年产量衡量一个国家的化工生产能力。硫酸大量用于石油、化肥、冶金等工业中。目前我国主要用接触法制备硫酸。工业上是以V_2O_5作催化剂,催化氧化SO_2成SO_3,然后将SO_3溶解在浓硫酸(浓度为98.3%)中,得发烟硫酸,以$H_2SO_4 \cdot xSO_3$表示其组成。再用92.5%的硫酸将其稀释成98.3%浓硫酸。

纯H_2SO_4是无色油状液体,凝固点为10.3 ℃,沸点为337.0 ℃,密度为1.85 g·cm^{-3},相当于18 mol·dm^{-3}。由于硫酸分子之间形成氢键,因此硫酸的沸点很高,利用此性质可将其与某些挥发性酸的盐共热,来制备挥发性酸。

1) H_2SO_4分子的结构

H_2SO_4分子的结构参见图13.27。在SO_4^{2-}中S—O键长为149 pm,短于共价单键半径之和(175 pm),是因为S的空d轨道和O的2p轨道形成了d←p π配键。在低温下,硫酸可以结晶成晶体,由X射线衍射测得纯硫酸的晶体结构表明S—O键长和S—OH的键长不同。

2) H_2SO_4的性质

硫酸的$K_{a_2}^{\ominus}=1.2\times10^{-2}$。无水硫酸介电常数大,这种强极性使它成为很多离子型化合物的良好溶剂。它的自偶电离如下:

$$2H_2SO_4 \rightleftharpoons H_3SO_4^+ + HSO_4^- \quad K=2.7\times10^{-4}$$

纯硫酸具有高的电导率也是生成这两种离子所致。

硫酸对水有极大亲和力,并形成几种稳定水合物,如$SO_3 \cdot H_2O$和$H_2S_2O_7(2SO_3 \cdot H_2O)$等。由于有强烈的吸水性,在工业上和实验室里常用它来作干燥剂,干燥不与硫酸发生反应的气体,如Cl_2、H_2、CO_2等。它不但能吸收游离水分,还能使一些有机物碳化,因此是强的脱水剂。例如

$$C_{12}H_{22}O_{11} \xrightarrow{\text{浓硫酸}} 12C+11H_2O$$

浓H_2SO_4氧化性较强,加热时氧化性更显著,可以氧化许多金属和非金属。通常浓硫酸被还原为SO_2,比较活泼的金属(如Zn、Mg等)也可以将浓硫酸还原为S或H_2S。浓硫酸氧化金属并不放出氢气。冷的浓H_2SO_4不与Fe、Al等金属作用,这是由于Fe、Al在冷的浓H_2SO_4表面形成了一层致密的保护膜从而保护了金属,所以可以用Fe、Al器皿盛放浓硫酸。

$$Cu+2H_2SO_4(\text{浓})=CuSO_4+SO_2\uparrow+2H_2O$$
$$C+2H_2SO_4(\text{浓})=CO_2\uparrow+2SO_2\uparrow+2H_2O$$
$$4Zn+5H_2SO_4(\text{浓})=4ZnSO_4+H_2S\uparrow+4H_2O$$

在浓硫酸中,硫酸大都是以分子状态存在。分子中两个氢原子的半径很小,极化能力很

强,它们对氧有较强的反极化作用,从而削弱了硫与氧之间的结合作用,大大减弱了硫酸根的稳定性。所以浓硫酸具有较强的氧化性。而在稀硫酸中硫元素不具有氧化性,这是由于稀硫酸完全解离,以 SO_4^{2-} 形式存在,不能受到氢的反极化作用,因此稀硫酸性质稳定。

6. 硫酸盐

硫酸能形成酸式盐和正盐。在酸式硫酸盐中,只有最活泼的碱金属元素(Na、K)能形成稳定的固态酸式硫酸盐。酸式盐易溶于水,其水溶液显酸性。

$$Na_2SO_4 + H_2SO_4 =\!=\!= 2NaHSO_4$$

大多数硫酸盐都易溶于水。银、碱土金属(Be、Mg 除外)中的钙、锶和铅的硫酸盐微溶。硫酸钡难溶于水,在酸中的溶解度也很小。

许多硫酸盐结晶时往往带阴离子结晶水,如 $CuSO_4 \cdot 5H_2O$ 和 $FeSO_4 \cdot 7H_2O$,它们的组成可分别写成为 $[Cu(H_2O)_4]^{2+}[SO_4(H_2O)]^{2-}$ 和 $[Fe(H_2O)_6]^{2+}[SO_4(H_2O)]^{2-}$,一般认为水分子通过氢键而和 SO_4^{2-} 中的氧原子相连接。

含结晶水的硫酸盐除个别如 $CaSO_4 \cdot 2H_2O$ 外,一般都易溶于水。

多数硫酸盐有形成复盐的趋势,复盐中的两种硫酸盐是同晶形的化合物,这种复盐又称为矾。常见的复盐有两类。一类组成为 $M_2^I SO_4 \cdot M^{II} SO_4 \cdot 6H_2O$,其中,$M^I = NH_4^+$、$K^+$、$Rb^+$、$Cs^+$,$M^{II} = Fe^{2+}$、$Co^{2+}$、$Ni^{2+}$、$Zn^{2+}$、$Cu^{2+}$、$Mg^{2+}$,如 $(NH_4)_2SO_4 \cdot FeSO_4 \cdot 6H_2O$(莫尔盐),$K_2SO_4 \cdot MgSO_4 \cdot 6H_2O$(镁钾矾)。

另一类组成为 $M_2^I SO_4 \cdot M_2^{III}(SO_4)_3 \cdot 24H_2O$,其中,$M^I =$ 碱金属(Li 除外)、NH_4^+、Tl^+,$M^{III} = Fe^{3+}$、Cr^{3+}、V^{3+}、Cr^{3+}、Al^{3+} 等,如 $K_2SO_4 \cdot Al_2(SO_4)_3 \cdot 24H_2O$(明矾),$K_2SO_4 \cdot Cr_2(SO_4)_3 \cdot 24H_2O$(铬矾)。

硫酸盐基本上都是离子型化合物,除碱金属和碱土金属外,其他都有不同程度的水解。

大多数硫酸盐有很重要的用途。例如,$Al_2(SO_4)_3$ 是净水剂、造纸填充剂和媒染剂,胆矾($CuSO_4 \cdot 5H_2O$)是消毒剂和农药,绿矾($FeSO_4 \cdot 7H_2O$)是农药、治疗贫血的药剂和制造蓝黑墨水的原料,芒硝($Na_2SO_4 \cdot 10H_2O$)是重要的化工原料等。

硫酸盐的热稳定性与相应阳离子的电荷、半径及最外层的电子构型有关。例如,K_2SO_4、Na_2SO_4、$BaSO_4$ 等硫酸盐较稳定,在 1273 K 时也不分解,这是由于这些阳离子极化能力较小。$CuSO_4$、$PbSO_4$、$Al_2(SO_4)_3$、$FeSO_4$、Ag_2SO_4 等硫酸盐的阳离子极化能力强,阳离子起着向硫酸根离子争夺氧的作用,在高温下这些金属盐一般先分解成金属氧化物和 SO_3。有的则进一步分解为金属单质。例如

$$CuSO_4 \xrightarrow{1273\ K} CuO + SO_3 \uparrow$$

$$2FeSO_4 \xrightarrow{\triangle} Fe_2O_3 + SO_3 \uparrow + SO_2 \uparrow$$

$$Ag_2SO_4 \xrightarrow{\triangle} Ag_2O + SO_3 \uparrow$$

$$2Ag_2O \xrightarrow{\triangle} 4Ag + O_2 \uparrow$$

7. 焦硫酸及其盐

焦硫酸 $H_2S_2O_7$ 是无色的晶体(当冷却发烟硫酸时,可以析出焦硫酸的晶体),其熔点为 308 K。可以把焦硫酸看成是由两分子硫酸脱去一分子水所得到的产物。

焦硫酸比浓硫酸具有更强的氧化性、吸水性和腐蚀性。焦硫酸和水作用生成硫酸。工业上用于制造某些染料、炸药和其他有机磺酸化合物。

把碱金属的酸式硫酸盐加热到熔点以上，可以得到焦硫酸盐，进一步加热焦硫酸盐生成硫酸盐和三氧化硫。

$$2KHSO_4 \xrightarrow{\triangle} K_2S_2O_7 + H_2O$$

$$K_2S_2O_7 \xrightarrow{\triangle} K_2SO_4 + SO_3 \uparrow$$

焦硫酸盐的一种重要用途是作熔矿剂，将一些难溶的碱性或两性金属氧化物（如 Fe_2O_3、Al_2O_3、TiO_2 等）与 $K_2S_2O_7$（或 $KHSO_4$）反应转化为可溶性的硫酸盐。例如

$$Fe_2O_3 + 3K_2S_2O_7 \xrightarrow{\triangle} Fe_2(SO_4)_3 + 3K_2SO_4$$

$$Al_2O_3 + 3K_2S_2O_7 \xrightarrow{\triangle} Al_2(SO_4)_3 + 3K_2SO_4$$

这是分析化学中处理难溶样品的一种重要方法。

8. 硫代硫酸及其盐

$H_2S_2O_3$ 可看成是 H_2SO_4 分子中一个非羟基氧原子被硫原子所取代而得到的产物。$H_2S_2O_3$ 非常不稳定，至今尚未制得纯的硫代硫酸，但其盐可以稳定存在，如 $Na_2S_2O_3 \cdot 5H_2O$（俗称海波或大苏打）是最重要的硫代硫酸盐。

1）硫代硫酸钠的性质

$Na_2S_2O_3$ 是无色透明的晶体，易溶于水，其水溶液显弱碱性。$Na_2S_2O_3$ 在中性、碱性溶液中很稳定，在酸性溶液中迅速分解。

$$Na_2S_2O_3 + 2HCl == 2NaCl + S\downarrow + SO_2 \uparrow + H_2O$$

$Na_2S_2O_3$ 是中等强度的还原剂，当与碘反应时，被氧化为连四硫酸钠，这是分析化学中碘量法定量测定碘的一个重要反应。

$$2Na_2S_2O_3 + I_2 == Na_2S_4O_6 + 2NaI$$

$Na_2S_2O_3$ 与氯气、溴等反应时被氧化为硫酸盐。因此，硫代硫酸钠可作为脱氯剂。

$$Na_2S_2O_3 + 4Cl_2 + 5H_2O == H_2SO_4 + Na_2SO_4 + 8HCl$$

$S_2O_3^{2-}$ 与重金属离子作用生成难溶沉淀且不稳定。例如，与 Ag^+ 作用生成白色 $Ag_2S_2O_3$，在溶液中 $Ag_2S_2O_3$ 迅速分解，由白色经黄色、棕色，最后生成黑色的 Ag_2S 沉淀：

$$2Ag^+ + S_2O_3^{2-} == Ag_2S_2O_3 \downarrow$$

$$Ag_2S_2O_3 + H_2O == Ag_2S + H_2SO_4$$

用此反应也可鉴定 $S_2O_3^{2-}$ 的存在。

硫代硫酸钠的另一个重要性质是配位性，$S_2O_3^{2-}$ 有强的配位能力，可以利用 S 端或 O 端与一些金属离子如 Ag^+、Cd^{2+} 等形成稳定的配合物。例如

$$Ag^+ + 2S_2O_3^{2-} == [Ag(S_2O_3)_2]^{3-}$$

黑白照相底片上未曝光的溴化银在定影液中由于形成上述配离子而溶解。

由于游离的硫代硫酸遇水便迅速分解，因此由硫代硫酸盐经酸化制硫代硫酸没有获得成功。后来科学家在无水条件下成功地合成了硫代硫酸。例如，以 H_2S 和 SO_2 为原料，Et_2O 作为溶剂，于 195 K 的低温下得到的产物为 $H_2S_2O_3 \cdot nEt_2O$。

硫代硫酸钠主要用途是在化工生产中作还原剂，棉织物漂白后的脱氯剂，传统照相行业的

定影剂,另外还用于电镀、鞣革等领域。

2) $Na_2S_2O_3$ 的制备

将硫粉溶于沸腾的亚硫酸钠溶液中,或将 Na_2S 和 Na_2CO_3 以 2∶1 的物质的量比配成溶液,再通入 SO_2,都能得到硫代硫酸钠。

$$Na_2SO_3 + S = Na_2S_2O_3$$
$$2Na_2S + Na_2CO_3 + 4SO_2 = 3Na_2S_2O_3 + CO_2$$
$$2NaHS + 4NaHSO_3 = 3Na_2S_2O_3 + 3H_2O$$
$$2Na_2S + 3SO_2 = 2Na_2S_2O_3 + S\downarrow$$

在制备 $Na_2S_2O_3$ 时,溶液必须控制在碱性范围内,否则将会有单质硫析出而使产品变黄。

9. 连多硫酸、连亚硫酸及其盐

1) 连多硫酸及其盐

连多硫酸的通式是 $H_2S_xO_6$,$x=2\sim6$,它们都是二元强酸。在这些化合物中硫都以长链的形式存在。游离的连多硫酸不稳定,易分解为 S、SO_2 或 SO_4^{2-} 等。

各种连多硫酸的正盐都已被制备出来,它们都能溶于水,但酸式盐则尚属未知。连二硫酸及其盐看起来是连多硫酸的同系物中最简单的一种,但它们在制备和性质上与其他连多硫酸及其盐有明显的差别。一些典型的制备反应如下:

$$MnO_2 + 2SO_3^{2-} + 4H^+ = Mn^{2+} + S_2O_6^{2-} + 2H_2O$$
$$3SO_2 + 2S_2O_3^{2-} = 2S_3O_6^{2-} + S\downarrow \text{(副产物 } S_4O_6^{2-}\text{、}S_5O_6^{2-}\text{)}$$
$$4H_2O_2 + 2S_2O_3^{2-} = S_3O_6^{2-} + SO_4^{2-} + 4H_2O$$
$$2S_2O_3^{2-} + I_2 = S_4O_6^{2-} + 2I^-$$

把 H_2S 通入 SO_2 水溶液,直到 SO_2 全部反应,再加入 KOH,可得到 $K_2S_5O_6$。把浓盐酸加到硫代硫酸钠和亚硝酸盐的混合溶液中可制得 $Na_2S_6O_6$,这些盐都可从溶液中结晶析出。连多硫酸和连多硫酸盐的溶液都会慢慢地析出硫。

连二硫酸不易被氧化,而其他连多硫酸易被氧化,如在室温时,$H_2S_3O_6$ 和 Cl_2 反应,而 $H_2S_2O_6$ 不与 Cl_2 作用。

$$H_2S_3O_6 + 4Cl_2 + 6H_2O = 3H_2SO_4 + 8HCl$$

连二硫酸不与硫结合产生较高的连多硫酸,而其他连多硫酸则可以。例如

$$H_2S_4O_6 + S = H_2S_5O_6$$

连二硫酸与其他连多硫酸的区别是前者酸根中仅有一个 $[O_3S-SO_3]^{2-}$ 结构,而后者的酸根中至少含有一个或一个以上的硫原子仅和其他硫原子直接相连,如 $[O_3S-S-SO_3]^{2-}$,$S_4O_6^{2-}$ 的结构与 $S_2O_8^{2-}$(图 13.6)相似。

2) 连二亚硫酸及其盐

$H_2S_2O_4$ 的 $K_{a_1}^{\ominus}=0.45$,$K_{a_2}^{\ominus}=3.5\times10^{-3}$。连二亚硫酸不稳定,放置即迅速分解为硫和亚硫酸,可用锌汞齐还原亚硫酸而制得:

$$3H_2SO_3 + Zn\text{-}Hg = H_2S_2O_4 + ZnSO_3 + 2H_2O + Hg$$

在无氧的条件下,用锌粉还原亚硫酸氢钠即可制得连二亚硫酸钠:

$$2NaHSO_3 + Zn = Na_2S_2O_4 + Zn(OH)_2$$

加入石灰水除去过量的亚硫酸盐,而后在氯化钠溶液中结晶,析出的晶体含有两个结晶水($Na_2S_2O_4 \cdot 2H_2O$),连二亚硫酸钠($Na_2S_2O_4 \cdot 2H_2O$)俗称保险粉,可以保护其他物质不被氧

化，$Na_2S_2O_4$ 为白色粉末状固体，受热时发生歧化分解反应：

$$2Na_2S_2O_4 = Na_2S_2O_3 + Na_2SO_3 + SO_2 \uparrow$$

有少量水存在时，歧化反应速率加快：

$$2Na_2S_2O_4 + H_2O = Na_2S_2O_3 + 2NaHSO_3$$

$Na_2S_2O_4$ 是强的还原剂，能将 I_2、MnO_4^-、H_2O_2、Cu^{2+}、Ag^+ 等还原，空气中的氧气能将 $Na_2S_2O_4$ 氧化。因此，在气体分析中常用它来吸收氧气。

$$2Na_2S_2O_4 + O_2 + 2H_2O = 4NaHSO_3$$

连二亚硫酸钠是印染工业上常用的还原剂，还广泛用于造纸、化纤、食品工业以及医疗等领域。

18.2.7* 硫的其他化合物

1. 硫的酰卤化物

某含氧酸中的羟基（—OH）全部去掉后，剩下的基团依酸名命名为某酰基，如 $H_2SO_3 \longrightarrow$ =SO（亚硫酰基），$H_2SO_4 \longrightarrow$ =SO_2（硫酰基）。酰基与卤素（—X）结合，得到酰卤，如 $SOCl_2$（亚硫酰氯或氯化亚硫酰）、SO_2Cl_2（硫酰氯或氯化硫酰）、SO_2F_2（硫酰氟或氟化硫酰）。

1) 亚硫酰氯

$SOCl_2$ 是无色透明液体，熔点为 $-101\ ℃$，沸点为 $75.6\ ℃$。SO_2 与 PCl_5 反应可以制备出 $SOCl_2$：

$$SO_2 + PCl_5 = SOCl_2 + POCl_3$$

$SOCl_2$ 在常温下是稳定的，但在水中猛烈水解，生成 HCl 并放出 SO_2，故可用作水合金属氯化物的脱水和金属氧化物的氯化。例如

$$CrCl_3 \cdot 6H_2O + 6SOCl_2 = CrCl_3 + 6SO_2 \uparrow + 12HCl$$

$$WO_3 + 2SOCl_2 = WOCl_4 + 2SO_2 \uparrow$$

亚硫酰氯也是有机合成中的重要试剂，可以用它来制备酰基氯和氯代烷烃，还可作为氯化剂用作除草剂、农用杀虫剂以及合成药品、染料、颜料等过程。

2) 硫酰氯

SO_2Cl_2 是无色发烟的液体，熔点为 $-53.9\ ℃$，沸点为 $69.4\ ℃$。工业上硫酰氯大多都是用干燥的 SO_2 和 Cl_2 在催化剂如活性炭上进行反应，并将产物冷凝制得：

$$SO_2 + Cl_2 \xrightarrow{\text{活性炭}} SO_2Cl_2$$

SO_2Cl_2 在水中猛烈水解，生成 H_2SO_4 并放出 HCl 气体。

硫酰氯是一种具有强溶解力的溶剂，可溶解 SO_2、I_2、As、$FeCl_3$、MgI_2 和 SnI_4 等。硫酰氯可溶于苯和甲苯中。在有机化学中，硫酰氯常作为氯化剂和氯磺化剂，如芳烃化合物的支链选择性氯化，也可供制造药物、染料、除草剂和农用杀虫剂等使用。出于环境保护的考虑，生产中更多地使用硫酰氯，因为它的副产物 SO_2 用 Cl_2 处理后又可重新生成硫酰氯循环使用。

3) 氯磺酸

硫酸分子中去掉一个羟基（—OH）得磺酸基（HO_3S—），如果一个羟基被卤素取代则得卤磺酸（HO_3SX）。氯磺酸是一种无色油状腐蚀性液体，沸点为 $155\ ℃$，在空气中发烟。

用干燥的 HCl 气体和 SO_3 直接化合，即可制得氯磺酸，还可用 PCl_5 和发烟硫酸反应，或将干燥的 HCl 气体通入发烟硫酸中，都可以得到氯磺酸。

氯磺酸遇水发生爆炸性水解反应：
$$HSO_3Cl + H_2O \xrightarrow{\quad} H_2SO_4 + HCl \uparrow$$
氯磺酸在有机合成中常用作温和的磺化和氯磺化剂。

2. 硫的卤化物

硫可以和卤素直接化合生成多种硫卤化物，如 S_2Cl_2、S_2F_2、SCl_2、SF_4、SF_6 等。硫的各种卤化物都是低熔点、低沸点的共价型化合物。

1）二氯化二硫

S_2Cl_2 是橙黄色有恶臭的液体，用干燥的 Cl_2 通入熔融的硫中可制得，遇水易水解：
$$Cl_2 + 2S \xrightarrow{\quad} S_2Cl_2$$
$$2S_2Cl_2 + 2H_2O \xrightarrow{\quad} 4HCl + SO_2\uparrow + 3S\downarrow$$
二氯化二硫用于橡胶工业，作为硫化剂。它的熔点为 $-80\ ℃$，沸点为 $138\ ℃$。

2）六氟化硫

SF_6 是无色、无臭的气体，熔点为 $-50.5\ ℃$，沸点为 $64\ ℃$。硫与氟激烈反应生成 SF_6。它的特点是有极高的化学惰性，不与水、酸反应，甚至与熔融的碱也不反应。但它与水反应的热力学趋势很大，在常温下不水解应归于动力学阻力。
$$SF_6(g) + 3H_2O(g) \xrightarrow{\quad} SO_3(g) + 6HF(g) \quad \Delta_rG_m^\ominus = -460\ kJ\cdot mol^{-1}$$

SF_6 的惰性可能是诸多因素的综合结果：S—F 键的强度较大，分子有高的对称性，中心硫原子的配位数已达到饱和，空间位阻较大等。

由于 SF_6 具有高的稳定性，它主要用作高压发电机或其他高压电器设备中的绝缘气体。在变压器油中，它可以增强变压器油的电绝缘性。

18.2.8* 硒和碲

1. 硒和碲的单质

硒有灰硒、红硒和无定形硒等变体，最稳定的是灰硒。无定形硒是不良导体，受热转化为稳定的灰硒。硒在光照下其导电性可提高近千倍，用来制造整流器和光电池的材料。少量的硒加到普通玻璃中可消除由 Fe^{2+} 产生的绿色。

碲为银白色、脆性晶体，也是半导体材料，但应用较少。少量的碲加入铅中可增加铅的硬度和弹性，用于制造铅缆绳。碲还能与 Zn、Al、Pb 生成合金，以改善某些性能。

可用 SO_2 还原 SeO_2 和 TeO_2 制得硒和碲。
$$MO_2 + 2SO_2 + 2H_2O \xrightarrow{\quad} M\downarrow + 2SO_4^{2-} + 4H^+ \quad (M=Se, Te)$$

Se_8 和 S_8 分子的结构相似，硒和硫可相互取代形成混合八元环状分子 Se_nS_{8-n}。由于碲原子和硫原子半径相差较大，碲原子不易嵌入 S_8 环中。

硒的化合物毒性大，几乎和砒霜相近，碲化合物的毒性较硒化合物弱。硒和碲有不少化学性质与硫相近，但它们不如硫活泼，如能形成硒化物（Na_2Se、$SeCl_4$、SeF_6 等）、碲化物（Na_2Te、$TeBr_4$、TeF_6 等）及多硒化物（Na_2Se_6）和多碲化物（Na_2Te_6）。

2. 硒和碲的氢化物

H_2Se 和 H_2Te 都是无色、极难闻的气体，其毒性比 H_2S 大。虽然 H_2Se 可由 Se 和 H_2 直

接化合得到，但 H_2Se 和 H_2Te 主要是通过金属硒化物、碲化物与水或酸的作用制得：

$$Al_2Se_3 + 6H_2O =\!=\!= 2Al(OH)_3 \downarrow + 3H_2Se \uparrow$$

$$Al_2Te_3 + 6H^+ =\!=\!= 2Al^{3+} + 3H_2Te \uparrow$$

依 H_2S、H_2Se、H_2Te 的次序，其水溶液的酸性依次增强，还原性增强，热稳定性减弱。和 H_2S 一样，H_2Se 和 H_2Te 也能从溶液中以硒化物和碲化物的形式将重金属离子沉淀出来。

3. 硒和碲的含氧化合物

1) 氧化数为 +4 的化合物

硒和硒化氢、碲和碲化氢在空气中燃烧时，分别生成易挥发的白色固体 SeO_2 和难挥发的白色固体 TeO_2。

SeO_2 易溶于水生成亚硒酸（H_2SeO_3），蒸发可得无色结晶的亚硒酸。也可将 Se 粉溶于 $6\ mol \cdot dm^{-3}\ HNO_3$ 而得到亚硒酸：

$$Se + 2HNO_3 =\!=\!= H_2SeO_3 + NO_2 \uparrow + NO \uparrow$$

TeO_2 是两性氧化物，因难溶于水而不易直接形成亚碲酸 H_2TeO_3，但当它溶于 NaOH 溶液后，生成亚碲酸钠，再加硝酸酸化，即有白色片状的亚碲酸析出。

H_2SO_3、H_2SeO_3 和 H_2TeO_3 均为二元酸，强度依次减弱。

Se(Ⅳ) 和 Te(Ⅳ) 以氧化性为主。SeO_2 可以氧化 H_2S 生成 S，氧化 I^- 成 I_2，还原产物为 Se。当遇到强氧化剂时，也显一定的还原性。若与强氧化剂如 F_2、浓 H_2O_2、熔融 Na_2O_2、$KMnO_4$ 作用，分别生成 SeO_2F_2、硒酸及硒酸盐。TeO_2 在受热时能被 H_2 还原为单质，在 H_2SO_4 介质中被 30% H_2O_2 氧化成原碲酸（H_6TeO_6）。

亚硒酸钠是预防和治疗"克山病"的良好药物，效果好而且安全。

2) 氧化数为 +6 的化合物

SeO_3 是白色固体，熔点为 118 ℃，和 SeO_2 相比，是热力学不稳定的。SeO_3 是强酸性氧化物，极易吸水而成硒酸。强氧化剂如 Cl_2、Br_2、$HClO_3$ 与亚硒酸作用可得到硒酸：

$$5H_2SeO_3 + 2HClO_3 =\!=\!= 5H_2SeO_4 + Cl_2 \uparrow + H_2O$$

硒酸和硫酸相似，不易挥发，是一种强酸，在高浓度时也可使有机物炭化。无水 H_2SeO_4 极易潮解和溶解于水，浓溶液的浓度为 99%。H_2SeO_4 的 $K_{a_2}^{\ominus} = 2.19 \times 10^{-2}$。

中等浓度（50%）的 H_2SeO_4 能将 Cl^- 氧化成 Cl_2，而自身被还原为亚硒酸。

$$H_2SeO_4 + 2HCl =\!=\!= H_2SeO_3 + Cl_2 \uparrow + H_2O$$

H_2SeO_4、$HSeO_4^-$、SeO_4^{2-}、SeO_3 都不如相应的硫化合物稳定。硒酸盐的许多性质，如组成、含结晶水的数目等都与相应的硫酸盐极其相似，甚至不溶于水的硒酸盐也和硫酸盐相似，如 $BaSeO_4$、$SrSeO_4$ 和 $PbSeO_4$ 等。

TeO_3 为橙色晶体，难溶于稀酸或稀的强碱，但易溶于浓的强碱而生成相应的碲酸盐：

$$TeO_3 + 2KOH(浓) =\!=\!= K_2TeO_4 + H_2O$$

原碲酸（H_6TeO_6）是白色固体，加热时失水变成中间产物 H_2TeO_4，最后生成 TeO_3。

$$H_6TeO_6 \xrightarrow{\triangle} TeO_3 + 3H_2O$$

原碲酸与硒酸和硫酸相反，是很弱的酸，$K_{a_1}^{\ominus} = 2.2 \times 10^{-8}$，$K_{a_2}^{\ominus} = 1.0 \times 10^{-11}$。

原碲酸的氧化能力强于 H_2SO_4，而弱于 H_2SeO_4，如与热浓 HCl 反应可以放出氯气：

$$H_6TeO_6 + 2HCl =\!=\!= H_2TeO_3 + Cl_2 \uparrow + 3H_2O$$

原碲酸与浓盐酸的混合溶液还能溶解铂和金。

小　　结

> 　　卤素是周期表中典型的非金属元素,卤素性质变化呈现的规律性也是周期表中较好的一族。其中原子(或 X^-)半径、单质熔沸点、X^- 还原能力从氟到碘依次增大;电离能、电负性、X^- 水合能、单质化学活性、电子亲和能(F 例外)从氯到碘依次减小。卤化氢的性质如键能、稳定性依 F→I 顺序减弱,而酸性、还原性依 F→I 的顺序增强。F_2 和 HF 的某些性质较特殊,如氢氟酸可以用来溶解一般无机酸所不能溶解的 SiO_2 和 Ti、Zr、Hf 等金属。
>
> 　　卤素能形成各种金属卤化物。卤素含氧酸有多种类型,其中以氯的含氧酸最为重要。卤素的含氧酸盐与相应的含氧酸相比较,其稳定性增加,氧化性减弱。
>
> 　　氧族元素的某些性质和卤素一样,也有一定的规律性,如原子半径、单质的熔沸点、电离能、电负性、单键键能等。与氟相似,氧的某些性质如电子亲和能、单键键能等也出现"反常"。氧族元素氢化物的性质的递变规律也与卤化氢相似,随着中心原子的原子序数增加,熔沸点、酸性、还原性依次增强(H_2O 因形成氢键,熔沸点比 H_2S 高),而它们的稳定性、键能依次减弱。
>
> 　　H_2O_2 和过氧硫酸(盐)中均含有过氧键,呈现强的氧化性和不稳定性,H_2O_2 有弱的还原性。硫能形成种类繁多的氧化物和含氧酸,它们用途广泛。金属硫化物的特性是溶解性与颜色,在定性分析中常利用硫化物溶解方法的多样性以及具有的特征颜色,来分离和鉴定金属离子。
>
> 　　在本章及后续几章的学习中,要掌握微观结构与宏观性质的关系。学会运用电离能、电极电势、元素电势图等数据来解释有关性质,使学到的知识得到进一步的应用。

思考与研讨

18.1　举例说明卤素单质氧化性和卤素负离子还原性的变化规律,并说明原因。

18.2　试总结卤化氢和氢卤酸的物理性质和化学性质,归纳其变化规律。

18.3　试述卤素的各种价态含氧酸的存在形式,并说明其酸性、热稳定性和氧化性的变化规律及原因。

18.4　试述金属卤化物的价键类型和溶解情况,给出几种常见的难溶于水的金属氯化物。

18.5　何谓卤素互化物? 写出其通式并举例说明。

18.6　何谓拟卤素? 分析氰、硫氰的结构特征,并分析氰离子、硫氰酸根离子作为配体的情况。

18.7　碘在四氯化碳、乙醚和苯中各显何种颜色? 解释其颜色为什么不同。

18.8　试总结卤素中氟的特殊性,并与其他卤素的性质进行比较。

18.9　试总结 O_2 与 O_3 在结构、性质、用途以及制备上有何异同,并分析其原因。

18.10　试总结、比较 H_2O_2 和 $S_2O_8^{2-}$ 的结构、性质、用途以及制备方法。

18.11　硫的哪些化合物是较好的氧化剂? 哪些化合物是较好的还原剂? 指出其还原产物和氧化产物。

18.12　试给出硫的各种含氧酸的结构,总结它们的性质、用途以及制备方法。

18.13　为什么 SF_6 是惰性的,而 TeF_6 容易被水解?

18.14　何谓发烟硫酸和焦硫酸? $K_2S_2O_7$ 的主要用途是什么?

18.15　总结连二亚硫酸钠、硫代硫酸钠的主要性质,分别以反应方程式说明。

18.16　某人做实验时发现,SnS 能被 Na_2S 溶液溶解。你认为可能的原因是什么? 如何证明你的判断是正确的?

18.17　给出将氯水慢慢滴入 KI 和 KBr 的混合液中的实验现象,并给予解释。

习 题

18.1 写出下列物质的化学式。
(1)萤石 (2)冰晶石 (3)氟磷灰石 (4)光卤石 (5)朱砂 (6)石膏 (7)芒硝

18.2 完成并配平下列反应方程式。
(1) $Cl_2 + KOH$(冷) ==
(2) $Cl_2 + KOH$(热) ==
(3) $KClO_3 + HCl$ ==
(4) $I_2 + H_2O_2$ ==
(5) $KClO_3 + KI + H_2SO_4$ ==
(6) $Br_2 + Na_2CO_3$ ==
(7) $CaSiO_3 + HF$ ==
(8) $(CN)_2 + NaOH$ ==
(9) $S + H_2SO_4$(浓) ==
(10) $PbS + H_2O_2$ ==
(11) $SO_2Cl_2 + H_2O$ ==
(12) $S_2O_3^{2-} + I_2$ ==
(13) $S_2O_3^{2-} + Cl_2 + H_2O$ ==
(14) $Mn^{2+} + S_2O_8^{2-} + H_2O$ ==
(15) $Al_2O_3 + K_2S_2O_7$ ==

18.3 三瓶无标签的白色固体分别是 $KClO$、$KClO_3$ 和 $KClO_4$,试设计方法加以鉴别。

18.4 制备卤化氢的方法有哪些?制取 HBr 和 HI 以哪种方法合适?

18.5 解释下列现象。
(1) 在卤素化合物中,Cl、Br、I 可呈现多种氧化数。
(2) KI 溶液中通入氯气时,开始溶液呈现红棕色,继续通入氯气,颜色褪去。
(3) I^- 可被 Fe^{3+} 氧化,但加入 F^- 后就不容易被 Fe^{3+} 氧化。
(4) H_2S 气体通入 $MnSO_4$ 溶液中不产生 MnS 沉淀。若 $MnSO_4$ 溶液中含有一定量的氨水,再通入 H_2S 时即有 MnS 沉淀产生。为什么?

18.6 有四种无标签的试剂分别是 Na_2SO_4、Na_2SO_3、$Na_2S_2O_3$ 和 Na_2S,试设计方法加以鉴别。

18.7 为什么 $SOCl_2$ 既可以作 Lewis 酸,又可以作 Lewis 碱?分别写出 $SOCl_2$ 与 $FeCl_3 \cdot 6H_2O$ 和 $Fe(OH)_3$ 作用的反应方程式。

18.8 试讨论氯的含氧酸的存在形式以及酸性、热稳定性和氧化还原性的递变规律。

18.9 什么叫拟卤素?列出三种重要的拟卤素,并通过实例说明它们与卤素的相似性。

18.10 将下列各组物质的有关性质按照由大到小排序,并简单说明理由。
(1) 键解离能:Cl_2、Br_2、I_2
(2) 酸强度:HF、HCl、HBr、HI
(3) 氧化性:$HClO$、$HClO_3$、$HClO_4$
(4) 稳定性:ClO_2、I_2O_5

18.11 下列两个反应在酸性介质中都能发生,解释其原因。
(1) $Br_2 + 2I^- == 2Br^- + I_2$
(2) $2BrO_3^- + I_2 == 2IO_3^- + Br_2$

18.12 写出下列过程中的相关反应方程式。
(1) 以食盐为基本原料制备 $NaClO$、$Ca(ClO)_2$、$KClO_3$、$HClO_4$。
(2) 以 KI 为基本原料制备 KIO_3。
(3) 由海水制备溴。
(4) 由硝石制备碘。

18.13 试写出铁与氯气和盐酸作用的反应方程式,并说明为什么产物不同。

18.14 以 Na_2SO_3 为基本原料制备下列物质,用反应方程式表示。
(1) $Na_2S_2O_3$ (2) Na_2SO_4 (3) $Na_2S_2O_4$ (4) $Na_2S_4O_6$

18.15 氯与水的反应是否为歧化反应?加酸、加碱对该反应有何影响?试用标准电极电势加以说明。

18.16 下列各对物质在酸性溶液中能否共存?为什么?
(1) $FeCl_3$ 与 Br_2 水 (2) $FeCl_3$ 与 KI 溶液 (3) KI 与 KIO_3 溶液

18.17 用分子轨道理论描述下列各物种中的化学键、键级和磁性(顺磁性、逆磁性)。

(1) O_2^+（二氧基阳离子）　　(2) O_2　　(3) O_2^-（超氧离子）　　(4) O_2^{2-}（过氧离子）。

18.18　为什么硫酸盐的热稳定性高于碳酸盐，而硅酸盐的热稳定性更高？

18.19　用价层电子对互斥理论判断下列分子或离子的空间结构，并写出中心原子的杂化轨道类型。
(1) BrF_3　　(2) BrF_5　　(3) IF_2^-　　(4) IF_7　　(5) XeF_4

18.20　完成下列各反应的化学方程式。
(1) $Na_2S_2O_3$ 溶液与 Cl_2 反应。
(2) 在 $Na_2S_2O_3$ 溶液中加入硫氰。
(3) 向 SeO_2 溶液中通入 SO_2 气体。
(4) 向 $FeCl_3$ 溶液中通入 H_2S 气体。
(5) 在 $MnSO_4$ 溶液中加入 NaClO 溶液。
(6) 在 FeI_2 溶液中通入过量的 Cl_2。
(7) 在酸性 $MnSO_4$ 溶液中加入 KIO_4 溶液。
(8) 用 HI 溶液来处理 CuO。
(9) 将 F_2 通入碱性的 $NaBrO_3$ 溶液。
(10) 将 CO 通入装有 I_2O_5 的转化塔中。

18.21　试解释下列问题。
(1) F 原子的电子亲和能小于 Cl 原子，为什么 F_2 的化学活性却大于 Cl_2？
(2) 漂白粉长期暴露在潮湿空气中经常会失效。
(3) AlF_3 熔点高达 1536 K，而 $AlCl_3$ 的熔点却只有 463 K。
(4) I_2 难溶于水，却易溶于 KI 溶液中。
(5) 硼的卤化物中 BCl_3、BBr_3、BI_3 遇水即水解，为什么 BF_3 不水解？

18.22　现欲以废铁屑为主原料制取硫酸铁铵复盐 $(NH_4)Fe(SO_4)_2 \cdot 6H_2O$，有下列氧化剂可供选用：$H_2O_2$、$(NH_4)_2S_2O_8$、$HNO_3$、$O_2$，选用哪种氧化剂最为合理？写出制备过程中的化学反应方程式。

18.23　根据多重平衡规则，利用下列数据计算反应(4) $Cl_2+2OH^- \rightleftharpoons ClO^-+Cl^-+H_2O$ 的平衡常数 $K^{\ominus}$。
(1) $Cl_2+H_2O \rightleftharpoons Cl^-+H^++HClO$　　$K_{a_1}^{\ominus}=3.0\times10^{-5}$
(2) $HClO \rightleftharpoons H^++ClO^-$　　$K_a^{\ominus}=2.9\times10^{-8}$
(3) $H_2O \rightleftharpoons H^++OH^-$　　$K_w^{\ominus}=1.0\times10^{-14}$

18.24　下列各对物质在溶液中能否共存？为什么？
(1) H_2S 与 H_2O_2　　(2) MnO_2 与 H_2O_2　　(3) H_2SO_3 与 H_2O_2　　(4) PbS 和 H_2O_2

18.25　一种盐 A 溶于水后，加入稀盐酸，有刺激性气体 B 产生，同时有黄色沉淀 C 析出。气体 B 能使 $KMnO_4$ 溶液褪色。若通氯气于 A 溶液中，Cl_2 随即消失而得溶液 D。D 与钡盐作用，产生不溶于酸的白色沉淀 E。试确定 A、B、C、D、E 各为何物。写出各步反应方程式。

18.26　有两种白色固体 A 和 B，它们均为钠盐且溶于水。A 的水溶液呈中性，B 的水溶液呈碱性。A 溶液与 $FeCl_3$ 溶液作用呈红棕色，与 $AgNO_3$ 溶液作用出现黄色沉淀。固体 B 与浓盐酸反应产生黄绿色气体，该气体与冷 NaOH 溶液作用得到含 B 的溶液。向 A 溶液中开始滴加 B 溶液时，溶液呈红棕色，若继续滴加过量 B 溶液，则溶液的红棕色消失。A 和 B 各为何物？写出上述有关的反应方程式。

18.27　有白色固体 A，加入油状无色液体 B，可得紫黑色固体 C；C 微溶于水，加入 A 后，C 的溶解度增大，得红棕色溶液 D。将 D 分成两份，一份加入一种无色溶液 E，另一份通入气体 F，都变成无色透明溶液。E 遇酸则有淡黄色沉淀产生。将气体 F 通入溶液 E，在所得溶液中加入 $BaCl_2$ 溶液有白色沉淀，后者难溶于 HNO_3。A、B、C、D、E、F 各代表何物？写出有关反应方程式。

18.28　在无色溶液 A 中加入 HI 溶液，有无色气体 B 和黄色沉淀 C 生成。C 在 KCN 溶液中部分溶解得无色溶液 D。向 D 中通入 H_2S 时析出黑色沉淀 E，E 不溶于浓 HCl。若向 A 加入 KI 溶液，有黄色沉淀 F 生成。将 F 加入 KCN 溶液，则 F 全部溶解。指出各字母所代表的物质。

18.29　全球工业生产每年向大气排放约 1.46×10^8 t SO_2，请提出几种可能的化学方法以消除 SO_2 对大气的污染。

18.30 根据相关物质的 $\Delta_f H_m^\ominus$，计算下面反应的标准焓变，并估计增加总压力、升高温度对平衡及平衡常数的影响。

$$2Cl_2(g) + 2H_2O(l) \rightleftharpoons 4HCl(g) + O_2(g)$$

第 19 章 氮族元素和碳族元素

有一句农谚"一场雷雨一场肥",人们发现,往往在电闪雷鸣之后,植物的长势非常好,就如同施了一层肥一样。人们喜欢吃海鲜,但吃虾、蟹等甲壳类海鲜品时,不能同时吃柑橘等富含维生素 C 的食物或服用大量维生素 C,否则会导致急性砷中毒,严重者还会危及生命。粮仓常用磷化物如 Zn_3P_2、AlP 等作杀虫剂、灭鼠剂,但它们对人体有剧毒。为了行车的安全,可在汽车中装备安全气囊,防止碰撞时司机受到伤害。离子型叠氮化合物为什么可以作为机动车的安全气囊内充物?为什么五价铋化合物的氧化性特别强?为什么焦磷酸钠水溶液可以用作"消字灵"?为什么尽量不要选择含磷洗涤剂?硝酸甘油酯的药物已经用了 100 多年,该药物为什么被称为"心血管的清道夫",能治疗突发的心绞痛、能调节血压呢?这些问题与本章内容有关。

19.1 氮 族 元 素

氮族元素包括氮、磷、砷、锑、铋和 Uup。该族元素从上到下经历了一个从典型的非金属元素(N、P)经准金属(As)再到金属元素(Sb、Bi)的完整过渡。因砷、锑、铋的性质更相近,又称它们为砷分族。

氮元素主要以单质形式(N_2)存在于空气中,主要矿物为硝石(KNO_3)与智利硝石($NaNO_3$)。土壤中除了含有一些铵盐、硝酸盐外,自然界中以无机化合物形式存在的氮很少,但氮广泛存在于有机体中,是组成动植物体蛋白质的重要元素。

自然界中磷主要以磷灰石[apatite,$Ca_5(PO_4)_3X$]形式存在,重要的矿物有氟磷灰石[fluorapatite,$Ca_5(PO_4)_3F$]、氯磷灰石[phosphorus,$Ca_5(PO_4)_3Cl$]和羟基磷灰石[hydroxyapatite,$Ca_5(PO_4)_3OH$],以 $Ca_3(PO_4)_2$ 形式存在的磷酸钙(calcium phosphate)矿极为罕见。此外,铁陨石里有 Fe_3P 和 Ni_3P,水圈里有 $H_2PO_4^-$ 和 HPO_4^{2-}。磷也是生物体中不可缺少的元素之一,主要存在于植物体的蛋白质中,动物的脑、血液和神经组织的蛋白质中,还以羟基磷灰石的形式存在于脊椎动物的骨骼和牙齿中,并主要以磷酸根形式存在于核酸中。肾结石 15%~20% 为磷酸镁铵和磷灰石。

砷在地壳中的质量分数为 5×10^{-4} %。砷、锑、铋是亲硫元素。自然界中天然砷较少,主要矿物有砷化物矿(如砷黄铁矿 FeAsS、硫砷黄铁矿 $FeAsS_2$、辉砷镍矿 NiAsS 等)、硫化物矿(如雄黄 As_4S_4、雌黄 As_2S_3)、氧化物矿(如白砷矿 As_2O_3)和砷酸盐矿(如毒石 $CaHAsO_4\cdot 2H_2O$)。此外,海水中砷平均含量为 $1.1~\mu g\cdot dm^{-3}$,在矿泉、土壤和人体中都有微量的砷。

锑、铋元素在自然界存在广泛,但丰度较低,它们常与其他元素的硫化物矿,特别是 Cu、Pb 和 Ag 的硫化物矿伴生在一起。辉锑矿(Sb_2S_3)和辉铋矿(Bi_2S_3)是它们的主要矿物。我国锑的蕴藏量占世界第一位,湖南省冷水江市锡矿山是世界最大的锑矿。

19.1.1 氮族元素的基本性质

1. 成键特征

氮族元素的价电子结构为 ns^2np^3,p 亚层为半充满状态,N、P、As 这三种元素的第一电离能较前后相邻两族相应元素都大,N、P、As、Sb 的第一电子亲和能较前后相邻两族相应元素都小,它们的电负性在 1.9~3.04,它们完全失去或完全得到 3 个电子而成为 M^{3+} 或 M^{3-} 的离子型化合物都很困难。因此,形成共价化合物是氮族元素(特别是 N 和 P)的主要特征。与电负性较大的元素(如卤素、氧、硫等)化合时形成氧化数为 +Ⅲ、+Ⅴ 的共价化合物,与电负性较小的氢则形成氧化态为 -Ⅲ 的共价型氢化物。

N、P 与活泼金属也能形成少数氧化态为 -Ⅲ 的离子型化合物,如 Li_3N、Mg_3N_2、Na_3P、Ca_3P_2 等,但只能以固态存在,遇水强烈水解生成 NH_3 和 PH_3。因此,溶液中不存在 N^{3-} 和 P^{3-} 的简单离子。

N、P 的次外层分别为 2 电子和 8 电子,而 As、Sb、Bi 的次外层为 18 电子。因此,砷分族元素及化合物在性质上更接近。砷分族可形成一定的离子化合物 M(Ⅲ) 和 M(Ⅴ)。由于次外层 d 电子的屏蔽效应较小,导致有效核电荷(Z^*)增大,和 P(Ⅴ)不同,砷分族 M(Ⅴ) 的化合物不太稳定,有一定的氧化性,且从 As(Ⅴ) 到 Bi(Ⅴ) 氧化性增强,如 Bi(Ⅴ) 即是强氧化剂之一。反之,砷分族 M(Ⅲ) 的化合物从 As(Ⅲ) 到 Bi(Ⅲ) 还原性减弱,稳定性增强。

由于氮原子内层电子少,原子半径小,又无价 d 轨道,所以成键与同族其他元素有显著差异:①N—N 单键的键能比第三周期 P—P 键的小;②N 易于形成 p-p π 键(包括离域 π 键),所以 N=N 和 N≡N 的键能又比本族其他元素相应的键能大;③N 最多只能形成 4 个共价键;④和 O、F 相比,N 形成氢键的能力要弱些。

2. 元素电势图

氮、磷、砷的元素电势图如下:

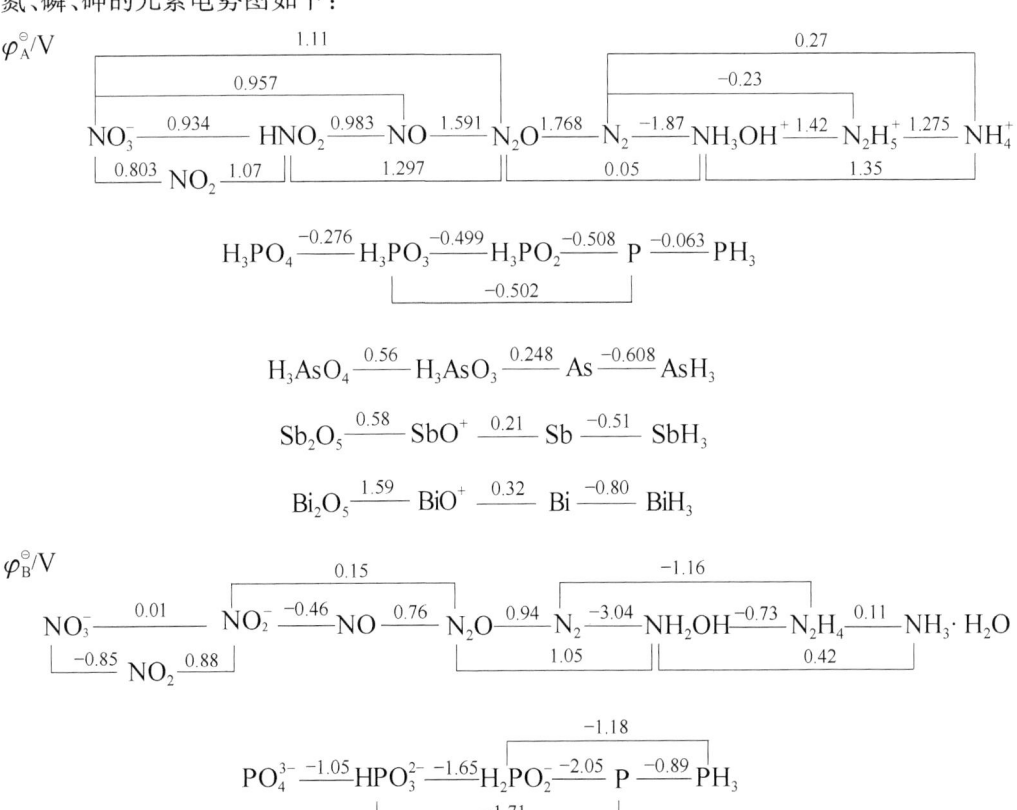

$$AsO_4^{3-} \xrightarrow{-0.71} AsO_3^{3-} \xrightarrow{-0.68} As \xrightarrow{-1.43} AsH_3$$

$$Sb(OH)_6^- \xrightarrow{-0.43} Sb(OH)_4^- \xrightarrow{-0.67} Sb \xrightarrow{-1.34} SbH_3$$

$$BiO_2 \xrightarrow{0.55} Bi_2O_3 \xrightarrow{-0.46} Bi$$

19.1.2 氮及其化合物

1. 氮气

氮气无色、无味,密度为 $1.25\ g\cdot dm^{-3}$,熔点为 63 K,沸点为 77 K,临界温度为 126 K,难于液化。常压下,283 K 时,大约 1 体积水可溶解 0.02 体积的 N_2。

工业上用分馏液态空气的方法得到氮。过去,实验室中通过加热(亚)硝酸铵、氯化铵和亚硝酸钠饱和溶液来制备少量氮气。光谱纯的 N_2 可由叠氮化钠(sodium azide)加热分解得到

$$2NaN_3(s) \xrightarrow{\triangle} 2Na(l) + 3N_2(g)$$

N≡N 的键能($946\ kJ\cdot mol^{-1}$)很大,室温时,不与氧气、水、酸、碱等反应,但能与锂缓慢反应,生成高晶格能的离子型化合物 Li_3N。氮的化学活性随着温度的升高而增强,高温时能和ⅡA族元素、铝、硼、硅、锗及许多 d 区金属反应生成氮化物,在催化剂作用下和焦炭共灼生成氰$(CN)_2$,放电或极高温度($\sim$2273 K)时可与氧直接化合成 NO。

氮主要用于合成氨、化肥、硝酸(盐)、亚硝酸盐、氰化物(cyanides)、叠氮化物(azides)和炸药(explosives)等。利用氮的化学惰性,常在化学反应、粮食储存中作保护气体。液氮可作深度冷冻剂。

2. 氮的氢化物

1) 氨、铵盐

工业上至今仍采用 Haber 法合成氨。实验室中过去常用铵盐来制备氨,现在市场上有钢瓶装的液氨(含氨 99.8% 以上)出售。如需更高纯度,可将氨先后通过热处理的活性炭及 P_2O_5。

氨分子的结构是大家熟知的,能否通过氨分子的结构预测氨的物理、化学性质?

①氨的三角锥形结构及 $\chi_N > \chi_H$ 决定了氨的极性较强,但又弱于 H_2O;有孤对电子,容易形成氢键,极易溶于水;键的极性是 N—H 小于 O—H,因此 NH_3 给质子能力小于 H_2O,故同 H_2O 一样,NH_3 也能自偶电离,但程度小于 H_2O。②NH_3 中 N 为 -Ⅲ 氧化态,故还原性强,无氧化性。③N 上的孤对电子决定了氨有碱性和配位性,是 Lewis 碱,且碱性比 H_2O 强;配位性也比 H_2O 强,H_2O 是弱场配体,NH_3 是中强场配体。④NH_3 有 3 个 N—H 键,同水解一样,NH_3 能发生氨解反应生成系列氨取代衍生物。

实际情况是 $\mu(NH_3)=4.87\times10^{-30}\ C\cdot m$,$\mu(H_2O)=6.18\times10^{-30}\ C\cdot m$;1 体积水在常温下可以溶解 700 体积的 NH_3,氨的水合物即氨水。

(1) 还原性。氨在纯氧中能燃烧生成氮(火焰呈黄色)。在水溶液中能被许多强氧化剂(Cl_2、$KMnO_4$、H_2O_2 等)所氧化。例如

$$3Cl_2 + 2NH_3 = N_2 + 6HCl \quad (Cl_2\ 少量)$$

$$3Cl_2 + NH_3 = NCl_3 + 3HCl \quad (Cl_2\ 过量)$$

(2) 配位性。氨是 Lewis 碱,能与 Lewis 酸形成配位化合物,例如 $[Cu(NH_3)_4]^{2+}$ 和 $BF_3 \cdot NH_3$ 等。

(3) 弱碱性。氨的弱碱性也是因与 Lewis 酸 H^+ 以配位键相结合形成 NH_4^+,使 H_2O 电离而释放出 OH^-。氨溶解于水主要以水合分子 $NH_3 \cdot H_2O$ 形成存在,只有 4% 的氨分子形成 NH_4^+。

(4) 取代反应。氨分子中有 3 个氢,可依次被其他原子或基团所取代,生成氨基($-NH_2$)、亚氨基($=NH$)的衍生物或氮化物($\equiv N$),或者以氨基或亚氨基取代其他化合物中的原子或基团。例如

$$HgCl_2 + 2NH_3 \Longrightarrow Hg(NH_2)Cl \downarrow + NH_4Cl$$

$$COCl_2(光气) + 4NH_3 \Longrightarrow CO(NH_2)_2(尿素) + 2NH_4Cl$$

这类反应实际上是氨参与的复分解反应,称为氨解反应。

(5) 自偶电离。液氨也能发生微弱的自偶电离(比水弱得多):

$$2NH_3 \Longrightarrow NH_4^+ + NH_2^- \quad K = 1.9 \times 10^{-30} \quad (223\ K)$$

液氨是重要的非水溶剂,但因其极性比水小,故是有机化合物的较好溶剂,但溶解离子型的无机物比水差。例如,卤化银在液氨中的溶解度(与水不同):

$$AgI > AgBr > AgCl > AgF$$

此外,一些反应在液氨中和在水中往往又不相同。例如

$$2AgCl + Ba(NO_3)_2 \underset{\text{在水中}}{\overset{\text{在液氨中}}{\rightleftharpoons}} 2AgNO_3 + BaCl_2$$

液氨有溶解碱金属、碱土金属等活泼金属的特性,生成的稀溶液均呈现淡蓝色,并有顺磁性、导电性和强还原性:

$$2Na + 2NH_3 \Longrightarrow 2Na^+ + 2NH_2^- + H_2 \uparrow$$

这些性质是由溶液中的"氨合电子"引起的:

$$M + nNH_3 \Longrightarrow [M(NH_3)_x]^+ + [e(NH_3)_{n-x}]^-$$

铵盐(ammonium salts)一般是无色、易溶于水的晶体,具有弱酸性、热不稳定性和还原性。

因氨是弱碱,所以铵盐都有一定程度的水解,由强酸形成的铵盐其水溶液显酸性。因此,在铵盐溶液中加入强碱并加热,就会释放出氨(可用于 NH_4^+ 的鉴定):

$$NH_4^+ + OH^- \xrightarrow{\triangle} NH_3 \uparrow + H_2O$$

铵盐对热不稳定,易分解。铵盐的阴离子碱性越强,其热稳定性越差。例如,卤化铵 NH_4X 的热稳定性按 $NH_4F \to NH_4I$ 的顺序递减。

铵盐热分解产物和阴离子对应的酸的氧化性、挥发性及分解温度有关。若对应的酸既无挥发性又无氧化性,则分解为 NH_3 和酸(或酸式盐),如 $(NH_4)_2SO_4$、$(NH_4)_3PO_4$;若对应的酸有挥发性但无氧化性,则分解为 NH_3 和相应的酸,如 NH_4Cl、NH_4HCO_3;若对应的酸有氧化性,则分解出来的 NH_3 立即被氧化为氮或氮的氧化物,并放出大量的热,可能发生爆炸。例如

$$NH_4NO_3(s) \xrightarrow{\triangle} N_2O(g) + 2H_2O(g) \quad \Delta_r H_m^\ominus = -118\ kJ \cdot mol^{-1}$$

$$NH_4NO_3(s) \xrightarrow{573\ K} N_2(g) + \frac{1}{2}O_2(g) + 2H_2O(g) \quad \Delta_r H_m^\ominus = -37\ kJ \cdot mol^{-1}$$

因此,NH_4NO_3 可用于制造炸药。铵盐主要用于肥料、染料工业,制作干电池以及焊接时除去金属表面的氧化物。

2) 联氨、羟氨

联氨(hydrazine, N_2H_4)、羟氨(hydroxylamine, NH_2OH)可看成是 NH_3 分子的一个氢原子分别被氨基(—NH_2)和羟基(—OH)所取代的衍生物,它们的结构关系如图 13.5 所示。

(1) 制备。联氨又称肼。在碱性条件下,用次氯酸钠与过量的氨反应可得到肼的稀溶液:

$$NaClO + 2NH_3 \Longrightarrow N_2H_4 + NaCl + H_2O$$

用氨和醛(或酮)的混合物与氯气进行气相反应合成出异肼,然后使其水解而得到无水肼:

$$4NH_3 + (CH_3)_2CO + Cl_2 \Longrightarrow \underset{HN}{\overset{HN}{{>}}}C\underset{CH_3}{\overset{CH_3}{{<}}} + 2NH_4Cl + H_2O$$

$$\xrightarrow{H_2O} N_2H_4 + (CH_3)_2CO$$

将某些羟氨化合物加热分解或将盐酸羟氨与醇钠反应也可制得羟氨:

$$NH_2OH \cdot HCl + C_4H_9ONa \xrightarrow{\triangle} NH_2OH + NaCl + C_4H_9OH$$

(2) 化学性质。由 NH_3、N_2H_4 和 NH_2OH 结构上的关系不难判断它们性质上的变化规律:碱性、配位性依次减弱,N_2H_4 和 NH_2OH 既有还原性又有氧化性,热力学稳定性比 NH_3 差。298 K 时

$$N_2H_4 + H_2O \Longrightarrow N_2H_5^+ + OH^- \quad K_1 = 8.5 \times 10^{-7}$$
$$N_2H_5^+ + H_2O \Longrightarrow N_2H_6^{2+} + OH^- \quad K_2 = 8.9 \times 10^{-16}$$
$$NH_2OH + H_2O \Longrightarrow NH_3OH^+ + OH^- \quad K = 6.6 \times 10^{-9}$$

N_2H_4 具有配位性,可以形成配合物,如 $[Pt(NH_3)_2(N_2H_4)_2]Cl_2$、$[(NO_2)_2Pt(N_2H_4)_2Pt(NO_2)_2]$ 等。NH_2OH 也是较好的配体,如与 Zn^{2+} 配位生成 $Zn(NH_2OH)_2Cl_2$。

联氨在酸性溶液中以氧化性为主,被还原的产物是 NH_4^+,但大多数氧化反应的速率都很慢。在碱性溶液中以还原性为主,常用作强还原剂,被氧化的产物一般为 N_2。无水 N_2H_4 为无色发烟液体,点燃时迅速完全燃烧,并放出大量的热:

$$N_2H_4(l) + O_2(g) \Longrightarrow N_2(g) + 2H_2O(g) \quad \Delta_r H_m^\ominus = -621.5 \text{ kJ} \cdot \text{mol}^{-1}$$

用其他的氧化剂,如 $N_2O_4(l)$、H_2O_2、HNO_3 甚至是 F_2,也能发生类似的氧化燃烧反应。例如

$$N_2O_4(l) + 2N_2H_4(l) \Longrightarrow 3N_2(g) + 4H_2O(g)$$

该反应的 $\Delta_r H_m^\ominus = -1038.7 \text{ kJ} \cdot \text{mol}^{-1}$、$\Delta_r S_m^\ominus = 911.6 \text{ J} \cdot \text{mol}^{-1} \cdot \text{K}^{-1}$,在热力学上非常有利于反应的自发进行。所以常用联氨及其甲基衍生物作导弹、宇宙飞船的火箭燃料。例如,阿波罗宇宙飞船就是利用 $N_2O_4(l)$ 作氧化剂,以 1:1 的 CH_3NHNH_2 和 $(CH_3)_2NNH_2$ 的混合物作火箭推进剂。

羟氨以还原性为主,特别在碱性介质中是强还原剂,可使银盐、卤素还原,本身则被氧化为 N_2、N_2O、NO 气体放出。联氨和羟氨作为还原剂都不给反应体系带来杂质。

联氨 N—N 为单键,且因两对孤对电子间排斥作用,键能减小,因此 N_2H_4 的热稳定性比 NH_3 差,受热即发生爆炸分解,生成 N_2、NH_3 和 H_2。纯羟氨是不稳定的白色固体,受热即分解为 NH_3、N_2 和 H_2O。

3) 叠氮酸及其盐

叠氮酸(hydrazoic acid, HN_3)是无色、有刺激性臭味、有毒的液体,熔点为 193 K,沸点为 318.8 K。分子结构如图 13.19 所示。

用熔融的氨基钠(sodium amide)在 460 K 下与 N_2O 反应,可得到叠氮化钠:

$$2NaNH_2 + N_2O \xrightarrow{460\ K} NaN_3 + NaOH + NH_3$$

利用 HN_3 的挥发性，NaN_3 与稀 H_2SO_4 复分解或低温下与硬脂酸反应都可得到 HN_3：

$$NaN_3 + H_2SO_4 =\!=\!= HN_3 + NaHSO_4$$

$$NaN_3 + CH_3(CH_2)_{16}COOH =\!=\!= HN_3 + CH_3(CH_2)_{16}COONa$$

HN_3 的水溶液为一元弱酸：

$$HN_3 + H_2O =\!=\!= H_3O^+ + N_3^- \qquad K_a^\ominus = 1.9 \times 10^{-5}$$

HN_3 在水溶液中会发生歧化而分解：

$$HN_3 + H_2O =\!=\!= NH_2OH + N_2 \uparrow$$

与碱或活泼金属作用生成叠氮化物：

$$HN_3 + NaOH =\!=\!= NaN_3 + H_2O$$

$$2HN_3 + Zn =\!=\!= Zn(N_3)_2 + H_2 \uparrow$$

N_3^- 能形成广泛的金属配合物，如 $[Au(N_3)_4]^{2-}$、$[Sn(N_3)_6]^{2-}$、$trans$-$[TiCl_4(N_3)_2]^{2-}$、cis-$[Co(en)_2(N_3)_2]^+$ 和 $trans$-$[Ru(en)_2(N_2)(N_3)]^+$ 等。

叠氮酸不稳定，受撞击就立即爆炸分解：

$$2HN_3 =\!=\!= 3N_2 + H_2 \qquad \Delta_r H_m^\ominus = -593.6\ kJ \cdot mol^{-1}$$

叠氮化物的热稳定性比叠氮酸强，分解的剧烈程度依金属活泼性而异。碱金属等活泼金属的叠氮化物受热不爆炸，仅分解为氮气和相应的金属（LiN_3 例外，它转变为氮化物），利用此反应制作机动车安全气囊。重金属如 Ag、Cu、Pb、Hg 和 Tl 等的叠氮化物加热就发生爆炸，所以 $Pb(N_3)_2$ 和 $Hg(N_3)_2$ 可作雷管的起爆剂。

3. 氮的含氧化合物

1) 氮的氧化物

氮的重要氧化物有 N_2O、NO、N_2O_3、NO_2、N_2O_4、N_2O_5 等，在这些氧化物中氮的氧化数从 +Ⅰ 到 +Ⅴ 变化。这些氧化物在热力学上都不太稳定，除 N_2O 外，其他都有毒性。工业废气和汽车尾气中的氮氧化物主要是 NO 和 NO_2，以 NO_n 表示。NO_n 能破坏臭氧层，产生光化学烟雾，是造成大气污染的来源之一。

（1）一氧化氮。NO 键级为 2.5，键长为 115 pm，键解离能为 627.5 kJ·mol^{-1}。气态 NO 显示顺磁性。在低温下，液态和固态 NO 会发生聚合作用，生成 N_2O_2（图 19.1）而显逆磁性。

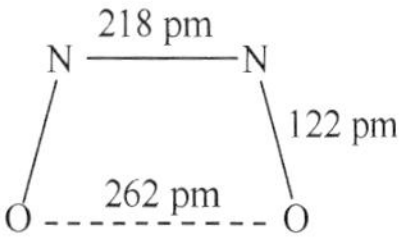

工业上由氨催化氧化可制得 NO，实验室中，通常以亚硝酸盐与稀硫酸反应制备 NO，也可用铜与稀硝酸反应来制取。

图 19.1 NO 分子的二聚结构

$$4NH_3 + 5O_2 \xrightarrow[\text{Pt 催化剂}]{1300\ K} 4NO \uparrow + 6H_2O$$

NO 微溶于水，与水、酸、碱不反应。红热的 Fe、Ni、C 能把 NO 还原为 N_2。在铂催化剂存在下，H_2 能将 NO 还原为 NH_3。常温时不仅易被较强氧化剂氧化为红棕色的 NO_2，还可失去能量高的 π^* 轨道上的单个电子，形成亚硝酰离子 NO^+。例如，与 X_2 反应生成卤化亚硝酰：

$$2NO + Cl_2 =\!=\!= 2NOCl$$

NO^+ 还能和许多酸根离子成盐，如 $NO^+ClO_4^-$、$NO^+HSO_4^-$ 等。

NO 是良好的配体，可与金属离子形成配合物，如与 $FeSO_4$ 溶液形成棕色可溶性的硫酸亚硝酰合铁(Ⅱ)：

$$FeSO_4 + NO \rightleftharpoons [Fe(NO)]SO_4$$

1998年诺贝尔生理学或医学奖授予了美国药理学家弗奇戈特(R. F. Furchgott)、伊格纳罗(L. J. Ignarro)和穆拉德(F. Murad),以表彰他们发现了一氧化氮是心血管系统中传递信号的分子。这一发现使人们第一次认识到气体分子可以在生物体内发挥传递信号的作用,使NO成为"明星"分子。

(2) 二氧化氮和四氧化二氮。铜与浓硝酸反应或将NO氧化均可制得NO_2。加热HNO_3和P_2O_5的混合物也可制得:

$$2HNO_3 + P_2O_5 \xrightarrow{533\ K} N_2O_5 + 2HPO_3$$
$$\longrightarrow NO_2 + O_2$$

NO_2也是单电子分子,顺磁性,键长为120 pm,键角为134°;N_2O_4的r_{N-O}为118 pm,r_{N-N}为175 pm,∠ONO为135°。

NO_2中N为sp^2杂化,但对其电子结构有三种不同的解释(你是如何看待的):①N的孤电子杂化轨道上只填充一个电子,O—N—O间形成Π_4^3离域键;②N的孤电子杂化轨道上填充两个电子,O—N—O间形成Π_3^3离域键;③另一观点则介于上述两者之间,即形成共振结构。

NO_2因有一未成对电子,低温或加压时易发生二聚,形成N_2O_4而呈抗磁性。不仅如此,NO_2中的未成对电子还易电离,通过失去一个电子(9.91 eV)形成硝酰阳离子NO_2^+(与CO_2等电子),或者通过获得一个电子形成亚硝酸根离子NO_2^-(与O_3等电子)。

当温度超过423 K时,NO_2发生分解:

$$2NO_2 \xrightleftharpoons{>423\ K} 2NO + O_2$$

NO_2易溶于水,并歧化成HNO_3和HNO_2,因此NO_2为混合酸酐:

$$2NO_2 + H_2O \rightleftharpoons HNO_3 + HNO_2$$

HNO_2不稳定,受热立即分解成HNO_3和NO。工业上利用这些性质制备HNO_3:

$$3NO_2 + H_2O(热) \rightleftharpoons 2HNO_3 + NO\uparrow$$

NO_2有显著的氧化还原性,常见产物是NO(作氧化剂)和NO_3^-(作还原剂):

$$NO_2 + 2HX \rightleftharpoons NO + H_2O + X_2 \quad (X=Cl、Br)$$
$$10NO_2 + 2MnO_4^- + 2H_2O \rightleftharpoons 2Mn^{2+} + 10NO_3^- + 4H^+$$

N_2O_4与$ZnCl_2$反应生成$Zn(NO_3)_2$和NOCl。许多金属和液体N_2O_4反应生成金属硝酸盐和NO^+的还原产物(将N_2O_4看成$NO^+NO_3^-$,电子由金属原子转移到NO^+还原为NO)。

$$M + N_2O_4 \rightleftharpoons MNO_3 + NO \quad (M=碱金属、Ag、1/2Pb、1/2Zn、1/2Cu)$$

上述反应是制备无水金属硝酸盐较为方便的方法。液态N_2O_4可用作火箭推进剂(如N_2H_4)的氧化剂,也可用于制造爆炸药物。

2) 硝酸及其盐

硝酸(nitric acid)是工业上重要的无机酸之一,在国防工业和国民经济中都有极其重要的用途。

(1) 硝酸的制备与结构。工业上用氨的催化氧化法制硝酸(参见14.4.3)。HNO_3分子的结构见图13.37,N—O键键长为121 pm和141 pm,O—H键键长96 pm。

(2) 硝酸的性质。纯硝酸是无色液体,沸点为359 K,在226 K下凝为无色晶体。市售浓硝酸含量为69.2%,相当于16 mol·dm^{-3},密度为1.42 g·cm^{-3},沸点为394.8 K。浓硝酸受热或见光逐渐分解而泛黄:

$$4HNO_3 \xrightleftharpoons{h\nu} 4NO_2\uparrow + O_2\uparrow + 2H_2O \qquad \Delta_r H_m^{\ominus} = 259.4 \text{ kJ} \cdot \text{mol}^{-1}$$

溶解了过量 NO_2 的浓硝酸呈红棕色,称为发烟硝酸。由于 NO_2 起催化作用,反应被加速,所以发烟硝酸具有很强的氧化性。

硝酸的重要化学性质表现在氧化性与硝化作用两方面。

氧化性 由于 HNO_3 分子中的氮处于最高氧化数,以及 HNO_3 分子不稳定,易分解放出 O_2 和 NO_2,所以 HNO_3 是强氧化剂。但其还原产物很复杂,氧化数从 $+IV$ 到 $-III$。

$$\begin{array}{cccccccc} +V & +IV & +III & +II & +I & 0 & -I & -II & -III \\ HNO_3 \longrightarrow & NO_2 & HNO_2 & NO & N_2O & N_2 & NH_2OH & N_2H_4 & NH_3 \end{array}$$

硝酸几乎可以氧化除 Au、Pt、Ir、Rh、Nb、Ta、Ti 等以外的所有金属,其还原产物除与酸的浓度、金属的活泼性、反应温度等有关外,还与动力学因素有关。一般来说,对于同一金属而言,酸越稀被还原的程度越大。通常浓硝酸($12\sim16$ mol·dm^{-3})的还原产物主要是 NO_2;稀硝酸($6\sim8$ mol·dm^{-3})与不活泼金属(如 Cu)反应的产物主要是 NO,与活泼金属(如 Fe、Zn、Mg 等)反应,则可能生成 N_2O(HNO_3 浓度约 2 mol·dm^{-3})或 NH_4^+(HNO_3 浓度小于 2 mol·dm^{-3});极稀 HNO_3($1\%\sim2\%$)与极活泼的金属作用,会有 H_2 放出。

$$Cu + \begin{array}{c} HNO_3(浓) \\ HNO_3(稀) \end{array} \longrightarrow \begin{array}{c} NO_2\uparrow \\ NO\uparrow \end{array} + Cu(NO_3)_2 + H_2O$$

$$Zn + \begin{array}{c} HNO_3(稀) \\ HNO_3(很稀) \end{array} \longrightarrow \begin{array}{c} N_2O\uparrow \\ NH_4NO_3 \end{array} + Zn(NO_3)_2 + H_2O$$

某些金属如 Fe、Cr、Al、Ti、Co 等与冷浓 HNO_3 因发生"钝化"作用而不能进一步反应,经浓硝酸处理后的"钝态"金属也不再与稀酸作用。

偏酸性的金属如 Sn、Pb、Sb、Mo、W 等和浓硝酸作用生成含水的氧化物或含氧酸,如 β-锡酸($SnO_2 \cdot xH_2O$)、锑酸(H_3SbO_4)。

贵金属如 Au、Pt 等不与硝酸反应,但能溶于王水(硝酸与浓盐酸体积比为 1∶3)

$$Au + HNO_3 + 4HCl = HAuCl_4 + NO\uparrow + 2H_2O$$

$$3Pt + 4HNO_3 + 18HCl = 3H_2PtCl_6 + 4NO\uparrow + 8H_2O$$

这要归功于 HNO_3 的氧化性、Cl^- 的配位性以及 H^+ 与 O^{2-} 结合成弱电解质(H_2O)的联合。高浓度的 Cl^- 能够与 Au^{3+}、Pt^{4+} 形成稳定的配离子 $[AuCl_4]^-$、$[PtCl_6]^{2-}$,使溶液中金属离子浓度减小,电对 $[AuCl_4]^-/Au$ 的标准电极电势值比电对 Au^{3+}/Au 低得多,金属的还原能力增强:

$$Au^{3+} + 3e^- \rightleftharpoons Au \qquad \varphi^{\ominus} = 1.42 \text{ V}$$

$$[AuCl_4]^- + 3e^- \rightleftharpoons Au + 4Cl^- \qquad \varphi^{\ominus} = 0.994 \text{ V}$$

非金属单质如 B、C、S、P、As、Se、I_2 等也能被浓硝酸氧化成氧化物或含氧酸:

$$S + 6HNO_3 = H_2SO_4 + 6NO_2\uparrow + 2H_2O$$

$$3C + 4HNO_3 = 3CO_2\uparrow + 4NO\uparrow + 2H_2O$$

$$3P + 5HNO_3 + 2H_2O = 3H_3PO_4 + 5NO\uparrow$$

$$I_2 + 10HNO_3 = 2HIO_3 + 10NO_2\uparrow + 4H_2O$$

$$3I_2 + 10HNO_3(稀) = 6HIO_3 + 10NO\uparrow + 2H_2O$$

硝化作用(nitrification) 硝酸以硝基(—NO_2)取代有机化合物分子中的一个或几个氢原子的作用称为硝化作用。例如

$$C_6H_6 + HNO_3 \xrightarrow[\text{浓 } H_2SO_4]{50\sim60\ ^\circ C} C_6H_5NO_2 + H_2O$$

这是由于 HNO_3 质子化后分解为 NO_2^+（硝酰离子）进攻苯环，浓 H_2SO_4 吸收生成的水，以促进硝化作用的进行。

利用硝酸的硝化作用可以制造许多含氮染料、塑料、药物，制造硝酸甘油、三硝基甲苯（TNT）、三硝基苯酚等烈性的含氮炸药。

（3）硝酸盐。硝酸盐（nitrates）大多数是无色、易溶于水的离子型晶体。未经酸化的硝酸盐溶液几乎没有氧化性，但高温时固体硝酸盐因受热迅速分解放出 NO_2 而显强氧化性。硝酸盐热分解产物除有共同的 O_2 以外，其他产物则因金属离子不同而异：

$$2NaNO_3 \xrightarrow{\triangle} 2NaNO_2 + O_2\uparrow$$

$$2Pb(NO_3)_2 \xrightarrow{\triangle} 2PbO + 4NO_2\uparrow + O_2\uparrow$$

$$2AgNO_3 \xrightarrow{\triangle} 2Ag + 2NO_2\uparrow + O_2\uparrow$$

3）亚硝酸及其盐

（1）制备。将等物质的量的 NO 和 NO_2 混合物溶解于冰冻的水中，或向亚硝酸盐的冷溶液中加酸，均能生成亚硝酸：

$$Ba(NO_2)_2 + H_2SO_4(稀) \xrightarrow{冷冻} 2HNO_2 + BaSO_4\downarrow$$

亚硝酸盐可用铁粉、铅粉或碳粉在高温下还原固态硝酸盐而制得：

$$Pb + KNO_3 \xrightarrow{\triangle} KNO_2 + PbO$$

（2）结构。HNO_2 有如图 19.2 所示的顺式（*cis*-）和反式（*trans*-）两种结构。红外光谱数据表明，室温下反式比顺式更稳定，能量约低 21 kJ·mol^{-1}。

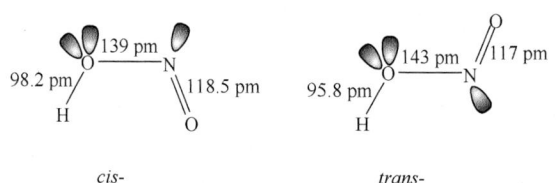

图 19.2 亚硝酸分子的顺、反结构

NO_2^- 键角为 115°，键长为 123.6 pm，3 个原子间形成一个 Π_3^4 离域键。

（3）性质。HNO_2 表现为弱酸性、氧化还原性、配位性和热不稳定性。

弱酸性 亚硝酸是一元弱酸（$K_a^{\ominus} = 4.6 \times 10^{-4}$，291 K）。

氧化还原性 从氮的电势图可看出，NO_2^- 在碱性溶液中以还原性为主，空气中的氧就能将其氧化成 NO_3^-。在酸性溶液中则以氧化性为主，用不同还原剂可把 NO_2^- 还原为 NO、N_2O、N_2、NH_3OH^+ 或 NH_4^+，但最常见的产物是 NO。例如

$$2NO_2^- + 2I^- + 4H^+ =\!=\!= 2NO + I_2 + 2H_2O$$

这个反应能定量进行，能用于测定亚硝酸盐含量。

有两点值得注意：

（1）HNO_2 及其盐的氧化还原性不仅和溶液的酸碱性有关，还和与它反应的氧化剂或还原剂的相对强弱有关。在酸性溶液中可被更强的氧化剂氧化。例如

$$2MnO_4^- + 5NO_2^- + 6H^+ =\!=\!= 2Mn^{2+} + 5NO_3^- + 3H_2O$$

$$Cl_2 + NO_2^- + H_2O =\!=\!= 2HCl + NO_3^-$$

在碱性溶液中能氧化较强的还原剂。例如
$$2Al+NO_2^-+OH^-+H_2O \Longrightarrow NH_3\uparrow+2AlO_2^-$$

(2) 在稀溶液中，NO_2^- 的氧化能力比 NO_3^- 更强。例如，NO_2^- 在酸性溶液中可氧化 I^-，而稀 NO_3^- 却不能。这是 NO_2^- 和 NO_3^- 的重要区别之一。

配位性 NO_2^- 是一种很好的配体，能分别以 O($\leftarrow ONO^-$，亚硝酸根)或 N($\leftarrow NO_2^-$，硝基)作配位原子与金属离子配位，如 $[Co(ONO)(NH_3)_5]SO_4$、$[Co(NO_2)_3(NH_3)_3]$ 等。

热稳定性 亚硝酸不稳定，仅存在于冷的稀溶液中，室温放置时，逐渐歧化而分解：
$$3HNO_2 \Longrightarrow HNO_3+2NO\uparrow+H_2O$$

亚硝酸盐热稳定性相对较好，重金属盐热分解温度较低，如 $AgNO_2$ 分解温度为 100 ℃，但碱金属和碱土金属的亚硝酸盐都有很高的热稳定性。

亚硝酸盐溶解性较好，除 $AgNO_2$ 不溶外，一般易溶于水。KNO_2 和 $NaNO_2$ 大量用于染料工业和有机合成工业中。

(4) 亚硝酸根和硝酸根离子的鉴定。

NO_2^- 的鉴定 亚硝酸盐溶液加 HAc 酸化，加入新鲜配制的 $FeSO_4$ 溶液，溶液呈棕色：
$$NO_2^-+Fe^{2+}+2HAc \Longrightarrow NO\uparrow+Fe^{3+}+2Ac^-+H_2O$$
$$[Fe(H_2O)_6]^{2+}+NO \Longrightarrow [Fe(NO)(H_2O)_5]^{2+}(棕色)+H_2O$$

NO_3^- 的鉴定——棕色环反应 向硝酸盐溶液中加入少量 $FeSO_4$ 溶液，混匀，沿试管壁缓缓小心加入浓 H_2SO_4，在两液界面处出现棕色环：
$$NO_3^-+3Fe^{2+}+4H^+ \Longrightarrow 3Fe^{3+}+NO\uparrow+2H_2O$$
$$[Fe(H_2O)_6]^{2+}+NO \Longrightarrow [Fe(NO)(H_2O)_5]^{2+}(棕色)+H_2O$$

鉴定 NO_2^- 和 NO_3^- 的区别是：硝酸盐在 HAc 条件下无棕色环生成，必须用浓 H_2SO_4。

亚硝酸盐有毒性且为致癌物。亚硝酸盐能将血红蛋白中的 Fe^{2+} 氧化成 Fe^{3+} 而失去载氧能力，发展为高铁血红蛋白血症。纯亚硝酸盐中毒时会出现四肢发冷、心跳加快和血压下降，严重时会发生循环衰竭和水肿现象。

蔬菜中含有一定量的硝酸盐和亚硝酸盐。对蔬菜进行加工处理或长期储存时，蔬菜和瓜果中的胺类、亚硝酸盐在微生物参与下，会生成微量的亚硝胺。腌制肉类时为了防腐添加的硝酸盐和亚硝酸盐，在一定条件下也会转变为亚硝酸胺类化合物，因此食品加工时必须严格控制这两种盐的最大容许使用量和残留量。研究表明，下列食物可以阻碍或抑制体内亚硝胺的合成：新鲜花菜、豆芽、白菜、大蒜、胡萝卜、卷心菜、南瓜、桃、橙、茶叶等。

4. 氮的其他化合物

1) 氮化物

高温时氮能与许多金属或电负性比氮小的非金属反应生成氮化物(nitrides)，如 Mg_3N_2、BN 等。氮化物可分为离子型、共价型和间充型三类。ⅠA、ⅡA 族元素及 Al 的氮化物属于离子型，可以在高温时由金属与 N_2 直接化合，也可用加热氨基化合物的方法而制备。例如
$$3Ba(NH_2)_2 \xrightarrow{\triangle} Ba_3N_2+4NH_3\uparrow$$
这类氮化物大多是固体，化学活性大，易水解放出 NH_3。例如
$$Li_3N+3H_2O \Longrightarrow 3LiOH+NH_3\uparrow$$
非金属元素的氮化物如 BN、Si_3N_4、S_4N_4 等属于共价型的固态聚合物，熔点很高(2273～

3273 K),一般是绝缘体或半导体。

d 区过渡金属的氮化物如 TiN、ZrN、Mn_5N_2、W_2N_3 等属于间充型,氮原子填充在金属结构的间隙中。这类氮化物具有金属的外形,高熔点(一般在 3000 K 左右)、高硬度(9~10),并能导电。化学性质惰性,一般不与水、酸发生反应,不被空气中的氧所氧化,适合于作高强度材料。

2) 氮的卤化物

重要的氮的卤化物有 NF_3 和 NCl_3,还有 N_2F_4 和 N_2F_2。

NF_3 是在 Cu 催化剂存下用 NH_3 和 F_2 反应制得,是无色惰性气体,熔点为 66 K,沸点为 144 K,N—F 键长为 137 pm,键角为 102.5°。虽然 NF_3 分子中 N 原子上有孤对电子,但由于 F 原子的电负性很大,所以 NF_3 几乎不具有 Lewis 碱性,在水和碱溶液中均不水解。

NCl_3 是由 NH_3 和过量 Cl_2 反应制得的,为黄色液体,沸点为 344 K,N—Cl 键长为 176 pm,键角为 107°。稳定性比 NF_3 差得多,超过沸点或受震动即发生爆炸性分解。

NCl_3 在水和碱溶液中水解。水解机理参见 16.3.2。

纯 NBr_3 直到 1975 年才分离出来,但极不稳定,甚至在 -100 ℃时也爆炸。NBr_3 和 NI_3 的氨合物 $NBr_3 \cdot 6NH_3$(紫色)和 $NI_3 \cdot 6H_2O$(黑色)也已制得,都是易爆炸的固体。

19.1.3 磷及其化合物

1. 磷单质

1) 制备

磷(phosphorus)至少有 10 种同素异形体,其中主要有白磷、红磷和黑磷三种。

将磷灰石与石英砂(quartz sand,SiO_2)及焦炭(coke)混合,于 1700 K 左右在石墨电极电炉中还原,可制备单质磷(参见 5.3 节):

$$2Ca_3(PO_4)_2 + 6SiO_2 + 10C = 6CaSiO_3 + P_4\uparrow + 10CO\uparrow$$

把生成的磷蒸气和 CO 通过冷水,便凝结为固体白磷。在惰性气氛中将白磷加热至约 540 K 即转化为红磷;在 1200 MPa 的压力下,将白磷加热到 473 K 方能转化为黑磷。

2) 结构

实验表明,无论是在溶液中或气体状态,磷的相对分子质量都相当于分子式 P_4。白磷是由 P_4 分子组成的分子晶体,呈四面体构型,如图 19.3(a),P—P 键长为 221 pm,与共价半径($r_{cov}=110$ pm)一致,键角∠PPP 为 60°,比用纯 p 轨道成键的键角还要小得多。理论研究表明,P—P 键是由 98% 的 3p 轨道形成的(3s 和 3d 仅占很少成分)。

红磷是通过 P_4 单元而形成的环链结构,每个 P_4 四面体中断裂一个 P—P 键,然后相互连接,每个 P 原子呈三角锥形。黑磷为片状结构[图 19.3(b)],类似于石墨。

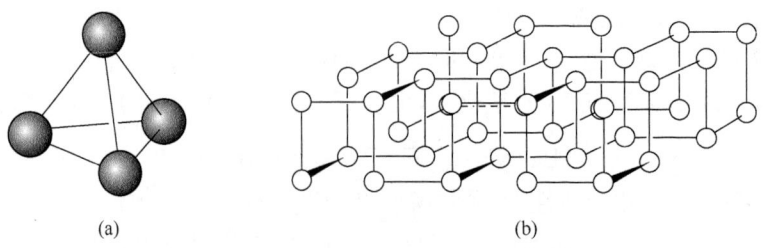

图 19.3 白磷分子(a)和黑磷分子(b)的结构

将磷蒸气加热至 1073 K，P_4 开始分解为 P_2。P_2 分子虽具有叁键(键长 187 pm)，但键能(490 kJ·mol^{-1})只及 N_2 的一半。

3) 性质与应用

纯白磷是无色透明的晶体，不溶于水，易溶于 CS_2。白磷遇光逐渐变黄，因而又称黄磷。黄磷剧毒，误食 0.1 g 就能致死。皮肤若经常接触到单质磷也会引起吸收中毒。红磷是一种暗红色的粉末，不溶于水、碱和 CS_2，基本无毒。黑磷能导电，故有"金属磷"之称。在磷的三种同素异形体中，黑磷密度最大(2.7 g·cm^{-3})，不溶于有机溶剂。

热力学上规定白磷为最稳定的单质，但实质上黑磷才是所有同素异形体中最稳定的：

$$P(黑) \xrightarrow{\Delta_f H_m^{\ominus} = -39.3 \text{ kJ·mol}^{-1}} \frac{1}{4}P_4(白) \xrightarrow{\Delta_f H_m^{\ominus} = -17.6 \text{ kJ·mol}^{-1}} P(红)$$

白磷 P_4 分子因键角仅有 60°，导致 P—P 键间有很大的张力，键易于断裂，而具有很高的化学活性，和氧化剂反应猛烈。在氯气中能自燃，遇液氯或溴会发生爆炸，与冷浓硝酸激烈反应生成磷酸，在热的浓碱液中发生歧化反应生成磷化氢(主要是 PH_3、P_2H_4)和次磷酸盐：

$$P_4 + 3KOH + 3H_2O \xrightarrow{\triangle} PH_3\uparrow + 3KH_2PO_2$$

白磷还能将 Au、Ag、Cu 等从它们的盐溶液中还原出来。例如

$$11P + 15CuSO_4 + 24H_2O(冷) = 5Cu_3P + 6H_3PO_4 + 15H_2SO_4$$

$$2P + 5CuSO_4 + 8H_2O \xrightarrow{\triangle} 5Cu + 2H_3PO_4 + 5H_2SO_4$$

如不慎将白磷沾到皮肤上，可用 0.2 mol·dm^{-3} $CuSO_4$ 溶液冲洗，利用磷的还原性来解毒。

白磷在潮湿空气中发生缓慢氧化时，部分的反应能量以光能的形式放出，故在暗处可看到白磷发光。当缓慢氧化积聚的热量达到燃点(313 K)时便发生自燃，因此白磷常储存于水中。

工业上用白磷来制备磷酸、肥料、清洁剂和食品添加剂。红磷用于生产烟雾(如烟火、烟幕弹)和安全火柴，火柴盒侧面所涂物质就是红磷与 Sb_2S_3 等的混合物。三氯化磷(phosphorus trichloride)是有机磷化合物(包括神经毒气、阻燃剂和杀虫剂)的先驱物。含有少量磷的青铜称为磷青铜(phosphor bronzes)，它富有弹性、耐磨、抗腐蚀，用于制轴承、阀门等。大量磷还用于制备发光二极管的半导体材料，如 $GaAs_xP_{1-x}$ 等。

2. 磷的含氧化合物

1) P_4O_6 和 P_4O_{10}

重要的磷的氧化物有 P_4O_6[phosphorus(Ⅲ) oxide]和 P_4O_{10}[phosphorus(Ⅴ) oxide]，后者通常称为五氧化二磷(phosphorus pentoxide)。磷在氧气或充足的空气中燃烧时生成 P_4O_{10}，限制空气的量时可得到 P_4O_6。

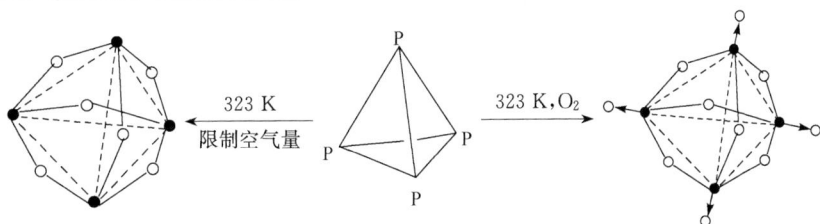

P_4O_6 为白色吸湿性蜡状固体(熔点为 297 K，沸点为 447 K)，球状结构，具有滑腻感，有很强的毒性。P_4O_6 可溶于苯、二硫化碳和氯仿等溶剂。P_4O_{10} 是白色雪状固体，632 K 升华。

P_4O_6 是亚磷酸的酸酐,但只有和冷水或碱溶液反应时才缓慢地生成亚磷酸或亚磷酸盐,在热水中则发生强烈的歧化反应:

$$P_4O_6 + 6H_2O(热) = 3H_3PO_4 + PH_3\uparrow$$

P_4O_{10} 是磷酸的酸酐,与水反应时放出大量的热。根据用水量的多少,6 个 P—O—P 键将不同程度地打开,生成不同组分的酸,当用水量多时,最终生成正磷酸:

$$P_4O_{10}\begin{cases}\xrightarrow[\text{打开 2 个 P—O—P 键}]{+2H_2O}(HPO_3)_4 \quad \text{四偏磷酸(含 4 个 P—O—P 键)}\\ \xrightarrow[\text{打开 3 个 P—O—P 键}]{+3H_2O}H_3PO_4+(HPO_3)_3 \quad \text{三偏磷酸(含 3 个 P—O—P 键)}\\ \xrightarrow[\text{打开 4 个 P—O—P 键}]{+4H_2O}H_3PO_4+H_5P_3O_{10} \quad \text{三磷酸(含 2 个 P—O—P 键)}\\ \xrightarrow[\text{打开 5 个 P—O—P 键}]{+5H_2O}2H_3PO_4+H_4P_2O_7 \quad \text{焦磷酸(含 1 个 P—O—P 键)}\\ \xrightarrow[\text{打开 6 个 P—O—P 键}]{+6H_2O}4H_3PO_4 \end{cases}$$

从这些反应可以看出,P_4O_{10} 对水有很强的亲和力,因此它常用作气体和液体的干燥剂。P_4O_{10} 的干燥效果比其他一些常用干燥剂(如 H_2SO_4、NaOH、KOH、$CaCl_2$ 等)要好得多,甚至可以从许多化合物中夺取化合态的水,如使 H_2SO_4、HNO_3 脱水生成相应的酸酐:

$$P_4O_{10} + 6H_2SO_4 = 6SO_3 + 4H_3PO_4$$
$$P_4O_{10} + 12HNO_3 = 6N_2O_5 + 4H_3PO_4$$

注意使用 P_4O_{10} 时不要沾到皮肤上。

2) 磷的含氧酸及盐

磷的几种重要含氧酸的名称、$pK_a^\ominus$ 值与磷的氧化态列于表 19.1。

表 19.1 磷的几种重要含氧酸的名称、$pK_a^\ominus$ 值与氧化态

名称	化学式	$pK_{a_1}^\ominus$	$pK_{a_2}^\ominus$	$pK_{a_3}^\ominus$	$pK_{a_4}^\ominus$	$pK_{a_5}^\ominus$	P 的氧化态
次磷酸	phosphonic acid	H_3PO_2	1.24					+Ⅰ
亚磷酸	phosphonic acid	H_3PO_3	2.00	6.59				+Ⅲ
连二磷酸	hypophosphoric acid	$H_4P_2O_6$	2.2	2.8	7.3	10.0		+Ⅳ
(正)磷酸	phosphoric acid	H_3PO_4	2.21	7.21	12.67			
焦磷酸	diphosphoric acid	$H_4P_2O_7$	0.85	1.49	5.77	8.22		+Ⅴ
三磷酸	triphosphoric acid	$H_5P_3O_{10}$	≤0	0.89	4.09	6.98	9.93	
(聚)偏磷酸	metaphosphoric acid	$(HPO_3)_n$						

正磷酸(简称磷酸)的各种盐都是简单磷酸盐,这类磷酸盐的通式是 $M_{n+2}P_nO_{3n+1}$,在式中 M 是 +Ⅰ 价金属离子,n 是多磷酸盐中的磷原子数。多磷酸的相应盐是复杂磷酸盐。环状偏磷酸盐的通式是 $(MPO_3)_n$,当 n 值很大时,直链多磷酸盐和聚偏磷酸盐具有近似的组成。

(1) 结构。13.6.1 中已讨论了磷酸分子的结构。明确了 H_3PO_4 的结构后就不难分析其他磷的含氧酸及其酸根的结构。事实上,磷的各种含氧酸及其酸根都可看成是 H_3PO_4 结构的复制,都是以磷氧或磷氧氢四面体为基本结构单元的,如 H_3PO_3、H_3PO_2 (图 19.4),焦磷酸、偏磷酸(图 19.5),直链多磷酸根、

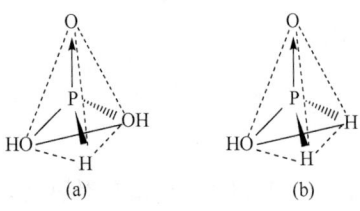

图 19.4 亚磷酸(a)和次磷酸(b)分子的结构

环状偏磷酸根(图 19.6)。

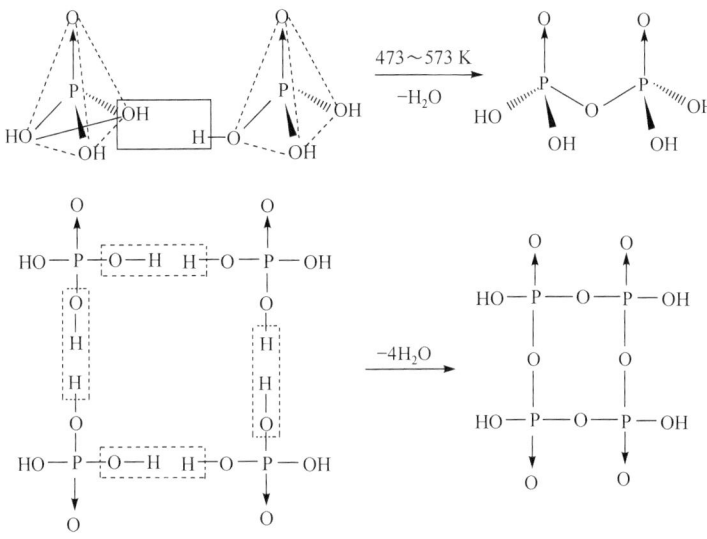

图 19.5　磷酸脱水生成焦磷酸和四偏磷酸的过程与结构

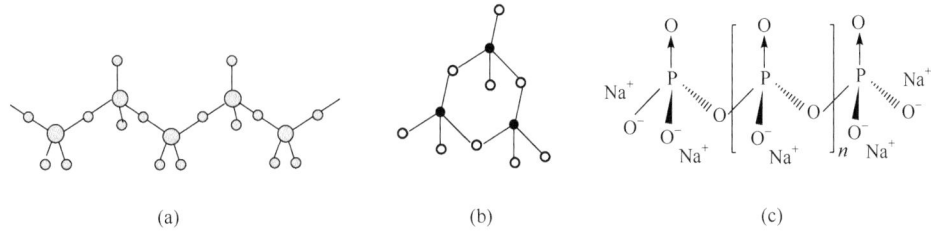

图 19.6　直链多磷酸根(a)、环状偏磷酸根(b)、六偏磷酸钠(c)的结构

(2) 性质、制备与应用。

磷酸及其盐　纯磷酸是无色晶体,熔点为 315 K。市售磷酸是含 85% H_3PO_4 的黏稠状浓溶液。从浓溶液中结晶,则形成半水合物 $2H_3PO_4 \cdot H_2O$(熔点为 302.3 K)。常温下磷酸无氧化性,但高温时磷酸仍能分解铬铁矿、金红石、钛铁矿等矿物,并能腐蚀石英。

磷酸(氢)根离子具有很强的配位能力,能与许多金属离子(特别是 Fe^{3+})形成可溶性配合物,如 $H_3[Fe(PO_4)_2]$ 和 $H[Fe(HPO_4)_2]$,因此分析化学上常用 PO_4^{3-} 掩蔽 Fe^{3+}。浓磷酸能溶解钨、锆以及硅、硅化铁等,并与它们形成配合物。

工业上生产磷酸主要是用 76% 左右的硫酸分解磷酸钙矿:
$$Ca_3(PO_4)_2 + 3H_2SO_4 = 2H_3PO_4 + 3CaSO_4$$
这样制得的磷酸不纯,但可用于制造肥料。纯的磷酸可用黄磷燃烧生成 P_4O_{10} 再用水吸收而制得。

所有的磷酸二氢盐都易溶于水,正盐和一氢盐却只有 K^+、Na^+ 和 NH_4^+ 的盐易溶于水。可溶性的磷酸盐在水溶液中均能发生不同程度的水解或电离而呈现不同的酸碱性。例如,Na_3PO_4 只水解呈较强的碱性(故可用作洗涤剂),因 HPO_4^{2-} 的水解($K_h^\ominus = 1.6 \times 10^{-7}$)倾向强于电离($K_{a_3}^\ominus = 2.2 \times 10^{-13}$),使 Na_2HPO_4 溶液呈弱碱性,而 NaH_2PO_4 则由于电离($K_{a_2}^\ominus = 6.2 \times 10^{-8}$)倾向强于水解,故溶液呈弱酸性。

磷酸盐一般比较稳定,酸式磷酸盐受热却容易脱水生成焦磷酸盐或偏磷酸盐。

在 pH≥7 的条件下，PO_4^{3-}、HPO_4^{2-}、$H_2PO_4^-$ 均可与 Ag^+ 反应，得到黄色 Ag_3PO_4 沉淀：

$$3Ag^+ + PO_4^{3-}(HPO_4^{2-}、H_2PO_4^-) = Ag_3PO_4\downarrow + (H^+、2H^+)$$

该沉淀溶于硝酸，也溶于氨水。

磷酸盐与过量的钼酸铵在浓硝酸溶液中反应，有淡黄色磷钼酸铵晶体析出：

$$PO_4^{3-} + 12MoO_4^{2-} + 3NH_4^+ + 24H^+ = (NH_4)_3[P(Mo_{12}O_{40})]\cdot 6H_2O\downarrow + 6H_2O$$

这两个反应都可用于 PO_4^{3-} 的鉴定。

磷酸主要用于生产肥料、试剂，还用于处理金属表面，可在金属表面生成难溶的磷酸盐薄膜，以保护金属免受腐蚀。磷酸与硝酸的混合酸可作为化学抛光剂，用以提高金属表面的光洁度。磷酸盐（主要是钙盐和铵盐）是重要的无机肥料，由于钙的正盐和一氢盐不溶于水，需经适当化学处理，如用适量硫酸处理磷酸钙：

$$Ca_3(PO_4)_2 + 2H_2SO_4 = 2CaSO_4 + Ca(H_2PO_4)_2$$

所生成的硫酸钙和磷酸二氢钙的混合物称为过磷酸钙，其有效成分是可溶于水的 $Ca(H_2PO_4)_2$，易被植物吸收。若用磷酸分解天然磷酸盐，可得纯度更高的 $Ca(H_2PO_4)_2$：

$$Ca_3(PO_4)_2 + 4H_3PO_4 = 3Ca(H_2PO_4)_2$$

亚磷酸及其盐 纯 H_3PO_3 是白色固体，易溶于水。亚磷酸及盐都是较强的还原剂，能将 Ag^+、Cu^{2+} 等离子还原为金属单质，能将热浓 H_2SO_4 还原为 SO_2，60~70 ℃时还原为 S。

纯 H_3PO_3 或它的浓溶液受热时会发生歧化：

$$4H_3PO_3 \xrightarrow{470\ K} 3H_3PO_4 + PH_3\uparrow$$

用 P_4O_6 和冷水反应或将 PCl_3 水解均可制得 H_3PO_3：

$$P_4O_6 + 6H_2O(冷) = 4H_3PO_3$$

$$PCl_3 + 3H_2O = H_3PO_3 + 3HCl$$

次磷酸及其盐 $H_2PO_2^-$ 还原性比亚磷酸更强，尤其是在碱性溶液中，能将 Ag^+、Cu^{2+}、Hg^{2+} 分别还原为 Ag、Cu、Hg^+ 或 Hg。例如

$$H_2PO_2^- + 2Cu^{2+} + 6OH^- = PO_4^{3-} + 2Cu + 4H_2O$$

$$H_2PO_2^- + Ni^{2+} + H_2O = HPO_3^{2-} + Ni + 3H^+$$

所以，次磷酸盐可用于化学电镀。

H_3PO_2 及其盐都不稳定，受热分解放出 PH_3：

$$3H_3PO_2 \xrightarrow{400\ K} 2H_3PO_3 + PH_3\uparrow$$

$$4H_2PO_2^- \xrightarrow{500\ K} P_2O_7^{4-} + 2PH_3\uparrow + H_2O$$

在次磷酸钡溶液中，加硫酸使 Ba^{2+} 沉淀，可得游离态的次磷酸：

$$Ba(H_2PO_2)_2 + H_2SO_4 = BaSO_4\downarrow + 2H_3PO_2$$

另外，在一定计量水存在的情况下，I_2 可将 PH_3 氧化为 H_3PO_2：

$$PH_3 + 2I_2 + 2H_2O = H_3PO_2 + 4HI$$

焦磷酸及其盐 $H_4P_2O_7$ 是无色玻璃状固体，在冷水中会缓慢地转变为正磷酸。$H_4P_2O_7$ 能生成多种形式的酸式盐，常见的有 $M_2H_2P_2O_7$ 和 $M_4P_2O_7$。

制备焦磷酸的方法较多，如将 85% 磷酸脱水浓缩，将五氧化二磷溶解于 85% 磷酸，连四磷酸的水解，磷酰氯和 85% 磷酸反应等均可。焦磷酸盐是由磷酸一氢盐加热脱水聚合而来：

$$2Na_2HPO_4 \xrightarrow{\triangle} Na_4P_2O_7 + H_2O$$

分别往 Cu^{2+}、Ag^+、Zn^{2+}、Hg^{2+}、Sn^{2+} 等盐溶液中加入 $Na_4P_2O_7$ 溶液,均有难溶的焦磷酸盐沉淀生成,当 $Na_4P_2O_7$ 过量时,由于过量的 $P_2O_7^{4-}$ 与这些金属离子形成配离子,如 $[Cu(P_2O_7)]^{2-}$、$[Mn_2(P_2O_7)_2]^{4-}$,沉淀溶解,这一性质常用于无氰电镀。

偏磷酸及其盐 常见的有三偏磷酸和四偏磷酸。偏磷酸是硬而透明的玻璃状物质,易溶于水,在溶液中逐渐转变为正磷酸。由磷酸二氢盐加热脱水聚合可得到偏磷酸盐。例如

$$3NaH_2PO_4 \xrightarrow{673\sim773\ K} (NaPO_3)_3 + 3H_2O$$

若加热到 973 K 左右骤冷,则得到玻璃态的格氏盐(Graham salt):

$$nNaH_2PO_4 \xrightarrow{973\ K} (NaPO_3)_n + nH_2O \quad (n=20\sim100)$$

$(NaPO_3)_n$ 的结构如图 19.6(c)所示,因链较长,所以水溶液黏度大。它能与钙、镁等离子形成配合物,故常用作软水剂和锅炉、管道的去垢剂。

正、焦、偏三种磷酸可以用硝酸银和蛋白质加以鉴别:硝酸银与正磷酸产生黄色沉淀,与焦磷酸、偏磷酸产生白色沉淀,偏磷酸能使蛋白沉淀而焦磷酸则不能。

连二磷酸及其盐 连二磷酸又称二磷酸,用氯酸钠水溶液使单质磷氧化制备连二磷酸二氢二钠水溶液,用乙酸铅使其生成二价铅盐,然后用硫化氢把铅分离出去,将溶液蒸发便得到连二磷酸:

$$Na_2H_2P_2O_6 \cdot 6H_2O + 2Pb(CH_3COO)_2 \cdot 3H_2O = Pb_2P_2O_6 + 2NaCH_3COO + 2CH_3COOH + 12H_2O$$
$$Pb_2P_2O_6 + 2H_2S = 2PbS\downarrow + H_4P_2O_6$$

连二磷酸为无色斜方晶体,有潮解性,易溶于水。无水酸和二水合物只要没有潮气,在 0~5 ℃稳定。无水 $H_4P_2O_6$ 具有较宽的熔程,起始点为 73 ℃,一水合物为 79.5~81.5 ℃,二水合物为 62~62.5 ℃。连二磷酸虽是四价酸 $(HO)_2OPPO(OH)_2$,但在室温下重排为连二磷(Ⅲ,Ⅴ)酸 $(HO)_2P-O-PO(OH)_2$,还可歧化生成焦磷酸、焦亚磷酸 $H_4P_2O_5$。连二磷酸离子在碱性环境中稳定,与 80%~90%氢氧化钠水溶液加热到 200 ℃也很难分解,但在酸性环境则慢慢分解。连二磷酸和硫酸煮沸时则生成膦酸和磷酸。

3. 磷的其他化合物

1) 磷的氢化物

磷与氢可形成一系列氢化物,如 PH_3、P_2H_4、$P_{12}H_{16}$ 等,其中最重要的是膦(phosphine, PH_3)。PH_3 是一种无色、剧毒、有大蒜臭味的气体。磷化物之所以用作杀虫剂就是由于它极易吸收空气中的水分生成 PH_3。纯净的 PH_3 在空气中的燃点是 423 K,燃烧时生成磷酸。若 PH_3 中含有痕量的联磷 P_2H_4,则在室温时可自燃。

由白磷与 KOH 溶液反应、磷化物的水解或碘化鏻和碱的反应都能生成膦:

$$4P + 3KOH + 3H_2O = 3KH_2PO_2 + PH_3\uparrow$$
$$Ca_3P_2 + 6H_2O = 3Ca(OH)_2 + 2PH_3\uparrow$$
$$PH_4I + NaOH = NaI + H_2O + PH_3\uparrow$$

与 NH_3 相比,PH_3 的键角、极性、在水中的溶解度小得多,碱性弱、还原性强。

PH_3 的水溶液 $K_b^{\ominus} \approx 10^{-26}$,它不易形成类似于铵盐的鏻盐($PH_4^+$),固体卤化鏻($PH_4X$)显然没有卤化铵稳定,极易水解,所以在水溶液中不存在 PH_4^+。例如

$$PH_4I + H_2O = PH_3\uparrow + H_3O^+ + I^-$$

PH_3 的还原能力比氨强,通常情况下能从 Cu^{2+}、Ag^+、Hg^{2+} 等盐溶液中还原出金属。

例如
$$4CuSO_4 + PH_3 + 4H_2O = H_3PO_4 + 4H_2SO_4 + 4Cu$$

与 NH_3 不同的是，PH_3 中的 P 不仅有孤对电子，还有空的价 d 轨道，可接受过渡金属反馈来的 d 电子。因此 PH_3 及其取代衍生物 PR_3 的配位能力比 NH_3 还强，能与许多过渡金属形成多种配位化合物。

2) 磷的卤化物

磷的卤化物(phosphorus halides)有 PX_3 和 PX_5 两种类型(PI_5 不易生成)，除 PF_3 外，PX_3 和 PX_5 都可用磷和卤素直接反应制备，只是前者磷需过量，后者卤素过量。

三氯化磷(phosphorus trichloride)是无色液体。将干燥的红磷加热至沸腾，并与氯气反应，便可制得 PCl_3。

$$P_4 + 6Cl_2 = 4PCl_3$$

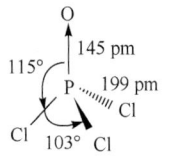

图 19.7　$POCl_3$ 的结构

与 NCl_3 类似，PCl_3 也具有碱性(Lewis 碱)、配位性和水解性。可与金属离子形成配合物，如 $Ni(PCl_3)_4$，也能与卤素、氧、硫等进一步加合，生成 PCl_5、三氯氧化磷(phosphorus oxychloride，图 19.7)、硫代磷酰氯(thiophosphoryl chloride, $PSCl_3$)等。

与 NCl_3 不同的是，PCl_3 水解的产物是亚磷酸和盐酸：
$$PCl_3 + 3H_2O = H_3PO_3 + 3HCl$$

五氯化磷(phosphorus pentachloride)是白色固体，加热至 433 K 升华并可逆地分解为 PCl_3 和 Cl_2，在 573 K 以上分解完全。在气态和液态时，PCl_5 分子为三角双锥结构(图 10.11)，平面 P—Cl 键长 201 pm，轴向 P—Cl 键长 214 pm。在固态时 PCl_5 不再保持三角双锥结构，而形成离子型晶体。在其晶格中含有正四面体的 $[PCl_4]^+$ 和正八面体的 $[PCl_6]^-$。

PCl_5 也易于水解，水解程度依水量而异：
$$PCl_5 + H_2O = POCl_3 + 2HCl$$
$$POCl_3 + 3H_2O = H_3PO_4 + 3HCl$$

3) 磷的硫化物

磷有许多硫化物，重要的有 P_4S_3、P_4S_5 和 P_4S_{10}。它们都是以 P_4 为基本结构单元的衍生物，即 4 个 P 原子仍然保持原来 P_4 四面体中的相对位置。P_4S_{10} 和 P_4O_{10} 的结构类似，但与 P_4O_6 结构类似的 P_4S_6 却没有得到。

P_4S_3 是黄色晶体，熔点为 447 K，不溶于水，可溶于苯和 CS_2 中，是制造安全火柴的原料。其他硫化磷具有相似的物理性质，熔点稍高，热稳定性较差，但在室温的干燥空气中还比较稳定。

硫化磷易水解，但水解产物比卤化磷复杂得多，如 P_4S_3 与热水反应生成 PH_3、H_2、H_3PO_2 及 H_2S，P_4S_{10} 水解生成 H_3PO_4 和 H_2S。

19.1.4　砷、锑、铋

1. 单质

1) 制备

工业上制备砷、锑、铋单质，一般是先将硫化物矿煅烧转化为氧化物，再用碳还原：
$$2M_2S_3 + 9O_2 = 2M_2O_3 + 6SO_2 \uparrow$$

$$M_2O_3 + 3C = 2M + 3CO\uparrow$$

通过隔绝空气加热 FeAsS 矿,得到粗产品,然后通过精制得到纯净的砷。从铜、铅冶炼的烟道尘中可获得大量的 As_2O_3。从精炼铅、铜、锡、银和金的副产品中可得到铋。

2) 性质与应用

砷、锑、铋的熔点较低,且随着半径的增大,金属键减弱,熔点依次降低。

砷、锑、铋都有多种同素异形体。砷有黄、灰、黑三种。室温时灰砷最稳定。灰砷具有金属的外形,能传热、导电,但性脆,887 K 时升华。将砷蒸气迅速冷却得到黄砷,结构与黄磷相似,不溶于水,易溶于 CS_2。用液态空气冷却砷蒸气,可得到无定形黑砷。

锑的 5 种同素异形体中最稳定的是灰锑,质脆,有金属光泽,熔点为 903.5 K,沸点为 2023 K。在蒸气中,锑以 Sb_4 形式存在,加热到 1073 K 开始分解为 Sb_2,在 2343 K 时,锑蒸气才以单原子分子存在。在铋的蒸气中单原子分子和双原子分子处于平衡状态。

在凝固时,锑的体积收缩,而铋的体积膨胀。

常温下,砷、锑、铋对空气、水和非氧化性酸都较稳定,加热时能与卤素、氧和硫等非金属化合,生成 M(Ⅲ) 化合物,与氟反应能生成五氟化物。砷和锑与稀硝酸反应生成 H_3AsO_3 和 $Sb(NO_3)_3$,与浓硝酸则生成 H_3AsO_4 和 H_3SbO_4,铋与硝酸只生成 $Bi(NO_3)_3$。热浓硫酸能将砷氧化成 As_4O_6,与锑、铋反应则生成硫酸盐:

$$2M + 6H_2SO_4(热,浓) = M_2(SO_4)_3 + 3SO_2\uparrow + 6H_2O \qquad (M=Sb、Bi)$$

锑、铋不与碱反应,砷和熔融的碱能反应,生成亚砷酸盐,并析出氢。

$$2As + 6NaOH(熔融) = 2Na_3AsO_3 + 3H_2\uparrow$$

高温下,砷、锑、铋也能与大多数金属生成金属互化物,如砷化镓(GaAs)、锑化镓(GaSb)、砷化铟(InAs)、锑化铟(InSb)等是优良的半导体材料。砷、锑、铋能与许多金属形成高硬度和高机械强度的合金,用于制造子弹和轴承等。铋还能组成低熔点的合金,如武德合金,可作保险丝及用于自动灭火设备和蒸气锅炉的安全装置。在原子反应堆中利用铋的熔点(544 K)和沸点(1743 K)差别大的特性作制冷剂。

砷及其化合物有剧毒,如砒霜 As_2O_3 是自古有名的毒药,致成人死亡量为 0.1 g。As_2O_3 中毒时可服用新制的 $Fe(OH)_2$(把 MgO 加入 $FeSO_4$ 溶液中强烈摇动制得)悬浮液来解毒。近年也有用砒霜治疗白血病的报道。砷的化合物常用作杀虫剂[如 Na_2HAsO_4、$Cu_3(AsO_4)_2$、$PbHAsO_4$]和杀菌剂,还可用作除草剂、木材防腐。锑、铋及其化合物则较少有毒。有些治疗胃溃疡的胃药如胃得乐、胃必治等都是含铋剂,但不宜长期服用,否则脑和肾的功能容易受到损伤。

Sb_4O_6 又称锑白,是优良的白色颜料,其遮盖力仅次于钛白,而与锌钡白相近。它广泛用于搪瓷、颜料、油漆、防火织物等制造业。

2. 化合物

1) 氢化物

砷、锑、铋均能形成 MH_3 型的氢化物,都是无色剧毒的气体。它们的氢化物与氮、磷的氢化物的性质对比列于表 19.2 中。

表 19.2　氮族元素氢化物的基本性质

性质	NH_3	PH_3	AsH_3	SbH_3	BiH_3	性质	NH_3	PH_3	AsH_3	SbH_3	BiH_3
键长/pm	102	142	152	171	—	热分解温度/K	770	710	500	375	298.8
键角/(°)	106.6	93.08	91.8	91.3	—	熔化热/(kJ·mol^{-1})	23.64	16.02	18.16	21.25	—
熔点/K	195.3	140.5	156.1	185	—	气化热/(kJ·mol^{-1})	23.35	14.64	16.74	20.92	—
沸点/K	239.6	185.6	210.5	254.6	290	生成热/(kJ·mol^{-1})	−46.11	5.4	66.4	145.1	277.9

砷化氢(arsine)又称胂。AsH_3 的 $\Delta_f G_m^\ominus = 68.9$ kJ·mol^{-1}，说明砷不能直接与氢反应，但可通过使砷化物水解或还原砷的化合物的方法制备 AsH_3。例如

$$Na_3As + 3H_2O \Longrightarrow AsH_3\uparrow + 3NaOH$$

$$As_2O_3 + 6Zn + 12HCl \Longrightarrow 2AsH_3\uparrow + 6ZnCl_2 + 3H_2O$$

用类似的方法可制备锑化氢(stibine，SbH_3)：

$$SbO_3^{3-} + 3Zn + 9H^+ \Longrightarrow SbH_3 + 3Zn^{2+} + 3H_2O$$

由表 19.2 可见，除 NH_3 外，氮族元素 MH_3 的 $\Delta_f H_m^\ominus$ 均为正值，意味着它们在热力学上是不稳定的，且从 NH_3 到 BiH_3 热稳定性依次降低。AsH_3 在室温下分解缓慢，一般在 523～573 K 时才分解为单质，SbH_3 在室温下分解，而 BiH_3 在 228 K 低温即分解：

$$2AsH_3 \xrightarrow[\text{缺氧}]{\triangle} 3H_2 + 2As \quad (\text{形成砷镜})$$

$$2SbH_3 \Longrightarrow 3H_2 + 2Sb \quad (\text{形成锑镜})$$

法医学上鉴定 As 的马氏(Marsh)试砷法即以此为依据。将测试样品与锌和盐酸混合，如样品中含 As_2O_3，则生成 AsH_3 气体，将此气体导入热玻璃管受热分解，在冷却部位形成亮黑色的砷镜，检出限量为 0.007 mg As。

砷镜能溶于 NaClO 溶液而锑镜则不溶：

$$5NaClO + 2As + 3H_2O \Longrightarrow 2H_3AsO_4 + 5NaCl$$

砷、锑、铋的氢化物都是强还原剂，在空气中可以自燃。例如

$$2AsH_3 + 3O_2 \xrightarrow{\text{燃烧}} As_2O_3 + 3H_2O$$

能与大多数无机氧化剂反应，如 AsH_3 与 $AgNO_3$ 反应便有黑色 Ag 析出：

$$2AsH_3 + 12Ag^+ + 3H_2O \Longrightarrow As_2O_3 + 12H^+ + 12Ag\downarrow$$

此即古氏(Gutzeit)试砷法，灵敏度超过马氏试砷法。

2) 氧化物、含氧酸及其盐

砷分族均能生成 M(Ⅲ)和 M(Ⅴ)两类氧化物。通常情况下，As(Ⅲ)、Sb(Ⅲ)的氧化物除 M_2O_3 的形式外，还有与磷相似的 M_4O_6 形式，Sb(Ⅴ)也有 Sb_4O_{10}、Sb_2O_5 两种形式。

(1) 制备。将硫化物矿煅烧转化为 M_2O_3，直接燃烧砷、锑、铋单质也只能得到 M_2O_3，要得到+Ⅴ氧化态的氧化物，需要进一步处理。

制备 As_2O_5 的最好方法是先用 HNO_3 将 As_2O_3 转化成 H_3AsO_4，再加热砷酸的水合物，使其逐步脱水：

$$H_3AsO_4 \cdot 2H_2O \xrightarrow{243\ K} H_3AsO_4 \cdot \frac{1}{2}H_2O \xrightarrow{309\ K} H_5As_3O_{10} \xrightarrow{443\ K} As_2O_5$$

先将 Sb 单质或 Sb_2O_3 用 HNO_3 氧化，使生成锑酸，再加热脱水便得 Sb_2O_5：

$$3Sb + 5HNO_3 + 8H_2O = 3H[Sb(OH)_6] + 5NO\uparrow$$

$$4H[Sb(OH)_6] \xrightarrow{548\ K} Sb_4O_{10} + 14H_2O$$

在碱性介质中用较强的氧化剂 Cl_2，把 Bi(Ⅲ) 氧化为 Bi(Ⅴ)，生成 $NaBiO_3$：

$$Bi(OH)_3 + Cl_2 + 3NaOH = NaBiO_3 + 2NaCl + 3H_2O$$

再以酸处理 $NaBiO_3$，则得红棕色的 Bi_2O_5。但它极不稳定，很快分解为 Bi_2O_3 和 O_2。

(2) 溶解性与酸碱性。As_2O_3 两性偏酸性，微溶于水生成 H_3AsO_3。H_3AsO_3 是一种非常弱的酸（$K_{a_1}^{\ominus} \approx 6 \times 10^{-10}$），与 H_3PO_3 不同，其分子中没有 As—H 键存在，易溶于碱生成亚砷酸盐。盐的溶解性依金属不同而异：碱金属的盐易溶于水，碱土金属的盐溶解度较小，而重金属的盐则几乎不溶；Sb_2O_3 为两性，难溶于水，能溶于酸和碱。在酸中由于水解有 SbO^+ 存在，在碱中以 SbO_2^- 存在；Bi_2O_3 为弱碱性，只溶于酸，并以 BiO^+ 及 Bi^{3+} 形式存在。

$$As_2O_3 + 6NaOH = 2Na_3AsO_3 + 3H_2O$$

$$Sb_2O_3 + 2NaOH = 2NaSbO_2 + H_2O$$

$$M_2O_3 + H_2SO_4 = (MO)_2SO_4 + H_2O \quad (M = Sb、Bi)$$

$$Bi_2O_3 + 6HNO_3 = 2Bi(NO_3)_3 + 3H_2O$$

As_2O_5 显弱酸性，在空气中吸潮，溶于水可得砷酸 H_3AsO_4。H_3AsO_4 是三元酸，291 K 时，$K_{a_1}^{\ominus} = 5.62 \times 10^{-3}$，$K_{a_2}^{\ominus} = 1.70 \times 10^{-7}$，$K_{a_3}^{\ominus} = 3.95 \times 10^{-12}$。$H_3AsO_4$ 溶于碱生成砷酸盐。

Sb_2O_5 为浅黄色粉末，两性偏酸性，不溶于水，易溶于盐酸和氢氧化钾水溶液：

$$Sb_2O_5 + 2KOH = 2KSbO_3 + H_2O$$

锑酸 $H[Sb(OH)_6]$ 微溶于水，可溶于 KOH 溶液生成锑酸钾。锑酸钾是鉴定 Na^+ 的试剂。锑酸是一元弱酸，其 $K_a^{\ominus} = 4.0 \times 10^{-5}$。它与同周期的 H_6TeO_6、H_5IO_6 有相同的结构，都是六配位的八面体结构，而且它们互为等电子体。

由上可见，从砷到铋，氧化物及其水合物的酸性递减，碱性递增；同一元素＋Ⅴ氧化数化合物的酸性比＋Ⅲ氧化数的强。

(3) 氧化还原性。砷分族 M(Ⅲ) 化合物在酸性介质中以氧化性为主，且从砷到铋氧化性增强；在碱性中以还原性为主，从砷到铋还原性减弱。砷(Ⅲ) 在浓盐酸中与 $SnCl_2$ 作用生成棕黑色的砷：

$$3SnCl_2 + 12Cl^- + 2H_3AsO_3 + 6H^+ = 2As + 3SnCl_6^{2-} + 6H_2O$$

但在 pH = 8 时，H_3AsO_3 能使 I_2-KI 溶液褪色：

$$AsO_3^{3-} + I_2 + 2OH^- = AsO_4^{3-} + 2I^- + H_2O$$

砷分族 M(Ⅴ) 化合物的氧化性比相应的 M(Ⅲ) 化合物强，且从砷到铋氧化性依次增强。As_2O_5 是强氧化剂，能将 SO_2 氧化成 SO_3。

砷酸及其盐在酸性介质中可分别将 I^-、H_2S、SO_2、$SnCl_2$ 等氧化为 I_2、S、SO_4^{2-}、$SnCl_6^{2-}$，本身被还原为 As(Ⅲ) 化合物或 As，与较活泼的金属（如 Zn）则生成 AsH_3。例如

$$4Zn + H_3AsO_4 + 8H^+ = AsH_3\uparrow + 4Zn^{2+} + 4H_2O$$

Bi(Ⅴ) 具强氧化性，如 $NaBiO_3$ 能将 Mn^{2+} 氧化成 MnO_4^-：

$$2Mn^{2+} + 5BiO_3^- + 14H^+ = 2MnO_4^- + 5Bi^{3+} + 7H_2O$$

在实验室中常用该反应来检验 Mn^{2+}。即使在碱性条件下，Bi(Ⅴ) 仍有一定氧化性。

3) 硫化物

砷、锑、铋均为亲硫元素。除了 M(Ⅲ)硫化物 M_2S_3(砷还有 As_4S_6)和 M(Ⅴ)硫化物 M_2S_5(没有 Bi_2S_5)外，砷的硫化物还有 As_4S_3、As_4S_4、As_4S_5。天然的硫化物有黄色的 As_2S_3(俗称雌黄)，橘红色的 As_4S_4(俗称雄黄)。

(1) 制备。将 H_2S 通入 +Ⅲ 的 As 或 Sb 盐可得到 M_2S_3 沉淀：

$$2MCl_3 + 3H_2S = M_2S_3\downarrow + 6HCl \quad (M=As、Sb)$$

将 H_2S 通入强酸酸化的亚砷酸盐(AsO_3^{3-})或砷酸盐溶液中，可分别得到 As_2S_3 和 As_2S_5：

$$2AsO_4^{3-} + 6H^+ + 5H_2S = As_2S_5\downarrow + 8H_2O$$

用稀硫酸或盐酸分解硫代锑酸钠(Na_3SbS_4)可制得 Sb_2S_5。

硫代亚砷酸盐或硫代砷酸盐均可分别看作 AsO_3^{3-} 或 AsO_4^{3-} 中的 O 被 S 所取代的产物。AsS_3^{3-}、AsS_4^{3-}、SbS_3^{3-} 和 SbS_4^{3-} 只能存在于碱性或近中性溶液中，遇强酸生成极不稳定的硫代亚砷酸 H_3AsS_3、硫代砷酸 H_3AsS_4、硫代亚锑酸 H_3SbS_3 和硫代锑酸 H_3SbS_4，并分解放出 H_2S，析出硫化物：

$$\begin{matrix}2MS_3^{3-}\\ 2MS_4^{3-}\end{matrix} + 6H^+ = 3H_2S\uparrow + \begin{matrix}M_2S_3\downarrow\\ M_2S_5\downarrow\end{matrix} \quad (M=As、Sb)$$

(2) 溶解性与酸碱性。砷分族的 M_2S_3 和 M_2S_5 有很强的共价性，均不溶于水。

As_2S_3 和 Sb_2S_3 溶于碱或碱性硫化物溶液，生成硫代亚砷酸盐和硫代亚锑酸盐：

$$M_2S_3 + 6NaOH = Na_3MO_3 + Na_3MS_3 + 3H_2O$$

$$M_2S_3 + 3Na_2S = 2Na_3MS_3$$

同理，As_2S_5 和 Sb_2S_5 溶于碱或碱性硫化物溶液中，生成硫代砷酸盐和硫代锑酸盐。Bi_2S_3 溶于酸生成简单的 Bi^{3+} 盐，放出 H_2S。

(3) 氧化还原性。砷分族 M(Ⅲ)、M(Ⅴ)硫化物的氧化还原性及其变化规律与相应的氧化物类似。例如，As_2S_3 可被碱金属的多硫化物氧化为硫代砷酸盐：

$$As_2S_3 + 3Na_2S_2 = 2Na_3AsS_4 + S$$

$$As_2S_3 + 10H^+ + 10NO_3^- = 2H_3AsO_4 + 3S + 10NO_2\uparrow + 2H_2O$$

$$2As_2S_3 + 2SnCl_2 + 4HCl = As_4S_4 + 2H_2S\uparrow + 2SnCl_4$$

4) 卤化物

砷、锑、铋的卤化物主要有 MX_3 和 MX_5 两种类型，其结构与 PCl_3 和 PCl_5 相似。

AsX_3 是液体或低熔点固体，其熔点、沸点、密度基本上随相对原子质量递增而递增，但 AsF_3 的熔点、密度比 $AsCl_3$ 反常地高。

AsX_5 中只知道 AsF_5 和 $AsCl_5$ 两种。$AsCl_5$ 于 1976 年在低温(173 K)和紫外线照射条件下，用液氯氧化 $AsCl_3$ 制得，它很不稳定，高于 223 K 就分解。尚未得到 $AsBr_5$ 和 AsI_5。

这些卤化物在水溶液中均强烈水解。AsX_3 水解产物是亚砷酸(H_3AsO_3)和相应的氢卤酸；锑和铋的三卤化物的水解产物是卤氧化物和相应的氢卤酸：

$$MCl_3 + H_2O = MOCl\downarrow + 2HCl \quad (M=Sb、Bi)$$

由于卤化氧锑(SbOX)和卤化氧铋(BiOCl)难溶于水，因此水解不完全，常温下常停留在酰基盐阶段。在配制三卤化物时，必须将盐溶解在相应的酸中。

$SbCl_3$、$BiCl_3$ 等卤化物能与 X^- 形成相应的配合物，如 $NaSbF_4$、$(NH_4)_2SbCl_5$ 等。锑、铋的五卤化物是强氧化剂，其中 BiF_5 极不稳定，易分解为 BiF_3 和 F_2。

19.2 碳族元素

碳族元素包括碳、硅、锗、锡、铅和 Fl 六种。碳、硅是非金属,锗的金属性较弱,锡和铅是典型的金属元素,Fl 是人工合成的放射性元素,化学符号 Uuq,原子序数是 114,属于弱金属。碳族元素在分布上差异很大。碳和硅在地壳有广泛的分布。硅以石英矿(silica)、硅酸盐(silicate)和硅铝酸盐(aluminosilicate)存在。锗在自然界分布很分散但很广,铜矿、铁矿、硫化矿以至岩石、泥土和泉水中都含有微量的锗。锡、铅也较为常见,锗、锡以二氧化物存在,铅以硫化物居多。

碳族元素价电子结构为 ns^2np^2,为等电子原子,能够形成氧化数为 +Ⅱ、+Ⅳ 的化合物。碳、硅主要形成氧化数为 +Ⅳ 的化合物;碳能形成 -Ⅳ 氧化数的化合物。锡 +Ⅱ 氧化数化合物具有强还原性,而铅 +Ⅳ 氧化数化合物有强氧化性,易被还原为 Pb^{2+},所以铅的化合物以 +Ⅱ 氧化数为主。

碳原子之间有强烈的自相成键的倾向,C—C 单键强度比 Si—Si、Ge—Ge、Sn—Sn 等都大。除 C—C 单键外,碳原子间还存在 C=C、C≡C 键,而硅原子由于半径较大,形成重键的倾向比碳要弱得多。碳的最大的配位数通常为 4。碳族其他元素的配位数可超过 4,如 H_2SiF_6。

硅和锗是重要的半导体元素。碳、硅、锗和锡及其化合物在材料领域应用广泛。

19.2.1 碳及其化合物

1. 碳的单质

一般认为金刚石、石墨、碳笼原子簇、线形碳和石墨烯(graphene)是碳的几种同素异形体。由于它们的晶体结构不同,所以性质迥然不同。

金刚石中碳原子均以 sp^3 杂化轨道彼此以共价键结合,形成无限的三维骨架[图 19.8(a)],是典型的原子晶体。由于金刚石晶体 C—C 键很强,所有价电子都参与形成共价键,所以硬度大(在天然产物中硬度最大)、熔点高、不导电。在室温下,它对所有化学试剂都显惰性。金刚石主要用于制造钻头和磨削工具。

石墨的结构如图 13.22 和图 19.8(b)所示。垂直于层形平面方向上的电导率很低(5 S·cm^{-1},298 K),且随温度上升而增大,意味着在这个方向上具有半导体的性质。平行于平面方向上的电导率却高得多($3×10^4$ S·cm^{-1},298 K),而且随温度上升而下降,表明该方向具有金属导电性,说明石墨具有各向异性。

石墨的层间有较大的空隙,许多小分子或离子能渗入石墨层间形成插入化合物或层间化合物。由于石墨能够导电、耐高温、具有化学惰性、易于加工成型,被大量用来制作电极、高温热电偶、坩埚、电刷、润滑剂和铅笔芯等。无定形碳属石墨类,它有多种形式,如炭黑、焦炭、木炭等。木炭可加工成活性炭。活性炭由于有大的比表面广泛用于吸附剂和制糖工业,在酒精工业及许多化学过程中作脱色剂等。

1985 年 9 月,美国化学家柯尔(R. Curl)与斯莫利(R. E. Smalley)及英国科学家克罗托(H. W. Kroto)一起,在氦气中气化石墨,产生碳原子束。从气化中他们获得了一些与含 40~100 个偶数碳原子相应的未知形式碳的谱线。从而他们发现了具有特殊结构的碳 60,他们命名为"富勒烯"。这种独特结构的发现创立了一个崭新的化学分支。C_{60} 被美国 *Science* 杂志选为 1991 年的"明星分子"(star molecule)。1996 年 10 月 7 日,瑞典皇家科学院把诺贝尔化学奖授予了 Curl、Smalley 和 Kroto。

多种测试方法(质谱、核磁共振波谱、粉末及单晶 X 衍射、中子衍射法、电子隧道显微镜、红外光谱、拉曼光谱等)证实了 C_{60} 分子的笼形结构。C_{60} 是单纯由碳原子结合形成的稳定分子,具有 60 个顶点和 32 个面,其中 12 个为正五边形,20 个为正六边形。其相对分子质量约为 720。处于顶点的碳原子与相邻顶点的碳原子各用近似于 $sp^{2.28}$ 杂化轨道重叠形成 σ 键,每个碳原子的三个 σ 键分别为一个五边形的边和两个六边形的边。每个碳原子的三个 σ 键不是共平面的,键角约为 108°或 120°,因此整个分子为球状。每个碳原子用剩下的一个 p 轨道互相重叠形成一个含 60 个 π 电子的闭壳层电子结构,因此在近似球形的笼内和笼外都围绕着 π 电子云。分子轨道计算表明,足球烯具有较大的离域能。

C_{60} 的晶体属分子晶体,晶体结构因晶体获得的方式不同而异,但均系最紧密堆积所成。用超真空升华法制得的 C_{60} 单晶为面心立方结构。C_{60} 在空气中稳定,在真空中加热至 400 ℃也不会分解。

由于角锥化的 $sp^{2.28}$ 杂化的碳原子在分子中引起了大量的张力,故其热力学稳定性比金刚石和石墨都差,C_{60} 的主要化学反应类型是对双键的加成。此外,C_{60} 是负电性分子,它易于被还原而不易于被氧化。C_{60} 可以像烯烃一样用 OsO_4 氧化,生成 C_{60} 的锇酸酯。

碱金属化合物或碱金属掺杂 C_{60},可得到类似 K_3C_{60} 离子晶体。此外,V、Fe、Co、Ni、Cu、Rh、La 等的 $M_x + C_{60}$ 一类化合物及哑铃形配合物如 $Ni(C_{60})_2$ 也已制备出来。这些化合物称为外键合金属 C_{60} 化合物。另一种 C_{60} 笼内部的金属化合物也已合成。碳笼包合物的制备方法是在制备富勒烯时将石墨同金属一起气化,从而在生成富勒烯时将金属包含在碳笼内。

全碳富勒烯笼状结构概念已经广泛影响化学、物理、材料科学等领域,丰富了科学理论,该类物质在光、电、磁和生物医学等领域具有诱人的应用前景。

线形碳是元素碳的一种新的同素异形体,以 sp 杂化成键为特征,呈线形结构。研究表明,线形碳在高温低密度的液体碳中存在。1968 年,在西德的 Ries 火山口的石墨片麻岩中发现微量的线形碳。后来,又在陨石和宇宙粉尘中发现这种线形碳分子。前苏联学者将之命名为"carbyne"。在美国 *Chemical Abstracts* 中,以"carbyne"、"polymers"表示线形碳。在不少文献中,用线形碳(linear carbon)的名称。

线形碳有两种异构体:α-型,为叁键和单键交替的共轭叁键型$(—C≡C—)_n$;β-型,为累积双键型$(=C=C=)_n$。后者不稳定,加热时转化为 α-型。单晶线形碳薄膜的电子衍射研究表明其结构为六方晶格。由于未合成出足量的结晶线形碳供结构测定,其结构尚无详细的资料。这是学术界对线形碳尚有争议的原因之一。合成的无定形线形碳呈惰性,难溶于任何已知的溶剂,在常温下不与一般化学试剂作用。热力学研究表明,与其他碳的同素异形体比较,稳定性顺序为线形碳(α-型)>石墨>金刚石>富勒烯(C_{60})。

有关线形碳的应用研究不多。从理论上预言,它应是一种常温超导材料,并优于碳纤维的超强纤维材料。由于它对生物体的高亲和性,用于生物医学材料的研究已有报道。用线形碳作隐形眼镜外框,可以克服其他材料引起的细菌感染和不舒适感,用它作外科手术的缝合线及动物硬组织材料,比用有机高分子材料好得多。

石墨烯是一种由碳原子以 sp^2 杂化轨道组成六角形呈蜂巢晶格的平面薄膜,只有一个碳原子厚度的二维材料[图 19.8(d)]。石墨烯一直被认为是假设性的结构,无法单独稳定存在,直至 2004 年,英国曼彻斯特大学物理学家盖姆(A. K. Geim)和诺沃肖洛夫(K. S. Novoselov)成功地用透明胶带得到了仅由一层碳原子构成的石墨烯。这一发现在科学界引起了巨大的轰动,它不仅打破了二维晶体无法真实存在的理论预言,更为重要的是石墨烯众多新奇的特性,使它成为继富勒烯和碳纳米管后又一个里程碑式的新材料。这两位科学家在 2010 年获得了诺贝尔物理学奖。

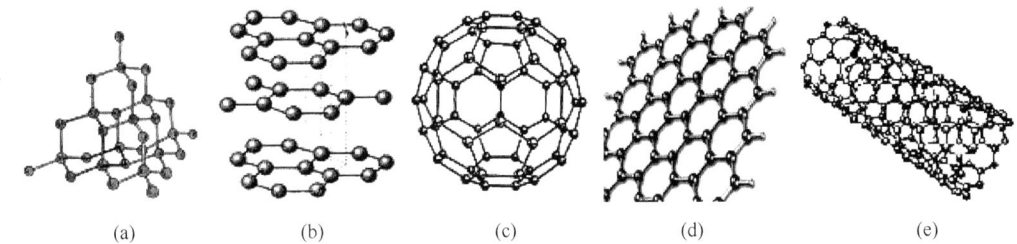

图 19.8　金刚石(a)、石墨(b)、富勒烯 C_{60}(c)和石墨烯(d)和碳纳米管(e)的结构

石墨烯是目前世上最薄也是最坚硬的纳米材料,它几乎是完全透明的,只吸收 2.3% 的光,导热系数高达 5300 $W \cdot m^{-1} \cdot K^{-1}$,高于碳纳米管和金刚石,常温下其电子迁移率超过 15000 $cm^2 \cdot V^{-1} \cdot s^{-1}$,比纳米碳管或硅晶体高,而电阻率只约为 10^{-6} $\Omega \cdot cm$,比铜或银更低,为目前世上电阻率最小的材料。因为它的电阻率极低,电子迁移的速度极快,因此被期待可用于超高频率晶体管的基础材料,应用于高性能集成电路和新型纳米电子器件中。石墨烯的结构也非常稳定,碳碳键长仅为 142 pm。石墨烯内部的碳原子之间的连接很柔韧,石墨烯在受到外力作用时,碳原子面会弯曲变形,使得碳原子不必重新排列来适应外力,从而保持结构稳定。这种稳定的晶格结构使石墨烯具有优秀的导热性,也是迄今为止世界上强度最大的材料。据测算如果用石墨烯制成厚度相当于普通食品塑料包装袋厚度的薄膜(约 100 nm),那么它将能承受大约 2 t 物品的压力,而不至于断裂。由于石墨烯实质上是一种透明、良好的导体,也适合用来制造透明触控荧屏、光板甚至是太阳能电池。石墨烯在高灵敏度传感器和高性能储能器件方面,也已经展示出诱人的应用前景。

碳纳米管的主体管部分可以看作是由一部分石墨烯片层卷曲而成,两端各由半个富勒烯封口[图 19.8(e)]。碳纳米管中的碳原子除了 sp^2 杂化外,还有部分的 sp^3 杂化,这样才能呈现出弯曲的管状结构。碳纳米管有奇特的导电性质,它会因石墨烯形成碳纳米管时的卷曲方式不同而呈现出金属性和半导体性。另外,正是由于碳纳米管和石墨烯如此亲近的关系,碳纳米管的各种性质,石墨烯大都同样具有。

令人惊奇的是,这些碳材料的特性几乎可涵盖地球上所有物质的性质甚至相对立的两种性质,如从最硬到极软、全吸光到全透光、绝缘体到半导体到导体、绝热到良导热、高临界度的超导体等。为什么碳元素会是如此的神奇呢?答案就在其独特的电子结构上,碳元素是第 6 号元素,其原子最外层有 4 个价电子,C 原子除了以 sp^3 杂化轨道形成单键外,还能以 sp^2 及 sp 杂化轨道形成稳定的双键和叁键,与各种原子形成共价键,从而形成许多结构和性质完全不同的物质。可以说,石墨烯的出现,不仅给科学家提供了一个充满魅力与无限可能的研究对象,而且对其充满了期待。

2. 碳的氧化物与碳酸盐

1) CO 和 CO_2

CO 是无色、无臭、有毒的气体。CO 有强的配位能力,能和血液中携带 O_2 的血红蛋白生成稳定的配合物,使血红蛋白失去输送 O_2 的能力,致使人缺氧而死亡。空气中的 CO 的体积分数达 0.1% 时,就会引起中毒。CO 具有还原性,是冶金工业中常用的还原剂,也是良好的气体燃料。

CO_2 在空气中的体积分数约为 0.03%。由于工业的高度发展,近年来大气中 CO_2 的含量在增长。CO_2 能够强烈吸收太阳辐射能,产生温室效应从而导致全球变暖。CO_2 的热污染已经引起国际上的普遍关注。

CO_2 的化学性质不活泼,常用作反应的惰性介质。固态 CO_2 称为干冰,可作低温制冷剂。

CO_2 可溶于水,但仅约 4% 的 CO_2 与水作用生成碳酸。未曾制得纯的碳酸。

2) 碳酸盐的溶解性

碳酸的正盐中除碱金属(不包括 Li^+)、铵及 Tl^+ 盐外,都难溶于水。一般说来,难溶碳酸盐对应的碳酸氢盐的溶解度较大,如 $Ca(HCO_3)_2$ 溶解度比 $CaCO_3$ 大,因而 $CaCO_3$ 能溶于 H_2CO_3 中。但易溶碳酸盐对应的碳酸氢盐的溶解度反而小,如 $NaHCO_3$ 溶解度就比 Na_2CO_3 要小。这是由于在溶液中 $NaHCO_3$ 以氢键相连成二聚离子,降低了它们的溶解度。

因碳酸是弱酸,碳酸盐、碳酸氢盐在溶液中都会发生水解反应,碱金属碳酸盐的水溶液呈强碱性。碳酸氢盐的水溶液呈弱碱性。

金属离子与可溶性碳酸盐混合时,因 CO_3^{2-} 的水解作用,会得到三种不同的沉淀形式:①金属离子(如 Ca^{2+}、Sr^{2+}、Ba^{2+}、Cd^{2+}、Ag^+ 等)的碳酸盐溶解度小于相应的氢氧化物时,得到碳酸盐沉淀。②金属离子(如 Fe^{3+}、Cr^{3+}、Al^{3+})的碳酸盐溶解度大于相应的氢氧化物时,只能得到氢氧化物沉淀。③金属离子(如 Zn^{2+}、Cu^{2+}、Pb^{2+}、Mg^{2+}、Bi^{3+} 等)的氢氧化物溶解度与相应的碳酸盐相差不大时,得到碱式碳酸盐沉淀。

$$2Cu^{2+} + 2CO_3^{2-} + H_2O =\!=\!= Cu_2(OH)_2CO_3\downarrow + CO_2\uparrow$$

3) 碳酸盐的热稳定性及应用

碳酸盐和碳酸氢盐的热稳定性均较差,其热稳定性情况及其原因在 16.1 节中已作讨论。

在碳酸盐中,以钠、钾、钙的碳酸盐最为重要。Na_2CO_3 俗名纯碱。碳酸氢盐中以 $NaHCO_3$(小苏打)最为重要,在食品工业中,它与 NH_4HCO_3、$(NH_4)_2CO_3$ 等一起用作膨松剂。

3. 碳化物

碳和电负性较小的元素所形成的二元化合物,称为碳化物(carbide)。从结构和性质上分,碳化物有离子型、共价型和金属型三种类型。它们大都可用碳或烃与其他元素单质或其氧化物在高温下反应而制得。

1) 离子型碳化物

电负性小的金属(主要是ⅠA、ⅡA族元素和铝等)碳化物,常具有无色、不透明、固态时不导电等性质,但它们均可被水或稀酸分解并放出烃,表明其中碳以负离子形式存在,故称为离子型碳化物(ionic carbide)。已知离子型碳化物中主要的碳负离子为 C^{4-} 和 C_2^{2-}。Be_2C 和 Al_4C_3 等化合物属于含有 C^{4-} 的离子型碳化物,它们在水解时放出 CH_4。C_2^{2-} 的结构式为

($C\equiv C$)$^{2-}$，在化合物中作为孤立单位存在，而金属离子以它们的正常氧化态存在。含有 C_2^{2-} 的碳化物有 CaC_2、BeC_2、BaC_2、Li_2C_2、Cs_2C_2、ZnC_2、HgC_2 等，它们在水解时产生 C_2H_2，故又称为乙炔型化合物。

$$Al_4C_3(s)+12H_2O(l)=\!=\!=4Al(OH)_3(s)+3CH_4\uparrow$$
$$CaC_2(s)+2H_2O(l)=\!=\!=Ca(OH)_2(s)+C_2H_2\uparrow$$

2) 共价型碳化物

碳与一些电负性相近的非金属元素化合时，生成共价型碳化物(covalent carbide)，它们多属熔点高、硬度大的原子晶体。在这类化合物中 SiC 和 B_4C 最重要。

$$SiO_2(s)+3C(s)\xrightarrow{\text{电炉}}SiC(s)+2CO\uparrow$$
$$2B_2O_3(s)+7C(s)\xrightarrow{\text{电炉}}B_4C(s)+6CO\uparrow$$

SiC 的化学性质不活泼，在浓酸中很稳定，在加热时与 K_2CrO_4、$PbCrO_4$ 迅速反应，在高温时能被碱溶解。由于 SiC 有很好的热稳定性和化学稳定性，机械强度高而热膨胀率低，因此可作为耐高温结构陶瓷材料。

B_4C 是具有光泽的黑色晶体，其耐研磨能力比 SiC 高出 50%，现已广泛用作磨料、轴承、防弹甲和核反应堆的保护及控制材料。

3) 金属型碳化物

金属型碳化物(metallic carbide)保持了金属的光泽和导电性，许多 d 区和 f 区金属能形成金属型碳化物。它们的硬度、熔点和难溶性常超过母体金属，其组成一般不符合化合价规则，属于非整比化合物。

从价键观点看，金属型碳化物实质上是碳原子的价电子进入金属原子中空的 d 轨道而形成的。金属原子中空的 d 轨道越多，该金属和碳原子间的结合力就越强，碳化物就越稳定。例如，Ti、V 能形成稳定的 TiC、VC，而 Cu 则不形成碳化物。碳原子的进入，在金属键的基础上，又增加了共价键成分，可能就是金属型碳化物硬度大、熔点高的重要原因。

WC 是工业上最重要的金属型碳化物，属超硬材料，用于制造刀具和耐高压装置。

19.2.2 硅及其化合物

1. 单质硅

硅单质有无定形和晶态两种。晶态硅为原子晶体，属金刚石结构。晶态硅又分为单晶硅和多晶硅。单晶硅呈灰色、硬而脆、熔点和沸点均很高。工业制备的硅为多晶体，需经拉制成单晶硅后，才能制作硅器件。

硅在常温下不活泼(与 F_2 的反应除外)。高温下硅的反应活性增强，它与氧气、水气反应生成 SiO_2；与卤素、N_2、C、S 等非金属作用，生成相应的二元化合物，如 SiX_4 (X=Cl、Br、I)、Si_3N_4、SiC、SiS_2 等。其中生成的 SiO_2 和 Si_3N_4 结构致密，是很好的钝化膜。硅能与强碱、氟和强氧化剂反应生成相应的化合物。硅不溶于盐酸、硫酸、硝酸和王水，但可与氢氟酸缓慢作用，在有氧化剂存在下，反应加快，因此，常用 $HF-HNO_3$ 混合液作硅器件的腐蚀液。

$$3Si+4HNO_3+18HF=\!=\!=3H_2SiF_6+4NO\uparrow+8H_2O$$

硅与氢氟酸反应生成 SiF_4，进一步反应可形成 H_2SiF_6。硅溶于碱并放出 H_2：

$$Si+2KOH+H_2O\xrightarrow{\triangle}K_2SiO_3+2H_2\uparrow$$

SiO$_2$ 和 C 混合在电炉中加热得纯度为 96%～97% 的 Si，SiH$_4$ 热分解可得多晶硅。超纯硅(super pure silicon)的制法是将 SiCl$_4$ 经蒸馏提纯后，再用 Na 或 Mg 还原得纯硅，经区域熔融(zone melting)得超纯硅。目前科技人员已经制出纯度在 12 个 9 的单晶硅。

$$SiCl_4(s) + 2Zn(s) \xrightarrow{\triangle} Si(s) + 2ZnCl_2(s)$$

$$SiO_2(s) + CaC_2(s) \xrightarrow{\triangle} Si(s) + Ca(s) + 2CO(g)$$

2. 硅的氢化物和卤化物

1) 硅的氢化物

硅能形成多种氢化物，其通式为 Si$_n$H$_{2n+2}$（n 可达 15）。硅的氢化物又称为硅烷，其中最重要和稳定的是甲硅烷(SiH$_4$)。

实验室中可由 Mg$_2$Si 和盐酸反应制得以甲硅烷为主要成分的硅烷。SiH$_4$ 的工业制法是在低温下使 Mg$_2$Si 和 NH$_4$Cl 在液氨介质中反应制得的。

$$Mg_2Si + 4NH_4Cl = SiH_4 + 4NH_3 + 2MgCl_2$$

SiH$_4$ 的主要化学性质是低的热稳定性、水解性和还原性：

$$SiH_4 + (n+2)H_2O = SiO_2 \cdot nH_2O\downarrow + 4H_2$$

$$SiH_4 + 2MnO_4^- = 2MnO_2\downarrow + SiO_3^{2-} + H_2O + H_2$$

$$SiH_4 + 8Ag^+ + 2H_2O = 8Ag + SiO_2 + 8H^+$$

利用 SiH$_4$ 的分解反应可制备单质硅。

2) 卤化物

硅能形成多种卤化物，它们是共价型的化合物。

SiF$_4$ 是无色有刺激性臭味的气体、易溶于水，并强烈水解(反应是可逆的)。

$$SiF_4 + 2H_2O \rightleftharpoons SiO_2 + 4HF$$

无水 SiF$_4$ 很稳定，干燥时不腐蚀玻璃。SiF$_4$ 与 HF 作用生成氟硅酸(H$_2$SiF$_6$)。气态 H$_2$SiF$_6$ 易分解为 HF 和 SiF$_4$。H$_2$SiF$_6$ 的水溶液为强酸，目前只制得了 60% 的溶液，未制得纯净的 H$_2$SiF$_6$。H$_2$SiF$_6$ 溶液对玻璃有显著的腐蚀作用。它的 Na$^+$、K$^+$ 盐微溶于水，在沸水中会完全水解。

$$Na_2SiF_6 + 2H_2O = 2NaF + SiO_2 + 4HF\uparrow$$

SiF$_4$ 气体能被 Na$_2$CO$_3$ 溶液所吸收，得到白色的 Na$_2$SiF$_6$ 晶体，工业上利用此反应除去生产磷肥时产生的有害废气 SiF$_4$。

$$3SiF_4 + 2Na_2CO_3 + 2H_2O = 2Na_2SiF_6 + H_4SiO_4 + 2CO_2$$

常温下 SiCl$_4$ 呈液态，它极易水解，在空气中冒烟，常用作烟雾剂。

$$SiCl_4 + 4H_2O = H_4SiO_4 + 4HCl$$

将 SiO$_2$ 与氢氟酸反应得 SiF$_4$，将 SiO$_2$、Cl$_2$ 和焦炭混合加热生产 SiCl$_4$：

$$SiO_2 + 2C + 2Cl_2 = SiCl_4 + 2CO$$

3. 硅的含氧化合物

1) 二氧化硅

二氧化硅(silicon dioxide)有晶形和无定形两种。无色透明的纯石英称为水晶。

二氧化硅为大分子的原子晶体，SiO$_2$ 是最简式，石英晶体中不存在单分子 SiO$_2$。Si 采用

sp³杂化同 4 个 O 原子结合,组成 SiO₄ 正四面体,Si—O 键在空间不断重复,排列成大分子。方英石的结构(图 19.9)和金刚石相似。石英能耐高温,能透过紫外光,可用于制造耐高温的仪器和医学、光学仪器。

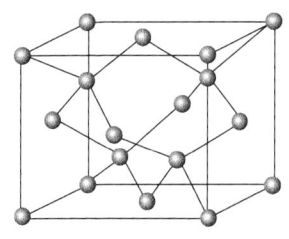

图 19.9 方英石结构

二氧化硅化学性质很不活泼,不溶于强酸,在室温下仅能与 HF 反应。高温时,二氧化硅和 NaOH 或 Na₂CO₃ 共熔,得硅酸钠:

$$SiO_2 + 2NaOH \xrightleftharpoons{共熔} Na_2SiO_3 + H_2O$$

$$SiO_2 + Na_2CO_3 \xrightleftharpoons{共熔} Na_2SiO_3 + CO_2 \uparrow$$

用酸同上面得到的硅酸钠作用,即可制得硅酸:

$$Na_2SiO_3 + 2HCl = H_2SiO_3 + 2NaCl$$

2) 硅酸和硅胶

硅酸是一种极弱的酸,$K_{a_1}^{\ominus} \approx 10^{-10}$,$K_{a_2}^{\ominus} \approx 10^{-12}$。

从 SiO_2 可以制得多种硅酸,其组成随形成时的条件而变,常以 $xSiO_2 \cdot yH_2O$ 表示。现已知有正硅酸(H_4SiO_4)、偏硅酸(H_2SiO_3)、二偏硅酸($H_2Si_2O_5$)等,其中 $x/y > 1$ 者称为多硅酸,实际上见到的硅酸常常是各种硅酸的混合物。各种硅酸中以偏硅酸组成最简单,因此习惯用 H_2SiO_3 作为硅酸的代表。

在水溶液中,硅酸会发生自行聚合作用。随条件的不同有时形成硅溶胶(silicasol),有时形成硅凝胶。

硅溶胶又称硅酸水溶胶,是水化的二氧化硅的微粒分散于水中的胶体溶液。它广泛地应用于催化剂、黏合剂、纺织、造纸等工业。

硅溶胶如经过干燥脱水后则成白色透明多孔性的固态物质,常称硅胶(silicagel)。硅胶的内表面积很大(800~900 m²·g⁻¹),故有良好的吸水性,而且吸水后能再烘干重复使用,所以在实验室中常把硅胶作为干燥剂和高级精密仪器的防潮剂。在硅胶烘干前,先用 $CoCl_2$ 溶液加以浸泡,则在干燥时硅胶呈无水 Co^{2+} 的蓝色,吸潮后呈 $[Co(H_2O)_6]^{2+}$ 的淡红色。硅胶吸湿变红后可经烘烤脱水后重复使用。这种变色硅胶可用以指示硅胶的吸湿状态,因此使用十分方便。

3) 硅酸盐

硅酸或多硅酸的盐称为硅酸盐(silicates)。其中只有碱金属盐可溶于水,其他的硅酸盐均不溶于水。重金属硅酸盐有特征的颜色。

地壳主要由不溶于水的各种硅酸盐组成。许多矿物如长石、云母、石棉、滑石,许多岩石如花岗岩等都是硅酸盐。

硅酸钠是最常见的可溶性硅酸盐,因水解使溶液显强碱性,水解产物是二硅酸盐或多硅酸盐,其透明的浆状溶液称为水玻璃,俗称泡化碱,实际上是多种多硅酸盐的混合物,化学组成可表示为 $Na_2O \cdot nSiO_2$,是纺织、造纸、制皂、铸造等工业的重要原料。

常见硅酸盐组成结构(图 19.10)有以下几种:

(1) 单个 $[SiO_4]$ 四面体,Si∶O = 1∶4,化学式为 SiO_4^{4-}(正硅酸盐),如橄榄石 $(Mg,Fe)_2SiO_4$。

(2) 两个 $[SiO_4]$ 以角氧相连,Si∶O = 1∶3.5,化学式为 $Si_2O_7^{6-}$(二硅酸盐),如硅铅

矿 $Pb_3Si_2O_7$。

（3）$[SiO_4]$以两个角氧分别和另外两个$[SiO_4]$相连成环状或单链状结构，Si：O＝1：3，化学式$[Si_nO_{3n}]^{2n-}$（环状），如绿柱石 $Be_3Al_2[Si_6O_{18}]$；$[SiO_3]_n^{2n-}$（单链），如石棉 $CaMg_3[SiO_3]_4$。

（4）$[SiO_4]$以角氧构造成双链，Si：O＝4：11，化学式为$[Si_4O_{11}]_n^{6n-}$（双链），如透闪石 $Ca_3Mg_5[Si_8O_{22}](OH)_2$。

（5）$[SiO_4]$以三个角氧和其他三个$[SiO_4]$相连成层状结构，Si：O＝2：5，化学式为$[Si_2O_5]_n^{2n-}$，如滑石 $Mg_3[Si_4O_{10}](OH)_2$。

（6）$[SiO_4]$以四个氧和其他四个$[SiO_4]$相连成骨架状结构，Si：O＝1：2，化学式为SiO_2（三维网状），如石英。

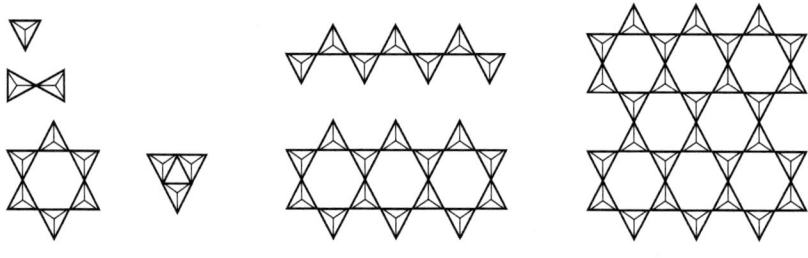

图 19.10　常见硅酸盐的结构

人工合成的硅铝酸盐(aluminosilicate)称为分子筛。天然沸石与人工合成分子筛都具有多孔多穴结构，具有立方晶格，主要是由硅、铝通过氧桥连接组成空旷的骨架结构，在结构中有很多孔径均匀的孔道和排列整齐、内表面积很大的空穴。此外还含有电价较低、半径较大的金属离子和化合态水。由于水分子在加热后失去，单晶体骨架结构不变，形成了许多大小相同的空腔，空腔又有许多直径相同的微孔相连，这些微小的孔穴直径大小均匀，能把比孔道直径小的分子吸附到孔穴的内部中来，而把比孔道大的分子排斥在外，因而能把形状、直径大小不同的分子，极性程度不同的分子，沸点不同的分子，饱和程度不同的分子分离开来。

19.2.3　锗分族

1. 单质

锗化学性质稳定，常温下不与空气或水蒸气作用，但在 600～700 ℃时，很快生成二氧化锗；与盐酸、稀硫酸不起作用；在热的浓硫酸中会缓慢溶解，在硝酸、王水中易溶解；易溶于硝酸和氢氟酸的混合酸中；与碱溶液的作用很弱，但能迅速溶解于熔融的碱中。

$$Ge(s)+2H_2SO_4(浓)=Ge(SO_4)_2(aq)+2H_2(g)$$
$$Ge+4HNO_3(浓)=GeO_2 \cdot H_2O+4NO_2\uparrow+H_2O$$
$$Ge+4HNO_3+6HF=H_2[GeF_6]+4NO_2\uparrow+4H_2O$$

锗与碳不起作用，所以在石墨坩埚中熔化，不会被碳所污染。

锗常用来制造晶体管。有机锗化合物具有抗肿瘤、消炎活性、免疫复活和杀菌等作用。

锡在古代就为人所知，人类最早发现和使用锡的历史可以追溯到 4000 多年前。其英文名称为 tin，其元素符号 Sn 源自拉丁语 stannum，意为"坚硬"，因它添加到铜中形成坚硬的青铜(bronze)而得名。

锡是银白色金属,较软,有三种同素异形体,即灰锡(α-型)、白锡(β-型)及脆锡(γ-型),在一定的温度下可相互转化。灰锡是粉末状的,白锡低于 291 K 转化为灰锡,但转变速率极慢,温度低于 225 K 时转变很快。灰锡本身是这个转变反应的催化剂,因此一经转变,速率大大加快。锡制品(用白锡制造)长期处于低温易毁坏,白锡转变为灰锡时体积会骤然膨胀,锡器碎裂成粉末的现象称为锡疫。

常温下锡表面生成保护膜,所以锡在空气和水中是稳定的。若在铁皮表面镀锡(马口铁),可以增强铁皮的防腐蚀作用。

锡能与酸碱反应。它能置换出盐酸中的 H_2,与稀 HNO_3 和浓 HNO_3 反应产物分别为 $Sn(NO_3)_2$ 和 β-锡酸(组成固定的含水二氧化锡):

$$3Sn+8HNO_3(稀)===3Sn(NO_3)_2+2NO\uparrow+4H_2O$$
$$Sn+4HNO_3(浓)===H_2SnO_3+4NO_2\uparrow+H_2O$$

β-锡酸不溶于酸和碱。锡能将浓 H_2SO_4 中的 S(Ⅵ) 还原成 SO_2,与热的碱溶液反应生成羟基配合物。

$$Sn+2KOH+4H_2O===K_2[Sn(OH)_6]+2H_2\uparrow$$

铅与金、银、铜等一样,是从古代就为人知的一种金属。早在公元前 3000 年左右人类就发现了铅。铅的英文名称为 lead,其元素符号 Pb 源自拉丁语 plimbum。

铅的冶炼是先将铅矿石经过浮选成为富集矿砂,并在空气中焙烧使 PbS 变成 PbO,然后在反射炉中用焦炭焙烧,使 PbO 还原成粗铅,也可用铁屑直接还原 PbS 得到粗铅。以粗铅为阳极,纯铅为阴极,以 $PbSiF_6$ 和 H_2PbSiF_6 为电解液进行电解精炼可制得纯铅。

铅是很软的重金属。铅能防止 X 射线和 γ 射线的穿透,所以可用铅制造防护用品。铅能形成多种合金,如铅锑合金用作蓄电池极板的材料。

铅能和稀酸反应生成铅盐和 H_2,但由于 H_2 在铅上的超电势及在铅表面形成难溶物(如 $PbCl_2$、$PbSO_4$)阻碍反应继续进行,在加热时 Pb 与 HCl 和 H_2SO_4 能发生反应。HNO_3 和 HAc 能溶解 Pb,由于分别生成可溶性 $Pb(NO_3)_2$ 和可溶性稳定化合物 $Pb(Ac)_3^-$、$Pb(Ac)_2$、$Pb(Ac)^+$,习惯上常写成 $Pb(Ac)_2$,有 O_2 时 Pb 和 HAc 反应较完全。

$$Pb+4HNO_3===Pb(NO_3)_2+2NO_2\uparrow+2H_2O$$
$$Pb+2HAc===Pb(Ac)_2+H_2\uparrow$$

将 PbO 溶于 HAc 再蒸发结晶,可得 $Pb(Ac)_2 \cdot 3H_2O$。由于 $Pb(Ac)_2 \cdot 3H_2O$ 有甜味,俗称铅糖。

铅在碱中能溶解成可溶性的 $Pb(OH)_3^-$ 或 PbO_2^{2-}:

$$Pb+OH^-+2H_2O===Pb(OH)_3^-+H_2\uparrow$$

所有铅的可溶盐和铅蒸气都有毒。发生铅中毒时,可注射 EDTA 钙钠盐,用 $Na_2[CaY]$ 表示。由于生成配离子 $[PbY]^{2-}$,铅从尿中排出而解毒。

2. 锗、锡、铅的化合物

1) 氧化物和氢氧化物

锗、锡、铅都能形成 M(Ⅱ) 和 M(Ⅳ) 的氧化物和氢氧化物。铅的氧化物有 PbO(黄色,俗称密陀僧)、Pb_2O_3($PbO \cdot PbO_2$)(黄色)、Pb_3O_4($2PbO \cdot PbO_2$)(红色,俗称铅丹)、PbO_2(黑色)。锗、锡、铅的 MO 两性偏碱性,MO_2 两性偏酸性。

锡和铅的氧化物都不溶于水,要制得相应的氢氧化物,必须用其盐溶液与碱作用。例如,

用碱金属的氢氧化物处理锡盐,就可得到相应的 $Sn(OH)_2$ 白色沉淀:
$$SnCl_2+2NaOH =\!=\!= Sn(OH)_2\downarrow+2NaCl$$
氢氧化物的酸碱性递变规律为

碱性增强 →

酸性增强 ↓	$Ge(OH)_2$(白色)	$Sn(OH)_2$(白色)	$Pb(OH)_2$(白色)	碱性增强 ↑
	$Ge(OH)_4$(棕色)	$Sn(OH)_4$(白色)	$Pb(OH)_4$(棕色)	

← 酸性增强

锗、锡、铅的氢氧化物呈两性,既溶于酸,又溶于碱。例如
$$M(OH)_2+2H^+ =\!=\!= M^{2+}+2H_2O$$
$$M(OH)_2+2OH^- =\!=\!= MO_2^{2-}+2H_2O$$
$$Sn(OH)_4+4H^+ =\!=\!= Sn^{4+}+4H_2O$$
$$Sn(OH)_4+2OH^- =\!=\!= SnO_3^{2-}+3H_2O$$
因此它们能形成两种类型的盐,即 M^{2+} 盐、M^{4+} 盐和 MO_2^{2-} 盐、MO_3^{2-} 盐。

锗、锡、铅的 M(Ⅱ)和 M(Ⅳ)化合物其氧化还原性和稳定性也有规律:

← 还原性增强,稳定性减弱

Ge(Ⅱ)	Sn(Ⅱ)	Pb(Ⅱ)
Ge(Ⅳ)	Sn(Ⅳ)	Pb(Ⅳ)

氧化性增强,稳定性减弱 →

Pb_2O_3、Pb_3O_4、PbO_2 都具有强氧化性:
$$5PbO_2+2Mn^{2+}+4H^+ =\!=\!= 5Pb^{2+}+2MnO_4^-+2H_2O$$
$$PbO_2+4HCl =\!=\!= PbCl_2+Cl_2\uparrow+2H_2O$$
Pb(Ⅱ)与 CrO_4^{2-} 反应生成黄色 $PbCrO_4$ 沉淀,以此可鉴定 Pb^{2+} 或 CrO_4^{2-}:
$$Pb^{2+}+CrO_4^{2-} =\!=\!= PbCrO_4\downarrow(黄色)$$
在碱性介质中,Sn(Ⅱ)可将 Bi^{3+} 还原成金属 Bi,可用于检验 Bi^{3+} 或 Sn(Ⅱ):
$$2Bi^{3+}+3[Sn(OH)_3]^-+9OH^- =\!=\!= 3[Sn(OH)_6]^{2-}+2Bi\downarrow(黑色)$$

2) 卤化物

锗、锡、铅有二卤化物和四卤化物两类,但 $PbBr_4$ 和 PbI_4 不能稳定存在。

$SnCl_2$ 是实验室中常用的重要还原剂。例如,向 $HgCl_2$ 溶液中逐滴加入 $SnCl_2$ 溶液时,可生成 Hg_2Cl_2 的白色沉淀,当 $SnCl_2$ 过量时,亚汞盐将进一步被还原为黑色单质汞:
$$2HgCl_2+SnCl_2 =\!=\!= SnCl_4+Hg_2Cl_2\downarrow(白)$$
$$Hg_2Cl_2+SnCl_2 =\!=\!= SnCl_4+2Hg\downarrow(灰黑)$$
这一反应很灵敏,常用于定性鉴定 Hg^{2+} 或 Sn^{2+}。

$SnCl_2$ 和 $SnCl_4$ 都易水解,$SnCl_4$ 水解产物不是单一的,主要是 α-锡酸,$SnCl_2$ 水解反应:
$$SnCl_2+H_2O \rightleftharpoons Sn(OH)Cl\downarrow+H^++Cl^-$$
因此,在配制 $SnCl_2$ 和 $SnCl_4$ 溶液时,应先用盐酸酸化,抑制其水解。因 Sn^{2+} 在溶液中易被空气中的 O_2 所氧化,在配制好的溶液中还应加入少量金属 Sn 粒。

$PbCl_2$ 难溶于冷水,其溶解度随温度升高明显增大,在沸水中溶解而形成无色溶液,冷却后析出针状晶体。$PbCl_2$ 能溶于盐酸或过量的 NaOH 溶液中:
$$PbCl_2+2HCl =\!=\!= H_2[PbCl_4]$$
$$PbCl_2+4OH^- =\!=\!= PbO_2^{2-}+2Cl^-+2H_2O$$

PbI_2 在热水中部分水解生成碱式盐 $Pb(OH)I$，溶于 KI 生成配合物 $K_2[PbI_4]$。PbX_4 中，PbF_4 较稳定，$PbCl_4$ 为黄色油状液体，在低温下稳定，室温下即分解为 $PbCl_2$ 和 Cl_2，在潮湿空气中因水解而冒烟。$PbBr_4$ 的稳定性更差。

3）硫化物

锗、锡、铅的硫化物均具有颜色：SnS（暗棕）、SnS_2（黄）、PbS（黑）。低价态硫化物通常偏碱性，高价态显酸性或两性偏酸性。GeS、GeS_2 在水中有一定的溶解度，其余均难溶于水。通常在它们的盐中通入 H_2S 来制备相应的硫化物。PbS_2 不能稳定存在。

SnS_2 可溶于 Na_2S 或 $(NH_4)_2S$ 中，生成硫代锡酸盐：

$$SnS_2 + Na_2S == Na_2SnS_3$$

硫代锡酸盐不稳定，遇酸分解，又产生硫化物沉淀：

$$SnS_3^{2-} + 2H^+ == H_2SnS_3$$
$$\longrightarrow SnS_2\downarrow + H_2S\uparrow$$

SnS 不溶于 Na_2S 或 $(NH_4)_2S$ 中，但可溶于多硫化铵 $(NH_4)_2S_x$，这是由于 S_x^{2-} 具有氧化性，能将 SnS 氧化为 SnS_2 而溶解生成 $(NH_4)_2SnS_3$。SnS 也能溶于中等浓度 HCl 溶液中。

PbS 不溶于稀酸和碱金属硫化物，但可溶于浓盐酸和稀硝酸：

$$PbS + 4HCl == H_2[PbCl_4] + H_2S\uparrow$$
$$3PbS + 8HNO_3 == 3Pb(NO_3)_2 + 2NO + 3S\downarrow + 4H_2O$$

可见，对于不同的难溶硫化物，可采用不同的方法使之溶解，如使其形成易溶的硫代酸盐或配合物、发生氧化还原反应等。

PbS 可与 H_2O_2 发生反应，生成白色的 $PbSO_4$：

$$PbS + 4H_2O_2 == PbSO_4 + 4H_2O$$

钠铅合金与氯乙烷可发生反应，制备四乙基铅：

$$4NaPb(钠铅合金) + 4C_2H_5Cl == Pb(C_2H_5)_4 + 4NaCl + 3Pb$$

四乙基铅（tetraethyl lead）是汽油抗震剂（antiknock agent），但在常温下尚能稳定存在。由于用 $Pb(C_2H_5)_4$ 作为汽油抗震剂，汽油燃烧后的废气中含有铅化合物，会导致环境污染。现已开发出不含铅的抗震剂，含该种抗震剂的汽油称为无铅汽油。

铅和可溶性铅盐都对人体有毒。Pb^{2+} 在人体内能与蛋白质中的半胱氨酸反应生成难溶物，使蛋白质中毒。

4）Pb(Ⅱ)的难溶盐

常用的可溶性 Pb(Ⅱ)盐有 $Pb(NO_3)_2$ 和 $Pb(Ac)_2$。难溶的有 PbS（黑）、$PbSO_4$（白）、$PbCO_3$（白）、$PbCrO_4$（黄）、$PbCl_2$（白）、PbI_2（黄）等。

$PbCl_2$ 难溶于冷水，但可溶于热水，溶解度随温度升高明显增大，冷却后析出针状晶体。$PbCl_2$ 还可溶于 HCl 中：

$$PbCl_2 + 2Cl^- == PbCl_4^{2-}$$

PbI_2 的溶解度也随温度升高明显增大，在沸水中溶解而形成无色溶液，有部分水解生成碱式盐 $Pb(OH)I$。PbI_2 溶于 KI 生成配合物 $K_2[PbI_4]$：

$$PbI_2 + 2I^- == PbI_4^{2-}$$

PbS 可溶于 HNO_3、浓 HCl、NaOH（含 O_2）中：

$$3PbS + 2NO_3^- + 8H^+ == 3Pb^{2+} + 3S + 2NO\uparrow + 4H_2O$$

$$PbS+2H^++4Cl^-\Longrightarrow PbCl_4^{2-}+H_2S\uparrow$$

$$PbS+4OH^-+2O_2\Longrightarrow PbO_2^{2-}+SO_4^{2-}+2H_2O$$

$PbSO_4$ 可溶于 HNO_3、浓 H_2SO_4、饱和 NH_4Ac 及苛性碱中：

$$PbSO_4+HNO_3\Longrightarrow HSO_4^-+(PbNO_3)^+$$

$$PbSO_4+H_2SO_4\Longrightarrow Pb(HSO_4)_2$$

$$PbSO_4+3Ac^-\Longrightarrow Pb(Ac)_3^-+SO_4^{2-}$$

$$PbSO_4+4OH^-\Longrightarrow PbO_2^{2-}+SO_4^{2-}+2H_2O$$

$Pb(Ac)_3^-$ 的稳定性比 $Pb(Ac)_2$ 和 $Pb(Ac)^+$ 都大，但是习惯上写为 $Pb(Ac)_2$。

$PbCrO_4$ 可溶于碱（黄色的 $SrCrO_4$ 和 $BaCrO_4$ 均不溶于碱）和 HNO_3 中：

$$PbCrO_4+3OH^-\Longrightarrow Pb(OH)_3^-+CrO_4^{2-}$$

$$2PbCrO_4+2H^+\Longrightarrow 2Pb^{2+}+Cr_2O_7^{2-}+H_2O$$

当酸控制一定量时，有 $HCrO_4^-$ 生成，过量时为 $Cr_2O_7^{2-}$。

可见，对于不同的难溶物，通过氧化还原反应或生成配离子等途径，以降低离子的浓度使平衡发生移动，由难溶物转化为可溶物。

小 结

本章介绍了氮、磷及其氢化物、氧化物、含氧酸和含氧酸盐的结构、性质、制备、用途；砷、锑、铋的氧化物和水合物的酸碱性及其变化规律；砷、锑、铋的 M(Ⅲ) 的还原性，M(Ⅴ) 的氧化性及其变化规律；本族元素卤化物和硫化物的性质。

介绍了碳、硅单质及其氢化物、氧化物、含氧酸和含氧酸盐的结构、性质、制备、用途；锗、锡、铅的氧化物和水合物的酸碱性及其变化规律；锗、锡、铅的 M(Ⅱ) 和 M(Ⅳ) 的氧化还原性及其变化规律；锡(Ⅱ)、铅(Ⅱ)硫化物的性质；部分难溶 Pb(Ⅱ) 盐的制备和性质。

思考与研讨

19.1 以 NH_3 与 H_2O 作用时质子传递的情况，讨论 H_2O、NH_3 和质子之间键能的强弱。为什么乙酸在水中是弱酸，而在液氨溶剂中是强酸？

19.2 为什么 PF_3 可以和许多过渡金属形成配合物，而 NF_3 几乎不具有这种性质？PH_3 和过渡金属形成配合物的能力为什么比 NH_3 强？

19.3 试说明下列现象的原因。
(1) 制备纯硼或硅时，用氢气作还原剂比用活泼金属或碳好。
(2) 硼砂的水溶液是缓冲溶液。
(3) 装有水玻璃的试剂瓶长期敞开瓶口后，水玻璃变浑浊。
(4) 石棉和滑石都是硅酸盐，石棉具有纤维性质，而滑石可作润滑剂。

19.4 写出 NCl_3、PCl_3、$AsCl_3$、$SbCl_3$、$BiCl_3$ 的水解反应方程式。

19.5 试解释砷分族的硫化物均有色且难溶于水的原因。

19.6 为什么常温下 CO_2 是气体，SiO_2 是固体？

19.7 写出联氨、羟胺、氨基化钠和亚氨基锂的分子式，指出它们在常温下存在的状态及其特征化学性质。将联氨选作火箭燃料的根据是什么？

19.8 为什么硝酸在不同浓度时被还原的程度和氧化性的强弱并不一致？例如，浓硝酸通常被还原为 NO_2，只得一个电子，而氧化性较差的稀硝酸却被还原为 NO，得三个电子。

19.9 为什么磷酸在分析化学中可用于掩蔽 Fe^{3+}？

19.10 某废液中含有 2%～5% $NaNO_2$，若直接排放将造成对环境的污染。下列 5 种试剂中哪些能使 $NaNO_2$ 转化为不引起二次污染的物质？为什么？

  (1) NH_4Cl (2) H_2O_2 (3) $FeSO_4$ (4) $CO(NH_2)_2$ (5) $NH_2SO_3^-$（氨基磺酸盐）

19.11 AlP 和 Zn_3P_2 可以作为粮食仓库的烟熏消毒剂，这是利用了它们的何种特性？

19.12 磷矿粉肥料施用在什么性质的土壤中比较适宜？为什么？

19.13 试说明磷污染产生的后果，提供治理磷污染的办法。

19.14 1992 年美国 Science 杂志将 NO 评为明星分子，NO 在人体中起何作用？

习　题

19.1 解释下列问题。
(1) 虽然氮的电负性比磷高，但是磷的化学性质比氮活泼。
(2) 为什么 Bi(Ⅴ)的氧化能力比同族其他元素强？

19.2 如何除去下列物质？
(1) 氮中所含的微量氧。
(2) 用熔融 NH_4NO_3 热分解制得的 NO_2 中混有少量的 NO。
(3) NO 中所含的微量 NO_2。
(4) 溶液中微量的 NH_4^+。

19.3 如何鉴别下列各组物质？
(1) Na_2CO_3、Na_2SiO_3、$Na_2B_4O_7 \cdot 10H_2O$
(2) $NaHCO_3$、Na_2CO_3
(3) CH_4、SiH_4

19.4 怎样净化下列两种气体？
(1) 含有少量 CO_2、O_2 和 H_2O 等杂质的 CO 气体。
(2) 含有少量 H_2O、CO、O_2、N_2 及微量 H_2S 和 SO_2 杂质的 CO_2 气体。

19.5 回答下列有关硝酸的问题。
(1) 根据 HNO_3 的分子结构，说明 HNO_3 为什么不稳定。
(2) 为什么久置的浓 HNO_3 会变黄？

19.6 写出下列物质加热时的反应方程式。
(1) $NaNO_3$ (2) NH_4NO_3 (3) NH_4Cl 和 $NaNO_2$ 的混合物
(4) $CuSO_4 \cdot 5H_2O$ (5) NaN_3

19.7 比较 As、Sb、Bi 硫化物的酸碱性及在盐酸、NaOH、硫化钠和 Na_2S_x 溶液中的酸碱性；比较 As、Sb、Bi 氧化物在水、酸、碱中的溶解性。

19.8 解释下列反应现象。
(1) 为什么 $NaNO_2$ 会加速铜和硝酸的反应速率？
(2) 为什么磷和 KOH 溶液反应生成的 PH_3 气体遇空气冒白烟？
(3) 为什么向 NaH_2PO_4 或 Na_2HPO_4 溶液中加入 $AgNO_3$ 溶液会析出黄色 Ag_3PO_4 沉淀？

19.9 根据碱性介质中磷的不同氧化态间的标准电极电势，绘制碱性介质中磷的氧化态-Gibbs 自由能关系图。

$$H_3PO_4 \xrightarrow{-0.23\ V} H_3PO_3 \xrightarrow{-0.50\ V} P \xrightarrow{+0.06\ V} PH_3$$

19.10 为什么 NF_3 和 NCl_3 都是三角锥形的分子，而 NF_3 比 NCl_3 稳定，NF_3 不易水解而 NCl_3 容易水解？

19.11 比较下列各对碳酸盐热稳定性的大小。
(1) Na_2CO_3 和 $BeCO_3$ (2) $MgCO_3$ 和 $BaCO_3$ (3) $PbCO_3$ 和 $CaCO_3$

19.12 试说明下列事实的原因。
(1) CF_4 不水解，而 BF_3 和 SiF_4 都水解。

(2) BF_3 和 SiF_4 水解产物中,除有相应的含氧酸外,前者生成 BF_4^-,而后者却是 SiF_6^{2-}。

19.13 试解释下列现象。
(1) 甲烷既没有酸的特性,也没有碱的特性。
(2) 硅烷的还原性比烷烃强。

19.14 实验室中配制 $SnCl_2$ 溶液时要采取哪些措施?其目的是什么?

19.15 怎样配制 $SbCl_3$ 和 $Bi(NO_3)_3$ 溶液?

19.16 解释以下事实。
(1) 不能用手接触白磷。
(2) 为什么联氨与羟氨是实验室常用优良还原剂?
(3) 为什么叠氮酸不稳定、易爆炸?
(4) 氮族元素最高氧化态为 +V,P、As、Sb、Bi 都有 MF_5 的卤化物,为什么不生成 NF_5 化合物?
(5) "消字灵"的主要成分是焦磷酸钠水溶液。

19.17 比较 CO 和 CO_2 的性质。如何除去 CO 中含有的少量 CO_2?如何除去 CO_2 中含有的少量 CO?

19.18 计算当溶液的 pH 分别等于 4、8、12 时,H_2CO_3、HCO_3^-、CO_3^{2-} 所占的比例。

19.19 从水玻璃出发怎样制造变色硅胶?

19.20 如何鉴别 As^{3+}、Sb^{3+}、Bi^{3+} 三种离子?

19.21 试写出硝酸或硝酸盐被还原为 6 种不同产物的化学方程式。

19.22 试写出下列各物质的反应方程式。
(1) $Si+HNO_3+HF=\!=\!=$
(2) $Na_2B_4O_7+HCl+H_2O=\!=\!=$
(3) $BF_3+Na_2CO_3+H_2O=\!=\!=$
(4) $Ca_2Si+HCl=\!=\!=$
(5) $H_3BO_3+NaOH=\!=\!=$
(6) $Be_2C+H_2O=\!=\!=$
(7) $SiO_2+C+Cl_2=\!=\!=$
(8) $B_2H_6+Cl_2=\!=\!=$
(9) $H_3BO_3+C_2H_5OH=\!=\!=$
(10) $Si+H_2O=\!=\!=$
(11) $B_2H_6+NH_3=\!=\!=$
(12) $B_2H_6+Li=\!=\!=$

19.23 完成并配平下列化学反应方程式。
(1) $Sn+HCl=\!=\!=$
(2) $Sn+Cl_2=\!=\!=$
(3) $SnCl_2+FeCl_3=\!=\!=$
(4) $SnCl_4+H_2O=\!=\!=$
(5) $SnS+Na_2S_2=\!=\!=$
(6) $SnS_3^{2-}+H^+=\!=\!=$
(7) $Sn+SnCl_4=\!=\!=$
(8) $PbS+HNO_3=\!=\!=$
(9) $Pb_3O_4+HI(过量)=\!=\!=$
(10) $Pb^{2+}+OH^-(过量)=\!=\!=$

19.24 现有白色固体 A,溶于水产生白色沉淀 B,B 可溶于浓盐酸。若将固体 A 溶于稀硝酸中,得无色溶液 C。将 $AgNO_3$ 溶液加入 C 中,析出白色沉淀 D。D 溶于氨水中得到溶液 E,E 酸化后又产生白色沉淀 D。将 H_2S 气体通入溶液 C 中,产生棕色沉淀 F,F 溶于 $(NH_4)_2S_x$ 形成溶液 G。酸化溶液 G,得到黄色沉淀 H。少量溶液 C 中加入 $HgCl_2$ 溶液得白色沉淀 I,继续加入溶液 C,沉淀 I 逐渐变灰,最后变为黑色沉淀 J。试确定 A~J 各表示什么物质。

19.25 化合物 A 是白色固体,不溶于水,加热剧烈分解,产生固体 B 和气体 C。固体 B 不溶于水或 HCl,但溶于热的稀 HNO_3,得溶液 D 及气体 E。E 无色,但在空气中变红。溶液 D 以 HCl 处理时,得白色沉淀 F。气体 C 与普通试剂不起作用,但与热的金属镁作用生成白色固体 G。G 与水作用得到另一种白色固体 H 及气体 J。气体 J 使湿润的红色石蕊试纸变蓝,固体 H 可溶于稀 H_2SO_4 得溶液 I。化合物 A 用 H_2S 溶液处理时,得黑色沉淀 K、无色溶液 L 和气体 C。过滤后,固体 K 溶于浓 HNO_3 得气体 E、黄色固体 N 和溶液 M。M 用 HCl 处理得沉淀 F。溶液 L 用 NaOH 溶液处理又得气体 J。请指出 A~N 所表示的物质名称。

19.26 将红色固体粉末 A 与稀 HNO_3 作用得到棕色沉淀物 B 和溶液 C。把沉淀 B 加入酸性 $MnSO_4$ 溶液中,溶液变成紫色,向溶液 C 中加入 K_2CrO_4 溶液得黄色沉淀 D。指出 A、B、C、D 各是什么物质,写出

19.27　14 mg 某灰黑色固体 **A** 与浓 NaOH 溶解共热时,能生成无色气体 **B** 22.4 mL(标准状况)。**A** 燃烧的产物为白色固体 **C**,**C** 与过量氢氟酸作用生成一种无色气体 **D**,**D** 通入水中产生白色沉淀 **E** 和溶液 **F**,**E** 用适量 NaOH 溶液处理可得溶液 **G**,在 **G** 中加入 NH_4Cl 溶液,则 **E** 重新沉淀出来,溶液 **F** 加入过量 NaCl,可得无色晶体 **H**。**A**～**H** 各为何种物质? 写出相关的反应方程式。

19.28　某种物质 **A**,溶于热的浓盐酸溶液,再用 NaOH 溶液处理,可以得到一种白色沉淀。此沉淀可以溶解于过量的具有强还原性的溶液中。把 **A** 和硫一起加热,得到棕色粉末 **B**,**B** 能溶于热的浓盐酸溶液。**B** 溶于热的黄色硫化铵溶液中,再加盐酸,生成黄色沉淀。**A** 与空气加强热,产生一种白色粉末 **C**,**C** 能溶于浓硫酸中,当 **C** 和 NaOH(固)共熔时,再用热水处理,得到白色晶体。指出 **A**、**B**、**C** 为何物质,并写出相应的反应方程式。

19.29　下列各对离子能否共存于溶液中?

(1) Sn^{2+} 和 Fe^{2+}　　　　　　　(2) Sn^{2+} 和 Fe^{3+}

(3) Pb^{2+} 和 Fe^{3+}　　　　　　　(4) $[Sn(OH)_4]^{2-}$ 和 $[Pb(OH)_6]^{2-}$

(5) Pb^{2+} 和 $[Pb(OH)_6]^{2-}$　　　(6) $[PbCl_4]^{2-}$ 和 $[SnCl_6]^{2-}$

第 20 章 硼族元素

在我们的生活中随处可见五颜六色的玻璃和玻璃制品,但你知道在古埃及时人们就已经开始使用硼砂作为生产玻璃的熔剂吗?尽管当时还并不知道硼砂的结构。铝更是与我们的生活息息相关,如以前常见的铝锅、铝饭盒等,现在人们已经认识到长期摄入铝能引发老年痴呆,所以逐渐用铁锅或不锈钢锅来代替;泡沫灭火器的主要成分是硫酸铝;由于质轻、耐腐蚀,铝也是航空、建筑和汽车三大重要工业发展中必不可少的材料。镓和铟是重要的半导体材料,其合金和化合物常用于自动灭火装置和发光二极管中。铊的化合物通常有剧毒,可以用来杀灭老鼠和蚊子。

20.1 硼族元素通性

硼族包括硼(boron, B)、铝(aluminum, Al)、镓(gallium, Ga)、铟(indium, In)和铊(thallium, Tl)五种元素,它们虽同属ⅢA族,但性质上变化较大。B是非金属,Al是金属,但Al和B在化学性质上却有许多相似性,而Ga、In和Tl都呈现典型的金属性,且金属性越来越强;Tl与硼族以外的其他元素如Ag、Hg和Pb有更多的相似性,以致大仲马(A. Dumas)称其为"元素中的鸭嘴兽"。B与本族其他元素也有较大不同,能形成了大量缺电子簇化合物。

B主要以硼酸盐矿的形式存在,如硼砂{$Na_2[B_4O_5(OH)_4] \cdot 8H_2O$}(在美国加利福尼亚的莫哈韦沙漠有巨大的商业开采);方硼石($2Mg_3B_8O_{15} \cdot MgCl_2$)(在我国的辽宁等地有丰富硼镁盐矿床)。Al是地壳中储藏量最丰富的金属,仅次于O和Si,主要以硅铝酸盐矿物如黏土、云母和长石的形式存在,此外还有铝矾土(Al_2O_3)和冰晶石[$Na_3(AlF_6)$]。Ga、In和Tl属稀有分散性元素,无单独矿藏,Ga与Zn、Fe、Al和Cr等矿共生,主要存在于铝矾土和煤中,In和Tl主要以痕量硫化物形式存在于闪锌矿中。

硼族元素的价电子结构为ns^2np^1,价电子数少于价轨道数,属缺电子原子。特征氧化态为$+Ⅲ$,但除B外,其他元素也有$+Ⅰ$氧化态,而且随原子序数增大,$+Ⅰ$氧化态的化合物稳定性增加。由于缺电子性,当全部价电子用于成键后仍有价轨道可用,即它们还有很强的继续接受电子的能力,这种能力表现为分子的自聚合以及作为Lewis酸同电子对给予体形成稳定的配位化合物。表20.1列出了硼族元素的基本性质。

$+Ⅲ$氧化态的硼族化合物易形成共价键,其中B原子半径较小,电负性较大,硼化合物更易形成共价键;Al、Ga、In和Tl虽然都是金属,但离子的高氧化态以及18电子的壳层结构,容易表现为极性共价键,只有Tl的$+1$价化合物具有较强的离子键特征。

尽管有电离能的数据给出,但在一般条件下并未发现有简单的M^{3+}的存在,M^{3+}(M=Al、Ga、In、Tl)的水溶液显酸性,且随着原子序数增加酸性增加,它们的盐在水溶液中都水解,弱酸的盐在水溶液中不能存在,如碳酸盐。NMR(核磁共振)研究显示,Al^{3+}在酸性溶液中以八面体[$Al(H_2O)_6$]$^{3+}$形式存在,随着pH增大,则形成[$Al_2(OH)_2$]$^{4+}$和[$Al_7(OH)_{16}$]$^{5+}$,pH再增加则生成$Al(OH)_3$沉淀。在碱性介质中,以[$Al(OH)_4$]$^-$四面体、[$Al(OH)_6$]$^{3-}$八面体和聚合的[$(HO)_3Al(\mu\text{-}O)Al(OH)_3$]$^{2-}$存在,$Ga^{3+}$的水溶液化学性质与$Al^{3+}$相似。

表 20.1 硼族元素的基本性质

性质	B	Al	Ga	In	Tl
熔点/K	2453	933	303	430	576.5
沸点/K	4283	2792	2477	2355	1730
第一电离能/(kJ·mol^{-1})	800.6	577.5	578.8	558.3	589.4
第二电离能/(kJ·mol^{-1})	2427	1817	1979	1821	1971
第三电离能/(kJ·mol^{-1})	3660	2745	2963	2704	2878
电子亲和能/(kJ·mol^{-1})	29	48	48	69	117
金属半径/pm	—	143	153	167	171
共价半径/pm	88	130	122	150	155
M^{3+}离子半径/pm	—	54	62	80	89,159 (Tl$^+$)
电负性	2.04	1.61	1.81	1.78	1.62

各元素第一电离能和第二电离能之间的差异远大于第二电离能和第三电离能之间的差异,这是因为失去的分别是 p 电子和 s 电子。Ga 和 Tl 的第二和第三电离能相比于 Al 和 In 呈现增加的态势,这使它们的 +Ⅰ 氧化态稳定性远大于其他元素,Tl 唯一稳定的 +Ⅲ 氧化态化合物是 TlF$_3$。同族元素随着原子序数增大,高氧化态化合物稳定性降低,低氧化态化合物稳定性增强,这种现象是由于热力学的 6s 惰性电子对效应,且 ns^2 电子趋于稳定。

从硼族元素的电势图(图 20.1)也可看出,随着原子序数增大,ns^2 电子越来越不易失去,Tl^{3+} 氧化性很强,易得到电子成为 Tl$^+$,Tl$^+$ 稳定性要高于 Tl^{3+}。

B—O 和 B—F 键的键能非常大,因此 B 是亲氧、亲氟的元素。早期的硼化合物大多是含 B—O 键的硼酸盐类,另外 B 与 Si 也有很大的相似性,它们的键能数据也很相近。

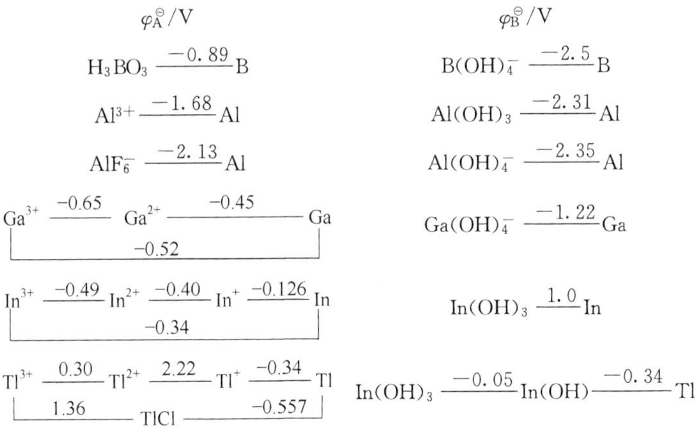

$$\varphi_A^\ominus/V \qquad\qquad\qquad \varphi_B^\ominus/V$$

$$H_3BO_3 \xrightarrow{-0.89} B \qquad\qquad B(OH)_4^- \xrightarrow{-2.5} B$$

$$Al^{3+} \xrightarrow{-1.68} Al \qquad\qquad Al(OH)_3 \xrightarrow{-2.31} Al$$

$$AlF_6^- \xrightarrow{-2.13} Al \qquad\qquad Al(OH)_4^- \xrightarrow{-2.35} Al$$

$$Ga^{3+} \xrightarrow{-0.65} Ga^{2+} \xrightarrow{-0.45} Ga \qquad\qquad Ga(OH)_4^- \xrightarrow{-1.22} Ga$$
$$\underline{\qquad -0.52 \qquad}$$

$$In^{3+} \xrightarrow{-0.49} In^{2+} \xrightarrow{-0.40} In^+ \xrightarrow{-0.126} In \qquad\qquad In(OH)_3 \xrightarrow{1.0} In$$
$$\underline{\qquad -0.34 \qquad}$$

$$Tl^{3+} \xrightarrow{0.30} Tl^{2+} \xrightarrow{2.22} Tl^+ \xrightarrow{-0.34} Tl \qquad\qquad In(OH)_3 \xrightarrow{-0.05} In(OH) \xrightarrow{-0.34} Tl$$
$$\underline{\qquad 1.36 \qquad} TlCl \underline{\qquad -0.557 \qquad}$$

图 20.1 硼族元素的电势图

20.2 硼族元素单质

20.2.1 单质的提炼

1) 硼的提炼

从硼砂中提炼硼,首先是用 H$_2$SO$_4$ 调节酸度将其转化为硼酸,由于硼酸溶解度较小,可以从溶液中析出,然后加热使硼酸脱水转化为硼的氧化物 B_2O_3,接着用 Mg 或 Al 将 B_2O_3 还原可制得粗硼。粗硼中含有金属氧化物、金属硼化物和未反应完的 B_2O_3。

$$Na_2[B_4O_5(OH)_4] \cdot 8H_2O + H_2SO_4 = 4B(OH)_3 + Na_2SO_4 + 5H_2O$$

$$2B(OH)_3 \xrightarrow{\triangle} B_2O_3 + 3H_2O$$

$$B_2O_3 + 3Mg \xrightarrow{\triangle} 2B + 3MgO$$

用碱、盐酸和氢氟酸进一步处理粗硼,得到的产品是纯度为 95%~98%、硬度很高、低电导率的黑色固体硼,其在大多数酸中呈惰性,但在浓硝酸和熔融的碱中慢慢变得不稳定。

纯度达到 99.95% 的硼一般是将 BBr_3 用 H_2 气相还原或者在高于 1300 K 的温度下加热分解 BI_3 而获得,在不同的反应条件下至少可以得到四种硼的同素异形体,但它们之间的转变非常慢。

$$2BBr_3 + 3H_2 \xrightarrow{1373\sim1573\ K} 2B + 6HBr$$

$$2BI_3 \xrightarrow[\text{钽丝}]{>1300\ K} 2B + 3I_2$$

2) 铝的提炼

硼族元素中铝最具有商业价值,其应用之广超过了除铁以外的其他所有金属。自 20 世纪 30 年代以来,世界最大的铝生产国——美国,其铝的生产量一直呈现上升趋势。从存在数量较多、易得到的硅铝酸盐矿物中分离出铝是相当困难的,而铝矾土和冰晶石是两种常用来提取铝的矿物。

铝矾土矿主要成分是 Al_2O_3(常含有 Fe_2O_3、SiO_2 和 TiO_2 等杂质),需先使用拜耳法进行纯化,在一定压力下,将铝矾土原矿加入热的 NaOH 溶液(此步骤可除去 Fe_2O_3)处理后,以 $Al_2O_3 \cdot 3H_2O$ 为晶种并经冷却,或用 CO_2 蒸气处理,即可沉淀出 α-$Al(OH)_3$ 晶体,加热 α-$Al(OH)_3$ 生成其酸酐 Al_2O_3。

$$Al_2O_3 + 2NaOH + 3H_2O = 2Na[Al(OH)_4]$$

$$2Na[Al(OH)_4] + CO_2 = 2Al(OH)_3 \downarrow + Na_2CO_3 + H_2O$$

$$2Al(OH)_3 \xrightarrow{\triangle} Al_2O_3 + 3H_2O$$

电解熔融的 Al_2O_3 在阴极得到金属 Al,由于 Al_2O_3 的熔点(2345 K)太高,实际应用中通常用冰晶石和 Al_2O_3 的混合物作为电解液,混合物的熔点可下降至 1230 K。由于需使用电力,提炼过程花费昂贵,为降低成本在 Al 的生产过程中常进行水力发电。

$$2Al_2O_3 \xrightarrow[\text{电解}]{Na_3AlF_6} 4Al + 3O_2$$

3) 镓、铟和铊的提炼

20 世纪以来对于 Ga 需求量的不断增加主要源自对 GaAs 需求量的增加,后者主要用于电子设备的器件。由于 Ga 存在于铝矾土中,因此 Ga 被富集在制备 Al_2O_3 工艺过程中分离出的铝酸盐母液中,将铝酸盐母液经二次碳酸酸化,即可得到富集了 $Ga(OH)_3$ 的 $Al(OH)_3$ 沉淀,沉淀分出后溶于强碱并进行电解。

阴极:$[Ga(OH)_4]^- + 3e^- = Ga \downarrow + 4OH^-$

电子工业的发展也导致了对 In 的需求量大大增加,In 主要存在于闪锌矿(ZnS)中,由于与 Zn 大小相近,一部分 In 取代了 Zn 的位置,因此 In 主要来自于用 ZnS 提炼 Zn 的副产品中。In 的回收利用在一些 ZnS 含量少的国家变得非常重要,如日本。

Tl 的需求量较少,主要来自于 Cu、Zn 和 Pb 矿的副产物。

20.2.2 单质的性质

1. 硼

1) 结构

B 单质有无定形态和晶态。无定形态硼是棕色粉末,晶态硼有多种变体,其中比较重要的是 α-菱形硼和 β-菱形硼,呈黑灰色,但随着结构中杂质的不同,还有黄色和亮红色的同素异形体。晶态硼的标准态为 β-菱形硼,但是 α-菱形硼的结构更简单和具有特色,以它作为讨论的起始点使我们更易于了解其结构。

α-菱形硼结构属原子晶体,以 B—B 共价键结合成无限的晶格,基本结构单元为正二十面体,20 个三角形面相交成 12 个角顶,每个角顶占据一个 B 原子(图 20.2)。以 B_{12} 为结构单元,同层中每个 B_{12} 单元通过 6 个硼原子(图 20.2 中的 1~6)用 6 个 3c-2e 硼键(键距 203 pm)与在同一平面的 6 个 B_{12} 单元连接(图 20.3 中虚线三角形);在片层的上方和下方,又分别依靠 B_{12} 单元的 7、8、9 和 10、11、12 各 3 个硼原子,以 6 个正常 B—B 共价键(键长 171 pm)同上、下两层 6 个邻近的 B_{12} 单元相连接,3 个在上层,3 个在下层。

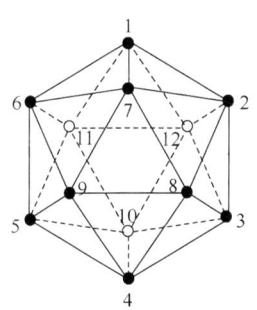
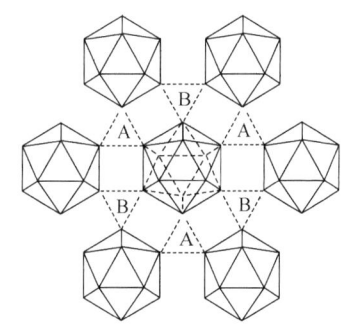

图 20.2　B_{12} 二十面体　　　　图 20.3　α-菱形硼中的三中心键(虚线三角形)

2) 反应活性

晶态硼很稳定,化学性质不活泼,其硬度近乎金刚石,电阻高,导电性差,但电导率随温度升高而增强。化学性质较活泼的是无定形硼,但在常温下也显示出惰性,只和 F_2 发生反应,在高温下能和大多数非金属(H_2 除外)以及金属发生反应,生成 B(Ⅲ)化合物。

$$\text{室温} \quad 2B + 3F_2 \Longrightarrow 2BF_3$$
$$\text{高温} \quad 4B + 3O_2 \Longrightarrow 2B_2O_3$$
$$2B + 3Cl_2 \Longrightarrow 2BCl_3$$
$$4B + Cr \Longrightarrow CrB_4$$

硼还可与许多金属反应生成金属硼化物,如 Mg、Ca、Sr、Ba、La 等。但随着物料的配比及反应条件的不同,产物的组成有时有很大的差别。

在炽热条件下与水蒸气反应生成硼酸:

$$2B + 6H_2O \xrightarrow{\triangle} 2B(OH)_3 + 3H_2 \uparrow$$

不与盐酸作用,但热浓硝酸和浓硫酸可将 B 氧化为硼酸:

$$B + 3HNO_3(\text{浓}) \Longrightarrow B(OH)_3 + 3NO_2 \uparrow$$

$$2B+3H_2SO_4(\text{浓}) = 2B(OH)_3+3SO_2\uparrow$$

在氧化剂存在下与热碱反应得到偏硼酸盐：

$$2B+2NaOH+3KNO_3 = 2NaBO_2+3KNO_2+H_2O$$

无氧化剂时

$$2B+6NaOH(\text{熔融}) = 2Na_3BO_3+3H_2\uparrow$$

单质 B 本身无特殊用途，常被作为原料制造有特殊用途的硼化合物。

2. 铝

铝是 1823 年由德国化学家 Wöhler 制得的，是一种硬的白色金属。与硼相反，铝的化学活性较强，与空气和水反应就可在表面生成一层 $10^{-6}\sim 10^{-4}$ mm 的致密氧化物薄膜，这层氧化物膜阻止了它的进一步反应，因此在空气和水中能稳定存在。若想获得更厚的氧化物层，可以通过在 H_2SO_4 溶液中对 Al 进行阳极氧化。

铝在室温下与卤素、在加热条件下与 N_2 反应生成三卤化铝和氮化铝。

$$2Al+N_2 \xrightarrow{\triangle} 2AlN$$

$$4Al+3C \xrightarrow{2000\,^\circ\!C} Al_4C_3$$

$$2Al+3S \xrightarrow{\triangle} Al_2S_3$$

铝溶于稀酸（在浓硝酸中发生钝化），与 NaOH 或 KOH 溶液反应放出 H_2。

$$2Al+2OH^-+6H_2O = 2[Al(OH)_4]^-+3H_2\uparrow$$

铝具有良好的延展性和导电性，常代替铜用来制造电线、高压电缆和发电机等电器设备；由于表面有一层致密的氧化物薄膜作为保护层，也可用于制造日用器皿；可以制作合金，用于飞机制造和其他运输器件；铝热法高温还原其他金属氧化物来制备金属。

3. 镓、铟和铊

Ge 是 1875 年由法国人德·布瓦斯博达朗（L. de Boisbaudran）发现的。为纪念其祖国法国（Gallic 意指古代的法国），命名为镓。Ga 为银色的金属，具有特殊的长程液相范围（303～2477 K）。In 是德国赖希（F. Reich）和其助手李希特（H. T. Richter）在 1863 年发现的。第一个发现 Tl 的人是英国的物理学家和化学家威廉姆·克鲁克斯（W. Crookes）。In 和 Tl 都很软，当金属弯曲时，In 会发出特殊的尖锐的"叫声"。

常温下，Ga 和 In 在干燥的空气中很稳定，Tl 可以被氧化，表面生成一层灰色的氧化物膜。加热时，这三种单质都能与 O_2 或 S 发生反应。

$$4M+3O_2 \xrightarrow{\triangle} 2M_2O_3 \quad (M=Ga、In、Tl)$$

与 Cl_2 和 Br_2 常温下可直接发生反应，与 I_2 反应需要加热。

$$2M+3X_2 = 2MX_3 \quad (M=Ga、In;X=Cl_2、Br_2、I_2)$$

Tl 常表现出特殊性：

$$2Tl+2Br_2 = Tl[TlBr_4]$$

$$3Tl+2I_2 = Tl_3I_4$$

Ga、In 和 Tl 溶于大部分酸中并生成 Ga(Ⅲ)、In(Ⅲ) 和 Tl(Ⅰ) 化合物，Ga 和 In 在氧化性酸中也钝化，只有 Ga(Ⅲ) 在碱溶液中释放出 H_2。

$$2M+6H^+ = 2M^{3+}+3H_2\uparrow \quad (M=Ga、In)$$

$$2Ga + 2OH^- + 6H_2O \Longrightarrow 2Ga(OH)_4^- + 3H_2\uparrow$$

Ga 的熔沸点相差大,常用作制造测量高温的温度计,Ga、In 和 Tl 以及它们的合金都可以作为半导体材料;In 及其合金可用于原子能工业中测定和吸收中子。

20.3 硼族元素化合物

20.3.1 氢化物

由于有三个价电子,因此硼族元素应该可以生成 MH_3。B 在气相中发现有 BH_3 存在,但它具有很强的聚合倾向,因此最简单的硼氢化物是乙硼烷(B_2H_6)。

传统的价键理论无法解释乙硼烷的分子结构,它的结构问题直到 20 世纪 60 年代初,Lipscomb 提出多中心键的理论(参见 13.4 节)以后才解决。自此人们不仅对 B_2H_6 的分子结构有了认识,而且补充了价键理论的不足,Lipscomb 因为这一成就荣获了 1976 年的诺贝尔化学奖。

B 可以和 H 形成一系列的硼氢化合物,由于性质与烷烃相似,称为硼烷,目前已知有 20 多种。在硼烷分子中常见的键型共有 5 种(参见 13.4 节)。

硼的氢化物一般分类(图 20.4)如下:

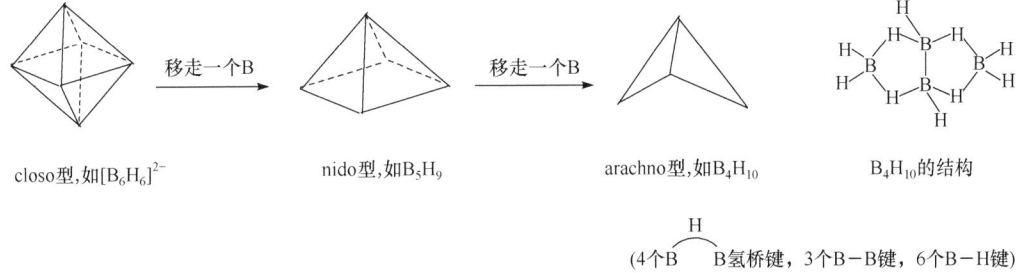

图 20.4 $[B_6H_6]^{2-}$、B_5H_9 和 B_4H_{10} 的结构

(1) closo 型,B 原子形成一个封闭的多面体笼,每个面近似为一个等边三角形,通式为 $[B_nH_n]^{2-}$,如 $[B_6H_6]^{2-}$。

(2) nido 型,B 原子形成一个开放的笼,类似于鸟巢,它是由闭合型衍生出来的,在闭合型的顶点处少了一个 B,通式 B_nH_{n+4} 和 $[B_nH_{n+3}]^-$,如 B_5H_9、$[B_5H_8]^-$。

(3) arachno 型,B 原子形成一个开放的笼,与鸟巢相似,它也是由闭合型衍生出来的,但在闭合型的顶点处少了两个 B,通式 B_nH_{n+6} 和 $[B_nH_{n+5}]^-$,如 B_4H_{10}、$[B_4H_9]^-$。

(4) hypho 型,B 原子形成一个开放的笼,在闭合型的顶点处少了三个 B,通式 B_nH_{n+8} 和 $[B_nH_{n+7}]^-$,比较少见。

(5) conjuncto 型,由两个或更多的笼通过共享原子、边、面或键连接在一起,比较少见,如 $[B_5H_8]_2$。

有段时间认为硼氢化合物作为高能燃料很有发展前景,但是完全燃烧成为 B_2O_3 是很困难的,而且不挥发的聚合物会堵塞排气管。尽管在燃料的应用方面受到了限制,但硼氢化合物在结构和理论研究方面一直吸引着人们的兴趣。

$$B_2H_6 + 3O_2 \xrightarrow{燃烧} B_2O_3 + 3H_2O \qquad \Delta_rH_m^\ominus = -2166 \text{ kJ} \cdot \text{mol}^{-1}$$

硼烷的制备不能采用 B 与 H_2 直接化合,而是需要通过间接的途径,乙硼烷在有机合成中

非常重要,可采取以下几种方法得到:

(1) 质子置换法。
$$2BMn + 6H^+ \Longrightarrow B_2H_6 + 2Mn^{3+}$$

(2) 氢化法。
$$2BCl_3 + 6H_2 \Longrightarrow B_2H_6 + 6HCl$$

(3) 氢负离子置换法。
$$3LiAlH_4 + 4BF_3 \xrightarrow{\text{乙醚}} 2B_2H_6 + 3LiF + 3AlF_3$$

B_2H_6 的工业合成采用:
$$2BF_3 + 6NaH \xrightarrow{450\ K} B_2H_6 + 6NaF$$

乙硼烷是无色气体,在空气中易燃,在水中易水解,因此制备时要做到无氧、无水。乙硼烷是制备其他硼烷的原料,高级硼烷的制备常以乙硼烷为基础。例如
$$B_2H_6 + NaBH_4 \xrightarrow[\text{二甘醇二甲醚}]{363\ K} Na[B_3H_8] + H_2$$
$$4Na[B_3H_8] + 4HCl \Longrightarrow 3B_4H_{10} + 3H_2 + 4NaCl$$
$$5[B_3H_8]^- + 5HBr \xrightarrow{-5H_2} 5[B_3H_7Br]^- \xrightarrow{450\ K} 3B_5H_9 + 4H_2 + 5Br^-$$
$$2Na[B_3H_8] \xrightarrow[\text{二甘醇二甲醚}]{435\ K} Na_2[B_6H_6] + 5H_2$$

Al 没有同类物,尽管单体的 AlH_3 曾在低温下被分离出来,固态时 X 射线衍射和中子散射实验表明 Al 的氢化物是一种三维网络结构:其中每个 Al 都是八面体配位中心,周围有 6 个 Al—H—Al(3c-2e)。

Ga 的同类物 Ga_2H_6 早在 1990 年就已得到很好的表征,它与 B_2H_6 极其相似(Ga—$H_{端}$ = 152 pm, Ga—$H_{桥}$ = 171 pm, ∠GaHGa = 98°), In 和 Tl 的同类物目前还没有发现。所有的氢化物对空气和水都相当敏感,制备及反应都需要在高真空的全玻璃仪器中进行。
$$B_2H_6 + 6X_2 \Longrightarrow 2BX_3 + 6HX$$
$$B_2H_6 + 6H_2O \Longrightarrow 2H_3BO_3 \downarrow + 6H_2 \uparrow$$

20.3.2 卤化物

1. B 的卤化物

B 的卤化物有 BX_3 和 B_2X_4 两种。BX_3 较常见,构型为平面三角形,B—X 键长按 F、Cl、Br、I 的顺序分别为 131 pm、174 pm、189 pm、210 pm。其中 BF_3 为无色有窒息性气味的气体,BCl_3 和 BBr_3 为无色液体,BI_3 为白色固体。它们都是共价化合物,熔沸点都很低,并按照 F、Cl、Br、I 的顺序而逐渐增高,其蒸气均为单分子。

BX_3 的制备方法如下:
$$B_2O_3 + 3CaF_2 + 3H_2SO_4 \Longrightarrow 2BF_3 + 3CaSO_4 + 3H_2O$$
$$2B + 3X_2 \Longrightarrow 2BX_3 \quad (X = Cl, Br)$$
$$BF_3 + AlX_3 \xrightarrow{970\ K} AlF_3 + BX_3 \quad (X = Cl、Br)$$
$$BCl_3 + 3HI \xrightarrow{\triangle} BI_3 + 3HCl$$
$$3NaBH_4 + 8I_2 \Longrightarrow 3NaI + 3BI_3 + 4H_2 \uparrow + 4HI$$

第 20 章　硼族元素

　　BF_3 是缺电子化合物,是已知的强 Lewis 酸之一,BF_3 和乙醚、腈、胺等可以形成一系列的配合物,如 $Et_2O·BF_3$(图 20.5),在 298 K 时为液体,主要用作有机反应的催化剂。

　　BF_3 在潮湿的空气中强烈发烟并发生部分水解得到氟硼酸溶液。纯的氟硼酸 HBF_4 并没有分离出来,但是可以得到它的乙醚溶液,尽管没有 HF 和 SbF_5 酸性强,但 HBF_4 也是一种非常强的酸,在合成化学中常遇到含$[BF_4]^-$的盐,如 $K[BF_4]$。

$$4BF_3 + 6H_2O \Longrightarrow 3H_3O^+ + 3BF_4^- + B(OH)_3$$

BCl_3、BBr_3 和 BI_3 在水中都发生分解:

$$BX_3 + 3H_2O \Longrightarrow B(OH)_3 + 3HX \quad (X=Cl、Br、I)$$

　　与$[BF_4]^-$不同,$[BCl_4]^-$、$[BBr_4]^-$ 和 $[BI_4]^-$ 仅在大的阳离子存在下才稳定,如$[Bu_4N]^+$。

　　在硼族元素中,只有 B 存在 X_2B-BX_2 型卤化物。常温下,B_2F_4 是无色的气体,B_2Cl_4 是无色的、不稳定的液体,B_2Br_4 是无色的液体、易水解,B_2I_4 是浅黄色的固体。固态时,B_2F_4 和 B_2Cl_4 为平面结构,但在蒸气相时,B_2Cl_4 则有两个 Cl 在平面的前后错列结构(图 20.6)。B 没有 +I 的卤化物,在 B_2Cl_4 中 B 表现出 +II 氧化态是由于 B—B 键的存在。

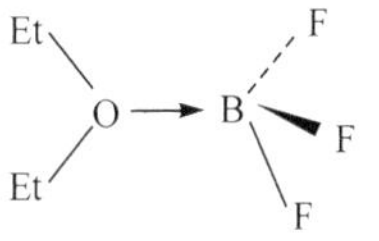

图 20.5　$Et_2O·BF_3$ 结构示意图

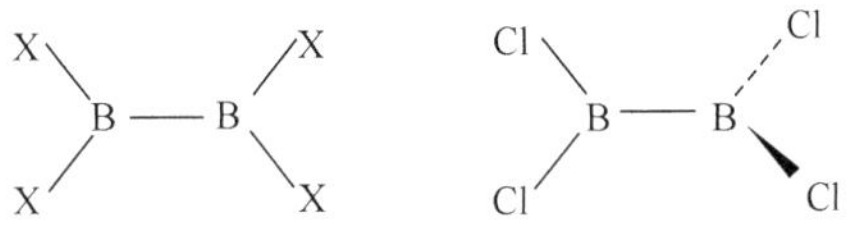

图 20.6　B_2X_4 的结构(X=F、Cl)

2. Al、Ga、In 和 Tl 的卤化物

　　Al、Ga、In 和 Tl 的三氟化物是没有挥发性的固体,熔点很高,最好的制备方法是金属和氟直接反应:

$$2M + 3F_2 \Longrightarrow 2MF_3$$

AlF_3 还可以有如下的方法制备:

$$Al_2O_3 + 6HF \xrightarrow{970\ K} 2AlF_3 + 3H_2O$$

　　在 AlF_3 晶体中每个 Al 中心都是八面体配位,周围有 6 个 F 原子,每个 F 原子连接两个 Al 中心(图 20.7),这种八面体 AlF_6 单元在其他 Al 的氟化物中也存在。在高温下升华得到的 AlF_3 才是单分子的。

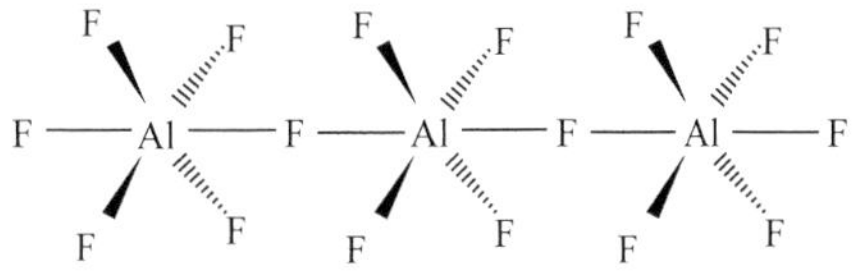

图 20.7　AlF_3 晶体结构

　　冰晶石 $Na_3[AlF_6]$ 既有天然存在的,也可以人工合成以满足商业需求:

$$Al(OH)_3 + 6HF + 3NaOH \Longrightarrow Na_3[AlF_6] + 6H_2O$$

MX_3(M=Al、Ga、In,X=Cl、Br、I)通过单质直接反应即可得到:

$$2M + 3X_2 \Longrightarrow 2MX_3 \quad (M=Al、Ga、In,X=Cl、Br、I)$$

它们具有一定的挥发性,在固态、气态以及溶于无机溶剂中时以 M_2X_6 二聚体形式存在,在高温时才分解为 MX_3。M_2X_6 二聚体(图 13.26)的结构虽与 B_2H_6 类似,但卤桥键为 3c-4e 键。

　　将水滴到固态 $AlCl_3$ 上会发生剧烈的水解,但在稀溶液中则存在$[Al(H_2O)_6]^{3+}$ 和 Cl^-,此外 $AlCl_3$ 类似于 BF_3,能与有机胺、醚、醇等结合形成一系列的加合物如 $Et_2O·AlCl_3$(类似

于 $Et_2O \cdot BF_3$),是某些有机化学反应中常用的催化剂。

Ga 和 In 的三氯化物和三溴化物也形成加合物,但是配位数为 4、5 或 6,如 $[MCl_6]^{3-}$、$[MBr_6]^{3-}$、$[MCl_4]^-$、$[MBr_4]^-$、$[InCl_5]^{2-}$ 等。

Tl 的三卤化物与前几种元素相比较不稳定,极易转化为 Tl(I)的卤化物。

$$TlBr_3 \Longrightarrow TlBr + Br_2$$

要注意的是,TlI_3 中 Tl 的氧化数是 +I 而非 +III,$Tl^+I_3^-$ 是碱金属三碘化物的同系物。

将氯化物加入 $TlCl_3$ 中,可以生成配位数大于 4 的配合物,如 $[H_3N(CH_2)_5NH_3][TlCl_5]$ 是四方锥结构[图 20.8(a)];$K_3[TlCl_6]$ 和 $Cs_3[Tl_2Cl_9]$ 中心 Ti(III)都为正八面体结构[图 20.8(b)]。

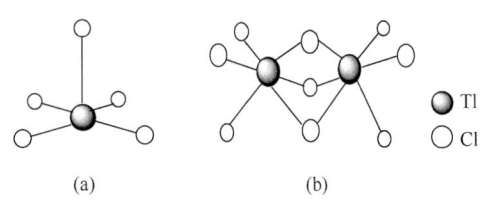

图 20.8 $[TlCl_5]^{2-}$(a)和 $[Tl_2Cl_9]^{3-}$(b)的结构

Al、Ga、In 和 Tl 都存在 +1 价的卤化物。AlX 可以通过如下反应获得:

$$AlX_3 + 2Al \xrightarrow{1270\ K} 3AlX$$

单体的 AlX 通常不稳定,很容易分解:

$$3AlX \Longrightarrow 2Al + AlX_3$$

将 $GaCl_3$ 在 1370 K 加热可得到 GaCl,但还无法分离得到纯物质;而将 $GaCl_3$ 与 Ga 一起加热会得到 $GaCl_2$,通过其晶体结构与磁性确定其真正结构为 $Ga^+[GaCl_4]^-$,与其相似的 $In^+[InCl_4]^-$ 也可用类似方法得到。InCl 已得到纯化合物并具有 NaCl 晶格结构。Tl(I)的卤化物很稳定,其性质类似于 Ag(I)的卤化物,如 TlF 在水中易溶,而 TlCl、TlBr 和 TlI 微溶。

20.3.3 氧化物、氢氧化物、含氧酸及其盐

1. B 的氧化物、含氧酸及盐

B 的氧化物 B_2O_3 显酸性,将 $B(OH)_3$ 在红热状态下脱水可得到玻璃态的 B_2O_3,在减压下控制脱水则可获得晶态的 B_2O_3,X 射线衍射结构测定证实玻璃态的 B_2O_3 是由三角形 BO_3 单元构成[图 20.9(a)],晶态的 B_2O_3 是由畸变的 BO_4 四面体构成[图 20.9(b)]。蒸气 B_2O_3 是单分子的结构(图 20.10),其中 B—O—B 键角并不是固定不变的。

无定形的 B_2O_3 缓慢吸水可得到硼酸 $B(OH)_3$,熔融态的晶状 B_2O_3 快速与水蒸气反应可得到具有挥发性的偏硼酸 HBO_2。

$$B_2O_3(无定形) + 3H_2O(l) \Longrightarrow 2H_3BO_3(aq)$$
$$B_2O_3(晶态) + H_2O(g) \Longrightarrow 2HBO_2(g)$$

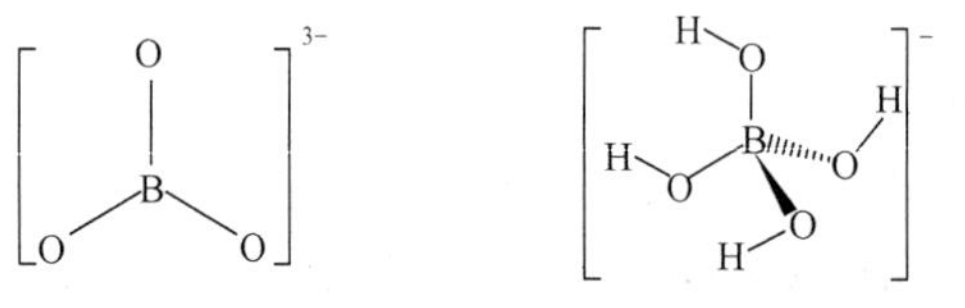

(a) $[BO_3]^{3-}$ (B—O: 136 pm)　　(b) $B[(OH)_4]$ (B—O: 148 pm)

图 20.9 BO_3 三角形和 BO_4 四面体结构单元　　图 20.10 B_2O_3 蒸气分子的结构

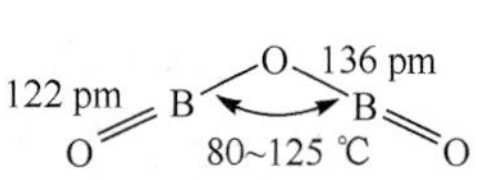

B_2O_3 在玻璃工业上应用广泛,在西欧和美国 B_2O_3 产量的一半用于玻璃制造业。熔融态

的 B_2O_3 可以熔解金属氧化物得到具有特征颜色的偏硼酸盐玻璃,同时也可用于定性分析,称为硼砂珠实验。硼硅玻璃具有很大的商业使用价值,它是将 B_2O_3 和 SiO_2 一起熔融得到的,有时再加入一些金属氧化物就会得到有色硼硅玻璃。硼硅玻璃大量用于实验室和厨房的玻璃器皿,它的 SiO_2 含量很高,热膨胀系数很小,在快速加热和冷却下玻璃并不会破裂。

$$CuO + B_2O_3 \xrightarrow{\triangle} Cu(BO_2)_2 \quad \text{蓝色}$$

$$NiO + B_2O_3 \xrightarrow{\triangle} Ni(BO_2)_2 \quad \text{绿色}$$

B 的含氧酸主要有硼酸 $B(OH)_3$ 和偏硼酸 HBO_2。在水溶液中,$B(OH)_3$ 为一元弱酸,它呈现酸性的原因是 OH^- 中的 O 原子上的孤对电子进入 B 原子的 p 轨道,所以 $B(OH)_3$ 属于 Lewis 酸而不是 Bronsted 酸:

$$B(OH)_3 + H_2O \rightleftharpoons [B(OH)_4]^- + H^+ \qquad pK_a^{\ominus} = 9.1$$

与甘露醇或甘油反应,由于生成配位化合物,可增加 $B(OH)_3$ 的酸性:

[反应方程式图]

$B(OH)_3$ 也有极弱的碱性:

$$B(OH)_3 + H_3PO_4 \xrightarrow{\triangle} BPO_4 + 3H_2O$$

根据 B 的价层电子结构,在 $B(OH)_3$ 中 B 原子采取 sp^2 杂化,它的 3 个 sp^2 杂化轨道与 3 个 O 原子的 p 轨道重叠形成 3 个 B—O 共价 σ 键,空间构型为平面三角形,在硼酸固体中再通过氢键互相连接成层状结构(图 20.11)。由于硼酸具有层状结构,分子之间仅通过氢键连接,因此可用作润滑剂,同时尽管硼酸在冷水中溶解度较低,但一旦加热会因氢键断裂而溶解度大大增加。

$B(OH)_3$ 加热到 373 K 以上时,脱水得到偏硼酸 HBO_2,继续加热就得到 B_2O_3。HBO_2 有三种变体:片层状结构、锯齿状链式结构和三维网格结构。

硼酸盐大多是由两个以上的 BO_3 原子团组成环状或链状结构,如三核的 $B_3O_6^{3-}$(图 20.12)形成

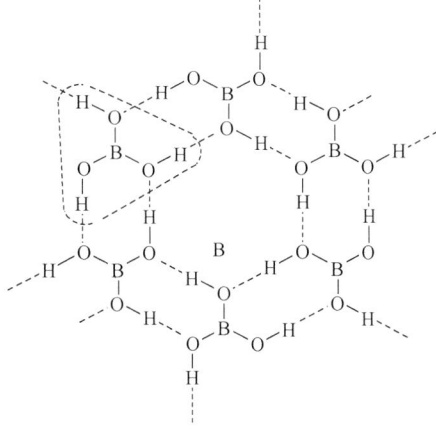

图 20.11 $B(OH)_3$ 的结构

环状,$NaBO_2$、KBO_2、HBO_2 都是这种三聚结构;而 $Ca(BO_2)_2$ 则具有 $[(BO_2)_n]^{n-}$ 链式结构(图 20.13)。还有些硼酸盐是通过两种结构单元 BO_3 和 BO_4 共用角顶 O 原子形成硼氧骨架结构,如硼砂 $Na_2[B_4O_5(OH)_4] \cdot 8H_2O$,主要结构单元是 $[B_4O_5(OH)_4]^{2-}$(图 20.14),它是通过两个 BO_3 和两个 BO_4 共用顶角 O 原子而连接成的。

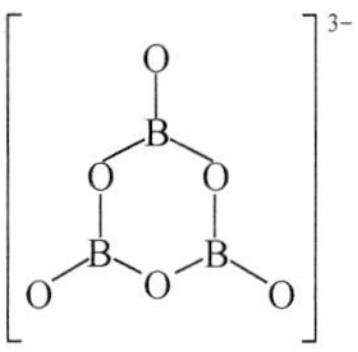

图 20.12 $B_3O_6^{3-}$ 结构 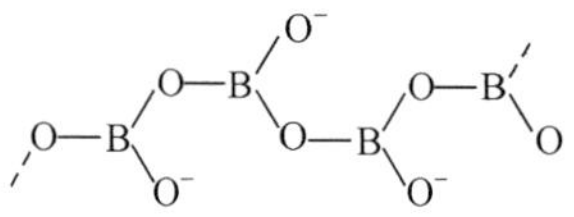　　图 20.13 $[(BO_2)_n]^{n-}$ 链式结构 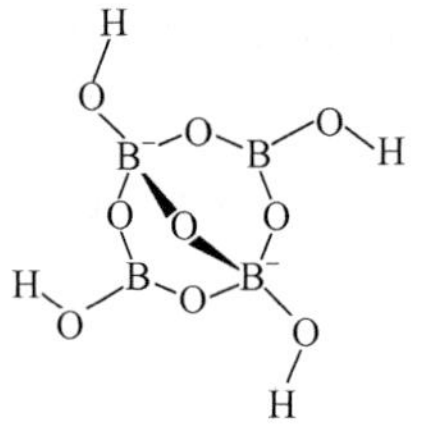　　图 20.14 $[B_4O_5(OH)_4]^{2-}$ 结构

工业上往往先用浓碱分解硼镁矿得到偏硼酸盐：

$$Mg_2B_2O_5 + 2NaOH + H_2O \rightleftharpoons 2NaBO_2 + 2Mg(OH)_2\downarrow$$

偏硼酸钠结晶出来后，溶于水并通入 CO_2 调节酸度，即可获得硼砂：

$$4NaBO_2 + CO_2 + 10H_2O \rightleftharpoons Na_2[B_4O_5(OH)_4]\cdot 8H_2O + Na_2CO_3$$

硼砂溶液显碱性，在实验室可用于配制缓冲溶液，也可作为洗涤剂的填料。硼砂在空气中易失去水而风化，加热到 650 K 左右可失去全部结晶水，在 1150 K 熔化为玻璃态，此时也可发生硼砂珠现象，可用于定性分析和焊接金属时除锈。它也是陶瓷、玻璃工业、制硼的主要原料。

2. Al、Ga、In 和 Tl 的氧化物、含氧酸及盐

Al 和 Ga 的氧化物是两性的，In 和 Tl 的氧化物显碱性。

Al 的氧化物主要有两种存在形式：$\alpha\text{-}Al_2O_3$ 和 $\gamma\text{-}Al_2O_3$。$\alpha\text{-}Al_2O_3$ 俗称刚玉，硬度极高，仅次于金刚石，化学性质显惰性，既不溶于水，也不溶于酸和碱；$\gamma\text{-}Al_2O_3$ 硬度不高，化学性质比 $\alpha\text{-}Al_2O_3$ 活泼，较易溶于酸和碱中，具有较大的比表面积。在单质 Al 表面生成的氧化物膜既不属于 $\alpha\text{-}Al_2O_3$ 也不属于 $\gamma\text{-}Al_2O_3$，是另外一种变体。

将 $Al(OH)_3$ 或 $AlO(OH)$ 在 1300 K 下加热就可以得到 $\alpha\text{-}Al_2O_3$；$\gamma\text{-}AlO(OH)$ 在 720 K 以下加热则得到 $\gamma\text{-}Al_2O_3$；$\gamma\text{-}Al_2O_3$ 受到强热灼烧时可以转变为 $\alpha\text{-}Al_2O_3$。

$$2Al(OH)_3 \xrightarrow{1300\text{ K}} \alpha\text{-}Al_2O_3 + 3H_2O$$

$$2\gamma\text{-}AlO(OH) \xrightarrow{720\text{ K}} \gamma\text{-}Al_2O_3 + H_2O$$

$$\gamma\text{-}Al_2O_3 \xrightarrow{\triangle} \alpha\text{-}Al_2O_3$$

$\alpha\text{-}Al_2O_3$ 常用作磨料或制造耐火器皿，如刚玉坩埚，最高温度可达到 2100 K，红宝石（含 Cr^{3+} 的刚玉）可作钟表轴承。$\gamma\text{-}Al_2O_3$ 可作为吸附剂或催化剂载体。

Al 的氢氧化物 $Al(OH)_3$ 和 $AlO(OH)$ 以矿物形式存在，如水铝石 $\alpha\text{-}AlO(OH)$、勃姆石 $\gamma\text{-}AlO(OH)$ 和水铝矿 $\gamma\text{-}Al(OH)_3$。自然界中没有 $\alpha\text{-}Al(OH)_3$，但可以通过反应来制得：

$$Al(OH)_4^- + CO_2 \rightleftharpoons Al(OH)_3\downarrow + HCO_3^-$$

将 NH_3 加入 Al 盐溶液中可以得到 $\gamma\text{-}AlO(OH)$。$Al(OH)_3$ 的一个用途是作为媒染剂，如它可以吸附染料并将其固载于纺织品上。常见的反应如下：

$$\gamma\text{-}Al_2O_3 + 3H_2O + 2OH^- \rightleftharpoons 2Al(OH)_4^-$$

$$\gamma\text{-}Al_2O_3 + 9H_2O + 6H^+ \rightleftharpoons 2[Al(H_2O)_6]^{3+}$$

$$Al(OH)_3 + OH^- \rightleftharpoons Al(OH)_4^-$$

Al 最重要的可溶性的含氧酸盐是 $Al_2(SO_4)_3\cdot 16H_2O$ 及 $MAl(SO_4)_2\cdot 12H_2O$（矾），M

最常见为 K^+、Rb^+、Cs^+ 和 NH_4^+ 等离子,但也存在 Li^+、Na^+、Tl^+ 的化合物,其中 Al^{3+} 也可以被其他金属取代,但必须大小相近,如 Ga、In、Ti、V、Cr、Mn、Fe 和 Co,Tl 则不行;其中的 $[SO_4]^{2-}$ 可以被 $[SeO_4]^{2-}$ 取代,Al 的硫酸盐常用于水质净化,主要是除去磷酸盐和胶状的物质,由于 Al^{3+} 带有较高的正电荷可使其发生凝聚而沉降下来。

与 B 和 Al 相比,Ga、In 和 Tl 的氧化物并未引起多少重视,与 Al 相似,Ga 也存在 Ga_2O_3、$GaO(OH)$ 和 $Ga(OH)_3$,它们都是两性的,而 In_2O_3、$InO(OH)$ 和 $In(OH)_3$ 都是碱性的,Tl 在硼族元素中比较特殊,它存在 Tl(Ⅰ)氧化物 Tl_2O,可以通过在 N_2 中加热 Tl_2CO_3 而得到,Tl_2O 与水反应生成 $Tl(OH)$,$Tl(OH)$ 易溶于水,在水中的碱性类似于 KOH。Ti(Ⅲ)形成 Tl_2O_3,没有相应的氢氧化物,Tl_2O_3 不溶于水,在酸中分解。

20.3.4* 其他化合物

1. 含氮化合物

BN 与 C_2 为等电子体,它非常坚固,升华温度为 2603 K,化学性质显惰性,常用作陶瓷材料(如坩埚)。制备方法有:硼砂和 NH_4Cl、B_2O_3 和 NH_3 或 $B(OH)_3$ 和 NH_4Cl 在高温下进行反应。高纯度的 BN 可以通过 NH_3 和 BF_3 或 BCl_3 反应而获得,普通的 BN 为有序的六边形构成的层状结构(图 13.22),与石墨相同,其中 B 和 N 交替排列,同层的 B—N 间距离要远小于层间的 B—N 距离。

层状的 BN 在温度为 2000 K、压力大于 $5×10^3$ kPa 和催化剂 Li_3N 或 Mg_3N_2 存在下,可以转化为立方 BN。

一类新型的硼的氮化物为 $M_xB_yN_z$,如 BN 在高温下与 Li_3N 或 Mg_3N_2 反应可以得到 Li_3BN_2、Na_3BN_2 和 Mg_3BN_3。例如

$$2Na + NaN_3 + BN \xrightarrow[4GPa]{1300\ K} Na_3BN_2 + N_2$$

Li_3BN_2、Na_3BN_2 和 Mg_3BN_3 的结构测定表明存在 $[BN_2]^{3-}$:

$$N^- = B^- = N^-$$

Al 也能形成一系列的氮化物 Al_xN_y。

$$nM[AlH_4] + nR'NH_2 = (HAlNR')_n + nMH + 2nH_2 \quad (M=Li、Na)$$
$$nAlR_3 + nR'NH_2 = (RAlNR')_n + 2nRH$$

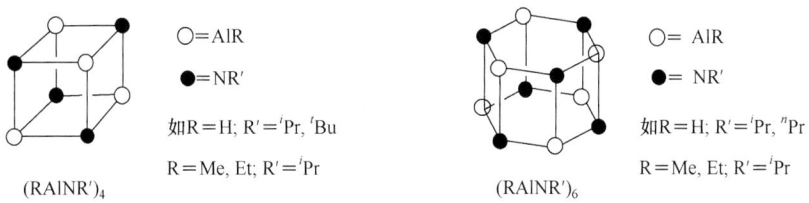

2. 金属硼化物

由于 B 主要显非金属性,因此存在着一些金属硼化物。固态金属硼化物非常坚硬,没有挥发性,具有高熔点及化学惰性,在工业上作为重要的耐火材料、锥形火箭和涡轮机叶片。

其制备方法可以通过在高温下单质直接合成或者由金属氧化物制得。

固态金属硼酸盐的分类见表 20.2。

表 20.2　固态金属硼酸盐的分类

结构单元	结构	举例
独立的 B 原子		Ni_3B、Mn_4B、Pd_5B_2、Ru_7B_3
成对的 B 原子	B—B	Cr_5B_3
链式	(B链)	V_3B_4、Cr_3B_4、HfB、CrB、FeB
双链式	(B双链)	Ta_3B_4
层状	(B层)	MgB_2、TiB_2、CrB_2、Ti_2B_5、W_2B_5
八面体连接	(B八面体)	Li_2B_6、CaB_6、LaB_6
B_{12} 多面体	图 20.2	ZrB_{12}、UB_{12}

3. 配位化合物

硼族元素也存在一些配位化合物,其中八面体构型的配位化合物最为常见,如 $[M(acac)_3]$($M=Al$、Ga、In)、$[M(ox)_3]^{3-}$($M=Al$、Ga、In)及 $[Ga(N_3)_3(Py)_3]$,图 20.15 是 $[Al(ox)_3]^{3-}$ 的晶体结构(删去 H)。

Al^{3+} 可以和八羟基喹啉形成八面体配位化合物并进入有机相被萃取,这为 Al 的重量分析提供了一个有效方法。图 20.16 所示的配体可以与 $Ga(Ⅲ)$ 和 $In(Ⅲ)$ 形成很稳定的配位化合物($\lg K \geqslant 20$),它是通过三个 N 原子与一个 $Ga(Ⅲ)$ 或 $In(Ⅲ)$ 配位而成。

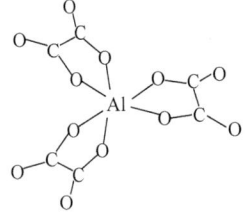
图 20.15　$[Al(ox)_3]^{3-}$ 的晶体结构

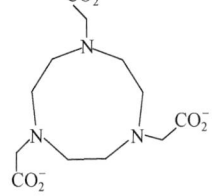
图 20.16　$[(CH_2)_2NCH_2COO]_3^{3-}$ 的结构

20.3.5　应用

最具商业用途的硼酸盐是硼砂,硼砂用作陶器釉已有很长的历史了,在现在的陶瓷工业中依然使用;熔融的硼砂和金属氧化物之间的反应是在铜焊中使用硼砂作为熔剂的基础,当金属熔化在一起时,金属氧化物涂层必须被除去以确保在融合点处金属和金属间很好的接触;硼酸作为阻燃剂、缓冲溶液的组成部分、抗细菌因子被大规模地用于玻璃制作。B_2O_3 也用于玻璃制作,B 单质用于核反应堆中的耐冲击塑胶钢和控制棒,无定形 B 燃烧时火焰呈绿色,可用于烟花制作。硼硅酸盐具有很高的折射率适于制作光学镜片。

铝的氧化物也有多种用途，α-Al_2O_3 非常坚硬，与金刚砂一起常用作磨蚀剂，Al_2O_3 中存在痕量的金属盐就构成了宝石系列，如红宝石、蓝宝石、东方黄宝石、东方紫晶和东方祖母绿等，含有 Cr(Ⅲ)的 Al_2O_3 就是红宝石，在熔炉中可以从铝矾土获得大量的人造晶体，人造红宝石是激光器的重要组成器件。γ-Al_2O_3 晶体可作为色谱法中的固定相。

Ga 和 In 的磷化物、砷化物和锑化物作为晶体管材料和发光二极管(LED)在半导体工业中得到广泛应用(如袖珍计算器)，尤其在 LED 方面更是呈现逐年上升的趋势。In 的最大用处为薄膜涂层，如液晶显示屏和电致发光灯，此外还用于无铅焊料和半导体，以及玻璃、陶瓷和金属间的密封胶。

含 Tl 的化合物具有高毒性，Tl 的硫酸盐用于杀死蚂蚁和老鼠，误食少量可使毛发脱落。因此所有含 Tl 的物质使用时必须格外小心，Tl 的常量远小于 Ga 和 In，在硒整流器中 Tl 也用作半导体材料。

小 结

硼在化学性质上主要表现为非金属性，但在晶态时呈现某些金属性，因此，人们常将它列为半金属或准金属元素。硼的化学活性与纯度、粉细度和反应条件有密切关系，高纯晶态硼是相当稳定的，而一般纯度的粉状无定形硼则比较活泼，高纯硼即使很细也比较稳定，但在高温或强氧化剂作用下还是相当活泼的。在硼的化学性质中比较特殊的是缺电子性，能形成大量的缺电子簇化合物，如硼烷。传统价键理论无法解释硼烷的成键，由此建立了特殊的硼化学键理论。Al 是金属，但 Al 和 B 在化学性质上有许多相似性，而 Ga、In 和 Tl 都呈现典型的金属性，且金属性越来越强。硼族元素的特征氧化态为+Ⅲ，但除了 B 以外，其他元素还有+Ⅰ氧化态，而且对于 Tl 来说，+Ⅰ是比+Ⅲ更为稳定的氧化态。Tl 与硼族以外的其他元素如 Ag、Hg 和 Pb 有更多的相似性。

思考与研讨

20.1 按顺序写出硼族元素的名称和符号，按金属性和非金属性对硼族元素进行分类，写出每个元素的基态电子构型。

20.2 解释在形成二聚体过程中，每个 BH_3 分子是如何既作为 Lewis 酸又作为 Lewis 碱的？

20.3 已知由气态离子生成晶态 TlF_3 和 TlF 的焓变分别为 $-845 \text{ kJ} \cdot \text{mol}^{-1}$ 和 $-5493 \text{ kJ} \cdot \text{mol}^{-1}$，通过查表计算反应 $TlF(s)+F_2(g) \longrightarrow TlF_3(s)$ 的焓变。

20.4 通过具体实例讨论硼烷的几种成键方式。

20.5 简述硼和铝的提炼过程。

20.6 什么是硼砂珠实验？举例说明。

20.7 铝的氧化物有几种存在形式？各有何性质和用途？

20.8 铊与硼族其他元素有何不同？为什么？举例说明。

20.9 判断下列反应能否实现，写出有关的反应方程式。

(1) 硼酸与氨水发生酸碱中和反应。

(2) $TlCl_3$ 与 Na_2S 反应生成 Tl_2S_3。

(3) $Al(NO_3)_3$ 与 Na_2CO_3 反应生成 $Al_2(CO_3)_3$ 沉淀。

20.10 什么是缺电子原子？什么是缺电子化合物？举例说明本章有哪些重要的缺电子化合物。

20.11 硼砂有哪些重要的应用？说明四硼酸根离子中硼原子轨道的杂化方式。

习 题

20.1 完成下列反应方程式。
(1) $BCl_3 + EtOH \longrightarrow$
(2) $BF_3 + EtOH \longrightarrow$
(3) $BCl_3 + PhNH_2 \longrightarrow$
(4) $BF_3 + KF \longrightarrow$

20.2 描述 Ga_2H_6 和 Ga_2Cl_6 中的成键情况,它们两者中哪一个具有如图所示的结构?

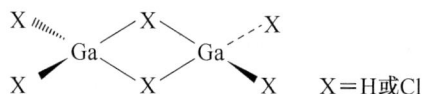

X=H或Cl

20.3 对于反应:
$$2Al + Fe_2O_3 \longrightarrow Al_2O_3 + 2Fe$$
若已知 298 K 时的 $\Delta_f H_m^\ominus(Al_2O_3) = -1675.7 \text{ kJ} \cdot \text{mol}^{-1}$,$\Delta_f H_m^\ominus(Fe_2O_3) = -824.2 \text{ kJ} \cdot \text{mol}^{-1}$,求 $\Delta_r H_m^\ominus$,并说明其与 $\Delta_{fus} H_m^\ominus(Fe, s) = 13.8 \text{ kJ} \cdot \text{mol}^{-1}$ 有何相关性。

20.4 解释下列现象。
(1) 为什么 $Na[BH_4]$ 水解速率要远小于 $Na[AlH_4]$?
(2) B_2H_6 在水蒸气中的水解速率方程为 $v \propto [p(B_2H_6)]^{1/2} p(H_2O)$。

20.5 写出下列过程的反应方程式。
(1) 金属 Mg 还原硼的氧化物。
(2) 热氢氧化钠溶液加入 Al_2O_3 和 Fe_2O_3 的混合物中。
(3) $Na[Al(OH)_4]$ 还原 CO_2。

20.6 为什么 BX_3 能够以单分子的形式存在,而 BH_3 只能以二聚体的形式存在?

20.7 解释下列现象。
(1) AlF_3 几乎不溶于无水 HF,但有 KF 存在时则可以发生溶解,溶液中若加入 BF_3,则会引起 AlF_3 沉淀。
(2) 将 TlI_3 用 NaOH 水溶液处理会生成水合 Tl_2O_3 沉淀。

20.8 解释下列实验现象。
(1) 硼酸与硫酸混合物中加入乙醇后点燃,观察到绿色火焰。
(2) 硼砂与 CuO 共熔得到蓝色产物,与 NiO 共熔得到绿色产物。

20.9 冰晶石被认为具有与钙钛矿相近的晶格结构,解释对于化学计量并不一致的这两个化合物是如何成为可能的。

20.10 解释下列事实。
(1) $GaCl_2$ 是反磁性物质。
(2) BF_3 的酸性比 H_3BO_3 强。
(3) BF_3 中 B—F 键的键能为 646 kJ·mol^{-1},而在 NF_3 中 N—F 键的键能为 280 kJ·mol^{-1}。
(4) BF_3 和 AlF_3 的熔点相差约 1200 K,而 CF_4 和 SiF_4 的熔点相差仅 100 K。
(5) Tl^{3+} 具有强氧化性。

20.11 B_2H_6 的水解反应方程式为
$$B_2H_6(g) + 6H_2O(l) \Longrightarrow 2H_3BO_3(s) + 6H_2(g)$$
试通过 $\Delta_r G_m^\ominus$ 计算室温下该反应的平衡常数,并从结构的变化对计算结果予以说明。

20.12 铝矾土矿中常含有氧化铁杂质。将铝矾土和氢氧化钠共熔,生成一种产物为 $Na[Al(OH)_4]$,用水溶解后过滤,向滤液中通入二氧化碳后生成沉淀,再次过滤后将沉淀灼烧,就可得到较纯的产物氧化铝。

写出相关的反应方程式。

20.13 以硼砂为原料如何制取下列物质？写出有关反应方程式。

(1) B (2) B_2O_3 (3) H_3BO_3

20.14 某气态硼氢化合物在 25 ℃和 50.66 kPa 时的密度为 0.57 g·dm^{-3}。求此化合物的摩尔质量，并推测其化学式。

20.15 Ga 的电势图(pH=0)如下：

$$Ga^{3+} \xrightarrow{-0.75\ V} Ga^+ \xrightarrow{\varphi^{\ominus}} Ga$$
$$\underline{\qquad\qquad -0.55\ V \qquad\qquad}$$

计算 $\varphi^{\ominus}(Ga^+/Ga)$。

第 21 章 s 区元素与 ds 区元素

人类很早就知道要吃食盐,石灰也是人类活动中很早使用的物质,钙是骨骼的基石,但人为什么吃钠盐而不吃钙盐?青铜器时代人们就开始冶炼和使用铜。s 区元素和 ds 区元素留下了许多"之最":身体中含有最多的两种金属元素是钠和钙,s 区金属是最软也是最活泼的金属,熔点最低、唯一的液态金属是汞,导电、导热最好的金属单质是银和铜,延展性最好的是金,能世界流通的最好的硬货币也是金。此外,s 区元素和 ds 区元素还有许多不同寻常的化学性质。

21.1 s 区 元 素

s 区元素包括周期表中的ⅠA 和ⅡA 族。ⅠA 族包括锂、钠、钾、铷、铯和钫 6 种元素。由于钠和钾的氢氧化物是易溶于水的强碱,故ⅠA 族元素有碱金属之称。ⅡA 族包括铍、镁、钙、锶、钡和镭 6 种元素。由于钙、锶和钡等的氧化物在性质上介于"碱性的"碱金属氧化物和"土性的"难溶的氧化物 Al_2O_3 等之间,故称为碱土金属。现在习惯上把铍和镁也包括在碱土金属之中。钫和镭属放射性元素。

21.1.1 s 区元素的通性

s 区元素的基本性质列在表 21.1 中。碱金属和碱土金属元素原子的次外层为 8 电子(Li、Be 为 2 电子)的稳定结构,对核电荷的屏蔽作用较大,所以元素的第一电离能在同一周期中为最低。在反应中,碱金属和碱土金属极易分别失去 1 个和 2 个电子而呈＋1 和＋2 特征氧化态。碱金属是活泼性很强的金属元素,其原子半径和离子半径在同周期元素中是最大的。与同周期碱金属元素相比,碱土金属由于多了一个核电荷,原子核对最外层电子的吸引力增加,金属半径减小,而电离能增大。同一族内,从上到下,碱金属和碱土金属元素的原子半径和离子半径依次增大,电离能和电负性依次减小。

常见的 s 区元素的化合物以离子型为主。由于 Li^+、Be^{2+} 的半径远小于同族其他阳离子,电离能相对地高于同族其他元素,故 Li、Be 的化合物具有一定程度的共价性。所以在 s 区金属元素中,锂和铍常表现出与同族元素不同的化学性质。

表 21.1 s 区元素的基本性质

性质	锂	钠	钾	铷	铯	铍	镁	钙	锶	钡
离子半径/pm	60	95	133	148	169	31	65	99	113	135
I_1/(kJ·mol^{-1})	520	496	419	403	376	900	738	590	550	503
I_2/(kJ·mol^{-1})	7298	4562	3051	2633	2230	1757	1451	1145	1064	965
密度/(g·cm^{-3})	0.534	0.971	0.86	1.532	1.873	1.85	1.74	1.55	2.54	3.5
熔点/K	453.69	370.96	336.8	312.04	301.55	1551	922	1112	1042	993
沸点/K	1620	1156	1047	961	951.5	3243	1363	1757	1657	1913
硬度(金刚石=10)	0.6	0.4	0.5	0.3	0.2		2.0	1.5	1.8	

锂的重要矿物为锂辉石($LiAlSi_2O_6$),锂也经常取代镁存在于镁铁矿里。锂在地壳中的丰度为 $2.0\times10^{-3}\%$。锂由瑞典人阿尔费德森(J. A. Arfvedson)于 1817 年在斯德哥尔摩发现。锂可用来制造低密度合金和锂电池,Li_2CO_3 可作为药物治疗狂躁型抑郁症,有机锂化合物是有机合成的重要试剂。

海水中氯化钠的含量约为 1.05%。钠的矿物主要有钠长石($NaAlSi_3O_8$)、岩盐($NaCl$)、硝石($NaNO_3$)等。钠在地壳中的丰度为 2.3%。

钾的矿物主要有光卤石($KCl\cdot MgCl_2\cdot 6H_2O$)、天然氯化钾、钾长石($KAlSi_3O_8$)等。钾在地壳中的丰度为 2.1%。钾是植物生长的必需元素,钾盐大部分用来作肥料。KNO_3 和 $KClO_3$ 用于生产炸药。钠和钾由英国人戴维(H. Davy)于 1807 年在伦敦分别用电解熔融的氢氧化钠和氢氧化钾的方法分离出来。

铷在地壳中的丰度为 $9.0\times10^{-3}\%$,与其他矿物共生,如在生产锂的某些副产物中含有铷。铯的主要存在形式为铯榴石$(Cs,Na)_4Al_4Si_9O_{26}\cdot H_2O$,生产锂的副产物也是铯的主要来源。铯在地壳中的丰度为 $3.0\times10^{-4}\%$。铷由德国的本生(R. Bunsen)和基尔霍夫(G. R. Kirchhoff)于 1861 年在德国的海德堡大学发现,在此之前一年他们发现了铯。这两种元素都是借助他们发明的原子光谱技术发现的。金属铯主要用于制作光电管的阴极。

钫为放射性元素。钫是由法国人佩雷(M. Perey)于 1939 年在巴黎发现,元素钫 francium 是以她的祖国"France"而命名的。

铍由法国人沃克兰(N. L. Vauquelin)于 1798 年发现,其最重要矿物是绿柱石($Be_3Al_2Si_6O_{18}$),若其中含有 2% 的 Cr 即为祖母绿——一种极名贵的宝石。

1808 年 Davy 分离出了单质镁、钙、钡。镁在地壳中的丰度为 2.3%。镁的矿物极其丰富,如白云石($MgCO_3\cdot CaCO_3$)、菱镁矿($MgCO_3$)、泻盐($MgSO_4\cdot 7H_2O$)以及光卤石($KCl\cdot MgCl_2\cdot 6H_2O$)等。镁主要用作轻质合金,镁合金在航天器材、汽车发动机、光学设备的生产制造等方面都有重要应用;有机镁是有机合成的重要试剂。

钙在地壳中的丰度为 4.1%。钙的重要矿物有方解石($CaCO_3$)、石膏($CaSO_4\cdot 2H_2O$)、萤石(CaF_2)、磷灰石$[Ca_5(PO_4)_3F]$,珊瑚、贝壳和珍珠的主要成分也是 $CaCO_3$。

锶由爱尔兰人克劳福德(A. Crawford)于 1790 年发现,1808 年由 Davy 分离出来。锶在地壳中的丰度为 $3.7\times10^{-2}\%$,其最重要的矿物是天青石($SrSO_4$)和菱锶矿($SrCO_3$)。

钡在地壳中的丰度为 $5.0\times10^{-2}\%$。钡的重要矿物有重晶石($BaSO_4$)和毒重石($BaCO_3$)。

镭是放射性元素,丰度极低,与铀共生且含量也极低,居里夫妇于 1898 年经过处理若干吨沥青铀矿分离出极少量氯化镭,处理 10 t 矿石只能获得 1 mg 镭。

21.1.2 s 区元素的单质

1. 物理性质和化学性质

1) 物理性质

受光照时,金属铯表面电子获得能量可从表面逸出。利用这种特性,铯被用来制造光电管中的阴极。例如铯光管制成的自动报警装置,可报告远处火警;制成的天文仪器可根据由星光转变的电流大小测出太空中星体的亮度,推算出星体与地球的距离。碱金属在常温下能形成液态合金,如钾钠合金(77.2% 的钾和 22.8% 的钠)因其具有较高的比热容而作为核反应堆的冷却剂;钠汞齐具有缓和的还原性,常在有机合成中用作还原剂。

碱土金属有两个价电子,原子半径比同周期的碱金属小,所形成的金属键显然比碱金属强很多。因而它们的熔沸点、密度和强度都比碱金属高(表 21.1)。

2) 化学性质

碱金属和碱土金属是很活泼的金属元素,它们能直接或间接地与电负性较高的非金属元素,如卤素、硫、氧、磷、氮和氢等形成相应的化合物。除了锂、铍和镁的某些化合物具有较明显的共价性质外,其余化合物一般具有离子键的性质。

这两族元素中,除铍和镁由于表面形成致密的保护膜而对水稳定外,其余都容易与水反应,这些反应放热很多,因此钠同水猛烈作用,钾、铷、铯遇水就发生燃烧,量大时甚至发生爆炸。锂、钙、锶和钡与水反应就比较缓慢,一方面这几种金属熔点稍高,不像钠、钾、铷和铯反应中熔化成液体导致反应加剧;另一方面这几种金属的氢氧化物溶解度稍小,覆盖在金属固体表面,缓和了金属与水的反应。

由于碱金属和一些碱土金属单质都与水激烈反应,所以它们不能在水溶液中作还原剂使用。利用碱金属和碱土金属单质的强还原性,可以在非水溶液或熔融条件下制备稀有金属或贵金属。例如

$$NbCl_5 + 5Na = Nb + 5NaCl$$
$$ZrO_2 + 2Ca = Zr + 2CaO$$
$$TiCl_4 + 2Mg = Ti + 2MgCl_2$$

碱金属及钙、锶、钡均可溶于液氨中生成蓝色的导电溶液。在溶液中含有金属离子和溶剂化的自由电子。这种溶剂化电子非常活泼,具有极强的还原能力,所以金属的氨溶液是一种能够在低温下使用的非常强的还原剂。

$$Na + 2NH_3 = Na^+(NH_3) + e^-(NH_3)$$

由于其中有溶剂化电子的存在,该溶液有很好的导电性,且呈顺磁性。

碱金属、碱土金属及其化合物置于高温火焰中,可以使火焰呈现出特征的颜色,这种现象称为焰色反应。这些物质在高温火焰中原子化,金属原子的电子受高温火焰的激发而跃迁到高能级轨道上,当电子从高能级轨道返回到低能级轨道时,就会依据两轨道间的能级差大小发射出对应的一定波长的光,从而使火焰呈现出特征的颜色。钾、锶、钡的硝酸盐分别与 $KClO_3$、硫磺粉以及镁粉、松香等按一定的比例混合,广泛应用于制作信号弹和烟花。

2. 制备

碱金属和碱土金属强的活泼性决定了其单质不可能用湿法制备。工业上锂和钠常用电解熔融氯化物的方法生产,铍、镁、钙、锶、钡也都可以通过电解其熔融氯化物得到。电解熔融 $BeCl_2$ 时加入 $CaCl_2$ 或碱金属氯化物可增加熔盐的导电性。

钾、铷、铯则采用金属热还原制备。工业上不采用电解的方法来制备金属钾,是因为金属钾极易溶于熔融的氯化物中,难以分离,而且金属钾的熔沸点低,蒸气易从电解槽中逸出。工业上多采用热还原法制备金属钾,在 850 ℃用金属钠还原氯化钾:

$$Na(l) + KCl(l) \xrightarrow{850\ ℃} NaCl(l) + K(g)\uparrow$$

金属钠、钾的沸点分别为 882.9 ℃和 760 ℃。在 850 ℃,金属钾以气体形式存在,而金属钠则仍为液体,反应生成的钾蒸气迅速逸出,使反应得以不断向右进行。钾蒸气冷凝得到金属钾,经进一步分离提纯后纯度可达 99.99%。

金属铍可以在 1300 ℃时用金属镁还原 BeF_2 得到,金属镁可以在高温下用碳还原 MgO 制得,而铷和铯则可在 750 ℃时用金属钾还原 RbCl 和 CsCl 来制备。

21.1.3　s 区元素的化合物

1. 氧化物

碱金属同氧所形成的二元化合物,有普通氧化物 M_2O,过氧化物 M_2O_2,超氧化物 MO_2 和臭氧化物 MO_3。

1) 普通氧化物

当碱金属在空气中燃烧时,只有锂的主要产物是 Li_2O,而钠、钾、铷和铯的主要产物分别是 Na_2O_2、KO_2、RbO_2 和 CsO_2。尽管在缺氧的条件下也可以制得除锂之外的其他碱金属的普通氧化物,但这种条件不易控制,因此一般是用碱金属还原其过氧化物、硝酸盐或亚硝酸盐来制备氧化物：

$$Na_2O_2 + 2Na == 2Na_2O$$
$$2KNO_3 + 10K == 6K_2O + N_2$$

碱土金属同氧化合一般形成氧化物,但生产上是通过碳酸盐、氢氧化物、硝酸盐或硫酸盐的热分解来制取。

经过煅烧的 BeO 和 MgO 难溶于水,它们的熔点很高,都是很好的耐火材料。经特定过程生产的轻质氧化镁粉末是一种很好的补强材料,常用作橡胶、塑料、纸张的填料。

2) 过氧化物

除铍外,所有 s 区元素都能形成含有 O_2^{2-} 的过氧化物,其中过氧化钠的实用意义最大。

工业上制备过氧化钠的方法是将一定量的除去 CO_2 的干燥空气通入熔融钠中,保持温度在 453～473 K,即可得 Na_2O,然后增加空气流量并迅速提高温度至 573～673 K,即可制得 Na_2O_2：

$$4Na + O_2 \xrightarrow{453\sim473\ K} 2Na_2O$$
$$2Na_2O + O_2 \xrightarrow{573\sim673\ K} 2Na_2O_2$$

过氧化钠粉末呈黄色,易吸潮,与水或稀酸作用,生成过氧化氢：

$$Na_2O_2 + 2H_2O == H_2O_2 + 2NaOH$$
$$Na_2O_2 + H_2SO_4 == H_2O_2 + Na_2SO_4$$

所生成的过氧化氢立即分解出氧气,故过氧化钠被广泛地用作氧气发生剂和漂白剂。在潮湿的空气中,过氧化钠能吸收 CO_2 并放出 O_2：

$$2Na_2O_2 + 2CO_2 == 2Na_2CO_3 + O_2$$

因此,它可用作高空飞行或潜水时的供氧剂。

过氧化钠是一种强氧化剂,能强烈地氧化一些金属。例如,熔融的过氧化钠能把 Fe_2O_3 氧化为高铁酸盐 Na_2FeO_4；与一些不溶于酸的矿石共熔可使矿石氧化分解；甚至在常温下能把所有的有机物转化成碳酸盐。但当遇到像 $KMnO_4$ 这样的强氧化剂时,过氧化钠才显还原性(酸性溶液中)。

3) 超氧化物和臭氧化物

超氧化物中含超氧离子 O_2^-,它比 O_2 多一个电子,氧氧之间除形成一个 σ 键外,还有一个三电子 π 键,键级为 1.5。由于有单电子,O_2^- 具有顺磁性。只有半径大的正离子的超氧化物稳定，如 KO_2、RbO_2、CsO_2、$Sr(O_2)_2$、$Ba(O_2)_2$ 都比较稳定，而 NaO_2 稳定性较差。

钾、铷、铯在过量的氧气中燃烧均能生成黄色的超氧化物，在 723 K 和 15 MPa 的条件下，Na 与 O_2 反应能制得纯净的黄色的 NaO_2。

超氧化物是很强的氧化剂，与水或其他质子溶剂发生剧烈反应产生氧气和过氧化氢。例如

$$2KO_2 + 2H_2O = O_2\uparrow + H_2O_2 + 2KOH$$

超氧化物在高温下分解为氧化物和氧气，与 CO_2 反应也放出氧气：

$$4KO_2 = 2K_2O + 3O_2\uparrow$$

$$4KO_2 + 2CO_2 = 2K_2CO_3 + 3O_2$$

所以超氧化物的一个重要用途就是作氧气源。

干燥的钠、钾、铷、铯的固体氢氧化物与臭氧反应，均生成臭氧化物。例如

$$6KOH + 4O_3 = 4KO_3 + 2KOH \cdot H_2O + O_2$$

产物在液氨中重结晶，可以得到橘红色臭氧化钾晶体。KO_3 不稳定，缓慢分解为 KO_2 和 O_2，遇水剧烈反应，也放出 O_2：

$$2KO_3 = 2KO_2 + O_2\uparrow$$

$$4KO_3 + 2H_2O = 4KOH + 5O_2\uparrow$$

2. 氢氧化物

除 BeO、MgO 难溶于水外，其他碱金属和碱土金属的氧化物溶于水都能得到相应的氢氧化物水溶液。工业上生产氢氧化钠主要通过电解饱和食盐水实现。碱金属和碱土金属氢氧化物的主要性质如下。

颜色：碱金属和碱土金属的氢氧化物均为白色固体。

水溶性：$Be(OH)_2$、$Mg(OH)_2$ 难溶，余者易溶。易吸水，常用作干燥剂。

酸碱性：$Be(OH)_2$ 两性，LiOH、$Mg(OH)_2$ 中强碱，其余为强碱。在元素周期表中自上而下碱性增强。

$$Be(OH)_2 + 2OH^- = Be(OH)_4^{2-}$$

碱金属氢氧化物都具有腐蚀性，NaOH、KOH 俗称苛性碱，对皮肤、玻璃、金属、陶瓷有腐蚀性。

$Ca(OH)_2$ 价格低廉，来源充足，并有较强碱性，工业上常用来调节溶液的 pH 或沉淀分离某些物质。由于 $Ca(OH)_2$ 溶解度小，故在工业上往往是使用它的悬浮液，即石灰乳。

3. 盐类

1) 盐的溶解性

锂的强酸盐易溶于水，一些弱酸盐在水中的溶解度较差，如 LiF、Li_2CO_3 和 Li_3PO_4 等。

其他碱金属的难溶盐较少，钠的难溶盐有锑酸钠[$NaSb(OH)_6$]、乙酸铀酰锌钠[$NaZn(UO_2)_3(CH_3COO)_9 \cdot 6H_2O$]；钾、铷和铯的难溶盐有钴亚硝酸盐[$M_3Co(NO_2)_6$]、四苯硼化物[$MB(C_6H_5)_4$]、高氯酸盐（$MClO_4$）及氯铂酸盐（$M_2PtCl_6$）。其中铷和铯的盐类比相应的钾盐还要难溶。

碱土金属盐都是离子化合物。碱土金属与负一价离子形成的盐一般易溶于水，如卤化物（除 F^- 外）、硝酸盐、氯酸盐、乙酸盐、酸式碳酸盐、酸式乙二酸盐、磷酸二氢盐等。其原因主要是电荷低时离子键的静电引力较小，晶格能较小。

碱土金属与负电荷高的负离子形成的盐的溶解度一般都较小,如碱土金属碳酸盐、磷酸盐和乙二酸盐都难溶于水。$BeSO_4$ 和 $MgSO_4$ 易溶于水,$CaSO_4$、$SrSO_4$、$BaSO_4$ 难溶于水;$BeCrO_4$ 和 $MgCrO_4$ 易溶于水,$CaCrO_4$、$SrCrO_4$、$BaCrO_4$ 难溶于水。这是由于复杂负离子的半径大,只有与半径大的正离子结合时,才可避免晶体中的负离子之间直接接触,减小负离子之间的斥力,以保证晶格能较大。因而半径大的正离子与复杂负离子形成的盐一般溶解度较小;同样,半径小的负离子可以与半径小的正离子结合,形成溶解度较小的盐。

盐类溶解过程,一般来说包括晶格的破坏和离子的水合两步,因此晶格能是影响溶解度的重要因素,离子水合倾向的大小也是影响溶解度的重要因素。离子电荷越高,半径越小,水合时放热越多,越有利于溶解。

2) 盐的结晶水与复盐

正离子电荷越高,半径越小,对水分子的引力越大,形成结晶水合盐类的倾向越大。

碱金属盐中,卤化物一般不带结晶水;硝酸盐中,只有硝酸锂带结晶水($LiNO_3 \cdot H_2O$、$LiNO_3 \cdot 3H_2O$);带结晶水的硫酸盐只有 $Li_2SO_4 \cdot H_2O$ 和 $Na_2SO_4 \cdot 10H_2O$;碳酸盐中,除了 Li_2CO_3 外,其他的碱金属盐都带有结晶水,常见的有 $Na_2CO_3 \cdot H_2O$、$Na_2CO_3 \cdot 7H_2O$、$Na_2CO_3 \cdot 10H_2O$、$K_2CO_3 \cdot H_2O$、$K_2CO_3 \cdot 5H_2O$ 等。

实验室中常使用钾盐而不使用钠盐,一般都与钾盐不易吸水潮解有关,如 KI、$KMnO_4$、$KClO_3$、$K_2Cr_2O_7$ 等都是实验室常用试剂,配制炸药使用 KNO_3 和 $KClO_3$,而不使用 $NaNO_3$ 和 $NaClO_3$。但钾盐的价格一般比钠盐高。

碱土金属盐带结晶水的趋势更大,例如,常见水合盐 $MgCl_2 \cdot 6H_2O$、$CaCl_2 \cdot 6H_2O$、$MgSO_4 \cdot 7H_2O$、$CaSO_4 \cdot 2H_2O$、$BaCl_2 \cdot 2H_2O$。碱土金属的无水盐有吸潮性,无水 $CaCl_2$ 是重要的干燥剂;$Na_2SO_4 \cdot 10H_2O$ 熔化热较大,受热溶于其结晶水,冷却结晶时放出较多热量,可以作储热材料。

除锂外,碱金属和碱土金属离子能形成一系列复盐,复盐的溶解度一般比简单盐小。这些复盐主要类型有:

$MCl \cdot MgCl_2 \cdot 6H_2O$(M=K、Rb、Cs),如光卤石($KCl \cdot MgCl_2 \cdot 6H_2O$)。

$M_2SO_4 \cdot MgCl_2 \cdot 6H_2O$(M=K、Rb、Cs),如软钾镁矾($K_2SO_4 \cdot MgCl_2 \cdot 6H_2O$)。

$M_2^I SO_4 \cdot M_2^{III}(SO_4)_3 \cdot 24H_2O$ [M^I = Na, K、Rb、Cs,M^{III} = Al、Fe、Cr 等],如明矾 [$K_2SO_4 \cdot Al_2(SO_4)_3 \cdot 24H_2O$]、铬钾矾 [$K_2SO_4 \cdot Cr_2(SO_4)_3 \cdot 24H_2O$]。

21.1.4 锂、铍的特性及对角线规律

锂、铍化合物分别和同族其他元素化合物在性质上有明显的差别。锂、铍的特殊性主要是由于离子半径小和2电子的电子层结构。锂和镁、铍和铝的性质有明显的相似性——对角线规则(diagonal rule)。

1. 锂、铍的某些特殊性

碱金属的标准电极电势与其电离能的变化趋势不同,从钠到铯随着金属性的增强,电极电势代数值应该减小,而锂的电极电势代数值是最小的,这是 Li^+ 的半径较小,在水溶液中容易同水分子作用,水合能较高的缘故。锂的电极电位虽然最小,但是在水中的活泼性远不如其余的碱金属,这是因为 Li^+ 的半径小,反应生成难溶的 LiOH 覆盖在金属表面上,影响了锂的反应速率。

锂、铍的熔点、硬度分别高于同族其他金属,导电性相对较弱。

当LiOH升温至红热时分解为Li_2O和H_2O,而ⅠA族其他MOH不分解;LiH加热到900 ℃还很稳定,而NaH于350 ℃就明显分解;Li^+水合能大,所以它的电极电势小。

与ⅡA族金属化合物相比,铍化合物分解温度低,易水解,某些化合物具有共价性。

2. 锂和镁的相似性

(1) 锂和镁在过量氧气中燃烧时,不生成过氧化物。

(2) 锂和镁的氢氧化物都为中强碱,而且在水中的溶解度都不大。

(3) 锂和镁的氟化物、碳酸盐、磷酸盐等均难溶于水。

(4) 锂和镁的氯化物都能溶于有机溶剂(如乙醇)中。水合锂和镁的氯化物晶体受热发生水解。

(5) 锂、镁直接和氮反应生成氮化物,而其他碱金属不能直接和氮作用。

$$6Li + N_2 = 2Li_3N$$
$$3Mg + N_2 = Mg_3N_2$$

(6) 锂、镁的碳酸盐在受热时,均能分解成相应的氧化物。

3. 铍和铝的相似性

(1) 铍和铝都为两性金属,它们既能溶于酸也能溶于强碱,它们的离子都具有水解倾向。

(2) 氧化铍和氧化铝都是熔点高、硬度大的氧化物。

(3) 无水氯化铍和氯化铝都是双聚体,并显示共价性,可以升华,且溶于有机溶剂。

(4) 金属铍、铝都能被冷浓硝酸钝化。

(5) 铍和铝的碳化物属于同一类型,水解后都产生甲烷。

$$Be_2C + 4H_2O = 2Be(OH)_2 + CH_4$$
$$Al_4C_3 + 12H_2O = 4Al(OH)_3 + 3CH_4$$

21.1.5 s区元素的配位性

s区元素的配合物大多数为金属阳离子(硬酸)与体积小、电负性大的配位原子(硬碱,如O、N原子)组成的配位体,通过库仑作用力形成。s区金属离子由于离子构型的特点,形成配合物在数量上比d区金属离子少得多。

ⅠA族阳离子和ⅡA族大阳离子(Ca^{2+}、Sr^{2+}、Ba^{2+})与多齿配体能形成配合物,这些阳离子与单齿配体的配位能力较弱(库仑作用力小,又缺乏明显的共价结合之故)。

1. 冠醚

20世纪60年代后期研究发现,s区金属阳离子能与冠醚(大的单环多元醚)形成特殊配合物。冠醚是由于其形状很像皇冠而得名。例如,18-冠-6即$C_{12}H_{24}O_6$,是由18个(C和O)原子组成的环,简写为18C6。冠醚的特点是既具有疏水的外部结构,又具有亲水的可以与金属离子成键的内腔。这些内腔中的配位原子与金属离子之间存在着离子-偶极之间的相互作用,如图21.1所示。

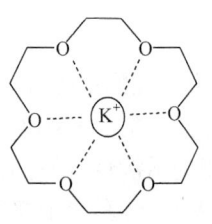

图21.1 18-冠-6的结构

不同的冠醚其空腔大小和电荷分布不同,对不同大小的球形金属离子具有配位选择性。当金属离子与冠醚大小相匹配时,显示出较强的离子键合能力。

影响冠醚配合物在溶液中稳定性的因素有:

(1) 金属离子和冠醚分子腔孔直径的相对大小。通常金属离子的直径略小于冠醚内腔的直径,金属离子恰好能进入腔孔内,使配体与金属离子间的吸引力较强,形成的配离子稳定性较高(匹配程度高)。表21.2列出了金属离子和冠醚腔孔的直径。

表 21.2 金属离子和冠醚腔孔的直径(pm)

金属离子	直径*	金属离子	直径*	金属离子	直径*	冠醚	腔孔直径
Li^+	152	Cs^+	334	Ca^{2+}	200	12C4 类	120~150
Na^+	204	Tl^+	300	Sr^{2+}	232	15C5 类	170~220
K^+	276	Ag^+	230	Ba^{2+}	270	18C6 类	260~320
Rb^+	304	Mg^{2+}	154	Pb^{2+}	238	21C7 类	340~430

* 金属离子的直径为有效离子半径×2,其配位数为6。

对半径小的 Li^+ 选择腔孔较小的12C4类冠醚与之配位最合适,半径较大的 K^+ 则选择腔孔较大的18C6类冠醚最合适。

(2) 金属离子的电荷。碱土金属离子与直径相近碱金属离子相比,由于电荷高、静电作用较强,与同一种冠醚形成的配离子稳定性要高。

(3) 其他因素的影响。溶剂的介电常数、冠醚上取代基的存在和阳离子的溶剂化作用等都在一定程度上影响冠醚配离子的稳定性。

冠醚配合物中的配位选择性也可由反应焓变体现。例如,18C6 与 K^+、Na^+、Ba^{2+} 形成配合物的 $\Delta_r H_m^{\ominus}$(kJ·mol^{-1})分别为-25.98、-9.42、-31.73。电荷高的金属离子如 Ba^{2+} 与冠醚生成的配合物较稳定,反应焓变较大(负值)。

利用各种冠醚对各种碱金属离子的选择性,可以实现碱金属离子的萃取分离。碱金属离子(如 Na^+ 和 K^+)与冠醚的配位选择性在生命体系中有重要的意义。在人体的生理现象中,Na^+ 和 K^+ 可选择性地通过细胞膜,其作用机理类似冠醚与 Na^+ 和 K^+ 之间的作用。

2. 其他配合物

铍与同族其他元素相比,由于电子构型的独特性,它与某些普通配体形成相当稳定的配合物,如[BeF_4]$^{2-}$、[$BeCl_4$]$^{2-}$、[$Be(OH)_4$]$^{2-}$、[$Be(NH_3)_4$]$^{2+}$、[$Be(CH_3)_2$]$_n$ 和碱式乙酸铍 $Be_4O(O_2CCH_3)_6$(图13.28)。碱式乙酸铍为无色可升华的分子型化合物,易溶于氯仿,并可从氯仿中重结晶。

碱土金属离子能与某些螯合剂形成螯合物。除 Be 外,都能与 EDTA 形成稳定的螯合物 [M(EDTA)]$^{2-}$(图 13.29),它们的稳定常数有一定差异($Ca^{2+} > Mg^{2+} > Sr^{2+} > Ba^{2+}$)。它们也能和多磷酸根阴离子结合生成螯合物。利用这一性质可除去硬水中的 Mg^{2+}、Ca^{2+} 而达到软化水的目的。

21.2 ds 区元素

位于ⅠB族的铜、银、金称为铜族元素;ⅡB族的锌、镉、汞称为锌族元素。铜族和锌族的电子结构特征分别为$(n-1)d^{10}ns^1$ 和 $(n-1)d^{10}ns^2$,这两族元素合在一起是周期表的 ds 区。

虽然它们仅差一个 s 电子,但性质有较大的差别。铜族与 d 区元素性质更接近一些,具有可变的氧化态;锌族则比较接近ⅡA族元素,氧化态以＋2 为主。

铜族元素和碱金属元素的最外电子层中都只有一个 s 电子,失去 s 电子后都能呈现＋1 氧化态;锌族元素和碱土金属元素的最外电子层中都有两个 s 电子,失去 s 电子后都能呈现＋2 氧化态。因此在氧化态和某些化合物的性质方面,ⅠB与ⅠA、ⅡB与ⅡA族元素有一些相似之处,但毕竟ⅠB与ⅡB族元素的次外层比ⅠA与ⅡA族元素多出了 10 个 d 电子,因此又有一些显著的差异。例如,NaCl 和 AgCl,前者易溶于水而后者难溶;MgO 和 ZnO,虽然都难溶于水,但前者显碱性而后者显两性。因此在学习副族元素时,要注意和对应的主族元素的性质相互比较,从而加深理解。

21.2.1 ds 区元素的通性

ds 区元素的基本性质列于表 21.3,图 21.2 是 ds 区元素的 $\Delta G^{\ominus}/F\text{-}Z$ 图。

1. 铜族元素的通性

铜族元素都有＋1、＋2、＋3 三种氧化态,这些氧化态的稳定性各不相同,铜最常见的是＋2,银是＋1,金是＋3,其价态和氧化还原性质可以从图 21.2 中体现出来。

表 21.3 ds 区元素的一些基本性质

性质	铜	银	金	锌	镉	汞
原子半径/pm	117	134	134	125	148	144
M^+ 离子半径/pm	96	126	137	—	—	—
M^{2+} 离子半径/pm	72	89	85(M^{3+})	74	97	110
$I_1/(\text{kJ}\cdot\text{mol}^{-1})$	746	731	890	906	868	1007
$I_2/(\text{kJ}\cdot\text{mol}^{-1})$	1958	2074	1980	1733	1631	1810
M^+ 水合热/$(\text{kJ}\cdot\text{mol}^{-1})$	−582	−485	−644	—	—	—
M^{2+} 水合热/$(\text{kJ}\cdot\text{mol}^{-1})$	−2121	—	—	−2060.6	−1824.2	−1849.7
升华热/$(\text{kJ}\cdot\text{mol}^{-1})$	331	284	385	131	112	61.9
电负性(Pauling)	1.90	1.93	2.54	1.65	1.69	2.00

从图 21.2 可以看出,在酸性溶液中,Cu^+ 和 Au^+ 均容易歧化而不够稳定。这对铜、金二元素的化学行为有重大影响。对比碱金属,铜族元素的性质可归纳为以下几点。

(1) 与同周期的碱金属相比,铜族元素的原子半径较小,第一电离能较大,这是由于铜族元素的核电荷增大,同时次外层有 18 个电子,它对核电荷的屏蔽效应小于次外层为 8 个电子的碱金属,使铜族元素的有效核电荷较大,这是对最外层 s 电子的吸引力比碱金属强所造成的,这也是铜族不如碱金属活泼的原因。铜族元素的金属性随原子序数的增加而减弱,碱金属则与此相反。

(2) 铜族元素有＋1、＋2、＋3 三种氧化态,而碱金属只有＋1 一种。由于铜族元素的 ns 电子和次外层的 $(n-1)d$ 电子能量相差不大,与其他元素化合时,不仅 ns 电子能参加成键,$(n-1)d$ 电子也依反应条件的不同,可以部分参加成键,因此表现出几种氧化态,如 Cu_2O、CuO、$KCuO_2$(铜酸钾)、AgF_2、$Ag^{Ⅰ}Ag^{Ⅲ}O_2$(通常写为 AgO)等。

(3) 铜族元素所形成的许多二元化合物,其键型具有相当程度的共价性。而碱金属的化

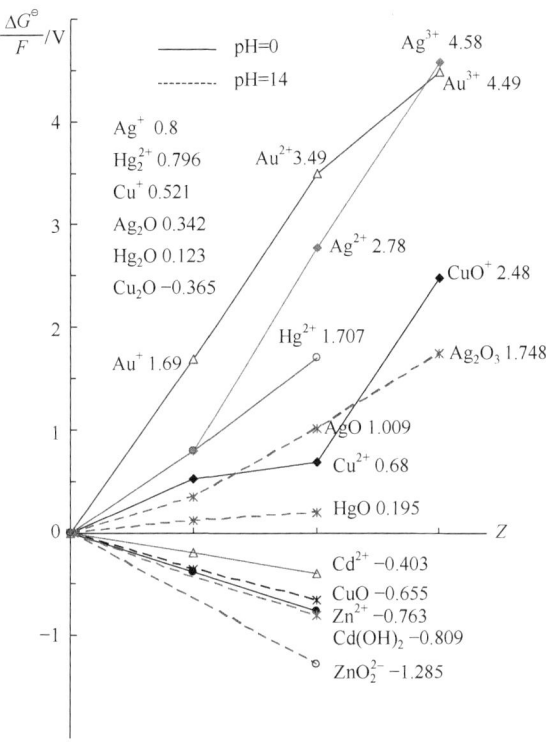

图 21.2 ds 区元素的 $\Delta G^{\ominus}/F$-Z 图

合物绝大多数都是离子化合物。这可从电负性和离子极化两方面来说明。

(4) 铜族元素一般均能形成较稳定的配合物,而碱金属元素则很难成为配合物的形成体。

2. 锌族元素的通性

锌族元素的特征氧化数都是+2,汞和镉还有氧化态为+1(Hg_2^{2+}、Cd_2^{2+})的化合物。

铜族元素的 d 轨道刚填满,结构特征为$(n-1)d^{10}ns^1$,s 电子与 d 电子的电离势之差较小,故在配位体适宜的条件下尚能失去一两个 d 电子形成+2、+3 等氧化态。它们仍能保持过渡元素的同族中从上到下高价稳定性增加的总趋势。至于锌族元素,因 d 轨道已满,从满层中失去电子更加困难,s 电子与 d 电子的电离势之差远比铜族元素大,故通常只失去 s 电子而呈+2 氧化态。关于+1 氧化态的亚汞离子 Hg_2^{2+} 的稳定存在,可能是 Hg 原子中 4f 电子对 6s 的屏蔽较小,使 Hg 的第一电离能特别高,与 Rn 的电离能($I_1=1037$ kJ·mol^{-1})相近,6s 电子较难失去,而宁愿共用,形成[—Hg∶Hg—]$^{2+}$。锌族元素的性质与典型过渡元素有较大差别,而与第四、五、六周期 p 区元素较接近,如氧化数主要为+2,离子无色,金属键较弱,而硬度、熔点较低等。锌族元素很好地衔接了过渡元素与主族元素之间性质的递变规律。

从图 21.2 可知,锌和镉能从稀酸(锌还能从稀碱)溶液中置换出氢气,汞的活泼性则远较锌、镉差。

与碱土金属和铜族元素相比,锌族元素性质可归纳如下:

(1) 从电极电势可以看出,锌族元素的金属性不及碱土金属但比铜族强,单质的活泼性 Zn>Cu、Cd>Ag、Hg>Au。

(2) 同族金属性依 Zn、Cd、Hg 的顺序减弱,与铜族的递变方向一致,而与碱土金属递变方向相反。

(3) 锌族的 M^{2+} 是 18 电子构型,具有较强的极化能力,本身变形性也大,因此锌族的二元化合物与铜族相似,有相当程度的共价性。

锌族元素易形成较稳定的配合物,其性质与铜族接近而与碱土金属相差较大。由于锌族元素的离子(M^{2+})d 轨道已填满,电子不能发生 d-d 跃迁,因此其配合物一般无色。

21.2.2 ds 区元素单质

1. 铜族元素单质

铜、银、金由于具有悦目的外观并能长期保持其美丽的色泽,很早就被人类用作饰物及钱币,故有货币金属(coinage metal)之称。铜和金是仅有的所有金属中呈现特殊颜色的两种金属。铜族元素的密度、熔点、沸点、硬度均比相应的碱金属高,这与 d 电子也参加成键有关。铜族元素的导电性和传热性在所有金属中都是最好的,银占首位,铜次之。由于铜族元素均是面心立方晶体,有较多的滑移面,因而有很好的延展性。例如,1 g 金能抽成长达 3 km 的金丝,或压成厚约 0.0001 mm 的金箔。

铜族元素不仅彼此间容易生成合金,和其他元素也能形成合金。其中铜合金种类很多,如黄铜(含锌 5%~45%)、青铜(含锡 5%~10%)、白铜(含镍 13%~25%,锌 13%~25%)等,由于其抗腐蚀性和便于机械加工,在工业上应用很广。

银主要用于制造照相材料、银镜、蓄电池等。银能微溶于水,水中微量银具有杀菌性就是利用银的灭菌性能(能与菌体中酶蛋白的巯基—SH 强烈结合,使酶失去活性)。银或载银抗菌剂就像一个微型电荷发生器,它不停地放出电荷,细菌一旦与其接触,机体被毁灭亡,制成抗黏附的生物材料,可阻止细菌的初期繁殖,从而控制感染的发生。例如,涂有银的缝合线对 7 种细菌均有良好的灭菌效果;在聚氨酯导管表面涂银后,可使细菌黏附数量大幅度减少。

金主要用于黄金储备、铸币、电子工业及制造首饰。据统计,有史以来人类总共生产黄金约 1×10^5 t,除 10% 左右被消耗外,余下的黄金中约 32% 为各国中央银行作为官方储备;24% 为私人或企业所拥有的金锭;33% 以饰物形式存在。早在 1993 年中国内地个人黄金消费已达 250 t,占世界黄金需求量的 15%,居世界第一位。为使金饰品变得坚硬且便宜些,通常与适量 Ag 与 Cu 熔炼成保持金黄色的合金,其中金的质量分数用"K"表示,1 K 为 4.166%。金在镶牙、电子工业和航天工业方面也有重要用途,如哥伦比亚号航天飞机制造中就用了约 40 kg 黄金。

已如前述,铜族的化学活泼性远较碱金属低,且按 Cu、Ag、Au 的次序递减。这是什么原因呢?从 Cu 到 Au,原子半径虽增加但并不明显,而核电荷对外层电子的吸引力增大了许多,故金属活泼性依次减弱。但如果仅从第一电离能的数据看,铜、银、金分别为 745.5 kJ·mol^{-1}、731.0 kJ·mol^{-1}、890.1 kJ·mol^{-1},银应比铜稍活泼。实际上如果在水溶液中反应,涉及的能量除第一电离能外,还有离子的水合热和金属的原子化热。若考虑整个过程的能量,从固态金属出发,到形成一价水合阳离子所需要的能量按从 Cu 到 Au 越来越大,也就是说,从 Cu 到 Au 的化学活泼性越来越差。而笼统地说,铜族的化学性质与周期表中居其左侧的镍、钯、铂很相似,如化学性都不够活泼,且随原子序数的增加而活泼性降低、易呈高氧化态等。

铜在干燥空气中比较稳定,在水中也无反应,与含有 CO_2 的潮湿空气接触,则在表面上逐渐生成一层绿色的碱式碳酸铜(铜绿的主要成分,它没有保护内层金属的能力,是秦俑的绿色颜料):

$$2Cu + O_2 + H_2O + CO_2 \Longrightarrow Cu(OH)_2 \cdot CuCO_3$$

金是在高温下唯一不与氧气起反应的金属,也是铜族金属中唯一不与硫直接反应的金属。在自然界中仅与碲形成天然化合物(碲化金)。

银的活泼性介于铜和金之间,银在室温下不与氧气和水作用,即使在高温下也不与氢、氮或碳作用,与卤素反应较慢,在室温下若与含有 H_2S 的空气接触时,表面因蒙上一层 Ag_2S 而发暗,这是银币和银首饰变暗的原因。

$$4Ag + 2H_2S + O_2 \Longrightarrow 2Ag_2S + 2H_2O$$

铜族元素的标准电极电势均大于氢气,因此都不能与稀酸作用放出氢气。但铜和银溶于硝酸或热的浓硫酸,而金不溶于单一的无机酸中,能溶于王水:

$$2Ag + 2H_2SO_4(浓) \xrightarrow{\triangle} Ag_2SO_4 + SO_2 \uparrow + 2H_2O$$

当有空气存在时,铜可缓慢溶解于稀酸中:

$$2Cu + 4HCl + O_2 \Longrightarrow 2CuCl_2 + 2H_2O$$

$$2Cu + 2H_2SO_4 + O_2 \Longrightarrow 2CuSO_4 + 2H_2O$$

加热时,铜也与浓盐酸反应。这是由于生成了较稳定的配离子和熵增,促使平衡向右移动:

$$2Cu + 8HCl(浓) \xrightarrow{\triangle} 2H_2[CuCl_4] + 2H_2 \uparrow$$

铜与强配位体如 CN^- 作用,放出氢气:

$$Cu + 4CN^- + H_2O \Longrightarrow Cu(CN)_4^{3-} + OH^- + \frac{1}{2}H_2$$

铜与配位能力不够强的配体(如 NH_3)作用,有 O_2 存在时方能进行:

$$2Cu + 8NH_3 + O_2 + 2H_2O \Longrightarrow 2[Cu(NH_3)_4]^{2+} + 4OH^-$$

2. 锌族元素单质

锌、镉、汞均为银白色金属,其中锌略显蓝白色。锌族元素为低熔点金属,其熔沸点不仅低于碱土金属,而且还低于铜族,并依 Zn、Cd、Hg 的顺序下降。

大量金属锌用于制锌铁板(白铁皮)和干电池,锌与铜形成合金(黄铜)应用也很广泛。在冶金工业上,锌粉作为还原剂应用于镉、金、银的冶炼、化工制药、染料、电池等行业。超细锌粉主要作为富锌涂料和其他防腐、环保等高性能涂料的关键原料,广泛应用于大型钢铁构件、船舶、集装箱、航空、汽车等行业。

汞既是唯一的室温下呈液体的金属,又是少见的气态时以单原子分子形式存在的金属元素。汞在室温下有流动性,且在 273～573 K 体积膨胀系数很均匀,不润湿玻璃,故常被用来作温度计。汞的蒸气压在室温下很低,273 K 时为 0.0247 Pa,293 K 时为 0.16 Pa,303 K 时为 0.369 Pa,宜于制造气压计。汞的蒸气在电弧中能导电,并辐射高强度的可见和紫外光线,故可作太阳灯。利用汞的高密度、导电性和流动性,在实验工作中用汞作液封和大电流断路继电器。

人体吸入汞蒸气会慢性中毒,如牙齿松动、毛发脱落、神经错乱等。空气中汞蒸气的最大允许浓度为 $0.1 \text{ mg} \cdot \text{m}^{-3}$。所以汞的蒸馏必须在通风橱中进行,在使用汞时不许撒落在实验桌上或地面上。若不慎将汞撒落,务必尽量收集起来,再在可能留有残汞的地方撒上硫粉以形成无毒的 HgS。汞的密度很大($13.6 \text{ g} \cdot \text{cm}^{-3}$),取持盛汞的瓷瓶时,盛汞瓶应放在大的搪瓷托盘中,以备万一。临时放在广口瓶的少量汞,若不密封则应在汞面上覆盖一层 10% NaCl 溶液,以免汞挥发出来。烷基汞[如 $Hg(CH_3)_2$]及衍生物的存在则特别危险,因为它倾向于在大脑中积存,带来不可治愈的伤害。

汞还能溶解许多金属形成汞齐,汞齐是汞的合金。例如钠汞齐,它在与水接触时,其中的汞仍保持其惰性,而钠则与水反应放出氢气。不过同纯的金属钠相比,反应进行地比较平稳。根据此性质,钠汞齐在有机合成中常用作还原剂。此外,利用汞能熔解金和银的性质,在冶金中用汞齐法提取这些贵金属。

锌和镉的化学性质相似,而汞的化学活泼性差得多。锌在加热条件下可以和绝大多数的非金属发生化学反应。在1273 K时,锌在空气中燃烧成氧化锌。汞必须加热至沸才缓慢与氧作用生成氧化汞,它在773 K以上重新分解成氧和汞。

$$2Hg + O_2 \underset{>773\ K}{\overset{\text{加热至沸}}{\rightleftharpoons}} 2HgO$$

由于 ZnO 对气体吸附性强,在石油化工上用作脱氢、苯酚和甲醛缩合等反应的催化剂。通过适当的热处理,ZnO 晶格的空穴可以增多,因此电导增加,并出现半导体特性。近年来的光催化反应中用 ZnO 作催化剂。ZnO 大量用作橡胶填料及油漆颜料,医药上用它制软膏、锌糊、橡皮膏等。

锌在潮湿空气中,表面生成一层致密的碱式碳酸盐,起保护作用,使锌有防腐蚀的性能,故铁制品表面常镀锌防腐:

$$4Zn + 2O_2 + 3H_2O + CO_2 = ZnCO_3 \cdot 3Zn(OH)_2$$

在普通条件下,锌与卤素作用缓慢,锌粉与硫磺共热可形成硫化锌。

锌可置换出酸中的氢,而汞的电势比氢正,只能在热的浓硫酸或硝酸中溶解:

$$Hg + 2H_2SO_4(浓) \overset{\triangle}{=\!=\!=} HgSO_4 + SO_2\uparrow + 2H_2O$$

$$3Hg + 8HNO_3 \overset{\triangle}{=\!=\!=} 3Hg(NO_3)_2 + 2NO\uparrow + 4H_2O$$

锌和铝一样,是两性金属,不但能溶于酸,而且还能溶于强碱形成锌酸盐:

$$Zn + 2NaOH + 2H_2O = Na_2[Zn(OH)_4] + H_2\uparrow$$

但锌和铝又有区别,锌与氨水能形成配合离子而溶于氨水,铝则无此反应,不溶于氨水。

$$Zn + 4NH_3 + 2H_2O = [Zn(NH_3)_4](OH)_2 + H_2\uparrow$$

21.2.3 ds 区金属的冶炼

1) 铜的存在和冶炼

铜在自然界中分布极广,在地壳中的含量居第 22 位。铜以三种形式存在于自然界:游离铜(极少);硫化物,如 Cu_2S(辉铜矿)、CuS(铜蓝)、$Cu_2S \cdot Fe_2S_3$(黄铜矿或写成 $CuFeS_2$)等;含氧化合物,如 Cu_2O(赤铜矿)、CuO(黑铜矿)、$Cu(OH)_2 \cdot CuCO_3$(孔雀石)、$CuSO_4 \cdot 5H_2O$(胆矾)、$CuSiO_3 \cdot 2H_2O$(硅孔雀石)等。

铜主要从黄铜矿中提炼。将矿石粉碎,以增大接触面积,几乎是所有冶金过程的第一步。之后采用"浮选法"除去废石,将 Cu 富集到 15%~20%。将得到的精矿进行焙烧,除去部分的硫和挥发性杂质,如 As_2O_3 等,并使部分硫化物变成氧化物,主要反应如下:

$$2CuFeS_2 + O_2 = Cu_2S + 2FeS + SO_2$$

$$2FeS + 3O_2 = 2FeO + 2SO_2$$

将焙烧过的矿石和沙子混合,在反射炉中加热到 1273 K 左右,FeS 进一步氧化为 FeO,大部分 FeO 与 SiO_2 形成熔渣 $FeSiO_3$:

$$FeO + SiO_2 = FeSiO_3$$

因其密度小而浮在上层。

Cu_2S 和剩余的 FeS 熔融在一起而形成冰铜，冰铜较重，沉于下层。将冰铜放入转炉熔炼，鼓入大量的空气，得到大约含铜 98% 的粗铜：

$$2Cu_2S + 3O_2 = 2Cu_2O + 2SO_2 \uparrow$$
$$2Cu_2O + Cu_2S = 6Cu + SO_2 \uparrow$$

生成的 SO_2 气体可用来制备硫酸。

也可电解可溶性铜盐来制备金属铜（参见 14.3.9）。

工业上采用电解法将粗铜精炼以除去杂质。在一个盛有 $CuSO_4$ 和 H_2SO_4 混合溶液的电解槽中，以粗铜为阳极、纯铜为阴极进行电解：

阳极反应：$\quad\quad\quad\quad Cu(粗铜) = Cu^{2+} + 2e^-$

阴极反应：$\quad\quad\quad\quad Cu^{2+} + 2e^- = Cu(精铜, 99.95\%)$

电解过程中，原粗铜阳极中所含的杂质，如金、银、铂、硒等沉积在阳极底部，被称为阳极泥，是提炼贵金属的原料。

2) 银、金的存在和冶炼

银以游离态（或与金、汞、锑、铜或铂生成合金）或以 Ag_2S 的形式存在于自然界。但常与铅、锌、铜等的硫化物共生，因而多是作为副产品回收银。此外，也以卤化物（如 AgCl）形式存在。金以单质形式散存于岩石（岩脉金）或沙砾（冲积金）中。我国山东、黑龙江及新疆维吾尔自治区等省区都有金矿。

以游离态和化合态形式存在的银或金都可用氰化法浸取：

$$4M + 8NaCN + 2H_2O + O_2 = 4Na[M(CN)_2] + 4NaOH \quad (M = Ag、Au)$$
$$Ag_2S + 4NaCN = 2Na[Ag(CN)_2] + Na_2S$$

再用锌等活泼的金属，还原 $[M(CN)_2]^-$ 得到单质金或银。

$$2M(CN)_2^- + Zn = Zn(CN)_4^{2-} + 2M \quad (M = Ag、Au)$$

再电解精炼，分别以 $AgNO_3$、$HAuCl_4$ 溶液为电解液。

3) 锌、汞的存在和冶炼

锌主要以硫化物或氧化物存在于自然界，重要的矿石有闪锌矿（ZnS）、红锌矿（ZnO）、菱锌矿（$ZnCO_3$）等，并常与铅矿（如 PbS，方铅矿）共生而称为铅锌矿。我国锌矿资源丰富，全国锌储量以云南为最，内蒙古自治区次之。著名的锌矿产地为滇西兰坪、滇川、南岭、秦岭-祁连山以及内蒙古狼山-渣尔泰地区。

闪锌矿含锌量低，经浮选法得含 ZnS 40%～60% 的精矿，精矿焙烧为 ZnO，再与焦炭混合后在鼓风炉中加热到 1473 K 以上，使 ZnO 还原成 Zn(g) 并蒸馏出来。这样所得的粗锌约含 Zn 98%，通过分馏可分离杂质 Pb 和 Cd，得到 99.99% 的锌。

电解法炼锌时，可将焙烧的粗产品 ZnO 溶于稀硫酸，并加锌粉以置换出较不活泼的 Cd、Co、Ni、Cu、Ag 等杂质。所得 $ZnSO_4$ 溶液经净化后，电解可得纯度为 99.95% 的锌。再经熔炼，可获得纯度为 99.9999% 的锌。

镉主要存在于锌的各种矿石中，大部分是在炼锌时作为副产品得到的。由于镉的沸点 767 ℃ 比锌的沸点 907 ℃ 低，将含镉的锌加热到镉的沸点以上、锌的沸点以下的温度，镉先被蒸出得到粗镉。再将粗镉溶于 HCl，用 Zn 置换，可以得到较纯的镉。

我国的汞矿资源比较丰富，贵州最多，其次为陕西和四川。汞矿矿床类型分为碳酸盐岩型、碎屑岩型和岩浆型三种。汞常以 HgS(辰砂)形式存在,有时也以游离态存在。

将辰砂直接在 873~973 K 的空气流中焙烧,或与铁或氧化钙共同焙烧都可得到汞。

纯制时可将粗汞通过稀 HNO_3 洗涤,同时鼓入空气泡,比汞活泼的金属均被溶解及氧化,生成硝酸盐。不溶的汞可进一步减压蒸馏,即得 99.9% 的汞。

21.2.4 ds 区元素的化合物

1. 氧化物和氢氧化物

1) 铜的氧化物与氢氧化物

氧化亚铜可通过在碱性介质中还原 Cu(Ⅱ) 化合物得到,如用葡萄糖作还原剂时,生成红色的 Cu_2O:

$$2[Cu(OH)_4]^{2-} + CH_2OH(CHOH)_4CHO \Longrightarrow Cu_2O\downarrow + 4OH^- + CH_2OH(CHOH)_4COOH + 2H_2O$$

医学上用这个反应来检测尿样中的糖分,以帮助诊断糖尿病。Cu^{2+} 盐的碱性溶液与其他还原剂反应,也可得到 Cu_2O,如与联氨反应

$$4Cu^{2+} + 8OH^- + N_2H_4 \Longrightarrow 2Cu_2O(黄)\downarrow + N_2\uparrow + 6H_2O$$

由于晶粒大小不同,Cu_2O 呈现出不同的颜色,如黄、橘黄、鲜红或深棕色。Cu_2O 本身有毒,主要用于玻璃、搪瓷工业作红色染料。此外,由于 Cu_2O 具有半导体性质,可用它和铜制造亚铜整流器。

Cu_2O 基本属于共价型化合物,十分稳定,不溶于水。Cu_2O 呈弱碱性,溶于稀硫酸,并立即歧化为 Cu 和 Cu^{2+}。Cu_2O 溶于氨水,生成无色的配离子 $[Cu(NH_3)_2]^+$,在空气中很快被氧化为蓝色的 $[Cu(NH_3)_4]^{2+}$:

$$Cu_2O + 4NH_3 + H_2O \Longrightarrow 2[Cu(NH_3)_2]^+ + 2OH^-$$

$$4[Cu(NH_3)_2]^+ + 8NH_3 + 2H_2O + O_2 \Longrightarrow 4[Cu(NH_3)_4]^{2+} + 4OH^-$$

用 NaOH 处理 CuCl 的冷盐酸溶液时,生成黄色的 CuOH 沉淀,但沉淀很快变成橙色,最后变为红色的 Cu_2O。

在 Cu^{2+} 溶液中加入强碱,即有淡蓝色 $Cu(OH)_2$ 絮状沉淀析出,加热、脱水变为黑色 CuO,CuO 也难溶于水。

$$Cu(OH)_2 \xrightarrow{353\ K} CuO + H_2O$$

$Cu(OH)_2$ 微显两性,能溶于浓 NaOH 溶液形成蓝紫色配离子 $[Cu(OH)_4]^{2-}$:

$$Cu(OH)_2 + 2OH^- \Longrightarrow [Cu(OH)_4]^{2-}$$

$Cu(OH)_2$ 虽然极易受热分解,但 CuO 对热却很稳定,只有在超过 1273 K 时,才会分解放出氧,并生成 Cu_2O:

$$4CuO \xrightarrow{>1273\ K} 2Cu_2O + O_2\uparrow$$

这也看出,高温时 Cu(Ⅰ) 比 Cu(Ⅱ) 稳定(显然和高温时的熵增大有关),故 CuO 在高温时可作有机物的氧化剂,使气态有机物氧化成 CO_2 和 H_2O。此外,CuO 是高温超导材料,如 Bi-Sr-Ca-CuO、Ti-Ba-Ca-CuO 等都是超导转变温度超过了 120 K 的新材料。

2) 银的氧化物与氢氧化物

可溶性银盐与强碱作用生成白色 AgOH 沉淀,AgOH 极不稳定,立即脱水变为棕黑色 Ag_2O。

Cu_2O 和 Ag_2O 都是共价型化合物,基本上不溶于水,可溶于氨水生成配离子。Ag_2O 为

中强碱,而 Cu_2O 呈弱碱性。Ag_2O 在 573 K 即发生分解,生成单质银和氧气,Cu_2O 对热十分稳定。Ag_2O 与 HNO_3 反应生成稳定的 $AgNO_3$,而 Cu_2O 溶于非氧化性的稀酸,若不能生成 Cu(Ⅰ)的沉淀或配离子时,就立即歧化为 Cu 和 Cu^{2+}。

$$2Ag^+ + 2OH^- = 2AgOH(白)\downarrow \longrightarrow Ag_2O(棕黑色)\downarrow + H_2O$$
$$Ag_2O + 4NH_3 + H_2O = 2[Ag(NH_3)_2]^+ + 2OH^-$$

Ag_2O 是构成银锌蓄电池的重要原材料;Ag_2O 和 MnO_2、Cr_2O_3、CuO 等的混合物能在室温下将 CO 迅速氧化成 CO_2,用于防毒面具中。

3) 锌、镉的氧化物和氢氧化物

在锌盐和镉盐溶液中加入适量强碱,得到相应的氢氧化物:

$$MCl_2 + 2NaOH = M(OH)_2\downarrow + 2NaCl \quad (M=Zn、Cd)$$

$Zn(OH)_2$ 为两性物质,与强酸作用生成锌盐,与强碱作用得到锌酸盐:

$$Zn(OH)_2 + 2OH^- = [Zn(OH)_4]^{2-}$$

$Cd(OH)_2$ 两性偏碱,只有在热浓的强碱中才缓慢溶解,生成 $Na_2[Cd(OH)_4]$。这两种氢氧化物受热、脱水分别生成 ZnO 和 CdO:

$$M(OH)_2 \xrightarrow{\triangle} MO + H_2O \quad (M=Zn、Cd)$$

ZnO 俗名锌白,纯 ZnO 为白色,加热则变为黄色,ZnO 的结构属硫化锌型。CdO 由于制备方法的不同而显不同颜色,如镉在空气中加热生成褐色 CdO,250 ℃时氢氧化镉分解得到绿色 CdO。CdO 具有 NaCl 型晶体结构。ZnO 和 CdO 较稳定,受热升华但不分解。

在有铵离子存在的条件下,$Zn(OH)_2$ 和 $Cd(OH)_2$ 都可以溶于氨水中形成配位化合物,而 $Al(OH)_3$ 却不能,据此可以将铝盐与锌盐、镉盐加以区分和分离。

$$M(OH)_2 + 4NH_3 \xrightarrow{NH_4^+} [M(NH_3)_4]^{2+} + 2OH^- \quad (M=Zn、Cd)$$

锌、镉的氧化物和氢氧化物共价性较强。

4) 汞的氧化物和氢氧化物

汞盐与强碱反应,得不到 $Hg(OH)_2$,得到的是黄色 HgO 沉淀;$Hg(NO_3)_2$ 晶体加热则得到红色 HgO。HgO 由于晶粒大小不同而显不同颜色,黄色 HgO 颗粒要小些。无论红色 HgO 还是黄色 HgO,均属于链状结构,其中 Hg 原子的配位方式是线形的。

HgO 的热稳定性远低于 ZnO 和 CdO,在 573 K 时发生分解反应:

$$2HgO \xrightarrow{573\ K} 2Hg + O_2\uparrow$$

HgO 是制备多种汞盐的原料,还用作医药制剂、分析试剂、陶瓷颜料等。

2. 卤化物

1) 卤化亚铜与卤化铜

CuCl、CuBr 和 CuI 均为白色,都是难溶化合物,且溶解度依次减小。这三种化合物,均可通过适当的还原剂(如 SO_2、Sn^{2+}、Cu 等)在相应的卤素离子存在下还原 Cu^{2+} 而制得。例如

$$2Cu^{2+} + 2X^- + SO_2 + 2H_2O \xrightarrow{\triangle} 2CuX\downarrow + 4H^+ + SO_4^{2-}$$

$$Cu^{2+} + 2Cl^- + Cu \xrightarrow{\triangle} 2CuCl \xrightarrow[+H_2O]{浓\ HCl} H[CuCl_2]$$

$$2Cu^{2+} + 4I^- = 2CuI\downarrow + I_2$$

这三个反应能向右进行都是利用 CuX 的难溶性防止了 Cu^+ 的歧化。第二个反应是用 Cu

粉作还原剂,但因难溶的 CuCl 附着在 Cu 的表面,反应很快就停止了。为使反应得以继续进行,加入浓盐酸使 CuCl 溶解生成配离子[$CuCl_2$]$^-$,可使反应进行得相当完全。然后加水使溶液中 Cl^- 浓度变小,[$CuCl_2$]$^-$ 被破坏,重新生成大量的 CuCl。在第三个反应中,I^- 既是还原剂又是 Cu^+ 的沉淀剂,使本来难以进行的氧化还原反应可以进行得很完全,因而可用此反应以碘量法测定 Cu^{2+} 的含量。CuI 为白色沉淀,而单质 I_2 为紫黑色,混合后显灰色。加入 $Na_2S_2O_3$ 溶液消除掉 I_2 后,可观察到白色 CuI 沉淀。

卤化铜包括无水的白色 CuF_2、黄褐色 $CuCl_2$ 和黑色 $CuBr_2$,以及带有结晶水的蓝色 $CuF_2 \cdot 2H_2O$ 和蓝绿色 $CuCl_2 \cdot 2H_2O$。卤化铜的颜色随着负离子的不同而变化。

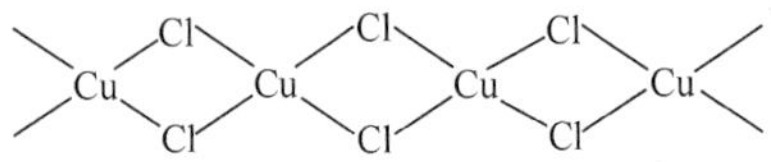

无水 $CuCl_2$ 是在 HCl 气流中,将 $CuCl \cdot 2H_2O$ 加热到 413~423 K 下制得的。研究表明 $CuCl_2$ 是链状结构的共价化合物,每个 Cu 处于 4 个 Cl 形成的正方形的中心(图 21.3)。

图 21.3 $CuCl_2$ 的长链结构

$CuCl_2$ 易溶于水,在很浓的 $CuCl_2$ 水溶液中,可形成黄色的[$CuCl_4$]$^{2-}$:

$$Cu^{2+} + 4Cl^- \Longrightarrow [CuCl_4]^{2-}$$

而 $CuCl_2$ 的稀溶液为浅蓝色,这是溶液中存在[$Cu(H_2O)_4$]$^{2+}$ 的缘故。

$$[CuCl_4]^{2-}(黄) + 4H_2O \Longrightarrow [Cu(H_2O)_4]^{2+}(浅蓝) + 4Cl^-$$

$CuCl_2$ 浓溶液由于同时含有配离子[$CuCl_4$]$^{2-}$、[$Cu(H_2O)_4$]$^{2+}$,通常显黄绿色或绿色。

2) 卤化银

将 Ag_2O 溶于氢氟酸中,然后蒸发至有黄色晶体而制得 AgF。其余卤化银可在 $AgNO_3$ 溶液中加入可溶卤化物(如 NaCl、NaBr 或 KI 等)制得。

卤化银中只有 AgF 易溶于水,在湿空气中潮解,其余均微溶于水,且溶解度依 AgCl、AgBr、AgI 的顺序降低。AgF(无色)、AgCl(白色)、AgBr(淡黄色)、AgI(黄色)颜色依次加深。这些性质反映了从 AgF 到 AgI 键型的变化,即从主要为离子型化合物递变到主要为共价型化合物,这是卤素离子 X^- 的变形性从 F^- 到 I^- 依次增大的缘故。

卤化银都有感光分解的性质,故用于照相术。照相底片上涂有一层含 AgBr 胶体粒子的明胶凝胶,在光的作用下,胶粒中的 AgBr 分解成"银核"(银原子)

$$2AgBr \xrightarrow{h\nu} 2Ag + Br_2$$

将感光后的底片用氢醌(对苯二酚)等有机还原剂处理,含有银核的 AgBr 粒子被还原成金属银而显黑色,曝光强的部分黑度深,弱的部分黑度浅,未曝光部分的 AgBr 不被还原而保持无色,这一过程称为显影。然后又把底片浸入 $Na_2S_2O_3$ 溶液中,使因未曝光而未被还原的 AgBr 形成络合离子[$Ag(S_2O_3)_2$]$^{3-}$ 溶解,剩下的金属银不再变化,这一过程称为定影。通过定影,得到一张印有负像的底片。把底片附在洗相纸上重复一次曝光、显影、定影的手续,就得到印有正像的照片。

α-AgI 是一种固体电解质。把 AgI 固体加热,在 418 K 时发生相变,这种高温形态 α-AgI 具有异常高的电导率,比室温时的值大 4 个数量级。α-AgI 的导电活化能仅为 0.05 eV,这与银和碘之间的化学键本质有关。实验证实 AgI 晶体中,I^- 仍保持原先位置,而 Ag^+ 的移动,只需一定的电场力作用就可发生迁移(类似于液体的方式自由地从一个位置移到另一个位置)而导电。

3) 三氯化金

金在 473 K 时同氯作用得到褐红色晶体 $AuCl_3$。无论在固态和气态它都是二聚体 Au_2Cl_6，它是如图 13.26 所示的平面正方形结构，易溶于水，并水解形成一羟·三氯合金（Ⅲ）酸：

$$AuCl_3 + H_2O \rightleftharpoons H[AuCl_3OH]$$

Au(Ⅲ) 的化合物易被许多有机物如乙二酸、甲醛、葡萄糖等还原成 Au 的胶体溶液。

$AuCl_3$ 加热到 523 K 开始分解成 AuCl 和 Cl_2。在 538 K 时它开始升华而不熔化，说明其共价性显著。

4) 氯化锌和氯化镉

由于锌和镉的二价离子均为 18 电子构型，极化能力和变形性都很强，所以氯化锌和氯化镉具有相当程度的共价性，主要表现在熔沸点较低，熔融状态下导电能力差。

无水氯化锌为白色固体，可由金属锌与氯气直接化合而得到，也可以在 973 K 时，将干燥的氯化氢通过金属锌而制成。

$ZnCl_2$ 是固体盐中溶解度最大的。溶于水时因 Zn^{2+} 的水解而显酸性：

$$ZnCl_2 + H_2O \rightleftharpoons Zn(OH)Cl + HCl$$

$ZnCl_2$ 在浓溶液中形成如下的配合酸：

$$ZnCl_2 + H_2O \rightleftharpoons H[ZnCl_2(OH)]$$

这个酸具有显著的酸性，能溶解金属氧化物，如氧化亚铁

$$FeO + 2H[ZnCl_2(OH)] \rightleftharpoons Fe[ZnCl_2(OH)]_2 + H_2O$$

在焊接金属时，用 $ZnCl_2$ 浓溶液溶解清除表面上的氧化物而不损害金属表面，且在热焊时，水分蒸发，熔化物覆盖金属，使之不再氧化，能保证焊接金属的直接接触。氯化锌浓溶液也被称为"熟镪水"。氧化锌的吸水性很强，故在有机合成上用作脱水剂。浸过 $ZnCl_2$ 溶液后的木材不易被腐蚀。

5) 氯化亚汞和氯化汞

在亚汞化合物中，汞总是以双聚体 Hg_2^{2+} 形式出现，也就是说，两个 Hg^+ 以共价形式结合。从 Hg^+ 的价电子构型 $5d^{10}6s^1$ 推测，亚汞化合物应是顺磁性的。但事实上，这类化合物都是反磁性的。X 射线衍射实验结果表明，单个 Hg^+ 是不存在的。在 Hg_2Cl_2 中，分子 Cl—Hg—Hg—Cl 是直线形的。两个汞原子形成 Hg—Hg 键时，$6s^1$ 电子结合成对，没有单个电子存在，因而亚汞化合物呈反磁性。

Hg_2Cl_2 为白色固体，难溶于水，少量的 Hg_2Cl_2 毒性较低，因味略甜，俗称甘汞，常被用来制作甘汞电极。

Hg_2Cl_2 见光易分解，应保存在棕色瓶中：

$$Hg_2Cl_2 \xrightarrow{h\nu} HgCl_2 + Hg$$

Hg_2Cl_2 与氨水作用生成白色的氨基氯化汞和黑色的极为分散的单质汞，所以反应产物的颜色最终为灰色：

$$Hg_2Cl_2 + 2NH_3 \rightleftharpoons HgNH_2Cl\downarrow + NH_4Cl + Hg\downarrow$$

该反应被应用到离子分离中，Hg_2Cl_2 和 AgCl 均属于氯化物沉淀，加入氨水即可将两种沉淀进一步分开，从而实现 Hg_2^{2+} 和 Ag^+ 的分离。

$HgCl_2$ 为白色针状晶体，可在过量的氯气中加热金属汞而制得。$HgCl_2$ 为直线形共价化

合物,熔点较低,易升华,俗称升汞,有剧毒,微溶于水,但电离度很小。稀溶液有杀菌作用,在医疗中用作外科消毒剂。$HgCl_2$ 也用作有机反应的催化剂。

$HgCl_2$ 在水中稍有水解,在氨水中氨解,二者的反应很相似。

$SnCl_2$ 在酸性溶液中可把 $HgCl_2$ 还原成氯化亚汞。如果 $SnCl_2$ 过量,生成的 Hg_2Cl_2 可进一步被还原为黑色的金属汞,使沉淀变黑:

$$2HgCl_2 + SnCl_2 + 2HCl = Hg_2Cl_2\downarrow + H_2SnCl_6$$
$$Hg_2Cl_2 + SnCl_2 + 2HCl = 2Hg\downarrow + H_2SnCl_6$$

在分析化学中常用上述反应检验 $Hg(Ⅱ)$ 或 $Sn(Ⅱ)$。

在 Hg^{2+} 的溶液中加入 I^- 时,首先生成红色 HgI_2 沉淀,I^- 过量时,HgI_2 因生成$[HgI_4]^{2-}$ 无色配合离子而溶解:

$$Hg^{2+} + 2I^- = HgI_2\downarrow \xrightarrow{2I^-} [HgI_4]^{2-}$$

$K_2[HgI_4]$ 的碱性溶液称为奈斯勒试剂。如果在溶液中有微量的 NH_4^+ 存在时,滴加奈斯勒试剂立刻生成特殊的红色沉淀:

$$NH_4Cl + 2K_2[HgI_4] + 4KOH = Hg_2NI\cdot H_2O\downarrow + KCl + 7KI + 3H_2O$$

这个反应比较灵敏,常用来鉴定 NH_4^+。

3. 硫化物

1) 硫化亚铜、硫化铜、硫化银

Cu_2S 是黑色物质,难溶于水。通常采用的制备方法是金属单质与 S 直接化合生成硫化物,也可以向 $Cu(Ⅰ)$ 溶液中通入 H_2S 制备相应的硫化物。S^{2-} 的离子半径比 O^{2-} 的大,更容易失去电子,因此 S^{2-} 与 $Cu(Ⅰ)$ 间的极化作用更强些,所以硫化物呈深色,在水中的溶解度比相应的氧化物小。Cu_2S 只能溶于热、浓的硝酸或氰化钠(钾)溶液中:

$$3Cu_2S + 16HNO_3(浓) = 6Cu(NO_3)_2 + 3S\downarrow + 4NO\uparrow + 8H_2O$$
$$Cu_2S + 4CN^- = 2[Cu(CN)_2]^- + S^{2-}$$

在微酸性的 Cu^{2+} 溶液中通入 H_2S,生成黑色 CuS 沉淀。它不溶于稀酸,只能溶于热的稀硝酸中或溶于浓氰化钠溶液中:

$$3CuS + 2NO_3^- + 8H^+ \xrightarrow{\triangle} 3Cu^{2+} + 2NO\uparrow + 3S\downarrow + 4H_2O$$
$$2CuS + 10CN^- = 2[Cu(CN)_4]^{3-} + 2S^{2-} + (CN)_2\uparrow$$

在后一反应中 CN^- 既是配合剂,又是还原剂,使 $Cu(Ⅱ)$ 还原到 $Cu(Ⅰ)$,CN^- 与 $(CN)_2$ 均有剧毒。

Ag_2S 是黑色物质,难溶于水。向 Ag^+ 溶液中通入 H_2S 可得到硫化银。与 Cu_2S 相似,Ag_2S 的溶解需要浓、热的硝酸或氰化钠(钾)溶液。

2) 硫化锌、硫化镉

ZnS 是白色的,CdS 是黄色的,ZnS 和 CdS 都难溶于水,ZnS 能溶于 $0.1\ mol\cdot dm^{-3}$ 的盐酸。在含 Zn^{2+}、Cd^{2+} 的溶液中通入 H_2S 气体,得到相应的硫化物,但 ZnS 有可能沉淀不完全,这主要是因为在生成沉淀过程中 H^+ 浓度增加,阻碍了 ZnS 进一步沉淀:

$$Zn^{2+} + H_2S = ZnS\downarrow + 2H^+$$

CdS 的溶度积更小,不溶于稀酸,但能溶于浓酸。通过控制溶液的酸度,可以用通入 H_2S 气体的办法使 Zn^{2+} 和 Cd^{2+} 分离。

ZnS 本身可作白色颜料,它同硫酸钡共沉淀形成的混合晶体 ZnS·BaSO$_4$,称为锌钡白或立德粉,是一种很好的白色颜料。其制备反应如下:

$$ZnSO_4(aq) + BaS(aq) == ZnS·BaSO_4 \downarrow$$

ZnS 是常用的荧光粉,若在 ZnS 晶体中加入微量 Cu、Mn、Ag 作活化剂,经光照射后可发出不同颜色的荧光。含有 Ag 时显蓝色,含有 Cu 时显黄绿色,含 Mn 时显橙色。CdS 被称为镉黄,可用作黄色颜料。CdS 主要用作半导体材料、搪瓷、玻璃及油画着色,也可用于涂料、塑料行业及电子荧光材料。

3) 硫化汞

在含 Hg^{2+} 的溶液中通入 H$_2$S 气体,得到黑色的 HgS,天然辰砂(HgS)是红色的。黑色的 HgS 变体加热到 659 K 可以转变为比较稳定的红色变体。硫化汞是溶解度最小的硫化物,在浓硝酸中也不能溶解,但可溶于过量的浓 Na$_2$S 或 KI 溶液中:

$$HgS + Na_2S(浓) == Na_2[HgS_2]$$
$$HgS + 2H^+ + 4I^- == [HgI_4]^{2-} + H_2S \uparrow$$

实验室里,常用王水来溶解 HgS:

$$3HgS + 8H^+ + 2NO_3^- + 12Cl^- == 3[HgCl_4]^{2-} + 3S + 2NO \uparrow + 4H_2O$$

4. 其他重要的盐

1) 硫酸铜

蓝色的 CuSO$_4$·5H$_2$O 俗称胆矾,可用热、浓的硫酸溶解铜,或在空气充足的情况下用热的稀硫酸溶解铜制得:

$$Cu + 2H_2SO_4(浓) \xrightarrow{\triangle} CuSO_4 + SO_2 \uparrow + 2H_2O$$

或

$$2Cu + 2H_2SO_4(稀) + O_2 \xrightarrow{\triangle} 2CuSO_4 + 2H_2O$$

CuSO$_4$·5H$_2$O 是斜方晶体,4 个 H$_2$O 分子与 Cu^{2+} 配位,第 5 个 H$_2$O 分子通过氢键将 SO$_4^{2-}$ 与其他 H$_2$O 分子相连,如图 21.4 所示。可见 5 个 H$_2$O 分子所处的环境不同,所以受热时脱去的温度不同。

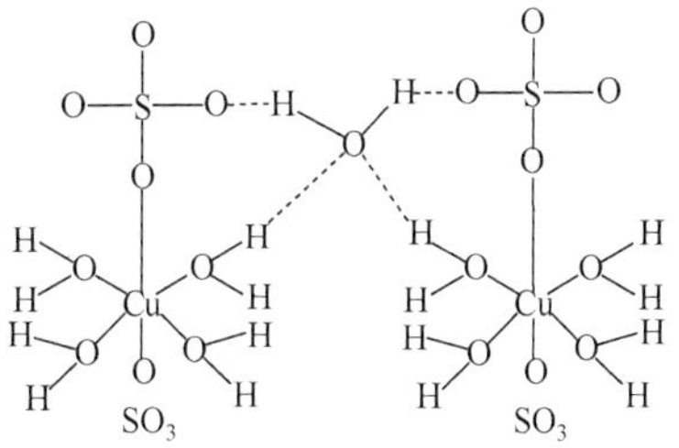

无水 CuSO$_4$ 为白色粉末,不溶于乙醇和乙醚,但吸水性很强,吸水后即显蓝色。因而可用来检验乙醇、乙醚等有机溶剂中的微量水,并可除去水分。无水 CuSO$_4$ 加热到 923 K 时,即分解成 CuO。

硫酸铜的水溶液由于水解而显酸性,这是 Cu(Ⅱ)的易溶强酸盐的共同性质。为了防止水解,配制铜盐溶液时,常加少量的相应的酸。

硫酸铜是制备其他铜化合物的重要原料,加在储水池中可防止藻类生长。同石灰乳混合而得波尔多溶液,可用以消灭害虫。

图 21.4 CuSO$_4$·5H$_2$O 中原子间的连接关系

2) 硝酸银

AgNO$_3$ 是一种常见的重要试剂,其制法是将银溶于硝酸,蒸发并结晶而得。

AgNO$_3$ 晶体受日光直接照射时,也能逐渐分解(反应式与热分解相同),因而 AgNO$_3$ 晶体或溶液都应装在棕色玻璃瓶内。

$$2AgNO_3 \xrightarrow{\triangle} 2Ag + 2NO_2\uparrow + O_2\uparrow$$

固体 $AgNO_3$ 或其溶液都是氧化剂,即使在室温,许多有机物都能将它还原成黑色银粉,如皮肤或布与它接触后都会变黑。$AgNO_3$ 对有机组织有破坏作用,因此在医药上用作消毒剂和腐蚀剂。大量的 $AgNO_3$ 用于制造照相底片上的卤化银。此外,$AgNO_3$ 也是一种重要的分析试剂。$AgNO_3$ 的氨溶液还可检验许多有机还原剂,如醛类、糖类及某些酸类。

Au(Ⅰ)或 Au(Ⅲ)虽然没有简单的硝酸盐,但将 Au_2O_3(棕黑色)溶于浓硝酸中并将溶液冷却至 273 K 或更低时,则能析出 $H[Au(NO_3)_4] \cdot 3H_2O$ 的黄色晶体。此晶体在 345 K 时分解放出硝酸,在 478 K 时放出氧。所有金的化合物都易于受热分解。

5. 配位化合物

1) 铜的配合物

Cu^+ 可与单齿配体形成配位数为 2、3、4 的配位化合物。由于 Cu^+ 的价电子结构为 $3d^{10}$,所以配位化合物的颜色是由电荷迁移光谱产生,而不会是由 d-d 跃迁而产生。

$[Cu(NH_3)_2]^+$ 不稳定,遇到空气则被氧化变成深蓝色的 $[Cu(NH_3)_4]^{2+}$,这个性质可用于气体净化,除去气体中的痕量 O_2:

$$4[Cu(NH_3)_2]^+ + O_2 + 8NH_3 + 2H_2O \Longrightarrow 4[Cu(NH_3)_4]^{2+} + 4OH^-$$

$[Cu(NH_3)_2]^+$ 溶液可用于吸收合成氨原料气中的 CO,加热后 CO 又可放出:

$$[Cu(NH_3)_2]^+ + CO + NH_3 \underset{减压、升温}{\overset{加压、降温}{\rightleftharpoons}} [Cu(CO)(NH_3)_3]^+$$

Cu^{2+} 的价电子构型是 $3d^9$,所以它的化合物具有顺磁性。由于可以发生 d-d 跃迁,Cu^{2+} 的化合物都有颜色,如 $CuSO_4 \cdot 5H_2O$ 和许多水合铜盐都是蓝色的。Cu^{2+} 与单齿配体一般能形成配位数为 4 的正方形配位单元,如 $[CuCl_4]^{2-}$、$[Cu(H_2O)_4]^{2+}$、$[Cu(NH_3)_4]^{2+}$ 等。

其实 Cu^{2+} 的配位单元,如水合离子 $[Cu(H_2O)_4]^{2+}$,其最初形式为 $[Cu(H_2O)_6]^{2+}$,由于 Jahn-Teller 效应,具有变形的八面体构型。变形八面体构型在铜配合物中是很常见的,如 $[Cu(NH_3)_4(H_2O)_2]^{2+}$ 经常用 $[Cu(NH_3)_4]^{2+}$ 来表示,4 个 NH_3 分子以短键与 Cu^{2+} 结合,所以这个配离子具有正方形结构。

2) 银、金配合物

Ag^+ 与单齿配体形成的配位单元中,以配位数为 2 的直线结构最为常见,如 $[Ag(CN)_2]^-$、$[Ag(NH_3)_2]^+$、$[Ag(S_2O_3)_2]^{3-}$ 等。这些配离子均为无色,主要是由于 Ag^+ 为 d^{10} 型离子,d 轨道全充满,不存在 d—d 跃迁。

$[Ag(NH_3)_2]^+$ 用于制造保温瓶和镜子镀银:

$$2[Ag(NH_3)_2]^+ + RCHO + 3OH^- \Longrightarrow 2Ag\downarrow + RCOO^- + 4NH_3\uparrow + 2H_2O$$

该反应称为银镜反应,常用来鉴定醛。

Ag^+ 与 NH_3、$S_2O_3^{2-}$、CN^- 等形成稳定程度不同的配离子:

$$Ag^+ + 2Cl^- \Longrightarrow [AgCl_2]^- \qquad K_{稳}^{\ominus} = 1.1 \times 10^5$$
$$Ag^+ + 2NH_3 \Longrightarrow [Ag(NH_3)_2]^+ \qquad K_{稳}^{\ominus} = 1.1 \times 10^7$$
$$Ag^+ + 2S_2O_3^{2-} \Longrightarrow [Ag(S_2O_3)_2]^{3-} \qquad K_{稳}^{\ominus} = 2.9 \times 10^{13}$$
$$Ag^+ + 2CN^- \Longrightarrow [Ag(CN)_2]^- \qquad K_{稳}^{\ominus} = 1.3 \times 10^{21}$$

结合 $K_{sp}^{\ominus}(AgCl) > K_{sp}^{\ominus}(AgBr) > K_{sp}^{\ominus}(AgI)$ 来考虑,就能说明 AgCl 能溶于氨水、硫代硫酸钠或氰化钠溶液中;AgBr 仅微溶于氨水,但易溶于硫代硫酸钠或氰化钠溶液中;AgI 不溶于氨水,仅微溶于硫代硫酸钠溶液中,但易溶于氰化钠溶液中的现象。

当把 Au 溶于王水或 $AuCl_3$ 溶于盐酸中,将含有$[AuCl_4]^-$配离子的溶液蒸发时,就能够得到亮黄色氯金(Ⅲ)酸的水合晶体$[H_3O]^+[AuCl_4]^-\cdot 3H_2O(H[AuCl_4]\cdot 4H_2O)$。其他水溶性盐如黄色的氯金酸钠 $Na[AuCl_4]\cdot 2H_2O$ 易于制得,与氯金酸一样,它的很多盐不仅能溶于水,而且还能溶于乙醚或乙酸乙酯等有机溶剂,因而可用这些溶剂来萃取金。氯金酸铯的溶解度非常小,有时利用它来鉴定金元素。

$K[Au(CN)_4]\cdot 1.5H_2O$ 为无色片形晶体,溶解度很大。

3) 锌、镉、汞的配合物

Zn^{2+} 和 Cd^{2+} 的配位数有 4 或 6。Zn^{2+}、Cd^{2+} 与氨水反应,生成稳定的氨配合物:

$$Zn^{2+}+4NH_3 = [Zn(NH_3)_4]^{2+}(无色) \qquad K_{稳}^{\ominus}=5.0\times 10^8$$
$$Cd^{2+}+6NH_3 = [Cd(NH_3)_6]^{2+}(无色) \qquad K_{稳}^{\ominus}=1.4\times 10^6$$

Zn^{2+}、Cd^{2+} 与氰化钾均能生成很稳定的氰配合物:

$$Zn^{2+}+4CN^- = [Zn(CN)_4]^{2-} \qquad K_{稳}^{\ominus}=1.0\times 10^{16}$$
$$Cd^{2+}+4CN^- = [Cd(CN)_4]^{2-} \qquad K_{稳}^{\ominus}=1.3\times 10^{18}$$

$[Zn(CN)_4]^{2-}$ 用于电镀工艺。例如,它和 $[Cu(CN)_4]^{3-}$ 的混合液用于镀黄铜(Cu-Zn)合金。由于

$$[Cu(CN)_4]^{3-}+e^- = Cu+4CN^- \qquad \varphi^{\ominus}=-1.27\text{ V}$$
$$[Zn(CN)_4]^{2-}+2e^- = Zn+4CN^- \qquad \varphi^{\ominus}=-1.26\text{ V}$$

铜、锌配合物有关电对的标准电极电势接近,它们的混合液在电镀时,Zn、Cu 在阴极可同时析出。由于 CN^- 有剧毒,现逐渐被无毒液(如与焦磷酸根、氨三乙酸或三乙醇胺所形成的配合物)所取代。Zn^{2+} 与二苯硫腙形成稳定的粉红色螯合物,用于鉴定 Zn^{2+}。

Hg^{2+} 可以与卤素离子和 SCN^- 形成一系列配离子:

$$Hg^{2+}+4Cl^- = [HgCl_4]^{2-} \qquad K_{稳}^{\ominus}=1.6\times 10^{15}$$
$$Hg^{2+}+4Br^- = [HgBr_4]^{2-} \qquad K_{稳}^{\ominus}=1.0\times 10^{21}$$
$$Hg^{2+}+4I^- = [HgI_4]^{2-} \qquad K_{稳}^{\ominus}=7.2\times 10^{29}$$
$$Hg^{2+}+4SCN^- = [Hg(SCN)_4]^{2-} \qquad K_{稳}^{\ominus}=7.7\times 10^{21}$$

配离子的组成同配体的浓度密切相关。在 $0.1\text{ mol}\cdot\text{dm}^{-3}$ 的 Cl^- 溶液中,$HgCl_2$、$[HgCl_3]^-$ 和 $[HgCl_4]^{2-}$ 的浓度大致相等;在 $1\text{ mol}\cdot\text{dm}^{-3}$ 的 Cl^- 溶液中主要存在的是 $[HgCl_4]^{2-}$,Hg^{2+} 与卤素离子形成配合物的稳定性依 Cl、Br、I 顺序增加。

21.2.5 不同价态化合物间的转化

1. Cu^{2+} 和 Cu^+ 的互相转化

铜主要有 +1 和 +2 两种氧化态。从电子构型上看,Cu(Ⅰ) $3d^{10}$ 应该比 Cu(Ⅱ) $3d^9$ 稳定。事实也正是如此,将固态 CuO 和 CuS 加热,分别分解得到 Cu_2O 和 Cu_2S。在气相中也是这样,但是在水溶液中的情形有所不同,电荷高、半径小的 Cu^{2+},其水合热 $2121\text{ kJ}\cdot\text{mol}^{-1}$ 比 Cu^+ 的水合热 $582\text{ kJ}\cdot\text{mol}^{-1}$ 大得多,说明 Cu^+ 在溶液中是不稳定的。

$$2Cu^+(aq) = Cu^{2+}(aq)+Cu(s)\downarrow$$

在 20 ℃时,这个反应的平衡常数 $K=1.7\times 10^6$,说明在平衡时溶液中绝大部分 Cu^+ 转化成 Cu^{2+} 和 Cu。如果要使 Cu^{2+} 转化成 Cu^+,一方面应有还原剂存在,另一方面应使 Cu^+ 生成

难溶物或配合物，才有利上列平衡向左移动。例如前面已介绍过在 Cu^{2+} 溶液中加入 KI，可使 Cu^{2+} 还原成 CuI 的白色沉淀：

$$2Cu^{2+} + 4I^- \rightleftharpoons 2CuI\downarrow + I_2$$

这个反应所涉及的两对半电池反应的标准电势分别为

$$Cu^{2+} + e^- \rightleftharpoons Cu^+ \qquad \varphi^\ominus = 0.17 \text{ V}$$

$$I_2 + 2e^- \rightleftharpoons 2I^- \qquad \varphi^\ominus = 0.535 \text{ V}$$

从标准电极电势的数据来看，Cu^{2+} 并不能氧化 I^-，上述反应似乎不能进行。事实上这个反应却进行得很完全。这是由于 CuI 的溶解度小（$K_{sp}^\ominus = 5.06 \times 10^{-12}$），当溶液中产生了少量 Cu^+ 后就和 I^- 反应生成 CuI 沉淀，致使溶液中的 $[Cu^+]$ 降低，影响 Cu^{2+}/Cu^+ 电对的电极电势。设溶液中 Cu^{2+} 和 I^- 的浓度都是 $1 \text{ mol} \cdot \text{dm}^{-3}$，根据溶度积可知

$$[Cu^+] = K_{sp}^\ominus / [I^-] = (5.06 \times 10^{-12})/1 = 5.06 \times 10^{-12} (\text{mol} \cdot \text{dm}^{-3})$$

代入能斯特方程式

$$\varphi = \varphi^\ominus - \frac{0.0591}{n} \lg \frac{[\text{还原型}]}{[\text{氧化型}]}$$

$$\varphi(Cu^{2+}/Cu^+) = \varphi^\ominus(Cu^{2+}/Cu^+) - 0.0591 \lg \frac{[Cu^+]}{[Cu^{2+}]}$$

$$= 0.17 - 0.0591 \lg(5.06 \times 10^{-12}) = 0.84 \text{ (V)}$$

计算结果表明 $\varphi(Cu^{2+}/Cu^+) > \varphi(I_2/I^-)$，所以反应可以进行。

再如前面介绍的铜与氯化铜在热浓盐酸中形成氯化亚铜的反应：其中 Cu 是还原剂，Cl^- 是络合剂。CuCl 的生成使溶液中游离的 Cu^+ 浓度大大降低，平衡向生成 Cu^+ 的方向移动。由于 Cu^+ 浓度的降低，$\varphi(Cu^+/Cu)$ 下降，而 $\varphi(Cu^{2+}/Cu^+)$ 升高，即

$$Cu^{2+} \xrightarrow{0.552 \text{ V}} CuCl \xrightarrow{0.122 \text{ V}} Cu$$

故 Cu^{2+} 可将 Cu 氧化为 CuCl。

所以在水溶液中，Cu^+ 的化合物除不溶解的或以配合离子形式存在外，其他都是不稳定的。综上所述，铜的两种氧化数的化合物各以一定的条件而存在，当条件变化时，可互相转化。

由 $\varphi^\ominus(Au^{3+}/Au)$ 和 $\varphi^\ominus(Au^+/Au)$ 的数据来看，Au^+ 也容易歧化为 Au^{3+} 和 Au：

$$3Au^+ \rightleftharpoons Au^{3+} + 2Au$$

298 K 时上述反应的平衡常数为 $K = 10^{13}$，说明金的 +3 氧化数为最稳定。因而 Au^+ 在水溶液中不能存在，即使是溶解度很小的 AuCl 也要歧化。但 Au^+ 的络合物如 $M^I[Au(CN)_2]$ 因其最稳定，故仍能在水溶液中存在。

2. Hg(I) 和 Hg(II) 的互相转化

从图 21.2 可以看出，在酸性介质中，Hg_2^{2+} 不会发生歧化反应，而是 Hg^{2+} 和单质 Hg 发生逆歧化反应，即

$$Hg + Hg^{2+} \rightleftharpoons Hg_2^{2+}$$

这个反应的平衡常数 $K = 81.28$，这表明当体系达到平衡时，Hg^{2+} 基本可转化为 Hg_2^{2+}。例如，将 $Hg_2(NO_3)_2$ 溶液与过量的金属汞一起振荡，可以制备 $Hg_2(NO_3)_2$：

$$Hg(NO_3)_2 + Hg(\text{过量}) \rightleftharpoons Hg_2(NO_3)_2$$

若想使 Hg_2^{2+} 发生歧化反应，最简单的方法就是降低产物中 Hg^{2+} 的浓度，使平衡向有利于歧化反应的方向移动，如在 Hg_2^{2+} 溶液中加入 Hg^{2+} 的沉淀剂 OH^- 或通入 H_2S 时：

$$Hg_2^{2+} + 2OH^- =\!=\!= HgO\downarrow + Hg\downarrow + H_2O$$
$$Hg_2^{2+} + H_2S =\!=\!= HgS\downarrow + Hg\downarrow + 2H^+$$

如果存在 Hg^{2+} 的络合剂时,Hg_2^{2+} 也易发生歧化反应。

$$Hg_2^{2+} + 4CN^- =\!=\!= [Hg(CN)_4]^{2-} + Hg\downarrow$$
$$Hg_2^{2+} + 4I^- =\!=\!= [HgI_4]^{2-} + Hg\downarrow$$

综上所述,可知 Hg^{2+} 与 Hg_2^{2+} 在一定条件下能相互转化,而 Hg_2^{2+} 的化合物一般不如 Hg^{2+} 的化合物稳定。

21.2.6 ds 区元素性质的对比

1. ⅠB 族元素和ⅠA 族元素

ⅠA 族单质金属的熔点、沸点、硬度均较低;而ⅠB 族金属则具有较高的熔点和沸点,并且有良好的延展性、导热性和导电性。

ⅠA 族是极活泼的轻金属,在空气中极易被氧化,能与水剧烈反应,同族内的活泼性随原子序数增大而增加;而ⅠB 族都是不活泼的重金属,在空气中比较稳定,与水几乎不起反应,同族内的活泼性随原子序数增大而减小。这些都与它们的标准电极电势有关,ⅠA 族金属的 $\varphi^\ominus$ 值很负,是很强的还原剂,能从水中置换出氢气;而ⅠB 族金属的 $\varphi^\ominus$ 值很正,不能从水中和稀酸中置换出氢气。

ⅠA 族所形成的化合物大多是无色的离子型化合物,而ⅠB 族的化合物有相当程度的共价性,大多数显颜色。ⅠA 族的氢氧化物都是极强的碱,且非常稳定;而ⅠB 族的氢氧化物碱性较弱,并且不稳定,易脱水形成氧化物。ⅠA 族的离子一般很难成为配合物的形成体,而ⅠB 族的离子则有很强的配合能力。

上述的单质和化合物性质上的差别,都与ⅠB 族元素的次外层 d 电子也能参加成键,它们的离子具有 d^{10}、d^9、d^8 等结构特点有关。

2. ⅡB 族元素和ⅡA 族元素

ⅡB 族金属的熔沸点都比ⅡA 族低,汞在室温下是液体。ⅡA 族和ⅡB 族金属的导电性、导热性、延展性都较差(只有镉有延展性)。

ⅡA 族金属元素比较活泼,尤其是钙、锶、钡在空气中易被氧化,ⅡB 族的活泼性比ⅡA 族差,它们在干燥空气中常温下不起变化。ⅡA 族元素不但能从稀酸中置换出氢气,而且也能从水中置换出氢气(铍和镁与冷水作用慢);ⅡB 族元素都不能从水中置换出氢气。在稀的盐酸或硫酸中,锌容易溶解,镉较难,汞则完全不溶。这从它们的 $\varphi^\ominus$ 值可以得到说明。

这两族的 M^{2+} 都是无色的。由于ⅡB 族元素的离子具有 18 电子构型,极化力较强,因而它们的化合物不管在程度上或范围上都比ⅡA 族元素的化合物表现的共价性为大。而且,易变形的阴离子(如 S^{2-}、I^- 等)与镉和汞形成的化合物常有颜色。此外,ⅡB 族金属离子形成配合物的倾向比ⅡA 族金属离子强得多。

ⅡB 族元素的氢氧化物是弱碱性的,且易脱水分解;而钙、锶和钡的氢氧化物则是强碱性的,不脱水分解。$Be(OH)_2$ 和 $Zn(OH)_2$ 都是两性氢氧化物。

这两族元素的硝酸盐都易溶于水。ⅡB 族元素的硫酸盐是易溶的,而钙、锶、钡的硫酸盐则是微溶的。这两族元素的碳酸盐又都难溶于水。

ⅡB 族元素的盐在溶液中都有一定程度的水解,而钙、锶和钡的盐则不水解。

ⅡB 族元素的金属活泼性自上而下减弱,但它们的氢氧化物碱性则相反地自上而下增强;ⅡA 族元素的金属活泼性以及它们的氢氧化物的碱性,则自上而下一致增强。

从以上比较看出,在单质状况下,特别是物理性质方面,铍和镁与锌分族和钙分族都有一定的相似性(如从上往下,熔点递降、密度递增;导电、导热、延展性均较差等),但在化合物状态中,铍和镁则与钙分族更为相似。

小 结

碱金属可溶于低酸性溶剂、醇、H_2O 等。碱金属和碱土金属与氧气反应生成氧化物、过氧化物和超氧化物。

铜族元素和锌族元素单质的熔沸点较其他过渡金属元素低,特别是锌族元素,其原因可能与该两族元素原子半径较大,次外层 d 轨道全充满不参与形成金属键有关。

银、金、汞的氧化物不稳定,受热分解为单质;氧化铜具有氧化性,氧化物的碱性依 $ZnO \rightarrow CdO \rightarrow HgO$ 逐渐增强;铜族元素氢氧化物都不稳定,$Cu(OH)_2$ 显两性,$Zn(OH)_2$、$Cd(OH)_2$ 较稳定,二者均显两性,但 $Cd(OH)_2$ 酸性极弱;铜族元素和锌族元素的硫化物比相应的氧化物更难溶。

Cu^+、Ag^+ 均可与单齿配体形成配位数为 2 的直线形配合物,Cu^{2+} 与单齿配体一般形成配位数为 4 的正方形配合物;Zn^{2+}、Cd^{2+} 常见配位数为 4 或 6;Hg^{2+} 的配位数一般为 2 或 4。

为使 Cu(Ⅱ)转化为 Cu(Ⅰ),必须有还原剂存在,同时要降低溶液中 Cu^+ 的溶度,使之成为难溶物或难解离的配合物;为使 Hg(Ⅰ)转化为 Hg(Ⅱ),必须降低溶液中 Hg^{2+} 的溶度,使之变为难溶物或难解离的配合物。

铜、锌族元素原子次外层电子结构为 18 电子构型,而ⅠA、ⅡA 族原子的次外层为 8 电子构型,因此,铜族与ⅠA、锌族与ⅡA 元素性质有明显的差别。

思考与研讨

21.1 试根据碱金属和碱土金属的电子层构型说明它们化学活泼性的递变规律。

21.2 碱土金属的熔点比碱金属的高,硬度比碱金属的大,试说明原因。

21.3 锂是ⅠA 族元素,但在性质上有不少特殊性,Be 是ⅡA 族元素,性质上也与ⅡA 族其他元素差异较大,试应用结构的观点讨论这些性质的差异性。

21.4 配制冷冻剂时,采用 $CaCl_2 \cdot 6H_2O$ 还是 $CaCl_2$ 好?为什么?

21.5 简要回答下列问题。

(1) 金属钾比金属钠活泼,但为什么可以用金属钠与氯化钾反应来制备金属钾?

(2) Mg 在室温下与 H_2O 无明显反应,却能与 NH_4Cl 溶液反应,为什么?

21.6 锂电池为什么具有很高的能量密度?该电池的电解液通常为何种溶剂?

21.7 Cu(Ⅱ)的配合物通常有颜色,Zn(Ⅱ)和 Cd(Ⅱ)的配离子却为无色,为什么?

21.8 从 ZnS 和 CdS 中提取 Zn、Cd 需经过焙烧和碳还原两步:

$$2ZnS+3O_2 = 2ZnO+2SO_2 \qquad ZnO+C = Zn+CO$$

而从 HgS 提取 Hg 仅灼烧即可,其反应方程式为 $HgS+O_2 = Hg(l)+SO_2$。为什么?

21.9 说明硫化物的颜色为什么按 ZnS(白色)、CdS(黄色)、HgS(黑色)顺序加深。

21.10 氯化亚铜和氯化亚汞均为抗磁性物质,那么表示氯化亚铜的组成是用 CuCl 还是用 Cu_2Cl_2?表示氯化亚汞的组成是用 HgCl 还是 Hg_2Cl_2?为什么?

21.11 银质餐具使用一段时间后,表面上会有一层黑色锈迹。请问:这些锈迹的主要成分是什么?请你设计三种原理不同的化学方法将锈迹除去,说明它们的具体原理与方法,对比它们的优缺点并写出主要

21.12 写出 HgS 溶于王水的反应方程式。有位同学在操作中发现有时溶液是无色,请分析产生这种实验现象的原因。如何用最简单的方法来证明这一结果?

21.13 为什么 Cu(Ⅱ)在水溶液中比 Cu(Ⅰ)稳定,Ag 和 Au 易形成 +Ⅰ 和 +Ⅲ 氧化态化合物?

21.14 比较ⅠB族与ⅠA族、ⅡB族与ⅡA族的主要化学性质。

习　题

21.1 根据碱土金属的性质的递变规律,预测镭的下列性质。
(1) 可以形成哪几种氧化物
(2) 氢氧化物的碱性及在水中的溶解性
(3) 碳酸镭和硫酸镭在水中的溶解性
(4) 碳酸镭的热稳定性

21.2 解释下列事实。
(1) 锂的电离能比铯大,但 $\varphi^{\ominus}(Li^+/Li)$ 比 $\varphi^{\ominus}(Cs^+/Cs)$ 小。
(2) $\varphi^{\ominus}(Li^+/Li)$ 比 $\varphi^{\ominus}(Na^+/Na)$ 小,但锂与水的作用不如钠剧烈。
(3) LiI 比 KI 易溶于水,而 LiF 比 KF 难溶于水。
(4) $BeCl_2$ 为共价化合物,而 $CaCl_2$ 为离子化合物。
(5) 金属钙与盐酸反应剧烈,而与硫酸反应缓慢。

21.3 为什么锂盐一般都是水合的,而其他碱金属离子的盐通常都是无水的?

21.4 试利用铍、镁化合物性质的不同鉴别下列各组物质。
(1) $Be(OH)_2$ 和 $Mg(OH)_2$　　　(2) $BeCO_3$ 和 $MgCO_3$　　　(3) BeF_2 和 MgF_2

21.5 往 $BaCl_2$ 和 $CaCl_2$ 的水溶液中分别依次加入:①碳酸铵;②乙酸;③铬酸钾,各有何现象发生?写出反应方程式。

21.6 某固体混合物中可能含有 $MgCO_3$、Na_2SO_4、$Ba(NO_3)_2$、$AgNO_3$ 和 $CuSO_4$。此固体溶于水后可得到无色溶液和白色沉淀。无色溶液与 HCl 无反应,其焰色反应呈黄色;白色沉淀溶于稀盐酸并放出气体。试判断此固体混合物中存在哪些物质、不存在哪些物质。

21.7 NaOH 溶液为什么不能用磨口试剂瓶保存?NaOH 溶液中为什么常含有 Na_2CO_3?如何用简便方法检验?如何除去 Na_2CO_3?

21.8 完成以下反应式。
(1) Li 在空气中燃烧　　　　　　　　(2) 钠在空气中燃烧
(3) 钾在空气中燃烧　　　　　　　　(4) $Mg + N_2 \longrightarrow$
(5) $MgCl_2 \cdot 6H_2O \xrightarrow{\triangle}$　　　　　　(6) 由 $SrSO_4$ 制 $SrCl_2$
(7) 由 $BaSO_4$ 制 $Ba(NO_3)_2$

21.9 用反应方程式说明下列现象。
(1) 铜器在潮湿空气中会慢慢生成一层铜绿。
(2) 金溶于王水中。
(3) 在 $CuCl_2$ 浓溶液逐渐加水稀释时,溶液颜色有黄棕色经绿色而变为蓝色。
(4) 当 SO_2 通入 $CuSO_4$ 与 NaCl 的浓溶液时析出白色沉淀。
(5) 往 $AgNO_3$ 溶液滴加 KCN 溶液时,先生成白色沉淀而后溶解,再加入 NaCl 溶液时并无 AgCl 沉淀生成,但加入少许 Na_2S 溶液时却析出黑色 Ag_2S 沉淀。

21.10 解释下列实验事实。
(1) 焊接铁皮时,常先用浓 $ZnCl_2$ 溶液处理铁皮表面。
(2) HgS 不溶于 HCl、HNO_3 和 $(NH_4)_2S$ 中而能溶于王水或 Na_2S 中。

(3) HgC_2O_4 难溶于水,但可溶于含有 Cl^- 的溶液中。

(4) 热分解 $CuCl_2 \cdot 2H_2O$ 时得不到无水 $CuCl_2$。

(5) $HgCl_2$ 溶液中有 NH_4Cl 存在时,加入氨水得不到白色沉淀 $HgNH_2Cl$。

21.11 完成下列反应方程式。

(1) $Hg_2^{2+} + OH^- \longrightarrow$

(2) $Zn^{2+} + NaOH(浓) \longrightarrow$

(3) $Hg^{2+} + NaOH \longrightarrow$

(4) $Cu^{2+} + NaOH(浓) \longrightarrow$

(5) $Cu^{2+} + NaOH \longrightarrow$

(6) $Ag^+ + NaOH \longrightarrow$

(7) $HgS + Al + OH^-(过量) \longrightarrow$

(8) $Cu_2O + NH_3 + NH_4Cl + O_2 \longrightarrow$

21.12 (1) 为什么 Cu^+ 不稳定、易歧化,而 Hg_2^{2+} 则较稳定?试用电极电势的数据和化学平衡的观点加以阐述。

(2) 在什么情况下可使 Cu^{2+} 转化为 Cu^+?试各举一例。

(3) 在什么情况下可使 $Hg(Ⅱ)$ 转化为 $Hg(Ⅰ)$、$Hg(Ⅰ)$ 转化为 $Hg(Ⅱ)$?试各举三个反应方程式说明。

21.13 $CuCl$、$AgCl$、Hg_2Cl_2 都是难溶于水的白色粉末,试区别这三种金属氯化物。

21.14 分离下列各组混合物。

(1) $CuSO_4$ 和 $ZnSO_4$　(2) $CuSO_4$ 和 $CdSO_4$　(3) CdS 和 HgS　(4) Hg_2Cl_2 和 $HgCl_2$

21.15 在一种含有配离子 **A** 的溶液中加入稀盐酸,有刺激性气体 **B**、黄色沉淀 **C** 和白色沉淀 **I** 产生。气体 **B** 能使 $KMnO_4$ 溶液褪色。若通氯气于溶液 **A** 中,得到白色沉淀 **J** 和含有 **D** 的溶液。**D** 与 $BaCl_2$ 作用,有不溶于酸的白色沉淀 **E** 产生。若在溶液 **A** 中加入 KI 溶液,产生黄色沉淀 **F**,再加入 NaCN 溶液,黄色沉淀 **F** 溶解,形成无色溶液 **G**,向 **G** 中通入 H_2S 气体,得到黑色沉淀 **H**。根据上述实验结果,确定 **A**~**I** 各为何物。

21.16 已知:$\varphi^{\ominus}(Cu^{2+}/Cu^+) = 0.159\ V$,$\varphi^{\ominus}(Cu^{2+}/Cu) = 0.337\ V$,$K_{稳}^{\ominus}(CuI_2^-) = 7.08 \times 10^8$。

(1) 完成酸性介质中的电势图:$Cu^{2+} — CuI_2^- — Cu$,并说明 CuI_2^- 在酸性溶液中能否存在。

(2) 计算反应 $Cu^{2+} + 4I^- + Cu = 2CuI_2^-$ 的 $E^{\ominus}$、$K^{\ominus}$ 及 $\Delta_r G_m^{\ominus}$,并说明此反应能否正向进行。

21.17 将化合物 **A** 溶于水后加入 NaOH 溶液有黄色沉淀 **B** 生成。**B** 不溶于氨水和过量的 NaOH 溶液,**B** 溶于 HCl 溶液得无色溶液,向该溶液中滴加少量 $SnCl_2$ 溶液有白色沉淀 **C** 生成。向 **A** 的水溶液中滴加 KI 溶液得红色沉淀 **D**,**D** 可溶于过量 KI 溶液得无色溶液。向 **A** 的水溶液中加入 $AgNO_3$ 溶液有白色沉淀 **E** 生成,**E** 不溶于 HNO_3 溶液但可溶于氨水。请给出 **A**、**B**、**C**、**D**、**E** 的化学式。

21.18 试设计一个不用 H_2S 而能使下述离子分离的方案。

Ag^+、Hg_2^{2+}、Cu^{2+}、Zn^{2+}、Cd^{2+}、Hg^{2+} 和 Al^{3+}

21.19 从结构上说明下列物质在性质上的差异。

物质	沸点/K	溶解性
HgF_2	923	不溶解在有机溶剂中
$HgCl_2$	300	溶解在有机溶剂中

第 22 章 d 区 元 素

铁在人类物质文明发展的进程中曾起到比其他任何元素更为重要的作用。铁器时代始于公元前1200年,在近代,d区金属与铁形成的各类合金材料,其高强度、高硬度、高抗腐蚀性,无论是在人类日常生活还是国防军事或是高科技领域都是无可替代的,是多姿多彩的物质世界的支柱之一;近60年来,d区金属构建了极其重要的有机金属化学领域,在磁性材料领域占着大半壁江山,在催化领域也是越来越活跃,从而极大地丰富了无机化学知识宝库;在生物学中,铁在氧的输送和储存以及在电子的输送中起着关键作用,可以说没有铁就没有生命。此外,d区金属还有哪些性质能为人类所利用? 它们为何具有这些独特的性质?

过渡元素(transition elements)位于元素周期表的中心位置,将主族的s区元素和p区元素分隔于两边。由于这些元素的单质都是金属,故又称为过渡金属。另一种观点是将d区元素称为过渡元素,即从ⅢB族开始到Ⅷ族为止的25个元素。还有一种观点是将ds区的铜分族和d区元素一起被列入过渡元素。按周期又将第四、第五和第六周期的ⅢB到ⅡB元素分别称为第一过渡系、第二过渡系和第三过渡系元素。

ds区元素很多性质虽与d区元素相似,但在电子层结构上与d区元素有着本质上的不同。因此,将d区元素单独讨论。

22.1 d区元素的基本性质

22.1.1 d区元素的结构特点与基本性质

1. 电子结构特点与电离能

d区元素特征电子结构为$(n-1)d^{1\sim9}ns^{1\sim2}$,具有未充满的d轨道(Pd除外)。特例有Nb($4d^45s^1$)、Ru($4d^75s^1$)、Pt($5d^96s^1$),这是由于5s和4d,6s和5d轨道之间能级差值较小,出现$(n-1)d$和ns能级交错的情况。由表22.1可见,这三个过渡系元素的I_1与I_2相差不是很大,但I_3与I_1或I_2之差,则是第一过渡系远比第二、第三过渡系元素的大。这是因为3d与4s能级差大于4d与5s或5d与6s能级差。

第一过渡系元素的电离能和电负性(1.36~1.91)都比较小,容易失去电子呈金属性,而且$\varphi^{\ominus}(M^{2+}/M)$都是负值,表明具有较强的还原性,能从非氧化性酸中置换出氢。第一过渡系元素从左到右金属的还原能力逐渐减弱。

2. 原子半径

同一过渡系d区元素的原子半径随着原子序数的增加均依次减小,但变化得很缓慢(图22.1)。过渡系元素的原子半径随着原子序数的增加,开始减小是很明显的。第一过渡系到铬后就变得平缓,到铜时原子半径又开始上升。这是因为随着原子序数的增加,d电子数目增加,屏蔽效应减小,使得有效核电荷增加,核对电子的引力增强,原子半径减小。但半充满后随着d电子的配对,两电子要挤占同一轨道,电子之间的斥力逐渐增加,使得原子半径的递减变缓,到铜时又有所增加。与第一过渡系元素略有不同的是第二过渡系元素的原子半径至钌、铑最小,从钯($4d^{10}$)就开始增加,而第三过渡系元素的原子半径至锇最小,从铱($5d^{10}6s^2$)就开始增加。因镧系收缩,第二、第三过渡系中的同族元素的原子半径很接近,如铌和钽的原子半径均为 147 pm、钼(140 pm)和钨(141 pm)、锝(135 pm)和铼(137 pm),锆的原子半径(160 pm)甚至比铪(159 pm)还大。

表 22.1 过渡系元素的基本性质

元素符号	$r(M^{2+})$/pm	$r(M^{3+})$/pm	I_1/(kJ·mol^{-1})	I_2/(kJ·mol^{-1})	I_3/(kJ·mol^{-1})	$\varphi^{\ominus}(M^{2+}/M)$/V	$\varphi^{\ominus}(M^{3+}/M)$/V	熔点/K	沸点/K	密度/(g·cm^{-3})
Sc	—	73.2	631	1235	2389	—	−2.08	1814	3109	3.0
Ti	94	76	658	1310	2652	−1.63	−1.21	1933	3560	4.5
V	88	74	650	1414	2828	−1.13	−0.88	2163	3653	6.0
Cr	89	63	653	1592	2987	−0.90	−0.74	2130	2945	7.2
Mn	80	66	717	1509	3248	−1.18	−0.28	1517	2235	7.2
Fe	74	64	759	1561	2957	−0.44	−0.04	1808	3023	7.9
Co	72	63	758	1646	3232	−0.28	0.42	1768	3143	8.9
Ni	69	62	737	1753	3393	−0.26	—	1728	3003	8.9

元素符号	$r(M)$/pm	I_1/(kJ·mol^{-1})	I_2/(kJ·mol^{-1})	I_3/(kJ·mol^{-1})	熔点/K	沸点/K	密度/(g·cm^{-3})
Y/La	182/185	615.6/538	1181/1067	1980/—	1796/1193	3610/3727	4.47/6.15
Zr/Hf	160/159	660/675	1267/1438	2218/—	2125/2500	4650/4875	6.506/13.31
Nb/Ta	147/147	664/761	1382/1563	2416/—	2741/3269	5015/5698	8.57/16.65
Mo/W	140/141	685/770	1558/1708	2621/—	2890/3683	4885/5933	10.22/19.30
Tc/Re	135/137	702/760	1472/1602	2850/—	2445/3453	5150/5900	11.50/21.02
Ru/Os	134/135	711/839	1617/1640	2747/—	2583/3318	4173/5300	12.41/22.57
Rh/Ir	134/136	720/878	1745/1640	2997/—	2239/2683	4000/4403	12.41/22.42
Pd/Pt	137/139	805/868Z	1875/1791	3177/—	1825/2045	3413/4100	12.02/24.45

3. 密度、熔点与沸点

由于过渡系金属一般比同周期主族元素金属的原子半径要小,因而具有较大的密度。第一过渡系除 Sc、Ti 属轻金属外,其余都属于重金属;第二过渡系除 Y、Zr、Nb 外,其他元素都具有较高的密度,特别是第三过渡系元素,常称这两个过渡元素为 d 区重过渡元素。

过渡金属的 d 电子和 s 电子均能作为价电子参与金属键的形成,金属键较强,它们的原子化焓也大都高于主族金属,因此这些金属有大的硬度,其中硬度最大的是铬(莫氏硬度为 9),有高的熔沸点。由图 22.2 可见,第一、第二过渡系金属的熔点随原子序数的变化出现两个明显的"峰值"。这种变化的趋势是因为随着原子序数的增加,用于形成金属键的未成对的 d 电子增多,熔点升高。然后又随着可用于形成金属键的 d 电子的成对而减少,熔点降低。边界元素(如第一过渡系的 Mn 和 Zn)的 nd 能级为半充满和全充满的稳定构型而使熔点较低。除ⅢB元素外,同族元素从上到下金属熔点依次升高。

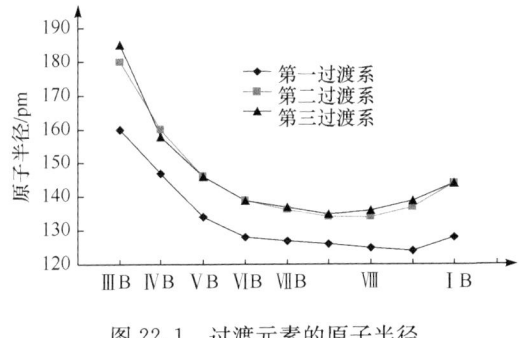
图 22.1 过渡元素的原子半径

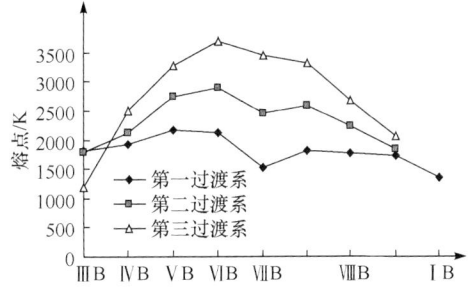
图 22.2 过渡系金属熔点随原子序数的变化

22.1.2 氧化态

过渡金属元素不同于主族金属的特征表现为可变氧化态(表 22.2)。①ⅢB 族的 Sc、Y 和 La 只能形成 +Ⅲ 氧化数。②除ⅢB 族元素外均可只失去两个电子形成 +Ⅱ 氧化态阳离子。③由于 $(n-1)d$ 和 ns 轨道能级相近,可以继而失去一个 $(n-1)d$ 电子形成 +Ⅲ 氧化态阳离子,如 $V^{3+}(aq)$、$Cr^{3+}(aq)$、$Fe^{3+}(aq)$ 等。④随着原子序数的增加,最高氧化态与其族数(ⅢB~ⅧB)对应,先是逐渐升高,第一过渡系到 Mn,而第二、第三过渡系则到 Ru、Os 达到最高氧化态,随后又逐渐降低。这种变化的趋势与成键 d 电子数有关。由于 $d^1 \sim d^5$ 构型电子都是未成对的,都能参与成键,当用所有的 s 电子和 d 电子与电负性较大的氧、氟、氯等形成共价键时就表现出最高氧化态(从 Ti 到 Mn 的最高氧化态往往只在氧化物、氟化物或氯化物中遇到)。但在超过 d^5 构型的元素后,一方面由于电子的配对,配对的电子本身比较稳定,不易参与成键;另一方面随着原子序数的增加,原子半径逐渐减小,失去或偏移电子就越不容易,以致不能失去更多的价电子。所以除 Ru、Os 外,Ⅷ族元素都不呈现与族对应的最高氧化态,如 FeO_4^{2-} 中 Fe 为 +Ⅵ。⑤同一元素氧化态的变化是连续的,如 Ti 的氧化态为 +Ⅱ、+Ⅲ、+Ⅳ;V 的氧化态为 +Ⅱ、+Ⅲ、+Ⅳ、+Ⅴ。这是因为 $(n-1)d$ 与 ns 轨道的能量相差不大,从而可形成氧化态的连续变化。⑥过渡系后半部的元素能出现零氧化态,与不带电荷的中性分子配体形成配合物。许多金属还可呈负氧化态,如 $[V(CO)_5]^{3-}$、$[Cr(CO)_5]^{2-}$、$[Ni_2(CO)_6]^{2-}$、$[Zr(CO)_6]^-$、$[Mo(CO)_5]^{2-}$、$[Ni_2(CO)_6]^{2-}$、$[Tc(CO)_5]^-$ 等。

表 22.2 d 区元素的氧化态

元素	Sc	Ti	V	Cr	Mn	Fe	Co	Ni
氧化态*		+Ⅱ	+Ⅱ	+Ⅱ	+Ⅱ	+Ⅱ	+Ⅱ	+Ⅱ
	+Ⅲ	+Ⅲ	+Ⅲ	+Ⅲ	+Ⅲ	+Ⅲ	+Ⅲ	+Ⅲ
		+Ⅳ	+Ⅳ	(+Ⅳ)	+Ⅳ	(+Ⅳ)	(+Ⅳ)	
			+Ⅴ	(+Ⅴ)	(+Ⅴ)	(+Ⅴ)		
				+Ⅵ	+Ⅵ	+Ⅵ		
					+Ⅶ			

续表

元素	Y、La	Zr、Hf	Nb、Ta	Mo、W	Tc、Re	Ru、Os	Rh、Ir	Pd、Pt
氧化态*		+Ⅱ、(+Ⅱ)	+Ⅱ	+Ⅱ	+Ⅱ、(+Ⅱ)	+Ⅱ	+Ⅱ	<u>+Ⅱ</u>
	<u>+Ⅲ</u>	+Ⅲ	+Ⅲ	+Ⅲ	+Ⅲ	+Ⅲ	<u>+Ⅲ</u>	+Ⅲ
		+Ⅳ	<u>+Ⅳ</u>	+Ⅳ	+Ⅳ	<u>+Ⅳ</u>	<u>+Ⅳ</u>	<u>+Ⅳ</u>
			<u>+Ⅴ</u>	+Ⅴ	+Ⅴ	+Ⅴ	+Ⅴ	+Ⅴ
				<u>+Ⅵ</u>	Ⅵ、<u>+Ⅵ</u>	Ⅵ、<u>+Ⅵ</u>	+Ⅵ	+Ⅵ
					<u>+Ⅶ</u>	+Ⅶ		
						<u>+Ⅷ</u>		

* 表中常见氧化态下面画"—",很少见的氧化态置于括号中。

22.1.3 氧化还原稳定性

图 22.3 是第一过渡系元素的 $\Delta G^{\ominus}/F\text{-}Z$ 图,从图中可解读出每种元素各种氧化态在水溶液中的相对稳定性及氧化还原能力的变化趋势与规律。

(1) 金属+Ⅱ氧化态的标准电极电势从左至右由负值逐渐增加到正值,且 M^{2+}/M 连线的斜率逐渐减小,表明同周期金属还原性依次减弱,如钛、钒和铬都是较强的还原剂,镍、铜是较弱的还原剂。

(2) 金属最高氧化态含氧酸的标准电极电势从左至右随原子序数的递增而增大,氧化性逐渐增强,同一族中从上到下最高氧化态趋于稳定。例如 $Cr_2O_7^{2-}$、$HMnO_4$ 等是强氧化剂,$\varphi_A^{\ominus}(FeO_4^{2-}/Fe^{3+})=2.20\ V$,高于 $\varphi_A^{\ominus}(O_2/H_2O)=1.23\ V$。

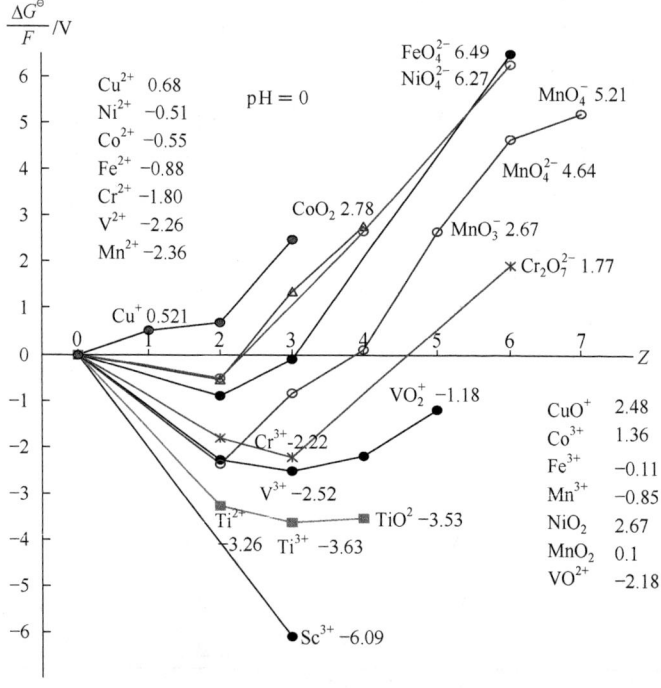

图 22.3 第一过渡系元素的 $\Delta G^{\ominus}/F\text{-}Z$ 图

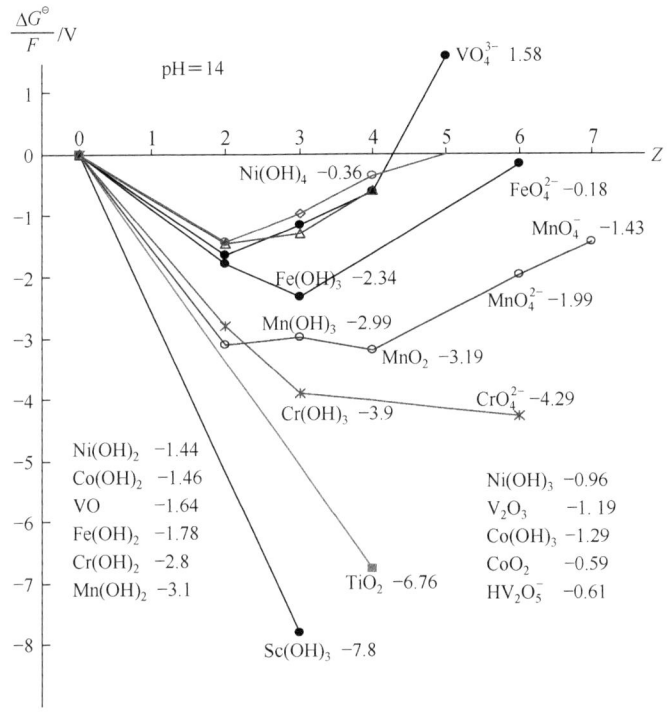

图 22.3　第一过渡系元素的 $\Delta G^{\ominus}/F$-Z 图(续)

(3) 金属的中间氧化态在一定条件下,既可发生氧化反应,也可发生还原反应,有些(如 Cu^+、Mn^{3+}、MnO_4^{2-})还可发生歧化反应。

同理可作第二、第三过渡系 d 区金属各元素 $\Delta G^{\ominus}/F$-Z 图。第二、第三过渡系 d 区元素的高氧化态稳定,低氧化态化合物不常见,只有 Pd^{2+}、Pt^{2+} 比较稳定。例如,ⅦB 族中 ReO_4^- 稳定,而 MnO_4^- 是强氧化剂;Ⅷ族中能生成 OsO_4、RuO_4,而 Fe、Co、Ni 得不到与族对应的氧化态化合物。

22.1.4　水合离子和含氧酸根的颜色

第四周期 d 区金属的低价离子在水溶液中都是以水合离子形式存在的,如 $[Cr(H_2O)_6]^{3+}$、$[Fe(H_2O)_6]^{3+}$ 等,一般常简写为 Fe^{3+}、Cr^{3+} 等。没有未成对 d 电子的水合离子是无色的,如 d^0 电子结构的 Sc^{3+}、Ti^{4+},d^{10} 电子结构的 Cu^+。具有未成对 d 电子的金属离子,容易吸收可见光而发生 d-d 跃迁,因而它们常具有颜色,如 $d^1(d^9)$ 电子结构的 Ti^{3+}(紫色)、Cu^{2+}(蓝色);d^2(d^8)电子结构的 Ti^{2+}(褐色)、V^{3+}(绿色)、Ni^{2+}(绿色);$d^3(d^7)$ 电子结构的 V^{2+}(紫色)、Cr^{3+}(蓝紫)、Co^{2+}(粉红);$d^4(d^6)$ 电子结构的 Cr^{2+}(蓝色)、Mn^{3+}(红色)、Fe^{2+}(浅绿)。具有 d^5 电子结构离子常显浅色或无色,如 Mn^{2+}(浅红色),pH=0 时,Fe^{3+} 为浅紫色的 $[Fe(H_2O)_6]^{3+}$;当 pH>2~3 时,Fe^{3+} 水解为 $[Fe(H_2O)_5(OH)]^{2+}$ 等离子而呈现为棕黄色或红棕色。

除 d-d 跃迁外荷移跃迁也能产生颜色。例如,金属含氧酸根 VO_3^-、CrO_4^{2-}、MnO_4^- 中金属的 d 电子已全部用于成键,不能发生 d-d 跃迁,但 O^{2-} 上的电子可向金属离子跃迁,对光有很强的吸收,吸收谱带的摩尔消光系数常在 10^4 左右。金属离子越容易获得电子,而和它结合的配体越容易失去电子,那么它的荷移谱带越向低波数方向移动。VO_3^-、CrO_4^{2-}、MnO_4^- 等随着金属离子电荷的增加和半径的减小,荷移跃迁最大吸收峰分别为 36900 cm^{-1}、26800 cm^{-1} 和

18500 cm^{-1},分别呈现黄色、橙色和紫色。

22.1.5 磁性

物质的磁性是物质内部结构的一种宏观表现。d 区元素$(n-1)$d$^{1\sim9}$ns^{1,2}电子构型的特征决定了它们的许多化合物是顺磁性的,其磁矩(μ)可由式(12.1)来计算。根据实验测定的磁矩可计算出未成对电子数;反之,若已知未成对电子数,也可以估计化合物的磁矩。

对于 d^4~d^{7}组态的过渡金属离子来说,第一过渡系元素既可形成高自旋也可形成低自旋八面体配合物,而第二、第三过渡系金属离子一般只形成低自旋化合物。这是因为第二、第三过渡系金属离子的配位场分裂能 Δ 大于第一过渡系金属离子的,或是成对能 P 小于第一过渡系金属离子的。

第一过渡系元素化合物的磁矩基本符合纯自旋关系式,而第二、第三过渡系元素化合物存在广泛的自旋-轨道偶合作用,有高的自旋-轨道偶合常数,因而纯自旋关系式处理化合物的有效磁矩不适用。它们的磁矩需按下式来处理:

$$\mu = \sqrt{4S(S+1)+L(L+1)}$$

22.2* 钪

钪是原子序数最小的稀土类元素,价格十分昂贵。钪在地壳中分布广而稀少,主要存在于钪钇石$[(Sc.Y)_2Si_2O_7]$中,其中含有 35%~40%的 Sc_2O_3,另一来源是铀矿加工中的副产品。钪及其化合物可广泛用于工业、农业和化学等很多方面。

钪是第一过渡系元素中最活泼的金属元素,其活泼性接近于碱土金属。例如,它在空气中能迅速被氧化生成氧化物,与水反应放出氢,也能溶于酸等。钪的化学性质与典型过渡元素有些区别,如钪只以+Ⅲ氧化态化合物形式存在,形成配合物的能力较同周期其他过渡金属元素差,在同族中钪又是最轻、离子半径最小、碱性最弱的元素,这些都与铝相似。

1) 氧化物

Sc_2O_3 与 Al_2O_3 相似。Sc_2O_3 为弱碱性氧化物,在 Sc^{3+} 溶液中加碱得到水合氧化物 $Sc_2O_3 \cdot nH_2O$,也有类似于 AlO(OH)结构的氢氧化物 ScO(OH)。水合氧化物也是两性的,溶于过量浓 NaOH 得到 $Na_3[Sc(OH)_6]$,溶于酸得到 Sc^{3+} 盐,Sc^{3+} 水溶液很容易水解,形成羟基聚合物种。

2) 卤化物

ScF_3不溶于水,可溶于过量的 F^- 形成配离子$[ScF_6]^{3-}$。与铝类似,在 $NaF-ScF_3$ 中存在有与冰晶石 Na_3AlF_6 相类似的 Na_3ScF_6 相。$ScCl_3$ 易溶于水也易潮解。钪的无水卤化物可由化合法制得,用湿法只能制得含结晶水的化合物,而加热其水合物会引起水解。

3) 含氧酸盐

$Sc_2(SO_4)_3$ 与 K^+、NH_4^+ 等的硫酸盐能形成复盐,如 $K_2SO_4 \cdot Sc_2(SO_4)_3 \cdot nH_2O$,与 $Al_2(SO_4)_3$ 类似。

4) 配合物

钪是ⅢB族元素中配位能力最强的元素,如配位数为 6 的八面体配合物$[Sc(bipy)_3]^{3+}$、$[Sc(bipy)_2(NCS)_2]^+$、$[Sc(bipy)_2Cl_2]^+$ 和 $[Sc(DMSO)_6]^{3+}$(式中 DMSO 代表二甲亚砜Me_2SO),不过所形成的配位键较其同周期过渡元素的弱。钪的 8-羟基喹啉配合物可用于对钪的分析。

22.3 钛、锆、铪及其重要的化合物

1791年业余化学家格列高尔(W. Gregor)用磁铁从当地小河的砂子中提取了一种黑色物质,即钛铁矿,用盐酸处理后所得的滤渣即金红石氧化物,1910年亨脱尔(M. A. Hunter)用金属钠还原$TiCl_4$首先制得金属钛。钛的矿物主要有钛铁矿($FeTiO_3$)和金红石(TiO_2),其次是钒钛铁矿、钙钛矿($CaTiO_3$)、楣石($CaTiSiO_5$)和锐钛矿(TiO_2)等。锆的主要矿石为锆英石($ZrSiO_4$)和斜锆石(ZrO_2)。自然界中铪与锆总是共生在一起,锆矿中总含有铪。

22.3.1 单质的制备、性质与用途

工业生产钛主要采用氯化法,将钛铁矿或金红石与焦炭混合,通入氯气并加热制得$TiCl_4$:

$$2FeTiO_3 + 7Cl_2 + 6C \xrightarrow{1173\ K} 2TiCl_4\uparrow + 2FeCl_3 + 6CO\uparrow$$

$$TiO_2 + 2Cl_2 + 2C \xrightarrow{1173\ K} TiCl_4\uparrow + 2CO\uparrow$$

将$TiCl_4$蒸馏出来并提纯后,在氩气保护下与镁共热制得钛:

$$TiCl_4 + 2Mg \xrightarrow{1220\sim1420\ K} Ti + 2MgCl_2$$

$MgCl_2$和过量Mg用稀盐酸溶解得到海绵状钛,再用真空熔化铸成钛锭。

用熔盐法直接电解TiO_2是制备金属钛的新方法。

制备钛的方法也适用于制备锆,先将锆矿石转变为氯化物,然后以活泼金属在氩气中还原得粗金属锆;将粗制锆与碘共热转变为碘化物,提纯并热分解碘化物制金属锆。

钛为银白色、坚硬、强度大、耐热、密度小。钛的相对原子质量是铝的1.77倍,但硬度为铝的6倍;有极强的抗腐蚀性,在水中只在80 ℃以上稍被腐蚀,在硝酸、热的氢氧化钠溶液中也是惰性的;容易锻造、加工。含5%的铜和3%的铝的钛合金,比不锈钢要硬2倍,而质量只有不锈钢的60%。因此,钛在宇航工业、火箭、喷气式发动机、导弹制造等中占有重要地位;钛也是制造海船、军舰的极好材料。钛对体液无毒,可用于制造人造关节和接骨,能与肌肉和骨骼一起生长,故又有"生物金属"之称。

锆和铪都是有银色光泽、高熔点的金属,在673～873 K时表面生成的氧化物保护膜,同样表现出强抗腐蚀能力。锆的抗化学腐蚀性优于钛和不锈钢,接近于钽。含有少量锆的各种合金钢有很高的强度和抗冲击的韧性,用于制造坦克、军舰等。锆对中子的吸收能力特别低,可作原子反应堆的材料。但位于锆之下的铪吸收中子的能力是锆的1000倍,且极易混入,所以用作反应堆材料的锆必须是高纯度的。锆很容易吸附氧分子、氢分子和氮分子。在1000 ℃时,用肉眼便可以看到因吸收氧而使锆自身体积胀大。

钛是活泼金属,在高温时能直接与氢、卤素、氧、氮、碳、硼、硅、硫等反应。因此,钛在炼钢工业中用作脱氧、除氮、去硫剂,以改善钢的性能。钛与氢反应生成一类非整比的氢化物($TiH_{1.7\sim2.0}$),与C、N、B反应生成硬、难溶、很稳定的填隙式化合物TiC、TiN、TiB和$TiBr_2$。钛还能与一些金属如Al、Sb、Be、Cr、Fe等生成金属间化合物。

由表22.1知,虽然$\varphi^{\ominus}(Ti^{2+}/M)$和$\varphi^{\ominus}(Ti^{3+}/M)$均为负值,但在室温下,钛不与无机酸反应,只能溶于浓热的盐酸和硫酸中,置换出H_2,生成$Ti(Ⅲ)$盐。钛易溶于氢氟酸或含有氟离子的酸(将氟化物加入酸中):

$$Ti + 6HF == TiF_6^{2-} + 2H^+ + 2H_2 \uparrow$$

这是因为钛配合物的形成破坏了表面氧化物薄膜，改变了标准电极电势，促进了钛的溶解。

在 373 K 以下，锆与各种浓度的盐酸、硝酸及浓度低于 50% 的硫酸均不发生作用；也不与碱溶液作用。但溶于氢氟酸、浓硫酸和王水，也被熔融碱所侵蚀。

粉末状的锆在空气中加热到 453～558 K 开始着火燃烧。锆在高温空气中与氮的反应比氧快，生成氮化物、氧化物和氮氧化物（$ZrON_2$）的混合物。与 B、C 分别生成硼化物（ZrB_2）和碳化物（ZrC_2）。锆与氧的亲和力很强，高温时能夺取氧化镁、氧化铍和氧化钍等坩埚材料中的氧，所以锆只能在金属坩埚中熔融。锆能吸收氢生成一系列氢化物：Zr_2H、ZrH、ZrH_2，在真空中加热到 1273～1473 K 时吸收的氢几乎可以全部排出。

22.3.2 钛的重要化合物

由图 22.3 可见，Ti^{2+}、Ti^{3+} 在水溶液中极易被氧化，因此不存在 Ti^{2+} 溶液，但 Ti^{2+} 的晶体却是可以存在的，如 $TiCl_2$、$TiBr_2$、TiI_2、TiO 等。钛的 +Ⅳ 氧化数化合物最稳定，但在溶液中却不存在简单的 Ti^{4+}。

1. 二氧化钛

自然界中的金红石、锐钛矿、板钛矿是 TiO_2 的三种晶型，其中最重要的是金红石型，锐钛矿、板钛矿晶型受热也转变成金红石型。金红石是一种典型的 MX_2 型晶体构型，属四方晶系（图 22.4）。Ti 和 O 的配位数分别为 6 和 3，6 个 O 配位在 Ti 周围形成八面体结构。

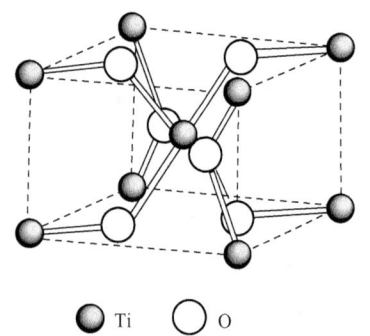

图 22.4 金红石 TiO_2 的四方晶胞

钛白粉是以金红石晶型 TiO_2 为主要成分，因反射所有波长的可见光而呈白色。含 80%～88% 的 TiO_2 及 Al_2O_3、SiO_2、ZnO 等表面处理剂，对光、热、空气稳定；钛白粉在可见光范围内有很高的折射率，颗粒度越小散射光的能力越强，所以用它制造高度阻光的膜。钛白粉广泛用于制造高级白色油漆、纸张表面处理、橡胶、塑料和皮革的着色剂、人造纤维中的消光剂；用于生产硬质钛合金，耐热玻璃和可以透过紫外线的玻璃。因为钛白粉的遮盖力很强，所以钛白颜料能取代铅白 $2PbCO_3 \cdot Pb(OH)_2$ 等，在陶瓷和搪瓷中加入 TiO_2 可增加耐酸性。此外，TiO_2 在许多化学反应中用作催化剂，如乙醇脱水和脱氢等。

TiO_2 不溶于水也不溶于稀酸，但能溶于氢氟酸和热的浓硫酸中：

$$TiO_2 + 6HF == H_2[TiF_6] + 2H_2O$$

$$TiO_2 + 2H_2SO_4 == Ti(SO_4)_2 + 2H_2O$$

$$TiO_2 + H_2SO_4 == TiOSO_4 + H_2O$$

实质上从硫酸溶液中析出的是白色 $TiOSO_4 \cdot H_2O$。这是因为 Ti^{4+} 的离子势 ϕ 大，容易与水反应，经水解得到 TiO^{2+}。在晶体中则存在含有钛原子和氧原子相间的 $(TiO)_n^{2n+}$ 锯齿形的长链：

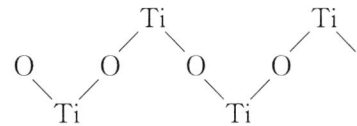

TiO₂·nH₂O 常写成 H₂TiO₃ 或 Ti(OH)₄，称为钛酸。因制备方法的不同可得 α 型钛酸和 β 型钛酸。β 型钛酸既不溶于酸也不溶于碱，α 型比 β 型钛酸活泼，既溶于稀酸，也能溶于浓碱而具有两性，与强碱反应得偏钛酸盐的水合物。例如，将 TiO₂ 与 BaCO₃ 混合研磨，经高温煅烧可制得无水偏钛酸钡：

$$TiO_2 + BaCO_3 \xrightarrow{\triangle} BaTiO_3 + CO_2\uparrow$$

人工制备的 BaTiO₃ 具有高的介电常数和压电特性，可制成具有大电容量的电容器。

2. 四氯化钛

工业上通过 TiO₂ 与 C、Cl₂ 共热来制备 TiCl₄，也可通过 COCl₂、SOCl₂、CHCl₃ 或 CCl₄ 等氯化 TiO₂ 来制备。例如

$$TiO_2 + CCl_4 \xrightarrow{770\ ℃} TiCl_4 + CO_2\uparrow$$

TiCl₄ 是四面体共价型分子化合物，常温下是无色液体，熔点为 250 K，沸点为 409 K，有刺激性气味，在水中或潮湿空气中都易水解，可作烟雾剂：

$$TiCl_4 + 3H_2O = H_2TiO_3\downarrow + 4HCl\uparrow$$

如果溶液中有一定量的酸，TiCl₄ 仅部分水解，生成氯化酰钛 TiOCl₂：

$$TiCl_4 + H_2O = TiOCl_2\downarrow + 2HCl\uparrow$$

TiCl₄ 与等物质的量的 BaCl₂ 混合溶解后，再与乙二酸反应也可得到 BaTiO₃：

$$TiCl_4 + BaCl_2 + 2H_2C_2O_4 + 5H_2O = BaTiO(C_2O_4)_2\cdot 4H_2O\downarrow + 6HCl$$

$$BaTiO(C_2O_4)_2\cdot 4H_2O \xrightarrow{\triangle} BaTiO_3 + 2CO_2\uparrow + 2CO\uparrow + 4H_2O$$

钛(Ⅳ)的卤化物和硫酸盐都易形成配合物。例如钛的卤化物与相应的卤化氢或它们的盐生成 M₂[TiX₆] 配合物。

$$TiCl_4 + 2HCl(浓) = H_2[TiCl_6]$$

这种配酸只存在于溶液中，若往此溶液中加入 NH_4^+，则可析出黄色的 (NH₄)₂[TiCl₆] 晶体。钛的硫酸盐与碱金属硫酸盐也可生成 M₂[Ti(SO₄)₃] 配合物，如 K₂[Ti(SO₄)₃]。

钛(Ⅳ)的卤化物还能与 O、N 等给体配位形成六配位的加合物，如 TiCl₄ 与醚、酮、胺、亚胺、腈、硫醇和硫醚之类的配体形成黄色到红色的 [MX₄L₂] 和 [MX₄(L—L)] 类型的加合物。例如，在高氯酸溶液中，与 Ti(Ⅳ) 配位的可以有水分子，但溶液中并没有 [Ti(H₂O)₆]⁴⁺，而是 [Ti(OH)₂(H₂O)₄]²⁺，因为

$$[Ti(H_2O)_6]^{4+} = [Ti(OH)_2(H_2O)_4]^{2+} + 2H^+$$

TiCl₄ 在醇中发生溶剂分解作用生成二醇盐：

$$TiCl_4 + 2ROH = TiCl_2(OR)_2 + 2HCl$$

如果加入干燥的氨气以除去 HCl，会产生四醇盐：

$$TiCl_4 + 4ROH + 4NH_3 = Ti(OR)_4 + 4NH_4Cl$$

这些醇盐是液体或易升华的固体，较低级的醇盐极易水解生成 TiO₂，这一性质具有重要的商业价值。将这些醇盐涂在各种材料的表面，暴露在大气中时就能产生一层薄的、透明的

TiO$_2$附着层,因而用作防水织物和隔热涂料。也可涂在玻璃和搪瓷上,烘烧后保留 TiO$_2$ 层,增强了抗刮擦的能力。

在钛(Ⅳ)盐溶液中加入 H$_2$O$_2$,可生成具有特征颜色的较稳定的[TiO(H$_2$O$_2$)]$^{2+}$:

$$TiO^{2+} + H_2O_2 = [TiO(H_2O_2)]^{2+}$$

在强酸性溶液中呈红色,在中等酸度或中性中显橘黄色。利用此反应可进行钛的定性检验和比色分析。

3. 碳化钛

TiC 是具有金属光泽的铁灰色晶体,有高的熔点(3723 K)、沸点(4573 K),有良好的导电、导热性,硬度仅次于金刚石。因此是合金的重要原料。与其他的碳化物如 WC、TaC、NbC 等相比较,TiC 的密度最小而硬度最大,且能与 WC 等形成固熔体,它们都是重要的制切削工具的材料。

TiC 可于高温下在电炉中用碳还原 TiO$_2$ 而制得,也可在高温下用钛和碳直接反应制取。用化学气相沉积法也可得到 TiC:

$$TiO_2 + 3C \xrightarrow{\triangle} TiC + 2CO$$

$$TiCl_4 + CCl_4 + 4H_2 \xrightarrow{\triangle} TiC + 8HCl$$

TiC 不溶于水、盐酸和硫酸,但溶于硝酸和氢氟酸的混合物以及王水中。不溶于碱,但溶于碱性氧化性溶盐中。

4. 钛(Ⅲ)化合物

用锌等还原 TiCl$_4$ 溶液,或将钛溶于热浓盐酸中,均可得到三氯化钛的水溶液。例如,将干燥的气态四氯化钛和过量的氢气在灼热管中还原可以得到紫色粉末状三氯化钛。目前工业上主要采用铝热法还原。将铝粉与过量的四氯化钛加入反应器内,在接近 TiCl$_4$ 的沸点温度下反应,生成 TiCl$_3$ 和 AlCl$_3$:

$$3TiCl_4 + Al = 3TiCl_3 + AlCl_3$$

三氯化钛在高于 723 K 时,于真空中歧化为二氯化钛和四氯化钛:

$$2TiCl_3 \xrightarrow{723 K} TiCl_4 \uparrow + TiCl_2$$

在更高的温度下,不挥发的 TiCl$_2$ 进一步歧化:

$$2TiCl_2 \xrightarrow{973 K} Ti + TiCl_4 \uparrow$$

$\varphi_A^{\ominus}(TiO^{2+}/Ti^{3+}) = 0.1$ V,Ti(Ⅲ)是强还原剂,易被空气或水所氧化,利用这一性质可以测定溶液中钛的含量。

22.3.3* 锆和铪的重要化合物

1. 氧化物

ZrO$_2$ 和 HfO$_2$ 均为白色固体,高熔点,高惰性。ZrO$_2$ 是高质量的耐火材料,优质的高温陶瓷,用来制作坩埚和炉膛,利用 ZrO$_2$ 生成热和燃烧热很大的性质制造照相闪光灯泡、导火剂,有高硬度而用作高级磨料。斜锆石 ZrO$_2$ 和 HfO$_2$ 为同晶形结构,又因 Zr、Hf 的半径大于 Ti,故金属原子的配位数是 7(图 22.5)。

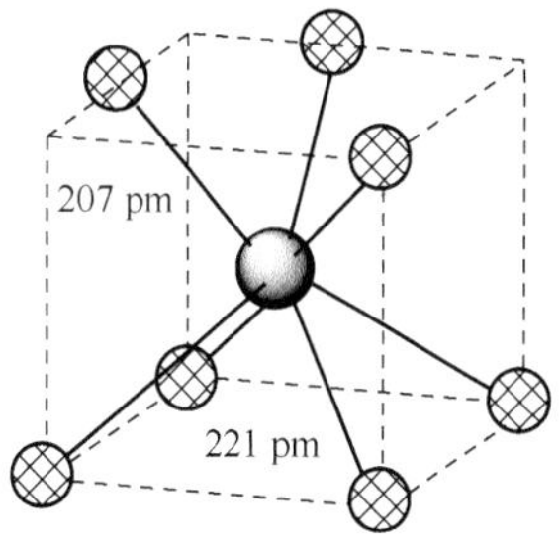

ZrO_2 和 HfO_2 可以由加热分解它们的水合氧化物或某些盐制得。ZrO_2 具有两性,溶于酸生成相应的盐,在高温与碱共熔生成锆酸盐。与钛一样,在水溶液中不存在 Zr^{4+},而以聚合态的 ZrO^{2+} 锆氧离子存在。例如,ZrO_2 与浓硫酸加热反应:

$$ZrO_2 + 2H_2SO_4(浓) = Zr(SO_4)_2 + 2H_2O$$
$$Zr(SO_4)_2 + H_2O = ZrOSO_4 + H_2SO_4$$

蒸发硫酸锆的硫酸溶液,可析出 $H_2[ZrO(SO_4)_2] \cdot 3H_2O$ 晶体。

Zr(Ⅳ)盐溶液与酸作用或氯化氧锆($ZrOCl_2$)水解,得到二氧化锆的水合物 $ZrO_2 \cdot nH_2O$:

$$ZrOCl_2 + (n+1)H_2O = ZrO_2 \cdot nH_2O + 2HCl$$

图 22.5 斜锆石(ZrO_2)中 Zr 的配位形式

$ZrO_2 \cdot nH_2O$ 也称 α 型锆酸(H_4ZrO_4),它溶于酸,当加热时转变为 β 型 H_2ZrO_3(偏锆酸)。它溶于热的浓硫酸或氢氟酸中。碱金属的锆酸盐在水溶液中溶解度很小,也发生水解:

$$Na_2ZrO_3 + 2H_2O = ZrO(OH)_2 + 2NaOH$$

铪盐在水中水解的倾向较锆盐小。

2. 卤化物

$ZrCl_4$ 是白色固体,在 604 K 升华,是制备金属锆的重要原料。遇水强烈水解而冒烟:

$$ZrCl_4 + 9H_2O = ZrOCl_2 \cdot 8H_2O + 2HCl$$

在浓盐酸中结晶出水合氯化锆 $ZrOCl_2 \cdot 8H_2O$ 晶体。它是含有四聚合的阳离子 $[Zr_4(OH)_8(H_2O)_{16}]^{8+}$,其中 4 个锆原子被 4 对成桥—OH 连接成环,每个锆原子被 8 个氧原子以十二面体配位。当盐酸浓度小于 8~9 $mol \cdot dm^{-3}$ 时,$HfOCl_2 \cdot 8H_2O$ 的溶解度与 $ZrOCl_2 \cdot 8H_2O$ 相同,当盐酸的浓度大于 8~9 $mol \cdot dm^{-3}$ 时,则锆盐的溶解度比铪盐大。因此,可利用两种盐在浓盐酸中溶解度差别来分离锆和铪。

用金属锆在 673~723 K 时还原 $ZrCl_4$ 得难挥发的 $ZrCl_3$,而 $HfCl_4$ 不会被锆还原,此性质也可用作锆和铪的分离:

$$3ZrCl_4 + Zr = 4ZrCl_3$$

3. 锆和铪的配合物

锆和铪的配合物主要以配阴离子 $[MX_6]^{2-}$ 形式存在。与适当的氟化物共熔可制得 $[MF_7]^{3-}$、$[M_2F_{14}]^{6-}$、$[MF_8]^{4-}$ 等类型的配合物。M(Ⅳ)的配位数可以是 6、7 和 8,如五角双锥的 Na_3ZrF_7 为 7 配位的;变形十二面体的 $Li_6[BeF_4][ZrF_8]$ 是 8 配位;$Cu_3[Zr_2F_{14}] \cdot 18H_2O$ 是 8 配位的 2 个四方反棱柱共一个棱边的二聚体配合物。

在 $M_2^I ZrF_6$ 型配合物中,K_2ZrF_6 的溶解度随温度的升高而增大,利用这个性质可以进行重结晶提纯。$(NH_4)_2[ZrF_6]$ 稍加热即可分解:

$$(NH_4)_2ZrF_6 = ZrF_4 + 2NH_3 \uparrow + 2HF$$

ZrF_4 在 873 K 时升华,利用这个性质可将锆与铁或其他杂质分离。

22.4 钒、铌、钽及其重要的化合物

墨西哥矿物学家德里奥(A. M. Del-Rio)早在 1801 年在铅矿中发现了一种新的物质,但未

引起重视。1830 年瑞典化学家塞夫斯特姆(N. G. Sefström)在研究一种铁矿石时再次发现了这种新元素。由于其化合物呈现出鲜艳的颜色,他便以神话中斯堪的纳维亚美丽的女神 Vanadis 的名字命名为钒(vanadium)。钒在自然界中分布分散而广泛,现已发现 60 多种钒矿石,主要有绿硫钒矿(VS_2 或 V_2S_5)、铅钒矿[$Pb_5(VO_4)_3Cl$]、钒云母[$KV_2(AlSi_3O_{10})(OH)_2$]、钒酸钾铀矿[$K_2(UO_2)_2(VO_4)_2 \cdot 3H_2O$]等。

铌和钽因原子半径和离子半径相近,化学性质极为相似,总是共生在一起。主要矿物铌铁矿和钽铁矿可用通式$(Fe,Mn)MO_3$表示。

22.4.1 单质的性质与用途

钒(银灰色)、铌和钽(钢灰色,略带蓝色)均是典型的体心立方金属结构、具有延展性,特别是钽的延展性能很好,可以冷加工。纯钒较软,含杂质时硬而脆。

d 电子的增加使得钒有较高的熔沸点和原子化焓。从钒以后,有些 3d 电子就开始进入原子的惰性电子实,用于成键的 d 电子数逐渐减少,结果导致钒成为第一过渡系中熔点最高的金属。

钒、铌和钽主要用于冶炼特种钢。钒可和钢中的碳结合成 V_4C_3,在钢中成小颗粒分散而提高钢的抗磨能力和高温时的强度,以及抗冲击的性能。铌钢能起到固定碳的作用,提高钢在高温时抗氧化的能力、改善焊接性能以及增加钢的抗蠕变性能。含钨 7.5% 的钽合金能在红热时保持弹性。

铌、钽的另一个重要性质是对人的肌肉和细胞具有亲和性而无副作用,所以用于外科刀具及医疗上。钽独特的耐酸性广泛用于化学工业的耐酸设备。用钽制成的固体电解电容器容量大、体积小、寿命长、稳定性高、工作温度范围宽,现已广泛用于计算机、雷达、导弹、彩电等电子线路中。

金属钒易呈钝态,在常温下活泼性较低。块状钒在常温下不与空气、水、苛性碱作用,也不和非氧化性的酸作用,但溶于氢氟酸,也溶于强氧化性酸,如硝酸和王水。在高温下,钒与大多数非金属元素反应,并可与熔融苛性碱发生反应。

铌、钽在空气中很稳定,能抵抗除氢氟酸以外的一切无机酸,包括王水。钽对酸有特殊的稳定性,是所有金属中最耐腐蚀的,即使加热到 1200 K 左右,在熔融的钾、钠中也不受腐蚀。但溶解在硝酸和氢氟酸的混合液中。铌和钽在高温时可以与氧、氯、硫、碳等化合。在室温时具有吸收氧、氢、氮气体的能力。

钒、钽的价电子结构为$(n-1)d^3ns^2$,铌为 $4d^45s^1$,5 个电子都可参加成键,稳定态为 +Ⅴ。但在水溶液中不存在简单的 V^{5+},而是以钒氧基(VO_2^+、VO^{3+})或含氧酸根(VO_3^-、VO_4^{3-})等形式存在。钒、铌、钽还能形成 +Ⅳ、+Ⅲ、+Ⅱ 低氧化态的化合物,但钒、铌、钽从上到下低氧化态的稳定性逐渐下降。由图 22.3 可见,在强酸性介质中 V(Ⅳ)比较稳定,V(Ⅴ)具有中等强度的氧化性,V(Ⅲ)、V(Ⅱ)具有较强的还原性,易被空气氧化为 VO^{2+}。

22.4.2 五氧化二钒

1. V_2O_5 的制备

工业上主要由含钒的矿石来提取 V_2O_5。例如,用氯化焙烧法处理钒铅矿,将食盐和钒铅矿混合在空气中焙烧,这时矿石中的 V_2O_5 发生以下反应:

$$2V_2O_5 + 4NaCl + O_2 =\!\!=\!\!= 4NaVO_3 + 2Cl_2$$

用水从烧结块中浸出 $NaVO_3$，酸化 $NaVO_3$ 得到五氧化二钒的水合物。

采用碱熔法处理钒(V)矿石，即将碱金属碳酸盐与钒(V)矿石熔融得不溶物 $Ca(VO_3)_2$，再用 Na_2CO_3 处理得 $NaVO_3$：

$$Ca(VO_3)_2 + Na_2CO_3 =\!\!=\!\!= CaCO_3 + 2NaVO_3$$

再作同上的处理，煅烧可得工业级 V_2O_5。

将偏钒酸铵加热至 700 K 使其分解，可制取高纯度的 V_2O_5：

$$2NH_4VO_3 \xrightarrow{\triangle} V_2O_5 + 2NH_3 \uparrow + H_2O \uparrow$$

还可以由三氯氧钒的水解来制备 V_2O_5。可用活泼金属热还原法由 V_2O_5 制得金属钒。

2. V_2O_5 的性质

V_2O_5 呈橙黄色到深红色，无臭、无味、有毒。它大约在 670 ℃ 熔融，冷却时呈橙色正交晶系针状晶体，在迅速结晶时因放出大量的热而发光。V_2O_5 是一种多用途的工业催化剂，能催化许多有机物被空气或过氧化氢氧化的反应；催化烯烃和芳烃被氢还原的反应，其中最重要的是在接触法制硫酸的过程中催化氧化 SO_2 为 SO_3 的反应，V_2O_5 代替了价格昂贵且易被砷等杂质"中毒"的金属铂，从而降低了生产硫酸的成本。

V_2O_5 为两性物，微溶于水 $[0.07\ g \cdot (100\ g\ 水)^{-1}]$ 产生淡黄色酸性溶液；溶于冷的浓 NaOH 溶液生成钒酸盐(Na_3VO_4)。钒酸根离子是水合离子，可写成 $[VO_2(OH)_4]^{3-}$ 相当于 $(VO_4^{3-}) \cdot 2H_2O$：

$$V_2O_5 + 6OH^- =\!\!=\!\!= 2VO_4^{3-} + 3H_2O$$

若溶于热的 NaOH 溶液则生成偏钒酸盐($NaVO_3$)。

V_2O_5 溶于强酸，pH=1 时生成淡黄色的 VO_2^+ 水合离子盐。由图 22.3 可以看出，在酸性介质中 VO_2^+ 是一种较强的氧化剂，可以被 Fe^{2+}、乙二酸、酒石酸和乙醇等还原剂还原为 VO^{2+}，I^- 能将 VO_2^+ 还原为 V^{3+}，强还原性的锌能将 VO_2^+ 还原至 V^{2+}，从而使溶液的颜色由黄色逐渐转变成蓝色、绿色，最后呈紫色而显现出多彩的颜色：

$$VO_2^+(黄色) + Fe^{2+} + 2H^+ =\!\!=\!\!= VO^{2+}(蓝色) + Fe^{3+} + H_2O$$

$$2VO_2^+ + H_2C_2O_4 + 2H^+ \xrightarrow{\triangle} 2VO^{2+} + 2CO_2 \uparrow + 2H_2O$$

$$VO_2^+ + 2I^- + 4H^+ =\!\!=\!\!= V^{3+}(绿色) + I_2 + 2H_2O$$

$$2VO_2^+ + 3Zn + 8H^+ =\!\!=\!\!= 2V^{2+}(紫色) + 3Zn^{2+} + 4H_2O$$

上述反应可用于氧化还原滴定法测定钒。

V_2O_5 氧化性较强，能将浓盐酸氧化成氯气，而本身被还原成 V(Ⅳ)：

$$V_2O_5 + 6HCl =\!\!=\!\!= 2VOCl_2 + Cl_2 \uparrow + 3H_2O$$

用 H_2 还原 V_2O_5 时，可制得一系列低氧化态氧化物，如深蓝色的 VO_2、黑色的 V_2O_3 和黑色粉末状的 VO。

22.4.3 钒酸盐和多钒酸盐

与磷酸盐类似，钒酸盐也有(正)钒酸盐($M_3^I VO_4$)、偏钒酸盐($M^I VO_3$)和多钒酸盐($M_4^I V_2O_7$)(常称为焦钒酸盐)、$M_3^I V_3O_9$ 等。钒酸根(VO_4^{3-})与磷酸根一样为四面体型；无水偏钒酸盐由共用顶角的 VO_4 四面体的无穷链组成，水合偏钒酸盐由共用棱边的 VO_5 三角双锥的无穷链组成;焦钒酸盐像焦磷酸盐一样,含有由共用一个顶点的两个 VO_4 四面体组成的双核 $V_2O_7^{4-}$。

VO_4^{3-} 只存在于 pH>13 的强碱性且钒的总浓度较低的溶液中,随着 pH 的降低及钒的总浓度变化,VO_4^{3-} 或 VO_3^- 会发生一系列的水解-聚合反应,所得到的聚合物统称为同多酸盐,其酸根常称为同多酸阴离子。例如,向钒酸盐溶液中加酸,使 pH 逐渐下降,则生成不同聚合度的多钒酸盐。钒的总浓度不变,pH 下降时,以酸式钒酸根(如 HVO_4^{2-}、$H_2VO_4^-$)形式存在;当钒的总浓度增加时,溶液中存在一系列聚合物种,如 $V_2O_7^{4-}$、$V_3O_9^{3-}$、$V_4O_{12}^{4-}$、$V_{10}O_{28}^{6-}$ 等;在浓的钒酸盐溶液中加酸使 pH 约为 2 时,则沉淀出红棕色的 V_2O_5 水合物,进一步加酸,这一沉淀又会重新溶解,生成黄色的含 VO_2^+ 溶液。这种缩合的本质是溶液中的 H^+ 和酸根中的 V 对 O^{2-} 的争夺,各物种间的转化可用下列质子化和缩合平衡来说明。

在碱性溶液中:

$VO_4^{3-} + H^+ \rightleftharpoons HVO_4^{2-}$

$2HVO_4^{2-} \rightleftharpoons V_2O_7^{4-} + H_2O$

$HVO_4^{2-} + H^+ \rightleftharpoons H_2VO_4^-$

$3H_2VO_4^- \rightleftharpoons V_3O_9^{3-} + 3H_2O$

$4H_2VO_4^- \rightleftharpoons V_4O_{12}^{4-} + 4H_2O$

在酸性溶液中:

$10V_3O_9^{3-} + 15H^+ \rightleftharpoons 3HV_{10}O_{28}^{5-} + 6H_2O$

$H_2VO_4^- + H^+ \rightleftharpoons H_3VO_4$

$HV_{10}O_{28}^{5-} + H^+ \rightleftharpoons H_2V_{10}O_{28}^{4-}$

$H_3VO_4 + H^+ \rightleftharpoons VO_2^+ + 2H_2O$

$H_2V_{10}O_{28}^{4-} + 14H^+ \rightleftharpoons 10VO_2^+ + 8H_2O$

随着 H^+ 浓度的增加,多钒酸根中的氧逐渐被 H^+ 夺走,使得酸根中钒与氧的比例逐渐降低,到强酸性(pH≤2)时,溶液中主要是稳定的黄色 VO_2^+;同时,随着 pH 的下降,发生缩合脱水反应,使得多钒酸根中含钒比例增大,聚合度增大,溶液的颜色逐渐加深,从无色到黄色,再到深红色。当 VO_4^{3-} 的浓度为 $1.0\ mol \cdot L^{-1}$ 时,V(Ⅴ) 的存在形式与 pH(箭头上方的数字)的关系可表示为

$VO_4^{3-} \xrightarrow{13.5} V_2O_7^{4-} \xrightarrow{9.5} V_3O_9^{3-} \xrightarrow{7.0} V_{10}O_{28}^{6-} \xrightarrow{2.0} V_2O_5 \xrightarrow{0.5} VO_2^+$

无色　　　　无色　　　　无色　　　　橘红　　　　红色　　　　淡黄

在钒酸盐的溶液中加过氧化氢时,由于溶液的酸碱性不同,所得物种的颜色也不同。当溶液是弱碱性、中性、弱酸性时,得到黄色的二过氧钒酸离子 $[VO_2(O_2)_2]^{3-}$;当溶液是强酸时,得到红棕色的过氧钒阳离子 $[V(O_2)]^{3+}$。两者之间存在下列平衡:

$[VO_2(O_2)_2]^{3-} + 6H^+ \rightleftharpoons [V(O_2)]^{3+} + H_2O_2 + 2H_2O$

钒酸盐与过氧化氢的反应,在分析化学中用作鉴定钒和过氧化氢的比色测定。

22.4.4* 铌和钽的重要化合物

1. 氧化物及水合氧化物

铌和钽的 M_2O_5 均为白色粉末。与过量的碱金属氢氧化物或碳酸盐共熔,再溶解于水时生成与钒类似的同多酸根阴离子的溶液。例如,当 pH=11 时,出现的是 $M_6O_{19}^{8-}$,在 pH 较低时,发生质子化作用,产生 $HNb_6O_{19}^{7-}$,当 pH 在 7 以下时,Nb 产生水合氧化物沉淀。pH<10 时 Ta 产生水合氧化物沉淀。慢慢浓缩时,可以从碱性溶液中析出 $K_8M_6O_{19} \cdot 16H_2O$ 晶体,其中含有 $M_6O_{19}^{8-}$,它是由 6 个 MO_6 八面体聚集起来的八面体结构。

铌和钽的 M_2O_5 溶于 HF 生成五氟化物,与碱共熔生成的铌酸盐和钽酸盐是两性物质,有更显著的化学惰性:

$Nb_2O_5 + 10HF \Longrightarrow 2NbF_5 + 5H_2O$

$$Nb_2O_5 + 2NaOH \xrightarrow{973\ K} 2NaNbO_3 + H_2O$$

铌酸盐和钽酸盐能被弱酸或 CO_2 所分解。$LiNbO_3$ 是最重要的光学晶体之一，具有良好的物理性能和机械性能，且成本低，它作为非线性光学晶体、电光晶体、声光晶体和双折射晶体得到广泛的应用。

2. 卤化物

将铌和钽与卤素加热反应可制得五卤化物 MX_5（$X=F, Cl, Br, I$）。NbF_5、TaF_5、$TaCl_5$ 为白色，$NbCl_5$ 为黄色。NbF_5 和 TaF_5 是四聚物，$NbCl_5$ 和 $TaCl_5$ 是二聚物。

$NbCl_5$ 在氧气氛中加热分解为氯氧化铌 $NbOCl_3$，它是白色丝光针状晶体，约在 670 K 升华，易水解为水合五氧化物：

$$2NbOCl_3 + (n+3)H_2O \xrightarrow{\quad} 6HCl + Nb_2O_5 \cdot nH_2O$$

三氯氧铌在浓盐酸和 NaCl 溶液中能结晶析出氯氧化物的配合物：

$$NbOCl_3 + NaCl \xrightarrow{\text{浓 HCl}} NaNbOCl_4$$

铌和钽的化合物都是易挥发和易水解的固体。NbF_5 在弱酸性溶液中的水解产物依赖于 HF 的量和浓度，如 HF 浓度小于 70% 时生成氟氧化物 $NbOF_3$ 和相应的铌氧氟氢酸 $H_2[NbOF_5]$，浓度为 95%～100% 时可能出现 NbF_7^{2-}。TaF_5 生成的 K_2TaF_7 的溶解度比 $K_2NbOF_5 \cdot H_2O$ 溶解度小得多，这种差异也被用于铌、钽的分离。

22.5 铬、钼、钨及其重要的化合物

1797 年法国化学家沃克兰（L. N. Vauquelin）在分析铬铅矿时发现了铬。铬铁矿（$FeCr_2O_4$）是主要的也是唯一具有商业价值的含铬矿石，此外还有铬铅矿（$PbCrO_4$）、铬赭石矿（Cr_2O_3）。辉钼矿（MoS_2）是最重要的钼矿，其次是钼铅矿（$PbMoO_4$）。钨有白钨矿（$CaWO_4$）和黑钨矿 $[(Fe, Mn)WO_4]$，还有钼钨钙矿 $[Ca(Mo, W)O_4]$。我国钼、钨的储量占世界首位，辽宁杨家杖子的辉钼矿储量为世界大钼矿之一。

22.5.1 单质的冶炼、性质与用途

铬常由铬铁矿制取，如用焦炭在电炉中还原可得到用于制造不锈钢的铬铁合金：

$$FeCr_2O_4 + 4C \xrightarrow{\quad} Fe + 2Cr + 4CO\uparrow$$

若要制取不含铁的铬单质，可强热铬铁矿与碳酸钠的混合物：

$$4FeCr_2O_4 + 8Na_2CO_3 + 7O_2 \xrightarrow{\quad} 2Fe_2O_3 + 8Na_2CrO_4 + 8CO_2\uparrow$$

用水浸取并酸化 Na_2CrO_4，析出 $Na_2Cr_2O_7$，再用碳热法还原，得 Cr_2O_3，最后用铝热法还原 Cr_2O_3 得金属铬。

精选辉钼矿和黑钨矿为原料，按以下主要流程冶炼金属钼和钨：

$$MoS_2 \xrightarrow[\text{焙烧}]{820\sim920\ K} MoO_3 \xrightarrow[\text{浸取}]{NH_3 \cdot H_2O} (NH_4)_2MoO_4 \xrightarrow{\triangle} MoO_3 \xrightarrow[H_2\ \text{还原}]{1270\sim1770\ K} Mo$$

$$(Fe, Mn)WO_4 \xrightarrow[\text{焙烧}]{Na_2CO_3,\ \text{空气}} Na_2WO_4 \xrightarrow[\text{浸出}]{H_2O} \xrightarrow[\text{酸化}]{HCl} WO_3 \cdot xH_2O \xrightarrow{\triangle} WO_3 \xrightarrow[\text{还原}]{H_2} W$$

铬、钼、钨均是银白色有光泽的金属，具有体心立方结构，显著的特性是高熔点和高硬度，钨是所有金属中熔点最高的，铬是金属中最硬的。很纯的铬相当软，有延展性，含有杂质时硬

而脆,铬的良好光泽和高的抗腐蚀性常用于电镀工业(镀铬)。铬易与其他金属形成合金,如含 Cr 0.5%～1%、Si 0.75%、Mn 0.5%～1.25%的铬钢很硬且有韧性,是机器制造业的重要原料,含铬 12%的钢称为不锈钢,有极强的耐腐蚀性能。钼和钨的主要用途是制造特种钢。钼使钢质硬韧,耐高温,用以制造高速切削工具、大炮、坦克,纯钼用作各种石油化学过程中的催化剂和电极材料。钨合金材料非常坚硬和耐磨、耐热,纯钨的最重要用途是做电灯泡中的灯丝,而钨丝的金属支架是纯钼。

铬、钼的价电子层结构是 $(n-1)d^5ns^1$,钨的价电子层结构是 $5d^46s^2$,6 个价电子都可参与成键,因此具有多种氧化态,最高氧化态为 +Ⅵ。

由铬、钼、钨在自然界中的存在形式[$FeCr_2O_4$ 中 Cr 为 +Ⅲ 氧化态、MoS_2 中 Mo 为 +Ⅳ 氧化态、$(Fe,Mn)WO_4$ 中 W 为 +Ⅵ 氧化态]不难说明,最高氧化态由 Cr 到 W 逐渐趋于稳定,Cr(Ⅵ)具有强氧化性,Mo(Ⅵ)氧化性很弱,而 W(Ⅵ)氧化性更弱;Cr(Ⅲ)最稳定,而 W(Ⅵ)最稳定。金属活泼性按 Cr、Mo、W 顺序逐渐降低。由图 22.3 可见,在酸性介质中,金属铬具有较强还原性。事实上,当铬没有被钝化的时候相当活泼,很容易将 Cu、Sn、Ni 等从它们的溶液中置换出来,也很容易溶于盐酸、硫酸和高氯酸。例如,当铬溶于稀盐酸时,先生成蓝色的 $CrCl_2$ 溶液,进一步被空气氧化为绿色 $CrCl_3$ 溶液:

$$Cr + 2HCl = CrCl_2 + H_2 \uparrow$$
$$4CrCl_2 + 4HCl + O_2 = 4CrCl_3 + 2H_2O$$

铬与浓硫酸反应,则生成 SO_2 和 $Cr_2(SO_4)_3$:

$$2Cr + 6H_2SO_4 = Cr_2(SO_4)_3 + 3SO_2 + 6H_2O$$

钼和钨在常温下很不活泼,与大多数非金属不反应,但与氟发生反应。高温时它们易与氧、卤素、碳及氢反应,分别得到氧化物、卤化物、间充型碳化物及氢化物。钼与硫作用,而钨不与硫作用。它们不溶于非氧化性酸,但溶于浓硝酸、热浓硫酸、王水或 HF 和 HNO_3 的混合酸。与碱液一般不作用,但与熔融的碱性氧化剂反应。

用金属钨粉和低灰分炭黑在高温下,于 H_2 中直接反应,可制得一种超硬材料 WC,熔点为 2993 K。用气相沉淀法也可制得高纯度的碳化钨粉。

22.5.2 铬(Ⅲ)化合物

铬(Ⅲ)属于 9～17 电子层结构,对原子核的屏蔽作用比 8 电子层结构小,使得 Cr^{3+} 有较高的有效正电荷,Cr^{3+} 半径(64 pm)又比较小。高的正电荷和有空的 d 轨道使 Cr^{3+} 具有较强的配位能力,容易同 H_2O、NH_3、Cl^-、CN^-、$C_2O_4^{2-}$ 等配体形成配位数为 6 的八面体配合物。由于 6 个配体形成的是低能的对称的 t_{2g}^3 晶体场构型,在水溶液中稳定,在通常情况下,既不易被氧化,也不易被还原,许多配合物能以固体从溶液中结晶出来。Cr^{3+} 中有 3 个成单的 d 电子,在可见光的照射下,可以发生 d-d 跃迁,所以铬(Ⅲ)化合物都显颜色。

1. 三氧化二铬和氢氧化铬

Cr_2O_3 与 Al_2O_3 同晶,具有刚玉结构,微溶于水,熔点(2708 K)很高。Cr_2O_3 是冶炼铬的原料,由于它呈绿色,常用作绿色颜料,也常用作有机合成的催化剂。

金属铬在氧气中燃烧,或用重铬酸铵热分解,或还原重铬酸盐可制得三氧化二铬:

$$Na_2Cr_2O_7 + S \xrightarrow{\triangle} Cr_2O_3 + Na_2SO_4$$

干法制得的 Cr_2O_3 对酸、碱都是惰性的，但可用熔融法使它变为可溶性的盐：

$$Cr_2O_3 + 6KHSO_4 = Cr_2(SO_4)_3 + 3K_2SO_4 + 3H_2O$$
$$Cr_2O_3 + 3K_2S_2O_7 = Cr_2(SO_4)_3 + 3K_2SO_4$$

用湿法得到的水合 Cr_2O_3 则是两性的，溶于酸形成 Cr(Ⅲ) 盐，溶于强碱形成绿色的亚铬酸盐 CrO_2^-，实际上是羟合离子，应写成 $[Cr(OH)_4]^-$ 或 $[Cr(OH)_6]^{3-}$：

$$Cr_2O_3 + 2NaOH + 3H_2O = 2Na[Cr(OH)_4]$$

向 Cr(Ⅲ) 盐溶液中加入 $2\ mol \cdot dm^{-3}$ NaOH，则生成灰蓝色的胶状沉淀：

$$Cr_2(SO_4)_3 + 6NaOH = 2Cr(OH)_3 \downarrow + 3Na_2SO_4$$

氢氧化铬也具有两性，在溶液中存在如下的平衡：

$$Cr^{3+} + 3OH^- \rightleftharpoons Cr(OH)_3 \rightleftharpoons H_2O + HCrO_2 \rightleftharpoons H^+ + CrO_2^- + H_2O$$

　　蓝紫色　　　　　灰蓝色　　　　　　　　　　绿色

加酸时，平衡向生成 Cr^{3+} 的方向移动；加碱时，平衡向生成 CrO_2^- 的方向移动。

2. 铬(Ⅲ)盐和亚铬酸盐

将 Cr_2O_3 溶于冷硫酸中，则得到紫色的 $Cr_2(SO_4)_3 \cdot 18H_2O$。含结晶水不同颜色不同，如 $Cr_2(SO_4)_3 \cdot 6H_2O$（绿色）、$Cr_2(SO_4)_3$（桃红色）。$Cr_2(SO_4)_3$ 与碱金属硫酸盐可以形成铬矾，如用 SO_2 还原重铬酸钾的酸性溶液可制得 $K_2SO_4 \cdot Cr_2(SO_4)_3 \cdot 24H_2O$：

$$K_2Cr_2O_7 + H_2SO_4 + 3SO_2 = K_2SO_4 \cdot Cr_2(SO_4)_3 + H_2O$$

在碱性溶液中，亚铬酸盐可被 H_2O_2 或 Na_2O_2 氧化生成铬(Ⅵ)酸盐：

$$2CrO_2^- + 3H_2O_2 + 2OH^- = 2CrO_4^{2-} + 4H_2O$$
$$2CrO_2^- + 3Na_2O_2 + 2H_2O = 2CrO_4^{2-} + 6Na^+ + 4OH^-$$

在酸性条件下 Cr^{3+} 还原性很弱，只有更强的氧化剂才能将它氧化成 $Cr_2O_7^{2-}$。例如

$$2Cr^{3+} + 3S_2O_8^{2-} + 7H_2O \xrightarrow{Ag^+} Cr_2O_7^{2-} + 6SO_4^{2-} + 14H^+$$
$$10Cr^{3+} + 6MnO_4^- + 11H_2O \xrightarrow{\triangle} 5Cr_2O_7^{2-} + 6Mn^{2+} + 22H^+$$

3. 铬(Ⅲ)的配合物

Cr^{3+} 配位能力强，极易与 H_2O、NH_3、X^-、$C_2O_4^{2-}$、CN^- 等配体形成配位数为 6 的八面体配合物。这些配合物可以是配阴离子、阳离子、中性分子。在溶液中 Cr^{3+} 实际是以 $[Cr(H_2O)_6]^{3+}$ 形式存在，当配位水被其他配体（如 NH_3、Cl^- 等）逐渐取代时，生成一系列混配配合物。例如，$CrCl_3 \cdot 6H_2O$ 就有三种水合异构体：紫色的 $[Cr(H_2O)_6]Cl_3$、蓝绿色的 $[Cr(H_2O)_5Cl]Cl_2 \cdot H_2O$ 和绿色的 $[Cr(H_2O)_4Cl_2]Cl \cdot 2H_2O$。当在 $[Cr(H_2O)_6]^{3+}$ 溶液中加入不同浓度的氨水后，NH_3 会逐一取代 H_2O 分子生成一系列氨配合物，且由于 $\Delta(NH_3) > \Delta(H_2O)$，吸收光谱向短波方向移动，而呈现出不同的颜色：

$$[Cr(H_2O)_6]^{3+} \xrightarrow{NH_3} [Cr(NH_3)_2(H_2O)_4]^{3+} \xrightarrow{NH_3} [Cr(NH_3)_3(H_2O)_3]^{3+} \xrightarrow{NH_3}$$
　　紫色　　　　　　　　紫红色　　　　　　　　浅红色
$$[Cr(NH_3)_4(H_2O)_2]^{3+} \xrightarrow{NH_3} [Cr(NH_3)_5(H_2O)]^{3+} \xrightarrow{NH_3} [Cr(NH_3)_6]^{3+}$$
　　橙红色　　　　　　　　橙黄色　　　　　　　　黄色

Cr^{3+} 的另一特性是水解形成含有羟(OH^-)桥的多核配合物。$[Cr(H_2O)_6]^{3+}$ 中的配位水

失去一个质子形成[Cr(H₂O)₅OH]²⁺,随后缩合形成二(μ-羟基)·二[四水合铬(Ⅲ)]。当 pH 增大时,进一步失去质子并发生缩合反应,最后得到的水解产物是 Cr(OH)₃ 沉淀。

Cr^{3+} 的水解、缩聚和配位的特性被广泛用于印染和制革工业中。在印染行业中,先用铬矾或乙二酸盐水溶液浸透织物,用蒸汽加热沉淀出胶状的水解产物,将染料牢固地固定在织物上,起着染料的媒染剂作用。在皮革生产中,先将兽皮用硫酸浸透后,再用硫酸铬溶液浸渍,Cr^{3+} 水解后形成多核配合物,将兽皮胶质纤维中相邻的蛋白质链桥连起来,起到使兽皮防腐和皮革干后柔软的作用。

22.5.3 铬(Ⅵ)化合物

铬(Ⅵ)化合物主要有氧化物(CrO_3)、含氧酸盐(CrO_4^{2-} 和 $Cr_2O_7^{2-}$)、氯化铬酰(CrO_2Cl_2),其中又以重铬酸钾(俗称红矾钾)和重铬酸钠(俗称红矾钠)最为重要。由于铬(Ⅵ)化合物中 Cr—O 之间较强的极化作用,当这些含氧化合物吸收部分可见光后,发生荷移跃迁而显颜色。

1. 三氧化铬

向重铬酸钾或重铬酸钠的浓溶液中加入浓硫酸,都有橙红色针状 CrO_3 晶体析出:

$$K_2Cr_2O_7 + 2H_2SO_4(浓) = 2KHSO_4 + 2CrO_3\downarrow + H_2O$$

CrO_3 具有强酸性、强氧化性,298 K 时的溶解度为 166 g·(100 g 水)⁻¹,水溶液称为铬酸;遇到有机物猛烈反应以至着火燃烧,甚至可能爆炸。在有机化学中广泛用作氧化剂。

CrO_3 的晶体是由共用顶点的 CrO_4 四面体组成的链结构。这种结构使得 CrO_3 的熔点只有 470 K,加热到 493~523 K 以上时,它失去氧生成一系列较低氧化态物质,最终产物是绿色的 Cr_2O_3:

$$CrO_3 \rightarrow Cr_3O_8 \rightarrow Cr_2O_5 \rightarrow CrO_2 \rightarrow Cr_2O_3$$

$$4CrO_3 \stackrel{\triangle}{=\!=\!=} 2Cr_2O_3 + 3O_2\uparrow$$

其中的 CrO_2 是很好的棕黑色磁性材料,用它制造的录音磁带在分辨率和高频响应方面甚至优于铁氧化物制造的磁带。

2. 铬酸盐与重铬酸盐

工业上主要是通过铬铁矿与碳酸钠混合在空气中煅烧,使铬氧化成可溶性的铬酸钠:

$$4Fe(CrO_2)_2 + 7O_2 + 8Na_2CO_3 = 2Fe_2O_3 + 8Na_2CrO_4 + 8CO_2\uparrow$$

浸取熔体,滤去 Fe_2O_3 等杂质,得到 Na_2CrO_4。

由于 H_2CrO_4 酸性($K_{a_1}^{\ominus} = 4.1$、$K_{a_2}^{\ominus} = 10^{-5}$)较强,因此,它不像 VO_4^{3-} 那样能形成许多种缩合酸。在不同的酸性条件下,只有 CrO_4^{2-} 与 $Cr_2O_7^{2-}$ 之间存在着下列缩合平衡:

$$2CrO_4^{2-} + 2H^+ \rightleftharpoons Cr_2O_7^{2-} + H_2O \qquad K = 4.2\times 10^{14}$$

因此,将 Na_2CrO_4 适度酸化,就转化成 $Na_2Cr_2O_7$。因 $K_2Cr_2O_7$ 在低温时溶解度较小[273 K 时,4.6 g·(100 g 水)⁻¹],在高温时溶解度较大[373 K 时,94.1 g·(100 g 水)⁻¹],而温度对 NaCl 的溶解度影响不大,故用复分解反应可制得 $K_2Cr_2O_7$。

因 Ba^{2+}、Pb^{2+}、Ag^+ 等的铬酸盐的溶度积很小,所以除了调节 pH 使 CrO_4^{2-}、$Cr_2O_7^{2-}$ 间的转化平衡发生移动外,向 $Cr_2O_7^{2-}$ 溶液中加入这些离子,也使 $Cr_2O_7^{2-}$ 转化成 CrO_4^{2-}:

$$Cr_2O_7^{2-} + 2Ba^{2+} + H_2O = 2H^+ + 2BaCrO_4(黄色)\downarrow \qquad K_{sp}^{\ominus}(BaCrO_4) = 1.6\times 10^{-10}$$

$$Cr_2O_7^{2-} + 2Pb^{2+} + H_2O == 2H^+ + 2PbCrO_4(黄色)\downarrow \quad K_{sp}^{\ominus}(PbCrO_4) = 1.77\times10^{-14}$$

$$Cr_2O_7^{2-} + 4Ag^+ + H_2O == 2H^+ + 2Ag_2CrO_4(砖红色)\downarrow \quad K_{sp}^{\ominus}(Ag_2CrO_4) = 9.0\times10^{-12}$$

实验室中常利用这些反应来检验 CrO_4^{2-} 的存在。也可用 H_2O_2 来鉴定 CrO_4^{2-} 和 $Cr_2O_7^{2-}$。

重铬酸盐在酸性溶液中是强氧化剂。例如，在冷溶液中 $K_2Cr_2O_7$ 可以氧化 H_2S、H_2SO_3 和 HI；在加热时可氧化 HBr 和 HCl。在这些反应中，$Cr_2O_7^{2-}$ 的还原产物都是 Cr^{3+} 的盐。

$$Cr_2O_7^{2-} + 6I^- + 14H^+ == 2Cr^{3+} + 3I_2 + 7H_2O$$

$$Cr_2O_7^{2-} + 3SO_3^{2-} + 8H^+ == 2Cr^{3+} + 3SO_4^{2-} + 4H_2O$$

$$Cr_2O_7^{2-} + 6Fe^{2+} + 14H^+ == 2Cr^{3+} + 6Fe^{3+} + 7H_2O$$

在分析化学中常用后一反应来测定铁。重铬酸钾也可被乙醇还原：

$$2Cr_2O_7^{2-} + 3CH_3CH_2OH + 16H^+ == 4Cr^{3+} + 3CH_3COOH + 11H_2O$$

该反应可用来监测司机是否酒后开车。

$Na_2Cr_2O_7$ 和 $K_2Cr_2O_7$ 均为大粒的橙红色晶体，不含结晶水，是实验室常用的基准试剂和氧化剂。在工业上 $K_2Cr_2O_7$ 大量用于鞣革、印染、颜料、电镀等方面。实验室用 $K_2Cr_2O_7$ 配制铬酸洗液，有强氧化性，用来洗涤化学玻璃器皿，以除去器壁上黏附的油脂层。

Na_2CrO_4 是常用的无机缓蚀剂，可在金属表面形成氧化物保护膜，延长金属材料的使用寿命。如在铁表面形成 Cr_2O_3 和 Fe_2O_3 保护膜

$$2Na_2CrO_4 + 2Fe + 2H_2O == Fe_2O_3 + Cr_2O_3 + 4NaOH$$

Cr(Ⅵ)的化合物都有较大毒性，Cr(Ⅵ)的强氧化性使其毒性是 Cr(Ⅲ)的 100 倍。因此，对从事 Cr(Ⅵ)的工业生产和化学实验都必须对废物进行处理。处理方法主要依据 Cr(Ⅵ)的氧化性和 $Cr(OH)_3$ 的难溶性，采用①还原法：调节 pH 为 6~8，用还原剂（如 $FeSO_4$、$NaHSO_3$）将 Cr(Ⅵ)还原，以 $Cr(OH)_3$ 沉淀析出，灼烧得到氧化物回收；②电解法：将含 Cr(Ⅵ)废水放入电解槽内，用铁作阳极进行电解。Fe 在阳极氧化成 Fe^{2+}，水在阴极产生 H_2 并生成 OH^-，Fe^{2+} 与 Cr(Ⅵ)反应，生成的 Fe^{3+} 和 Cr^{3+} 在阴极区与 OH^- 结合生成 $Fe(OH)_3$ 和 $Cr(OH)_3$ 沉淀除去。此法可使废水的 Cr(Ⅵ)降低到 $0.001\ mg\cdot dm^{-3}$。此外，还可用离子交换法处理。

22.5.4 钼和钨的重要化合物

1. 三氧化钼和三氧化钨

MoO_3 为白色粉末，加热时变黄，熔点为 1068 K。WO_3 为淡黄色固体，熔点为 1746 K。

MoO_3 和 WO_3 可由金属钼和钨在空气中燃烧得到，也可以通过加热焙烧钼酸和钨酸制得。MoO_3 还可由 MoS_2 在空气中灼烧得到。

MoO_3 和 WO_3 都是难溶于水的酸性氧化物，溶于氨水和碱液生成含 MO_4^{2-} 的盐：

$$MO_3 + 2NH_3\cdot H_2O == (NH_4)_2MO_4 + H_2O \quad (M=Mo,W)$$

MoO_3 和 WO_3 常温下无明显的氧化性，但在真空中加热，或与金属粉末一起加热可还原成 MoO_2 和 WO_2。在三氧化物和二氧化物之间有许多结构复杂的蓝色或紫色物相。紫色 MoO_2 和棕色 WO_2 具有变形金红石结构，能形成金属—金属键而具有类似金属的导电性和抗磁性。WO_3 主要用于制备金属钨和钨酸盐，它与 MoS_2 结合形成高硬度、抗磨损的润滑涂料。

2. 钼酸、钨酸及其盐

将 MoO_3 和 WO_3 溶于强碱溶液能得到简单的钼酸盐和钨酸盐的结晶：

$$MO_3 + 2NaOH =\!=\!= Na_2MO_4 + H_2O \qquad (M=Mo、W)$$

不论在溶液或晶体中,钼和钨的 MO_4^{2-} 都是四面体结构。只有碱金属、铵、铍、镁、铊(I)的盐是可溶的,其他金属的盐都难溶于水,难溶盐 $PbMoO_4$ 可用作 Mo 的质量分析测定。

将钼酸盐和钨酸盐酸化,随 pH 的减小,MoO_4^{2-} 和 WO_4^{2-} 逐渐失水缩合成多钼酸盐和多钨酸盐,当 pH<1 时,析出黄色的 $MoO_3 \cdot 2H_2O$ 和白色的 $WO_3 \cdot 2H_2O$ 沉淀;从热溶液中析出的是 $MO_3 \cdot H_2O(M=Mo、W)$,这些水合物称为钼酸和钨酸,简写为 H_2MoO_4 和 H_2WO_4。

钼酸盐和钨酸盐的氧化性比铬酸盐弱得多。在酸性溶液中,只有用强还原剂才能将 H_2MoO_4 还原到 Mo^{3+}。例如,在浓盐酸溶液中,用锌还原 $(NH_4)_2MoO_4$ 时,溶液最初显蓝色[钼蓝为 Mo(VI)、Mo(V) 混合氧化态化合物],继而为红棕色的 MoO_2^+,再到绿色的 $[MoOCl_5]^{2-}$,最后生成棕色的 $MoCl_3$:

$$2MoO_4^{2-} + Zn + 8H^+ =\!=\!= 2MoO_2^+ + Zn^{2+} + 4H_2O$$
$$2MoO_4^{2-} + Zn + 12H^+ + 10Cl^- =\!=\!= 2[MoOCl_5]^{2-} + Zn^{2+} + 6H_2O$$
$$2MoO_4^{2-} + 3Zn + 16H^+ + 6Cl^- =\!=\!= 2MoCl_3 + 3Zn^{2+} + 8H_2O$$

在酸性溶液中,钼酸铵与 H_2S 作用生成棕色的 MoS_3 沉淀,钨酸盐中的氧被硫置换,生成一系列硫代钨酸盐:

$$(NH_4)_2MoO_4 + 3H_2S + 2HCl =\!=\!= MoS_3 \downarrow + 2NH_4Cl + 4H_2O$$
$$WO_4^{2-} \to WO_3S^{2-} \to WO_2S_2^{2-} \to WOS_3^{2-} \to WS_4^{2-}$$

酸化硫代钨酸盐生成棕色 WS_3 沉淀。

3. 钼、钨的同多酸和杂多酸及其盐

钼和钨不仅能形成简单的含氧酸盐,还能缩合形成同多酸或与许多其他元素形成杂多酸及盐。能形成同多酸的元素有 V、Nd、Ta、Cr、Mo、W、U、B、Si、P、As 等。Mo 和 W 比 Cr 更容易形成同多酸和杂多酸。

由两个或两个以上相同的含氧酸分子脱水缩合形成的酸称为同多酸,它们的盐称为同多酸盐;由不同的含氧酸分子间脱水缩合形成的酸称为杂多酸,其盐称为杂多酸盐。

同多酸、杂多酸阴离子的形成与溶液的 pH 有关,pH 越小,缩合度越大。但在很强的酸性溶液中,则发生解聚作用。例如,将钼酸盐或钨酸盐溶液酸化并不断降低 pH 时,MoO_4^{2-} 或 WO_4^{2-} 就会发生缩聚作用生成同多酸根离子。将 MoO_3 的氨水溶液酸化到 pH=6 时,缩聚成仲钼酸铵 $(NH_4)_6Mo_7O_{24} \cdot 4H_2O$,pH<1 时缩聚成 $MoO_3 \cdot 2H_2O$。

$$MoO_4^{2-} \xrightarrow{pH=6} Mo_7O_{24}^{6-} \xrightarrow{pH=1.5\sim 2.9} Mo_8O_{26}^{4-} \xrightarrow{pH<1} MoO_3 \cdot 2H_2O$$

正钼酸根离子　　七钼酸根离子　　　八钼酸根离子　　　水合三氧化钼

$(NH_4)_6Mo_7O_{24} \cdot 4H_2O$ 是一种含钼微量元素肥料,也是实验室常用的试剂。多钨酸阴离子中较重要的是 $W_7O_{24}^{6-}$ 和 $W_{12}O_{40}^{8-}$。

这些同多酸阴离子的基本单元是 MoO_6 八面体,$Mo_7O_{24}^{6-}$ 就是由 7 个 MoO_6 八面体(Mo 位于八面体中心)通过共用棱边构成的,$Mo_8O_{26}^{4-}$(图 22.6)是由 8 个 MoO_6 八面体通过共用棱边构成的。

当将钼酸铵和磷酸盐的溶液进行酸化时,得到一种黄色沉淀就是 12-钼磷酸铵。它是制得的第一个杂多酸盐,可用于磷酸

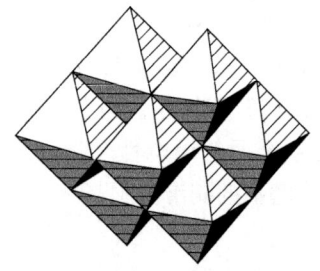

图 22.6　$Mo_8O_{26}^{4-}$ 的结构

盐的定量测定：

$$3NH_4^+ + 12MoO_4^{2-} + PO_4^{3-} + 24H^+ =\!=\!= (NH_4)_3[PMo_{12}O_{40}] \cdot 6H_2O + 6H_2O$$

一些典型的杂多酸有：12-钼硅酸 $H_4[SiMo_{12}O_{40}]$，12-钼砷酸 $H_4[AsMo_{12}O_{40}]$，12-钨硼酸 $H_4[BW_{12}O_{40}]$ 等。杂原子处于母体金属 M 原子的 MoO_6 八面体所构成的内部空腔中，并与相邻的 MoO_6 八面体中的氧原子键合，其结构是一个四面体配位的杂原子被 12 个 MoO_6 八面体所包围。

钼磷杂多酸和一些强还原剂（如 Sn^{2+}、Zn 等）作用，杂多酸中部分 Mo(Ⅵ) 被还原成 Mo(Ⅴ)，生成特征蓝色的化合物，称为钼磷蓝，是一类混合价态化合物，其组成可能是 $H_3PO_4 \cdot 10MoO_3 \cdot Mo_2O_5$。常用钼磷蓝比色法测定钢铁、土壤、农作物中的含磷量。

多酸化合物性能优异，在石油化学工业中广泛用作催化剂；用作许多染料的沉淀剂；用作新颖树脂交换剂；钼的杂多化合物还用作阻燃剂；具有良好的生物活性，有抗病毒、杀菌、抗肿瘤的功效。

4. 碳化钨

WC 是一种超硬材料，熔点为 2993 K。用金属钨粉和低灰分炭黑在高温下，于 H_2 中直接反应制得 WC，用气相沉淀法（如用 WF_6 和 CH_4 及 H_2 在高温下反应）可得到高纯度的 WC 粉。

钼是生命体系中必需的元素，人和大多数生物体都需要钼作多种酶的辅助因子。成年人体内含钼总量约 9 mg，在肾、肝和骨骼中含量最高。人从食物中摄入可溶性钼化合物后，迅速为肌体吸收。在生物氧化还原反应中，钼主要以 Mo(Ⅴ) 和 Mo(Ⅵ) 之间的转化起电子传递作用。缺钼会使体内某些含钼的黄素酶和细胞色素 c 还原酶活性降低或失活，引起三羧酸循环障碍，氧激活率下降而使心肌缺氧。克山病与缺钼也有一定关系。钼过量又会造成心腔扩张、心肌肥大、甲状腺肿大、钙磷代谢失调等。钼还是很多植物必需的微量元素。

22.6 锰、锝、铼及其重要的化合物

1774 年瑞典化学家甘恩（J. G. Gahn）用软锰矿与木炭和油的混合物一起加热，首次得到锰（manganese）。锰的矿物很多，分布广泛。最具商业价值的是软锰矿（MnO_2）、黑锰矿（Mn_3O_4）和菱锰矿（$MnCO_3$）。海洋表层中约有 10^{12} t 以上的锰结核（是含有 Cu、Co、Ni 等多种金属氧化物的多金属结核，其中含锰 25% 左右，是陆地锰矿含量的 2 倍）。

锝是过渡金属中唯一的人造元素，是由核电站从 ^{235}U 的裂变产物中获得的。铼非常稀有，共存于辉钼矿中。

22.6.1 单质的性质与用途

金属锰的制备在 14.4.3 节中已讨论过。在焙烧 MoS_2 矿时，铼被氧化成挥发性的 Re_2O_7 而聚集在烟道灰中。Re_2O_7 经系列的反应转变为 $(NH_4)ReO_4$，最后在约 973 K 的高温下用 H_2 还原，可制得纯度为 99.98% 的金属铼。

锰、锝和铼均为银白色金属，粉末状时为钢灰色。纯锰的用途不多，但其合金非常重要。锰矿石主要用来生产锰的合金钢。

所有的钢中都含有一定比例的锰。在钢铁冶炼过程中，锰作去硫剂和去氧剂，既防止了因形成 FeS 而使钢变脆，又防止了钢在冷却过程中形成气泡或砂孔。含锰合金可增加钢的硬

度。例如,含 Mn 13% 和 C 1.25% 的钢非常坚硬,具有抗御激烈的机械撞击和磨损的能力,因此用来制造破碎机、挖土机、挖泥船、钢轨等;锰可代替镍生产不锈钢;在镁铝合金中加入锰可以使抗腐蚀性和机械性都得到改进;含 84%Cu、12%Mn、4%Ni 的锰铜合金其电阻温度系数几乎为零,因而常用来制造各种电器。

Tc 的同位素均是放射性的,由于 Tc 的半衰期长,提供了一个实际上不变的 β 辐射源而应用于反应堆中。Re 的熔点很高,仅次于 W,是非常耐高温和抗腐蚀的金属,用于质谱仪的灯丝、炉子的加热绕组、热电偶(Pt-Re 等),铼铂合金用作石油重整的催化剂。此外,铼还用于核技术的辐射屏蔽等尖端材料。

锰、锝、铼的价电子结构是 $(n-1)d^5 ns^2$,按理应是一种较稳定的结构,但锰非常活泼。溶于水释放出氢,易溶于稀酸生成锰(Ⅱ)盐;与碱一起熔融生成锰酸盐:

$$Mn + 2H_2O = Mn(OH)_2 + H_2 \uparrow$$

$$Mn + 2H^+ = Mn^{2+} + H_2 \uparrow$$

$$2Mn + 4KOH + 3O_2 \xrightarrow{熔融} 2K_2MnO_4 + 2H_2O$$

暴露在空气中的块状锰其表面就被氧化成一层氧化物膜保护层;加热时锰在氧、氮、氯、氟气中燃烧的产物分别是 Mn_3O_4、MnN_2、$MnCl_2$ 和 $MnF_2 + MnF_3$;能直接与 B、C、Si、P、As 和 S 化合。

金属锝和铼的活泼性较锰差,在潮湿空气中缓慢失去光泽。在氧气中加热到 673 K 时,燃烧生成挥发性的 M_2O_7,与氟分别生成 TcF_5、TcF_6 和 ReF_6、ReF_7。不溶于氢氟酸和盐酸,但易溶于浓硝酸和浓硫酸。铼能溶于过氧化氢的氨溶液中生成含氧酸盐,而锝不溶解:

$$2Re + 7H_2O_2 + 2NH_3 = 2(NH_4)ReO_4 + 6H_2O$$

22.6.2 锰(Ⅱ)化合物及低价配位化合物

锰(Ⅱ)的化合物主要是 MnO、MnS、MnX_2 及各种含氧酸盐。多数锰(Ⅱ)盐都易溶于水,如卤化锰、硝酸锰、硫酸锰等强酸盐;碳酸锰、磷酸锰、硫化锰等是不溶性的盐。在水溶液中,Mn^{2+} 常以淡红色的 $[Mn(H_2O)_6]^{2+}$ 水合离子存在。从溶液中结晶出的锰(Ⅱ)盐是带结晶水的粉红色晶体,如 $MnCl_2 \cdot 4H_2O$、$Mn(NO_3)_2 \cdot 6H_2O$ 和 $Mn(ClO_4)_2 \cdot 6H_2O$ 等。

1. Mn(Ⅱ)的反应性、硫酸锰

由图 15.2 可见,Mn(Ⅱ)的化合物很稳定,而且酸性介质的稳定性大于碱性介质。所以,锰的高氧化态化合物在适当的还原剂作用下都能制得锰(Ⅱ)的化合物。例如,用 H_2 还原任何锰的氧化物,可生成绿色 MnO,绿色 MnS 也是锰的硫化物中最稳定的,MnO 和 MnS 都具有 NaCl 型结构。人们对 MnO 强的反铁磁性很感兴趣,因为当温度降到 118 K 以下时,相邻 Mn 原子上的电子自旋互相配对,使磁矩急剧下降。

Mn^{2+} 在酸性介质稳定,只有在浓酸的热溶液中用强氧化剂(如 $S_2O_8^{2-}$、PbO_2 等)才能将 Mn^{2+} 氧化为 MnO_4^-。利用 MnO_4^- 和 Mn^{2+} 的颜色变化,可以定性检验 Mn^{2+}。

在碱性介质中,Mn^{2+} 却易被氧化。例如,向锰(Ⅱ)盐溶液中加入强碱,可得到白色 $Mn(OH)_2$ 沉淀,但它立即被空气中的氧氧化成棕色 $MnO(OH)_2$:

$$Mn^{2+} + 2OH^- = Mn(OH)_2 \downarrow$$

$$2Mn(OH)_2 + O_2 = 2MnO(OH)_2$$

硫酸锰为白色或浅粉红色晶体,易溶于水,不溶于乙醇。用浓 H_2SO_4 与软锰矿 MnO_2 反应制得水合硫酸锰($MnSO_4 \cdot nH_2O, n=1、4、5、7$):

$$2MnO_2 + 2H_2SO_4 =\!=\!= 2MnSO_4 + 2H_2O + O_2 \uparrow$$

室温下,淡粉红色的 $MnSO_4 \cdot 5H_2O$ 是较稳定的,加热脱水为白色的无水硫酸锰,在红热时也不分解,所以硫酸锰是最稳定的锰(Ⅱ)盐。

硫酸锰主要用于制电解锰、锰肥、油漆催干剂等。

2. Mn(Ⅱ)的配合物

Mn^{2+} 的大多数配合物是高自旋八面体构型,颜色很淡,如 $[Mn(NH_3)_6]Cl_2$、$[Mn(en)_3]^{2-}$、$[Mn(NH_3)_6](ClO_4)_2$、$[Mn(C_2O_4)_2]^{2-}$ 等,大多数为很淡的粉红色,Mn^{2+} 在很稀的溶液中几乎是无色。这是因为在八面体场中,Mn^{2+} 的 5 个 d 电子为 $t_{2g}^3 e_g^2$ 排布,电子从低能量的 t_{2g} 跃迁到高能量的 e_g 时,要改变自旋方向,发生这种跃迁的概率很小,即对光的吸收很弱,这种跃迁称为自旋禁阻。只有强场配体(如 CN^-)与 Mn(Ⅱ)才可形成低自旋配合物,如 $[Mn(CN)_6]^{4-}$(蓝紫色)。

Mn(Ⅱ)也有四面体型配合物,在四面体场中,由于晶体场分裂能较八面体场低,电子跃迁比较容易,高自旋四面体型配合物颜色较深,为黄绿色。

3. Mn 的低价配合物

现已得到许多氧化数为 +1、0 和 -1 的低价锰配合物。在高压且 CO 存在下,用 $LiAlH_4$ 还原 MnI_2 得到金黄色固体 $Mn_2(CO)_{10}$,熔点为 154 ℃,其中 Mn 的氧化数为 0。以 $Mn_2(CO)_{10}$ 为反应物,可制备许多其他羰基配合物和衍生物。例如,用钠汞齐还原 $Mn_2(CO)_{10}$ 能够得到 $Na[Mn(CO)_5]$,其中 Mn 的氧化数为 -1。再用 H_3PO_4 处理 $Na[Mn(CO)_5]$ 得到无色液体 $[Mn(CO)_5H]$。用 Cl_2 氧化 $Mn_2(CO)_{10}$ 可得到 $[Mn(CO)_5Cl]$,其中 Mn 的氧化数为 +1。

22.6.3 二氧化锰

二氧化锰是最重要的锰(Ⅳ)化合物,是软锰矿的主要成分。在常温下,MnO_2 是一种黑色粉末状物质,不溶于水,显弱酸性,在空气中加热至 800 K 以上放出氧气。

MnO_2 中 Mn 处于中间价态,它既能被还原为 +Ⅱ 氧化态,也可以被氧化为 +Ⅵ 氧化态。在酸性介质中它是一种较强的氧化剂,如实验室用 MnO_2 与浓 HCl 反应制备氯气。在 383 K,MnO_2 与浓 H_2SO_4 反应生成硫酸锰(Ⅲ),并放出氧气:

$$4MnO_2 + 6H_2SO_4(浓) =\!=\!= 2Mn_2(SO_4)_3 + 6H_2O + O_2 \uparrow$$

在碱性介质中它是一种还原剂。

在 14.4.3 中讨论过 MnO_2 的制备。MnO_2 是非常重要的工业原料,广泛应用于炼钢、制造干电池;利用 MnO_2 的氧化性,将其加入熔态的玻璃作脱色剂,用以除去硫化物及亚铁盐等带色的杂质,称为普通玻璃的漂白剂;是由苯胺制备氢醌(氢醌是摄影的显影剂,生产染料和油漆的原料)的氧化剂;作为软磁铁氧体的成分应用于电视机等电子工业;MnO_2 还作催化剂和催干剂。

22.6.4 锰(Ⅵ)和锰(Ⅶ)的化合物

1. Mn(Ⅵ)的化合物

Mn(Ⅵ)的化合物中,比较稳定的是锰酸盐,如 Na_2MnO_4 和 K_2MnO_4。它们只有在强碱性条件下(pH>14.4)才能稳定存在,如果在酸性或在近中性的条件下,MnO_4^{2-}易发生歧化反应(图15.2):

$$3MnO_4^{2-}+4H^+ =\!=\!= 2MnO_4^-+MnO_2+2H_2O$$
$$3MnO_4^{2-}+2H_2O =\!=\!= 2MnO_4^-+MnO_2+4OH^-$$

pH=0时,MnO_4^{2-}歧化反应的$K=3.16\times10^{57}$,说明MnO_4^{2-}的歧化反应进行得很完全。只要在MnO_4^{2-}溶液中加入很弱的酸(如乙酸),甚至通CO_2也会促使歧化反应的进行:

$$3K_2MnO_4+2CO_2 =\!=\!= 2KMnO_4+MnO_2+2K_2CO_3$$

此法是工业生产$KMnO_4$常用的方法之一。

MnO_4^{2-}有还原性,可用氯气、次氯酸盐等为氧化剂,将K_2MnO_4氧化为$KMnO_4$:

$$2K_2MnO_4+Cl_2 =\!=\!= 2KMnO_4+2KCl$$

2. 高锰酸钾

$KMnO_4$是$Mn(Ⅶ)$的重要化合物,$NaMnO_4$因易潮解而不常用。同VO_4^{3-}和CrO_4^{2-}等离子一样,MnO_4^-呈四面体构型,且$Mn—O$之间的极化作用比$Cr—O$的更强,Mn、O之间的荷移跃迁更容易发生。所以,无论是晶体还是水溶液,$KMnO_4$均显紫色。

1) 强氧化性

高锰酸钾的主要性质是强氧化性,其还原产物随溶液的酸度有所不同。此外,$KMnO_4$加入的先后顺序也会影响还原产物。

(1) 介质酸度的影响。例如,$KMnO_4$与Na_2SO_3在酸性、中性和碱性介质中的还原产物分别为Mn^{2+}、MnO_2和MnO_4^{2-}:

$$MnO_4^-+SO_3^{2-}+H_2O \xrightarrow{\begin{array}{c}H^+\\ \\ OH^-\end{array}} \begin{array}{c}Mn^{2+}+H_2O\\ MnO_2\downarrow+OH^-+SO_4^{2-}\\ MnO_4^{2-}+H_2O\end{array}$$

(2) $KMnO_4$加入顺序的影响。$KMnO_4$加入的先后顺序有时也会影响还原产物。例如,在酸性条件下$KMnO_4$与$H_2C_2O_4$的反应,如果是将$KMnO_4$逐滴加入到$H_2C_2O_4$溶液中,其还原产物是Mn^{2+};但相反,如果是将$H_2C_2O_4$逐滴加入到$KMnO_4$溶液中,其还原产物则是MnO_2。

$KMnO_4$在酸性介质中的强氧化性广泛应用于分析化学中。例如,它可以氧化Fe^{2+}、Ti^{3+}、VO^{2+}以及H_2O_2、乙二酸盐、甲酸盐和亚硝酸盐等。

$$2MnO_4^-+10Cl^-+16H^+ =\!=\!= 2Mn^{2+}+5Cl_2\uparrow+8H_2O$$
$$6MnO_4^-+10Cr^{3+}+11H_2O =\!=\!= 6Mn^{2+}+5Cr_2O_7^{2-}+22H^+$$
$$2MnO_4^-+5C_2O_4^{2-}+16H^+ =\!=\!= 2Mn^{2+}+10CO_2\uparrow+8H_2O$$

在定量测定上述各物质含量时必须注意保持溶液有足够的酸度,否则随反应的不断进行,溶液的酸度不断降低,将会生成MnO_2而影响测定的准确度。

2) 不稳定性

高锰酸钾稳定性较差,在酸性溶液中分解明显,在中性或微碱性溶液中分解较慢:

$$4MnO_4^-+4H^+ =\!=\!= 4MnO_2\downarrow+3O_2\uparrow+2H_2O$$
$$4MnO_4^-+4OH^- =\!=\!= 4MnO_4^{2-}+O_2\uparrow+2H_2O$$

日光对$KMnO_4$的分解有催化作用,因此$KMnO_4$溶液必须保存在棕色瓶中:

$$4KMnO_4+2H_2O \xrightarrow{h\nu} 4MnO_2\downarrow+4KOH+3O_2\uparrow$$

该反应生成的 MnO_2 本身就是一个催化剂,加速 $KMnO_4$ 的分解,所以当 $KMnO_4$ 一旦分解,就会加速分解的进行,这称为自动催化。

固体高锰酸钾还较稳定,但受热也会分解,如 200 ℃时分解:

$$2KMnO_4 \xrightarrow{\triangle} K_2MnO_4 + MnO_2 + O_2 \uparrow$$

粉末状的 $KMnO_4$ 与 90% H_2SO_4 反应,生成一种爆炸性的绿色油状物 Mn_2O_7。它在273 K以下稳定,静置时缓慢地失去氧而生成 MnO_2,受热爆炸分解成 MnO_2、O_2 和 O_3,并以爆炸方式使大多数有机物发生燃烧。Mn_2O_7 在四氯化碳中很稳定、安全,将它溶于冷水就生成高锰酸($HMnO_4$)。

高锰酸钾还用作织物和油脂的漂白剂;医药上用作杀菌剂;稀溶液(0.1%)用于浸洗水果、餐具的消毒剂;在化工生产中用于生产苯甲酸、维生素 C、糖精及烟酸等。

22.6.5* 锝和铼的重要化合物

1. 氧化物和含氧酸盐

锝和铼较为稳定的氧化物有 MO_2 和 M_2O_7,铼还有 ReO_3。M_2O_7 都是易挥发的黄色固体。Tc_2O_7 是由两个 TcO_4 四面体共用一个氧原子,Tc—O—Tc 链呈直线的结构(图 22.7),而 Re_2O_7 是由 ReO_4 四面体和 ReO_6 八面体共角交替无限地排列。

锝和铼的 M_2O_7 都能溶于水得到无色的高酸 HMO_4。HMO_4 与 $HMnO_4$ 一样都是强酸,但其氧化性比 $HMnO_4$ 弱得多。在碱性溶液中,HMO_4 是稳定的。

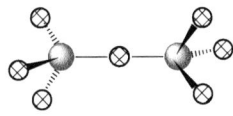

图 22.7 Tc_2O_7 的结构

红色的 ReO_3 具有金属光泽,很稳定,在 400 ℃时才分解。可用 CO 还原 Re_2O_7 而制得。它具有非常低的电阻率,像金属一样,电阻率随温度降低而降低。ReO_3 不溶于水,也不与酸和碱的水溶液作用,但与浓碱一起煮沸时,歧化成 Re_2O_7 和 ReO_2。

锝的含氧化物加热到高温时的最终产物是 TcO_2,如加热 Tc_2O_7 和 NH_4TcO_4:

$$2Tc_2O_7 \xrightarrow{\triangle} 4TcO_2 + 3O_2 \uparrow$$

$$2(NH_4)TcO_4 \xrightarrow{\triangle} N_2 \uparrow + 2TcO_2 + 4H_2O$$

ReO_2 在 900 ℃歧化为 Re_2O_7 和金属铼,蓝黑色的 ReO_2 稳定性不如 TcO_2。TcO_2 不溶于强碱,而 ReO_2 能与强碱熔融生成亚铼酸盐($MReO_3$),用锌和盐酸还原锝(铼)酸盐 MO_4^- 的水溶液得到锝和铼的水合氧化物 $MO_2 \cdot 2H_2O$。

铼能生成系列的卤化物,如 ReF_n(n=4~7)、$ReCl_6$、$ReBr_5$、ReI_3。

2. 配合物

Mn、Tc、Re 都有丰富的配位化合物,与 Mn 或 Tc 相比,Re 更易生成高配位化合物。另一有趣的特点是,含有 Re—C σ 键的有机金属化合物是过渡金属中最丰富的。例如,具有多重 Re—Re 金属键的铼配合物 $[Re_3Cl_{12}]^{3-}$ [图 13.8(a)]、$[Re_2Cl_8]^{2-}$ [图 13.9(b)];具有三冠三棱柱结构的 $[ReH_9]^{2-}$ 配合物 [图 22.8(a)];具有 Re—C σ 键的羰基化合物 $Re_2(CO)_{10}$ [图 22.8(b)]等。

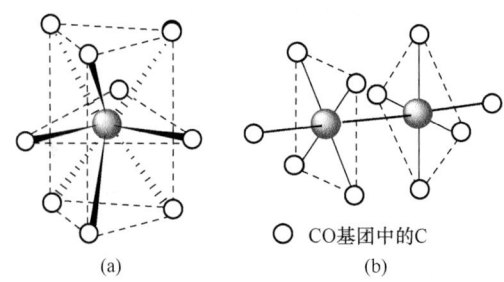

图 22.8 $[ReH_9]^{2-}$(a)与 $Re_2(CO)_{10}$(b)的结构

22.7 铁系元素

第一过渡系中Ⅷ族三种元素铁、钴、镍统称为铁系元素。这三个元素原子的价电子层结构为 $3d^{6\sim8}4s^2$,最外层都有 2 个电子,而且原子半径很相近,只是次外层的 3d 电子数不同,所以它们的性质很相似。

铁系金属的矿物主要有赤铁矿(Fe_2O_3)、磁铁矿(Fe_3O_4)、褐铁矿($2Fe_2O_3 \cdot 3H_2O$)、菱铁矿($FeCO_3$)、黄铁矿(FeS_2)、辉钴矿(CoAsS)、镍黄铁矿$[(Ni,Fe)_9S_8]$等。

22.7.1 铁系金属的性质和用途

铁、钴、镍都是具有光泽的银白色金属,铁、钴略带灰色,具有大的密度和高的熔点。钴比较硬而脆,铁和镍却有很好的延展性。它们的原子半径、离子半径、电离能等性质基本上随原子序数增加而有序地变化。镍的相对原子质量比钴略小,这是因为镍的同位素中质量数小的一种占的比例大。

铁、钴、镍的合金是很重要的金属结构材料,如不锈钢、铁磁材料、$SmCo_5$ 永磁体的磁性是其他磁性材料的 10 倍以上,用在高磁性要求或超小型的设备和仪表等方面。含 W、Co 的超硬合金可生产钻头、模具及高速刀具等。镍粉可作氢化时的催化剂,镍制坩埚常用于实验室。

在第一过渡系中,从铁开始,3d 电子已超过 5 个,3d 轨道已超过半充满状态,随着半径的减小和有效核电荷的增加,在通常情况下,它们的价电子全部参加成键的可能性逐渐减少,因而铁系元素已不再呈现与族数相对应的最高氧化态。一般条件下,铁表现+Ⅱ和+Ⅲ氧化态,在强氧化剂作用下,才出现不稳定的+Ⅵ氧化态(高铁酸盐)。钴和镍的+Ⅱ氧化态稳定,+Ⅲ氧化态的简单化合物很不稳定,但+Ⅲ氧化态的某些配合物很稳定,因而有较多的配合物。

图 22.3 表明,铁、钴、镍都是中等活泼的金属。在常温和无水情况下,铁系元素均较稳定,但在高温时,它们能与氧、硫、氮、氯发生剧烈的反应:

$$3M + 2O_2 \stackrel{\triangle}{=\!=\!=} M_3O_4 \qquad (M = Fe、Co)$$

$$M + S \stackrel{\triangle}{=\!=\!=} MS \qquad (M = Fe、Co、Ni)$$

$$M + Cl_2 \stackrel{\triangle}{=\!=\!=} MCl_2 \qquad (M = Co、Ni)$$

$$2Fe + 3Cl_2 \stackrel{\triangle}{=\!=\!=} 2FeCl_3$$

用铁制品盛装浓硝酸和浓硫酸是因为常温时铁被浓硝酸、浓硫酸所"钝化",但钴和镍与浓硝酸发生激烈反应。稀硝酸能将铁氧化成 Fe^{2+} 或 Fe^{3+}。铁能从非氧化性酸中置换出氢气,也能被浓碱溶液所侵蚀,在潮湿空气中被氧化成 $Fe_2O_3 \cdot nH_2O$ 而生锈。钴和镍在常温下对水和空气都较稳定,在大多数无机酸中缓慢溶解,与强碱不发生作用,故实验室中可以用镍制坩埚熔融碱性物质。

22.7.2 氧化物和氢氧化物

1. 氧化物

铁系元素的氧化物有 MO、M_2O_3(M=Fe、Co)、M_3O_4(M=Fe、Co)和 NiO_2。纯 Co_2O_3 还没有得到过,只知有一水合物 $Co_2O_3 \cdot H_2O$。纯的无水氧化镍(Ⅲ)也未得到证实,用 NaClO 氧化碱性硫酸镍溶液可得到黑色的 $NiO_2 \cdot nH_2O$,它不稳定,对有机物是一个有用的氧化剂。

在隔绝空气的条件下加热 M(Ⅱ)的碳酸盐、乙二酸盐或硝酸盐可制得它们的 MO:

$$MCO_3 \xrightarrow[\text{隔绝空气}]{\triangle} MO + CO_2 \uparrow \qquad (M=Fe、Co、Ni)$$

$$MC_2O_4 \xrightarrow[\text{隔绝空气}]{\triangle} MO + CO \uparrow + CO_2 \uparrow \qquad (M=Fe、Co、Ni)$$

在低氧分压下加热铁和加热镍(Ⅱ)的氢氧化物也可分别得到 FeO 和 NiO。

FeO 是一种能自燃的黑色细粉,呈碱性,易溶于酸形成铁(Ⅱ)盐。CoO 为灰绿色,常温时呈反铁磁性,难溶于水,溶于酸,一般不溶于碱性溶液。NiO 是绿色的,不溶于水,易溶于酸中。

Fe_2O_3 有 α 和 γ 两种不同的构型。α-Fe_2O_3 为红棕色,具有刚玉型结构,广泛用作红色颜料,用以制备稀土-铁石榴石和其他铁氧体磁性材料,用以制作抛光剂——抛光宝石的铁丹等。将 Fe_3O_4 氧化可以制得 γ-Fe_2O_3,γ-Fe_2O_3 是生产录音磁带的磁性材料。

Fe_3O_4 是一种混合价态($Fe^{Ⅱ}/Fe^{Ⅲ}$)氧化物,可看成是 $Fe(FeO_2)_2$,即铁酸亚铁。Fe_3O_4 具有反式尖晶石结构,是一种铁氧体磁性物质,不溶于水和酸,具有很好的电学性质,其电导是 Fe_2O_3 的 10^6 倍,这是因为在 $Fe^{Ⅱ}$ 和 $Fe^{Ⅲ}$ 之间存在快速电子传递。

制备 Fe_3O_4 的方法有多种:在 433 K 时加热 FeC_2O_4、铁在氧气中加热、将水蒸气通过赤热的铁、由 FeO 部分氧化、由 Fe_2O_3 加热到 1673 K 以上都可制得 Fe_3O_4。在空气中加热钴(Ⅱ)的碳酸盐、乙二酸盐、硝酸盐,或将 CoO 在大气的氧中加热到 673~773 K 均得到黑色的 Co_3O_4。Co_3O_4 无论是在酸性还是碱性条件下都有很强的氧化性。

2. 氢氧化物

在无氧的条件下,向铁(Ⅱ)、钴(Ⅱ)或镍(Ⅱ)盐的水溶液中加碱,均可得到相应的氢氧化物 $Fe(OH)_2$(白色)、$Co(OH)_2$(粉红色)、$Ni(OH)_2$(绿色)。

$Ni(OH)_2$ 具有碱性,$Co(OH)_2$ 和 $Fe(OH)_2$ 具有两性,溶于酸形成 M(Ⅱ)盐,溶于浓碱溶液时 $Co(OH)_2$ 生成深蓝色的 $[Co(OH)_4]^{2-}$,$Fe(OH)_2$ 生成 $[Fe(OH)_6]^{4-}$:

$$Fe(OH)_2 + 4OH^- \rightleftharpoons [Fe(OH)_6]^{4-}$$

$M(OH)_2$ 的还原性依 Fe、Co、Ni 逐渐减弱,稳定性依次增强。例如,在有氧气情况下 $Fe(OH)_2$ 迅速变暗,逐渐形成红棕色的水合氧化铁,$Co(OH)_2$ 在空气中慢慢地被氧化为棕褐色的 $Co(OH)_3$,而 $Ni(OH)_2$ 在空气中稳定。

$$4M(OH)_2 + O_2 + 2H_2O \rightleftharpoons 4M(OH)_3 \downarrow \qquad (Fe 快、Co 慢、Ni 不反应)$$

碱与铁(Ⅲ)盐溶液生成的红棕色沉淀实际上是水合三氧化二铁 $Fe_2O_3 \cdot nH_2O$,习惯上写

成 $Fe(OH)_3$。它略显两性,但碱性强于酸性,只有新沉淀出来的 $Fe(OH)_3$ 能溶于强碱溶液中生成铁(Ⅲ)酸盐离子 FeO_2^- 或 $[Fe(OH)_6]^{3-}$:

$$Fe(OH)_3 + KOH = KFeO_2 + 2H_2O$$

$$Fe(OH)_3 + 3KOH = K_3[Fe(OH)_6]$$

向钴(Ⅱ)盐溶液中加入强氧化剂如 Cl_2、$NaOCl$ 等,控制溶液 pH 大于 3.5 的条件下,可制得棕褐色的 $Co(OH)_3$。在低于 298 K 时,向镍(Ⅱ)盐的碱性溶液中加入氧化剂 Br_2,可制得黑色的 $Ni(OH)_3$:

$$2Co(OH)_2 + NaClO + H_2O = 2Co(OH)_3 \downarrow + NaCl$$

$$2Ni(OH)_2 + Br_2 + 2NaOH = 2Ni(OH)_3 \downarrow + 2NaBr$$

$Co(OH)_3$ 和 $Ni(OH)_3$ 为碱性,但因 Co^{3+} 和 Ni^{3+} 的强氧化性,它们溶于酸时得不到相应的 M(Ⅲ)盐。例如,它们与盐酸反应时,能将 Cl^- 氧化成 Cl_2:

$$2Co(OH)_3 + 6HCl = 2CoCl_2 + Cl_2 \uparrow + 6H_2O$$

22.7.3 铁系元素的重要盐类

总的来看,铁系 M(Ⅱ)和 Fe(Ⅲ)的强酸盐都易溶于水,弱酸盐都较难溶于水。铁(Ⅱ)盐一般为浅绿色,而铁(Ⅲ)盐一般为红棕色。铁系的可溶性盐类从溶液中析出时,通常带有结晶水,如 $MSO_4 \cdot 7H_2O$ [M=Fe(绿矾)、Co(红色)、Ni(黄绿色)]、$Fe_2(SO_4)_3 \cdot 9H_2O$(浅黄色)。

1. M(Ⅱ)的盐

1) 硫酸亚铁

将铁屑与稀硫酸反应即生成硫酸亚铁。工业上主要用氧化黄铁矿的方法来制取:

$$2FeS_2 + 7O_2 + 2H_2O = 2FeSO_4 + 2H_2SO_4$$

绿矾在空气中可逐渐失水而风化,且表面易氧化为黄褐色的碱式硫酸铁:

$$4FeSO_4 + 2H_2O + O_2 = 4Fe(OH)SO_4$$

因此,绿矾在空气中不稳定而变为黄褐色,其溶液久置也常有棕色沉淀。

硫酸亚铁与碱金属硫酸盐形成复盐 $M_2^I SO_4 \cdot FeSO_4 \cdot 6H_2O$。最重要的是硫酸亚铁铵,俗称莫尔盐 $FeSO_4 \cdot (NH_4)_2SO_4 \cdot 6H_2O$,它比绿矾稳定得多,在分析化学中常用作还原剂。

$$10FeSO_4 + 2KMnO_4 + 8H_2SO_4 = 5Fe_2(SO_4)_3 + 2MnSO_4 + K_2SO_4 + 8H_2O$$

$$6FeSO_4 + K_2Cr_2O_7 + 7H_2SO_4 = 3Fe_2(SO_4)_3 + Cr_2(SO_4)_3 + K_2SO_4 + 7H_2O$$

绿矾加热失水得到白色的无水 $FeSO_4$,加强热则分解:

$$2FeSO_4 \xrightarrow{\triangle} Fe_2O_3 + SO_2 + SO_3$$

硫酸亚铁能与鞣酸生成易溶的鞣酸亚铁,它在空气中易被氧化成黑色的鞣酸铁,所以可以用来制蓝黑墨水,还用于染色和木材防腐,在农业上用作杀虫剂,防治大麦的黑穗病和条纹病。

2) 硫酸钴(Ⅱ)和硫酸镍(Ⅱ)

硫酸钴(Ⅱ)、硫酸镍(Ⅱ)可用它们的 +Ⅱ 的氧化物或碳酸盐溶于稀硫酸制得,$NiSO_4$ 还可用金属镍与硫酸和硝酸反应制得:

$$2Ni + 2H_2SO_4 + 2HNO_3 = 2NiSO_4 + NO_2 \uparrow + NO \uparrow + 3H_2O$$

$NiSO_4$ 大量用于电镀和催化剂。$CoSO_4$、$NiSO_4$ 也可以和碱金属或铵的硫酸盐形成复盐,如 $(NH_4)_2SO_4 \cdot NiSO_4 \cdot 6H_2O$。

3) 二氯化钴和二氯化镍

用金属钴和镍与卤素直接作用可制得 CoX_2 和 NiX_2，如红色的 CoF_2、蓝色的 $CoCl_2$、绿色的 $CoBr_2$、黑色的 CoI_2。$CoCl_2$ 含结晶水不同而呈现不同的颜色：

$$CoCl_2 \cdot 6H_2O \underset{}{\overset{325\ K}{\rightleftharpoons}} CoCl_2 \cdot 2H_2O \underset{}{\overset{363\ K}{\rightleftharpoons}} CoCl_2 \cdot H_2O \underset{}{\overset{393\ K}{\rightleftharpoons}} CoCl_2$$
$$\text{粉红} \qquad\qquad \text{紫红色} \qquad\qquad \text{蓝紫色} \qquad\qquad \text{蓝色}$$

利用 $CoCl_2$ 的这一性质制作干燥剂硅胶和制备显隐墨水。$CoCl_2$ 主要用于电解金属钴和制备钴的化合物，此外还用作氨的吸收剂、防毒面具和肥料添加剂等。

$NiCl_2$ 也存在一系列水合物，均为绿色晶体，加热逐渐失去结晶水：

$$NiCl_2 \cdot 7H_2O \overset{239\ K}{\rightleftharpoons} NiCl_2 \cdot 6H_2O \overset{301\ K}{\rightleftharpoons} NiCl_4 \cdot 4H_2O \overset{337\ K}{\rightleftharpoons} NiCl_2 \cdot 2H_2O$$

无水盐为黄褐色。在乙醚或丙酮中 $NiCl_2$ 的溶解度比 $CoCl_2$ 小得多，利用这一性质可分离钴和镍。

4) 硫化物

在 M^{2+} 的溶液中加入 $(NH_4)_2S$ 溶液时，能生成黑色的 MS 沉淀：

$$M^{2+} + S^{2-} =\!=\!= MS\downarrow \qquad (M=Fe、Co、Ni)$$

这三种硫化物的 $K_{sp}^{\ominus}$ 均较大，故往酸性溶液中通入 H_2S 时沉淀不完全。

2. M(Ⅲ)的盐

1) M(Ⅲ)的氧化还原性

从图 22.3 可以看出，Co^{3+} 的氧化性比 Fe^{3+} 强，Fe^{3+} 是中等强度的氧化剂，可将 Sn^{2+}、I^-、H_2S、SO_2、Cu 等氧化，因而可用于印刷电路制版。通过在 H_2SO_4 水溶液中电解氧化 Co(Ⅱ) 已制得蓝色的 $Co_2(SO_4)_3 \cdot 18H_2O$，其中含有 $[Co(H_2O)_6]^{3+}$。此化合物在干燥条件下稳定，潮湿时会分解。虽然简单的 Ni^{3+} 盐尚未见报道，但在 NaOH 介质中用 Br_2 氧化硝酸镍可以得到黑色的 NiO(OH)：

$$2Ni^{2+} + Br_2 + 6OH^- =\!=\!= 2NiO(OH)\downarrow + 2Br^- + 2H_2O$$

NiO(OH)氧化性极强，能将盐酸氧化成 Cl_2 放出，本身还原成 Ni^{2+}。在酸性条件下，Co^{3+} 可将 Mn^{2+} 氧化成 MnO_4^-，将 H_2O 氧化放出 O_2。所以 Co^{3+} 的盐不能存在于溶液中，只能以固体形式存在。

由于铁(Ⅲ)处于中间氧化态，具有弱的还原性。因 $\varphi_A^{\ominus}(FeO_4^{2-}/Fe^{3+}) = 2.20\ V$，故只有在碱性条件下用更强的氧化剂才能将 Fe^{3+} 氧化。例如，在强碱性介质中，用 NaClO 将 Fe(Ⅲ) 氧化成紫红色的高铁酸盐溶液：

$$2Fe(OH)_3 + 3ClO^- + 4OH^- =\!=\!= 2FeO_4^{2-} + 3Cl^- + 5H_2O$$

还可将 Fe_2O_3、KNO_3 和 KOH 混合加热共熔生成紫红色高铁酸钾：

$$Fe_2O_3 + 3KNO_3 + 4KOH =\!=\!= 2K_2FeO_4 + 3KNO_2 + 2H_2O$$

将 FeO_4^{2-} 溶液进行酸化时，迅速分解成 Fe^{3+}：

$$4FeO_4^{2-} + 20H^+ =\!=\!= 4Fe^{3+} + 3O_2\uparrow + 10H_2O$$

2) Fe(Ⅲ)的水解性

可溶性铁(Ⅲ)盐的水溶液一般以 $[Fe(H_2O)_6]^{3+}$ 形式存在，它与 $[Mn(H_2O)_6]^{2+}$ 一样，是高自旋态，电子的 d-d 跃迁也是自旋禁阻的，光吸收很弱，所以其颜色是淡紫色。但平常所看到的黄棕色或红棕色是铁(Ⅲ)盐溶于水后发生水解作用引起的，下面是重要的水解平衡：

$$[Fe(H_2O)_6]^{3+} \rightleftharpoons [Fe(H_2O)_5OH]^{2+} + H^+ \qquad K = 8.91 \times 10^{-4}$$

$$[Fe(H_2O)_5OH]^{2+} \rightleftharpoons [Fe(H_2O)_4(OH)_2]^+ + H^+ \qquad K = 5.49 \times 10^{-4}$$

$$2[Fe(H_2O)_6]^{3+} \rightleftharpoons [Fe_2(H_2O)_8(OH)_2]^{4+} + 2H^+ + 2H_2O \qquad K = 1.23 \times 10^{-3}$$

第三个平衡实质上是水解反应后发生缔合作用产生的双聚体,其结构为

$$\left[\begin{array}{c} H_2O \\ \\ H_2O \end{array} \begin{array}{c} OH_2 \\ \\ OH_2 \end{array} \begin{array}{c} H \\ O \\ Fe \\ O \\ H \end{array} \begin{array}{c} H_2O \\ \\ H_2O \end{array} \begin{array}{c} OH_2 \\ Fe \\ OH_2 \end{array}\right]^{4+}$$

按水解平衡关系,加酸可抑制水解。由图 16.2 可知,当溶液的 pH<1 时,Fe^{3+} 主要以淡紫色的 $[Fe(H_2O)_6]^{3+}$ 存在。当使 pH>2 时,水解趋势就很明显,聚合倾向增大,溶液颜色为黄棕色,随着 pH 继续升高,溶液由黄棕色逐渐变为红棕色,最后析出红棕色的胶状 $Fe(OH)_3$ (或 $Fe_2O_3 \cdot nH_2O$) 沉淀。加热可促进水解。

在化工生产中,为除去产品中的铁杂质,常用 H_2O_2 将 Fe^{2+} 氧化成 Fe^{3+},并使其水解析出氢氧化铁沉淀(图 7.1)。由于 $Fe(OH)_3$ 具有胶体性质,不仅沉淀速度慢,过滤困难,而且使一些其他的物质被吸附而损失。因此,现在工业生产中改用加入氧化剂(如 $NaClO_3$),使 Fe^{2+} 全部转化为 Fe^{3+},当 pH=1.6~1.8,温度为 358~368 K 时,Fe^{3+} 在热溶液中最终水解为黄色的 $Na_2Fe_6(SO_4)_4(OH)_{12}$(俗称黄铁矾)晶体析出。

3) 三卤化物

将铁屑溶于盐酸得到 $FeCl_2$ 溶液,再在其中通入氯气,经浓缩、冷却、结晶,得到黄棕色的 $FeCl_3 \cdot 6H_2O$ 晶体,加热则水解失去 HCl 而生成碱式盐。

无水 $FeCl_3$ 是用氯气和铁粉在高温下直接合成的,熔点为 555 K,在 573 K 以上升华。易溶于水和有机溶剂(如乙醚、丙酮),具有明显的共价性。在 673 K,它的蒸气中有双聚分子存在,其结构和 Al_2Cl_6 相似,1023 K 以上分解为单分子。无水 $FeCl_3$ 在空气中易潮解。

$FeCl_3$ 主要用于生产有机染料,在印刷制版中用作铜版的腐蚀剂,在某些反应中用作催化剂,又因为它能引起蛋白质的迅速凝聚,所以在医药上用作伤口的止血剂。

$CoCl_3$ 在室温下、CoF_3 受热时按下式分解:

$$2CoX_3 \rightleftharpoons 2CoX_2 + X_2 \uparrow \qquad (X = F、Cl)$$

4) Fe(Ⅲ)、Cr(Ⅲ)、Al(Ⅲ) 的相似性

因 Fe^{3+}、Cr^{3+}、Al^{3+} 的电荷相同、半径相近,其性质有许多相似之处。例如,在水溶液中均以 $[M(H_2O)_6]^{3+}$ 形式存在,都易形成矾,遇适量的碱都生成难溶的胶状沉淀。但毕竟它们的电子层结构不同而又有一些差异。例如,水合离子的颜色不同;$Al(OH)_3$、$Cr(OH)_3$ 显两性,而 $Fe(OH)_3$ 主要显碱性;Cr^{3+} 可与 NH_3 形成稳定的配合物,而 Al^{3+} 和 Fe^{3+} 在水溶液中不易形成氨配合物等。这三种离子的相似性使它们在矿物中常共存,人们又利用它们的差异性来分离这些元素。

22.7.4 铁系元素的配合物

铁、钴、镍都有强的配位倾向。铁有 Fe(Ⅲ)(d^5)、Fe(Ⅱ)(d^6) 和 Fe(0)($3d^6 4s^2$) 的多种配合物。由于铁(Ⅲ)的离子势比铁(Ⅱ)的大,所以铁(Ⅲ)配合物的稳定性一般要比铁(Ⅱ)的强。钴(Ⅱ)能形成具有不同立体化学构型的配合物,最普遍的是八面体和四面体构型,但也有相当

一些正方形和某些五配位的配合物。钴(Ⅱ)比其他任何过渡金属离子(除 Zn^{2+} 外)更容易形成四面体配合物。铁(Ⅱ)、铁(Ⅲ)和钴(Ⅱ)还可以与 CO、NO、H_2O、NH_3 等小的中性分子以及许多有机试剂形成配合物。镍(Ⅱ)配合物的配位数很少超过 6,主要是六配位的八面体和四配位的平面正方形构型。

1. 氨配合物

Fe^{2+} 难以形成稳定的氨配合物。例如,在无水状态下,$FeCl_2$ 与 NH_3 形成 $[Fe(NH_3)_6]Cl_2$,但遇水即按下式分解:

$$[Fe(NH_3)_6]Cl_2 + 6H_2O = Fe(OH)_2\downarrow + 4NH_3\cdot H_2O + 2NH_4Cl$$

Fe^{3+} 由于其水合离子发生水解,所以在水溶液中加入氨时,不会形成氨配合物,而是 $Fe(OH)_3$ 沉淀。

向 Co^{2+}、Ni^{2+} 盐的溶液中加入过量的氨水,可生成相应的配离子:

$$M^{2+} + 6NH_3 = [M(NH_3)_6]^{2+} \quad (M=Co、Ni)$$

蓝色的 $[Ni(NH_3)_6]^{2+}$ 稳定,但 $[Co(NH_3)_6]^{2+}$ 很快被氧化成 $[Co(NH_3)_6]^{3+}$。

2. 硫氰配合物

向 Fe^{3+} 溶液中加入 SCN^- 溶液,即生成配合物 $[Fe(SCN)_n]^{3-n}$ 而使溶液显血红色。随着 SCN^- 的浓度不同,$n=1\sim6$;随着配合物浓度的增大,溶液颜色加深。这是鉴定 Fe^{3+} 的灵敏反应之一,常用于 Fe^{3+} 的比色测定。因 Fe^{3+} 会水解,所以应保证溶液的酸度;当 Fe^{3+} 浓度很低时,可用乙醚或异戊醇进行萃取,可以得到较好的效果。

Co^{2+} 溶液与 SCN^- 溶液混合生成蓝色的 $[Co(SCN)_4]^{2-}$,但它在水溶液中不稳定,易解离成简单离子:

$$[Co(SCN)_4]^{2-} \rightleftharpoons Co^{2+} + 4SCN^- \qquad K_{\text{稳}}^{\ominus} = 10^{-3}$$

$[Co(SCN)_4]^{2-}$ 溶于丙酮或戊醇,在有机溶剂中比较稳定,可用于比色分析。向 $[Co(SCN)_4]^{2-}$ 的溶液中加入 Hg^{2+},则有 $Hg[Co(SCN)_4]$ 沉淀析出:

$$Hg^{2+} + [Co(SCN)_4]^{2-} \rightleftharpoons Hg[Co(SCN)_4]\downarrow$$

3. 氰配合物

Fe^{2+}、Fe^{3+}、Co^{2+} 和 Ni^{2+} 都能与 CN^- 形成相应的配合物。Fe^{2+} 先与 KCN 溶液生成 $Fe(CN)_2$ 沉淀,KCN 过量则沉淀溶解:

$$FeSO_4 + 2KCN = Fe(CN)_2\downarrow + K_2SO_4$$
$$Fe(CN)_2 + 4KCN = K_4[Fe(CN)_6]$$

从溶液中析出的黄色晶体是 $K_4[Fe(CN)_6]\cdot3H_2O$,称作六氰合铁(Ⅱ)酸钾或亚铁氰化钾,俗称黄血盐。黄血盐在 373 K 时失去所有结晶水,得到白色粉末,进一步加热即分解:

$$K_4[Fe(CN)_6] \xrightarrow{\triangle} 4KCN + FeC_2 + N_2\uparrow$$

用氧化剂可将亚铁氰化钾氧化成铁氰化钾,俗称赤血盐:

$$2K_4[Fe(CN)_6] + Cl_2 = 2KCl + 2K_3[Fe(CN)_6]$$

它的晶体为深红色,其溶解度比黄血盐大。赤血盐在碱性介质中有氧化性:

$$4K_3[Fe(CN)_6] + 4KOH = 4K_4[Fe(CN)_6] + O_2 + 2H_2O$$

赤血盐在中性溶液中微弱水解,所以最好现配现用:

$$K_3[Fe(CN)_6]+3H_2O \Longrightarrow Fe(OH)_3\downarrow+3KCN+3HCN$$

$\{K_{稳}^{\ominus}[Fe(CN)_6^{3-}]=1.0\times10^{42}$、$K_{sp}^{\ominus}[Fe(OH)_3]=4.0\times10^{-38}$、$K_a^{\ominus}(HCN)=6.2\times10^{-10}\}$

因 $K_{sp}^{\ominus}[Fe(OH)_2]=10^{-16}$,而 $K_{稳}^{\ominus}[Fe(CN)_6^{4-}]=10^{35}$,所以$[Fe(CN)_6]^{4-}$不易水解,故赤血盐的毒性比黄血盐大。工业上利用$[Fe(CN)_6]^{4-}$的稳定性来处理含$CN^-$的废水。

Fe^{3+}与黄血盐溶液、Fe^{2+}与赤血盐溶液都能生成蓝色$KFe[Fe(CN)_6]$沉淀,前者称为普鲁士蓝(Prussian blue),用于鉴定Fe^{3+},后者称为滕氏蓝(Turnbull's blue),用于鉴定Fe^{2+}。

单晶 X 射线结构分析表明,普鲁士蓝和滕氏蓝具有完全相同的结构。如图 22.9 所示,Fe 位于每个小立方体的 8 个顶角,一半是 Fe(Ⅲ),另一半是 Fe(Ⅱ),氰根位于每一条边上。其中,C 与 Fe(Ⅱ)相连,N 与 Fe(Ⅲ)相连;立方体中心有较大的孔穴,可以容纳离子(如 K^+、Na^+、Rb^+)或分子(如 H_2O)。普鲁士蓝和滕氏蓝就是在空穴中包含不同离子或分子而形成的一系列化合物的总称。蓝色是电子在 Fe(Ⅱ)和 Fe(Ⅲ)之间传递的结果。

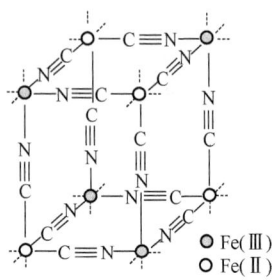

图 22.9 普鲁士蓝结构示意图
(K^+未画出)

普鲁士蓝主要用于油漆和油墨工业,也用于制蜡笔、图画颜料等。

用 KCN 溶液与钴(Ⅱ)盐溶液作用,先生成红色的氰化钴 $Co(CN)_2$ 沉淀,KCN 过量时析出紫红色 $K_4[Co(CN)_6]$ 晶体,该配合物很不稳定,将它的溶液稍加热,就会发生下列反应:

$$2[Co(CN)_6]^{4-}+2H_2O \Longrightarrow 2[Co(CN)_6]^{3-}+2OH^-+H_2\uparrow$$

这说明$[Co(CN)_6]^{4-}$是一较强的还原剂,而$[Co(CN)_6]^{3-}$则相当稳定。

$[Ni(CN)_4]^{2-}$是很稳定的配合物,其稳定性可从图 13.20 来解读。

4. 羰基配合物

在一定条件下铁与一氧化碳反应能生成羰基配合物:

$$Fe+5CO \xrightarrow[加压]{473\ K} Fe(CO)_5$$

除单核的 $Fe(CO)_5$ 外还有双核的 $Fe_2(CO)_9$。它们的热稳定性较差,可通过热解羰基化合物得到高纯度的金属粉末。像铁一样,钴和镍也能形成氧化态为 0 的配合物,如 $Ni(CO)_4$、$Co_2(CO)_8$ 等。

5. 其他重要的配合物

铁能与卤离子形成卤配合物,Fe^{3+} 与 X^- 配合物的稳定性从 F 到 Br 显著降低。Fe^{3+} 与 F^- 能形成从$[FeF]^{2+}$到$[FeF_6]^{3-}$的一系列配合物,这些配合物都十分稳定,所以在分析化学中常用氟化物作 Fe(Ⅲ)的掩蔽剂。氯配合物的稳定性明显地减小,经常生成四面体配合物$[FeCl_4]^-$。

铁与烯烃、炔烃等不饱和烃能生成配合物,如 Fe(Ⅱ)与环戊二烯基反应生成环戊二烯基铁,又称二茂铁。

向 Co^{2+} 盐溶液中加入过量 KNO_2,并以少量乙酸酸化,加热溶液便析出钴(Ⅲ)配合物 $K_3[Co(NO_2)_6]$:

$$Co^{2+} + 7NO_2^- + 3K^+ + 2H^+ \Longrightarrow K_3[Co(NO_2)_6] + NO + H_2O$$

Co^{2+} 与 NO_3^- 形成 $[Co(NO_3)_4]^{2-}$ 配合物(图 13.1)。钴能形成许多螯合物,如 $[Co(en)_3]^{3+}$。不仅能形成单核配合物,还能形成多核配合物。例如,在多核钴氨配合物中,羟基(OH^-)、氨基(NH_2^-)、亚氨基(NH^{2-})、过氧离子(O_2^{2-})、超氧离子(O_2^-)都起着桥基的作用,把 Co^{3+} 桥连起来,如 $[(NH_3)_3Co(OH)_3Co(NH_3)_3]Cl_3$、$[(NH_3)_4Co(O_2)(NH_2)Co(NH_3)_4]Cl_4$、$[(NH_3)_5CoO_2Co(NH_3)_5]^{5+}$(图 22.10)等。

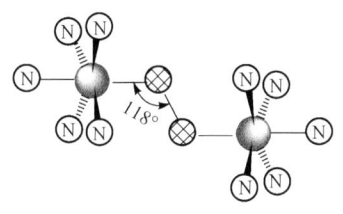

图 22.10　$[(NH_3)_5CoO_2Co(NH_3)_5]^{5+}$ 的结构

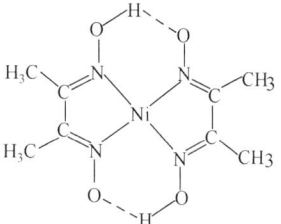

图 22.11　二丁二酮肟合镍(Ⅱ)的结构

钴配合物 $[Co(NO_2)(NH_3)_5]Cl_2$ 存在两种键合异构:一种是红色的 $[(ONO)Co(NH_3)_5]Cl_2$,配体 NO_2^- 以 O 作为配位原子与 Co 成键;另一种是黄棕色的 $[(NO_2)Co(NH_3)_5]Cl_2$,配体 NO_2^- 以 N 作为配位原子与 Co 成键。如图 12.7(a)所示,$[Co(NH_3)_4Cl_2]^+$ 的配合物也存在顺、反两种异构体。$[CoCl_2(NH_3)_2en]^+$ 还存在如图 12.10(b)所示的两种互成镜像的旋光异构体。

Ni^{2+} 常与多齿配体形成螯合物。丁二酮肟(镍试剂)鉴定 Ni^{2+} 的特征反应就是生成一种鲜红色的二丁二酮肟合镍(Ⅱ)螯合物,结构如图 22.11 所示。在二丁二酮肟合镍(Ⅱ)中,与 Ni^{2+} 配位的 4 个 N 原子形成平面正方形。

不久前发现的金属间化合物 $MgCNi_3$ 是一种新型超导体,呈钙钛矿构型,它的临界温度为 8 K。这一发现预示了一大类具有较高 T_c 值的新型超导体的出现。

6. M(Ⅲ)和 M(Ⅱ)配位后的氧化还原性

铁系元素 M(Ⅱ)盐的还原性随 Fe、Co、Ni 而降低,稳定性逐渐增加,M(Ⅲ)盐的氧化性随 Fe、Co、Ni(没有相应的盐)而增强。例如,Co^{2+} 是稳定氧化态,Co^{3+} 氧化性很强:

$$[Co(H_2O)_6]^{3+} + e^- \Longrightarrow [Co(H_2O)_6]^{2+} \qquad \varphi^{\ominus} = 1.84 \text{ V}$$

但当 Co^{2+} 生成可溶性的氨合配离子 $[Co(NH_3)_6]^{2+}$,其还原性大大增强,易氧化成 $[Co(NH_3)_6]^{3+}$;相反,$Co(NH_3)_6^{3+}$ 的氧化性大大减弱:

$$[Co(NH_3)_6]^{3+} + e^- \Longrightarrow [Co(NH_3)_6]^{2+} \qquad \varphi^{\ominus} = 0.1 \text{ V}$$

使得 $Co(NH_3)_6^{3+}$ 比 $Co(NH_3)_6^{2+}$ 稳定得多,以致空气中的氧就能把 $[Co(NH_3)_6]^{2+}$ 氧化成稳定的 $[Co(NH_3)_6]^{3+}$:

$$4[Co(NH_3)_6]^{2+} + O_2 + 2H_2O \Longrightarrow 4[Co(NH_3)_6]^{3+} + 4OH^-$$

这是因为当形成氨合物后,$K_{稳}^{\ominus}[Co(NH_3)_6^{3+}]$ 与 $K_{稳}^{\ominus}[Co(NH_3)_6^{2+}]$ 之比($1.58 \times 10^{35}/1.29 \times 10^5$)特别大,或者说溶液中的 $[Co^{3+}]/[Co^{2+}]$ 特别小,根据 Nernst 方程,其电极电势大大降低:

$$[Co(CN)_6]^{3-} + e^- \Longrightarrow [Co(CN)_6]^{4-} \qquad \varphi^{\ominus} = -0.83 \text{ V}$$

由于钴氰配合物 $K_{稳}^{\ominus}$ 的差别更大,电极电势非常低,只要将 $[Co(CN)_6]^{4-}$ 的溶液稍稍加热,就可被水中的 H^+ 所氧化:

$$2[Co(CN)_6]^{4-} + 2H_2O \rightleftharpoons 2[Co(CN)_6]^{3-} + 2OH^- + H_2\uparrow$$

22.8 铂系元素

22.8.1 铂系元素的通性

铂系元素是指第二、第三过渡系第Ⅷ族中的钌、铑、钯(称为轻铂系金属)和锇、铱、铂(称为重铂系金属)6种元素,属于稀有金属。铂系元素的性质与铁系元素相差很大,而铂系元素彼此之间的性质却非常相似,在自然界中常共生于铜和镍的硫化物矿中,也能以游离态存在,如天然铂矿和锇铱矿等。

除锇为蓝灰色外,铂系金属均为银白色,除钌和锇硬而脆外,均具有延展性。纯净的铂有很好的可塑性,冷轧可以制得厚度为 0.0025 mm 的箔。因此,铂适用于珠宝的制造。

大多数铂系金属能吸收气体,钯的吸氢能力是所有金属中最大的,将钯从红热逐渐冷却时能吸收比自身体积多达 935 倍的氢,加热时氢气又被重新释放出来,钯吸收大量氢时其延展性并不减弱,这在金属中却是独一无二的。所以铂系金属是良好的催化剂,铂适用于加氢和脱氢反应,用于氨氧化制硝酸,石油重整等过程的催化;钌和锇也应用于某些加氢反应;铑用于汽车废气排放的控制和膦配合物的合成,加氢反应和加氢甲酰化(即羰基化)。

铂系元素单质都是高熔点的金属,熔沸点从左到右逐渐降低,其中锇的熔点最高,熔点最低的钯都达 1554.8 ℃。因此,铂可作蒸发皿和坩埚,铂铑合金热电偶可测高温。

铂系元素氧化态变化与铁系元素相似,形成高氧化态的倾向都是从左到右逐渐降低,且重铂系元素形成高氧化态的倾向较轻铂系相应各元素大。

铂系金属具有高的化学惰性,常温下不与氧、硫、氟、氯、氮等非金属作用,只有在高温下才与氧化性很强的 F_2、Cl_2 反应。铂系金属不与无机酸作用;钯可缓慢溶于氧化性酸中,如热浓硝酸、硫酸;铂溶于王水;钌、锇、铑、铱对王水惰性。在有氧化剂如 KNO_3、$KClO_3$、Na_2O_2 作助熔剂时,铂系金属与碱共熔可生成可溶性化合物,如钌酸盐 $[RuO_4]^{2-}$、锇酸盐 $[OsO_2(OH)_4]^{2-}$ 等。因此,可选用铂作电极,还可用于防止热氢氟酸或者熔融玻璃的化学侵蚀;铱用在硬质合金中,可制金笔的笔尖和国际标准米尺。

22.8.2 铂系元素化合物

1. 氧化物和含氧酸盐

铂系金属主要有 +Ⅱ、+Ⅳ、+Ⅵ 氧化态的氧化物,锇和钌还有 +Ⅷ 氧化态的氧化物。RuO_4(熔点为 298 K,沸点为 313 K)、OsO_4(熔点为 313 K,沸点为 403 K)均为黄色,有毒,OsO_4 能造成眼睛暂时失明。可利用它们的挥发性分离锇和钌。高温下金属与氧气反应可得到相应的氧化物,如在氧气中加热金属铑,或者铑的三氯化物,或者铑的三硝酸盐至 870 K 时,生成暗灰色的 Rh_2O_3,它在高温时又发生分解。在氧气中加热钯可制得黑色的 PdO,1170 K 以上分解。

在氧气中加热金属铱,或者由 $[IrCl_6]^{2-}$ 水溶液加碱产生的沉淀脱水制得黑色的 IrO_2。IrO_2 不溶于水,溶于浓 HCl 生成六氯铱酸:

$$IrO_2 + 6HCl \rightleftharpoons H_2[IrCl_6] + 2H_2O$$

六氯铱酸易被还原,不稳定,通常保存在硝酸的氧化气氛中。

在氧气中加热金属锇,得到黄色的 OsO_4。金属钌与氧气反应不能直接得到 RuO_4。可经两步得到:先将金属 Ru 与 Na_2O_2 共熔,或用 Ru(或 RuO_2)与 KNO_3 和 KOH 反应,制得钌酸盐,再于酸性条件下用 NaClO 将其进一步氧化,可得 RuO_4:

$$RuO_2 + KNO_3 + 2KOH = K_2RuO_4 + KNO_2 + H_2O$$
$$K_2RuO_4 + NaClO + H_2SO_4 = RuO_4 + K_2SO_4 + NaCl + H_2O$$

RuO_4 和 OsO_4 微溶于水,极易溶于 CCl_4 中,OsO_4 比 RuO_4 稳定。它们都是四面体分子构型,并都有强的氧化性。RuO_4 不仅能氧化浓盐酸,而且还能氧化稀盐酸,加热到 370 K 以上时,爆炸分解成 RuO_2,室温与乙醇接触也易发生爆炸:

$$2RuO_4 + 16HCl = 2RuCl_3 + 8H_2O + 5Cl_2\uparrow$$
$$RuO_4 + OH^- \longrightarrow RuO_4^-(\text{或 } RuO_4^{2-}) + H_2O + O_2\uparrow$$
$$OsO_4 + 2OH^- = [OsO_4(OH)_2]^{2-}$$
$$RuO_4 \xrightarrow{\triangle} RuO_2 + O_2\uparrow$$

2. 卤化物

铂系金属卤化物种类繁多,从 MX_2 到 MX_6 都有,Os 还有灰色的 OsI 和黄色的 OsI_7。除钯外铂系金属都有六氟化物和五氟化物,还有四氟化物。高价金属氟化物较稳定,其他卤素趋于形成低价的二卤化物和三卤化物。

Pd 的 4 种二卤化物都存在,氟因氧化性太强,难以得到 PtF_2。Pt 和 Pd 的二氯化物都可由单质在红热条件下直接氯化制备:

$$\beta\text{-}PdCl_2 \xleftarrow{<823\ K} Pd + Cl_2 \xrightarrow{>823\ K} \alpha\text{-}PdCl_2$$

$\alpha\text{-}PdCl_2$ 是红色的、不稳定,具有链状结构(图 22.12)。$\beta\text{-}PdCl_2$ 以 Pd_6Cl_{12} 单元为基础,6 个 Pd 位于立方体的面心,12 个 Cl 位于棱的中心。在这两种结构中,Pd(Ⅱ) 都具有正方形配位的特征,它们都是抗磁性物质。向 $PdCl_2$ 溶液中通入 CO 立即有黑色沉淀生成:

$$PdCl_2 + CO + H_2O = Pd\downarrow + CO_2 + 2HCl$$

反应非常灵敏,可用来鉴定 CO 的存在。

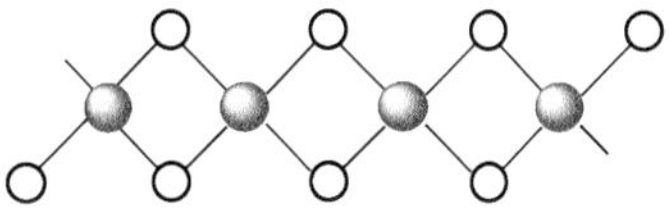

Pd 无三卤化物,无 OsF_3、PtF_3 和 PtI_3。其余的均可由铂系金属和卤素直接合成,或者是从溶液中析出沉淀:

$$RhCl_3 + 3KI = RhI_3\downarrow + 3KCl$$

图 22.12 $\alpha\text{-}PdCl_2$ 的链结构

RhX_3 和 IrX_3 是三卤化物中最稳定的。$RhCl_3\cdot 3H_2O$ 是最常见的钌化合物,将其置于干燥的 HCl 气氛中,加热至 453 K 时脱水得到很活泼的红色 $RhCl_3$,此法制得的 $RhCl_3$ 可溶于水。

铂系金属均有四氟化物,只有铂能形成 4 种四卤化物。制备反应为

$$10RuF_5 + I_2 = 10RuF_4 + 2IF_5$$
$$Pd_2F_6(Pd^{II}Pd^{IV}F_6) + F_2 = 2PdF_4$$
$$H_2PtCl_6 \xrightarrow[-2HCl]{570\ K} PtCl_4 \xrightarrow{F_2} PtF_4$$
$$4IrF_5 + Ir \xrightarrow{673\ K} 5IrF_4$$
$$RhCl_3 \xrightarrow{BrF_3(l)} RhF_4\cdot 2BrF_3 \xrightarrow{\triangle} RhF_4$$

$$OsF_6 \xrightarrow{W(CO)_6} OsF_4$$

Pd 无五氟化物。其余的铂系金属五氟化物都是畸变四聚结构，金属配位数为 6，4 个八面体 MF_6 共用 4 个顶点的 F 联结成环(图 22.13)。

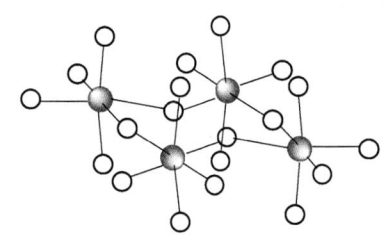

图 22.13 Ru 和 Os 的四聚五氟化物 $[M_4F_{20}]$

PtF_5 也很活泼，易水解，易歧化成六氟化铂和四氟化铂。

$$2PtF_5 \Longrightarrow PtF_6 + PtF_4$$

除 Pd 外都有六氟化物。其中有实际应用的是 PtF_6。PtF_6(沸点为 342.1 K)气态和液态呈暗红色，固态几乎呈黑色，具有挥发性。PtF_6 是强氧化剂，既能将 O_2 氧化到 $O_2^+[PtF_6^-]$，又能将 Xe 氧化到 $XePtF_6$，$XePtF_6$ 的诞生结束了将稀有气体看作惰性气体的历史，从而揭开了稀有气体化学的新篇章。所有铂系六氟化物都是非常活泼且有腐蚀性的物质。PtF_6 仅次于 RhF_6，RhF_6 是最不稳定的铂系金属的六氟化物，能迅速被水分解。

3. 配合物

铂系金属离子富 d 电子，形成种类众多的配合物是铂系元素的重要特性，特别是易与 π 酸配位体如 CO、CN^-、NO 等形成反馈 π 键的配合物，与不饱和烯、炔配体形成有机金属化合物。多数情况下为 6 配位的八面体结构，Pd(Ⅱ)和 Pt(Ⅱ)可形成平面正方形配合物。

将铂系金属与碱金属的氯化物在氯气流中加热即可生成氯配合物，其中尤为重要的是 H_2PtCl_6 及其盐，棕红色的氯铂酸 H_2PtCl_6 是 Pt(Ⅳ)化学中最常用的起始物料，K_2PtCl_6 是商业上最普通的铂化合物。将海绵状金属铂溶于王水或 $PtCl_4$ 溶于盐酸都可生成氯铂酸：

$$3Pt + 4HNO_3 + 18HCl \Longrightarrow 3H_2PtCl_6 + 4NO\uparrow + 8H_2O$$

在铂(Ⅳ)化合物中加碱可以制氢氧化铂，它具有两性，既溶于酸又溶于碱：

$$PtCl_4 + 4NaOH \Longrightarrow Pt(OH)_4 + 4NaCl$$

$$Pt(OH)_4 + 6HCl \Longrightarrow H_2PtCl_6 + 4H_2O$$

$$Pt(OH)_4 + 2NaOH \Longrightarrow Na_2[Pt(OH)_6]$$

将固体氯铂酸与硝酸钾混合灼烧，可制得 PtO_2：

$$H_2PtCl_6 + 6KNO_3 \Longrightarrow PtO_2 + 6KCl + 4NO_2\uparrow + O_2\uparrow + 2HNO_3$$

将氯铂酸沉淀转变成微溶的 K_2PtCl_6，然后用肼还原，或在铂黑催化下，用乙二酸钾、二氧化硫等还原剂可制得 K_2PtCl_4，由此提供了一条通向制备铂(Ⅱ)化合物的路线。

$$K_2PtCl_6 + K_2C_2O_4 \Longrightarrow K_2PtCl_4 + 2KCl + 2CO_2\uparrow$$

将 NH_4^+、K^+、Rb^+、Cs^+ 等氯化物加到氯铂酸中生成难溶于水的黄色氯铂酸盐，分析化学中常用 H_2PtCl_6 检验 NH_4^+、K^+、Rb^+、Cs^+ 等离子；工业上还常用加热分解氯铂酸铵来分离提纯金属铂：

$$(NH_4)_2[PtCl_6] \xrightarrow{\triangle} Pt + 2Cl_2\uparrow + 2NH_4Cl$$

二氯二氨合铂(Ⅱ)是反磁性物质，为平面正方形结构，有顺式和反式两种异构体。将 K_2PtCl_4 与乙酸铵作用或用 NH_3 处理 $[PtCl_4]^{2-}$ 可制得顺式结构，称为顺铂，表示为 cis-$Pt(NH_3)_2Cl_2$。

$$K_2PtCl_4 + 2NH_4Ac \Longrightarrow Pt(NH_3)_2Cl_2 + 2KAc + 2HCl$$

1969年罗森博格(B. Rosenberg)及其合作者发现了顺铂具有抗癌活性而反式则无,从而引起了人们对铂配合物的极大兴趣。实验表明,顺铂具有抑制细胞分裂,特别是抑制癌细胞增生的作用。一般认为,顺铂主要进攻的靶分子是DNA。顺铂穿过细胞膜后先发生水解,然后与肿瘤细胞中的DNA碱基的氮原子配位,形成链内交联的Pt-DNA配合物,从而破坏肿瘤细胞DNA的复制,最终导致癌细胞的死亡。但顺铂的毒副作用较大,水溶性较小,铂化合物对肾脏有毒害。目前,人们正在致力于提高抗癌活性,降低毒性的研究工作。

小　　结

d区元素具有$(n-1)d^{1\sim9}ns^{1,2}$电子构型,由于$(n-1)d$与ns轨道之间能级差较小,出现能级交错,因而呈现连续可变的氧化态。随原子序数的增加,最高氧化态与其族数对应,先是逐渐升高,第一过渡系到Mn,而第二、第三过渡系则到Ru、Os,达到最高氧化态,随后又逐渐降低。因d轨道没填满,故其化合物大多是有颜色和磁性。

本章涉及的元素最多,其中,第一过渡系的Ti、V、Cr、Mn、Fe、Co、Ni,第二、第三过渡系的Mo和W、Pd和Pt最为重要,要掌握它们的单质及化合物的制备、性质与用途。

掌握第一过渡系元素的$\Delta G^{\ominus}/F$-Z图,并学会利用此图分析单质及其化合物的氧化还原性;掌握钒酸盐和铬酸盐在不同pH条件下的存在形式;掌握同多酸、杂多酸的形成及性质。

思考与研讨

22.1　试分析比较以下内容。
  (1) 第四周期d区元素基本性质的共同点。
  (2) 第五、第六周期d区金属与第四周期d区金属的主要差别。
  (3) d区元素的金属性、氧化态、氧化还原稳定性以及酸碱稳定性变化规律。
  (4) 第四周期d区金属水合离子颜色及含氧酸根颜色产生的原因。

22.2　Cr、Mo、W都是ⅥB族元素,为什么Cr和Mo的价电子结构分别为$3d^54s^1$和$4d^55s^1$,而W的价电子结构为$5d^46s^2$?

22.3　为什么锆、铪及其化合物的物理、化学性质非常相似?如何分离锆和铪?

22.4　总结下列差异性并解释原因。
  (1) 铌、钽及其化合物与钒及其化合物性质的主要差别及原因。
  (2) 铌、钽化合物性质的主要差别以及分离铌和钽的方法。

22.5　试以钼和钨为例说明什么叫同多酸,什么叫杂多酸。举例说明。

22.6　铁系元素和铂系元素在自然界的存在以及物理化学性质等方面有哪些差异?

22.7　海绵钛的制备过程是:先由钛铁矿经电弧炉冶炼后得到高钛渣(TiO_2);TiO_2氯化得到$TiCl_4$;在惰性气体保护条件下,用更活泼金属(Mg)高温还原$TiCl_4$制取Ti。试问:
  (1) 为何不直接热分解TiO_2制备Ti?
  (2) TiO_2氯化过程中为何要加C而不直接氯化:$TiO_2+Cl_2\longrightarrow TiCl_4+O_2$?

22.8　用羰基法提纯镍时,由粗镍生成羰基镍(沸点为316 K),常制控制温度为320~350 K,羰基镍在温度稍高(450~470 K)时分解出纯镍。试从热力学角度评论此过程。[298 K时,$Ni(CO)_4$的$\Delta_f H_m^{\ominus}=-603$ kJ·mol^{-1},$S_m^{\ominus}=402$ J·mol^{-1}·K^{-1},$Ni(s)$的$S_m^{\ominus}=30$ J·mol^{-1}·K^{-1},$CO(g)$的$\Delta_f H_m^{\ominus}=-110.5$ kJ·mol^{-1},$S_m^{\ominus}=197.5$ J·mol^{-1}·K^{-1}]。

22.9　某同学欲进行如下实验,向无色$(NH_4)_2S_2O_8$酸性溶液中加入少许Ag^+,再加入$MnSO_4$溶液,经加热溶液变为紫红色。然而实验结果是产生了棕色沉淀。请解释出现上述现象的原因,写出有关反应方程式。要使实验成功应注意哪些问题。[$\varphi^{\ominus}(MnO_4^-/Mn^{2+})=1.51$ V,$\varphi^{\ominus}(MnO_2/Mn^{2+})=1.23$ V]

22.10 钒(Ⅴ)在强酸性溶液和强碱性溶液中各以何种形式存在？试从质子化和缩合平衡讨论随着 pH 逐渐下降，其酸根中钒与氧原子数比值的变化以及 pH 与钒的总浓度变化规律。

22.11 利用 Ti(Ⅲ)的强还原性,试设计一方案测定某溶液中钛(Ⅳ)的含量。

22.12 为什么锆对中子的吸收能力特别低,而位于锆之下的铪吸收中子的能力却特别高？

习　题

22.1 Sc_2O_3 与 Al_2O_3 有哪些性质是相似的？为什么？

22.2 完成下列反应方程式。

(1) 钛溶于氢氟酸。

(2) 向含有 $TiCl_6^{2-}$ 的水溶液中加入 NH_4^+。

(3) 二氧化钛与碳酸钡共熔。

(4) 四氯化钛和四氯化锆水解。

(5) 加热 $(NH_4)_2[ZrF_6]$。

22.3 试设计以钛白粉为原料制备纯金属钛的方法步骤,并写出主要反应方程式。

22.4 现有一种钛的化合物 **A**,它是无色液体,在空气中迅即冒白"烟",其水溶液和金属锌反应,生成紫色溶液 **B**,加入 NaOH 至溶液呈碱性后,产生紫色沉淀 **C**,过滤后,用稀 HNO_3 处理沉淀 **C** 得无色溶液 **D**。将 **D** 逐滴加入沸腾的热水中得白色沉淀 **E**,将 **E** 过滤灼烧后,再与 $BaCO_3$ 共熔,得一种压电性晶体 **F**。试写出各步化学反应式并鉴别 **A**、**B**、**C**、**D**、**E**、**F** 各为何种物质。

22.5 完成并配平下列反应方程式。

(1) 以钒铅矿为原料采用氯化焙烧法制五氧化二钒。

(2) 五氧化二钒分别溶于浓盐酸、硫酸、氢氧化钠、氨水溶液。

(3) 将酸性钒酸盐溶液加热,通入 SO_2；将所得溶液分为 A、B 两份,酸化并用锌还原 A 溶液；再将 B 溶液和所得的还原液混合。

(4) 偏钒酸铵热分解；

(5) V^{2+}、V^{3+}、VO^{2+} 在酸性条件下与 MnO_4^- 反应。

22.6 钒具有下列几种氧化态,其还原电势可用 $[H^+]=1\ mol\cdot dm^{-3}$ 时的电势图表示

$$VO_2^+ \xrightarrow{+1.00\ V} VO^{2+} \xrightarrow{+0.31\ V} V^{3+} \xrightarrow{-0.2\ V} V^{2+} \xrightarrow{-1.5\ V} V$$

(1) 钒如能溶解在稀酸中,将以何种氧化态存在？写出反应方程式？

(2) 求出 V^{3+}/V 电对的 $\varphi^{\ominus}$。

(3) 在这些不同氧化态物质间能否发生歧化反应？如能发生请写出反应方程式。

(4) 将 V 放入含有 V^{3+} 的溶液中,有无反应发生,若有请写出反应方程式。

22.7 写出从铬铁矿 $(FeCr_2O_4)$ 制备重铬酸钠的主要步骤及有关反应方程式。

22.8 从重铬酸钾出发制备：①铬酸钾；②三氧化二铬；③三氧化铬；④三氯化铬。

22.9 分别写出酸性和碱性介质中电对 Cr(Ⅵ)/Cr(Ⅲ) 的半电池反应。

22.10 写出并配平下列反应方程式。

(1) 将 Cr^{3+} 氧化为 $Cr_2O_7^{2-}$；将 $Cr(OH)_4^-$ 氧化为 CrO_4^{2-}。

(2) $Cr_2(SO_4)_3$ 溶液分别与 Na_2S、Na_2CO_3、NaOH 和过量 NaOH 溶液反应。

(3) 往 $K_2Cr_2O_7$ 溶液中加入 $BaCl_2$ 溶液时有黄色沉淀产生,将该沉淀溶解在浓盐酸溶液中得到一种绿色溶液。

(4) 重铬酸钾与硫一起加热得到绿色固体。

22.11 已知 $2CrO_4^{2-}+2H^+ \rightleftharpoons Cr_2O_7^{2-}+H_2O, K=1.0\times10^{14}$：

(1) 求 $1\ mol\cdot dm^{-3}$ 铬酸盐溶液中,铬酸根离子的浓度占 90% 时溶液的 pH。

(2) 求 $1\ mol\cdot dm^{-3}$ 铬酸盐溶液中,重铬酸根离子的浓度占 90% 时溶液的 pH。

22.12 试解释:若$[Cr(H_2O)_6]^{3+}$内界中的H_2O逐步被NH_3取代后,溶液的颜色从紫红→浅红→橙红→橙黄→黄色变化。

22.13 Cr(Ⅵ)是有毒的,工业上为了除去含$Cr_2O_7^{2-}$的酸性废水,常采用以下处理方法:往含Cr(Ⅵ)工业废水中加入适量的食盐;以铁作电极进行电解,将Cr(Ⅵ)转变为Cr(Ⅲ),使废水中Cr(Ⅵ)含量降低到可排放的标准。
(1) 写出电极反应。
(2) 写出Cr(Ⅵ)转变为Cr(Ⅲ)的反应方程式。
(3) 在阴极附近将生成什么沉淀物,为什么?
(4) NaCl起何作用?

22.14 在某金属硫酸盐 **A** 溶液中滴加氢氧化钠溶液,先析出灰绿色絮状沉淀 **B**,后又溶解得到 **C**;此时加入溴水,溶液则由绿色转变为黄色溶液 **D**;将 **D** 溶液酸化,得橙色溶液 **E**;向 **E** 溶液中加可溶性 Ag 盐,得砖红色沉淀 **F**。试确定 **A**~**F** 是何物质,写出并配平各反应的化学方程式。

22.15 有一橙红色固体 **A** 受热后得绿色的固体 **B** 和无色的气体 **C**,加热时 **C** 能与镁反应生成灰色的固体 **D**。固体 **B** 溶于过量的 NaOH 溶液生成绿色的溶液 **E**,在 **E** 中加量 H_2O_2 则生成黄色溶液 **F**。将 **F** 酸化变为橙色的溶液 **G**,在 **G** 中加 $BaCl_2$ 溶液,得黄色沉淀 **H**。在 **G** 中加 KCl 固体,反应完全后则有橙红色晶体 **I** 析出,滤出 **I** 烘干并强热,则得到的固体产物中有 **B**,同时得到能支持燃烧的气体 **J**。**A**、**B**、**C**、**D**、**E**、**F**、**G**、**H**、**I**、**J** 各代表什么物质? 写出有关的反应方程式。

22.16 完成下列反应方程式。

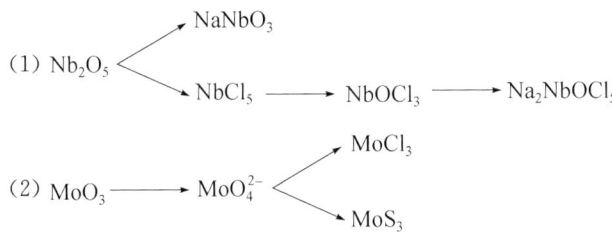

22.17 根据pH=0时下列元素电势图,说明当pH=0时,$KMnO_4$与KI溶液混合,当①KI过量;②$KMnO_4$过量时,分别会发生哪些反应(用反应方程式表示),为什么。

$$MnO_4^- \xrightarrow{+1.695\ V} MnO_2 \xrightarrow{+1.23\ V} Mn^{2+}; \quad IO_3^- \xrightarrow{+1.196\ V} I_2 \xrightarrow{+0.53\ V} I^-$$

22.18 拟出准确鉴别标签不清的二氧化锰、二氧化铅、四氧化三铁三瓶黑色固体试剂的简要步骤,并写出主要化学方程式。

22.19 以软锰矿为原料,制备锰酸钾、高锰酸钾、二氧化锰和锰,写出反应方程式。

22.20 选择适当的试剂和反应条件,完成下图所示的各种物质间的转化,写出全部反应方程式,找出其中哪些可通过歧化反应来实现。

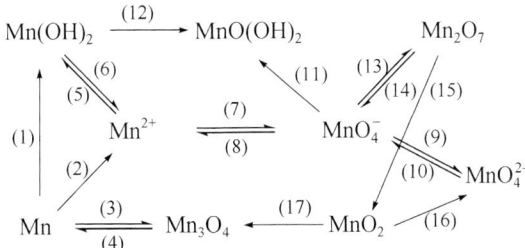

22.21 有锰的化合物 **A**,是不溶于水且很稳定的黑色粉末状物质,该物质与浓硫酸反应得到淡红色溶液 **B**,且有无色气体 **C** 放出。向 **B** 溶液中加入强碱得到白色沉淀 **D**。此沉淀易被空气氧化成棕色 **E**。若将 **A** 与 KOH、$KClO_3$ 一起混合熔融可得绿色物质 **F**,将 **F** 溶于水并通入 CO_2,则溶液变成紫色 **G**,且又析出 **A**。试确定 **A**、**B**、**C**、**D**、**E**、**F**、**G** 各为何物,并写出相应的方程式。

22.22 写出并配平下列反应方程式,并尽可能标出各物质的颜色。
(1) 在中等酸度的钛(Ⅳ)盐溶液中加入过氧化氢溶液。
(2) 在中性或碱性条件下,将 H_2O_2 加入到钒(Ⅴ)溶液中,然后再调节到酸性。
(3) 在含有乙醚的重铬酸钾酸性溶液中加入过氧化氢溶液。
(4) 在碱性介质中过氧化氢与硫酸铬反应。
(5) 在酸性介质中高锰酸钾溶液与过氧化氢反应。
(6) 在酸性介质中高锰酸钾溶液与超氧化钾反应。

22.23 写出并配平下列反应方程式。
(1) Fe_3O_4 与稀酸反应。
(2) 氢氧化钴(Ⅲ)与浓 HCl 作用。
(3) 在碱性介质中,镍(Ⅱ)盐与次氯酸钠的反应。
(4) 六氰合钴(Ⅱ)配离子与水反应。

22.24 金属 M 溶于稀盐酸,生成氯化物,该金属正离子的磁矩为 4.9 B.M.。在无氧操作条件下,将 NaOH 溶液加到 MCl_2 溶液中,可生成白色沉淀 A。A 接触空气就逐渐变绿,最后变成棕色沉淀 B。灼烧 B 可生成棕红色粉末 C,C 经不彻底还原而生成铁磁性黑色物质 D。B 溶于稀盐酸生成溶液 E,它能使 KI 溶液氧化成 I_2,但若在加入 KI 以前先加入 NaF,E 就不能氧化 KI。若向 B 的浓 NaOH 悬浮液中通入氯气,可得到紫红色溶液 F,加入 $BaCl_2$ 后就会有红棕色固体 G 析出,G 是一种强氧化剂。指出从 A~G 各是何种物质,并写出化学方程式。

22.25 在 $FeCl_3$ 溶液中加入 NaF 浓溶液后,溶液变为无色,加入 NH_4SCN 溶液并未出现期待的血红色。试简要予以说明。

22.26 已知右图中ⓐ、①、②、③分别代表下列反应:
ⓐ $2H^+ + 2e^- \rightleftharpoons H_2$
① $Ni^{2+} + 2e^- \rightleftharpoons Ni$
② $Ni^{2+} + 2H_2O \rightleftharpoons Ni(OH)_2 + 2H^+$
③ $Ni(OH)_2 + 2e^- \rightleftharpoons Ni + 2OH^-$

根据 Ni-H_2O 系部分电势-pH 图,试选择从 Ni^{2+} 溶液中电镀 Ni 时,所应控制的阴极电势及最佳的溶液 pH,简述确定的根据。

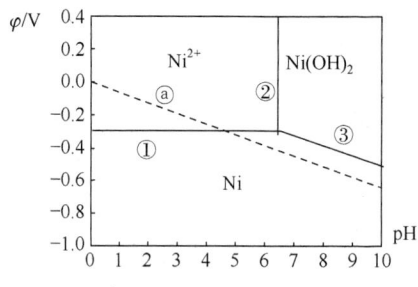

22.27 已知 $Co^{3+} + e^- \longrightarrow Co^{2+}$ $\varphi^\ominus = 1.808$ V
$O_2 + 4H^+ + 4e^- \longrightarrow 2H_2O$ $\varphi^\ominus = 1.229$ V
$Co(NH_3)_6^{3+}$ 的 $K_{稳}^\ominus = 1.4 \times 10^{35}$,$Co(NH_3)_6^{2+}$ 的 $K_{稳}^\ominus = 1.3 \times 10^5$,$NH_3$ 的 $K_b^\ominus = 1.8 \times 10^5$。
(1) 试确定 Co^{3+} 在水溶液中能否稳定存在。
(2) 当体系中加入氨水后,试确定 $Co(NH_3)_6^{3+}$ 在 1.0 mol·dm^{-3} 氨水中能否稳定存在(设各物质浓度均为 1.0 mol·dm^{-3})。

22.28 Ni^{2+} 可以形成平面四方形、四面体和八面体配合物,试各举一例。在这些配合物中,配体具有什么特性?

22.29 现有一种合金钢样品,用稀 HNO_3 溶解后,加过量 NaOH,有沉淀 A 产生,过滤后,滤液 B 呈绿色;若加入溴水并加热,溶液由绿色变为黄色,加 $BaCl_2$ 溶液得黄色沉淀。沉淀 **A** 加稀 HCl 后部分溶解,过滤后得沉淀 **C** 和滤液 **D**。沉淀 **C** 溶于浓 HCl,并有黄绿色气体产生及近乎无色的溶液,小心往溶液中加 NaOH 溶液又得沉淀 **C**,将滤液 **D** 分成两份:第一份加入 KSCN 溶液,呈现血红色;第二份加入少量酒石酸钠,再用氨水调节 pH 在 5~10,再滴加数滴丁二酮二肟溶液,有鲜红沉淀产生。试根据上述实验现象回答:

(1) 该合金钢样品中含有哪几种金属元素?

(2) 用化学式表示出各物质间转化关系图。

22.30 举出鉴别 Fe^{3+}、Fe^{2+}、Co^{2+} 和 Ni^{2+} 的常用方法。

22.31 试设计一最佳方案分离 Fe^{3+}、Al^{3+}、Cr^{3+} 和 Ni^{2+}。

22.32 完成下列变化,写出反应方程式。

(1) $Pt \longrightarrow PtF_6 \longrightarrow Xe[PtF_6]$

(2) $Rh \longrightarrow RhCl_3 \longrightarrow RhI_3$

(3) $Pt \longrightarrow H_2PtCl_6 \longrightarrow (NH_4)_2PtCl_6 \longrightarrow Pt$

第 23 章 f 区 元 素

引起各国广泛关注的核试验以及核辐射都与化学元素周期表中的 f 区元素有关。核试验的原料来自于高浓缩的铀或钚,核电站的原料则主要是高浓缩的铀-235。它们为什么会有如此大的魔力？它们与周期表中其他元素有哪些不同？核辐射的危害有多大？如何安全的利用核能？

f 区元素主要是指镧系元素和锕系元素。一般来说镧系元素是指从镧后面的铈(Ce)到镥(Lu)的 14 种元素,锕系元素是指从锕后面的钍(Th)到铹(Lr)的 14 种元素,它们统称为内过渡系元素。尽管严格来说镧和锕属于ⅢB 族,但是由于它们各自与镧系和锕系元素化学性质极其相似,因此镧和锕通常分别被包括在镧系和锕系元素中,习惯用符号 Ln 和 Ac 分别表示镧系元素和锕系元素。

23.1 镧 系 元 素

23.1.1 存在、提炼和应用

1. 存在与发现

因ⅢB 族元素钪(Sc)和钇(Y)与镧系元素性质十分相近,因此和镧系元素一起统称为稀土元素(共 17 种,用符号 RE 表示),按照性质上的差异和分离工艺的要求又将其分为两组:前 7 种为轻稀土(铈组稀土),后 8 种及 Sc、Y 为重稀土(钇组稀土),稀土元素之间化学性质非常相似但并不完全相同。

第一个被发现的稀土元素是钇,是芬兰化学家加多林(J. Gadolin)在 1794 年发现的;最后发现的稀土元素是钷,它是 1947 年由美国人马林斯基(J. A. Marinsky)等从核裂变产物中分离出来的人工元素。但 1972 年有人在高品位富铀矿物中找到了钷的踪迹,这样钷又作为天然核裂变产物取得了自然界出生的认证,它是唯一具有放射性的稀土元素。

稀土元素并不稀少,稀土元素的总丰度约占地壳中金属元素的 1/5。铈的丰度在铜之上,其次是钕,钇的储量高于铅,镥和铥的储量与锑、汞、银相当。但由于稀土元素分布较为分散,彼此性质又相近,因此提取和分离都比较困难,对稀土的系统研究也开始的比较晚。

所有的镧系元素在自然界中都存在,氟碳铈矿[$Ce(CO_3)F$]、独居石(磷铈镧矿)和磷钇矿($YNbO_4$)是镧系元素存在的主要矿物。独居石是一种混合磷酸盐$(Ce,La,Nd,Pr,Th,Y\cdots)PO_4$,具有经济开采价值的独居石主要资源是冲积型或海滨砂矿床。氟碳铈矿主要含轻稀土元素,截止到 2011 年 12 月,已发现的最大的氟碳铈矿是中国内蒙古自治区的白云鄂博矿,作为开采铁矿的副产品,它和独居石一道被开采出来,其稀土氧化物平均含量为 5%～6%。品位最高的工业氟碳铈矿是美国加利福尼亚州的芒廷帕斯矿,这是世界上唯一以开采稀土为主的氟碳铈矿。磷钇矿化学性质稳定,主要产于花岗岩、花岗伟晶岩中,亦产于碱性花岗岩以及有关的矿床中。

2. 提炼

从独居石中冶炼稀土的第一步是除掉磷酸盐和钍，将矿石与苛性碱一起加热后冷却，Na_3PO_4 被溶于水中分离出来，残余的水合 Th(Ⅳ) 和 Ln(Ⅲ) 的氧化物用热的 HCl 溶液处理，由于 ThO_2 不溶而分离出去，Ln(Ⅲ) 氧化物则形成 $LnCl_3$ 溶于水，接着再进行纯化。

用氟碳铈矿冶炼稀土是将矿石用稀 HCl 处理，将得到的 $CaCO_3$ 沉淀分离出去，其他的稀土元素转化为 $LnCl_3$ 水溶液。

将稀土元素再进一步分离可采用重结晶法、氧化还原法、离子交换法和溶剂萃取法。

氧化还原法通过将 Ce 变为 +4 价，而 Sm、Eu、Yb 变成 +2 价，增大它们与其他 +3 价稀土离子之间的差异，完成其分离提纯。

离子交换法是以离子交换树脂为固定相，先将稀土离子混合物交换到树脂上，再用淋洗液为流动相进行淋洗，由于不同的稀土离子与树脂和淋洗液间的结合力不同而达到分离稀土离子的目的。一般需要经过反复交换、反复淋洗才能获得好的分离效果。

由于还原性强，稀土金属的制备常采用熔盐电解法。例如，以无水氯化物 $LnCl_3$ 和 KCl 为电解质，按一定比例混合后进行电解，在阴极即可得到金属稀土混合物。

镧系金属单质呈银白色，比较软，有延展性，是活泼金属，还原性仅次于 Li、Na、K 和 Mg、Ca、Sr、Ba，需保存于煤油中，易与卤素、氧等非金属反应，在空气中慢慢被氧化；与稀酸反应并放出氢气，不溶于碱。随原子序数增大，镧系金属还原能力逐渐降低。

表 23.1 列出了镧系金属的常见物理性质。

表 23.1　镧系金属的物理性质

镧系金属	La	Ce	Pr	Nd	Pm	Sm	Eu	Gd	Tb	Dy	Ho	Er	Tm	Yb	Lu
晶格类型	六方*	六方*	六方*	六方	六方	六方	体心立方	六方	六方	六方	六方	六方	六方	面心立方	六方
密度/(g·cm^{-3})	6.166	6.773	6.475	7.003	7.2	7.536	5.245	7.886	8.253	8.559	8.78	9.045	9.318	6.972	9.84
熔点/K	1193	1072	1204	1283	1353	1345	1095	1584	1633	1682	1743	1795	1818	1097	1929
沸点/K	3727	3530	3485	3400	2733	2051	1870	3506	3314	2608	2993	2783	2000	1406	3588

＊除六方紧密堆积外，还有面心立方结构。

3. 应用

由于稀土元素具有特殊的电子层结构，可将吸收到的能量转换成光的形式发出，因此可用来制造电器显像管中的荧光粉。荧光粉中含有钇、铕的显像管其使用效果远比以前使用的非稀土硫化物红色荧光粉要好。目前，各种稀土荧光粉的用途颇广，如雷达显像管、荧光灯、高压水银灯等。稀土氧化物可用于制造特种玻璃。例如，含镧的玻璃具有高的折射率、低的色散和良好的化学稳定性，可用于制造高级照相机的镜头和潜望镜的镜头。稀土氧化物还可用于制造彩色玻璃，加入钕、镨、铒可分别使玻璃变成酒红色、绿色、粉红色。

近年来发展起来的稀土永磁材料是指稀土金属和过渡金属形成的合金，稀土永磁材料已在机械、电子、仪表和医疗等领域获得了广泛应用。其中稀土钴永磁体是现在最好的永磁材料，常见的有 $SmCo_5$ 和 Sm_2Co_7。含稀土的钢能显著提高钢的耐磨性、耐磨蚀性和韧性；稀土铝盘条在缩小铝线细度的同时可提高强度和导电率。

含稀土的药物止血作用迅速，并且可持续一天左右；对皮肤炎等多种炎症有不错的疗效；

抗癌作用更是引起了人们的普遍关注。含稀土的农药既能消灭病虫害,又能提高挂果率;稀土复合肥既能改善土壤结构,又能提高农产品产量。

23.1.2 镧系元素通性

1. 镧系元素原子电子层结构

镧系价电子结构为$(n-2)f^{1\sim14}(n-1)d^{0\sim2}ns^2$。按电子填充原则,Sc、Y 的价电子排布分别为 $3d^14s^2$、$4d^15s^2$,而从 La 到 Yb 的价电子排布应该为 $4f^16s^2$ 到 $4f^{14}6s^2$。因为在第六周期中,轨道能量由低到高依次为 $6s \rightarrow 4f \rightarrow 5d \rightarrow 6p$,电子应优先进入 6s 轨道,再进入 4f 轨道,最后才是 5d 轨道。但是有三个特例:La 并不是 $4f^16s^2$ 而是 $4f^05d^16s^2$(4f 轨道全空),Ce 不是 $4f^26s^2$ 而是 $4f^15d^16s^2$,Gd 不是 $4f^86s^2$ 而是 $4f^75d^16s^2$(4f 轨道半满)。

从表 9.5 可知,除了 La 以外,所有其他的镧系元素原子的基态电子层结构中都有 f 电子,但这并不影响 La 与其他的镧系元素在化学性质上的相似性,由于 4f 轨道与 5d 轨道能量十分相近,是否存在 5d 电子是镧系元素原子结构中一个尚待解决的问题,镧系元素的价电子结构是根据其原子光谱和电子束共振实验得到的最合理的结果。

镧系元素的电子排布呈现两种情况,即 $4f^{n-1}5d^16s^2$(La、Ce、Gd、Lu)和 $4f^n6s^2$,这种电子结构的差异造成了镧系元素一些化学性质上的差异。由于 4f 轨道处于内层,且 $E_{4f}<E_{5d}$,对于 $4f^n6s^2$ 结构的元素,4f 电子若要参与反应,必须由 4f 轨道跃迁至 5d 轨道,需要一定的激发能,对于大多数镧系元素其成键能大于激发能,但对于 Eu 和 Yb,其 4f 轨道处于半满和全满的稳定状态,所需激发能较大,不易完成激发,因此往往只以 $6s^2$ 电子参与反应,呈现+2 氧化态。

2. 镧系元素氧化态

镧系元素的特征氧化态为+3。表 23.2 列出了镧系元素的电离势和在酸性介质以及碱性介质中的标准电极电势。

表 23.2 镧系元素电离能及标准电极电势

元素符号	电离能/(kJ·mol^{-1}) Ln(g)⟶Ln^{3+}+3e$^-$	标准电极电势/V			
		$\varphi^{\ominus}$(Ln^{3+}/Ln)	$\varphi^{\ominus}$[Ln(OH)$_3$/Ln]	$\varphi^{\ominus}$(Ln^{3+}/Ln^{2+})	$\varphi^{\ominus}$(Ln^{4+}/Ln^{3+})
La	3.455	−2.52	−2.90		
Ce	3.524	−2.48	−2.87		
Pr	3.627	−2.46	−2.85		
Nd	3.694	−2.43	−2.84		
Pm	3.738	−2.42	−2.84		
Sm	3.871	−2.41	−2.83	−1.55	
Eu	4.032	−2.41	−2.83	−0.43	+1.70(1 mol·dm^{-3} HClO$_4$)
Gd	3.752	−2.40	−2.82		
Tb	3.786	−2.39	−2.79		
Dy	3.898	−2.35	−2.78		+2.86
Ho	3.920	−2.32	−2.77		
Er	3.930	−2.30	−2.75		
Tm	4.044	−2.28	−2.74		
Yb	4.193	−2.27	−2.73	−1.21	
Lu	3.886	−2.26	−2.72		

从电离能数值来看，镧系元素原子的第一、第二和第三电离能之和不是很大，成键时释放的能量足以弥补这部分能量，因此它们的+3 氧化态很稳定。无论在酸性介质还是碱性介质中，$\varphi^{\ominus}(Ln^{3+}/Ln)$ 的数值均较小，其单质的还原能力较强，仅次于碱金属和碱土金属，因此在水溶液中镧系元素易形成+3 氧化态。除了+3 氧化态以外，还有些元素存在+4 的稳定氧化态，如 Ce、Pr、Tb 和 Dy，有些则有+2 稳定氧化态，如 Sm、Eu、Tm 和 Yb。

3. 镧系收缩

表 23.3 列出了镧系元素原子和离子的半径，发现从 La 到 Lu 原子半径和离子半径总体变化趋势呈现出随原子序数增加而下降的现象，这个现象称为镧系收缩。

表 23.3　镧系元素原子及离子的半径　　　　　　　　　　（单位:pm）

	La	Ce	Pr	Nd	Pm	Sm	Eu	Gd	Tb	Dy	Ho	Er	Tm	Yb	Lu
Ln	187.7	182.4	182.8	182.1	181.0	180.2	204.2	180.2	178.2	177.3	176.6	175.7	174.6	194.0	173.4
Ln^{2+}						111	109						94	93	
Ln^{3+}	116	114	113	111	109	108	107	105	104	103	102	100	99	99	98
Ln^{4+}		92	90					84							

从 La 到 Lu，原子半径共收缩了 14 pm，平均每增加一个核电荷，半径收缩 1 pm，即在镧系内原子半径呈现缓慢减小的趋势。这是由于 $(n-2)f$ 电子的屏蔽常数小于 1 造成的。

Eu 和 Yb 的原子半径变化特殊，它们不是减小而是增大，且增大的幅度较大。这是因为 Eu 和 Yb 的 4f 轨道分别为半充满和全充满，这样的结构比 4f 轨道未充满的结构对核电荷的屏蔽作用要大得多，因此导致核对最外层电子引力突然减小，半径呈现突变。

从 La^{3+} 到 Lu^{3+}，离子半径从 116 pm 均匀地降为 98 pm，共收缩了 18 pm，离子半径的收缩效果比原子半径明显。这是因为 Ln^{3+} 比原子少了一个 6s 电子层，4f 变为次外层，它对核电荷的屏蔽作用比 4f 轨道为倒数第三层时的情况下要小，因此半径收缩明显。同时 Ln^{3+} 结构的变化是由 f^0 到 f^{14}，电子数是均匀改变的，因此半径减小也是均匀的。只有 Gd^{3+} 的半径（105 pm）出现了微许不连续性，主要是因为 Gd^{3+} 的 $4f^7$ 半充满结构，屏蔽作用较大，因此半径比上一个元素 Eu^{3+} 的半径（107 pm）减小较多，而与后一个元素 Tb^{3+} 的半径（104 pm）相差较小。这称为 Gd 断效应，如图 23.1 所示。

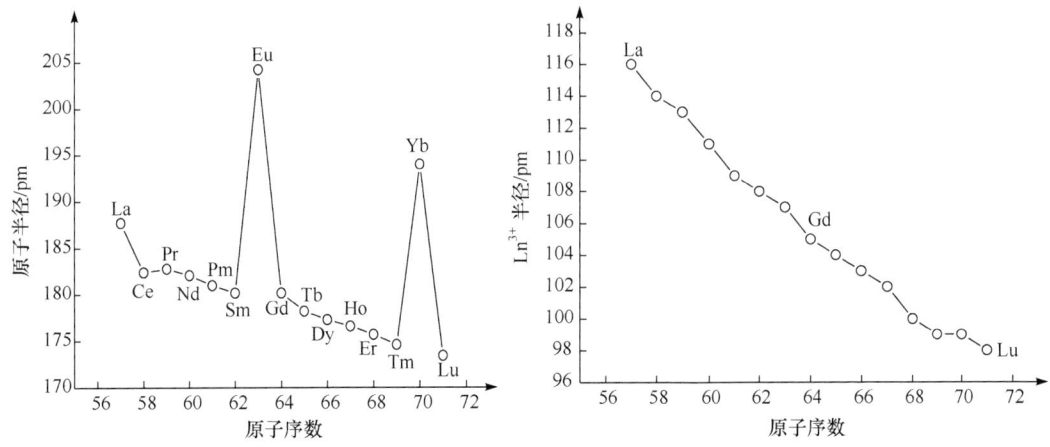

图 23.1　镧系元素原子半径和离子半径

同样 Ln^{2+}、Ln^{4+} 的离子半径也是随原子序数增大而收缩。

由于镧系收缩,使 Y^{3+} 的离子半径与 Er^{3+} 相近,Sc^{3+} 的离子半径与 Lu^{3+} 相近,因而 Y 和 Sc 成为稀土元素的成员,也造成第三过渡系与第二过渡系的同族元素原子(或离子)半径相近,如 Hf^{4+}(79 pm)与 Zr^{4+}(80 pm)、Ta^{5+}(69 pm)与 Nb^{5+}(70 pm)、W^{6+}(62 pm)与 Mo^{6+}(62 pm)钼等,它们性质上极为相似,也常共生而难以分离。

23.1.3 镧系元素化合物的颜色和磁性

1. 颜色

在镧系+3 价离子中,La^{3+} 的 4f 亚层全空、Lu^{3+} 的 4f 亚层全满,不能发生 f-f 跃迁,在可见光区域无吸收,故无色;Ce^{3+}、Eu^{3+}、Gd^{3+} 和 Tb^{3+} 的吸收带波长全部或大部分在紫外区,故无色;Yb^{3+} 的吸收带波长在近红外区域,无色;而其他的 Ln^{3+} 的 4f 电子都可以发生 f-f 跃迁,在可见光区域有明显吸收,从而显示不同的颜色(表 23.4)。Ce^{4+} 电子构型为 $4f^0$,不发生 f-f 跃迁,但由于可以发生由配体到金属的荷移跃迁,故显橙红色。

表 23.4 镧系元素离子在晶体或水溶液中的颜色

离子	未成对电子数	主要吸收谱线/nm	颜色	主要吸收谱线/nm	未成对电子数	离子
La^{3+}	$0(4f^0)$	—	无	—	$0(4f^{14})$	Lu^{3+}
Ce^{3+}	$1(4f^1)$	210、222、238、252	无	975	$1(4f^{13})$	Yb^{3+}
Pr^{3+}	$2(4f^2)$	444、469、482、588	绿	360、683、780	$2(4f^{12})$	Tm^{3+}
Nd^{3+}	$3(4f^3)$	354、522、574、740 742、798、803、868	淡红	364、379、487、523 652、287、361	$3(4f^{11})$	Er^{3+}
Pm^{3+}	$4(4f^4)$	548、568、702、736	粉红、淡黄	416、451、537、641	$4(4f^{10})$	Ho^{3+}
Sm^{3+}	$5(4f^5)$	362、374、402	黄	350、365、910	$5(4f^9)$	Dy^{3+}
Eu^{3+}	$6(4f^6)$	376、394	无	284、350、368、487	$6(4f^8)$	Tb^{3+}
Gd^{3+}	$7(4f^7)$	273、275、276	无	273、275、276	$7(4f^7)$	Gd^{3+}

2. 磁性

La^{3+} 和 Ce^{4+} 具有 $4f^0$ 构型,Yb^{2+} 和 Lu^{3+} 具有 $4f^{14}$ 电子构型,没有未成对电子,故磁矩为零,显反磁性;而其他具有 $4f^{1\sim13}$ 构型的稀土元素原子或离子都是顺磁性的。

计算磁矩时,既要考虑未成对电子自旋运动对磁矩的贡献,又要考虑轨道运动对磁矩的贡献,这一点与 d 区过渡元素的磁性有所不同。d 区过渡元素因为 d 轨道受晶体场的影响较大,轨道运动对磁矩的贡献被周围配位原子形成的电场所抑制,几乎完全消失,所以磁矩仅由未成对电子的自旋运动产生,而镧系元素内层的 4f 电子受晶体场影响较小,其轨道运动对磁矩的贡献没有被周围配位原子形成的电场所抑制。镧系元素+3 价离子的计算磁矩和实验磁矩列于表 23.5。由表中数据可知,除了 Sm^{3+} 和 Eu^{3+} 以外,其他 Ln^{3+} 磁矩的计算值和实验值很接近,Sm^{3+} 和 Eu^{3+} 的不一致可能是在测定时包含了较低激发态的贡献。

表 23.5 Ln^{3+} 的磁矩(B.M.)

	La	Ce	Pr	Nd	Pm	Sm	Eu	Gd	Tb	Dy	Ho	Er	Tm	Yb	Lu
计算值	0	2.54	3.58	3.62	2.68	0.85	0	7.94	9.72	10.68	10.61	9.58	7.56	4.54	0
实验值	0	2.40	3.60	3.62	—	1.54	3.61	8.2	9.6	10.50	10.50	9.50	7.20	4.40	0

23.1.4 镧系金属的重要化合物

1. 氧化数为+3 的化合物

1) 氧化物和氢氧化物

(1) 制备。方法一金属直接氧化。一定温度下,镧系金属能被空气直接氧化得到 Ln_2O_3 形式的氧化物。但 Ce、Pr、Tb 除外,Ce 生成白色的 CeO_2,Pr 生成棕黑色的 Pr_6O_{11},Tb 生成暗棕色的 Tb_4O_7,将这些高价态的氧化物还原才能得到其相应的+3 价氧化物。方法二氢氧化物、乙二酸盐、硝酸盐、碳酸盐、硫酸盐加热分解。例如

$$4Ln(NO_3)_3 \xrightarrow{\triangle} 2Ln_2O_3 + 12NO_2\uparrow + 3O_2\uparrow$$

但是 Ce、Pr 和 Tb 生成高氧化态的氧化物,需要用 H_2 还原为+3 价氧化物。

(2) 性质。Ln_2O_3 难溶于水或碱性介质,易溶于强酸;难溶于水的镧系氧化物可以吸收空气中的水分形成水合氧化物,若同时吸收空气中的 CO_2 则形成碱式碳酸盐。一些常见的性质列于表 23.6。

表 23.6 Ln_2O_3 的性质

Ln(Ln_2O_3)	La	Ce	Pr	Nd	Sm	Eu	Gd	Tb	Dy	Ho	Er	Tm	Yb	Lu
颜色	白	白	黄绿	淡蓝	淡黄	玫瑰	白	白	白	棕	玫瑰	淡绿	白	白
熔点/K	2573	—	2569	2583	2593	2603	2668	2663	2664	2669	2673	—	2684	—
$-\Delta_f H_m^{\ominus}$/(kJ·mol^{-1})	1793.7	1802.9	1823.4	1809.0	1815.4	1641.4	1815.6	1864.4	1869.4	1880.7	1897.8	1888.7	1814.5	1878.2

在镧系元素的 Ln^{3+} 盐溶液中加入 OH^- 或氨水,能生成 $Ln(OH)_3$ 沉淀。氢氧化物在水中的溶解度很小,溶液显碱性,其碱性与碱土金属氢氧化物相近,并依 $La(OH)_3 \to Lu(OH)_3$ 的顺序减弱,这是中心离子对 OH^- 的吸引力随中心离子半径减小而增强的缘故。镧系 $Ln(OH)_3$ 开始沉淀时的 pH 和 $K_{sp}^{\ominus}$ 列于表 23.7。

表 23.7 $Ln(OH)_3$ 开始沉淀的 pH 和溶度积常数

离子	$\phi=Z/r$	$Ln(OH)_3$ 开始沉淀时的 pH				$Ln(OH)_3$ 的 $K_{sp}^{\ominus}$(298 K)
		硝酸盐	氯化物	硫酸盐	乙酸盐	
La^{3+}	2.83	7.82	8.03	7.41	7.93	1.0×10^{-19}
Ce^{3+}	2.84	7.60	7.41	7.35	7.77	1.5×10^{-20}
Pr^{3+}	2.96	7.35	7.05	7.17	7.66	2.7×10^{-22}
Nd^{3+}	3.02	7.31	7.02	6.95	7.59	1.9×10^{-21}
Sm^{3+}	3.11	6.92	6.83	6.70	7.40	6.8×10^{-22}
Eu^{3+}	3.16	6.82		6.68	7.18	3.4×10^{-22}
Gd^{3+}	3.20	6.83		6.75		2.1×10^{-22}

续表

离子	$\phi=Z/r$	Ln(OH)$_3$开始沉淀时的pH				Ln(OH)$_3$的$K_{sp}^{\ominus}$(298 K)
		硝酸盐	氯化物	硫酸盐	乙酸盐	
Tb^{3+}	3.25					2.0×10^{-22}
Dy^{3+}	3.30					1.4×10^{-22}
Ho^{3+}	3.36					5.0×10^{-23}
Er^{3+}	3.41	6.76		6.50	6.59	1.3×10^{-23}
Tm^{3+}	3.45	6.40		6.21	6.53	3.3×10^{-24}
Yb^{3+}	3.50	6.30		6.18	6.50	2.9×10^{-24}
Lu^{3+}	3.54	6.30		6.18	6.46	2.5×10^{-24}

Ln(OH)$_3$沉淀溶于酸而形成盐,而Yb(OH)$_3$和Lu(OH)$_3$还可溶于过量的浓NaOH溶液中,生成Na$_3$Yb(OH)$_6$和Na$_3$Lu(OH)$_6$:

$$Ln(OH)_3+3OH^- \rightleftharpoons [Ln(OH)_6]^{3-} \quad (Ln=Yb、Lu)$$

Ce(OH)$_3$是白色的固体,在空气中缓慢转化成黄色的Ce(OH)$_4$。Ln(OH)$_3$的溶解度与温度有关,随着温度升高,溶解度降低。

利用这种碱性的不同可将镧系元素进行分离,如加入NaOH,则溶解度最小、碱性最弱的Lu(OH)$_3$先沉淀出来,而溶解度最大、碱性最强的La(OH)$_3$最后沉淀出来。

2) 卤化物

卤化物中比较重要的是氟化物和氯化物。LnF$_3$不溶于水,即使在含3 mol·dm^{-3} HNO$_3$的Ln^{3+}盐溶液中加入氢氟酸或F$^-$,也可得到氟化物的沉淀。这也是鉴别和分离镧系离子的特殊方法。

$$2Ln+3F_2 = 2LnF_3$$

$$Ln+2F_2 = LnF_4 \quad (Ln=Ce、Pr、Tb)$$

$$CeO_2 \xrightarrow{F_2,XeF_2,ClF_3} CeF_4$$

$$Pr_6O_{11} \xrightarrow{紫外光,11天,F_2(液态HF)} PrF_4$$

LnCl$_3$易溶于水,水溶液中,La-Nd常结晶出七水合氯化物如LaCl$_3$·7H$_2$O,Nd-Lu(Y)结晶出六水合氯化物如NdCl$_3$·6H$_2$O。

$$Ln_2O_3 \xrightarrow{HCl(aq)} LnCl_3·nH_2O \quad (n=6 或 7)$$

无水氯化物的制备方法是将Ln$_2$O$_3$和NH$_4$Cl(SOCl$_2$)固体混合物加热,便可得到LnCl$_3$:

$$Ln_2O_3+6NH_4Cl \xrightarrow{573 K} 2LnCl_3+3H_2O\uparrow+6NH_3\uparrow$$

无水LnCl$_3$熔点很高,属于离子型化合物,在熔融状态下可以导电。无水和含水LnCl$_3$都易溶于水,溶解度随温度升高而升高。

3) 硫酸盐

最常见的是水合硫酸盐,溶液中一般结晶出八水合物Ln$_2$(SO$_4$)$_3$·8H$_2$O,硫酸铈则形成九水合物,易溶于水,将水合物直接加热(428～533 K)脱水可制得无水硫酸盐Ln$_2$(SO$_4$)$_3$,若温度升高到1128～1219 K,则无水硫酸盐分解为碱式盐:

$$Ln_2(SO_4)_3 = (LnO)_2SO_4+2SO_2\uparrow+O_2\uparrow$$

温度升高到1363～1523 K,则碱式盐分解为氧化物:

$$2(LnO)_2SO_4 = 2Ln_2O_3+2SO_2\uparrow+O_2\uparrow$$

无水硫酸盐和水合硫酸盐都溶于水,但无水硫酸盐溶解度小于水合硫酸盐(表 23.8),它们的溶解度随温度升高而降低。

稀土硫酸盐和碱金属硫酸盐能形成复盐,如 $Ln_2(SO_4)_3 \cdot Na_2SO_4 \cdot 2H_2O$,按复盐溶解度的差别可把稀土元素分为三组:①镧到钐的硫酸复盐难溶,称为铈组;②铕到镝的硫酸复盐微溶,称为铽组;③钇及钬到镥的硫酸复盐易溶,称为钇组。也有人把铽组称为中稀土元素。

$$xLn_2(SO_4)_3 + yM_2SO_4 + zH_2O \Longleftrightarrow xLn_2(SO_4)_3 \cdot yM_2SO_4 \cdot zH_2O \quad (M=K^+、Na^+、NH_4^+)$$

稀土硫酸复盐的溶解度随着稀土原子序数的增大而增大,随温度的升高而降低,按 $NH_4^+ \to Na^+ \to K^+$ 的顺序下降。

表 23.8 稀土硫酸盐的溶解度[g·(100 g H₂O)⁻¹, 298 K]

离子 M^{3+}	Sc	Y	La	Ce	Pr	Nd	Sm	Eu	Gd	Tb	Dy	Ho	Er	Tm	Yb	Lu
$Ln_2(SO_4)_3$	40.00	7.47	2.142	5.063	10.88	5.591	1.488	—	3.299	—	—	6.705	15.19	36.01	—	—
$Ln_2(SO_4)_3 \cdot 8H_2O$	—	—	3.8	23.8	12.74	7.00	2.67	2.56	2.89	3.56	5.07	8.18	16.00	—	34.78	42.27

4) 乙二酸盐

乙二酸盐是重要的镧系盐类之一,它在水中和酸性溶液中都难溶,一般都含有结晶水,其通式为 $Ln_2(C_2O_4)_3 \cdot nH_2O$($n=6、7、9、10、11$),以 $n=10$ 最常见。

乙二酸盐可通过其他的可溶性盐类制备,如氯化物和硝酸盐:

$$2Ln^{3+} + 3C_2O_4^{2-} + nH_2O \Longleftrightarrow Ln_2(C_2O_4)_3 \cdot nH_2O$$

利用乙二酸盐在酸性溶液中也难溶这一特点,可使镧系元素生成乙二酸盐沉淀而与其他金属离子分开,通过重量法测定样品中镧系元素含量。

水合乙二酸盐开始脱水的温度为 313~333 K,继续加热,最终产物都得到氧化物,除了 CeO_2、PrO_x($1.5<x<2$)以及 Tb_4O_7 外,其余都为 Ln_2O_3。

5) 硝酸盐

将 Ln_2O_3 溶解于 HNO_3 中,经过蒸发浓缩可结晶出含水硝酸盐,一般都含有六个结晶水,但 Tm^{3+}、Yb^{3+}、Lu^{3+}、Sc^{3+} 的硝酸盐是五水或四水的,在 373 K 以下经烘干脱水可得到无水物,无水盐经进一步灼烧转化为碱式盐,最后得到氧化物。

稀土硝酸盐易溶于水和醇、酮、酯、胺等有机物中。轻稀土硝酸盐可以与碱金属、铵、镁、锌等的硝酸盐形成复盐,如 $2M^INO_3 \cdot Ln(NO_3)_3 \cdot xH_2O$,$3M^{II}(NO_3)_2 \cdot 2Ln(NO_3)_3 \cdot 24H_2O$。形成复盐后溶解度变小,并随稀土离子半径减小而增大。同一元素的复盐溶解度随温度升高而增大。重稀土元素(除铽外)几乎不形成硝酸复盐。

6) 配合物

Ln^{3+} 最外层电子结构为 $5s^25p^6$,次外层为 4f 轨道,由于 4f 轨道同配位体轨道之间的相互作用很弱,难以参与成键,因此 Ln^{3+} 只能用外层的能量较高的轨道参与成键,形成的配合物的稳定性较差。镧系元素形成配合物的能力弱于过渡元素,但比碱土金属强。Ln^{3+} 与配位体间的相互作用主要以静电作用为主,配位键主要是离子性的,键的方向性不明显。

Ln^{3+} 是典型的硬酸,易与含氟、氧等硬碱配体形成稳定配合物,而与 CO、X^-、CN^-、PR_3 等软碱只有在非水溶剂中才能配位,因为在水中 Ln^{3+} 会优先与 H_2O 配位。Ln^{3+} 只有与一些螯合剂如柠檬酸、EDTA、β-二酮等才能形成稳定的可以分离出来的螯合物。

Ln^{3+} 半径大电荷高,配位数都在 6 以上,最高可达到 12,几何构型复杂,水溶液中一般以 9 配位为主。例如,$[GdCl_4(THF)_2]^-$ 的配位数为 6,$[Pr(NCS)_8]^{5-}$ 的配位数为 8,

$[Ln(EDTA)(H_2O)_3]^-$ ($Ln = La、Ce、Nd、Sm、Eu、Gd、Tb、Dy、Ho$) 的配位数为 9，$[Ce(CO_3\text{-}O,\text{-}O')_5]^{6-}$ 的配位数为 10，$[La(H_2O)_5(NO_3\text{-}O,O')_6]^{3-}$ 的配位数为 11，$[La(NO_3\text{-}O,O')_6]^{3-}$ 的配位数为 12。

镧系金属有机配合物近年来发展很快，与过渡金属不同，镧系金属在通常条件下与 CO 不能形成稳定配合物。一般制备 Ln—C 共价键的方法是

$$LnCl_3 + 3LiR \Longrightarrow LnR_3 + 3LiCl$$

$$Tm + HgPh_2 \xrightarrow{TmCl_3, THF} TmPh_3(THF)_3$$

$$LnCl_3 + 3NaCp \Longrightarrow Cp_3Ln + 3NaCl$$

利用 Ln^{3+} 生成配合物的稳定性不同也可将镧系元素进行分离，Ln^{3+} 生成配合物的稳定性一般是随离子半径的减小而增大，用 H-型阳离子交换树脂将 Ln^{3+} 交换吸附在阳离子交换柱上，用螯合剂（如 EDTA）在适当的 pH 和淋速下淋洗，半径小、能形成比较稳定的配合物的重镧系离子将最先淋洗下来，以此达到分离镧系金属离子的目的。

2. 氧化数为 +2 和 +4 的化合物

镧系金属除形成 +3 的稳定化合物外，还有一些 +2 和 +4 的化合物存在。

在 +4 的镧系元素中，只有 Ce^{4+} 可以稳定存在于固体和水溶液中。$Ce(OH)_3$、$Ce_2(CO_3)_3$、$Ce_2(C_2O_4)_3$、$Ce(NO_3)_3$ 和 $Ce_2(SO_4)_3$ 在空气或氧气中灼烧分解都生成 CeO_2，而不是 Ce_2O_3。CeO_2 不溶于酸或碱，在有还原剂存在的条件下方可溶于酸生成 Ce^{3+} 溶液。

常见的 +4 价 Ce 盐有 $Ce(SO_4)_2 \cdot 2H_2O$ 和 $Ce(NO_3)_4 \cdot 3H_2O$，可溶于水。向其溶液中加入碱就会得到黄色胶状的水合物 $CeO_2 \cdot nH_2O$，它可溶于酸中。但 Ce^{4+} 有强氧化性：

$$2CeO_2 + 8HCl \Longrightarrow 2CeCl_3 + Cl_2 \uparrow + 4H_2O$$

溶于氧化性酸如硝酸和高氯酸则不发生氧化还原反应，只得到 Ce^{4+} 的盐，溶于硫酸则得到 Ce^{4+} 和 Ce^{3+} 混合硫酸盐，并放出 O_2：

$$6CeO_2 + 10H_2SO_4 \Longrightarrow 2Ce(SO_4)_2 + 2Ce_2(SO_4)_3 + O_2 \uparrow + 10H_2O$$

$Ce(SO_4)_2 \cdot 2H_2O$ 和 $Ce(NO_3)_4 \cdot 3H_2O$ 还可形成复盐，$2(NH_4)_4SO_4 \cdot Ce(SO_4)_2 \cdot 2H_2O$ 和 $2NH_4NO_3 \cdot Ce(NO_3)_4$，复盐的稳定性要高于简单盐类。$2NH_4NO_3 \cdot Ce(NO_3)_4$ 是一种分析基准物，其真正的结构式为 $(NH_4)_2[Ce(NO_3)_6]$，即是一种配位化合物，NO_3^- 在这里起一种双基配体的作用。

Ce^{4+} 由于电荷高且半径小，因此离子势很大，在水中易发生水解，利用这样的特性很容易将 Ce 与其他稀土元素分开。可以利用各种氧化剂如 O_2、Cl_2、O_3 等将 Ce 氧化为 Ce^{4+}，调节 pH 为 0.7～1.0，$CeO_2 \cdot H_2O$ 就从溶液中析出，而其他的稀土离子 Ln^{3+} 要在 pH 达到 6～8 时才沉淀出来。将 Ce^{3+} 氧化最简单经济的方法就是直接空气氧化：

$$4Ce(OH)_3 + O_2 + 2H_2O \Longrightarrow 4Ce(OH)_4$$

镧系元素在一定条件下能以 +2 价稳定存在的是 Sm^{2+}、Eu^{2+} 和 Yb^{2+}，它们与碱土金属的 Mg^{2+}、Ca^{2+}、Sr^{2+} 和 Ba^{2+} 在有些方面非常相似。用合适的还原剂（如 Zn）可以将 Eu^{3+} 还原为 Eu^{2+}，而 Sm^{2+} 和 Yb^{2+} 都不还原，从而将 Eu^{2+} 与 Sm^{2+}、Yb^{2+} 及其他 Ln^{3+} 分离。

23.2 锕系元素

与镧系元素一样,锕系元素比较活泼。α衰变和自裂变是锕系元素的重要特性,随着原子序数的增大,半衰期依次缩短,铀-238 的 $t_{1/2}$ 为 44.68 亿年,铹-260 的 $t_{1/2}$ 只有 3 min。锕系元素都具有放射性,其毒性和辐射的危害较大,必须在有防护措施的密闭工作箱中操作这些物质。

在人工合成的锕系元素中,只有钚、镎、镅、锔的年产量达千克级以上,锫仅为克量级,锎以后的元素量极少,半衰期很短,仅用于研究。用途比较多的只限于铀和钍,钚在某些情况下用作核燃料。

23.2.1 锕系元素通性

1. 原子的电子结构

锕系元素原子基态的电子结构是 $5f^{0\sim14}6d^{0\sim1}7s^2$,只有 Th 为 $5f^06d^27s^2$。这些元素的核外电子分为 7 层,最外层都是 2 个电子,次外层多数为 8 个电子(个别为 9 个或 10 个电子),从镁到锗电子填入第 5 层,使第 5 层电子数从 18 个增加到 32 个。

锕、钍、镤、铀存在于自然界中,其余 11 种称为超铀元素,是 1940 年以后通过人工核反应合成的。在超铀元素被发现以前,Ac、Th、Pa、U 分别被认为是 ⅢB、ⅣB、ⅤB 和 ⅥB 的最后一个元素,因为 Ac(Ⅲ)盐与 La(Ⅲ)盐类质同晶;Th 与 Zr 和 Hf 相似,氧化态也表现为 +4;U 与 Mo 和 W 相似,稳定氧化态为 +6。超铀元素被发现以后,通过对原子序数 89~103 的 15 种元素的性质的全面系统研究表明,锕以后的元素电子依次填充 5f 内电子层,它们的最外层的电子构型基本相同,因而化学性质非常相似,所以单独组成一个系列,在元素周期表中占有特殊位置,用符号 An 表示。

2. 氧化态

由钍到锔有多种氧化态存在,而且有高氧化态,这是因为锕系前边元素的 5f 电子与核的作用比镧系元素 4f 电子与核的作用弱,因而除了 6d 和 7s 轨道上的电子可以用来成键外,5f 轨道上的电子也可以作为价电子用来成键,形成高价态的稳定化合物。随着原子序数的增加,核电荷增加,5f 电子受到核的引力加大,电子不易失去,所以后边的元素(从 Am 开始)最稳定氧化态为 +3(表 23.9)。

表 23.9 锕系元素常见氧化态

Ac	Th	Pa	U	Np	Pu	Am	Cm	Bk	Cf	Es	Fm	Md	No	Lr
						2			2	2	2	2	**2**	
3		3	3	3	3	**3**	**3**	**3**	**3**	**3**	**3**	**3**		3
	4	4	**4**	4	**4**	4	4	4						
		5	5	**5**	5	5								
			6	6	6	6								
				7	**7**									

从表 23.9 中可以看出,前 4 种元素 Ac、Th、Pa 和 U 的最稳定氧化态分别为 +3、+4、+5 和 +6;Np 虽然有 +7,但不能稳定存在,其最稳定价态是 +5;Pu 氧化态与 Np 一样,也从 +3 到 +7,但最稳定价态是 +4,从 Am 开始一直到 Lr,最稳定氧化态都为 +3,而且后边的元素表现出 +2 的低氧化态,Am 的 +2 价态只存在于固体中,Cf 的 +2 价态只存在于溶液中,No 的 +2 氧化态最稳定,只有强氧化剂才能将 No(Ⅱ)氧化为 No(Ⅲ)。No 和 Lr 与碱土金属具有很大的相似性。

3. 锕系元素的离子半径

锕系元素与镧系元素相似,随着原子序数的增加,原子半径和离子半径(表 23.10)递减,也有锕系收缩。5f 轨道对原子核的屏蔽作用比较弱,随着原子序数的增加,有效核电荷也随之增加,因此锕系元素的离子半径也有与镧系收缩相类似的锕系收缩现象。但锕系收缩一般比镧系收缩得大一些,尤其是前几个元素(Ac、Th、Pa、U)更为显著。

表 23.10 锕系元素离子半径

	Ac	Th	Pa	U	Np	Pu	Am	Cm	Bk	Cf
$r(M^{3+})$/pm	111	108	105	103	101	100	99	98.5	98	97.7
$r(M^{4+})$/pm		99	96	93	92	90	89	88		

4. 锕系离子的颜色及磁性

锕系离子在水溶液中的颜色列于表 23.11。除少数离子(Ac^{3+}、Cm^{3+}、Th^{4+}、Pa^{4+} 和 PaO_2^+)为无色外,其余大多显色。其变化规律与镧系类似。

现只初步知道锕系元素中的一些超铀元素离子的顺磁性,与镧系元素相应的离子的顺磁性是非常相似的,但它们的磁矩是有差别的。超铀离子磁矩的实验值低于理论值,这是由于 5f 轨道比镧系元素的 4f 轨道伸长得较多。

表 23.11 锕系离子在水溶液中的颜色

离子	Ac	Th	Pa	U	Np	Pu	Am	Cm
M^{3+}	无色			浅红	紫色	蓝色	粉红	无色
M^{4+}		无色	无色	绿色	黄绿	黄褐	粉红	
MO_2^+			无色		绿色	红紫	黄	
MO_2^{2+}				黄色	粉红	黄橙	浅棕	

5. 电极电势

图 23.2 是部分锕系元素在酸性溶液中的 $\Delta G^{\ominus}/F$-Z 图。在 1 mol·dm^{-3} 的 $HClO_4$ 溶液中,由 U 到 Cm 的 $\varphi^{\ominus}(An^{4+}/An^{3+})$ 值越来越大,表明 An^{3+} 的稳定性按同一顺序而增强。

23.2.2 锕系金属的重要化合物

1. 锕系金属

锕系元素中只有钍和铀在自然界中存在矿物,最重要的矿物是独居石和沥青铀矿

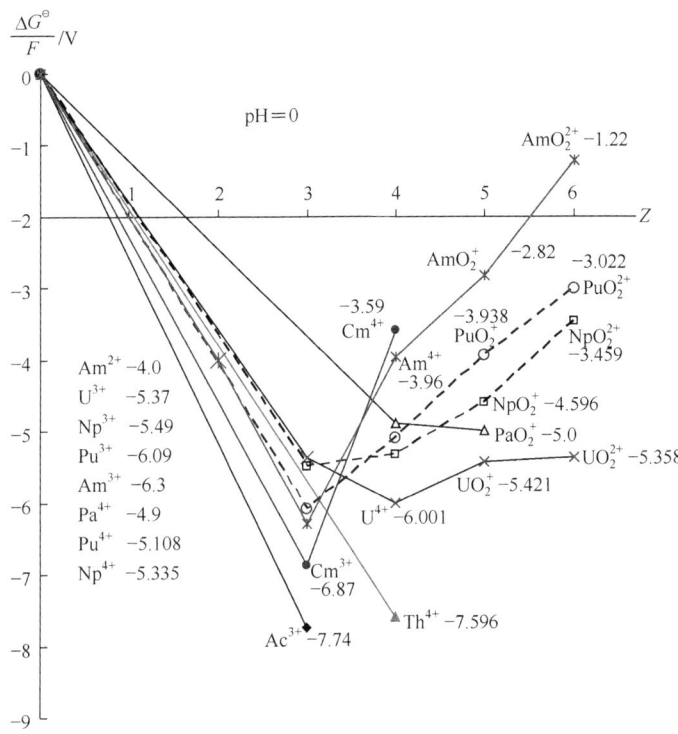

图 23.2 锕系元素的 $\Delta G^{\ominus}/F$-Z 图

(U_3O_8)。锕系金属具有银白色光泽,具放射性,在暗处遇到荧光物质能发光,熔点比镧系金属稍高。锕系金属是活泼金属,在空气中迅速变暗,生成相应的氧化物,其中一些如 Th 和 Pa 的金属粉末会自燃,钍的氧化膜有保护性,其他的较差。锕系金属在 473~573 K 就很易与氢反应生成氢化物,氢化物是化学计量的,其理想化学式为 MH_2 或 MH_3;与沸水作用,生成氧化物与氢氧化物的混合物,还放出 H_2;也可与卤素、酸作用,但不与碱作用;与氮在常温下不起作用,在高温下也只缓慢地反应。有些锕系元素只能在某些特殊研究实验室中进行研究。例如

$$U + \begin{matrix} H_2 \\ F_2 \\ Cl_2 \\ H_2O \end{matrix} \quad \xrightarrow{\triangle} \quad \begin{matrix} UH_3 \\ UF_6 \\ UCl_4 + UCl_5 + UCl_6 \\ UO_2 \end{matrix}$$

锕系金属单质的制备通常只能用高温熔融冶金法,而不能用湿法。实验室采用 Mg、Li 等在 1370~1670 K 时来还原锕系的无水氟化物、氯化物或氧化物以制备锕系金属。例如

$$ThO_2 + 2Mg = Th + 2MgO$$
$$PuF_4 + 2Ca = Pu + 2CaF_2$$
$$UF_4 + 2Mg = U + 2MgF_2$$
$$CmF_3 + 3Li = Cm + 3LiF$$

也可采用高温热分解法制取:

$$ThI_4 \xrightarrow{1973\ K} Th + 2I_2$$

目前能制得的锕系金属有 Ac、Th、Pa、U、Np、Pu、Am、Cm、Bk、Cf 10 种，Cf 以后的金属均未得到。因为这些元素的半衰期很短，不易得到单质，化合物来源也很困难，而且有很强的放射性，能大批量生产的只有 Th、U 和 Pu。

锕系元素化学主要集中于钍和铀的化合物。

2. 钍和铀的化合物

1) 钍的化合物

钍的化学主要关注于 Th(Ⅳ)，在水溶液中尚未有 Th 的其他氧化态存在的证据，$\varphi^{\ominus}(Th^{4+}/Th) = -1.899$ V。

$Th(NO_3)_4 \cdot 5H_2O$ 易溶于水、醇、酮和酯中，常用于制备其他钍的化合物。

热解 $Th(NO_3)_4$ 就可以得到白色的 ThO_2，熔点为 3493 K，其晶格与 CaF_2 相同，除了溶于 HNO_3 和 HF 组成的混合酸外，呈现化学惰性，ThO_2 被广泛用作 Fischer-Tropsch 催化剂。

由于 Th(Ⅳ)含有较高的电荷，在水溶液中常以水合离子$[Th(H_2O)_n]^{4+}$形式存在，一般在强酸介质中较难水解，当 pH>3 时则会发生剧烈水解，生成的离子类型与溶液酸度、浓度和阴离子性质有关，常含有$[Th_2(OH)_2]^{6+}$、$[ThOH]^{3+}$ 和$[Th(OH)_2]^{2+}$等，若将强碱加入到这些溶液中，就会生成白色的 $Th(OH)_4$ 沉淀，$Th(OH)_4$ 晶体是以 $Th(OH)_2^{2+}$ 为单元重复的链，将其加热到 700 K 以上就生成 ThO_2。

Th(Ⅳ)的配化合物呈现高配位数的特点，这主要是由于 Th(Ⅳ)电荷较高，半径较大。常与一些硬碱，如 O^{2-} 等形成具有高配位数的配位化合物，如$[Th(NO_3\text{-}O,O')_6]^{2-}$ (CN=12)、$[Th(CO_3\text{-}O,O')_5]^{6-}$ (CN=10)、$[ThCl_4(THF)_4]$ (CN=8)和$[ThCl_4(NMe_3)_3]$ (CN=7)。

Th(Ⅳ)的卤化物可由单质直接化合得到，ThF_4、$ThCl_4$ 和 $ThBr_4$ 为白色，ThI_4 为黄色。在固体中 Th(Ⅳ)为八配位。ThI_4 与 I_2 反应可以得到 ThI_2 和 ThI_3，它们都是金属导体，可以分别表示为 $Th^{4+}(I^-)_2(e^-)_2$ 和 $Th^{4+}(I^-)_3(e^-)$；ThF_4 在水溶液和碱金属氟化物溶液中均不溶，但是通过组分间的化合可以得到大量的二聚体和配合物，其结构相当复杂，如在$[NH_4]_3[ThF_7]$ 和$[NH_4]_4ThF_8$ 中含有$[ThF_7]_n^{3-n}$ 无限长链；$ThCl_4$ 易溶于水，可以生成一些含有八面体$[ThCl_6]^{2-}$ 的盐：

$$ThCl_4 + 2MCl \Longrightarrow M_2ThCl_6 \qquad (M=K、Rb、Cs)$$

此外，也可以由 ThO_2 与 HF 或 CCl_4 反应来制备 Th 的卤化物：

$$ThO_2 + 4HF \xrightarrow{873 \text{ K}} ThF_4 + 2H_2O \uparrow$$

2) 铀的化合物

铀是一种活泼金属，铀元素具有从+3 到+6 的多种氧化态，其中以 U(Ⅳ)和 U(Ⅵ)最为常见。多数铀化合物的制备是从 UO_2 开始的，它主要存在于沥青铀矿中，呈棕黑色。铀的其他氧化物还有墨绿色的氧化物 U_3O_8 以及橙黄色的 UO_3。常见反应为

$$UO_3 + CO \xrightarrow{623 \text{ K}} UO_2 + CO_2 \uparrow$$

$$6UO_3 \xrightarrow{973 \text{ K}} 2U_3O_8 + O_2 \uparrow$$

铀的氧化物 UO_3 具有多种变体，但在加热时所有的变体都会分解为具有混合氧化态的墨

绿色的氧化物 U_3O_8。UO_2、UO_3 和 U_3O_8 都可以溶解于大部分的酸中形成含有 $[O=U=O]^{2+}$（铀酰离子）的黄色溶液。

$$UO_3 + 2HNO_3 \Longrightarrow UO_2(NO_3)_2 + H_2O$$

$[UO_2]^{2+}$ 也存在于许多固体化合物中，如碱土金属铀化物 $BaUO_4$，更准确地说，它是一种混合氧化物。铀的含氧酸盐如 $[UO_2][NO_3]_2 \cdot 2H_2O$、$[UO_2][MeCO_2]_2 \cdot 2H_2O$ 和 $[UO_2][CFSO_3]_2 \cdot 3H_2O$ 以及含氧酸根离子和水的配合物通常都是以 U(Ⅵ) 为中心，周围采取 7 配位或 8 配位的配位形式，如图 23.3 所示。

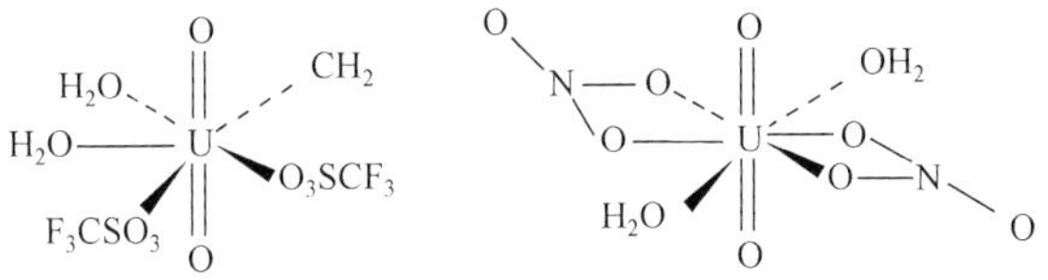

图 23.3 $TmPh_3(THF)_3$ 的结构示意图

$[UO_2]^{2+}$ 在水溶液中可以部分水解为 $[U_2O_5]^{2+}$ 和 $[U_3O_8]^{2+}$，在碱性溶液中物种的存在形式主要取决于 $[UO_2]^{2+}$ 和 $[OH]^-$ 的浓度。对 $[UO_2]^{2+}$ 和 $[OH]^-$ 之间形成的配合物的研究是相当困难的，因为 U(Ⅵ) 可以形成沉淀，如铀酸钠（Na_2UO_4）和重铀酸钠（$Na_2U_2O_7$），如果以 Me_4NOH 代替碱金属氢氧化物，就可以分离出具有八面体结构的反式 $[UO_2(OH)_4]^{2-}$ 盐。$[UO_2]^{2+}$ 属于硬酸，与其他卤素相比，它与 F^- 形成的配合物更为稳定。

铀的氟化物和氯化物的合成线路可表示如下：

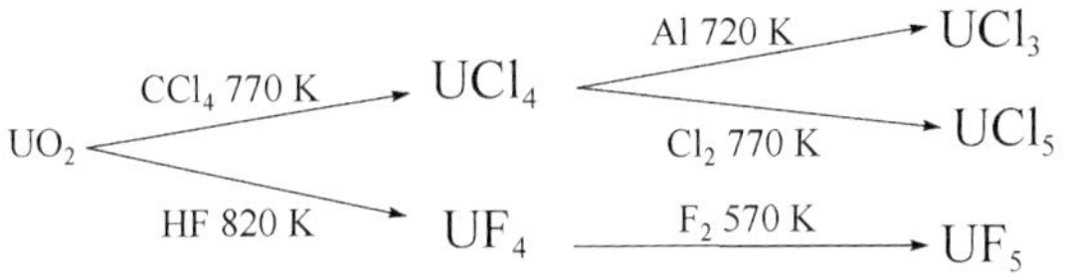

$$UO_2 \begin{array}{c} \xrightarrow{CCl_4\ 770\ K} UCl_4 \begin{array}{c} \xrightarrow{Al\ 720\ K} UCl_3 \\ \xrightarrow{Cl_2\ 770\ K} UCl_5 \end{array} \\ \xrightarrow{HF\ 820\ K} UF_4 \xrightarrow{F_2\ 570\ K} UF_5 \end{array}$$

最稳定的氟化物为 UF_4。UF_5 通过适量的 UF_4 和 UF_6 反应而获得，它不稳定可重新歧化为 UF_4 和 UF_6。UF_6 是一无色的具有挥发性的固体，在铀的同位素分离中具有重要意义，主要是利用 $^{238}UF_6$ 和 $^{235}UF_6$ 蒸气扩散速度的差别，使 ^{238}U 和 ^{235}U 分离。固态和蒸气状态时含有 UF_6 八面体分子（U—F:199 pm），它与水蒸气作用发生水解：

$$UF_6 + 2H_2O \Longrightarrow UO_2F_2 + 4HF$$

UF_6 和 BCl_3 反应生成不稳定的 UCl_6 分子，它也是八面体结构，绿色的 UF_4 是一惰性固体（熔点为 1309 K），含有 8 配位的 U(Ⅳ) 晶格单元；UCl_4 固体也含有 8 配位的 U，而 UCl_5 是一双聚体（图 23.4）。

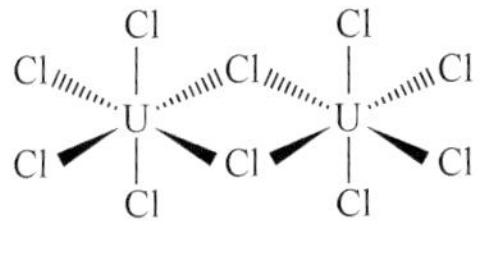

图 23.4 UCl_5 的双聚体

常见铀的卤化物的颜色列于表 23.12。

表 23.12 铀的卤化物与颜色

氧化态	氟化物	氯化物	溴化物	碘化物
+3	绿	红	红	黑
+4	绿	绿	棕	黑
+5	白蓝	红棕		
+6	白	黑		

由图 23.3 可知，UO_2^{2+} 首先被还原为 UO_2^+：

$$2UO_2^+ + 4H^+ \Longrightarrow UO_2^{2+} + U^{4+} + 2H_2O$$

歧化的发生导致$[UO_2]^+$这一物种并不稳定。U(Ⅴ)若要稳定存在需要借助与F^-形成$[UF_6]^-$。铀可以与氢反应生成氢化物UH_3,它非常活泼,常用于制备其他铀的化合物:

$$UH_3 + \begin{matrix} H_2O \\ Cl_2 \\ HCl \end{matrix} \longrightarrow \begin{matrix} UO_2 \\ UCl_4 \\ UCl_4 \end{matrix}$$

金属铀与酸反应放出氢气,生成紫红色的U^{3+},它是一种很强的还原剂;U^{4+}可以被Cr(Ⅵ)、Ce(Ⅳ)或Mn(Ⅶ)快速氧化为$[UO_2]^{2+}$,但在空气中氧化速度很慢。对于U(Ⅵ),在其配合物和反式八面体结构中总是存在$[UO_2]^{2+}$这一线形单元。

3) 核反应

核反应一般分为四类:衰变、粒子轰击、裂变和聚变。其中衰变为自发发生的核转变,而后三者为用人工方法进行的非自发的核反应(人工核反应)。

衰变 U和Th都属于天然放射性元素,放射性元素不断自发地放出α或β射线,有时还伴有γ射线。这些射线都具有很高的能量,α射线是具有极高速度的α粒子流(He流),β射线是负电子流,γ射线是高能量的电磁辐射。

天然U中最主要的组分是^{238}U的同位素,它的原子核可以发生一系列的衰变,由一种元素变为另一种元素,衰变时放出α粒子的就称为α衰变,放出β粒子的就称为β衰变。例如

$$^{238}_{92}U \Longrightarrow \,^{234}_{90}Th + \,^{4}_{2}He \quad (\alpha \text{衰变})$$

$$^{234}_{90}Th \Longrightarrow \,^{234}_{91}Pa + \,^{0}_{-1}e \quad (\beta \text{衰变})$$

发生α衰变时,原来的原子核由于放出He核而减少两个质子,产生的蜕变产物在周期表中的位置就向左移动了两格;发生β衰变时,原来的原子核中的一个中子转变成一个质子,同时放出一个电子,产生的蜕变产物在周期表中的位置就向右移动了一格。

粒子轰击 用高速粒子(如质子、中子)或用简单的原子核(如氘核、氦核)轰击一种原子核而发生的核反应。例如

$$^{6}_{3}Li + \,^{1}_{0}n \Longrightarrow \,^{3}_{1}H + \,^{4}_{2}He$$

裂变 用慢中子轰击^{235}U时核会发生裂变,即核分裂为大小不等的碎核,同时有3个中子射出。例如

$$^{235}_{92}U + \,^{1}_{0}n(慢) \longrightarrow \,^{143}_{56}Ba + \,^{90}_{36}Kr + 3\,^{1}_{0}n \quad (快)$$

聚变 很轻的原子核在异常高的温度下聚合成较重的原子核的反应。例如

$$^{2}_{1}H + \,^{3}_{1}H \Longrightarrow \,^{4}_{2}He + \,^{1}_{0}n$$

小　结

第六、第七周期ⅢB族的镧系和锕系元素统称为内过渡元素,包括镧和锕各有15个元素。镧系元素和钪(Sc)、钇(Y)共17种元素统称为稀土元素。我国是稀土储量最丰富的国家,主要的稀土矿物有独居石、磷钇矿、氟碳铈矿和褐钇铌矿。由于稀土元素之间的性质非常相近,所以稀土混合物的分离和提纯是难度极高的任务,常用的分离法包括重结晶法、氧化还原法、离子交换法和萃取法。

镧系元素的特征氧化态为+3,但有些元素也有+4或+2的氧化态,镧系元素是良好的磁性材料。

锕系元素一般都具有放射性,只有钍和铀在自然界中存在矿物。

思考与研讨

23.1 写出镧系元素和锕系元素的原子序数、元素名称、元素符号、核外电子排布以及主要的存在价态。

23.2 为什么镧系元素中有些元素除了具有+3氧化态外,还具有+4或+2氧化态?

23.3 在地壳中含量最多且发现最早的两种镧系元素是什么?

23.4 试推断119号元素在周期表中的位置。

23.5 简要叙述镧系元素单质和化合物的物理性质、化学性质和主要用途。

23.6 核聚变为什么只能在高温下发生?

23.7 常用的稀土分离法有哪些?

习 题

23.1 什么是镧系收缩?讨论产生镧系收缩的原因,这一结果对第六周期元素的性质有何影响?

23.2 确定下列核反应过程的同位素。

(1) $^{238}U \xrightarrow{(n,\gamma)} A \xrightarrow{-\beta^-} B \xrightarrow{-\beta^-} C$ (2) $D \xrightarrow{-\beta^-} E \xrightarrow{(n,\gamma)} {}^{242}Am \xrightarrow{-\beta^-} F$

23.3 确定下列反应开始时的同位素。

(1) $A + {}^{4}_{2}He = {}^{256}_{101}Md + n$

(2) $B + {}^{16}_{8}O = {}^{255}_{102}No + 5n$

(3) $C + {}^{11}_{5}B = {}^{256}_{103}Lr + 4n$

(4) $D + {}^{18}_{8}O = {}^{261}_{104}Rf + 5n$

(5) $E + {}^{18}_{8}O = {}^{263}_{106}Sm + 4n$

23.4 完成下列化学反应方程式。

(1) $UO_3 + HNO_3 \longrightarrow$ (4) $UO_3 + NaOH \longrightarrow$

(2) $UO_3 + SF_4 \longrightarrow$ (5) $CeO_2 + HCl \longrightarrow$

(3) $UO_3 + HF \longrightarrow$ (6) $EuCl_2 + FeCl_3 \longrightarrow$

23.5 $Ln(NCS)_3$ 与 $[NCS]^-$ 在不同条件下反应可以生成不同结构的阴离子化合物,如 $[Ln(NCS)_7H_2O]^{4-}$、$[Ln(NCS)_6]^{3-}$ 和 $[Ln(NCS)_7]^{4-}$,试说明这些离子的可能结构。

23.6 试述如何将镧系元素从其矿物中分离出来。

23.7 解释下列现象。

(1) Ln^{2+} 配合物是强还原剂。

(2) 固态的 $Cp_2YbF(THF)$ 以桥联二聚体形式存在,而 $Cp_2YbCl(THF)$ 和 $Cp_2YbBr(THF)$ 是以单核的形式存在。

23.8 镧系元素的特征氧化态为+3,为何铈、镨、铽和镝常存在+4的氧化态,钐、铕、铥和镱常存在+2的氧化态?

23.9 解释镧系元素在化学性质上的相似性。为什么镧系元素彼此间在化学性质上的差别要比锕系元素间的小得多?

23.10 水合稀土氯化物为什么要在一定的真空度下脱水?这一点和其他哪些常见的含水氯化物的脱水情况相似?

第 24 章　功能材料及应用简介

中国古代嫦娥奔月的幻想为什么可以实现？隐形战机为什么可以使雷达的监测失效？相隔万里的人为什么只需轻轻地按一下手中的键就可将信息发送给远方的朋友？为什么一台计算机就可以使我们畅游世界？这些都与材料尤其是功能材料的发展密不可分。

24.1　功能材料的定义

当今人们将材料、能源与信息并称为现代文明的三大支柱。人类社会发展的历史证明，材料是人类赖以生存和发展、征服自然和改造自然的物质基础，以材料作为时代标志的石器时代、青铜器时代和铁器时代就是最好的证明。材料又可分为结构材料和功能材料，结构材料通常是指具有优良的力学性能（如强度、硬度等）的材料，主要用于制造各种用具、机器、车辆、建造房屋和桥梁、修建铁路等。随着社会的发展和进步，结构材料已远远不能满足人类生产和生活的需要，由此出现了功能材料。功能材料的概念是美国的 J. M. Morton 于 1965 年首先提出来的，是指具有一种或几种特定功能的材料，即功能材料除了具有良好的机械特性外，一般还具有优良的电学、磁学、光学、热学、声学、力学、化学、生物医学功能，特殊的物理、化学、生物学效应，能完成功能相互转化，因主要用来制造各种功能元器件而被广泛应用于各类高科技领域的高新技术材料。

功能材料已成为目前材料领域发展最快的新领域，是新材料领域的核心，是国民经济、社会发展和国防建设的基础和先导。随着新工艺的出现，许多功能材料早已走出了实验室的研究阶段，进入实际生产和应用中，其中涉及信息技术、生物工程技术、能源技术、纳米技术、环保技术、空间技术、计算机技术、海洋工程技术等多个现代高新技术及产业。例如，半导体材料是现代计算机技术的基础；有了光导纤维，才有了现代光通信技术；有机高分子材料使人类的生活变得更加丰富多彩。功能材料的问世给科学技术带来了新的突破，也改变了人类的生活。

24.2　功能材料的分类

由于功能材料的多样性和应用领域的广泛性，对功能材料本身的范围还没有形成统一且严格的认定，对功能材料也没有一个公认的分类方法。目前功能材料的分类方法很多，可依据材料实质、材料形式、材料的服务技术领域、材料的物理性质和功能等进行分类，不同的分类方法有时有重叠，较常见的分类方法有以下几种。

24.2.1　按材料的化学键分类

按材料的化学键可以将功能材料分为四类：功能金属材料、功能无机非金属材料、功能高分子材料和功能复合材料。

（1）功能金属材料。金属材料是金属元素或以金属元素为主构成的具有金属特性的材料的统称，包括纯金属、合金、金属间化合物和特种金属材料等。功能金属材料常具有一些特殊的功能,如耐高温、隐身、抗氢、超导、形状记忆、耐磨、减震阻尼等。主要有:电性材料、磁性材料、超导材料、膨胀材料、弹性材料以及一些新发展起来的材料,如非晶合金、储氢合金、形状记忆合金、超塑性合金和金属薄膜等。

(2) 功能无机非金属材料。一些功能无机非金属材料是缘于对传统的无机非金属硅酸盐材料如陶瓷、玻璃等辅以功能化,制造出具有特殊结构和特殊功能的新型材料,如功能陶瓷材料、功能玻璃材料以及一些新型功能的无机非金属材料(如功能半导体材料、功能晶体材料、氧化物磁性材料、微电子器件材料、光学材料、纳米材料、功能转换材料等)。

(3) 功能高分子材料。包括高分子试剂、高分子催化剂、固定化酶、高分子螯合剂、感光及导电性高分子材料等。

(4) 功能复合材料。复合材料是指由两种或两种以上不同性质的材料,通过物理或化学的方法,在宏观上组成具有新功能的材料。功能复合材料是指除机械性能以外还能提供其他物理性能的复合材料,如导电、超导、半导、磁性、压电、阻尼、吸波、透波、摩擦、屏蔽、阻燃、防热、吸声、隔热等凸显某一功能,统称为功能复合材料。功能复合材料主要由功能体、增强体及基体组成。功能体可由一种或一种以上功能材料组成。多元功能体的复合材料可以具有多种功能,同时还有可能由于复合效应而产生新的功能。多功能复合材料是功能复合材料的发展方向。

24.2.2 按材料的物理性能分类

(1) 高强度材料。主要用于制造断面尺寸小、需要承受较重负荷的零部件,如高强度合金钢、钛合金、铝合金等。

(2) 高温材料。能承受高温环境下侵害和应力作用,如铬镍合金钢(600~650 ℃)、耐热陶瓷等。

(3) 超硬材料。最传统的超硬材料是金刚石,现在的超硬材料是指硬度可与金刚石相比拟的材料,如立方氮化硼、碳化硼,富硼氧化物等。

(4) 导电材料。导电材料按照材料的化学成分主要分为三类:金属材料、合金材料、无机非金属材料。

(5) 绝缘材料。绝缘材料是将带电体隔离开来,防止短路、接地,阻挡带电体对外界的电击危险的介质。绝缘材料种类众多,可分为气体、液体和固体三大类。

(6) 半导体材料。电导率介于金属与绝缘体之间的材料。按化学组成来分,可将半导体材料分为元素半导体、无机化合物半导体、有机化合物半导体和非晶态与液态半导体。

(7) 磁性材料。古老而用途十分广泛的一种功能材料,如中国古代用天然磁铁作为指南针。现代变压器中的铁心材料,作为存储器使用的磁光盘,计算机用磁记录软盘等都是磁性材料。磁性材料按性质分为金属和非金属两类。

(8) 透光材料。一种新型的复合材料,已广泛运用于灯具、家具、墙面、吊顶、广告材料和艺术造型等,如透光板、透光石、透光灯等。

24.2.3 按材料的功能分类

(1) 形状记忆材料。具有一定初始形状的材料经形变并固定成另一种形状后,通过热、光、电等物理刺激或化学刺激的处理又可恢复成初始形状的材料,包括形状记忆合金、形状记忆高聚物、形状记忆陶瓷等。

（2）记录材料。分为磁记录材料和光记录材料，磁记录材料如磁盘、磁带等，光记录材料如光盘等。由于光记录材料容量更大，因此磁记录材料正在逐渐被光记录材料所取代。

（3）敏感材料。对温度、湿度、磁场等敏感的材料，可用于制造各种传感器元件。

（4）分离材料。分离液体或气体中的固体、液体、气体溶质的材料，如陶瓷类分子筛。

（5）储氢材料。在通常条件下能可逆地大量吸收和释放氢气的特种材料，在室温和常压条件下能迅速吸氢并反应生成氢化物，使氢以金属氢化物的形式储存起来，在需要使用的时候，适当加温或减小压力使这些氢释放出来。

（6）超导材料。

24.2.4　按材料的性能分类

按材料的性能对功能材料进行分类，可分为力学材料、光学材料、电学材料、磁性材料、声学材料、热性能材料、化学材料、生物医学材料、核功能材料九大类，以下简单介绍其中五类。

（1）光学材料。光学材料包括光学玻璃、光学晶体、光学塑料、激光材料、非线性光学材料、电光材料、光折变材料、声光材料、磁光材料和光学薄膜。

（2）电学材料。电学材料包括电介质材料、电绝缘材料、电容器材料、铁电材料、电致伸缩材料、热释电材料、超导材料。

（3）磁性材料。20 世纪 50 年代以前，磁性材料可分为软磁材料和永磁材料两大类，软磁材料以矫顽力越低越好，永磁材料以矫顽力越高越好。随着磁性材料的发展，现今发展出一类矫顽力位于两者之间的材料。按照矫顽力递增的顺序，磁性材料可分为软磁材料、磁记忆材料、半硬磁材料、磁记录材料和永磁材料。

（4）声学材料。声学材料是指在声波的作用下具有特殊功能的材料，可分为水声功能材料、超声功能材料、吸声功能材料、微声功能材料和次声材料等。

（5）热性能材料。热性能材料包括耐热金属、形状记忆合金、形状记忆聚合物、发热材料、耐火材料、绝热陶瓷和导热陶瓷等。

下面简要介绍几种当前具有代表性的功能材料及其应用。

24.3　超 导 材 料

科学家们发现有些物质在温度很低时，如铅在 7.20 K 以下，电阻就变成了零，这就是超导现象。超导现象是 20 世纪的重大发现之一，超导材料处于超导状态时电阻为零，能够无损耗地传输电能。如果用磁场在超导环中引发感生电流，这一电流也可以毫不衰减地维持下去，这种"持续电流"现象已多次在实验中被观察到。

超导性最早是由荷兰 Leiden 大学的 K. Onnes 在 1911 年发现的，他发现周期表中唯一的液态金属汞具有超导性。随着超导微观理论的问世，人们对超导性有了更深刻的了解，这一理论主要是关于低温下物体的超导现象的解释，它的提出者 J. Bardeen、L. N. Cooper 和 J. R. Schrieffer 在 1972 年获得了诺贝尔奖。自从 1986 年 Bednorz 和 K. A. Müller 制备出超导转变温度（T_c）高于 30 K 的超导材料后，就开始进入了高温超导材料的研究阶段，并逐步进入超导技术的开发应用研究阶段。

24.3.1 超导材料的分类

1. 按超导出现的温度范围分类

超导材料按超导现象出现的温度范围可分为两大类:液氦温区的低温超导体和液氮温区的高温超导体。

由于低温超导体的超导临界转变温度较低,维持液氦运行的成本较高,因此限制了其在实际工业中的应用。1973 年发现合金超导体 Nb_3Ge 的 T_c 为 23.2 K,1986 年发现 La-Ba-Cu-O 的 T_c 高于 30 K,由此引发了一场高温氧化物超导体的研究热潮。1987 年中国科学院物理研究所宣布获得了 La-Sr-Cu-O 超导体,其 T_c 为 48.6 K,同年 2 月美国的朱经武研究小组成功制备了 $YBa_2Cu_3O_{7-x}$ 超导体,其 T_c 介于 80~90 K,这也是人类首次获得的在液氮沸点以上的超导体,它标志着人类可以使用更便宜的液氮作为冷却介质,为超导体的实际应用奠定了基础。其后,科学家又成功制备了大量的超导体,现在通常认为 T_c 大于 77 K 则为高温超导体。

2. 按超导材料组成分类

(1) 超导元素。超导元素聚集在周期表的两个区域:左边的过渡金属和右边的非过渡金属,其中有的元素只有以薄膜、高压或辐照后才会呈现超导性。超导元素大多具有高对称性的晶体结构,如面心立方、六方密排或体心立方。但也有例外,如汞为三角晶体,铟和锡为四方晶体,镓为正交晶体。

(2) 超导合金。超导合金是超导材料中机械强度最高、应力应变最小、磁场强度低的超导体。合金是其组成原子无规则地分布在晶格位置上的固熔体或混合物,某些合金在特殊的原子比时也成为有序的。无规则的和有序的合金都能成为超导体。

(3) 超导化合物。金属间化合物超导体的 T_c 一般比超导合金高,如 Nb_3Sn 的 T_c 为 18.3 K,有强磁场特性,质脆,V_3Ga 的 T_c 为 16.8 K。新型的氧化物高温超导体与传统超导体相比较,有其独特的结构和物理特征,主要表现在具有明显的层状结构、较短的超导相干长度、较强的各向异性以及 T_c 对载流子浓度的强相关关系。

(4) 超导陶瓷。1986 年超导陶瓷的出现,使超导体的 T_c 研究获得重大的突破,即在液氮温度以上的复相材料中观察到了超导性。La-Ba-Cu-O 超导体的 T_c 大于 30 K。

24.3.2 超导材料的特性

(1) 临界温度,又称为超导转变温度,是指外磁场为零时超导材料由正常态转变为超导态或由超导态转变为正常态的温度,用 T_c 表示。

(2) 临界磁场。当外加磁场逐渐增加至某一特定值后,超导体会由超导态转变为正常态,这种破坏超导性所需的最小磁场就是临界磁场,用 H_c 表示。

(3) 临界电流。当通过导体中的电流达到某一特定值时,发生超导态到正常态的转变,超导体又会重新出现电阻,这一特定的电流值称为临界电流,用 I_c 表示。

(4) 零电阻效应。在一定的温度下,电阻完全消失的现象称为零电阻效应。

(5) 同位素效应。1950 年美国科学家发现汞的几种同位素临界温度并不相同,它与原子质量的平方根成反比,称为同位素效应。

(6) 完全抗磁效应。温度小于 T_c 的超导体放入磁感应强度为小于 B_c 的外磁场中,超导体内部的磁感应强度等于 0;如果是在温度大于 T_c 时,加上小于 B_c 的外磁场,再降温到 T_c 以下时,超导体内的磁感应强度 B 也变为 0,即磁场被"排挤"出超导体外。这表明超导体是"完全抗磁体",超导体的完全抗磁效应是 W. Meissner 和 R. Ochsebfekd 在 1933 年发现的,故称为 Meissner 效应。

(7) Josephson 效应,也称超导隧道效应。1962 年剑桥大学的研究生 B. D. Josephson 从理论上预言:当两块超导体(S)之间用很薄的氧化物绝缘层(I)隔开,形成 S-I-S 结构,将出现量子隧道效应,这种结构称为隧道结,即使在结的两端电压为 0 时也可以存在超导电流。

24.3.3　超导材料的应用

超导体在国防、交通、电工、地质探矿和科学研究(回旋加速器、受控热核反应装置)中都有广泛应用。

(1) 降低大功率发电机和电动机的能耗,并且实现小型化。

(2) 制造精密仪器,如核磁共振仪和电子显微镜等。另外还可用于负载能力强、速度快的超导磁悬浮列车和超导船只。超导磁悬浮列车是一种高速、安全、无污染的新型列车,列车是靠互斥原理悬浮于轨道上行驶,所以摩擦阻力很小,时速可高达几百千米以上,且磨损小、维修少、成本低,其能源消耗仅是汽车的一半。

(3) 制造世界上具有最灵敏的电磁信号的探测元件和高速运行的计算机元件。用这种探测器制造的超导量子干涉磁强计可以测量地球磁场几十亿分之一的变化,能测量人的脑磁图和心磁图,还可用于探测深水下的潜水艇,放在卫星上可用于矿产资源普查,通过测量地球磁场的细微变化为地震预报提供信息。超导体用于微波器件可以大大改善卫星通信质量。

(4) 作为核聚变反应堆的"磁封闭体",发生核聚变反应时,内部温度高达 1 亿～2 亿摄氏度,没有任何常规材料可以包容这些物质。而超导体产生的强磁场可以作为"磁封闭体",将热核反应堆中的超高温等离子体包围、约束起来,然后慢慢释放,从而使受控核聚变能源成为 21 世纪前景广阔的新能源。

24.4　生物医学材料

1992 年,著名的《材料的生物学性能》一书作者、美国的 J. Black 教授将生物医学材料定义为"用于取代、修复活组织的天然或人造材料"。目前通常认为生物医学材料是指用于医疗的能植入生物体或能与生物组织相结合的一类特殊的功能材料。

24.4.1　生物医学材料的分类

生物医学材料的分类方法也有很多种。按照材料的组成和性质可以分为医用金属及合金材料、医用高分子材料、生物陶瓷材料、生物医学复合材料以及生物技术衍生材料;根据临床用途可分为骨、牙、关节、肌腱等骨骼-肌肉系统修复材料和替换材料,皮肤、乳房、食道、呼吸道、膀胱等软组织材料,人工心脏瓣膜、血管、心血管内插管等心血管系统材料,血液净化膜和分离膜、气体选择性透过膜、角膜接触镜等医用膜材料,组织黏合剂和缝线材料,药物释放载体材料,临床诊断及生物传感器材料,齿科材料等。

生物医学复合材料是由两种或两种以上不同材料复合而成的生物医学材料,它具有比其单独组分更好的生物活性。

生物技术衍生材料是由经过特殊处理的天然生物组织形成的生物医学材料,又称生物再生材料。由于经过处理的生物组织已失去生命力,生物衍生材料是无生命活力的材料,但由于其或具有类似于自然组织的构型和功能,或是其组成类似于自然组织,在维持人体动态过程的修复和替换中具有重要的作用,主要用作人工心瓣膜、血管修复体、皮肤掩膜、纤维蛋白制品、血液啷筒、血浆增强剂和血液透析膜等。

按材料在生理环境中的生物化学反应水平,生物医学材料又可分为生物惰性材料、生物活性材料、可生物降解和吸收的生物材料。大多数的医用金属及合金、碳素材料都属于生物惰性材料。生物活性材料是一类能在材料界面上诱导特殊生物反应的材料,这种反应导致组织和材料之间形成键接。目前这一领域的代表方向是生物活性陶瓷的研究。生物可降解与吸收材料主要指在植入人体并经过一段时间后,能在体液、酶、细胞等的作用下发生降解,变成小分子物质被吸收或通过新陈代谢排出体外的材料,而且其分解产物应是无毒、无害、易于从体内排出且生物相容性好的物质。

十余年来,分子生物学、细胞生物学、基因工程和医学科学的发展,使人类能够从仿生构思的角度研制出仿生结构材料及智能生物医学材料。美国麻省理工学院田中丰一教授1975年提出的智能凝胶概念,现在已广泛应用于运动功能材料、分离功能材料和释放功能材料的研究中,如刺激响应性高分子凝胶就可望用于药物释放功能、人工肌肉型驱动器、高性能选择渗透膜等方面。

随着研究工作的深入,新型组织工程材料也不断问世,如人工皮肤、人造角膜,通过肝细胞培养来解决肝替代,创造人工肾等。组织工程学是应用工程学和生命科学的原理设计、构造、改良、培育和保养活细胞,用以修复或重建组织器官的结构,维持或改善组织器官功能的一门新兴边缘学科。

梯度功能材料是受海洋贝壳断面组织平滑变化的启示,在20世纪80年代中后期由日本学者率先在材料科学中提出的新概念。其特点在于材料微观组织结构和功能呈连续性变化,材料内部没有明显的界面,能最大限度地发挥组元的功能以适应使用环境的要求。

分子设计、仿生模拟、表面改性、智能化药物控释等是21世纪生物医学材料的研究发展方向,将会出现一批性能优异的新材料和具有全面生理功能的人工器官,为全面提高人们的生活水平,维护人类的身体健康做出贡献。

24.4.2 生物医学材料的特点

生物医学材料是一类对生物体进行诊断、治疗和置换损坏的组织、器官或增进其功能的材料。虽然种类繁多,但在应用上都有别于其他的功能材料而具有一些独特的共性质,即必须使其本体及表面具有必需的物理、化学、生物学及生物化学的特性,这样才能获得理想的临床治疗效果。其具体表现为两个方面的性能要求:生物功能性、生物相容性。这是生物医学材料区别于其他功能材料的最重要的特征。

根据生物医学材料植入人体部位的不同,生物相容性又可分为血液相容性及组织相容性。血液相容性主要是指材料用于心血管系统,直接与血液相接触,考察与血液的相互作用。组织相容性是指材料与心血管系统外的组织和器官接触,如肌肉、骨骼、皮肤,考察的是与组织间的相互作用,又称一般相容性。

24.4.3 生物医学材料研究的发展趋势

随着人们对生物医学材料认识的提高,生物医学材料将逐渐向新材料设计的方向转化。

1) 新的可降解材料

近十年来,随着药物控释和组织工程技术的发展,可降解材料得到迅速发展,其应用范围几乎涉及所有非永久性的植入装置,包括药物释放载体、手术缝线、骨折固定装置、器官修复材料、人工皮肤、手术防粘连膜及组织和细胞工程等。由于在许多情况下,生物组织只需要材料暂时存在,如作为骨的内固定材料,既有利于骨折恢复,又不需要二次手术取出,所以对可生物降解材料要求更加迫切。降解材料研究发展的趋势是设计制作具有特殊功能的材料,即应用已有的信息和经验进行材料的分子设计,如低膜量、高柔顺性、高强度的可降解纤维材料,用于单丝手术缝线及外科高柔软性导管等;研制能在体内维持较长时间并在伤口愈合后短时间内可吸收的高强度缝线材料;耐辐射聚合物;按照自然界生物大分子模式,利用 20 个 L 型氨基酸来设计、合成可降解的材料等。

2) 具有全面生理功能的人工器官和组织材料

主要关注以下四个方面:种子细胞、支架材料、器官构建、临床使用。其中前两者是组织工程目前研究的重要内容。生物可降解材料是目前研究较多的一类材料,其方向主要有:研究新型可降解材料并控制其降解速度,降解产物应不含毒性,具有不同强度、不同孔径结构和物理结构,符合力学原理,并且能释放各种生物活性物质;研究用物理、化学方法和生物方法改造和修饰原有材料,使其具备生物功能;研究材料与细胞之间的反应机制和促进细胞再生的规律、原理;研究细胞基质的作用和原理,在体内外进行模拟和仿制具有生物功能的三维支架;研制具有选择通透性的膜材,如使膜材对 IgG 起隔离作用,但能通透运铁蛋白;用自组装方法制备无机、有机结构交替的仿天然材料;利用智能高分子材料传导细胞与材料之间的应答反应;大力发展对细胞和组织具有诱导作用的材料,促进受损器官的修复和再生;用基因工程手段改造细胞,使其具有特殊功能;在体外大量培养、增殖、储存和运输细胞及其复合物。

3) 新的药物释放体系和药物载体材料

药物释放体系应具备以下功能:药物控制释放功能,使需药部位的血药浓度维持在需要的范围内;药物靶向释放功能,使药物只输送到治疗目标部位;在通常环境下具有一定的物理和化学稳定性;药物的毒副作用最小且安全、可靠;在达到要求的前提下,尽量减少药物的投放量。药物释放体系的发展大致如下:20 世纪 50 年代以前长期使用传统型药物制剂;50 年代出现缓释型药物制剂;70 年代出现控释型药物制剂;80 年代出现靶向型药物制剂以及智能型药物制剂。智能型药物释放是今后研究的重要方向,它可随外界条件的要求和变化释放药物。例如,靶向药物释放体系的研究可提高疗效、降低药物用量和毒副作用;pH 敏感释放,可在酸性介质中不释放而在碱性环境中控制释放;温度敏感水凝胶可在不同温度下快速释放、慢速释放或不释放。近年来聚电解质与蛋白质复合物正越来越受到人们的重视,将蛋白质与特定的聚电解质复合,可以实现蛋白质的 pH 响应释放,还有希望保持蛋白质的活性,而且已在蛋白质的分离、固定化酶等方面得到应用。同时也要研制和开发新的高性能药物载体,加强剂型设计和制备技术的研究,如微包囊、微球药物释放均是今后的发展趋势。

纳米控释系统可作为药物、基因传递和控释的载体,是一种非常有前途的控释系统。纳米粒子能穿透组织间隙和被细胞吸收,可在组织和细胞内驻留并长期释放药物,因此可用于许多特殊给药方式,如可用于介入方法导入血管内,可穿越血脑屏障导入脑内,口服后可被肠黏膜吸收并驻留在肠壁内,静脉注射可导向靶细胞,可将 DNA 导入细胞质内。

4) 材料表面改性的研究

为了提高材料的生物相容性,除了设计、制取性能优异的新材料以外,对现有材料进行表面改性也是一个不可缺少的途径。

现有的材料表面改性方法包括材料表面修饰、等离子体表面改性、离子注入、表面涂层与薄膜合成、自组装单分子层、梯度功能化表面改性等。材料表面修饰通常有以下几种方法:种植内皮细胞、涂布白蛋白涂层、聚氧化乙烯表面接枝、磷脂基团表面接枝等。等离子体表面改性包括等离子体表面聚合、等离子体表面处理及等离子体表面接枝。20 世纪 80 年代末,离子注入技术开始应用于生物材料表面改性,它能准确地在材料表面预定深度注入预定剂量的高能量离子,使材料表层的化学成分、相结构和组织发生显著变化,以改变材料与生物体相互作用行为。在生物材料表面合成的薄膜(涂层)主要是陶瓷薄膜(涂层)和高分子薄膜(涂层)。体内埋植实验表明,羟基磷灰石涂层可以强有力地促进与骨的化学结合,具有相当高的生物相容性,因而进行了广泛的研究并已应用于临床。自组装单分子层是最近十年发展起来的十分新颖的材料表面生物化技术,是对材料表面进行微观设计的新方法。由于能对自组装单分子层分子基团的位置和种类进行控制,因此可以在分子水平上研究各种化学基团、分子的生物相容性及机理。通过控制自组装单分子层表面基团种类,可以改变材料表面能量状态、电荷状态、蛋白质吸附行为及细胞生长行为,对于发展下一代高分子生物材料起到重要作用。梯度功能化表面改性是指实现材料组成成分、结构、性能的连续性变化,满足不同环境对材料的要求。

24.5 纳米材料

1959 年著名的物理学家、诺贝尔奖获得者费曼(R. Feynman)曾预言:"如果人们能够在原子、分子的尺度上加工材料,制造装置,将会带来许多激动人心的新发现,人们将会打开一个崭新的世界。"这就是关于纳米材料和纳米技术的最早的梦想。1974 年科学家古奇(D·Gucci)最早使用纳米技术一词描述精密机械加工;1982 年科学家发现研究纳米的重要工具——扫描隧道显微镜;1990 年 7 月第一届国际纳米科学技术会议在美国的巴尔的摩举行,标志着纳米科学技术的真正诞生;1991 年人类发现了碳纳米管,诺贝尔化学奖得主莫斯利(Mosley)教授认为碳纳米管将是未来最佳纤维的首选材料,也将广泛用于超微导线、超微开关以及纳米级电子线路等;1989 年美国斯坦福大学用原子团排布出斯坦福大学的英文名字;1990 年美国国际商用机器公司在镍表面用 36 个氙原子排布出"IBM";1993 年中国科学院北京真空物理实验室操纵原子写下"中国"二字;1997 年美国科学家成功实现用单电子移动单电子;1999 年巴斯(Bath)和美国科学家在进行碳纳米管实验时发现了世界上最小的"秤"。自此以后,纳米技术也不再局限于实验室的研究,而是逐步走向市场,纳米产品的营业额逐年增长,许多国家都制定了国家级的纳米科技计划。

24.5.1 纳米的定义

18 世纪中叶的第一次工业革命主要体现的是毫米技术在工业上的应用,其代表是蒸汽机的发明;20 世纪的第二次工业革命是微米技术的应用,其代表是计算机和通信网络的应用;21 世纪的第三次工业革命则主要是指纳米技术,其代表是纳米级新材料和新机器的发明和使用,它们也将从根本上改变人类以往的生产和生活方式。

从尺寸大小的角度考虑,宏观领域通常是指从宇宙天体到肉眼可见的最小物体;微观领域是指从分子原子尺寸到无限小的领域;在这两者之间还存在介观领域,主要包括亚微米、纳米和团簇大小的粒子。纳米的尺度小于亚微米,大于原子团簇,一般在 1~100 nm。纳米粒子与病毒大小相当,也称为超微粒子,一般显微镜观察不到,而只能用高倍的电子显微镜。

24.5.2 纳米材料的分类

纳米级结构材料简称为纳米材料,是指结构单元尺寸介于 1~100 nm 的材料。

在纳米材料发展初期,纳米材料是指纳米颗粒和由它们构成的纳米薄膜和固体。现在广义地说,纳米材料是指在三维空间中至少有一维处于纳米尺度范围或由它们作为基本单元构成的材料。按维数分类,纳米材料的基本单元可以分为三类:①零维(量子点),指在空间三维尺度均在纳米尺度,如原子团簇、纳米尺度颗粒等;②一维(量子线),指在空间有两维处于纳米尺度,如纳米丝、纳米棒、纳米管等;③二维(量子阱),指在三维空间中有一维在纳米尺度,如超薄膜、多层膜、超晶格等。

纳米材料的分类方法也有很多种,按维数分为零维材料、一维材料、二维材料,按化学成分分为纳米金属、纳米晶体、纳米陶瓷、纳米玻璃、纳米高分子材料等,按物理性质分为纳米半导体、纳米磁性材料、纳米非线性光学材料、纳米铁磁体材料、纳米超导体材料、纳米热电材料等,按应用领域分为纳米电子材料、纳米光电子材料、纳米生物医用材料、纳米敏感材料、纳米储能材料等。

24.5.3 纳米微粒的基本理论

(1) 量子尺寸效应。大块金属的能带是连续的,而纳米材料的能带则出现量子化,其能级间的间距随颗粒尺寸的减小而增加,即能隙变宽,从而导致与大块材料截然不同的特性,称为量子尺寸效应。这种性质的变化主要表现在磁、光、电、声、热以及超导电性等方面。

(2) 小尺寸效应。由于颗粒尺寸变小所引起的宏观物理性质的变化称为小尺寸效应。例如熔点下降,大块 Ag 的熔点为 960 ℃,而纳米级的 Ag 的熔点则降为 100 ℃。离子共振频率也会随颗粒尺寸发生变化,改变颗粒尺寸,控制吸收边的位移,制造具有一定频宽的微波吸收纳米材料,可用于电磁波屏蔽、隐形飞机等。

(3) 表面效应。当颗粒的直径减小到纳米尺度时,表面原子数增多,表面原子配位不足而出现大量的悬浮键,同时表面能增大,因此表面原子与内部原子相比,活性极高,极不稳定,容易与其他原子相结合,以形成稳定的结构。例如,金属纳米颗粒在空气中会燃烧,可以吸附气体并与其发生反应;化学惰性的金属 Pt 制成纳米颗粒,成为活性极好的催化剂。

(4) 宏观量子隧道效应。微观粒子具有贯穿势垒的能力称为隧道效应。一些宏观的物理量所具有的隧道效应,即它们穿越宏观系统的势垒而产生变化,则称为宏观量子隧道效应。

(5) 库仑堵塞与量子隧穿。小体系(纳米级)单电子输运行为,称为库仑堵塞效应,即充电和放电过程是不连续的,电子不能集体传输,而是一个一个单电子传输。两个量子点通过一个"结"连接起来,一个量子点上的单个电子穿过能垒到另一个量子点上的行为称为量子隧穿,可以设计纳米结构器件,如单电子晶体管和量子开关。

(6) 介电限域效应。纳米微粒分散在异质介质中由于界面引起的体系介电增强的现象称为介电限域效应。主要对光吸收、光化学、光学非线性有重要影响,过渡金属氧化物和半导体微粒易产生介电限域效应,在分析材料的光学现象时,既要考虑量子尺寸效应,也要考虑介电限域效应。

24.5.4 纳米技术的应用前景

1) 在催化领域中的应用

催化剂在许多化学化工领域中起着举足轻重的作用,它可以缩短反应时间、提高反应效率和反应速率。大多数传统的催化剂不仅催化效率低,而且其制备是凭经验进行,不仅造成生产原料的巨大浪费,使经济效益难以提高,而且对环境也造成污染。纳米微粒表面活性中心多,为它作催化剂提供了必要条件。纳米微粒作为催化剂,可大大提高反应效率,控制反应速率,甚至使原来不能进行的反应也能进行。纳米微粒作催化剂时的反应速率是一般催化剂的 $10\sim15$ 倍。

纳米微粒作为催化剂应用较多的是半导体光催化剂,半导体多相光催化剂能有效地降解水中的有机污染物。例如,纳米 TiO_2 既有较高的光催化活性,又能耐酸碱,对光稳定,无毒,便宜易得,是制备负载型光催化剂的最佳选择。有文献报道,选用硅胶为基质,制得了催化活性较高的 TiO_2/SiO_2 负载型光催化剂。Ni 或 Cu-Zn 化合物的纳米颗粒是某些有机化合物氢化反应的催化剂,可代替昂贵的铂催化剂。纳米铂黑催化剂可使乙烯的氧化反应温度从 600 ℃ 降至室温。

2) 在生物医学中的应用

蛋白质、DNA、RNA、病毒都在 $1\sim100$ nm 的尺度范围,因此纳米结构也是生命现象中最基本的现象,纳米微粒的尺寸常比生物体内的红细胞还要小,这就为医学研究提供了新的契机。目前已得到较好应用的实例有利用纳米 SiO_2 微粒实现细胞分离,纳米金微粒的细胞内部染色,表面包覆磁性纳米微粒的新型药物或抗体进行局部定向治疗等。正在研制的生物芯片,如细胞芯片、蛋白质芯片(生物分子芯片)和基因芯片(DNA 芯片)都具有集成、并行和快速检测的优点,已成为纳米生物工程的前沿科技,将直接应用于临床诊断、药物开发和人类遗传诊断,其植入人体后可使疾病的早期诊断和预防成为可能。

"微型药丸"包含传感器、储药囊和微型压力泵。在压力泵的作用下将药丸准确地送入人体指定部位,使药效得到更高效的发挥。纳米机器人是纳米生物学中最具诱惑力的研究方向,现在正在研制的第三代纳米机器人将含有纳米计算机,可以实现人机对话。

纳米材料还用以制作纳米生物医学材料,如人工肾脏、人工关节、人工眼球、人工鼻、人工耳蜗等。

3) 在精细化工方面的应用

纳米材料在橡胶、塑料、涂料等精细化工领域都发挥着越来越重要的作用。例如,在橡胶中加入纳米 SiO_2,可以提高橡胶的抗紫外线辐射和红外反射能力;在橡胶中加入纳米 Al_2O_3 和 SiO_2,可以提高普通橡胶的耐磨性和介电特性;在塑料中添加一定的纳米材料,可以有效提高塑料的强度、韧性、致密性和防水性;纳米 SiO_2 添加到密封胶和黏合剂中,使其密封性和黏合性都大为提高;在有机玻璃中加入经过表面修饰处理的 SiO_2,可使有机玻璃抗紫外线辐射,从而达到抗老化的目的;在有机玻璃中加入纳米 Al_2O_3,在不影响玻璃透明度的前提下,会显著提高玻璃的耐高温冲击韧性;一定粒度的锐钛矿型 TiO_2 具有优良的紫外线屏蔽性能,而且质地细腻,无毒无臭,添加在化妆品中可使其防晒性能得到提高;超细 TiO_2 还可用于涂料、塑料、人造纤维等行业,如用于食品包装的 TiO_2 及高档汽车面漆用的珠光钛白;纳米 TiO_2 能够吸收太阳光中的紫外光部分,产生很强的光化学活性,可作为光催化剂降解工业废水中的有机污染物,其降解效率高,无二次污染,费用低,在废水处理中有着很好的应用前景。

4) 在军事中的应用

纳米技术将给国防军事领域带来革命性的影响。例如,纳米电子器件将用于虚拟训练系统和战场上的实时联系;对化学、生物、核武器的纳米探测系统;新型纳米材料可以提高常规武器的打击与防护能力;由纳米微机械系统制造的小型机器人可以完成特殊的侦察和打击任务;纳米卫星可用一枚小型运载火箭发射千百颗,按不同轨道组成卫星网,监视地球上的每一个角落,使战场更加透明。而纳米材料在隐身技术上的应用尤其引人注目。在雷达隐身技术中,超高频(SHF,GHz)段电磁波吸波材料的制备是关键。纳米材料正被作为新一代隐身材料加以研制。纳米材料表面原子比例高,不饱和键和悬浮键多,大量悬浮键的存在使界面极化,吸收频带展宽,高的比表面积造成多重散射。纳米材料的量子尺寸效应使得电子能级分裂的间距正处于微波的能量范围,为纳米材料创造了新的吸波通道。纳米材料中的原子、电子在微波场的辐照下,运动加剧,增加电磁能转化为热能的效率,从而提高对电磁波的吸收性能。美国研制的"超黑粉"纳米吸波材料对雷达波的吸收率达99%。最近国外正致力于研究可覆盖厘米波、毫米波、红外、可见光等波段的纳米复合材料,并提出了单个吸收粒子匹配设计机理,这样可以充分发挥单位质量损耗层的作用。纳米材料在具备良好的吸波功能的同时,普遍兼备了薄、轻、宽、强等特点。纳米材料中的硼化物、碳化物,铁氧体,包括纳米纤维及碳纳米管在隐身材料方面的应用都将大有作为。

除此之外,纳米材料还在微电子学方面有重要的应用。当代电子工业主要是微电子工业,而纳米技术将成为下一代微电子器件的基础。利用纳米微电子学已经研制成功各种纳米器件,如纳米激光器和高密度信息储存器,纳米单电子晶体管,红、绿、蓝三基色可调谐的纳米发光二极管以及超微磁场探测器等。

纳米材料还可以用于治理噪声、汽车尾气处理和能源的高效利用等方面。

思考与研讨

24.1 功能材料指的是什么?

24.2 功能材料有哪些类型?分类的依据是什么?

24.3 查阅文献,了解几种最感兴趣的功能材料,叙述它们的制备、结构、性能、用途。这些功能材料有无进一步改进之处?

24.4 通过本课程的学习,试从理论上设计一两种功能材料的制备、性能检测,说明期望的用途。

第 25 章 绿色化学简介

人类已迈入新的世纪,科学技术正以前所未有的速度突飞猛进地发展,绿色化学是当今国际化学科学研究的前沿,它吸收了当代化学、物理、生物、材料、信息等学科的最新理论和技术,是具有明确的社会需求和科学目标的新兴交叉学科。从科学观点看,绿色化学是化学学科基础内容的更新;从环境观点看,它是从源头上消除污染;从经济观点看,它合理利用资源和能源,降低生产成本,符合经济可持续发展的要求。

25.1 绿色化学研究的兴起和意义

绿色实际上是环境保护的代名词,绿色化学又称环境无害化学、环境友好化学、清洁化学。它是利用化学原理和方法来减少或消除对人类健康、社区安全、生态环境有害的反应原料、催化剂、溶剂和试剂、产物、副产物的使用和产生的新兴学科,是一门从源头上减少或消除污染的化学学科。绿色化学与环境化学密切相关,是 20 世纪 90 年代初出现的一个多学科交叉的新研究领域,已成为当今国内外化学、化工研究的前沿,是 21 世纪化学科学和环境科学发展的重要方向之一。绿色化学研究的目的就是应用现代科学技术的原理和方法,从源头上减少或消除化学品在生产和使用过程中对环境的污染,引导化学工作者密切关注化学生产的整个过程,生产出对人类和环境都安全的化合物。绿色化学是用化学方法消除或减少对人和环境有害的原料、化学产品和废物,目标是不使用、不生产和不再处理一切有毒有害物质,核心内容是采用"原子经济"反应,即突破仅用经济性衡量工艺是否可行的传统做法,改用新标准去评估化学工艺过程——选择性和原子经济性。这就要求尽可能地节约不可再生的原料资源和最大限度地减少废物排放,从根本上实现化学工业的"绿色化",走经济和社会可持续发展的道路。绿色化学及其应用技术已成为各国政府、企业和学术界关注的热点。

25.1.1 环境保护与可持续发展

环境问题是指自然或人为活动使环境发生变化,从而带来不利于人类的结果。由于缺乏环境保护意识,人类的生产、生活活动在创造了物质文明的同时,也破坏了生态环境。当工农业生产和人类活动排放的物质超过了环境的自净能力,环境质量就发生不良变化,造成环境污染,开始危害人类健康和生存。环境污染按环境要素分为大气污染、水体污染、土壤污染;按人类活动分为工业环境污染、城市环境污染、农业环境污染;按性质分为化学污染、生物污染、物理污染、固体废弃物污染、能源污染。

2002 年 8 月,第一次世界可持续发展会议召开,并为未来继续推进全球可持续发展制定了行动纲领。提出了可持续发展战略九项原则:①建立一个可持续性社会;②尊重和保护生活社区;③改善人类生活质量;④保护地球的生命力和多样性;⑤维持在地球的承载能力范围之内;⑥改变个人的态度和生活习惯;⑦使公民团体能够关心自己的环境;⑧建立协调发展与保护的国家网络;⑨创建全球性联盟。

25.1.2 绿色化学的产生

环境危机促进了绿色化学的产生。化学家希望采用化学的手段从根本上防止、解决污染问题,在生产生活与生态环境间创造一种平衡,一种极大地减少对自然的损害甚至适当反馈自然以达到人类与自然和谐发展的平衡,这就是发展绿色化学的宗旨。所以,绿色化学的全称为绿色和可持续化学。

绿色化学是用化学的技术和方法减少或除去对人类健康和环境有害的原料、产物、副产物、溶剂、催化剂和试剂等的产生和应用。必须明确,绿色化学不同于一般的控制污染,而是从根本上消灭污染,不再使用有毒、有害的物质,不再产生废物,追求的是可持续发展。绿色化学的根本目的是从节约资源和防止污染的观点来重新审视和改革现在的整个化学和化工。"绿色"是环境意识的革命,"绿色化学"是化学学科的又一次飞跃。

25.2 绿色化学原理及发展

25.2.1 原子经济反应

长期以来,人们从化学过程的经济性着眼,追求化学反应的高收率(或称产率),但不考虑反应物的有效利用率问题,也不考虑所排放的废物在数量上和性质上对环境的影响,使环境问题越来越突出。1991年美国斯坦福大学的化学家特罗斯特(B. M. Trost)首先提出了原子经济的概念,后来荷兰代尔夫特大学的谢尔登(R. A. Sheldon)教授又将原子经济的观念定量化,提出了原子利用率问题。他们认为化学反应也要考虑原子经济问题,最理想的"原子经济"就是反应物的原子全部转化为期望的最终产物,即原子利用率达到100%。这样,合成效率成了当今合成方法学中关注的焦点。

合成效率包括三个方面:①高选择性,当一个反应可以生成两种或两种以上产物时,以尽可能高的比例生成所需产物,减少不需要的产物;②原子经济性,即原料分子中有百分之几转化成了产物;③直接性,即用最少的过程完成从原料到产物的转化。

理想的原子经济反应是原料分子中的原子100%地转变为产物,不产生副产物或废物,实现废物的"零排放"。原子利用率和产率是两个不同的概念。传统的产率是从宏观上考虑化学反应,而原子利用率则是从原子水平来考虑化学反应。如果一个化学反应的产率很高,可以认为会产生高的经济效益,但如果反应分子中的原子只有很少一部分进入到最终产品中,则意味着该反应将会排放出大量的废物,那么该反应的原子利用率就很低,即表示反应的原子经济性很差。所以,评估一个化学工艺过程不仅要考虑产率,还要考虑原子利用率,这样的反应才能称为理想原子经济反应。

25.2.2 绿色化学的12项原则

在原子经济性概念的启发下,阿纳斯塔斯(P. T. Anastas)和瓦纳(J. C. Waner)曾提出绿色化学的12项原则,这12项原则目前为国际化学界所公认,对我们今后从事绿色化学的研究具有指导作用。12项原则可概括如下。

(1) 防止污染。防止污染的产生应优先于污染后再治理,即首先从源头防止废物的产生。

(2) 原子经济。合成方法应具原子经济性,即设计的合成方法尽量使参加反应过程的原子都能进到终极产物。

（3）无害合成。应尽量采用无毒和毒性小的化学合成路线，即在化学合成中尽量不使用和不产生对人类健康和环境有毒的物质。

（4）安全产品。设计化学产品时应遵循高效、低毒兼顾的原则，即设计化学反应的生成物不仅具有所需的性能，还应毒性最小。

（5）安全助剂。应尽可能避免使用辅助性试剂（如溶剂、分散剂、分离试剂等），如不可避免，也要选用无毒无害的助剂。

（6）能源效率。合成方法必须考虑过程中能耗对成本与环境的影响，应设法降低能耗，最好采用在常温常压条件下进行合成。

（7）可再生原料。在经济合理和技术可行的前提下，应尽量采用可再生资源作为原料。

（8）减少衍生物。在可能的前提下，尽量避免不必要的衍生步骤、举措（如限制性基因，保护和去保护基因等）。

（9）使用催化剂。合成方法中采用高选择性的催化剂。

（10）降解设计。产品应设计成当用完后能分解为无害的降解物质，能进入自然生态循环系统。

（11）污染物在线分析、监控。应不断发展分析方法，对有害物质进行在线跟踪及控制。

（12）安全化学工艺。化学反应的设计、生产工艺的选择及实施，要严防化学意外事故（爆炸、火灾、泄露、渗透等）的发生。

为了更明确地表述绿色化学在资源使用上的要求，人们又提出了"5R"理论。

（1）减量。减量是从节省资源和减少污染角度提出的，包括：在保证产量的情况下，减少用量的有效途径之一是提高转化率、减少损失率；减少"三废"排放量，主要是减少废气、废液及废物（副产物）的排放量，要求必须在排放标准以下。

（2）重复使用。重复使用是降低成本和减少废物的需要。对于化学工业过程中的溶剂、催化剂、载体等，应考虑能重复使用。

（3）回收。主要包括回收未反应的原料、溶剂、副产物、助溶剂、催化剂、稳定剂等试剂。

（4）再生。这是变废为宝、节省资源、能源、减少污染的有效途径。它要求化工生产在工艺设计中应考虑有关原材料的再生和循环利用。

（5）拒用。在实际的工业生产中，拒绝使用一些无法替代，又无法回收、再生、循环，尤其是具有毒性和明显污染性的原料。

25.2.3 绿色化学研究的主要内容和方法

绿色化学的12项原则目前为国际化学界所公认，它反映了近年来在绿色化学领域中所开展的多方面的研究工作内容，指明了未来发展绿色化学的方向。12项绿色化学的关键内容关系如下：

（1）无毒、无害的原料研究。化学合成实验过程中使用的原材料约占产品成本的70%左右，因此原材料的选择和使用就显得非常重要。从绿色化学的观点来看，要考虑以下几方面：①要采用无毒、无害原料；②原料的来源问题，即原料是开采的、炼制的还是合成的；③原料的可再生性；④原料的运输、存放、使用等问题。

（2）开发原子经济反应的研究。绿色化学的核心是实现原子经济反应，目前可以开展两

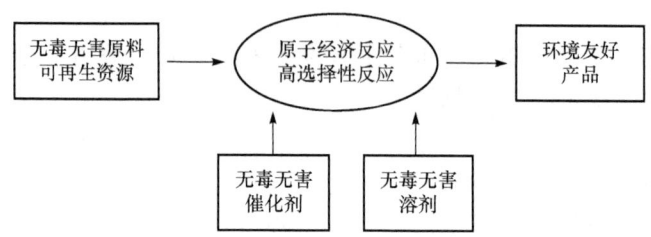

方面的研究:首先不断地寻找新的反应途径来提高化学反应过程中的原子利用率;其次不断地对传统的化学反应过程进行绿色化学改造。例如,催化法制备环氧乙烷就是利用了原子经济新方法。

(3) 新型绿色催化剂的研究。开发新型、高效、对环境友好、可回收的催化剂,可以提高反应的选择性,避免副产物的生成,提高原子的利用率,减少有害物质的排放,这是绿色化学的一个重要的研究内容。目前研究较多的绿色催化剂有绿色固体酸碱催化剂,分子筛催化剂,杂多酸、超强酸和选择性催化剂,生物催化剂,仿生催化技术等。

(4) 绿色化学产品设计的研究。绿色化学产品本身不会引起环境污染和健康问题,包括不会对野生生物、有益昆虫或植物造成损害;当产品被使用后,应能再循环或易于在环境中降解为无害物质。研究设计对人类健康和对环境安全的化学产品,用新的化学品代替现用的有毒化学品。例如,研究开发新型的制冷剂,可以减少对臭氧层的破坏。

(5) 绿色化工生产工艺的研究。绿色化工生产需要从化学基础入手,确定绿色产品,选择绿色原料、试剂、催化剂,设计一条理想的化学合成路线和工艺路线,尽可能使原料中的每一个原子进入产品,不产生任何废物和副产品。

25.3 绿色化学的应用前景

绿色化学是 20 世纪 90 年代后期才产生和发展起来的,它涉及化学的有机合成、催化、无机化学、分析化学、生物化学等学科,应用广泛。美国化学界已把"化学的绿色化"作为 21 世纪化学进展的主要方向之一。

25.3.1 绿色原料的应用

原料绿色化首先是要开发传统原料的替代品,禁止采用氰化物、光气、毒性功能基团等剧毒原料。例如,取代氢氰酸的路线合成苯乙酸,苯乙酸是合成青霉素和医药、农药的中间体。工业上通过苄氯和氢氰酸反应合成苯乙氰,然后苯乙氰水解制备苯乙酸。而现在通过苄氯的羰基化可以直接合成苯乙酸。

$$C_6H_5CH_2Cl + CO \xrightarrow{OH^-, H_2O} C_6H_5CH_2COOH$$

此合成避免使用剧毒的氰化物,使整个过程变得安全和经济。

25.3.2 资源综合的应用

磷酸铵生产是化肥工业中的一个重要组成部分,但生产过程中会产生大量的"三废"。在原子经济反应思想的指导下,人们已经将生产过程中排放的"三废"作为生产过程的中间产品加以综合利用,实现了生产过程零排放的理想目的。例如,利用磷矿萃取工艺中产生的废气 HF 生产化工原料 Na_2SiF_6。有关反应为

$$4HF + SiO_2 = SiF_4 + 2H_2O$$
$$3SiF_4 + 3H_2O = 2H_2SiF_6 + SiO_2 \cdot H_2O$$
$$H_2SiF_6 + Na_2SO_4 = Na_2SiF_6 \downarrow + H_2SO_4$$

25.3.3 原子经济反应的应用

1991 年,Trost 首次提出了"原子经济性"的概念。他认为高效的化学反应应最大限度地利用原料分子的每一个原子,使之结合成目标产物。原子经济性可用原子利用率衡量:

$$原子利用率 = \frac{目标产物的相对分子质量}{反应物质的相对原子质量之和} \times 100\%$$

原子利用率越高,反应产生的废弃物越少,对环境造成的污染也越少。例如,以前由乙烯制备环氧乙烷的过程是

$$H_2C=C_2H \xrightarrow{Cl_2} \xrightarrow{Ca(OH)_2} \triangle O + CaCl_2 + H_2O$$

相对分子质量　　　28　　71　　74　　44　　111　　18

可以计算出原子利用率仅为

$$\frac{44}{28+71+74} \times 100\% = 25\%$$

而采用了新的催化方法后

$$2H_2C=CH_2 + O_2 \xrightarrow{Ag} 2 \triangle O$$

相对分子质量　　　　2×28　　　32　　　2×44

原子利用率为

$$\frac{2 \times 44}{2 \times 28 + 32} \times 100\% = 100\%$$

25.3.4 绿色催化剂的应用

催化剂在化学合成反应中应用广泛,但是催化剂的普遍缺点是对人身有危害、对仪器设备有比较严重的腐蚀、产生废液或废渣有严重的环境污染。绿色催化剂具有明显的优势:选择性高、稳定性好、寿命长、对设备的腐蚀不严重,如分子筛催化剂。分子筛也称为沸石分子筛,化学组成通式为 $M_{2/z}O \cdot Al_2O_3 \cdot nSiO_2 \cdot mH_2O$,无毒无害、可再生。分子筛催化剂多半为结晶硅铝酸盐,具有分子大小的均匀孔道,对反应分子具有选择性的催化性能,分子筛的是一类理想的环境友好催化材料,将在催化领域发挥重要的作用。

例如,在纯硅分子筛骨架中引入 Ti 构成的 TS 型分子筛是很好的定向催化剂,它对有机物的选择性氧化具有优异的催化功能。

Ugine 公司和 Enichem 公司开发了 TS-1 分子筛作催化剂的环氧丙烷的生产新工艺:

$$H_2O_2 + CH_3-CH=CH_2 \xrightarrow{TS-1} CH_3-\overset{O}{\overset{\triangle}{CH-CH_2}} + H_2O$$

25.3.5 绿色工艺的应用

在无机物化工产品生产中,目前对矿物进行加工处理的过程还存在原料消耗量大、耗能

高、生产环境差、工艺落后和对环境的污染严重等问题。因此,发展绿色化学工艺是化学工作者应该牢记的历史责任。以下是磷石膏废渣制备硫酸联产水泥的绿色工艺的一个应用例子。

(1) 磷矿经过处理后,加到萃取槽中进行反应

$$Ca_5F(PO_4)_3 + 5H_2SO_4 + 10H_2O = 3H_3PO_4 + 5CaSO_4 \cdot 2H_2O + HF\uparrow$$

料浆经过过滤洗涤后,得到成品磷酸和副产品磷石膏。

(2) 磷酸与氨反应制得颗粒状磷铵

$$H_3PO_4 + NH_3 = NH_4H_2PO_4$$

$$NH_4H_2PO_4 + NH_3 = (NH_4)_2HPO_4$$

(3) 磷铵生产过程中排放的磷石膏废渣用于制备水泥和硫酸

$$2CaSO_4 + C \xrightarrow{900\sim1200\ ℃} 2CaO + 2SO_2\uparrow + CO_2\uparrow$$

生成的 CaO 与物料中的 $SiO_2 \cdot Al_2O_3 \cdot Fe_2O_3$ 等发生矿化反应,生成水泥熟料。制备的熟料与石膏、混合材料按一定比例经过球磨机粉磨为水泥。硫酸的制备过程:

$$2SO_2 + O_2 \xrightarrow{钒触媒} 2SO_3$$

$$SO_3 + H_2O \longrightarrow H_2SO_4$$

绿色化学从原理和方法上给传统的化学工业带来了革命性的变化,在设计新的化学工艺方法和设计新的环境友好产品两个方面,通过使用原子经济反应、无毒无害原料、催化剂和溶助剂等来实现化学工艺的清洁生产,通过加工使用新的绿色化学品使其对人身健康、社区安全和生态环境无害化。正如美国化学会前任主席瓦瑟曼(E. D. Wasserman)在1999年总统绿色化学挑战奖授奖庆典上指出的:绿色化学是有效的,也是有益的。21世纪绿色化学的进步将会证明我们有能力为人类生存的地球负责。绿色化学是对人类健康和我们的生存环境所作的正义事业。

思考与研讨

25.1 绿色化学的研究包括哪些方面?
25.2 简要说明绿色化学与传统化学、环境化学、环境治理的区别。
25.3 原子利用率和化工生产中的产率有何区别?
25.4 举例说明催化剂在化学反应中的作用及催化科学与技术对绿色化学发展的重要作用。
25.5 若以铜、硝酸、硝酸银、水和空气为原料,有几种制取硝酸铜的方法?从绿色化学角度出发,哪一种方法制取硝酸铜最可行?说明原因。
25.6 绿色表面活性剂、绿色农药、绿色催化剂、绿色塑料、绿色溶剂等是绿色化学研究的重要领域,选择其中之一,论述该领域的研究进展。
25.7 举例说明绿色化学的主要研究领域及发展前景。
25.8 苯乙酸是一种重要有机化工原料,具有羧基、亚甲基氢和苯环的典型反应,生成许多有用的中间体,在医药、农药、香料等行业都有广泛的用途。传统工艺采用苄氯和氢氰酸反应合成。
 (1) 写出该过程的化学计量关系式和反应条件。
 (2) 计算该方法的原子利用率,用绿色化学观点分析该过程的不足。
 (3) 设计一条新的更接近绿色化学目标的苯乙酸合成路线。
 (4) 分析你设计的过程的绿色化学优点。

第 26 章　生物无机化学简介

生命这一神奇的体系一直是科学家最想了解的体系,但也是最难了解的体系之一。从生命的起源到整个生命活动过程无不与化学元素有关,尽管生命体系中大量存在的是有机物,但无机元素同样起到至关重要的作用,尤其是其中的金属离子更是生命化学反应的催化剂。虽然人们对金属离子在生命体系中的作用还没有完全理解,但从 20 世纪 60 年代发展起来的顺铂类抗癌药物(金属药物)、人造骨骼和牙齿(仿生材料)等材料来看,无不凸显出生物无机化学研究的重要性。下面让我们看看生命与无机元素是如何关联的吧。

26.1　概　述

26.1.1　生物无机化学的历史

随着科技的不断发展,特别是 20 世纪 50 年代以来分析测试技术的突飞猛进,人们对生命体系的认识也在不断深入。到 70 年代,无机化学与生物化学之间的交叉领域不断扩大,逐渐形成了一门新的边缘交叉学科——生物无机化学。其标志之一是在 1970 年成立的国际生物无机化学协会在美国弗吉尼亚州举行了国际生物无机化学学术讨论会,并由 R. F. Gould 汇编成 *Bioinorganic Chemistry*。另一个标志是 1971 年,美国著名化学家 G. N. Schrazer 主编的杂志 *Bioinorganic Chemistry*(1979 年更名为 *J. Inorganic Biochemistry*)创刊。经过 40 多年的发展,生物无机化学研究层次也在不断地变化,特别是分子生物学和化学生物学的诞生,更促进了生物无机化学在分子层次上的发展。现在的生物无机化学研究范围非常广泛,其中主要包括生物体内物质及相关化合物与各种无机元素尤其是各种微量金属离子之间的相互作用;生物体内金属离子及其金属酶、金属蛋白的结构、功能以及模拟研究;无机元素在生物体内的循环;环境污染、含金属药物等对生物体及生命生理过程的影响等。总之,生物无机化学可以概括为将无机化学的原理和方法用于研究生物体系中无机元素,尤其是金属元素及其化合物的结构及生理功能的一门交叉学科。

26.1.2　生命中的元素

生物无机化学主要研究的对象是各种生命体系中的无机元素。根据各种元素在生命体系中的含量和作用,可以将元素分为两种。

(1) 必需元素(essential elements),又称生命元素,就是维持生物体生存所必需的元素,缺少会导致疾病或死亡。但是这样的标准并不是非常严格的,随着人们认识水平的提高,必需元素的种类和数量也是在不断发展变化的。目前普遍认为,对于温血动物,一共有 26 种必需元素,并根据含量的多少分为:10 种痕量金属元素[Fe、Cu、Mn、Zn、Co、Mo、Cr、V、Ni、Sn],4 种宏量金属元素[Na、K、Mg、Ca]以及人体必需的非金属元素[C、H、O、N、P、S、Cl、I、B、F、Si、Se]。表 26.1 给出了人体内无机元素的含量水平以及它们的来源与功能。

(2) 有毒元素(toxic elements)，又称有害元素，就是那些存在于生物体内会影响正常代谢、生命和生理过程的元素。目前已知的有明显毒害作用的元素有 Cd、Hg、Pb、As、Tl、Sb、Be、Ba、In、Te、V、Se、Nb 等，其中 Cd、Hg、Pb、As 等为剧毒元素。与前面的必需元素比较，可以看出，有些元素既是必需元素，又是有毒元素，关键在于其在生物体中的含量。例如，Fe 元素缺乏会造成贫血，但过多则可能引起中毒，甚至死亡。表 26.1 给出了人体内无机元素的含量以及形态和功能。

表 26.1 体重为 65 kg 的成人体内无机元素的平均含量以及形态和功能

宏量元素*	含量/g	形态和功能	微量元素	含量/g	形态和功能
Na	100	调节渗透压、膜电位、无机物代谢	Fe	4～5	血红蛋白、肌红蛋白、细胞色素、铁硫原子簇
K	150	膜电位、无机物代谢	Zn	2～3	锌酶
			Mn	0.02	酶
Ca	1300	骨骼形成、凝血、信息分子	Cu	0.1～0.2	氧化酶
			Co	<0.01	维生素 B_{12}
Mg	20	骨骼形成、酶的辅因子	Cr	0.02	糖代谢
Cl	100	无机物代谢	Ni	0.02	酶
			Mo	0.02	氧化还原酶
P	650	骨骼形成、能量代谢、核酸代谢	Se		硒酶
S	200	类脂物、糖代谢	I	0.03	甲状腺素
			F		骨骼、牙釉质

* 每日需求量大于 0.1 g 的为宏量元素，小于 0.1 g 的为微量元素。

26.1.3 生物大分子的结构

虽然生物无机化学的主体是由金属元素的配合物所构成，但在生命体系中，这些配合物都是被生物大分子所包裹。生物大分子不仅包括我们熟知的蛋白质和核酸，还包括碳水化合物和脂肪等。对于生物无机化学而言，研究这些配合物和生物大分子的相互作用以及相应的机理是最核心的内容。

蛋白质是生命体系中最重要的一类大分子，是生命活动的主要承载者及生命现象的主要物质基础。在生命体系中大约 1/3 的蛋白质中含有金属离子，这样的蛋白质称为金属蛋白(metalloprotein)。其中具有催化功能的金属蛋白称为金属酶(metalloenzyme)。这种生物催化剂必须要金属离子参与才能表现出生物活性。天然金属酶可以根据其催化反应类型的不同分为氧化还原酶(oxidoreductase)、转移酶(transferase)、水解酶(hydrolase)、异构化酶(isomerase)、裂解酶(lyase)和合成酶(synthetase，或称为连接酶 ligase)6 种。金属酶之外的金属蛋白又可以根据其功能的不同分为电子载体蛋白、小分子载体蛋白、金属储运蛋白和金属调节蛋白 4 种。总之，金属酶和金属蛋白都是由含金属离子部分和不含金属离子部分的蛋白质组成，其中不含金属离子的蛋白质部分称为脱辅基酶(apoenzyme)或者脱辅基蛋白(apoprotein)，含金属离子的非蛋白质部分则称为辅基或者辅因子(cofactor)。含金属离子的生物分子的主要分类如下：

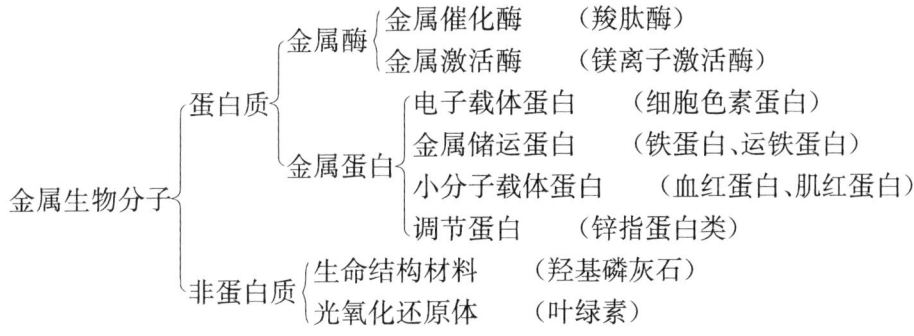

26.2 生命体中重要的元素和化合物

生命体系中存在多种元素,每种元素在不同的生命体中不仅含量不同,而且存在的部位也不同,并对生命体的生命、生理过程存在不同的影响。其中根据金属元素是否具有催化功能,可以将金属分为成酶金属和非成酶金属。其他的一些非金属元素和化合物也对生命体系极其重要。下面就其中的一些重要元素和化合物作简单介绍。

26.2.1 成酶金属及其功能

1. 铁

铁作为含量最高的微量元素,是生命体系中最重要的金属元素。不仅在各种生命体中形成了最多种类的含铁蛋白,而且承担了如载氧储氧、电子传递、加氧催化、清除氧自由基、储运铁元素等功能。

1) 氧的传输和储存

自然界中为了确保氧气的供应,共进化出了三种"氧载体"蛋白,分别是存在于脊椎动物中的血红蛋白(haemoglobin,Hb)和肌红蛋白(myoglobin,Mb)、存在软体动物中的血蓝蛋白(hemocyanin,Hc)和存在于蠕虫中的蚯蚓血红蛋白(hemerythrin)。

血红蛋白是由球蛋白和亚铁血红素辅基组成(图26.1),主要起运输氧的作用。人体内的血红蛋白是由四个亚基构成,分别为两个α亚基和两个β亚基。每个亚基由一条肽链和一个血红素分子构成,肽链在生理条件下会盘绕折叠成球形,把血红素分子包在里面,这条肽链盘绕成的球形结构又称为球蛋白。血红素分子是一个具有卟啉结构的小分子,在卟啉分子中心,由卟啉中四个吡咯环上的氮原子与一个亚铁离子配位结合,球蛋白肽链中第8位的一个组氨酸残基中的咪唑上的氮原子从卟啉分子平面的上方与亚铁离子配位结合。当血红蛋白不与氧结合的时候,有一个水分子从卟啉环下方与亚铁离子配位结合,而当血红蛋白载氧的时候,就由氧分子顶替水的位置。

血红蛋白与氧结合的过程是一个非常神奇的过程。首先一个氧分子与血红蛋白四个亚基

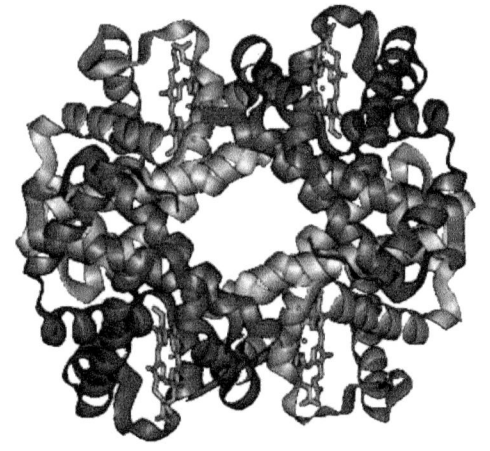

图26.1 血红蛋白的三级结构

中的一个结合,与氧结合之后的球蛋白结构发生变化,造成整个血红蛋白结构的变化,这种变化使得第二个氧分子相比于第一个氧分子更容易寻找血红蛋白的另一个亚基结合,而它的结合会进一步促进第三个氧分子的结合,以此类推,直到构成血红蛋白的四个亚基分别与四个氧分子结合。在组织内释放氧的过程也是这样,一个氧分子的离去会刺激另一个的离去,直到完全释放所有的氧分子,这种有趣的现象称为协同效应。

除了运载氧,血红蛋白还可以与二氧化碳、一氧化碳、氰离子结合,结合的方式与氧完全一样,所不同的只是结合的牢固程度。一氧化碳、氰离子一旦和血红蛋白结合就很难离开,这就是煤气中毒和氰化物中毒的原理。遇到这种情况可以使用与这些物质结合能力更强的物质来解毒,如一氧化碳中毒可以用静脉注射亚甲基蓝的方法来救治。

肌红蛋白相比于血红蛋白而言,结构非常简单,是由一条肽链和一个血红素辅基组成的结合蛋白。晶体结构研究表明肌红蛋白和血红蛋白的一个亚基的结构相似(图 26.2)。因为这两种蛋白质在生物体内广泛存在,含量丰富,又很稳定,所以也是人们最早研究的金属蛋白,也是最早被确定三维空间结构的蛋白质。肌红蛋白对氧气的亲和力大于血红蛋白,所以在肌肉组织中有储存氧气的功能。因为只需要一点氧分压便可以使其对氧气的结合力达到饱和,所以比血红蛋白更适合储存氧气。通常情况下,血红素对一氧化碳的亲和力是氧气的 2×10^4 倍,但是因为肌红蛋白中的某个氨基酸不但与氧气可以产生氢键,还可以使一氧化碳偏离原来结合时的自然状态,所以肌红蛋白对一氧化碳的亲和力只是氧气的 200 倍。

图 26.2 肌红蛋白的三级结构

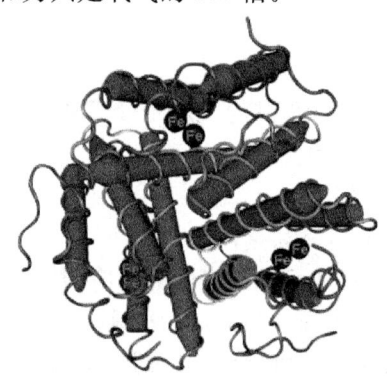

图 26.3 单个氧化的蚯蚓血红蛋白的三级结构

蚯蚓血红蛋白也是呈红色的具有输送氧能力的物质之一(图 26.3),主要存在于无脊椎动物的肌肉中,是蚯蚓血红蛋白辅基(hemoferrin)与珠蛋白结合成的金属蛋白。与血红蛋白和肌红蛋白相比,蚯蚓血红蛋白不含血红素辅基,而且一般以多聚体的形式存在,通常为八聚体,而血红蛋白为四聚体,肌红蛋白为单聚体。还有一个功能上较大的区别是蚯蚓血红蛋白基本没有发现像血红蛋白一样的载氧协同效应,所以其载氧功能相对较弱。

2) 电子传递蛋白

细胞色素(cytochrome)是一类含血红素辅基的电子传递蛋白,广泛参与动植物、酵母及好氧菌、厌氧光合菌等的氧化还原反应。它作为电子载体是通过血红素辅基中铁原子的还原态(Fe^{2+})和氧化态(Fe^{3+})之间的可逆变化来传递电子。根据所含血红素辅基的种类可将细胞色素分为细胞色素 a、细胞色素 b、细胞色素 c 和细胞色素 d 等多种类型。卟啉环以四个配位键与铁原子相连,形成四配位体螯合的配合物,一般称为血红素。细胞色素 a 的辅基结构是血红素 a,它与原血红素的不同是在卟啉环的第 8 位上以甲酰基代替甲基,第 2 位上以羟代法尼烯(farnesene)基代替乙烯基。细胞色素 b 的辅基是原血红素即铁(Fe^{3+})-原卟啉。卟啉环上的侧链取代基为四个甲基、两个乙烯基和两个丙酸基,与血红蛋白、肌红蛋白辅基的结构相同。细胞色素 c 的辅基是血红素以其卟啉环上的乙烯基与蛋白质分子中的半胱氨酸巯基相加成的(图 26.4)。与其他细胞色素不同的是细胞色素 d 仅在细菌中发现,它的辅基为铁二氢卟啉。其他各类细胞色素的辅基都是以非共价键与蛋白质相结合。还原状态的细胞色素在可见光区具有特征性的光吸收带:α 带、β 带、γ 带。通常情况下细胞色素 a 的 α 带最大吸收位于 598~605nm,细胞色素 b 的位于 556~564 nm,细胞色素 c 的位于 550~555 nm,细胞色素 d 的位于 600~620 nm。

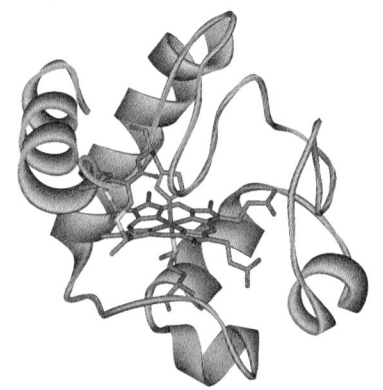

图 26.4 细胞色素 c 的三级结构

图 26.5 高电势铁硫蛋白的三级结构

铁硫蛋白(iron-sulfur proteins,Fe/S protein)是一类含铁-硫簇合物(iron-sulfur centers)的非血红素蛋白,也是细胞色素类蛋白。铁-硫簇合物是这类蛋白的活性中心,由铁离子和来自蛋白链的半胱氨酸残基侧链上的有机硫以及无机硫构成,可以用 $Fe_nS_m(Cys)_x$ ($n=1\sim4$,$m=0\sim4$,$x=3\sim4$)来表示。常见的铁硫簇合物一般含有四个原子,其中两个是铁原子,另两个是硫原子,称为[2Fe-2S]铁硫蛋白;或者含有八个原子,其中四个是铁原子,另四个是硫原子,称为[4Fe-4S]铁硫蛋白,并且通过硫与蛋白质的半胱氨酸残基相连(图 26.5)。此外还有[3Fe-4S]等蛋白存在,实验研究表明[3Fe-4S]蛋白是从[4Fe-4S]蛋白衍生出来的。虽然铁硫蛋白中含有多个铁原子,但整个铁-硫簇合物一次只能接受一个电子以及传递一个电子,并且也是靠铁的价态变化(Fe^{3+}-Fe^{2+})传递电子。但是铁硫蛋白作为整体往往可以一次传递多个电子,如[4Fe-4S]铁硫蛋白可以一次传递两个电子。铁硫蛋白广泛存在于植物、动物、微生物中,广泛参与生命体内的多种氧化还原反应,包含植物的光合作用、细菌固氮以及线粒体的呼吸过程等。铁硫蛋白作为一种重要的电子载体在生命活动中起着重要的作用。

3) 含铁加氧酶

生命体系中氧分子在酶的催化作用下加合到有机底物分子上的反应称为加氧反应。催化该类反应的酶称为加氧酶。自然界存在两种加氧酶,分别为单加氧酶(向有机底物上加一个氧原子,另一个氧原子转化为水)和双加氧酶(向有机底物上加两个氧原子)。细胞色素 P-450(图 26.6)也是以血红素 b 为辅基的细胞色素,因在还原状态下其一氧化碳加合物的 Soret 特征吸收带出现在 450 nm 处而得名。细胞色素 P-450 是典型的单加氧酶,可以将生命体内不溶于水的脂肪环、脂肪链类碳氢化合物以及芳香族碳氢化合物及其衍生物(如类固醇和脂肪酸等)进行羟基化,使其转变成水溶性化合物。例如,人体肝组织线粒体中发现的多种细胞色素 P-450,可以将外来的有毒有机化合物、污染物等催化氧化成水溶性物种排出体外,从而起到解毒的作用。

2. 铜

铜元素相比于铁元素来说在人体中的含量较小,但对于很多其他动物来说,它的重要性并不亚于铁,而且在很多低级动物中含量也较高。生命体系中存在多种含铜蛋白,这些蛋白质同样承担了如载氧、电子传递、清除氧自由基等功能。根据铜蛋白和铜酶中所含铜的谱学性质的不同分为三类:Ⅰ型、Ⅱ型和Ⅲ型。在 600 nm 附近有非常强的吸收,而且其超精细偶合常数很小的铜蛋白中所含的铜被称为Ⅰ型铜。具有与一般的铜配合物相似的吸收系数和超精细偶合常数的铜蛋白中所含的铜被称为Ⅱ型铜。同时含有两个铜离子,而且两个铜离子之间有反铁磁性相互作用,并在 350 nm 附近有强吸收峰的铜蛋白中的铜被称为Ⅲ型铜。

血蓝蛋白是以一价铜离子作为辅基的蛋白质,它存在于软体动物(如章鱼、乌贼、蜗牛等)和节足动物(如螃蟹、虾、蜘蛛等)的血液里,是一种典型的Ⅲ型铜蛋白。血蓝蛋白最大特点是相对分子质量特别大,一个亚基的相对分子质量为 4.6×10^5,而且血蓝蛋白的亚基数可变。虽然目前仍未测出软体血蓝蛋白的晶体结构,但节肢动物血蓝蛋白的晶体结构分析已经提供了血蓝蛋白分子活性部位的结构信息。龙虾血蓝蛋白(图 26.7)亚单位由三个结构区域组成。区域Ⅰ为蛋白的前 175 个氨基酸残基组,有大量的 α 螺旋二级结构;区域Ⅱ大部分也为 α 螺旋二级结构,由 225 个氨基酸残基(176~400 个)和作为氧分子键合部位的双铜离子组成;剩余的 258 个氨基酸残基(401~658 个)构成区域Ⅲ,并且类似于如超氧化物歧化酶等其他蛋白的 β 折叠二级结构。在区域Ⅱ的双铜活性中心中,每个铜离子与三个组氨酸残基的咪唑氮配位。未氧合时,两个铜离子相距约 46 pm,相互作用很弱,没有发现两个铜离子之间存在着蛋白质本身提供的桥基。此时,每个铜离子与三个组氨酸残基咪唑氮的配位基本上是三角形几何构型。氧合后,Cu(Ⅱ)为四配位或五配位,两个铜离子与两个氧原子(过氧阴离子)和 6 个组氨酸残基中最靠近铜离子的 4 个组氨酸残基咪唑氮强配位。此时,在一个近似的平面上,每个铜离子呈平面正方形几何构型,这是 Cu(Ⅱ)最有利的配位状况。氧分子以过氧桥形式连接两个 Cu(Ⅱ),两个 Cu(Ⅱ)相距约 36 pm。氧合血蓝蛋白的铜是 Cu(Ⅱ)并呈蓝色,在 347 nm 附近有吸收峰,这是由扭曲四面体场中的 d-d 跃迁产生的,脱氧血蓝蛋白呈无色。血蓝蛋白的主要作用也是输送氧,值得一提的是,在血红蛋白和肌红蛋白中是一个金属离子结合一个氧分子,而在血蓝蛋白中是两个铜离子结合一个氧分子。近年来,随着血蓝蛋白多种功能的不断发现,特别是免疫活性的发现,血蓝蛋白的功能、作用机理、进化已经引起各国学者浓厚的研究兴趣,并有望成为抗菌、抗病毒及抗肿瘤药物的新来源。

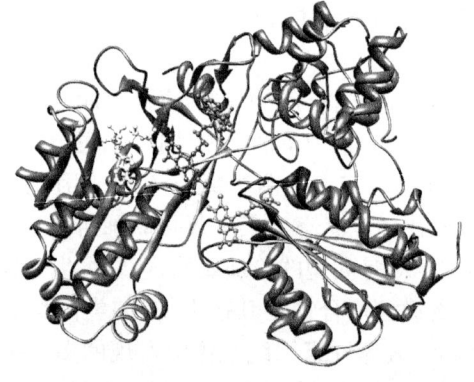

图 26.6 细胞色素 P-450 的三级结构

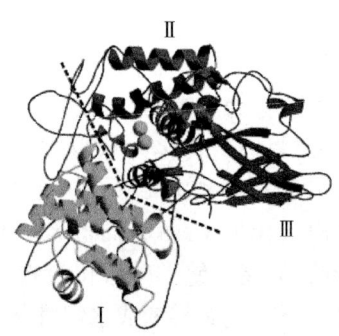

图 26.7 血蓝蛋白的三级结构

超氧化物歧化酶(superoxide dismutase,SOD)别名肝蛋白,是一种能够催化超氧化物通过歧化反应转化为氧气和过氧化氢的酶。从1938年Mann等首次从牛红细胞中分离得到SOD开始算起,人们对SOD的研究已有70多年的历史。1969年McCord等重新发现这种蛋白,并且发现了它们的生物活性,明确了它催化过氧阴离子发生歧化反应的性质,所以正式将其命名为超氧化物歧化酶(图26.8)。它在生物界的分布极广,几乎从动物到植物,甚至从人到单细胞生物,都有它的存在。SOD按其所含金属辅基不同可分为四种,第一种是含铜、锌辅基的,称为Cu-Zn-SOD,是最为常见的一种酶,呈绿色,主要存在于机体细胞浆中,是典型的Ⅱ型铜蛋白;第二种是含锰辅基的,称为Mn-SOD,呈紫色,存在于真核细胞的线粒体和原核细胞内;第三种是含铁辅基的,称为Fe-SOD,呈黄褐色,存在于原核细胞中;第四种是含镍辅基的,称为Ni-SOD,呈绿色,存在于链霉菌中。目前,人们认为自由基(也称游离基)与绝大部分疾病及人体的衰老有关。所谓自由基就是当机体进行代谢时,能夺去氧的一个电子,这个氧原子就变成自由基。自由基很不稳定,它要在身体组织细胞的分子中再夺取电子来使自己配对,当细胞分子推陈出一个新电子后,它也变成自由基,又要去抢夺细胞膜或细胞核分子中的电子,这样又会产生新的自由基。实验证明:SOD能够清除自由基,因此可消除上述疾病的病因。此解毒反应过程为两步:第一步是作为有害物质的超氧阴离子在SOD的作用下和氢离子反应,生成过氧化氢;第二步是过氧化氢又在过氧化氢酶的作用下和氢离子反应,最终生成了对人体无害的水。所以SOD被视为生命科技中最具神奇魔力的酶,是机体内氧自由基的头号杀手,是生命健康之本。

质体蓝蛋白(plastocyanin)也称质体蓝素,是一种会参与电子传递的重要铜蛋白(图26.9),广泛存在于植物和藻类的叶绿体中,是典型的Ⅰ型铜蛋白。它一般以一个单体的形式存在,相对分子质量约为1×10^4。在光合作用中,质体蓝蛋白被当作一个电子传递的媒介。值得注意的是,质体蓝蛋白是第一个利用X射线晶体学分析出来的铜蛋白。更有趣的是,氧化型质体蓝蛋白的结构基本上不随pH变化而变化,而还原型却随pH变化而变化。

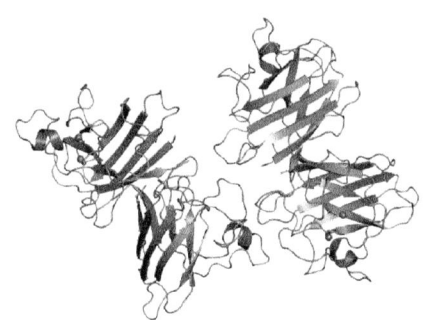

图26.8 超氧化物歧化酶(Cu-Zn)的三级结构

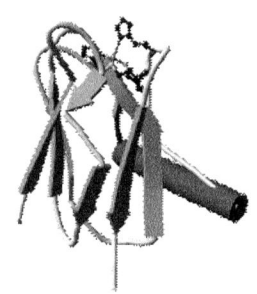

图26.9 质体蓝蛋白的三级结构

3. 锌

锌元素含量仅次于铁元素,是第二多的微量金属元素。Zn(Ⅱ)是强的Lewis酸,可以跟生命体中的咪唑氮原子、巯基硫原子、羧酸氧原子形成配合物,特别是在生理条件下,Zn(Ⅱ)既不会被氧化又不会被还原,所以其生物毒性比较低。正因如此,锌元素广泛参与了蛋白质、酶、核酸、糖类、脂类的代谢与基因转录等最基本的生化过程。也正因如此,锌酶的种类是最多的,有氧化酶、转移酶、水解酶、裂合酶、异构酶、合成酶等含锌酶。现已报道有80多种锌酶,居各类金属的首位。

碳酸酐酶(carbonic anhydrase,CA)是能够催化 CO_2 可逆水合的酶,广泛分布于人体内的肾小管上皮细胞、红细胞、中枢神经细胞和睫状体上皮细胞等组织中。1940 年发现其含有锌,而且证明锌在该催化过程中是不可缺少的。碳酸酐酶(图 26.10)是红细胞的主要蛋白质成分之一,在红细胞中的地位仅次于血红蛋白。通常含一条卷曲的蛋白质链和一个 $Zn(Ⅱ)$ 离子。相对分子质量约为 3 万。$Zn(Ⅱ)$ 离子处于畸变四面体的配位环境。催化的最重要的反应是二氧化碳(碳酸酐)可逆的水合作用,使该反应在生理 pH 条件下很快进行。催化反应为 $CO_2(g) + H_2O \longrightarrow HCO_3^- + H^+$,酶加速二氧化碳水合的因子在 10^7 左右。上述反应对生命体的呼吸作用极为重要。

羧肽酶(carboxypeptidase,CP)可专一地从肽链的末端氨基酸残基开始逐个降解,释放出游离氨基酸的一类消化酶。羧肽酶主要以酶原形式存在于生物体内。根据水解基团的不同,羧肽酶常分为羧肽酶 A、B、C 和 Y。从牛胰腺中分离出来的羧肽酶 A 是较早得到的三维晶体结构羧肽酶(图 26.11)。

 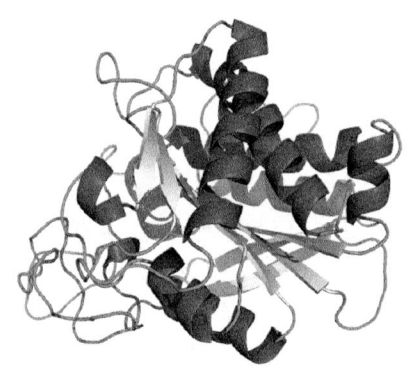

图 26.10　人体碳酸酐酶的三级结构　　　图 26.11　牛胰腺中羧肽酶 A 的三级结构

4. 钴

钴元素也是生命体必需的微量金属元素。但与其他微量金属不同,金属钴离子不单与氨基酸中的氮原子形成配位键,而且在钴酶中还发现了 Co—C 键,这是生命体系中仅知的不多的金属—碳键。

辅酶(coenzyme)作为酶的辅因子的有机分子,本身无催化作用,但一般在酶促反应中有传递电子、原子或某些功能基团(如参与氧化还原或运载酰基的基团)的作用。有许多维生素及其衍生物,如核黄素、硫胺素、叶酸和维生素 B 族辅酶,都属于辅酶。这些化合物无法由人体合成,必须通过饮食补充。

维生素 B_{12}(cyanocobalamin)又称氰钴胺素,作为一种含钴离子的辅酶早在 1956 年就被分离提纯并且测出结构。值得注意的是,1972 年 Woodward 等还完成了它的全合成。维生素 B_{12} 的结构(图 26.12)中有一个咕啉(corrin)环系统,并且含有钴离子及氰基(CN)。纯净的维生素 B_{12} 溶液呈红色,这也是一般钴化合物的特征。作为辅酶时,维生素 B_{12} 中的 CN 被 5′-脱氧腺苷基团所代替,称为辅酶 B_{12}。这是一个不稳定的化合

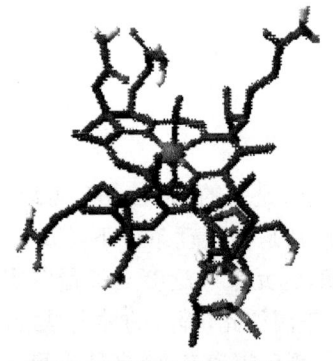

图 26.12　维生素 B_{12} 的结构

物,当有氰化物存在或暴露于光照下即转变为维生素 B_{12}。经研究知道,辅酶 B_{12} 在还原反应(如核苷酸还原酶)、重排反应(二醇脱水酶)、甲基转移反应(甲硫氨酸合成酶)等反应中都起到重要的作用。

5. 钼

尽管钼元素在生物体中的含量不高,但涉及含钼酶的催化反应不少,而且有一个对于整个人类最重要的反应——生物固氮。由于钼元素的价态较多,经常与其他金属元素共同形成活性中心,并且组成的结构比较复杂,所以人们对钼酶的了解相对有限。

固氮酶(nitrogenase)是一类可以将空气中的氮气转化为含氮化合物的酶,广泛存在于豆类植物的根部。这类酶是被人们发现的唯一能完成该过程的酶。在自然界中,氮元素一般以 N_2 形式存在,键能高,必须将三个化学键完全破坏才能把两个氮原子分开。固氮酶可以看作催化剂,能使以下反应的活化能降低,从而使反应更容易进行。固氮酶催化反应的简化反应方程式为

$$N_2 + 3H_2 + 能量 \longrightarrow 2NH_3$$

详细反应方程式为

$$N_2 + 8H^+ + 8e^- + 16ATP \longrightarrow 2NH_3 + H_2 + 16ADP + 16\ 磷酸盐$$

反应底物　　8 铁氧还蛋白 red. $+ 8H^+ + N_2 + 16ATP + 16H_2O$

反应产物　　8 铁氧还蛋白 ox. $+ H_2 + 2NH_3 + 16ADP + 16\ 磷酸盐$

虽然以氢气分子和氮气分子合成氨的反应焓为负值($\Delta_r H_m^\ominus = -45.2\ kJ \cdot mol^{-1}$),但实际上如果没有催化剂的参与,该反应的势垒(活化能 $E_a = 420\ kJ \cdot mol^{-1}$)一般难以逾越。因此,在催化过程中,固氮酶需要还原剂(如连二亚硫酸钠或铁氧化还原蛋白)和腺嘌呤核苷三磷酸(ATP)水解过程中释放的大量化学能。

根据所含金属的种类,固氮酶可以分为三类:钼固氮酶、钒固氮酶和铁固氮酶。每类固氮酶均由两种金属蛋白组成,除铁蛋白外,还含有另外一种金属蛋白(如钼铁蛋白、钒铁蛋白、铁铁蛋白)。虽然三种类型的固氮酶均有发现,但催化效率还以钼固氮酶为最高。

钼固氮酶(图 26.13)是由两种蛋白质组成的:一种含有铁,称为铁蛋白;另一种含铁和钼,称为钼铁蛋白。钼铁蛋白的结构一直是天然固氮酶研究中的核心和热点。直到 20 世纪 90 年代,人们才得到钼铁蛋白的 X 射线衍射晶体结构,发现每个钼铁蛋白分子中含有两个 Mo 和 30 个 Fe。这些金属离子分布在两个簇合物中,其中一个被称为 P-簇合物(P-cluster),另外一个被称为铁钼辅因子(FeMo-cofactor)。一个钼铁蛋白含有两个 P-簇合物和两个铁钼辅因子。

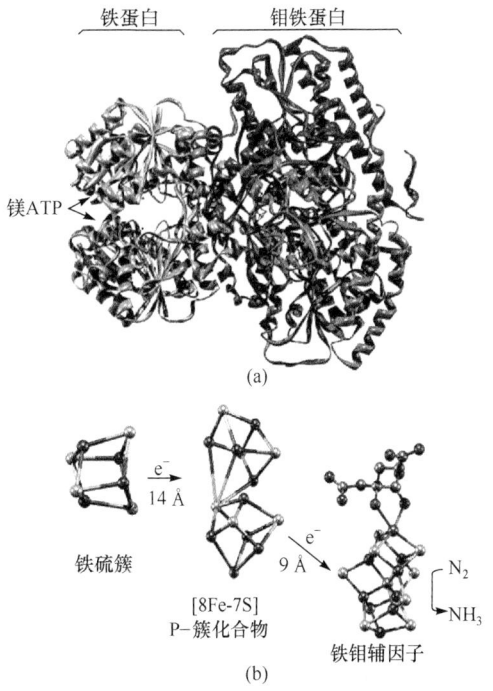

图 26.13　钼固氮酶的结构(a)和钼固氮酶中的金属簇结构(b)

P-簇合物的结构早已经确定,但铁钼辅因子的结构一直因为 X 射线衍射分辨率不够而出现一个未知原子 X,直到 2011 年德国和美国的科学家才通过更高分辨率的 X 射线衍射结构分析知道 X 元素为 C,一举解决了这个长期困扰科学界的问题。尽管固氮酶的晶体结构得到完全解决,但有关生物固氮催化作用的机理仍然等待着科学家去进一步探索,相信在不久的将来,人类一定能确定这个机理。

6. 镁

尽管镁元素不是微量金属元素,但在生命体中也起着非常重要的作用,特别是对植物的光合作用。通常作为生命体内部的稳定剂和细胞内酶的辅因子存在。

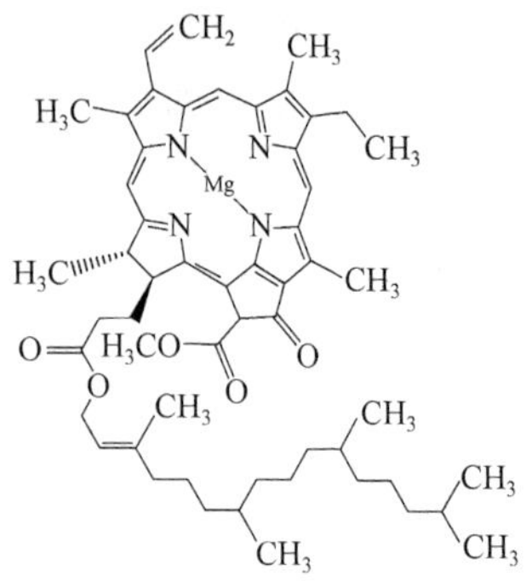

叶绿素(chlorophyll)是植物进行光合作用的主要色素(图 26.14),是一类含脂的色素家族,位于类囊体膜。叶绿素吸收大部分的红光和紫光但反射绿光,所以叶绿素呈现绿色,它在光合作用的光吸收中起核心作用。叶绿素是由两部分组成的:核心部分是一个卟啉环(porphyrin ring),其功能是光吸收;另一部分是一个很长的脂肪烃侧链,称为叶绿醇(phytol),叶绿素用这种侧链插入类囊体膜。与含铁的血红素基团不同的是,叶绿素卟啉环中含有一个镁原子。叶绿素分子通过卟啉环中单键和双键的改变来吸收可见光。镁原子位于卟啉环的中央,偏向于带正电荷,与其相连的氮原子则偏向于带负电荷,因而卟啉具有极性,是亲水的,可以与蛋白质结合。叶绿醇是由四个异戊二烯单位组成的双萜,是一个亲脂的脂肪链,它决定了叶绿素的脂溶性。根据侧链的不同叶绿素可分为叶绿素 a、b、c、d、f 以及原叶绿素和细菌叶绿素等。各种叶绿素之间的结构差别很小。例如,叶绿素 a 和 b 仅在吡咯环Ⅱ上的附加基团上有差异,前者是甲基,后者是甲醛基。叶绿素不参与氢的传递或氢的氧化还原,而仅以电子传递(电子得失引起的氧化还原)及共轭传递(直接能量传递)的方式参与能量的传递。

图 26.14 叶绿素的结构

26.2.2 非成酶金属及其功能

离子泵(ion pump)利用 ATP 酶驱动膜内 ATP 水解并产生阴离子 ADP^- 和阳离子 H^+,H^+ 释放到膜外,ADP^- 留在膜内,因而产生跨膜的质子梯度和电位差,引起对其他离子的吸收。这种运输可以分为主动运输(active transport)和被动运输(passive transport)。主动运输是指物质顺或逆浓度梯度,在载体蛋白和能量的作用下将物质运进或运出细胞膜的过程。被动运输是指离子或小分子在浓度差或电位差的驱动下顺化学梯度穿膜的运输方式。

1. 钾和钠

Na-K 泵(sodium-potassium pump,图 26.15)存在于动植物细胞质膜上,实际上就是 Na^+-K^+-ATP 酶,一般认为是由两个大亚基、两个小亚基组成的四聚体。Na^+-K^+-ATP 酶通过磷酸化和去磷酸化过程发生构象的变化,导致与 Na^+、K^+ 的亲和力发生变化。在膜内侧 Na^+ 与酶结合,激活 ATP 酶活性,使 ATP 分解,酶被磷酸化,构象发生变化,于是与 Na^+ 结合的部位转向膜外侧。这种磷酸化的酶对 Na^+ 的亲和力低,对 K^+ 的亲和力高,因而在膜外侧释放 Na^+ 而与 K^+ 结合。K^+ 与磷酸化酶结合后促使酶去磷酸化,酶的构象恢复原状,于是与 K^+ 结合的部位转向膜内侧,K^+ 与酶的亲和力降低,使 K^+ 在膜内被释放后又与 Na^+ 结合。其总的结果是每一循环消耗一个 ATP,转运出三个 Na^+,转进两个 K^+。Na-K 泵的一个特性是它对离子的转运循环依赖自磷酸化过程,ATP 上的一个磷酸基团转移到 Na-K 泵的一个天冬氨酸残基上,导致构象的变化。通过自磷酸化来转运离子的离子泵就称为 P-type,与之相类似的还有钙泵和质子泵。它们组成了功能与结构相似的一个蛋白质家族。Na-K 泵的作用是:维持细胞的渗透性,保持细胞的体积;维持低 Na^+、高 K^+ 的细胞内环境,维持细胞的静息电位。

2. 钙

Ca^{2+} 泵(calcium pump,图 26.16)主要分布在动植物细胞质膜、线粒体内膜、内质网样囊膜、动物肌肉细胞肌质网膜上,是由 1000 个氨基酸的多肽链形成的跨膜蛋白。它是 Ca^{2+} 激活的 ATP 酶,每水解一个 ATP 转运两个 Ca^{2+} 到细胞外,形成钙离子梯度。通常细胞质游离 Ca^{2+} 浓度很低,为 $10^{-7} \sim 10^{-8}$ mol·dm^{-3},细胞间液 Ca^{2+} 浓度较高,约 5×10^{-3} mol·dm^{-3}。细胞外的 Ca^{2+} 即使很少量涌入细胞内都会引起细胞质游离 Ca^{2+} 浓度显著变化,导致一系列生理反应。钙流能迅速地将细胞外信号传入细胞内,因此 Ca^{2+} 是一种十分重要的信号物质。线粒体内腔、肌质网、内质网样囊腔中含高浓度的 Ca^{2+},浓度大于 10^{-5} mol·dm^{-3},名为钙库。在一定的信号作用下 Ca^{2+} 从钙库释放到细胞质,调节细胞运动、肌肉收缩、生长、分化等诸多生理功能。

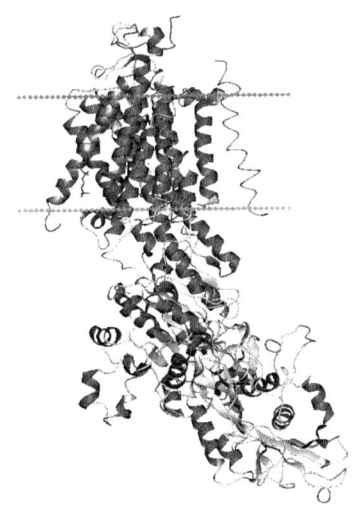

图 26.15 Na-K 泵

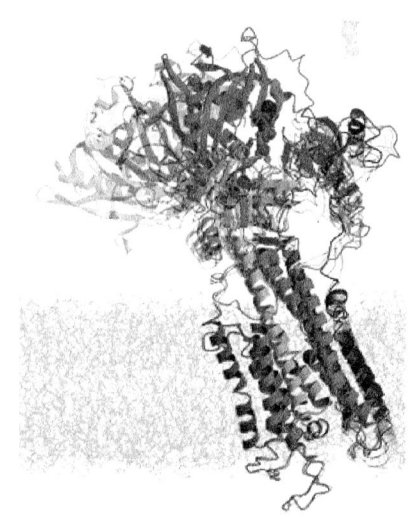

图 26.16 Ca^{2+} 泵

26.2.3 非金属元素及其化合物

1. 磷

磷作为生命体系中重要的非金属元素之一,占到人体内原子总数含量的 0.22%。人体中的磷元素主要以两种形式存在,一种是无机磷酸盐,占整体的 3/4,主要存在于骨骼中,以羟基磷灰石等形式存在;另外一种是有机磷化物,占整体的 1/4,主要以磷脂、磷蛋白、ATP、ADP 等化合物的形式存在,是整个生命体系中生命现象的能量源泉。还有极少的一部分磷元素存在于人体的体液中,起到人体缓冲系统的作用。

2. 硫

硫是另外一种重要的非金属元素,占到人体内原子总数含量的 0.15%。人体中的硫元素主要以两种形式存在,一种是无机硫酸盐,主要存在细胞液相中和骨骼中,主要起平衡离子的作用;另外一种是有机硫化物,是硫元素最主要的存在方式,主要是以含硫氨基酸(胱氨酸、半胱氨酸、蛋氨酸)、蛋白质、维生素(维生素 B_1、维生素 B_2、维生素 H)等化合物的形式存在,是整个生命有机质的重要组成部分。

3. 一氧化氮

20 世纪 80 年代,世界生命科学领域建立了"传递生命信息三个信使"的学说,即生命体的各种活动都是在三个信使体系的控制和调节下进行的。第一信使是指各种细胞外信息分子,又称细胞间信号分子,即细胞因子,如内分泌激素、前列腺素、气体信号分子(NO)以及免疫细胞产生的免疫细胞因子。第二信使是指细胞外第一信使与其特异受体结合后,通过信息跨膜传递机制激活的受体,刺激细胞膜内特定的效应酶或离子道,而在胞浆内产生的信使物质。这种胞内信息分子起到将胞外信息传导、放大、变为细胞内可以识别的信息作用。第三信使又称 DNA 结合蛋白,是指负责细胞核内外信息传递的物质,能调节基因的转录水平,发挥转录因子的作用。

NO 起着信使分子的作用。当内皮要向肌肉发出放松指令以促进血液流通时,它就会产生一些 NO 分子,这些分子很小,能很容易地穿过细胞膜。血管周围的平滑肌细胞接收信号后舒张,使血管扩张。NO 也能在神经系统的细胞中发挥作用。大脑通过周围神经发出信息,向会阴部的血管提供相应的 NO,引起血管的扩张,增加血流量,从而增强勃起功能。免疫系统产生的 NO 分子,不仅能抗击侵入人体的微生物,而且能够在一定程度上阻止癌细胞的繁殖,阻止肿瘤细胞扩散。

26.3 金属药物

前面我们讨论了生命体系中的各种元素及其功能,但仅针对天然存在于生命体系中的元素。还有一类金属元素是人为加入的,这类金属元素更多情况下是为了治疗疾病而引入的。尽管人类使用无机物治疗疾病已经有 2000 多年的历史,但真正从设计化合物角度进行药物的使用却只能追溯到德国科学家 P. Ehrlich 发现的"神奇子弹"-606(申凡纳明)。自从 1965 年美国物理学家 B. Rosenberg 等发现顺铂化合物对细胞繁殖的抑制作用后,各种金属元素甚至放射性元素的化合物开始被广泛使用。下面从两方面来说明金属元素在生物无机化学中的应用。

26.3.1 治疗药物

自从顺铂类化合物被发现有抗癌作用后,科学家共设计和筛选了几千个顺铂化合物,约有 30 个进入临床,真正使用的有四个:顺铂(cisplatin)、卡铂(carboplatin)、奥沙利铂(oxaliplatin)和乃达铂(nedaplatin),结构如图 26.17 所示。自从 1978 年第一款顺铂药物 cisplatin 上市,人类挑战癌症的进程显著地改变,如睾丸癌治愈率从 10% 提高到 90%。顺铂药物单独或结合其他药物一起使用基本上适用于 40%~80% 的癌症患者。

目前研究认为铂类化合物抗癌作用主要在于其进入人体后经过体内运输、水解等过程,可以与 DNA 结合形成稳定的配合物,从而使 DNA 链局部纽结或解旋,阻止 DNA 聚合酶推进,致使 DNA 复制、转录失败,造成肿瘤细胞死亡。尽管顺铂类化合物已经广泛使用,但其累积使用造成的肾毒性对人体的危害不容忽视,所以寻找疗效更好、毒性更低的特效药物仍是科学家不断追求的目标。近来,四价钛、二价铜和三价金等配合物的抗肿瘤活性也得到了人们的关注。

26.3.2 诊断药物

在治病过程中,利用核磁共振和 X 射线做早期诊断是常规手段。在这两种技术中,核磁共振造影剂和放射性药物都需要金属离子参与。

核磁共振造影剂主要是含 Fe(Ⅲ)、Gd(Ⅲ)、Mn(Ⅱ)等金属离子的顺磁性配合物,由于金属原子具有不成对的电子,因此所激励的质子或由质子向周围环境传递能量时,弛豫时间缩短,从而达到改善组织成像的效果。常用的有钆喷酸葡胺——一个钆(Ⅲ)的配合物(图 26.18)。

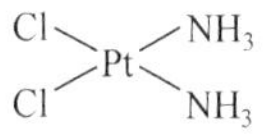

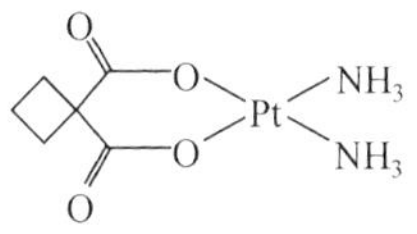

图 26.17 四种抗癌化合物结构

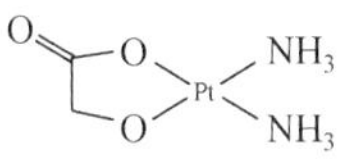

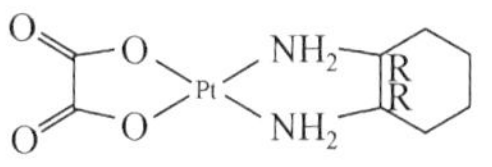

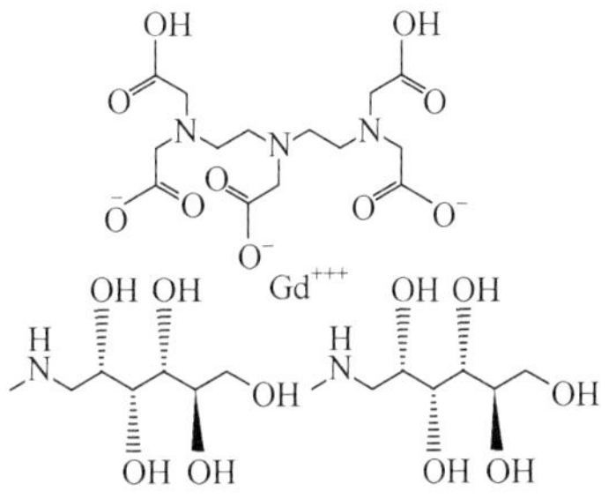

图 26.18 钆核磁共振造影剂的结构

放射性药物(radio pharmaceutical)指含有放射性核素供医学诊断和治疗用的一类特殊药物,用于机体内进行医学诊断或治疗的含放射性核素标记的化合物或生物制剂。亚稳态的 ^{99m}Tc 因其具有最佳的放射辐射强度和合适的半衰期,而且方便易得,几乎可用于人体各重要脏器的形态和功能显像,所以其化合物占据了全世界应用显像药物的 80% 以上。骨骼成像剂是最早发展的一类高锝药剂。

26.4 生物矿化

生物矿化(biomineralization)是围绕生物矿物(biomineral)的形成过程和机制的阐明而发展起来的科学,是指生物体通过生物大分子的调控生成无机矿物的过程。与一般矿化最大不同在于有生物大分子生物体代谢、细胞、有机基质的参与。生物矿化有两种形式:一种是生物体代谢产物直接与细胞内、外阳离子形成矿物质,如某些藻类的细胞间文石(主要成分碳酸钙);另一种是代谢产物在细胞干预下,在胞外基质的指导下形成生物矿物,如牙齿、骨骼中羟基磷灰石的形成。对于人体而言,还有一种异常矿化,如泌尿系结石、胆结石、龋齿等非正常的矿化。

根据生物体对生物矿物调控程度的不同,生物矿化可分为生物诱导和生物控制两类。生物诱导的矿化主要指生物的生命活动与周围环境相互作用而引起的矿化过程。这种矿化作用由于不在严格的生物细胞控制之下,形成的矿物晶体与无机沉淀矿物类似,该形式在原核生物和真菌中比较常见。生物控制的矿化是指生物在不受外界环境影响的条件下,通过生理调节来控制矿物沉积的过程。

生物矿化的结果是形成生物矿物，主要的生物矿物有碳酸钙盐、磷酸钙盐、含硅矿物、含铁矿物等。尽管生物体中碳酸钙和二氧化硅的含量高于磷酸钙，但是对于脊椎动物特别是人体而言，磷酸钙的生物矿化是至关重要的。生物体中的磷酸钙盐主要包括羟基磷灰石 [Hap, $Ca_{10}(PO_4)_6(OH)_2$]、缺钙磷灰石和磷酸八钙（OCP）等。这些磷酸钙在不同的条件下形成，能相互转化，它们的主要区别是 Ca/P 物质的量比、磷酸根质子化以及钙离子的羟基化的不同。在生物体内，OCP 主要存在于牙齿和尿结石中，而 Hap 则与人体的骨骼和牙齿的矿物组成最为相近，故 Hap 广泛应用于整形外科和牙齿修复移植。近年来，随着有机物调制无机晶体成核长大以及其相互作用的机制研究的深入，材料科学家、医药学家和仿生工程专家也加入到生物矿化研究之中，并应用其中的原理探索出重要的应用，如矿化胶原的骨移植材料、纳米自组装功能材料以及可能抑制骨质疏松、血管钙化、结石的药物等。

思考与研讨

26.1　生物体中的必需元素有哪些？
26.2　什么是金属蛋白？什么是金属酶？
26.3　血红蛋白和肌红蛋白结构和功能有什么不同？
26.4　一氧化碳中毒的机理是什么？
26.5　固氮酶的固氮机理是什么？
26.6　顺铂化合物的抗癌作用机理是什么？
26.7　NO 分子在人体中起什么作用？
26.8　生物矿化带给人类的启示是什么？
26.9　如何从分子水平研究生命体系中的无机元素？还有哪些问题亟待人们去解决？

主要参考书目

鲍林 L. 1966. 化学键的本质. 卢嘉锡,等译. 上海:上海科学技术出版社.
北京师范大学,华中师范大学,南京师范大学无机化学教研室. 2002. 无机化学. 4 版. 北京:高等教育出版社.
蔡少华,黄坤耀,张玉容. 1998. 元素无机化学. 广州:中山大学出版社.
车云霞,申泮文. 1999. 化学元素周期系. 天津:南开大学出版社.
陈寿椿. 1982. 重要无机化学反应. 2 版. 上海:上海科学技术出版社.
大连理工大学无机化学教研室. 2006. 无机化学. 5 版. 北京:高等教育出版社.
高胜利,谢钢,杨奇. 2012. 化学·社会·能源. 北京:科学出版社.
华彤文,陈景祖. 2006. 普通化学原理. 3 版. 北京:北京大学出版社.
黄佩丽. 1994. 基础元素化学. 北京:北京师范大学出版社.
刘新锦,朱亚先,高飞. 2010. 无机元素化学. 2 版. 北京:科学出版社.
孟庆珍,胡鼎文. 1988. 无机化学. 北京:北京师范大学出版社.
闵恩泽,吴巍. 2000. 绿色化学与化工. 北京:化学工业出版社.
曲保中,朱炳林,周伟红. 2012. 新大学化学. 3 版. 北京:科学出版社.
申泮文,刘翱纶,冯光熙,等. 1998. 无机化学丛书(1-10 卷). 北京:科学出版社.
宋天佑,徐家宁,程功臻,等. 2011. 无机化学. 2 版. 北京:高等教育出版社.
唐有祺,王夔. 1997. 化学与社会. 北京:高等教育出版社.
天津大学无机化学教研室. 2010. 无机化学. 4 版. 北京:高等教育出版社.
武汉大学,吉林大学,等. 无机化学. 4 版. 北京:高等教育出版社.
夏北成. 2002. 环境污染物生物降解. 北京:科学出版社.
徐家宁,王杰辉,张丽荣,等. 2011. 无机化学核心教程. 北京:科学出版社.
徐如人,庞文琴,霍启升. 2009. 无机合成与制备化学. 2 版. 北京:高等教育出版社.
徐志军,初瑞清. 2010. 纳米材料与纳米技术. 北京:化学工业出版社.
杨华明. 2007. 无机功能材料. 北京:化学工业出版社.
余耀庭. 2002. 生物医用材料. 天津:天津大学出版社.
张祖德. 2008. 无机化学. 合肥:中国科学技术大学出版社.
朱文祥. 2004. 中级无机化学. 北京:高等教育出版社.
Geoffrey R C, 2000. Description Inorganic Chemistry. 2nd ed. New York: W H Freeman and Company.
Housecroft C E, Sharpe A G. 2005. Inorganic Chemistry. 2nd ed. London: Pearson Education Linmited.
Miessler G L, Tarr D A. 2011. Inorganic Chemistry. 4th ed. Upper Saddle River: Pearson Prentice Hall.
Petrucci R H, Harwood W S, Herring F G. 2004. General Chemistry: Principles and Modern Applications. 8th ed. 影印版. 北京:高等教育出版社.

部分习题答案

第13章

13.1 1、1、1、3(5)、0、2(0)

13.10 $r_{N-O} > r_{N=O} > r_{O-H}$，$\angle ONO > \angle NOH$

13.14 sp^3 杂化

13.15 HNO_3、H_2CO_3 分子中无 d←p 反馈 π 键，其余的有

13.16 键长：$O_2^+ < O_2 < O_3 \approx O_2^- < O_2^{2-}$；
磁性：O_2^{2-} 和 O_3 为反磁性，其余为顺磁性

13.17 键角：$NO_2^+ > NO_2 > NO_2^-$
磁性：NO_2^+、NO_2^- 反磁性，NO_2 为顺磁性

13.22 $R_3P \rightarrow M$ 的 σ 配键和 $R_3P(d) \leftarrow M(d)$ 的反馈 π 键

第14章

14.2 (1) 电解熔融氯化镁
(2) 加热分解 $MgCO_3$ 得 MgO，高温还原 MgO

14.6 (1) 638.88 $kJ \cdot mol^{-1}$
(2) 545.75 $kJ \cdot mol^{-1}$
(3) 2038 K

14.8 偶合前：$\Delta_r G_m^{\ominus}(2000\ K) = 54.56\ kJ \cdot mol^{-1} > 0$
偶合后：$\Delta_r G_m^{\ominus}(1200\ K) = -330.25\ kJ \cdot mol^{-1} < 0$

第15章

15.2 (1) $NH_3 > NBr_3 > NCl_3 > NF_3$
(2) $NH_3 > PH_3 > AsH_3$

15.4 (1) $\Delta_r G_m^{\ominus} = 113.7\ kJ \cdot mol^{-1}$；$K^{\ominus} = 1.15 \times 10^{-20}$
(2) $\Delta_r G_m^{\ominus} = 107.1\ kJ \cdot mol^{-1}$；$K^{\ominus} = 1.66 \times 10^{-19}$

15.5 (1) $HI > HBr > HCl > HF$
(2) $HClO_4 > H_2SO_4 > H_3PO_4 > H_4SiO_4$
(3) $HNO_3 > HNO_2$
(4) $H_2SeO_4 > H_2TeO_6$
(5) $HClO_4 > HClO_3 > HClO$

15.6 $H_2CrO_4 > H_2MoO_4 > H_2WO_4$

15.7 NaOH、$Mg(OH)_2$、$Al(OH)_3$、$SiO(OH)_2$、$PO(OH)_3$、$SO_2(OH)_2$、ClO_3OH

15.8 CH_3HgF：软-硬；HSO_3^-：硬-软；$CH_3HgSO_3^-$：软-软

15.11 (1) $HBrO_3 > HClO_3 > HIO_3$
(2) $H_2SeO_4 > H_6TeO_6 > H_2SO_4$
(3) $H_3PO_4 < H_2SO_4 < HClO_4$
(4) $HClO_4 < HClO_3 < HClO_2 < HClO$
(5) $HNO_3(稀) < HNO_2$
(6) $HClO_3(aq) > KClO_3(aq)$

第16章

16.1 (1) $H_2CO_3 < Ca(HCO_3)_2 < CaCO_3 < CaSO_4 < CaSiO_3$
(2) $HNO_3 < AgNO_3 < KNO_3 < KClO_3 < K_3PO_4$
(3) $BeCO_3 < MgCO_3 < CaCO_3 < SrCO_3 < BaCO_3$
(4) $FeCO_3 < CdCO_3 < PbCO_3 < CaCO_3$

16.2 $\Delta_r H_m^{\ominus}(BaCO_3) = 269.3\ kJ \cdot mol^{-1}$
$\Delta_r H_m^{\ominus}(CaCO_3) = 178.4\ kJ \cdot mol^{-1}$

16.4 (1) $MgSO_4 > SrSO_4$
(2) $NaF > NaBF_4$
(3) $BaCrO_4 < CaCrO_4$
(4) $Na_2CO_3 \approx NaHCO_3$
(5) $LiClO_4 > KClO_4$

16.6 $\Delta_s G_m^{\ominus}(Na_2CO_3) = -4.46\ kJ \cdot mol^{-1}$；
$\Delta_s G_m^{\ominus}(CaCO_3) = 47.38\ kJ \cdot mol^{-1}$

16.7 不发生水解：Cu^{2+}、Na^+、$S_2O_8^{2-}$、NF_3、CCl_4、$Pb(NO_3)_2$

16.8 酸性：$HS^- < HSiO_3^{2-} < HCO_3^{2-} < HCN^- < HF$
X^- 水解强弱：$S^{2-} > SiO_3^{2-} > CO_3^{2-} > CN^- > F^-$
碱性：$NaS > Na_2SiO_3 > Na_2CO_3 > NaCN > NaF$

16.10 (1) $Si^{4+} > Al^{3+} > Mg^{2+} > Na^+$
(2) $Be^{2+} > Mg^{2+} > Ca^{2+}$
(3) $B^{3+} > Al^{3+} > Ga^{3+} > In^{3+} > Tl^{3+}$
(4) $Si^{4+} > Ge^{4+} > Sn^{4+}$

第17章

17.1 (1) 氧；氢；氢；氢；氮
(3) 氩；氙；$XePtF_6$
(4) NaOH；灼热的铜丝；灼热的镁屑；Ar
(5) 增加；氙；氟；氧

17.7　98 dm³

17.8　
XeF$_2$	直线形	sp³d
XeF$_4$	平面正方形	sp³d²
XeF$_6$	变形八面体	sp³d³
XeO$_3$	三角锥形	sp³
XeO$_4$	四面体	sp³

第 18 章

18.8　次氯酸 HClO；亚氯酸 HClO$_2$；氯酸 HClO$_3$；高氯酸 HClO$_4$。
酸性：HClO<HClO$_2$<HClO$_3$<HClO$_4$
热稳定性：HClO<HClO$_3$<HClO$_4$
氧化性：HClO>HClO$_3$>HClO$_4$

18.11　(1) $\varphi^\ominus(Br_2/Br^-)=1.065$ V$>\varphi^\ominus(I_2/I^-)=0.5355$ V
(2) $\varphi_A^\ominus(BrO_3^-/Br_2)=1.5$ V$>\varphi_A^\ominus(IO_3^-/I_2)=1.195$ V

18.23　9×10^{15}

18.25　A：Na$_2$S$_2$O$_3$　B：SO$_2$　C：S　D：Na$_2$SO$_4$，H$_2$SO$_4$　E：BaSO$_4$

18.26　A：NaI　B：NaClO

18.27　A：易溶碘化物　B：浓 H$_2$SO$_4$　C：I$_2$　D：I$_3^-$　E：S$_2$O$_3^{2-}$　F：Cl$_2$

18.28　A：Ag(S$_2$O$_3$)$_2^{3-}$　B：SO$_2$　C：AgI+S　D：Ag[(CN)$_2$]$^-$　E：Ag$_2$S　F：AgI

18.30　202.43 kJ·mol^{-1}

第 19 章

19.11　(1) Na$_2$CO$_3$>BeCO$_3$
(2) MgCO$_3$<BaCO$_3$
(3) PbCO$_3$<CaCO$_3$

19.18　pH=4 时，99.58%，0.42%，1.97×10^{-7}%
pH=8 时，1.97×10^{-3}%，99.53%，0.47%
pH=12 时，1.95×10^{-6}%，2.08%，97.92%

19.24　A：SnCl$_2$　B：Sn(OH)Cl　C：Sn(NO$_3$)$_2$　D：AgCl　E：Ag(NH$_3$)$_2$Cl　F：SnS　G：(NH$_4$)$_2$SnS$_3$　H：SnS$_2$　I：Hg$_2$Cl$_2$　J：Hg

19.25　A：AgN$_3$　B：Ag　C：N$_2$　D：AgNO$_3$　E：NO　F：AgCl　G：Mg$_3$N$_2$　H：Mg(OH)$_2$　I：NH$_3$　J：MgSO$_4$　K：Ag$_2$S　L：(NH$_4$)$_2$S　M：AgNO$_3$　N：S

19.26　A：Pb$_3$O$_4$　B：PbO$_2$　C：Pb(NO$_3$)$_2$　D：PbGrO$_4$

19.27　A：Si　B：H$_2$　C：SiO$_2$　D：SiF$_4$　E：H$_2$SiO$_3$　F：H$_2$[SiF$_6$]　G：Na$_2$SiO$_3$　H：Na$_2$[SiF$_6$]

19.28　A：Sn　B：SnS　C：Na$_2$SnO$_3$

19.29　(1)、(3)、(6) 能共存
(2)、(4)、(5) 不能共存

第 20 章

20.1　(1) B(OEt)$_3$+3HCl　(2) EtOH-BF$_3$
(3) B(NHPh)$_3$+3HCl　(4) KBF$_4$

20.3　-851.5 kJ·mol^{-1}

20.11　3.16×10^{105}

20.14　27.87 g·mol^{-1}，B$_2$H$_6$

20.15　-0.15 V

第 21 章

21.1　(1) 可以形成 RaO，RaO$_2$，Ra(O$_2$)$_2$
(2) Ra(OH)$_2$ 为中强碱，易溶于水
(3) RaCO$_3$ 和 RaSO$_4$ 都难溶于水
(4) RaCO$_3$ 的热分解温度很高

21.6　存在 MgCO$_3$ 和 Na$_2$SO$_4$，不存在 AgNO$_3$、CuSO$_4$ 和 Ba(NO$_3$)$_2$

21.15　A：[Ag(S$_2$O$_3$)$_2$]$^{3-}$　B：H$_2$S　C：S　D：SO$_4^{2-}$　E：BaSO$_4$　F：AgI　G：Ag(CN)$_2^-$　H：Ag$_2$S　I：AgCl

21.16　(1) Cu$^{2+}\xrightarrow{0.685}$CuI$_2^-\xrightarrow{0.093}$Cu
CuI$_2^-$ 在酸性溶液中能存在
(2) 0.592 V；1.0×10^{10}；-57 kJ·mol^{-1}；反应能正向进行

21.17　A：HgCl$_2$　B：HgO　C：Hg$_2$Cl$_2$　D：HgI$_2$　E：AgCl

第 22 章

22.4　A：TiCl$_4$　B：TiCl$_3$　C：Ti(OH)$_3$　D：TiO(NO$_3$)$_2$　E：H$_2$TiO$_3$　F：BaTiO$_3$

22.6　(2) -1.1 V

22.11　(1) 7.60　(2) 6.17

22.12　[Cr(H$_2$O)$_6$]$^{3+}$（紫）→
[Cr(NH$_3$)$_2$(H$_2$O)$_4$]$^{3+}$（紫红）→
[Cr(NH$_3$)$_3$(H$_2$O)$_3$]$^{3+}$（浅红）→
[Cr(NH$_3$)$_4$(H$_2$O)$_2$]$^{3+}$（橙红）→
[Cr(NH$_3$)$_5$(H$_2$O)]$^{3+}$（橙黄）→
[Cr(NH$_3$)$_6$]$^{3+}$（黄）

22.15　**A**: $(NH_4)_2Cr_2O_7$　**B**: Cr_2O_3　**C**: N_2
　　　D: Mg_3N_2　**E**: $Cr(OH)_4^-$　**F**: CrO_4^{2-}
　　　G: $Cr_2O_7^{2-}$　**H**: $BaCrO_4$　**I**: $K_2Cr_2O_7$
　　　J: O_2

22.24　**A**: $Fe(OH)_2$　**B**: $Fe(OH)_3$　**C**: Fe_2O_3
　　　D: Fe_3O_4　**E**: $FeCl_3$　**F**: Na_2FeO_4
　　　G: $BaFeO_4$

22.26　阴极电势应控制在 -0.25 V 以下；溶液 pH 应控制在 $4 < pH < 6.6$

22.27　（1）不能。因为 $\varphi^{\ominus}(Co^{3+}/Co^{2+}) > \varphi^{\ominus}(O_2/H_2O)$

（2）$Co(NH_3)_6^{3+}$ 能稳定存在

第 23 章

23.2　（1）**A**: ^{239}U　**B**: ^{239}Np　**C**: ^{239}Pu
　　　（2）**D**: ^{241}Pu　**E**: ^{241}Am　**F**: ^{242}Cm

23.3　（1）**A**: $^{253}_{99}Es$　（2）**B**: $^{244}_{94}Pu$　（3）**C**: $^{249}_{98}Cf$
　　　（4）**D**: $^{248}_{96}Cm$　（5）**E**: $^{249}_{98}Cf$